# Bayerische Gemeindeordnung

für die Landesteile rechts des Rheins,

# Selbstverwaltungs- und Wahlgesetz

Mit Erläuterungen

Von

**M. Roesch**

Ministerialrat im Bayer. Staatsministerium des Innern.

3. Auflage von „Roesch, Selbstverwaltungsgesetz".

1923

**München, Berlin und Leipzig**

J. Schweitzer Verlag (Arthur Sellier).

Druck von Dr. F. P. Datterer & Cie., Freising-München.

Meinen beiden im Feld gebliebenen Söhnen

Julius und Theodor

in treuem Gedenken.

# Zum Gebrauche des Buches.

Die beiden vorhergehenden Auflagen des SG. wollten nur eine Ergänzung zu den bereits vorhandenen Ausgaben der vom SG. geänderten Gesetze sein: der Kitt an der Bruchstelle, wie damals die Vorrede sagte. Die dritte Auflage will, im Verein mit der vorausgeschickten Gemeindeordnung, ein selbständiger Wegweiser werden. Zu diesem Zwecke ist sie umgearbeitet und wesentlich ergänzt worden. Das Wahlgesetz gehört zu diesem Bunde als der Dritte, weil es die stellvertretenden gesetzlichen Bestimmungen für das verdrängte Wahlrecht der älteren Gesetze liefert.

In den Erläuterungen ist der neueste Stand der Gesetzgebung, des Verordnungswesens und der Rechtsprechung berücksichtigt; noch während der Durchsicht der Druckbogen wurden eintretende Änderungen im Buche selbst berichtigt, ein Nachtrag findet sich am Schlusse (S. 379). Es ist kein leichtes Stück Arbeit, diesen ruhelosen Strom in seiner heraklitischen Wandelbarkeit mit der ehrwürdigen Erfindung Guttenbergs einen Augenblick zu fesseln. Bald wird man auch unsre Gesetze nur noch im Film vorführen können.

Die Gemeindeverfassung ist seit dem SG. für Bayern einheitlich, die Hauptverschiedenheit zwischen den beiden Landesteilen ist beseitigt. Trotzdem bestehen noch einige mehr oder minder wesentliche Ungleichheiten, die im SG. an ihrem Orte behandelt sind und mit dem Schlagwortverzeichnis leicht gefunden werden können. Die Bezifferung der pfälz. GemO. ist bei der rrh. beigesetzt. Man wird also das vorliegende Buch in seinem ganzen Umfange auch im pfälzischen Gemeinderechtsgebiete verwenden können.

Bei dem Rechte der Gemeindeverbände sollen die gegliederten Abschnitte der Einleitung zum SG., wie sie das Inhaltsverzeichnis aufführt, die Brücke zum älteren Rechte bilden. Für die angewandte Verwaltung kommen bei Bezirk und Kreis hauptsächlich doch nur die neuen Vorschriften des SG. zum Zuge.

Das vorliegende Buch will so, in gewissem Sinne, eine geschlossene Darstellung des bayerischen Gemeinderechts in einem Umfange bieten, der auch das Recht der Gemeindeverbände in sich begreift. Und das auf dem kleinsten Raume! Die Erläuterungen sind möglichst knapp gehalten. Wiederholungen sind fast völlig vermieden und durch Verweisungen ersetzt. Wir können es uns nicht mehr leisten, in einem Buche etwas mehr als einmal zu sagen. Diese Verweisungen haben aber auch ihr Gutes, sie zeigen den inneren Zusammenhang der Gesetze, der oft ein wichtiges Moment für ihre Auslegung bildet. Auf einen Anhang wurde verzichtet, die Auswahl ist immer schwierig, die Gefahr des raschen Veraltens am größten. Dafür ist in dem Buche bei dem Nachweise des Fundorts der einzelnen Entschließung oder Verordnung, der Inhalt, soweit zum Verständnis nötig, stets angedeutet, wenn die Anordnung in keinem der gewöhnlichen amtlichen Blätter veröffentlicht sein sollte. Die älteren, vor dem GVBl. 1873 erschienenen Gesetze und Verordnungen sind nach der Weberschen Sammlung aufgewiesen. Beim SG. ist die VA. wieder, wie in den früheren Auflagen, dem Gesetze jeweils gleich beigedruckt.

Der summarische Charakter des SG. bietet der Darstellung des geltenden Rechts stets besondere Schwierigkeiten; diese lassen sich noch am leichtesten überwinden, wenn die Gesetze getrennt gehalten werden, wie es hier geschehen ist. Die nicht mehr gültigen Teile der GemO. sind durch Kleindruck kenntlich gemacht, sie können für das Verständnis des Zusammenhangs nicht entbehrt werden, bisweilen müssen die Erläuterungen auf sie Bezug nehmen und manchmal ist es sogar notwendig gewesen, einer solchen ungültigen Bestimmung trotzdem eine besondere Anmerkung beizugeben.

Bei der Gemeindeordnung drängt sich für wichtige Abschnitte die systematische Darstellung mit innerer Notwendigkeit auf, teils zum Vergleich des früheren Rechtes mit dem Rechte des SG., z. B. für das Bürgerrecht, Finanzrecht, Beamtenrecht, teils zur leichteren Beherrschung des einzelnen Rechtsinstituts, z. B. für das Wegerecht, Stiftungsrecht, Dienststrafrecht. —

Einen besonderen Wert legt das Buch auf eine, allerdings — durch die Umstände gebotene — gedrängte Darstellung der geschichtlichen Entwickelung der einzelnen Rechtsinstitute. Gerade die Gegenwart droht diesen Zusammenhang mehr und mehr zu verlieren. Wir brauchen aber diese Kenntnisse notwendig für den Nachwuchs der Verwaltung; insoferne ist die Anlage des Buches auch für Zwecke des Unterrichts berechnet.

Von seinen Vorgängern hat sich der Verfasser bemüht zu lernen, am meisten an dem unvergleichlichen Vorbild unseres Altmeisters Kahr, dessen Werk für den Kenner und Forscher niemals veralten wird. Unter den Gesetzgebungsmaterialien greift das Buch häufiger als die Vorgänger auf den Regierungsentwurf zur GemO. 1869 zurück, in der Überzeugung, daß er besonders dort die Absicht des Gesetzes noch am besten vermittelt, wo sich aus der parlamentarischen Erörterung kein eindeutiger Sinn gewinnen läßt.

Die Übersicht über die gewählten Abkürzungen gibt auch einige Quellen, aber nur diejenigen, die häufiger erwähnt werden mußten. Der Verfasser war bemüht, keine der neueren wissenschaftlichen Arbeiten, soweit sie in das Gebiet des Gemeinderechts gehören, außer acht zu lassen.

## Zum Gebrauche des Buches.

Wir stehen in Bayern im Begriff, ein Gemeindegesetz zu schaffen. Ein ordentlicher Kaufmann, wenn er ein neues Geschäft beginnt, macht für das alte sein Inventar; er überschlägt seinen gegenwärtigen Besitz und prüft bei den einzelnen Stücken seiner Habe, wie und wo er es erworben und welche Dienste es ihm geleistet hat. Ein solches Inventar für unser bayer. GemRecht möchte das vorliegende Buch sein.

Heute vor sechs Jahren ist mein älterer Sohn am Balkan im Czerna-Bogen im blutigen Kampfe gefallen, meinen jüngeren traf das Todeslos in einer der letzten Schlachten an der Westfront vor vier Jahren. Dem Andenken der beiden Wackeren ist das Buch gewidmet.

Freudiger darf ich zum Schlusse hier meiner Tochter gedenken, dankbar zum Lohne für die viele Mühe, mit der sie den kurzgeschriebenen Entwurf zum Hauptteile dieses Buches in lesbare Maschinenschrift verwandeln ließ.

München, 17. November 1922.

**Der Verfasser.**

# Inhaltsverzeichnis.

---

Einleitung zum Selbstverwaltungsgesetz.

# Abkürzungen und Quellen.

Die mit *) bezeichneten Ausgaben sind im Verlag von J. Schweitzer Verlag (Arthur Sellier) München, erschienen.

---

AA. = Ausführungsanweisung vom 5. April 1922, GVBl. 225, zum VG.
AG. = Ausführungsgesetz.
a. M. = anderer Meinung.
Annalen = Annalen d. Deutschen Rechtes, herausgeg. v. Dr. Eheberg und Dr. A. Dyroff. *)
ArmG. = Armengesetz.
Art. = Artikel, wenn ohne weitere Angabe, der GemO. z. B. 175/104 = Art. 175 rrh., 104 pfälz. GemO.
B. = Beamte.
BBesGes. = Beamten-Besoldungsgesetz vom 2. Juni 1920, GVBl. 275.
BGB. = Bürgerl. Ges.-Buch.
BGBeamtZtg. = Bayer. Gem.-Beamten-Zeitung, amtl. Organ der Bayer. Gem.-Beamtenkammer u. Organ des Zentralverbandes der GemB. Bayerns, herausgegeben vom Zentr.-Verb.
BGemVZ. = Bayer. Gemeinde-Verwaltungszeitung. *)
BlfAdmPr. = Blätter f. Administrative Praxis.
Br—St. = Fr. Braunwart u. Th. Stöhsel, Die neue bayer. Gem.-Gesetzgebung, München 1920.
Br. = s. unter Entw Br.
Bühler = Dr. Bühler, Die subj. öffentl. Rechte, Berlin-Stuttg.-Leipzig 1914.
CME. = Entschl. d. StMin. f. Unterr. u. Kultus.
DRG. = Distriktsratsgesetz vom 28. Mai 1852, GBl. 245.
Dyr. = Geh. Rat Dr. A. Dyroff, Bayer. Verwaltungsgerichtsgesetz, 5. Auflage, Ansbach 1917.
E. = Entschließung, Entscheidung.
EntwBr. = Gesetzentwurf Beil. 2584, K. d. Abg., 36. Ldtgsvers,. IV Session, über Abänderung der GemO., des DRG. u. des VGG. (Entwurf Brettreich).
Entw. 1869 = Entwurf zur GemO. v. 1869, Verh. d. bes. Aussch. d. K. d. Abg. für die Ges. über das Gem.-Wesen usw. 1866/69, Beil. Bd. Abt. I, Beil. A, nebst Motiven.
F. = Finanz.
ff. = folgende.

FormVO. = Formations-Verordnung a) vom 9. Dez. 1825 W 2, 261 und b) vom 17. Dez. 1825 W 2, 279.

G., Gem. = Gemeinde.

GB. = Gemeindebeamte.

GBK., GemBK. = Gem.-Beamten-Kammer.

Gschwill = Herm. Gschwill, Das Kommunalbudget im rrh. Bayern, Augsburg 1912.

Guba = Dr. R. Guba, Die öff.-rechtl. Grundlagen des Wegerechts, Leipzig 1917.

GVBl. = Ges. u. Verordn.-Blatt.

GVG. = Gerichtsverfassungsgesetz.

Heilgemayer = M. H., Kameralistische Buchführung, München 1917.

H—R. = Helmreich-Rock, Bayer. GemO. 4. Aufl., Ansbach 1922.

Heusler = Dr. A. H., Institutionen d. deutsch. Privatrechts, Leipzig 1885.

v. Jan = H. v. J., Die bayer. Gem.-, Bezirks- u. Kreiswahlen*) 1919.

K. = Dr. Gust. v. Kahr, Bayer. GemO, München 1896/1898.

KO. = Konkursordnung.

Kommentar d. RGR. = BGB. Kommentar von Reichsgerichtsräten, Nürnberg-Leipzig 1910.

KrSchGO. = Kreisschiedsgerichtsordnung.

L. = Land.

Laforet = Dr. W. L., Das bayer. Zwangsabtretungsgesetz*) 1910.

Langheinrich = E. L., Kirchengemeindeordnung*) 1914.

Lermann = Lermann, Die bayer. Distr.-GemO.

LME. = Entschl. d. StMin. f. Landwirtschaft.

LRG. = Landratsgesetz vom 28. Mai 1852, GBl. 269.

LStG. = Landessteuergeſ. vom 30. März 1920, RGBl. 402.

Maurer = G. L. v. M., 1. Geschichte der Dorfverfassung in Deutschl., Erlangen 1865; 2. Geschichte der Markenverfassung in Deutschl., Erlangen 1856.

Mayer = O. M, Deutsches Verwaltungsrecht, 1 Bd., München-Leipzig 1914, 2 Bd. 1917.

MBl. = Amtsblatt der Staatsministerien d. inneren Verwaltung.

ME. = Ministerial-Entschließung, ohne weitere Angabe: d. StM. d. Innern.

Merk = Dr. W. M., Badisches Gemarkungsrecht, Karlsruhe, 1918.

Meyer-Bleyer = M.-Bl. KO.*) 1921.

Moy = Dr. E. v. Moy, Lehrbuch d. Bayer. Staatsrechts, Regensburg 1840—1846.

O. = Ortschaft.

Oertmann = Dr. P. Oe., Bayer. Landesprivatrecht, Halle 1903.

PStGB. = PolStrafGesBuch.

Pöll = W. Pöll, Armengesetz*) 1921.

Pözl = Dr. Jos. P., Bayer. Verfassungsrecht, München 1854.

REntw. = Regierungsentwurf 1869, s. oben Entw. 1869.

RGBl. = Reichsgesetzblatt.
RGZivS. = Entsch. d. Reichsgerichts in Zivilsachen.
Rosenthal = Ed. R., Geschichte des Gerichtswesens u. der VerwOrgan Bayerns, 1 Bd., München 1889.
Roth-Becher = R.-B., Bayer. Zivilrecht.
RVersO. = Reichsversicherungsordnung.
s. = siehe.
S = amtl. Samml. d. Entsch. d. d. VerwGerHofes, Band, Seite.
Schelhorn, Dr. R. v. Sch., Die zivilrechtl. Haftung der Beamten d. Staates usw, Inauguraldissertation, Annalen 1906, S. 682.
Schiedm. = J. Schiedermair, PolStrGBuch*) 1922.
Schmitt-Lindner = H. Schm. u. F. L., Die Kreisschiedsgerichte, München 1921.
Seydel = M. v. S., Bayer. Staatsrecht, I. Aufl., München 1887—1893.
SG. = Selbstverwaltungsgesetz vom 22. Mai 1919, GVBl. 239.
SR. = Selbstverwaltungsrecht.
StA. = Bayer. Staatsanzeiger, Nummer.
StGB. = Bayer. Staatsbeamtengesetz vom 16. Aug. 1908, GVBl. 581.
Steiner = A. St., Zwangsverst. u. Zw.verwaltung*) 1921.
Sternau = M. St., Die Gem. u. Kirchenverw.-Wahlen, München 1899.
StGB. = Strafges.-Buch.
StPO. = Strafprozeß-Ordnung.
pf. StVG. = pfälz Städteverf.-Gesetz vom 15. August 1908, GVBl. 471.
UG. = d. Umlagenges. vom 17. Aug. 1918, GVBl. 886.
u. U = unter Umständen.
VA. = Vollzugsanweisung vom 14. Juni 1919, GVBl. 303 zum SG.
VG. = Vollzugsgesetz vom 30. Juni 1921, GVBl. 361 zum LStG.
VGG. = Verw.-Gerichtsgesetz vom 8. Aug. 1878, GVBl. 369,
VGH. = Verwaltungsgerichtshof.
VO. = Verordnung.
WO. = Wahlordnung vom 15. April 1919, GVBl. 173.
W = Webers Ges. u. Verordnungs-Sammlung, Band, Seite.
ZentrlBl f. d. DR. = Zentralblatt f. das Deutsche Reich.
ZivPO. = Zivilprozeßordnung.
Ztsch. f. Rpfl. = Zeitschrift für Rechtspflege.*)

# Einleitung zur Gemeindeordnung.

## 1. Der Ursprung der Gemeinden.

Unsere Gemeinden sind aus den alten Markgenossenschaften entstanden. Diese reichen bis in die Zeit der germanischen Ansiedlung zurück. Die Markgenossen waren, in der Regel durch gemeinsame Abstammung verbunden, die gemeinschaftlichen Eigentümer der Mark, eines abgegrenzten Landgebiets, das aus Feld, Wald und Weide bestand. Innerhalb des zusammenhängenden Dorfes, des Etters, hatte der Genosse sein Anwesen mit Hausgarten, im Feldbezirk hatte er gewöhnlich einen gewissen Teil zu Sondereigen, der andere Teil des Feldes, der Wald und die Weide wurden nach einem geregelten Herkommen gemeinschaftlich benützt. Auch das Sondereigen an Feld mußte sich bei Bedürfnis eine neue Verteilung gefallen lassen. In manchen Gegenden, nicht nur in Bayern und Schwaben, trat schon früh statt der Dorfanlage die zerstreute Bauweise auf, die Höfe und das zugehörige Feld standen im Sondereigentum der Genossen, hier bildete sich auch das Eigentum im Sondereigen früher aus. S. noch bei Art. 32 Anm. 1.

Die Markgenossenschaften waren deutschrechtliche Vereinigungen hauptsächlich wirtschaftlichen Charakters. Sie sorgten aber auch für Ruhe und Ordnung im Bezirk der Mark (Dorf-, Feld-, Wiesen-, Weg- und Baupolizei), insofern hatte sie von jeher auch öffentlich-rechtliche Bedeutung (K 1, 240 [9]). Sie erhoben Abgaben und bestritten die Bedürfnisse der Kirche und Schule. Maurer, Geschichte der Markenverfassung (Erlangen 1856) und der Dorfverfassung (Erlangen 1865) Heusler, Institutionen des Deutschen Privatrechts (Leipzig 1885) Bd. I §§ 56 ff. — Über die Entwicklung des Bürgerrechts s. bei Art. 10 Anm. 4.

## 2. Geschichte des bayer. Gemeinderechts.

In Bayern beginnt die Gemeindegesetzgebung mit dem Edikt vom 24. Sept. 1808 (W 1, 195). Es war noch nicht im ganzen Königreich vollzogen, als es durch das Gemeindeedikt vom 17. Mai 1818 (W 1, 555) ersetzt wurde. Dieses Edikt gab den Gemeinden einen selbständigen Wirkungskreis und ließ ihnen auch ein begrenztes Eigenleben, allerdings unter förmlicher Kuratel des Staates. Die Änderung durch Gesetz vom 1. Juli 1834 führte hauptsächlich für das Kirchenvermögen besondere Verwaltungen, die Kirchenverwaltungen ein, hielt aber für die Gemeinde wie Kirchenverwaltung eine staatliche Kuratel fest (W 1, 555 gibt das Gemeindeedikt von 1818 in Fassung von 1834, das sogenannte revidierte Gemeindeedikt.)

Erst die Gemeindegesetzgebung von 1869 führte zu einem Gemeinderecht im neuzeitlichen Sinne. Die rechtsrheinische Gemeindeordnung vom 29. Juni 1869 (GBl 1866/69 S. 865) wurde mehrfach durch Landesgesetzgebung abgeändert und durch Reichsgesetzgebung beeinflußt. Bei den einzelnen Bestimmungen wird darauf, soweit sie noch gelten, Bezug genommen werden.

Für die Pfalz war am gleichen Tage die pfälzische Gemeindeordnung erlassen worden, bis dahin galt für diesen Landesteil das französische Recht, weder das Edikt von 1818 noch das revidierte von 1834 ist in der Pfalz eingeführt worden. Der Versuch einer einheitlichen Gemeindeordnung für beide Landesteile scheiterte, der Regierungsentwurf hatte einen solchen Vorschlag enthalten. Beide Gemeindeordnungen sind am 1. Juli 1869 in Kraft getreten

### 3. Der Begriff der gemeindlichen Selbstverwaltung.

Die Gemeinden sind öffentliche Körperschaften, Personenvereinigungen (universitates) mit Rechtspersönlichkeit des öffentlichen wie des bürgerlichen Rechts. Für ihren Bestand sind die Normen des öffentlichen Rechts maßgebend. Die Gemeinden und Ortschaften sind rechtsfähig und parteifähig. Über ihre Vertretung nach außen s Art 84, 130 und für die Ortschaften 153, V.

A. Die Reichsverfassung in Art. 127, die Landesverfassung in § 22 sichert den Gemeinden das Recht der Selbstverwaltung nach Maßgabe der Gesetze. Im Anschluß an die geschichtliche Entwicklung läßt sich die Selbstverwaltung in ihre Funktionen zerlegen und begreift das Recht aber auch die Pflicht,

a) die Organe für die Vertretung der Gemeinde zu bestimmen (durch Wahl oder Aufstellung, sogenannte innere Organisation und Geschäftsführung);
b) das Vermögen und die Anstalten der Gemeinden, ferner die örtlichen Stiftungen (s. Art 66 ff) zu verwalten;
c) örtliche Satzungen für den Bezirk zu erlassen;
d) Umlagen, Abgaben und Gebühren zu erheben;
e) die Armenpflege zu besorgen;
f) die Ortspolizei zu üben, soweit sie die Sicherheit der Personen und des Eigentums, die Aufrechterhaltung der Ruhe im Gemeindebezirk begreift;
g) für Kirche und Schule zu sorgen.

Die Funktionen a—e faßt man auch als die „eigentlichen Gemeindeangelegenheiten" zusammen. Das Recht die Organe zu wählen (o. a, innere Organisation oder Geschäftsführung) ist zu unterscheiden vom Recht das Wahlverfahren zu bestimmen. Die Ordnung des Wahlverfahrens ist kein Gegenstand der gemeindlichen Selbstverwaltung, sondern der staatlichen Gesetzgebung, S 4, 59. Die Ortspolizei war nach bayerischem Recht den eigentlichen Gemeindeangelegenheiten gegenüber gestellt und zählte zum sogenannten übertragenen Wirkungskreis, galt aber als ein Recht der Gemeinden. Die GemO. braucht den Ausdruck „übertragener Wirkungskreis" nicht. — Die Finanzgewalt und die Armenpflege sind in besonderen Gesetzen geregelt, die Gemeindeordnung behandelt in Art. 40 die örtlichen Verbrauchssteuern und die Abgaben der Gemeinden und Ortschaften für die Benützung ihrer Anstalten, einschließlich der Pflaster- und Brückenzölle. Über die Sorge für die kirchlichen Bedürfnisse, s. Art. 60a. Die Schulen waren noch nach bayerischen Schulbedarfgesetz von 1902 als Gemeindeanstalt festgehalten worden. Durch die Schulgesetzgebung des Freistaates, Volksschullehrergesetz und Schulbedarfsgesetz, beide vom 18. August 1919, ist die Schule vollständig zur Staatsanstalt gemacht worden. Die Gemeinden leisten nur noch den Sachaufwand in bestimmtem Umfang.

B. Die Selbstverwaltung als Rechtsbegriff ist nur in und unter einer Rechtsordnung denkbar, die ihn bestimmt und einschränkt. Von einer Selbstverwaltung des Reichs oder der Länder, so lange diese verfassungsrechtlich unabhängig sind, kann man im Rechtssinn nicht sprechen. Bei Land und Reich ist die Selbstverwaltung ein natürliches, kein rechtliches Attribut, ein Recht kommt hier so wenig in Frage, als man von dem Recht des Menschen seine Glieder zu benützen sprechen kann. Die begriffsmäßig notwendigen Schranken der SVerw. dürfen aber nicht bis zur völligen Aufhebung gehen. Die Funktionen a—f sollen zwar immer einen endlichen aber doch auch einen reellen und positiven Wert behalten. Es kommt also nicht darauf an, was der Staat der gemeindlichen Selbstverwaltung verspricht, sondern was er ihr gibt. Deshalb glaubt der Entwurf des neuen Gemeindegesetzes davon absehen zu können, die Selbstverwaltung als besonderes Recht der Gemeinden ausdrücklich zu erwähnen. Über die jetzt geltenden Beschränkungen des Selbstverwaltungsrechts s. SG. Art. 14 und 15 je Anm. 1.

C. Die Funktion a kann auch als die formale, die Funktionen c—g können als die materiale Selbstverwaltung unterschieden werden. Der formale Begriff a führt am einfachsten zum Verständnis für den Begriff des englischen Selfgovernment. Der Engländer überträgt die Form der gemeindlichen Selbstverwaltung, die man auch die Freiheit nennen könnte, sich selbst zu regieren, auf die innere Staatsverwaltung, die heute noch in England von Kommunen geführt wird. Bis zur Reformbill vom Jahre 1832 verwalteten die besitzenden Klassen das Grafschaftsamt und die Kirchspielämter als Ehrenämter, und zwar die höheren Stände das Grafschaftsamt und die mittleren Klassen die Kirchspielämter. Die Beamten der Grafschaften wurden von der Krone ernannt, die Kirchspielämter teils durch Wahl, teils durch den Friedensrichter vergeben. Der Kampf um Selfgovernment wurde in England ein Kampf um Wahlbefugnisse.

In Deutschland hat man nicht selten das Wesen der SVerw. in gleicher Richtung gesucht; das fand seinen Ausdruck in Bayern in der Übertragung der staatlichen Bezirksverwaltung an die Verwaltungen kreisunmittelbarer Städte, Art. 92, 96 GemO. Die beiden bald wieder aufgehobenen Art. 24 und 25 des SG., Wahl und Abberufung des Bezirksamtmannes durch die Bezirksvertretung erinnern an den Kampf um Wahlbefugnisse in England. In Preußen erinnert an diese Gedankengänge das frühere Präsentationsrecht der Kreistage hinsichtlich der Ernennung des Landrats, das durch die spätere Gesetzgebung in bloßes Vorschlagsrecht verwandelt wurde, ferner die Zuziehung des Laienelements in den Kreis- und Bezirksausschüssen zur Erledigung von Geschäften der Verwaltung und der Verwaltungsrechtspflege. In Bayern stellt der Art. 23 SG. einen Versuch in dieser letzten Richtung dar.

D. Bisweilen rechnet man auch den übertragenen Wirkungskreis (Seydel III, 39) zur Selbstverwaltung. Das widerstreitet der geschichtlichen Entwicklung und verhindert eine klare Begriffsbildung. Man sollte im Gegensatz zu Seydel sagen, daß wenn auch Selbstverwaltung und eigentliche Gemeindeangelegenheiten keine sich deckende Wechselbegriffe sind, sie es dennoch sein sollten.

E. Das Recht, Titel zu verleihen, gehört nicht zur Selbstverwaltung. Nach Art. 2, Gesetz vom 25. Nov. 1921, GVBl. 551, über Änderung des Beamtenbesoldungsgesetzes vom 2. Juni 1920, dürfen die Gemeinden (Bezirke, Kreise u. sonstige öff. Körpersch.) für ihre Beamten und Angestellten die Amtsbezeichnungen der Besoldungsordnung nur mit Genehmigung des zust. Min. verwenden, s. SG. Art. 12 Anm. 2c.

F. Vergleiche noch Rosin, Aufsatz über den Begriff der Selbstverwaltung; Annalen des Deutschen Reichs 1883 S. 305; BGemZtg. 1919 Nr. 26. —

### 4. Das bayer. Gemeinderecht im ehemal. Freistaat Coburg.

Der Freistaat Coburg ist durch Reichsgesetz v. 30. April 1920 RGBl. 842 und anschließende ReichsVO. v. 21. Juni 1920 RGBl. 1329 vom 1. Juli 1920 ab mit Bayern vereinigt worden. Der Staatsvertrag zwischen Bayern und Coburg v. 14. Februar 1920 nebst Schlußprotokoll vom gleichen Tag wurde durch Gesetz v. 16. Juni 1920 GVBl. 335 genehmigt. Nach dem Schlußprotokoll sollte die bayerische Gemeindegesetzgebung in Coburg bis spätestens 31. Dez. 1921 eingeführt werden. Bis dahin blieben die auf Grund der coburgischen Bestimmungen gewählten Vertretungen im Amt. — Die beiden Zusatzprotokolle 1. Juni 1920 GVBl. 344 und 14. Dez. 1920 GVBl. 493 betreffen die Vertretung Coburgs im Landtag bzw. im oberfränkischen und unterfränkischen Kreistag. Die Stadt Königsberg in Fr. ist infolge ihrer geographischen Lage dem Kreis Unterfranken und dem Bezirksamt Hofheim zugeteilt. Über die Behörden-Einrichtung im Gebiete von Coburg VO. 28. Juni 1920, GVBl. 351. Gesetz über die Einführung bayerischer, vor dem 1. Juli 1920 erlassener Gesetze durch ME. in Coburg, Ges. 18. Dez. 1920 (GVBl. 498).

Das bayerische Gemeinderecht wurde mit Wirkung v. 1. April 1921 durch MBek. 14. April 1921 GVBl. 253, 258 eingeführt. Die Wahlen zu den Gemeindeämtern fanden am 13. Nov. 1921 MBek. 5. Oktober 1921, StA. 233 statt. Wegen des Übergangszeitraums s. Ges. v. 22. Juli 1921 GVBl. 383 über Einführung des bayerischen Gemeinderechts im ehemaligen Freistaat Coburg. Coburg hat vier unmittelbare Städte. Der ehemalige Landratsamtbezirk, das jetzige Bezirksamt Coburg zählt 142 Gemeinden, sie sind nebst dem Ergebnis der Volkszählung vom 8. Oktober 1919 in der Zeitschrift des statistischen Landesamtes 1920 Heft Nr. 3 S. 490 zu finden.

# Gemeindeordnung
## für die Landesteile rechts des Rheins.

**Gesetz vom 29. April 1869.**

G. B. 1866/69 S. 865.

## Ludwig II.

**von Gottes Gnaden König von Bayern, Pfalzgraf bei Rhein, Herzog von Bayern, Franken und in Schwaben usw usw.**

Wir haben die Gesetze und Verordnungen über die Verfassung und Verwaltung der Gemeinden des Königreiches, dann über die Gemeindeumlagen, die Gemeindewahlen und die Verwaltung des örtlichen Stiftungsvermögens einer Revision unterstellen lassen und nach Vernehmung Unseres Staatsrates und mit Beirat und Zustimmung der Kammer der Reichsräte und der Kammer der Abgeordneten, dann bezüglich des Art 14 und des Art. 67 unter Beobachtung der in § 7 Tit. X der Verfassungsurkunde vorgeschriebenen Form beschlossen und verordnen, was folgt:

### I Abteilung.

### Von den Gemeinden und der Gemeindeverfassung.

### Art. 1. (1)

Die Gemeinden sind öffentliche Körperschaften mit dem Rechte der Selbstverwaltung nach Maßgabe der Gesetze [1])

**1.** Art 1 ist durch Art 12 SG ersetzt, s dort und auch Einleitung Ziff 3

### Art. 2. (2)

Die am 1. Juli 1869 bestehenden [1]) Gemeinden und Gemeindebezirke werden beibehalten, solange sich nicht nach Maßgabe des gegenwärtigen Gesetzes Änderungen [2]) ergeben [3–14])

**1.** Der Besitzstand beim Inkrafttreten des Gesetzes v. 1. Juli 1869 ist maßgebend für Gemeinden wie für Ortschaften und für ausmärkische Bezirke, Artikel 3. Der Vollzug des Gemeindeedikts 1808 und des damit zusammenhängenden organischen Edikts über die Bildung der Gemeinden v. 28. Juli 1808, RBl. 2789 W 1, 195 ist stecken geblieben. Danach sollten Steuerdistrikte und Gemeindebezirke zusammenfallen. Erst nach dem Gemeindeedikt 1818 kam die Gemeindebildung nach den Grundsätzen dieses Gesetzes (§§ 1—6, insbesondere § 3) zum Abschluß. Gewöhnlich wird man für die Feststellung des Standes vom 1. Juli 1869 auf das Jahr 1818, ausnahmsweise auch weiter zurückgehen müssen. Nach dem Edikt 1818, § 1 bildete jeder Markt, jeder Flecken, jedes Dorf, das schon eine für sich bestehende Körperschaft mit eigenem Gemeindevermögen und mit besonderen Gemeinderechten ausmachte, eine Gemeinde, und sollte als solche ferner fortbestehen. Nach § 3 sollten mehrere nahegelegene kleinere Orte, nämlich a) Dörfer ohne eigene Gemeindevermögen und eigenes Gemeinderecht, b) bloße Weiler, c) einzelne Anwesen (Höfe, Mühlen, Häuser) in einer eigenen Gemeinde vereinigt oder einer ihnen zunächst gelegenen Gemeinde womöglich des gleichen Pfarr- und Schulsprengels einverleibt werden, indes mit Einwilligung des Eigentümers und der Gemeinde. Außerdem sollte sich die Einverleibung bloß auf Polizeiverwaltung der Gemeinde ohne Ausdehnung auf die privatrechtlichen Verhältnisse erstrecken. Über die Wirkung der bloß polizeilichen Zuteilung S 8, 107. Diese Vorschriften sind die Ursache jener kleinen Gemeinden geworden, zum Nachteil ihrer selbst und der Verwaltungsbehörden. 1818 wurde die Gelegenheit einer zusammenfassenden zweckmäßigen Gemeindebildung versäumt. § 3 des Edikts hat insbesondere daneben noch eine gewisse Selbständigkeit für jene Ortschaften zugelassen, die zwar kein eigenes Gemeindevermögen, aber eine ausgeschiedene Ortsflur besaßen und infolgedessen in der Regel nur für die polizeiliche Verwaltung einverleibt wurden. Erst das SG. hat die Bestimmung des früheren Artikels 153 X beseitigt, die oft die Quelle der schlimmsten Streitigkeiten gewesen ist.

Das Edikt 1818 sah auch von einer Gleichheit der Steuerdistrikte und Gemeindebezirke ab, infolgedessen sind die ersteren kein bindender Anhalt, sondern ein Beweisbehelf bei Markungsstreitigkeiten, S 13, 352.

Es gibt einige Gemeinden, in denen einzelne Teile vom Hauptbestandteil räumlich abgetrennt sind, die also kein zusammenhängendes Ganze bilden, sondern Einschlußteile (Enklaven) haben, die entweder in anderen Gemeinden oder in ausmärkischen Gebieten, Art. 3, liegen. Vgl. Pöll AG. S. 20.

**2.** Änderungen im Bestand der Gemeinden sind nur durch einen Verwaltungsakt des Staates möglich. Für Änderungen der Gemeindebezirke war Art. 4 maßgebend, Änderung der Ortsfluren war nach der Gemeindeordnung 1869 ausgeschlossen, Art. 4 I ält. Fass.

Eine Gemeinde kann erst verschwinden, wenn der Gemeindebezirk völlig aufgeteilt wird. Genau so wie für den Bestand einer Gemeinde ein bestimmt abgegrenzter Gemeindebezirk notwendig ist, S 4, 554, so kann umgekehrt eine Gemeinde sich nicht durch Wegzug der Bewohner, durch Auskauf des privaten oder auch des öffentlichen Eigentums auflösen, solange noch der Gemeindebezirk besteht. Durch Erwerb des gesamten privaten Grund und Bodens wird der Käufer nicht Eigentümer des gemeindlichen Vermögens. Das ist bisher die Übung der Staatsregierung gewesen. Wenn der bereits durch das AG. v. 21. August 1914 aufgehobene Abs. 4 des Art. 4 GO. von einer freiwilligen Auflösung einer Gemeinde sprach, so konnte damit nur der Fall der Aufteilung einer solchen Gemeinde durch einen staatlichen Akt gemeint sein. Ein Gemeindebezirk ohne Einwohner bleibt also für sich eine Gemeinde, allerdings mit dem Mangel, daß sie kein Organ für ihre Vertretung mehr hat. Hier muß die Aufsichtsbehörde eingreifen, die natürlichste Lösung wird die Einverleibung des Gebietes in eine der angrenzenden Gemeinden oder die Aufteilung an mehrere solche sein. Danach wird sich auch das Eigentum am Vermögen der verlassenen Gemeinde bemessen lassen. Durch Elementarereignisse kann eine Gemeinde möglicherweise verschwinden.

3. Die Gemeinden zerfallen in Städte, Märkte und Landgemeinden; die Städte wieder in kreisunmittelbare und mittelbare, je nachdem die Kreisregierung oder das Bezirksamt die zunächst vorgesetzte Aufsichtsbehörde bildet. Auch für diese Klassifizierung ist der Besitzstand am 1. Juli 1869 maßgebend geblieben, soweit er nicht durch Akte der Staatsverwaltung geändert wurde. Ein Verzeichnis der kreisunmittelbaren Städte bei Pöll AG. S. 255, siehe auch Art. 8 Anm. 1 und Art. 155. Wegen Verleihung der Kreisunmittelbarkeit Art. 17 SG.

4. Im Gegensatz zu den höheren Gemeindeverbänden, ferner zur Kirchen-, zur Schul-, zur Steuergemeinde und zur Ortschaft spricht man bisweilen von politischen Gemeinden und versteht darunter die Gemeinden im Sinne der Gemeindeordnung. Seydel gebraucht dafür den Ausdruck Ortsgemeinden. Diese Bezeichnung kommt in der Gemeindeordnung überhaupt nicht vor, wird aber von anderer Seite bisweilen für die Ortschaften verwendet. Die richtigen und amtlich angewendeten Bezeichnungen sind Gemeinde, Ortschaft, wie man bei einer Gemeinde von einer Markung, spricht man bei einer Ortschaft von einer Flur.

5. Die Ortschaften sind zwar noch öffentliche Körperschaften, aber nicht mehr Selbstverwaltungskörper im Rechtssinne, Art. 153.

6. Die Gemeinden müssen Amtssiegel führen, einzelne Gemeinden haben auch das Recht, ein Wappen zu führen oder können dieses Recht, wenn geschichtliche Erinnerungen es hinreichend rechtfertigen, vom Staatsministerium des Innern verliehen erhalten. Es empfiehlt sich für die Gemeinden in solchen Fällen rechtzeitig den Rat des Hauptstaatsarchivs einzuholen, insbesondere auch für den Entwurf des Wappens. MinBek. v. 20. Nov. 1883, GVBl. 416, MinBek. v. 25. März und 15. Juni 1920, StA. 76 u. 138.

7. Die Gemeinden sind in der Regel dem Reich und dem Land gegenüber sowie untereinander steuer- und umlagenpflichtig. Über die Ausnahmen nach Landesrecht, §§ 10 u. 11 der AAzVG., GVBl. 1922 S. 233.

8. Die Änderung von Ortsnamen wird ebenso behandelt wie die Änderung von Gemeindebezirken, Genehmigung durch das Staats-

ministerium des Innern nach Einvernahme der Justiz- und Finanzbehörden, nötigenfalls auch der Verkehrsanstalten. Die ABO. v. 3. Nov. 1852 W 4, 549, bildete die Grundlage, nach ME. v. 18. April u. 6. Mai 1863 W 6, 166 u. 168, ist der OSt.-Anw. am Oberlandesgericht zu hören. Bei neuen Ansiedlungen ist das entsprechende Landesvermessungsblatt beizulegen, ME. v. 22. Oktober 1867, W 7, 104, s. auch BGemZ. 1904 S. 141.

**9.** Die Portofreiheit der Gemeinden ist aufgehoben durch Gesetz v. 22. Dez. 1907, GVBl. 1081. Seit der MinBek. v. 15. Juli 1916 GVBl. 108 ist an Stelle der Portoablösung, wie sie auf der MinBek. v. 25. Dez. 1907 GVBl. 1085 beruhte, der Gebrauch von Dienstwertzeichen vorgeschrieben. Die VBek. v. 25. Juli 1916 GVBl. 179 führt die Gemeinden und Ortschaften unter Verz. II auf. Sie dürfen ihre Sendungen nur dann mit Dienstwertzeichen frei machen, wenn sie an bestimmte im Verzeichnis nach Kategorien aufgeführte Empfänger gerichtet sind, nämlich insbesondere die staatlichen Behörden an die Berufsgenossenschaften, die Stadträte der kreisunmittelbaren Städte und die Landesversicherungsanstalten.

**10.** Über die Gemeinden als unterste Hilfsorgane im Bereich der inneren Verw. Art. 156 Anm. 1.

**11.** Die Gemeinden haben sich freiwillig organisiert in privatrechtlichen Vereinigungen (e. V.):

a) die kreisunmittelbaren Städte im Bayerischen Städtebund, Geschäftsstelle München, Rathaus;
b) die mittelbaren Städte und Märkte im Landesverband der B. Städte und Märkte, Geschäftsstelle Riem b. München;
c) die Landgemeinden im Verband der Landgemeinden Bayerns, Geschäftsstelle München, Wittelsbacherplatz 1.

Dem Verband a) gehören an: Sämtliche kreisunmittelbaren Städte und einige mittelbare; die Verbände b) und c) umfassen nur Teile der betreffenden Klassen von Gemeinden.

Diese Organisationen werden in wichtigen Fragen der Gesetzgebung und der Verwaltung gehört, außerdem auch zu persönlichen Vorschlägen für Kommissionen, z. B. für die Vertreter der Gemeinden bei der Verwaltung des Ausgleichsfonds § 41 ANzVG., GVBl. 1922, 258.

**12.** Über die Gemeindebeamtenkammer s. Vorbem. 2 zu Art. 77.

**13.** Den gegenwärtigen Stand der Gemeinden bietet die Zusammenstellung in der Zeitschrift des Statistischen Landesamts, Jahrg. 52, 1920 Heft 3 S. 413 über die endgültigen Ergebnisse der Volkszählung vom 8. Oktober 1919. Wegen Coburg siehe Einleitung Ziffer 4.

## Art. 3. (3)

I Jedes Grundstück muß einem Gemeindebezirke angehören. Ausgenommen [1]) sind größere Waldungen, Freigebirge und Seen, welche bis jetzt keiner Gemeindemarkung zugeteilt waren.[2]) [3])

II Dieselben bilden auch künftig eigene, von dem Gemeindeverbande ausgeschlossene Markungen, innerhalb deren die Ortspolizei der Distriktspolizeibehörde[4]) zusteht.

III Die Eigentümer[5]) der dazu gehörigen Grundstücke haben innerhalb dieser Markungen die im öffentlichen Interesse begründeten gesetzlichen Verpflichtungen der Gemeinden[6]) zu erfüllen,[7]) insbesondere die erforderlichen Verbindungswege, Brükken, Stege, sowie die zur Verhütung von Unglücksfällen erforderlichen Sicherheitsvorrichtungen herzustellen und zu unterhalten.

IV Wenn innerhalb solcher Markungen bleibende Niederlassungen bestehen oder neu begründet werden,[8]) so sind diese nebst den dazu gehörigen[9]) Grundstücken nach Vernehmung der Beteiligten durch das Staatsministerium des Innern einer der nächstgelegenen Gemeinden zuzuteilen.

V Abgesehen von besonderen Verträgen entsteht durch diese Zuteilung kein Anspruch auf Teilnahme an den im Gemeindeverbande begründeten Vermögensrechten.[10]) [11])

**1.** Bereits das GemeinEd. 1818 nahm in § 4 nur größere Waldungen, Seen und Freigebirge von der Zuteilung zu einer Gemeinde aus. Für die Ausnahme muß also stets auf das Jahr 1818 zurückgegangen werden. Es kommt dabei keineswegs darauf an, ob die auswärtigen Bezirke in der Tat den Begriffen von größeren Waldungen, Freigebirgen und Seen entsprechen, es genügt der Nachweis, daß sie als solche damals betrachtet und von der Zuteilung ausgenommen wurden. Die Verhältnisse werden von Amts wegen erhoben, von einer Beweislast kann nicht gesprochen werden. Tatsächlich wird aber derjenige, der die Markungsfreiheit in Anspruch nimmt, von sich aus bemüht sein müssen, die amtlichen Nachweise zu ergänzen. Immerhin wird z. B. bei Staatswaldungen im Zweifelsfall und wenn unschlüssige Unterlagen für die Zuteilung im Jahre 1818 vorliegen, die räumliche Ausdehnung u. U. zugunsten der Markungsfreiheit sprechen. S 14, 1 Fließende Gewässer unterbrechen den Zusammenhang nicht S 13, 352

**2.** Der Verlust der Markungsfreiheit konnte also nur durch Zuteilung an eine Gemeinde eintreten, eine andere Möglichkeit ist gesetzlich nicht denkbar S 3, 708; 15, 269; 25, 334; 27, 71 Die tatsächliche Zugehörigkeit genügt nicht.

**3.** Die Einverleibung kann jetzt bei festgestelltem Bedürfnis nach Art. 4 auch gegen den Willen des Eigentümers verfügt werden. Sie kann auch notwendig werden, wenn die Voraussetzungen (Abholzen des Waldes, Austrocknen des Sees u. dergl.) wegfallen

**4.** Ausmärkische Bezirke sind zwar auch in den Markungen einer kreisunmittelbaren Stadt denkbar. Solche Fälle sind aber nicht bekannt Die Ortspolizei wird also stets einem Bezirksamt zustehen, das die etwa notwendigen ortspolizeilichen Vorschriften, z. B für Benützung von Wegen und Brücken, erläßt. Die Kosten der Ortspolizei hat mangels einer Bestimmung der Staat zu tragen.

**5.** Die Verpflichtungen treffen den Eigentümer, nicht die Nutznießer, Pächter oder sonstigen Berechtigten. Bei ausgeschiedenem Eigentum mehrerer Personen wird eine entsprechende Teilung einzutreten haben.

**6.** Die Aufzählung ist nicht erschöpfend, Kulturaufgaben der Gemeinden sind jedenfalls nicht darunter begriffen, es kann sich nur um die notwendigsten Maßnahmen handeln, wie sie z. B auch die alten Markgenossen treffen mußten. Einleitung Ziff 1 Die Kosten solcher Veranstaltungen hat der Eigentümer zu tragen im Gegensatz zu den Kosten der Ortspolizei Anm 4

Die Armenpflege war früher durch Rechtsprechung ausgenommen worden S 6, 203 Jetzt ist sie durch Art 17 und 41 des AG. den Eigentümern ausdrücklich auferlegt. Pöll AG a a O.

Für das Versicherungsrecht §§ 114 u. 527 RVO § 4 MinBek v 29 Dez. 1911 GVBl. 1368 W 40, 359.

Nach MinBek. v 4. Mai 1922, MinBl 114, sind die Eigentümer auch Träger der Maßnahmen zur Unterstützung von Rentenempfängern der Invaliden- und Angestelltenversicherung, soweit es sich um Ansiedlungen handelt, die noch nicht einer Gemeinde zugeteilt sind. Die Jagdpolizei fällt unter die Ortspolizei, Anm 4, das Jagdrecht selbst gebührt den Eigentümern S 28, 200.

**7.** Die Erfüllung der Verpflichtungen nach Anm 6 kann staatsaufsichtlich erzwungen werden Gegen solche Verfügungen können die Eigentümer den VGH anrufen, Art 10 Ziff 4 VGG Von diesem Recht kann auch der Fiskus Gebrauch machen, wenn es sich z. B um markungsfreie ärarialische Waldungen handelt.

**8.** Die neuen Ansiedlungen werden in der Regel Enklaven sein. Für die Zuteilung wird in erster Linie die Wegverbindung maßgebend sein, bei räumlichem Zusammenhang wird in der Regel die anstoßende Gemeinde gewählt werden. Die Ansiedlung muß bewohnt sein, keineswegs aber ununterbrochen. Auch Hütten und Alpen, die nur im Sommer bewohnt sind, fallen unter die Bestimmung. Die Vorschriften sind zwingend, menschliche Ansiedlungen dürfen nicht markungsfrei sein.

**9.** Die zugehörigen Grundstücke müssen den Ansiedlern gehören und eine wirtschaftliche Einheit bilden.

**10.** Die Art der Zuteilung erinnert an den § 3 des GemEd. 1818 s. o. Art. 2 Anm. 1

Nach dem jetzigen Recht werden die Bewohner der Niederlassungen das Bürgerrecht in der Gemeinde erlangen und u. U auch bei Verteilung von Nutzungen Anspruch auf Genuß haben, wie sie umgekehrt auch umlagenpflichtig zur Überweisungsgemeinde werden.

Die Eigentümer der Markung selbst werden durch Zuteilung nicht berührt. Sie bleiben nach wie vor umlagenfrei, darin liegt der besondere Wert der ausmärkischen Eigenschaft S 15, 269

**11.** Es sind drei Arten von Streitigkeiten zu unterscheiden:

a) über die ausmärkische Eigenschaft. Diese fällt unter

Art. 8 Ziff. 25 VGG. Beteiligt sind die Eigentümer und die Gemeinde, die die Zugehörigkeit behauptet. Ergeben die amtlichen Erhebungen die Vermutung für die Zugehörigkeit zu einer anderen Gemeinde, so ist auch diese zuzuziehen. Die für die ärarialischen Waldungen (Zuteilung und Konkurrenzpflicht) erlassene ME. v. 17. Aug 1832 W 2, 620 wird heute nicht mehr zu beachten sein. Das Forstamt wird in jedem Fall die Weisung seiner vorgesetzten Stelle einzuholen haben;

b) über die Verpflichtungen der Eigentümer nach Abs. 3. Diese fallen unter Art. 10 Ziff. 4 VGG. Anm. 7 Hier sind nur die Eigentümer beteiligt. Die Aufsichtsbehörde ist nicht Partei. Zu diesen Streitigkeiten gehört auch die Verteilung der Kosten auf die mehreren Eigentümer. Verabredungen der Eigentümer braucht die Aufsichtsbehörde nicht zu beachten. Über Ansprüche aus solchen Verabredungen oder Vereinbarungen entscheiden die bürgerlichen Gerichte.

## Art. 4. (4)

I Änderungen[1]) im Bestande der Gemeinden, Ortschaften oder abgesonderten Markungen bedürfen der Genehmigung[2]) des Staatsministeriums des Innern. Sie setzen in der Regel die Zustimmung[3]) der beteiligten Gemeinderäte voraus.

II Auch ohne diese Zustimmung ist die Genehmigung zulässig, wenn ein dringendes öffentliches Bedürfnis[4]) festgestellt ist. Auf die Zuständigkeit und das Verfahren zur Feststellung des Bedürfnisses findet der Art. 11 des Verwaltungsgerichtsgesetzes entsprechend Anwendung.[5])[6]) Das Verfahren über die Teilung oder Auseinandersetzung des Vermögens[7]) ist, wenn möglich, damit zu verbinden. Die Kosten trägt der Staat, mit Ausnahme der Parteivertretungskosten.

III Wird bei einer Änderung im Bestand einer Gemeinde, Ortschaft oder abgesonderten Markung vereinbart, daß ein Grundstück von einer Gemeinde, Ortschaft oder abgesonderten Markung auf eine andere Gemeinde, Ortschaft oder abgesonderte Markung übergehen soll, so tritt die Eigentumsänderung[8]) auf Grund der Genehmigung der Vereinbarung durch das Staatsministerium des Innern in dem Zeitpunkt ein, in dem die Änderung im Bestande der Gemeinde, Ortschaft oder abgesonderten Markung wirksam wird.

IV In der Vereinbarung kann ein anderer Zeitpunkt bestimmt werden.

V Die Aufsichtsbehörde kann die Neuwahl des Stadt- oder Gemeinderats anordnen,[9]) sie kann für den Rest der laufenden Wahlzeit die Anzahl der Mitglieder des Stadt- oder Gemeinderates vermehren und die Wahl für die neuen Stellen auf Teile des Gemeindebezirkes beschränken. Die Gewählten versehen ihr Amt nur für den Rest der laufenden Wahlzeit.

IV Das Staatsministerium des Innern kann die Zuständigkeit zur Genehmigung von Änderungen im Bestande von Gemeinden, Ortschaften oder abgesonderten Markungen auf die Regierungen, Kammern des Innern, übertragen.[2]) [10—12])

### Vollzugsanweisung zum ZG.

**§ 27.** I Zu Änderungen im Bestande der Gemeinden und Ortschaften ist künftig nur die Einvernahme der beteiligten Stadt- oder Gemeinderäte oder der Ortsausschüsse erforderlich, nicht mehr die Einvernahme der Grundbesitzer, der Hypothekengläubiger und sonstiger Einzelpersonen. Nur die abgesonderten Markungen werden von ihren Eigentümern vertreten.

II Die Zusammenlegung von Gemeinden ist nach dem Gesetze für die Folge auch ohne die Zustimmung der beteiligten Gemeinden, Ortschaften, Markungsbesitzer zulässig, wenn ein dringendes öffentliches Bedürfnis festgestellt ist. In der Regel sollen es wirtschaftliche Gründe sein; die Zusammenlegung soll wenigstens für eine der beteiligten Gemeinden eine wesentliche Erleichterung in der Erfüllung ihrer öffentlichen Aufgaben mit sich bringen. Die Aufgaben brauchen aber nicht notwendig in den engeren Kreis der gesetzlichen Verpflichtungen im Sinne der Art. 38/29 der beiden Gemeindeordnungen zu fallen, vielmehr sollen hier Berücksichtigung finden auch an sich freiwillige Wohlfahrtseinrichtungen und Unternehmungen, wie z. B. die Beförderung des Wohnungswesens, Beschaffung von Kleinwohnungen und dergleichen bedeutende Aufgaben, die die nächste Zeit an die Gemeinden stellen wird.

III Die Bestimmungen des Gesetzes sollen nicht nur zur Bekämpfung der Zwerggemeinden dienen, sondern auch die Handhabe bieten, Gemeinden von jeder Größe zu vereinigen, wenn diese Vereinigung im öffentlichen Interesse liegt. Das Verfahren zur Feststellung des Bedürfnisses im Wege des Art. 11 des Verwaltungsgerichtsgesetzes wird von den Aufsichtsbehörden betrieben. Die Gemeinden, um deren Zusammenlegung es sich handelt, sind die Beteiligten und werden durch ihre Verwaltungen vertreten. Sie können zur Feststellung des Sachverhalts beitragen unbeschadet der Bestimmungen des Art. 20 Abs 1 des Verwaltungsgerichtsgesetzes (Offizialgrundsatz). Eine Beschwerdeführung wird nur eintreten, wenn das Bedürfnis bejaht wird. Die Aufsichtsbehörden sollen das Verfahren nur dann einleiten, wenn die Umstände von vorneherein überwiegend für die Annahme des Bedürfnisses sprechen. Deshalb wird sich auch in vielen Fällen gleichzeitig mit dem Verfahren über die Feststellung des Bedürfnisses auch das Verfahren über die Auseinandersetzung verbinden lassen, die Verbindung wird oft sogar sehr zweckmäßig sein, sie kürzt nicht nur den Weg ab, sondern zeigt auch gleich, welche äußeren Folgen aus der Vereinigung der Gemeinden, Ortschaften usw. entspringen werden. Es ist denkbar, daß gerade dadurch in manchen Fällen die Beschwerdeführung erspart wird, insbesondere wenn es möglich sein wird, einzelne Wünsche und Besonderheiten frühzeitig zu berücksichtigen.

IV Die Vermögensauseinandersetzung soll regelmäßig eine Vermögensvereinigung sein. Das gilt in erster Linie vom öffentlichen Eigentum; darunter sind alle Sachen und Rechte zu verstehen, welche zum Verwaltungs- wie zum Finanzvermögen der beteiligten Gemeinden, Ortschaften usw. gehören. Es soll grundsätzlich vermieden werden, Sonderrechte nach der Vereinigung zu bilden. Ausgenommen sind die besonderen Nutzungsrechte der einzelnen Gemeinden (an Wald- oder Feldgrundstücken, an Kommunbräuhäusern u. dergl.). Die Vereinigung des Vermögens begreift auch die Vereinigung der Schulden in sich, eine Ausscheidung wird hier dann notwendig sein, wenn eine solche auch für den Gegenstand stattgefunden hat, für den die Schuld nachweislich aufgenommen wurde.

V Die freiwillige Vereinigung soll möglichst unterstützt werden. Die Vereinigung wirkt in der Regel in dem Zeitpunkt, in dem auch die Veränderung im Bestande der Gemeinden, Ortschaften und abgesonderten Markungen wirksam werden. Es kann auch ein anderer Zeitpunkt ausdrücklich bestimmt werden. Das Eigentum geht bei der Vereinigung auf Grund der Genehmigung über (vgl. Art. 27/20 Abs. 4 der beiden Gemeindeordnungen). Der Eigentumsübergang an eingetragenen Grundstücken vollzieht sich außerhalb des Grundbuches, so daß das Grundbuch berichtigt werden muß.

1. Das Gemeindeedikt 1818 hat die Gelegenheit versäumt, die starke Zersplitterung in der Gemeindebildung zu beseitigen. Art. 2 Anm. 1. Auch durch freiwilligen Zusammenschluß ist keine Besserung erzielt worden trotz wiederholter allgemeiner und einzelner Anläufe der Staatsregierung. Die MinBek. v. 2. April 1908 MABl. 147 enthält eine Belehrung über die Vorteile solcher Vereinigungen, sie verlangt jährlichen Bericht über die erzielten Fortschritte. Erst die ME. v. 7. August 1919 MABl. 174 hat die Berichterstattung für die Folge erlassen. Der Entwurf zum AG. hatte eine Bestimmung vorgesehen, daß Gemeinden mit weniger als 100 E. ohne weiteres, mit weniger als 500 bei dringendem öffentlichen Bedürfnis auch gegen ihre Zustimmung sollten vereinigt werden können. Das Gesetz selbst schwächte diesen Vorschlag aber wesentlich ab. Es gab nur eine Ermächtigung für Gemeinden unter 50 E. — Der Entwurf Brettreich 1918 (EinlSG., VdKdAbg. 17/18, Beil Nr. 2584) hatte bereits jene Änderungen enthalten, die in Art. 27 SG. übernommen wurden. Auf Art. 27 SG. beruht die jetzige Fassung des Art. 4 GemO. Die Begründung jenes Entwurfs enthält folgende Darlegungen:

„Von den 8000 Gemeinden des Landes zählen nach der Volkszählung von 1910 rund 5000 nur bis zu 500 und rund 1200 Gemeinden nur bis zu 200 Einwohner. Von den Gemeinden unter 500 Einwohnern hatten im Jahre 1912: 346 ein Steuersoll unter

500 Mark, 1242 ein Steuersoll zw. 500 und 1000 Mark und 2000 ein Steuersoll zw. 1000 und 2000 Mark. Der Entwurf wollte mit der neuen Bestimmung aber nicht nur die Möglichkeit schaffen, solche kleine Gemeinden durch Vereinigung mit anderen leistungsfähiger zu machen, sondern auch eine Handhabe bieten, um Gemeinden von jeder Größe vereinigen zu können, auch gegen deren Willen, wenn das Gemeinwohl es erfordert."

„Das dringende öffentliche Bedürfnis soll in einem Verfahren festgestellt werden, welches mit zwei Rechtszügen ausgestattet ist und den Gemeinden Gelegenheit gibt, ihre Interessen wirksam zum Ausdrucke zu bringen. Das Gesetz vermeidet es aber, die Voraussetzungen für die Annahme eines dringenden öffentlichen Bedürfnisses festzulegen, es soll ein Spielraum bleiben, den die Praxis ausfüllen soll und der auch einem Wechsel der Anschauungen im Laufe der Zeit und der Entwicklung unterliegen darf . . . . .

Bei der Berücksichtigung der wirtschaftlichen Lage wird die Anzahl der Einwohner, die Belastung mit Umlagen, die Höhe des Steueraufkommens, die gesellschaftliche Zusammensetzung der Gemeinden von Fall zu Fall zu würdigen sein. Im allgemeinen wird man sagen können, daß bei Gemeinden unter 200 Einwohnern, entsprechende örtliche Verhältnisse vorausgesetzt, in der Regel das Bedürfnis der Vereinigung mit einer anderen Gemeinde angenommen werden darf. Es sollen regelmäßig ganze Gemeinden vereinigt und dabei auf bereits bestehende Schul- und Kirchenverbände möglichst Rücksicht genommen werden. Diese letzteren Rücksichten und die örtliche Lage können aber auch in manchen Fällen dazu führen, beispielsweise eine aus zwei Ortschaften bestehende Gemeinde ausnahmsweise an zwei verschiedene Gemeinden zu verteilen. Diese, wie alle sonst hier einschlägigen Fragen sollen als Fragen des schiedsrichterlichen Ermessens gelten, wie sie bisher schon in den Angelegenheiten des Art. 11 des Verwaltungsgerichtsgesetzes behandelt wurden. Diese Fragen unterliegen deshalb auch der Beurteilung durch den Verwaltungsgerichtshof, sie fallen nicht unter Art. 13 Ziff. 3 des Verwaltungsgerichtsgesetzes."

**2.** Die Genehmigung ist ein Ausfluß der Organisationsgewalt des Staates. Art. 2 Anm. 1. Nur auf diesem Wege kann überhaupt eine Änderung im Bestande der Gemeinden eintreten, abgesehen von Elementarereignissen. Bereits § 5 des GemEd. 1818 hatte diesen Grundsatz anerkannt. Eine Vereinbarung der Gemeinden unter sich ohne ministerielle Genehmigung ist unwirksam. S 6, 70; 8, 87; 11, 432; 8, 107; 23, 13.

Die Genehmigung liegt im freien Ermessen der Staatsgewalt, der Verwaltungsrichter kann nur über die Wirkung der genehmigten Änderung unter Umständen befinden müssen. Die Befugnis zur Genehmigung kann das Staatsministerium nach Abs. VI. des Art. allgemein auf die Kreisregierungen übertragen. Es hat in der ME. v. 30. Juni 1917 Gebrauch gemacht und die Regierungen für jene Fälle ermächtigt, wo die Änderung unbedeutend ist und keine Niederlassungen betrifft.

**3.** Es genügt ein Mehrheitsbeschluß der Gemeinderäte. Sind Ortschaften beteiligt, die nicht Bestandteile der beteiligten Gemeinden sind, so ist ein Beschluß des Ortsausschusses notwendig, Art. 153 V, ebenso wenn nur Teile einer Ortschaft in Frage kommen. Eine Änderung von Ortschaftsgrenzen war nach der früheren Fassung des Art. 4 überhaupt nicht möglich, auch heute noch wird eine solche in der Regel vermieden. Wenn eine Gemeinde aus mehreren Ortschaften besteht, so muß die Entschließung, die die Änderung verfügt, ausdrücklich darüber befinden, ob ein neu zugewiesener Teil zugleich Bestandteil einer der Ortschaften werden soll, außerdem gehört er zu der Gemeinde im ganzen.

Die Kreise und die Bezirke werden, wenn die Änderung auch ihre Grenzen berührt, zwar gehört, ihre Zustimmung ist aber nicht notwendig. Auch wenn z. B. bei der Vereinigung der Stadt Lindau mit den Nachbargemeinden diese Gemeinden aus dem Bezirk ausscheiden oder wie z. B. bei Einverleibung von Lechhausen in die Stadt Augsburg die Gemeinde die Kreiszugehörigkeit wechselt. In solchen Fällen sind aber Kreis und Bezirk beim Verfahren über Teilung und Auseinandersetzung des Vermögens beteiligt. Anm 7.

Die Einvernahme der Grundbesitzer der Hypothekengläubiger und sonstiger einzelner Personen fällt jetzt weg, sie kann sich aber aus Zweckmäßigkeitsgründen bisweilen empfehlen. Für die Sachbehandlung bietet die ME. v. 16. Mai 1903 MBl 203 auch jetzt noch Anhaltspunkte. — Die abgesonderten Markungen werden von ihren Eigentümern vertreten.

**4.** Das dringende öffentliche Bedürfnis wird im Gesetze selbst nicht weiter erläutert. Die in Anm 1 erwähnte Begründung ist in § 27 II, III, BA. z. SG., oben abgedruckt, übernommen worden.

**5.** Bei mangelnder Zustimmung irgend einer der beteiligten Gemeinden oder Ortschaften A. 1 tritt schiedsrichterliches Verfahren nach Art. 11 BGG. ein. Die bejahende Entscheidung ersetzt die Zustimmung. Weiter geht sie nicht Die Staatsgewalt hat dieselbe freie Hand als wenn die Gemeinden oder Ortschaften jetzt freiwillig ihre Zustimmung gegeben hätten. S 41, 151. Der Verwaltungsrichter darf bei seiner Entscheidung alle Verhältnisse nach freiem Ermessen erwägen. Dieses Verfahren tritt auch bei jenen unbedeutenden Änderungen ein, die nach dem früheren Wortlaut ohne Zustimmung verfügt werden konnten. Darin liegt eine Verschlechterung, die aber unvermeidlich war, weil sich der Begriff der unwesentlichen Veränderung nicht genau festlegen läßt und bei mangelnder Zustimmung ein Streit gerade über diese Frage möglich ist, für dessen Austragung immerhin ein Verfahren hätte vorgesehen werden müssen.

**6.** Regelmäßig wird die Aufsichtsbehörde entweder aus eigenem Antrieb oder auf Anregung von irgend einer, auch von privater Seite die Änderung in Behandlung nehmen, sie wird, wenn sie die Änderung für dringend notwendig im öffentlichen Interesse hält, von sich aus das Verfahren nach Art. 11 BGG. beantragen, in der Regel wird ihr auch die erstinstanzielle Entscheidung nach Art. 11 übertragen werden. Ergibt die genaue Prüfung, daß sich das dringende öffentliche Bedürfnis nicht genügend erweisen läßt, so ist das Bedürfnis zu verneinen. Die Entscheidung ergeht rebus sic stantibus. Es besteht kein Hindernis, die Angelegenheit wieder aufzugreifen, wenn sich entweder die Verhältnisse geändert haben, oder ein anderes Urteil über den Wert der Vereinigung sich gewinnen läßt.

Es ist aber zu prüfen, ob die beteiligten Gemeinden oder Ortschaften ein Beschwerderecht gegen die erstinstanzielle Entscheidung haben, wenn die Entscheidung verneinend ausfällt. Beteiligt sind diejenigen Gemeinden, Ortschaften oder auswärtigen Bezirke, deren Bestand durch die in Behandlung genommene Änderung beeinflußt wird. Sie allein mußten auch im Verfahren der ersten Rechtsstufe gehört werden. Bei der Frage nach dem Beschwerderecht muß man nun im Auge behalten, daß die Entscheidung nach Art. 11 trotz ihres Wortlautes der von der Dringlichkeit des Bedürfnisses spricht, nichts weiter bedeutet, als eine Entscheidung darüber, ob die mangelnde Zustimmung durch sie ersetzt werden soll oder nicht, Anm. 5. Bei verneinender Entscheidung fehlt sie, aber auch, wenn sie durch bejahende Entscheidung ersetzt wäre, so würde die Staatsgewalt dadurch in keiner Weise gebunden werden. Nun ist die erste Instanz zugleich dasjenige Verwaltungsorgan der Staatsgewalt, das in der Regel, weil es den Verhältnissen am nächsten steht, in den eigentlichen Verwaltungsangelegenheiten der Staatsregierung das maßgebende Urteil liefert. Hat jene mit ihrer Entscheidung ihre Zustimmung versagt, so hat es keinen Sinn mehr, den Kampf um die mangelnde Zustimmung überhaupt noch weiter zum Streitobjekt zu machen und einem voraussichtlich wertlosen Moment auf prozessualem Wege einen selbständigen Wert zu verleihen. Man wird so dazu kommen, ein Beschwerderecht nur für jene Beteiligten anzuerkennen, deren Zustimmung durch die schiedsrichterliche Entscheidung ersetzt worden ist. Fällt diese verneinend aus, so fällt auch jedes Beschwerderecht als gegenstandslos hinweg. Die VA. in § 27 III stimmt damit überein, wenn sie davon spricht, daß Beschwerden nur dann eintreten werden, wenn das Bedürfnis bejaht wurde.

In jenen Fällen ferner, wo die Zuteilung beispielsweise der Gemeinde A entweder zur Gemeinde C oder zur Gemeinde D nebeneinander behandelt wurde, wo also eine doppelte Lösung ins Auge gefaßt war, kann für beide Fälle die Entscheidung bejahend ausfallen. Es liegt dann die Sache so, als ob die Gemeinde A für beide Möglichkeiten ihre Zustimmung gegeben hätte. Es ist hier an der Staatsregierung, ihrerseits die Wahl zu treffen oder unter Umständen auf jede Änderung zu verzichten.

Man sieht, daß bei dieser Auffassung, die konsequent die eigentliche Bedeutung der Entscheidung über die Bedürfnisfrage nicht vergißt, die Staatsgewalt in allen Fällen in der Rückhand bleibt und ihre Karte nicht vorzeitig aufzuwerfen braucht.

Die Rechtsprechung ist diesen Weg nicht gegangen. Sie hat allgemein allen Beteiligten, Anm. 3, ein Beschwerderecht zugestanden und die Staatsregierung genötigt, sich bereits im Anfang zu erklären, in welche Richtung sie das Verfahren gebracht sehen will. S 41, 151. Die MinBek. v. 8. Januar 1921 MBl. 2 weist die Behörden an, zunächst die Auffassung der höchsten Stelle in dieser Beziehung einzuholen. Das Min. wird dadurch der Möglichkeit beraubt, sich unbefangen von der Beurteilung der Verhältnisse im Verfahren nach Art. 11 u. U. selbst bestimmen zu lassen.

Gewiß haben manche Gemeinden ein Interesse daran, Anträge zu stellen und im Beschwerdeweg zu verfolgen. Aber es heißt den Sinn und Zweck des Verfahrens verkennen, wenn man diese Bestrebungen durch Einräumung prozessualer Befugnisse unterstützt. Von einem Antragsrecht sollte man überhaupt nicht sprechen. Es kann sich nur um eine Anregung handeln, ähnlich wie sie auch in anderen Fällen für die Staatsaufsicht in Betracht kommen kann, z. B. bei Übernahme von Wegen. Das muß sich dann alles im Gebiet der reinen Verwaltung abspielen, der Antragsteller kann sich an die höhere Aufsichtsbehörde wenden, wenn eine von ihm angeregte Einverleibung von der zunächst berufenen Behörde nicht weiter verfolgt wird. Für den Verwaltungsrichter wird die Bahn erst frei, wenn der Bestand einer Gemeinde durch eine Entscheidung über die Bedürfnisfrage bedroht wird. Geht man indes soweit, wie die Rechtsprechung, so bleiben Zweifel, ob der VGH. berechtigt ist, auf eine richtunggebende ME. hin das Verfahren von sich aus einzustellen, wenn z. B. die Staatsregierung erklärt, die beantragte Änderung nicht verfolgen zu wollen.

**7.** Über die Teilung und Auseinandersetzung des Vermögens sollen sich die Beteiligten tunlichst vorher einigen, andernfalls tritt auch hier die schiedsrichterliche Entscheidung ein. Art. 11 u. 12 VGG. Über die Art der Auseinandersetzung gibt VA. § 27 IV Winke, die wörtlich aus der Begründung zum Entwurf 1918 genommen sind. S. oben Anm. 1, Art. 5 III GO. wurde durch SG. Art. 27 Ziff. 2 aufgehoben, weil er die Verschmelzung des Vermögens der vereinigten Bestandteile hindert, Art. 5 Anm. 1. Meistens gelingt es auch, eine Vereinbarung zu erzielen. Die Ausgleichung von aktivem und passivem Vermögen bietet gewöhnlich keine besonderen Schwierigkeiten. Diese liegen meistens in anderer Richtung. Der Ausfall an Umlagen politisch-wirtschaftliche Verhältnisse und manche Wirkungen, die sich überhaupt nicht materiell erfassen lassen, ohne daß sie nur etwa Affektionswert besitzen würden, spielen hier eine bedeutende Rolle. Wo Bezirks- oder Kreisgrenzen durch die Änderung in Mitleidenschaft gezogen werden, treten in diesem Teil des Verfahrens auch Kreis und Bezirk als beteiligt auf, Anm. 3 Bei Einverleibung von Lechhausen nach Augsburg haben die oberbayerische und die schwäbische Kreisvertretung sich über eine Abfindung für den Entgang an Kreisumlagen geeinigt. Art. 17 II SG. darf auf diesen Fall nicht ausgedehnt werden, Art. 17 SG. Anm. 7.

Der wesentliche Inhalt der Vereinbarung oder ein Hinweis auf diese Vereinbarung wird regelmäßig in die organisatorische Verfügung aufgenommen. Dadurch gewinnt die Aufsichtsbehörde das Recht, sich um den Vollzug anzunehmen. Bei Vereinigung mehrerer Gemeinden geht jede solche als Rechtssubjekt unter. Es würde also eine Schwierigkeit entstehen, wer die Ansprüche aus der Vereinbarung geltend machen kann.

**8.** Über die Wirkung des Eigentumsübergangs an Liegenschaften auf das Grundbuch VA. § 27 V a E., oben abgedruckt.

**9.** Abs. V wird in der Begründung zum Entwurf 1918 die oben in A. 1 erwähnt ist, folgendermaßen erläutert:

„Durch die Veränderung der Gemeindebezirke werden auch die Verwaltungen der beteiligten Gemeinden berührt. Allgemeine Regeln lassen sich hier nicht aufstellen, diese Fragen werden am besten durch freiwillige Vereinbarungen der bisherigen Vertretungen gelöst werden. Der Entwurf will in dem vorgeschlagenen Abs. 4 einem bei der Handhabung der bisherigen gesetzlichen Vorschriften aufgetretenen Bedürfnis entsprechen und die Möglichkeit eröffnen, in weiten Grenzen solchen Vereinbarungen zu entsprechen. Deshalb müssen die Bestimmungen biegsam sein. Gewöhnlich werden nur in dem Falle, wo zwei ziemlich gleich große Gemeinden vereinigt werden, für die neu entstandene Gemeinde Neuwahlen notwendig sein, in allen anderen Fällen und auch bei der Zuweisung von Teilen einer Gemeinde an eine andere wird man sich mit der Vermehrung der Verwaltungsmitglieder bei der vergrößerten Gemeinde und mit der Beschränkung der Wahl auf den zugewiesenen Teil des Gemeindebezirkes helfen können. Die gesetzlichen Bestimmungen sollen dabei keine Schranke bilden, weder das Verhältnis der Einwohnerzahl zur Stärke der Gemeindeverwaltung, noch was die Höchstzahl der Mitglieder überhaupt anlangt. Die Verwaltung der verkleinerten Gemeinde, sofern diese noch selbständig fortbesteht, wird durch die Trennung insoferne berührt werden, als einzelne Mitglieder durch Verlust ihres Wohnsitzes auch die Wahlfähigkeit in der bisherigen Gemeinde verlieren. Das soll unbeachtet bleiben können, auch wenn Abweichungen von den Vorschriften der Art. 71 oder 124 bestehen. Die Vorschriften sollen auch auf die verkleinerte Gemeinde anwendbar sein. Die Regelung soll in allen Fällen nur eine vorübergehende sein, bis mit den jeweils nächsten regelmäßigen Wahlen die Bemessung der Stärke der Vertretung und auch ihre Wahl sich wieder an die gewöhnlichen gesetzlichen Vorschriften halten kann."

An Stelle der Art. 71, 124 rrh. GemO. ist jetzt Art. 6 GG. getreten.

Die Bestimmungen sind neu. Auch in ähnlichen Gesetzen anderer Staaten sind sie bis jetzt noch nicht getroffen. Ihr Bedürfnis ergab die Erfahrung insbesondere bei Einverleibung von Lechhausen nach Augsburg. Lechhausen würde nach alten Gesetzesvorschriften bis zum nächsten allgemeinen Wahltermin keine Vertretung in der Stadtverwaltung von Augsburg gehabt haben, wenn es sich damals nicht auf besondere Weise geholfen hätte. Art. 196 Anm. 4.

**10.** Öffentlich-rechtlich und bürgerlich-rechtlich erzeugt die Vereinigung eine Gesamtrechtsnachfolge zugunsten und Lasten des neuen Gemeindegebiets in Rücksicht auf alle Rechte und Pflichten, die mit den vereinigten Teilen verknüpft waren. Der Wortlaut der organisatorischen Verfügung macht dabei keinen Unterschied, sei es, daß er z. B die eine Gemeinde der andern zuteilt, oder wie bei Lindau, GVBl. 1922, 152, sämtliche Teile zu einer Gesamtgemeinde vereinigt. Die Wahl des Wortlautes hängt bisweilen von taktischen Erwägungen ab. Art 4 macht keinen Unterschied zwischen Einverleibung und Vereinigung, wie er anderwärts bisweilen üblich ist. Siehe die Literatur in Anm. 11.

Die öffentlichen Rechtsnormen gehen in den vereinigten Teilung nicht unter, sondern bestehen bis zu einer anderweitigen Regelung fort. In den vereinigten Teilen gelten die bisherigen orts-, bezirks- und kreispolizeilichen Vorschriften weiter. Soll eine Einheitlichkeit erzielt werden, so müssen die ortspolizeilichen Vorschriften für das ganze Gebiet neu beschlossen und verkündet werden S 24, 561.

Mit Verkündung der Vorschriften des einen Teils im andern Teil kann man sich begnügen, wenn der zugewiesene Teil für solche Vorschriften keine selbständige Zuständigkeit besessen hat, also wenn hinsichtlich der ortspolizeilichen Vorschriften etwa nur eine Ortschaft oder hinsichtlich gewisser Satzungen nicht einmal eine Ortschaft, sondern nur einzelne Anwesen oder bloß unbewohnte Grundstücke oder Plannummern zugewiesen wurden.

**11.** Wegen der Wirkung von Grenzänderungen auf armenrechtliche Verhältnisse und den Unterstützungswohnsitz Pöll AG. S. 21 Note 3, S. 34 Note 6. Wegen der Wirkung auf Umlagenberechtigung § 17 AAzBG. GVBl. 1922 S. 240.

Wegen des Vergleichs mit den Gesetzen anderer Länder: Merk, Badisches Gemarkungsrecht, Karlsruhe 1918; von Preuschen, Gemeindebezirksänderung in Elsaß-Lothringen, Straßburg 1913.

Die in Anm. 1 erwähnte Unterlassungssünde des GemEd. soll durch ein besonderes Gesetz gutgemacht werden, das die BGemBZ. Nr. 14 des Jahrg. 1922, Referentenentwurf, im vollen Wortlaut gebracht hat. Vgl. dazu BGemBZ. 1922 Sp. 537.

## Art. 5. (5)

I Jeder Ortschaft,[1]) welche bisher ein eigenes Gemeinde- oder Stiftungsvermögen besessen hat, verbleibt ihr ausschließendes Eigentumsrecht und, soweit nicht durch Verträge anders bestimmt ist, das Recht gesonderter Verwaltung[2]) und Benützung.

II Ebenso bleiben die bestehenden Rechte unverändert, wenn ein eigenes Gemeinde- oder Stiftungsvermögen zu dem Vermögen einer dem Gemeindeverbande einverleibten Markung oder eines einzelnen Gemeindebezirks gehört.[3])

III Die Bestimmung des Abs. I findet auch dann Anwendung, wenn die Vereinigung mehrerer Ortschaften oder Gemeinden, sowie die Einverleibung abgesonderter Markungen in einen Gemeindebezirk nach Maßgabe des gegenwärtigen Gesetzes stattfindet.[1])

**1.** Wie das GemEd. 1818, so hat auch die Gemeindeordnung 1869 die Ortschaften, das Ortschaftsvermögen und das ortschaftlich verbliebene Stiftungsvermögen aufrecht erhalten. Art. 2 Anm. 1. Unter Ortschaften sind auch Weiler und einzelne Höfe zu verstehen. Art. 28 SG. hat durch Änderung des Art. 153 zwar den Ortschaften das Recht genommen, innerhalb des Flurbezirks der gesetzliche Träger öffentlich-rechtlicher Pflichten der Gemeinde zu sein, Art. 38 GemO., es hat sie aber als rechtsfähige Personen des öffentlichen Rechts bestehen lassen, soweit die Verwaltung ihres Ortschaftsvermögens und die freiwillige Erfüllung gemeindlicher Aufgaben zu Lasten des Ortschaftsvermögens in Frage kommt, Art. 153. Umlagen dürfen sie nur erheben für Ausgaben auf die Verwaltung des Ortschafts- und des öffentlichen Stiftungsvermögens. Art. 27 SG. hat aber den Abs. 3 des Art. 5 aufgehoben und den Mißstand beseitigt, daß bei Vereinigung von Ortschaften mit Gemeinden das ortschaftliche Vermögen gesondert gehalten werden mußte. Die Gemeinde, zu der die Ortschaft trat, wurde im Verhältnis zu dieser Ortschaft gleichfalls zur Ortschaft, denn auch ihr Vermögen blieb gegenüber der zugeteilten Ortschaft gesondert. Es waren dann drei Vermögen zu unterscheiden, das Gemeindevermögen der bisherigen Gemeinde als deren jetziges Ortschaftsvermögen, dann das Ortschaftsvermögen der einverleibten Ortschaft und gegenüber beiden das mit Null zu wertende Vermögen der neuentstandenen Gemeinde. Daher die bisher so häufige Erfahrung, reiche Ortschaften, arme Gemeinden. Die Verbesserungen durch SG. reichen keineswegs aus. Man ist immer mehr zur Überzeugung gelangt, daß vermögensrechtlich in sich geschlossene Gemeinden anzustreben sind. Der Entwurf des neuen Gemeindegesetzes hat in Art. 46 vorgeschlagen, die Ortschaften als öffentliche Körperschaften überhaupt zu beseitigen.

2. Die Vorschriften über die Verwaltung des Gemeindevermögens gelten auch für das Ortschaftsvermögen. Art. 153 V. Die Renten des Ortschaftsvermögens sind also nach Art. 39 GO. für die Gemeinde-Bedürfnisse, in erster Linie für den Anteil der Ortschaft an den Lasten der Gemeinde, d. h. für die der Gemeinde geschuldeten Umlagen der Ortsangehörigen zu verwenden. Daran hat auch die Rechtsprechung festgehalten, S 19, 220. Unter Ortsangehörigen sind alle Ortseinwohner zu verstehen, nicht etwa bloß diejenigen, die sich bereits 6 Monate in der Ortschaft aufgehalten haben. Über das Ortsbürgerrecht Art. 10 Anm. 4.

Auf die Erhebung von Ortsumlagen, für die nach Anm. 1 noch zulässigen Zwecke kommen, finden die Vorschriften über die Gemeindeumlagen Anwendung. Art. 25 VG., GVBl. 1921 S. 367. Die Gemeinden dürfen bestimmte Hundertsätze bei den Gemeindeumlagen nicht überschreiten; soweit sie unter diesen Höchstsätzen bleiben, dürfen die zur Gemeinde gehörigen Ortschaften Ortsumlagen erheben. Art. 9 VG. Siehe auch Art. 42 GemO. Über die Vertretung der Ortschaft Art. 153 V.

3. Abs. II hält bei den vor SG. vollzogenen Einverleibungen die Vermögenstrennung der Ortschaften unter sich und gegenüber der Gemeinde aufrecht. Diesen Zustand hat auch das SG. bestehen lassen. Über Vorschläge im Entwurf des neuen Gemeinderechts s. Anm. 1.

Ein solch abgetrenntes Vermögen besitzt innerhalb der Stadt Erlangen der Stadtbezirk Erlangen-Altstadt. Auf ihn sind die Vorschriften Abs. VII und VIII des Art. 153 abgestellt. Ähnliche Fälle innerhalb geschlossener Städte sind sonst nicht bekannt.

## Art. 6. (6)

I Mehrere benachbarte,[3] demselben Distriktsverbande[4] angehörige Gemeinden können in eine Bürgermeisterei[1][2] vereinigt werden.

II Bei vorhandener Zustimmung[5] der Gemeindeausschüsse sämtlicher beteiligter Gemeinden genügt für Bildung, Veränderung oder Wiederauflösung solcher Verbände die Genehmigung der Kreisverwaltungsstelle; in Ermangelung allseitiger Zustimmung kann hierüber nur nach Vernehmung der Beteiligten und des betreffenden Distriktsratsausschusses[6]) durch das Staatsministerium des Innern verfügt werden.[7])

1. Zweck der Bürgermeistereien ist es, den Gemeinden die Erfüllung der gesetzlichen Aufgaben zu erleichtern und gleichzeitig bessere Kräfte für die gemeindliche Geschäftsführung zu gewinnen. Die Bürgermeisterei trägt den Charakter eines Zweckverbandes zur gemeinschaftlichen Aufstellung eines Bürgermeisters und im Zusammenhang damit in der Regel auch eines gemeinschaftlichen Gemeindeschreibers, s. Art 150 Anm. 1. Die Bürgermeistereien spielen im rechtsrheinischen Bayern nur eine geringe Rolle, dagegen finden sie sich noch häufig in der Pfalz. Sie sind auch von dorther in die GemO. 1869 übernommen. Während die Pfalz i. J. 1908 noch 389 Bürgermeistereien aufwies, betrug zu der gleichen Zeit der Stand im ganzen rechtsrheinischen Gebiet, also für die übrigen 7 Kreise nur 304. Aber auch in der Pfalz sind die Bürgermeistereien im Rückgang begriffen, am 1 Januar 1884 waren es noch 487, im Jahre 1869 noch 711, in der Pfalz gab es bis 1908 viele Fälle, wo mindestens 3, einige Fälle wo mehr als 3, und wenige Fälle, wo bis zu 9 Gemeinden zu einer Bürgermeisterei vereinigt waren.

Neben dieser Form (gemeinschaftliche Bestellung des Gemeindevorstands) gibt es noch die gemeinschaftliche Aufstellung von Gemeindesekretären, Art. 129 II und von Beamten der Ortspolizei und des Feldschutzes, Art. 141 V. Diese und andere gemeinschaftliche Bestellungen von Beamten können auch durch Zweckverbände erreicht werden, Art. 26 SG. Für leistungsschwache Gemeinden ist es zweckmäßig, den Zusammenschluß zu suchen. Der Entwurf des neuen GemO. hat die Bürgermeistereien wieder vorgesehen.

2. Wegen der Verwaltung der Bürgermeisteren Art. 150 bis 152, wegen der Wahl des gemeinschaftlichen Bürgermeisters Art. 198, wegen der Disziplin Art. 166 II.

3. Benachbart sind nur solche Gemeinden, die aneinandergrenzen, die Bürgermeisterei soll räumlich zusammenhängen, ME. v 18. Juli 1869 Ziff 1, W 8, 237 — Wir haben aber Gemeinden, die selbst kein geschlossenes Ganze bilden, Art 2 Anm 1 a E. Das Gesetz zwingt auch zu keiner so engen Auslegung, man wird also nur verlangen, daß die Lage der beiden Gemeinden die gemeinschaftliche Führung der Geschäfte gestattet.

4. Seit 1. Januar 1920 sind die mehreren Distrikte eines und desselben Bezirksamts durch Art. 11 SG vereinigt, dieser Verband gilt als einheitlicher Distrikts-, jetzt Bezirksverband. Es ist also jetzt lediglich notwendig, daß die Gemeinden — es kann sich nur um mittelbare, in der Regel Landgemeinden handeln — dem gleichen Bezirksamt angehören.

5. Die Zustimmung haben die Gemeinderäte zu geben, wenn einige Gemeinden oder sogar wenn alle dagegen sind, kann trotzdem die Einrichtung getroffen werden. 1869 machte die Regierung den Versuch, die Bürgermeistereien rechts des Rheins mit einem gewissen Druck in

größerem Umfang durchzusetzen, mußte aber bald wieder nachgeben. Solche Einrichtungen brauchen lange, um sich so einzuleben, wie es in der Pfalz geschah. Sie scheinen eine besondere pfälzische Einrichtung zu sein. Eine französische wie man manchmal meint, sind sie nicht. In Frankreich hat jede Gemeinde ihren Maire. Die beiden, aus der Zeit des erwähnten Versuches herrührenden Entschließungen v. 18. Juli und 26. Okt. 1869 W 8, 237 und 418, sind etwas veraltet. 1908 wurde die Einrichtung neuerlich empfohlen, indes wieder ohne sichtbaren Erfolg.

**6.** Jetzt der Bezirksausschuß, der (vereinigten) Bezirke Anm. 4.

**7.** Verwaltungsrechtliche Zuständigkeiten kommen bei Bildung, Veränderung, Wiederauflösung nicht in Frage. Alle Verfügungen auch der Kreisregierung sind reine Ermessungsangelegenheiten. Beschwerde an den Verwaltungsgerichtshof kommt nicht in Betracht.

## Art. 7. (7)

**Streitigkeiten[1] [2] [3] [5] [6] [7] über Gemeindemarkungs- und Flurgrenzen werden im gewöhnlichen Instanzenzuge durch die Verwaltungsbehörden entschieden, unbeschadet der richterlichen Zuständigkeit hinsichtlich der etwa hiedurch berührten Privatrechte.[4]**

**1.** Diese Streitigkeiten sind verwaltungsrechtlich, Art. 8, Ziff. 25 VGG. Flurgrenzen sind die Grenzen der Ortschaft. Im ersten Rechtszug ist das Bezirksamt oder die kreisunmittelbare Stadt zuständig, diese obwohl es sich um die eigene Grenze handelt. Im zweiten Rechtszug der VGH., die Frage, ob ein Grundstück markungsfrei ist, also auch die Streitigkeiten über die ausmärkische Eigenschaft größerer Waldungen gehören hierher. Dagegen nicht Streitigkeiten über die Art der an und für sich feststehenden Zuteilung, d. h. ob eine Niederlassung lediglich in polizeilicher oder auch in vermögensrechtlicher Hinsicht zugeteilt worden ist. S 12, 367.

**2.** Nach der Rechtsprechung sollen Fragen der Markungszugehörigkeit eines Grundstücks, eines Wegs, auch wenn sie nur als Vorfragen in einem Streit über Anteilnahme an den gemeindlichen Lasten auftreten, vorgängig und gesondert ausgemacht werden. Dieser Grundsatz gilt auch für die Zugehörigkeit zur Ortsflur S 1, 278; 365; 3, 708; 6, 70; 11, 430. Anerkenntnis der Parteien über solche Fragen können als unterstützender Beweisbehelf dienen, aber keineswegs die vorgeschriebene amtliche Ermittlung des Sachverhalts ersetzen, S 11, 432. Durch die vorgängige und selbständige Entscheidung soll die endgültige absolute Beilegung dieses Streites erreicht werden. Eine entschiedene Präjudizialfrage wirkt dagegen nur unter den Parteien und nur im Verhältnis zur entschiedenen Hauptfrage. Streitigkeiten über die Markungs- oder Flurgrenzen sind Statusklagen.

**3.** Beteiligt sind die Gemeinden und Ortschaften, um deren Markungen oder Fluren es sich handelt. Einzelpersonen können wegen des präjudiziellen Charakters am Streit interessiert sein, eine Parteistellung kommt ihnen nicht zu. Ausgenommen ist nur der Fall, wo es sich um die Markungsfreiheit handelt, hier ist der Eigentümer der Vertreter des Grundstücks, und unmittelbar am Streite beteiligt. S 8, 111.

4. Zu unterscheiden vom Streit über Markungsgrenzen ist

a) die dem Staat allein zukommende Verfügungsgewalt, die Markungs- und Flurgrenzen unter bestimmten Voraussetzungen zu ändern. Art. 4 Anm. 1. Auf diesem Wege können Streitigkeiten vermieden werden, wenn eine Einigung erzielt wird und die Staatsgewalt die Änderung danach verfügt oder anerkennt;

b) die Befugnis der bürgerlichen Gerichte über das Eigentum an Grundstücken und über die Grenze der Grundstücke im Eigentumsprozeß zu entscheiden. Solche Entscheidungen können unter Umständen, wenn das Grundstück an der Grenze liegt, auch auf den Gang der Grenze zurückwirken.

5. Das Landesvermessungsamt soll über den Gang der Markungs- und Flurgrenzen auf dem Laufenden erhalten werden. Rechtskräftige Entscheidungen sind ihm nebst den einschlägigen Akten mitzuteilen. ME. v. 19. Februar 1894, MBl. 132.

6. Über die Verbindungen von Markungsstreitigkeiten mit Armensachen Pöll AG. S. 179 Anm. 2.

7. Über die Wirkung von Markungsstreitigkeiten auf Umlagenberechtigung werden die Bestimmungen in § 17 Ziff. 3 AA. s. Art. 4 Anm. 11 auch hier gelten.

## Art. 8.

Die Gemeinden haben entweder die städtische oder die Landgemeinde-Verfassung.[1] [2])

1. Das SG. hat in Art. 6 alle Unterschiede in der Verfassung der Gemeinden beseitigt. Es gibt nur eine einzige Vertretung der Gemeinden, die für alle Städte auch für solche mit bisher Landgemeindeverfassung: Stadtrat, und für alle übrigen Gemeinden, auch für Märkte mit bisher Stadtverfassung jetzt Gemeinderat heißt.

Die bis zum Inkrafttreten des SG. in Geltung gewesene Verfassung der einzelnen Gemeinden ist aber noch von Belang für die Geschäftsführung: Alle Gemeinden mit bisher städtischer Verfassung wenden die Vorschriften in Art. 70 bis 122 der GO. an, soweit diese Vorschriften noch gelten, alle übrigen Gemeinden, die Vorschriften für Landgemeinden Art. 122 bis 152. Bei städtischer Verfassung ist nach Art. 92 der Stadtrat die ortspolizeiliche Behörde, bei Landgemeindeverfassung aber nach Art. 138 der Bürgermeister allein. MB. v. 22. August 1919 MBl. 225. Gemeinden mit bisher magistratischer Verfassung können auch einzelnen Gemeindebeamten unwiderrufliche Anstellung verleihen, während sonst die Anstellung der Gemeindebeamten nur eine widerrufliche sein soll. Art 77 III; 132 I

2. Bezüglich der Einteilung in kreisunmittelbare Gemeinden und mittelbare Gemeinden Art. 2 Anm. 3 und Art. 155.

### Art. 9.[1])

I Zur Annahme und Beibehaltung der städtischen Verfassung sind jene Gemeinden, welche Stadt- oder Marktrecht erworben haben, berechtigt. Solche Gemeinden sind vorbehaltlich der Bestimmung des Abs. V jederzeit befugt, die Verfassung der Landgemeinden anzunehmen.

II Ihnen bleibt in diesem Falle der Name Stadt oder Markt mit dem bis dahin geführten Wappen und die Befugnis, ihre frühere Verfassung bei dem Beginne jeder Wahlperiode wieder anzunehmen.

III Zu jeder derartigen Änderung ist die Zustimmung von zwei Dritteilen aller Gemeindebürger und die Anzeige an die vorsetzte Verwaltungsbehörde erforderlich.

IV Ein hierauf gerichteter Antrag muß von der Gemeindeverwaltung zur Abstimmung gebracht werden, wenn er von wenigstens dem zehnten Teile der Gemeindebürger oder in Gemeinden mit städtischer Verfassung von den Gemeindebevollmächtigten gestellt ist.

V Die Einreihung von Landgemeinden in die Klasse der Städte und Märkte mit städtischer Verfassung, der Eintritt einer Stadtgemeinde in die Klasse der den Kreisverwaltungsstellen unmittelbar untergeordneten Städte, sowie der Rücktritt[2]) einer solchen Stadtgemeinde in eine andere Klasse von Gemeinden kann nur auf Grund eines mit Zustimmung von zwei Dritteilen sämtlicher Gemeindebürger gestellten Antrages der betreffenden Gemeindeausschüsse, beziehungsweise Magistrate, durch königliche Entschließung bewilligt werden. In den beiden letzteren Fällen erfolgt die königliche Entschließung nach vorgängiger Einvernehmung des Landrates.

1. Art. 9 ist durch Art. 17 SG. in der Hauptsache gegenstandslos geworden. Die Verleihung der Kreisunmittelbarkeit an eine Gemeinde bemißt sich jetzt ausschließlich nach der Einwohnerzahl. Gemeinden mit wenigstens 10000 Einwohnern können ohne weiteres, Gemeinden mit mehr als 5000 aber weniger als 10000 Einwohnern nur mit Zustimmung der Gemeindevertretung vom Verwaltungsbezirk des Bezirksamtes abgetrennt und der RegierungK. des Innern unmittelbar untergeordnet werden. Das Ministerium bestimmt auch, ob die Gemeinden gleichzeitig aus dem Bezirksverband auszuscheiden haben. Art. 17 SG.

2. Das SG. enthält keine Vorschriften weder über die Voraussetzungen noch über die Formen, unter denen kreisunmittelbare Gemeinden auf dieses Recht verzichten und in die Klasse der mittelbaren Gemeinden zurücktreten können. Insofern fragt es sich, ob Abs. V des Art. 9 für diesen Fall noch gilt. Man wird die Frage bejahen können. Es entspricht den heutigen Anschauungen, in diesem Falle eine Volksabstimmung zuzulassen. Der Fall wird übrigens nicht so leicht vorkommen. Auch wenn sich die verlangte Mehrheit für den Rücktritt ausspricht, steht die Entscheidung in dem freien Ermessen der Staatsregierung. Diese wird indes den Rücktritt wohl immerhin genehmigen, wenn die Finanzen der Gemeinde, die wirtschaftlichen

Verhältnisse und der ganze Habitus der Gemeinde nicht mehr zum Rang einer kreisunmittelbaren Stadt passen sollten.

Ebenso könnte der Verzicht auf Stadt- und Marktrechte, Abs. II und III, einmal praktisch werden und man wird auch hier sich für die weitere Anwendung des Abs. III entscheiden. Dagegen wird die Einreihung von Landgemeinden in die Klasse der Städte und Märkte mit städtischer Verfassung ohne gleichzeitige Verleihung der Kreisunmittelbarkeit, d. h. die Verleihung des bloßen Titels „Stadt" oder „Markt", für die Folge überhaupt nicht mehr praktisch werden, da Art. 17 SG. als einzige Form die Bezeichnung Stadt zu erhalten nur die Verleihung der Kreisunmittelbarkeit kennt.

## II. Abteilung:

## Von den Gemeindebürgern, deren Rechten und Pflichten.

### Anmerkungen zu Artikel 10—21.

**1.** Die Mitgliedschaft bei der Markgenossenschaft beruhte auf dem Besitz eines berechtigten Anwesens. Der Genosse mußte seinen eigenen Rauch und seine eigene Speise, d. h. eigene Haushaltung haben und sein Gut selbst bebauen. Innerhalb der Familie der angesessenen und eingeborenen Genossen vollzog sich der Eintritt in die Genossenschaft mit dem Erwerb eines bestehenden berechtigten Anwesens. Zur Aufnahme eines Fremden war die häusliche Niederlassung notwendig, in vielen Gemeinden in Verbindung mit einem Aufenthalt von einem vollen Jahr. Außerdem hatte er gewöhnlich ein Aufnahmegeld zu entrichten, bisweilen war je nach dem Grunddienstbarkeits- oder Grundherrschaftsverhältnis eine Zustimmung der Grundherrn notwendig. Die Genossen hießen Bauern, bisweilen schon in alten Zeiten auch auf dem Lande Bürger, Cives. Daneben gab es Beisassen, die entweder kein berechtigtes Anwesen hatten oder überhaupt keinen Grundbesitz und nur Dorfhandwerker oder Taglöhner waren. Auch die Beisassen hatten oft ein nach dem Verhältnis ihres geringen Nutzens abgestuftes Aufnahmegeld zu entrichten. — Von dieser allgemeinen Gestaltung gab es in den verschiedenen Gegenden Abweichungen.

**2.** Die Mitgliedschaft nach dem GemEd. 1818 wurde nach §§ 11 und 12 kraft Gesetzes erworben, wenn die Voraussetzungen vorlagen. Wirkliches Gemeindeglied im Sinne dieser Bestimmungen wurde

a) wer im Gemeindebezirk ein häusliches Anwesen hatte (ein Wohnhaus, ohne Rücksicht ob er selbst in der Gemeinde wohnte oder nicht),
b) wer im Gemeindebezirk wohnte und ein im Gemeindebezirk belegenes besteuertes Grundstück besaß,
c) wer im Gemeindebezirk wohnte und in dieser Gemeinde ein besteuertes Gewerbe ausübte.

**3.** Das Bürgerrecht nach der Gemeindeordnung 1869 wurde nur durch ausdrückliche Verleihung erworben, Art. 10. Notwendig war männliches Geschlecht, Volljährigkeit, Selbständigkeit, bayerische

Staatsangehörigkeit und Veranlagung mit einer direkten Staatssteuer. Nicht selbständig waren die entmündigten Personen, dann Dienstboten und Gewerbegehilfen, die in die häusliche Gemeinschaft des Dienstherrn aufgenommen waren, ferner Kinder, die zum elterlichen Hausstand gehörten und vom Familienhaupt unterhalten wurden, Art. 11. — Nichtbayern konnten das Bürgerrecht unter den gleichen Voraussetzungen erwerben, es wurde aber erst wirksam mit der Erlangung der bayerischen Staatsangehörigkeit, Art. 14. — Neben der Befugnis der Gemeinde, jedem Befähigten das Bürgerrecht zu verleihen, Art. 12, gab es einen Anspruch auf Verleihung des Bürgerrechts für diejenigen, die zwei Jahre in der Gemeinde gewohnt und während dieser Zeit im Gemeindebezirk mit einer direkten Steuer veranlagt waren, und die treffenden Gemeindeabgaben entrichtet hatten. Bestimmte, im Gesetz aufgezählte Gründe — Armenunterstützung, strafrechtliche Verurteilung oder Verfolgung, Entmündigungsverfahren, Konkursverfahren — berechtigte die Gemeinde zur Versagung; Art. 13. — Für solche bayerische Staatsangehörige, die in der Gemeinde ein besteuertes Wohnhaus besaßen, oder mit direkten Steuern in demselben Betrag, wie die drei höchstbesteuerten Einwohner angelegt waren, konnte das Bürgerrecht auch dann verliehen werden, wenn sie die Befähigung nach Art. 11 nicht hatten, also z. B. Minderjährige weiblichen Geschlechtes waren oder nicht in der Gemeinde wohnten. Unter den gleichen Voraussetzungen konnten auch juristische, persönliche und privatrechtliche Vereinigungen die Verleihung des Bürgerrechts verlangen, Art. 15. — Nach einem Aufenthalt von fünf Jahren waren die nach Art. 11 befähigten Personen gehalten, das Bürgerrecht zu erwerben, wenn sie während der fünf Jahre mit direkten Steuern in bestimmten Beträgen angelegt waren. Ausgenommen waren Personen, die sich infolge eines öffentlichen Dienstverhältnisses in der Gemeinde aufhielten, solange sie im aktiven Dienst standen und nur mit persönlichen Steuern veranlagt waren, unter letzterer Voraussetzung auch die Pensionisten, Art. 17. — Das Bürgerrecht ging mit der nach Art. 11 erforderlichen Befähigung verloren, Art. 18. — Die Gemeinden konnten im gesetzlich vorgeschriebenen Rahmen eine Aufnahmsgebühr verlangen und die Wirksamkeit des Bürgerrechtes von der Bezahlung der Gebühr abhängig machen, Art. 20. — Für die Teilnahme an den Nutzungen des Gemeindevermögens konnte eine Gemeinde-Rechtsgebühr gefordert werden, wenn der neu Eintretende nicht nach rechtsbegründetem Herkommen infolge Haus- oder Gutsbesitz bereits einen Anspruch auf Nutzungsgenuß hatte, Art. 22. — Über die Verleihung des Bürgerrechts beschloß die Gemeindeverwaltung, die auch die Aufnahmegebühr und Gemeinderechtsgebühr regulativmäßig festsetzte und bekanntmachen mußte, Art. 16, 23. In gewissen Fällen gab es eine Rückzahlung oder eine Aufrechnung der Aufnahmegebühr, Art. 18 Abs. III, 21. Endlich konnten die Gemeinden auch volljährigen und selbständigen Männern das Ehrenbürgerrecht verleihen, an Ausländer nur mit Bewilligung des Königs, später des Staatsministeriums. Mit diesem Ehrenbürgerrecht waren aber weder die Rechte noch Pflichten der Gemeindebürger verbunden, Art. 24.

Bei dieser Darstellung sind die Änderungen bereits berücksichtigt, die durch das Armengesetz 1914 eingetreten sind. Im Gegensatz zum Recht der Markgenossen und insbesondere zum Recht des GemEd. kennt das Recht der GemO. 1869 ein Bürgerrecht der juristischen Personen.

4. Das gegenwärtige Gemeindebürgerrecht beruht auf der bayer. Landesverfassung vom 14. August 1919, GVBl. 531:

## § 6 LV.

Staatsbürger ist ohne Unterschied der Geburt, des Geschlechtes, des Glaubens und des Berufes jeder Angehörige des bayerischen Staates, welcher das 20. Lebensjahr vollendet hat.

## § 11 LV.

I Jeder Staatsbürger hat in der Gemeinde seines Wohnsitzes das Gemeindebürgerrecht. Er kann es nur ausüben, wenn er seit mindestens 6 Monaten im Gemeindebezirk wohnt.

II Die Ausübung des Wahlrechts in den Gemeinden darf nicht von der Entrichtung einer Gebühr abhängig gemacht werden.

III Die Regelung der besonderen Rechte und Pflichten aus dem Gemeindeverband bleibt der Gesetzgebung vorbehalten.

Das Wahlgesetz vom 15. April 1919, GVBl. 171, hatte in Art. 2 Abs. II das mit dem Bürgerrecht verbundene Wahlrecht aufgehoben. Da das Wahlrecht der eigentliche Kern des Bürgerrechts war und die übrigen Befugnisse, wie sie Art. 19 GemO. aufzählte, keine besonderen Vorrechte gegenüber den übrigen Gemeindeangehörigen begründeten, so nahm die VA. zu SG. in § 33 an, daß die Bestimmungen über das Bürgerrecht gegenstandslos geworden seien. Gegen diese Auffassung konnte man immerhin einwenden, daß nach dem Wortlaut des Art. 2 Abs. II WG. nur das mit dem Bürgerrecht verbundene Wahlrecht und nicht das Bürgerrecht selbst aufgehoben sei. Jedenfalls ist jetzt durch §§ 6 und 11 der VU. das Bürgerrecht der Gemeindeordnung 1869 ersetzt.

Das gegenwärtig geltende Gemeindebürgerrecht wird kraft Gesetzes erworben, und zwar in der Gemeinde des Wohnsitzes. Der Wohnsitz bestimmt sich nach dem bürgerlichen Recht. § 7 des BGB. kennt einen mehrfachen Wohnsitz, also muß es auch ein mehrfaches Bürgerrecht geben. — Das Gemeindebürgerrecht wird durch die Wohnsitznahme sofort erworben, ruht aber bis der Wohnsitz sechs Monate gedauert hat. Dann erst kann das Bürgerrecht ausgeübt werden. Es ist anzunehmen, daß die sechs Monate Aufenthalt nach vollendetem 20. Lebensjahr fallen müssen.

Auch jetzt noch ist das Wahlrecht der Kern des Bürgerrechts, hier ergeben sich Schwierigkeiten aus Art. 17 der RV. vom 11. August 1919, RGBl. 1383. Darnach genügt für das Wahlrecht die deutsche Reichsangehörigkeit, also auch die Angehörigkeit zu einem der deutschen Länder. Die Reichsverfassung läßt zu, daß die Wahlberechtigung von der Dauer des Aufenthalts in der Gemeinde bis zu einem

Jahr abhängig gemacht wird. Das bayer. Wahlgesetz hat in Art. 2 einen Aufenthalt von sechs Monaten verlangt. Beide Bestimmungen, die der RV. und die des bayerischen Wahlgesetzes, sprechen von Aufenthalt. Man wird diesen Aufenthalt nicht mit dem Wohnsitz der BU. § 11 gleichsetzen dürfen. Der Aufenthalt bestimmt sich nach tatsächlichen, der Wohnsitz nach rechtlichen Merkmalen. Beim Aufenthalt kommt es auf das wirkliche Verweilen, beim Wohnsitz auf die Erkennbarkeit der Absicht an, sich ständig niederzulassen. Will man ein mehrfaches Wahlrecht vermeiden, so muß man, obwohl sonst der Wohnsitz als das Mehr betrachtet wird, das auch die Anforderungen des Aufenthaltes erfüllt, hier einen Unterschied machen, und das Wahlrecht nur in derjenigen Gemeinde einräumen, in der der Wahlberechtigte die letzten sechs Monate vor der Wahl tatsächlich sich aufgehalten hat, ohne daß Fälle der Abwesenheit vorgekommen wären, die darauf schließen lassen, daß beabsichtigt war, den Aufenthalt zu unterbrechen. Eine solche Unterbrechung könnte beispielsweise angenommen werden, wenn jemand seinen Wohnsitz in A. beibehalten, aber sich nach seinem weiteren Wohnsitz B. begeben hat, um dort als Architekt eine größere Bauausführung zu leiten.

Für die übrigen Befugnisse des Bürgerrechts, soweit solche neben dem Wahlrecht in Betracht kommen, z. B. Anteilnahme an Verteilungen von Nutzungen, schadet die Annahme eines mehrfachen Bürgerrechts nichts.

Im Gegensatz zu der GemO. 1869 und im Einklang mit dem früheren Rechte des Edikts und auch der Markgenossenschaften, ist das Bürgerrecht der juristischen Personen jetzt wieder beseitigt.

Die besonderen Rechte und Pflichten des Abs. III betreffen das Verhältnis zur Gemeinde, soweit es sich nicht um das aktive oder passive Wahlrecht handelt, z. B. Nutzungen am Gemeindevermögen, am Stiftungsvermögen u. dgl. Man kann vielleicht den eigentlich selbstverständlichen Art. 19 jetzt noch in dieser Richtung gelten lassen. Soweit besondere Gesetzesbestimmungen z. B. Art. 27, 31 usw. oder Ortssatzungen Befugnisse einräumen, bedarf es keiner allgemeinen Vorschrift, wie sie Art. 19 bildet. Die Benützung der Gemeindeanstalten steht nach deutschem Verwaltungsrecht in der Regel allen Angehörigen frei. O. Mayer 1917, 2, 488[24]. Die Teilnahme an den Nutzungen des Gemeindevermögens kann aber auf Grund der bayer. Verfassung von einer Gemeinderechtsgebühr abhängig gemacht werden. Die Art. 22 Abs. I, II und IV und Art. 23 Abs. I gelten noch.

5. Für Streitigkeiten über Besitz und Ausübung des Bürgerrechts gilt Art. 8 Ziff. 26 VGG. Sie sind Verwaltungsrechtssachen mit drei Rechtsstufen, zuletzt VGH.

### Art. 10. (9)

Das Bürgerrecht wird nur durch ausdrückliche Verleihung erworben.

### Art. 11. (10)

I Befähigt zur Erwerbung des Bürgerrechts sind nach erreichter Volljährigkeit selbständige Männer, welche sich im Besitze des bayerischen Indigenats befinden, in der Gemeinde wohnen und daselbst mit einer direkten Steuer angelegt sind.

II Als selbständig sind nicht zu erachten:

1. Personen, welche entmündigt sind;
2. Dienstboten und Gewerbsgehilfen, die in die häusliche Gemeinschaft des Dienstherrn aufgenommen sind, sowie Kinder, die dem elterlichen Hausstand angehören und von dem Familienhaupt unterhalten werden.

III Steuern der Ehefrau, soferne nicht die eheliche Gemeinschaft nach § 1575 des Bürgerlichen Gesetzbuchs aufgehoben ist, und der minderjährigen im elterlichen Unterhalte stehenden Kinder sind dem Familienhaupte zuzurechnen.

IV Unter denselben Voraussetzungen sind vorbehaltlich der Bestimmungen des Art. 14 Nichtbayern zur Erwerbung des Bürgerrechts befähigt.

V Die Staatsregierung ist jedoch berechtigt, für Angehörige jener auswärtigen Staaten, in welchen die Bürgerrechtserwerbung bayerischer Staatsangehöriger weitergehenden Beschränkungen unterworfen ist, im Verordnungswege dieselben Beschränkungen festzusetzen.

## Art. 12.

Die Gemeinden sind befugt, jedem Befähigten das Bürgerrecht auf Ansuchen zu verleihen.

## Art. 13. (11)

I Anspruch auf Verleihung des Bürgerrechtes haben alle hiezu nach Art. 11 befähigten Personen, wenn sie seit zwei Jahren in der Gemeinde gewohnt, während dieser Zeit eine daselbst angelegte direkte Steuer und die sie treffenden Gemeindeabgaben entrichtet haben.

II Die Gemeinde ist jedoch zur Versagung des Bürgerrechts befugt:

a) wenn der Bewerber innerhalb der seiner Bewerbung vorausgehenden zwei Jahre eine Unterstützung aus Mitteln der öffentlichen Armenpflege nachgesucht oder erhalten hat;
b) wenn ihm durch rechtskräftiges richterliches Urteil die bürgerlichen Ehrenrechte aberkannt sind, solange dieser Verlust dauert, oder wenn er auf Grund der vor dem 1. Januar 1872 in Geltung gestandenen Strafgesetzgebung entweder wegen eines Verbrechens oder wegen Vergehens des Diebstahls, der Unterschlagung, des Betrugs, der Hehlerei oder Fälschung verurteilt worden ist, oder infolge rechtskräftiger Verurteilung wegen eines anderen Vergehens die im Artikel 28 Ziff. 4 und 5 des bayerischen Strafgesetzbuches von 1861 bezeichneten Fähigkeiten oder einzelne derselben verloren hat und nicht seit der vollendeten Erstehung oder Verjährung oder dem Erlaß der Strafe in den Fällen der Verurteilung wegen Verbrechens zehn Jahre

und in den übrigen Fällen fünf Jahre abgelaufen sind, oder früher vollständige Rehabilitation erfolgt ist;

c) wenn gegen ihn durch rechtskräftiges richterliches Urteil die Zulässigkeit der Stellung unter Polizeiaufsicht oder nach Maßgabe der bisherigen Strafgesetzgebung die Zulässigkeit der Verwahrung in einer Polizeianstalt oder nach dem Strafgesetzbuche für das Deutsche Reich die Überweisung an die Landespolizeibehörde ausgesprochen war und er sich von dem Zeitpunkte an, wo die verhängte Maßregel beendigt oder deren Zulässigkeit erloschen ist, nicht zwei Jahre vor der Bewerbung klaglos verhalten hat;

d) wenn er zur Zeit der Bewerbung einer strafrechtlichen Verfolgung wegen einer Handlung unterliegt, wegen welcher der Verlust der bürgerlichen Ehrenrechte oder die Zulässigkeit der Stellung unter Polizeiaufsicht oder die Überweisung an die Landespolizeibehörde ausgesprochen werden kann;

e) wenn er die Straffolge des Verlustes eines öffentlichen Dienstes durch richterliches Urteil verwirkt hat und nach Beendigung des Strafvollzuges nicht zwei Jahre verflossen sind;

f) wenn das Entmündigungsverfahren gegen ihn eingeleitet ist;

g) wenn gegen ihn ein gerichtliches Gantverfahren eröffnet wurde, solange dieses Verfahren nicht beendigt ist.

### Art. 14. (12)

Die nach Artikel 12 und 13 zulässige Verleihung des Bürgerrechts an Nichtbayern wird erst wirksam, wenn diese die bayerische Staatsangehörigkeit erlangt haben.

### Art. 15.

I Inländer, welche in einer Gemeinde ein besteuertes Wohnhaus besitzen oder mit direkten Steuern mindestens in demselben Betrage wie einer der drei höchstbesteuerten Einwohner angelegt sind, können das Bürgerrecht in dieser Gemeinde auch dann ansprechen, wenn sie die nach Art. 11 erforderliche Befähigung nicht haben. Die Bestimmungen des Art. 13 Abs. II lit. a bis e und lit. g sind jedoch auch in diesem Falle anwendbar.

II Befindet sich ein besteuertes Wohnhaus im gemeinschaftlichen Besitze mehrerer Personen, so kann nur eine derselben die Verleihung des Bürgerrechts auf Grund dieses Besitzes in Anspruch nehmen.

III Unter den Voraussetzungen des Abs. I können auch juristische Personen und privatrechtliche Vereinigungen die Verleihung des Bürgerrechts ansprechen.

IV Personen, welche auf Grund des Abs. I oder II das Bürgerrecht erworben haben und nicht in der Gemeinde wohnen, dann juristische Personen und privatrechtliche Vereinigungen können ihr Bürgerrecht durch einen Vertreter ausüben, welcher das bayerische

Indigenat besitzt, volljährig und selbständig ist und keinem der in Art. 13 Abs. II aufgestellten Ausschließungsgründe unterliegt.

V Frauen, Minderjährige und Personen, die entmündigt oder nach § 1906 des Bürgerlichen Gesetzbuchs unter vorläufige Vormundschaft gestellt sind, dann juristische Personen und privatrechtliche Vereinigungen müssen sich eines solchen Vertreters bedienen, wenn sie die mit dem Bürgerrechte verbundenen Stimmrechte ausüben wollen.

### Art. 16. (11 III)

Über Gesuche um Verleihung des Bürgerrechts beschließt die Gemeindeverwaltung. In Gemeinden mit städtischer Verfassung ist jedoch die Zustimmung der Gemeindebevollmächtigten erforderlich, wenn das Bürgerrecht einer Person verliehen werden soll, welche darauf keinen gesetzlichen Anspruch hat oder welcher ein in Art. 13 Abs. II bezeichneter Versagungsgrund entgegensteht.

### Art. 17. (13)

I Zu Erwerbung des Bürgerrechts sind nach Aufforderung der Gemeindeverwaltung hiezu befähigte Personen verpflichtet, wenn sie seit fünf Jahren in der Gemeinde wohnen und während dieser Zeit mit direkten Steuern im jährlichen Gesamtbetrage von mindestens

vier Gulden (6,86 ℳ) in Gemeinden über 20000 Seelen und
drei Gulden (5,14 ℳ) in den übrigen Gemeinden

angelegt waren.

II Diese Verpflichtung erstreckt sich nicht auf Personen, welche sich infolge eines öffentlichen Dienstverhältnisses in der Gemeinde aufhalten, so lange sie im aktiven Dienste stehen und nur mit Kapitalrenten- oder Einkommen-Steuer in der Gemeinde angelegt sind. Dasselbe gilt auch von Personen, welche infolge ihres früheren Dienstverhältnisses aus einer Kasse des Staates, einer Gemeinde oder öffentlichen Stiftung eine Pension beziehen, solange sie nur mit Kapitalrenten- oder Einkommen-Steuer angelegt sind.

### Art. 18. (14)

I Das auf Grund des Art. 12 bis 14 erworbene Bürgerrecht geht mit dem Verluste der nach Art. 11 erforderlichen Befähigung verloren, insoferne nicht die Voraussetzungen des Art. 15 bestehen.

II Das auf Grund des Art. 15 Abs. I bis III von Personen, welche die nach Art. 11 erforderliche Befähigung nicht besitzen, erworbene Bürgerrecht erlischt mit dem Wegfalle der dortselbst bezeichneten Voraussetzungen, soferne nicht jene Personen die in Art. 11 vorgeschriebene Befähigung erworben haben.

III Wer nach eingetretenem Verluste des Bürgerrechts in einer Gemeinde dieses in der nämlichen Gemeinde wieder erwirbt, ist von Bezahlung der in Art. 20 und 22 bezeichneten Gebühren befreit, wenn und soweit er diese Gebühren früher schon an dieselbe Gemeinde bezahlt hat.

IV Erfolgt der Verlust des Bürgerrechts lediglich deshalb, weil die betreffende Person aufhört, steuerpflichtig oder selbständig zu sein, so zieht derselbe den Verlust der Ansprüche auf Mitgenuß der örtlichen Stiftungen und Wohltätigkeitsanstalten, sowie auf Mitbenützung der Gemeindeanstalten nicht nach sich.

## Art. 19. (16)

I Der Gemeindebürger genießt das Recht, nach den Bestimmungen des gegenwärtigen Gesetzes:

1. bei Beratung und Abstimmung über Gemeindeangelegenheiten mitzuwirken;
2. zu Gemeindeämtern zu wählen und gewählt zu werden;
3. an dem Gemeindegut und dessen Nutzungen, sowie nach Maßgabe der Stiftungsurkunden an den Vorteilen der örtlichen Stiftungen teilzunehmen;
4. die Gemeindeanstalten zu benützen.

II Er ist dagegen verpflichtet:

1. zur Deckung der Gemeindebedürfnisse unter den gesetzlichen Voraussetzungen verhältnismäßig beizutragen;
2. Gemeindeämter, zu welchen er gewählt wird, soferne ihm nicht gesetzliche Ablehnungsgründe zur Seite stehen, anzunehmen und während der bestimmten Dauer zu verwalten.

## Art. 20.

I Die Gemeinden sind befugt, von jedem neu aufgenommenen Gemeindebürger eine Aufnahmsgebühr zu erheben und die Wirksamkeit des Bürgerrechts von der Bezahlung dieser Gebühr abhängig zu machen.

II Dieselbe darf

| | | | |
|---|---|---|---|
| in Gemeinden von mehr als | 20 000 Seelen | 100 fl. | (171,43 ℳ), |
| in Gemeinden von mehr als | 5 000 Seelen | 75 fl. | (128,57 ℳ), |
| in Gemeinden von mehr als | 1 500 Seelen | 50 fl. | (85,71 ℳ), |
| in kleineren Gemeinden | | 25 fl. | (42,86 ℳ) |

nicht übersteigen.

III Für Ausländer können, soweit nicht Staatsverträge entgegenstehen, die für Inländer festgesetzten Beträge bis zum Doppelten erhöht werden.

## Art. 21. (15)

Wenn ein in Anwendung des Art. 17 Abs. I aufgenommener Bürger binnen zwei Jahren nach Erwerbung des Bürgerrechts aus der Gemeinde wegzieht und binnen drei Jahren nach dem Abzuge das Bürgerrecht in einer anderen Gemeinde erwirbt, so hat er Anspruch auf Rückersatz der Hälfte der bezahlten Aufnahmsgebühr.

## Art. 22.

I Die Gemeinden sind befugt,[1]) die Teilnahme an Almenden[2]) und sonstigen Nutzungen[3]) des Gemeindevermögens von Entrichtung einer Gemeinderechtsgebühr abhängig zu machen, welche den fünffachen Betrag[4]) des Durchschnittswertes der einjährigen Nutzung nicht übersteigen darf.

II Eine solche Gebühr kann nicht gefordert werden, wenn der Anspruch der Neueintretenden auf einem besonderen Privatrechtstitel beruht oder nach rechtsbegründetem Herkommen mit dem Besitze des von ihm erworbenen Hauses oder Gutes verbunden ist.[5])

III Die Gemeinden sind befugt, von juristischen Personen[6]) und privatrechtlichen Vereinigungen, welche außer dem Falle des Abs. II die Teilnahme an Gemeindenutzungen ansprechen, nach Ablauf von je 25 Jahren die in Abs. I bezeichnete Gebühr aufs neue zu erheben.

IV Vorstehende Bestimmungen finden auch analoge Anwendung bei einzelnen Ortschaften (Art. 5),[7]) welche an ihrem besonderen Gemeindevermögen derartige Nutzungen gewähren.[8])

**1.** Diese Befugnis ist durch § 11 Abs III BVU., Art. 10 Anm 4 gedeckt.

**2.** Almende ist der gemeinschaftliche Name für das unverteilte im Eigentum der Gemeinde stehende Feld-, Wald- und Weideland. Es ist die ungeteilte Mark der Markgenossenschaft, die man zum Unterschied von der geteilten Feldmark die gemeine Mark, d. h. Almende nannte. Maurer, Dorfverfassung Bd. 1, § 21. Man bringt die Bezeichnung mit dem Wort „allgemein" zusammen.

**3.** Sonstige Nutzungen sind beispielsweise die Nutzungen an Gemeindegebäuden, die Benützung einer im Eigentum der Gemeinde stehenden Schmiede oder eines Brauhauses — Gemeindeschmiede, Kommunbräuhaus — wird hieher zu rechnen sein, wenn die Nutzung mit dem Besitz eines bestimmten Anwesens verbunden ist Außerdem wird man die Benützung, wenn besondere Gebühren dafür festgesetzt sind, besser unter Art. 40 Abs. I bringen.

Nach der Begründung zu Art. 13 und 14, S. 29 des Entwurfs zur GemO. 1869, die von der Gemeinderechtsgebühr und von deren Festsetzung handelte, soll ein Entgelt für andere Vorteile als für Nutzungen, die einen bestimmten Geldwert darstellen, z. B. Holz- und Weiderechte, nicht gefordert werden können, insbesondere nicht für den Genuß örtlicher Wohlfahrtsstiftungen. Das Entgelt hiefür sei in der Aufnahmegebühr enthalten Die Entrichtung des Eintrittsgeldes (Gemeinderechtsgebühr) sei dem freien Willen des Beteiligten anheimgegeben, da es jedem überlassen bleibt, sich von der treffenden Verbindlichkeit durch Verzicht auf die Nutzungen zu befreien Siehe auch die Übergangsbestimmung in Art. 201 Abs. II.

**4.** Der fünffache Betrag des Durchschnittswertes ist der Höchstbetrag, der auch bei Abstufungen nicht überschritten werden darf, S 20, 119 Abstufungen beispielsweise für diejenigen Bürger, die bereits in der Gemeinde heimatberechtigt waren, oder gänzliche Befreiung erwähnt bereits die Begründung zum Gesetzentwurf. Es ist aber auch eine Abstufung nach dem Verhältnis der Benützung oder der Möglichkeit der Ausnützung denkbar.

5. Siehe Art. 32, insbes. Anm 1 und 5 dort.

6. Juristische Personen können das Bürgerrecht jetzt nicht mehr erlangen Art 10 Anm 4 Man wird aber das Bürgerrecht, das nach Art. 15 vor der Verkündung der Verfassungsurkunde vom 14. Aug. 1919, GVBl. 531, ausgegeben 15. Sept. 1919, erworben wurde, noch anerkennen müssen Für dieses Recht gilt Abs. III als Übergangsbestimmung weiter Über die Berechnung ist noch eine weitere Übergangsbestimmung in Art. 201 Abs III enthalten.

7. Die Ortschaften können Almenden und sonstige Nutzungen den Ortsbürgern je nach ihrem Vermögensbesitz gewähren, insbesondere gibt es auch herkömmliche ortschaftliche Nutzungsrechte. Art 32. Über die Form der Beschlußfassung Art 23 Anm. 1.

8. Wegen der Zuständigkeit für Entscheidung von Streitigkeiten Art. 23 Anm. 5.

## Art. 23.

**I Über die Erhebung und Regulierung der Aufnahms- und Gemeinderechts-Gebühren hat in Gemeinden mit städtischer Verfassung der Magistrat unter Zustimmung der Gemeindebevollmächtigten, in den übrigen Gemeinden die Gemeindeversammlung zu beschließen. Im Falle des Art. 22 Abs. IV steht die Beschlußfassung der Versammlung der im Orte wohnenden Bürger zu.[1]) Die festgestellten Regulative sind öffentlich bekannt zu machen.[2])**

II Für gering bemittelte Personen darf die Aufnahmsgebühr nicht die Hälfte des in Art. 20 festgesetzten Maximalbetrages übersteigen Zu den gering Bemittelten sind jedenfalls diejenigen zu rechnen, deren Steuerzahlung die in Art. 17 Abs. I bezeichneten Jahresbeträge nicht übersteigt.

III Wer an die Gemeinde bereits eine Heimatgebühr entrichtet hat, darf den bezahlten Betrag an der ihn treffenden Aufnahmsgebühr abrechnen.[3])

1. Jetzt beschließt in den Gemeinden der Stadt- oder Gemeinderat, in Ortschaften der Ortsausschuß. Die Ortsversammlung für die Ortschaften sind nach Art. 153 in der Fassung des Art. 28 SG. nur noch für den Fall zuständig, daß es sich um die Vereinigung des Ortschaftsvermögens mit dem Vermögen der Gemeinde handelt Das dem Gemeinderat entsprechende Organ ist der Ortsausschuß. Die gegenteilige Meinung läßt sich schwer rechtfertigen, da es nicht anzunehmen ist, daß die Ortsversammlung hier als Spezialzuständigkeit geschaffen werden sollte. Die Begründung zum Gesetzentwurf 1869 gibt keinen Anhaltspunkt dafür. Der Fall liegt genau so wie bei Art. 31 Abs. III.

2. Nach der Begründung zum Entwurf 1869 soll jede Willkür bei der Festsetzung der Gebühr vermieden werden. Deshalb wurde die Zulässigkeit von der Aufstellung eines entsprechend beschlossenen und bekanntgemachten Tarifes abhängig gemacht. Eine Festsetzung von

Fall zu Fall ist unzulässig. S 24, 136. An der Beschlußfassung dürfen die Nutzungsberechtigten teilnehmen, soweit sie Mitglieder des Stadt- und Gemeinderates sind.

3. Die Absätze II und III sind jetzt gegenstandslos, da das Gemeindebürgerrecht nicht mehr verliehen, sondern kraft Gesetzes erworben wird. Die Ausübung des Wahlrechts darf überhaupt nicht von der Entrichtung einer Gebühr abhängig gemacht werden. Art. 10 Anm. 4. Abgesehen vom Wahlrecht und abgesehen von den Nutzungen im Gemeindevermögen sind besondere Rechte aus dem Gemeindeverband in der Gemeindeordnung nicht enthalten. Damit sind auch die Grundlagen für Festsetzung und Erhöhung einer Aufnahmegebühr weggefallen.

4. Gewerbetreibende sind von der Errichtung der Gemeinderechtsgebühr nicht durch § 13 GO. befreit. Diese Bestimmung bezog sich nur auf die Aufnahmegebühr für den Erwerb des Bürgerrechts nicht auf die Teilnahme an den Nutzungen des Gemeindevermögens.

5. Streitigkeiten über die Pflicht zur Entrichtung und über die Höhe zur Gemeinderechtsgebühr und über den Anspruch auf Rückersatz zu Unrecht erhobene Gebühren fallen unter Art. 8 Ziff. 27 VGG. Im ersten Rechtszug entscheidet die übergeordnete Verwaltungsbehörde, im zweiten der VGH

## Art. 24. (17)

I Die Gemeindeverwaltungen sind befugt, volljährigen und selbständigen[1]) Männern das Ehrenbürgerrecht[2]) zu verleihen.

II In Gemeinden mit städtischer Verfassung ist die Zustimmung der Gemeindebevollmächtigten, in Landgemeinden die Zustimmung der Gemeindeversammlung erforderlich.

III Die Verleihung des Ehrenbürgerrechts an Ausländer bedarf überdies der königlichen Bestätigung.[3])

IV Mit dem Ehrenbürgerrechte sind weder die Rechte noch die Pflichten der Gemeindebürger verbunden.

1. Das Ehrenbürgerrecht ist ein auszeichnender Titel, der einzige Titel, den die Stadt- und Landgemeinden, nicht aber die Ortschaften, verleihen können Er begründet weder Rechte noch Pflichten. Abs IV.

2. Die Bestätigung bei Verleihung an Ausländer wird vom Staatsministerium des Innern erteilt VO. vom 15 Nov 1918, GVBl. 1231.

3. Nicht selbständig sind nach den für das Bürgerrecht gegenstandslos gewordenen Art 11 Abs. II Personen, die entmündigt sind, ferner Dienstboten und Gewerbegehilfen, die in die häusliche Gemeinschaft des Dienstherrn aufgenommen sind, sowie Kinder, die dem elterlichen Hausstand angehören und vom Familienhaupt unterhalten werden Art 10 Anm. 3

## Art. 25. (18)

Wer in einer Gemeinde begütert ist oder ein besteuertes Recht[1]) ausübt, ohne daselbst[2]) zu wohnen, hat auf Verlangen[3]) der Gemeindeverwaltungen zur Erfüllung seiner Verpflichtungen gegen die Gemeinde einen Einwohner als Bevollmächtigten[4]) aufzustellen.

**1.** Art 17 des Entwurfes 1869, an dessen Stelle der Art. 25 getreten ist, gab den auswärts wohnenden Bürgern, die ein besteuertes Wohnhaus in der Gemeinde besaßen, wenn sie nicht in der Gemeinde ansässig oder wohnhaft waren, die Befugnis, sich durch einen anderen Gemeindebürger oder einen besonderen Bevollmächtigten vertreten zu lassen Diese Art von Bürgern wurde schließlich überhaupt nur als Ausnahme, Art 10 Anm 3, Art 15, zugelassen und aus der Befugnis wurde eine allgemeine Verpflichtung zugunsten der Gemeinde behufs Erleichterung des Verkehrs. Man darf annehmen, daß sich der Wortlaut aus der Erinnerung an das GE. 1818 erklärt, Art. 10 Anm. 2, und daß unter den besteuerten Rechten sowohl dingliche Rechte als radizierte und reale Gewerberechte, z. B an einen in der Gemeinde wohnhaften Dritten verpachtete, zu verstehen sind. Wegen der letzteren, Art. 4 des Gewerbegesetzes v 11 Sept 1825, W 2, 244 und Instruktion §§ 11—14 RBl 1826, 83 Diese Rechte sind durch RGO nicht berührt worden.

**2.** Daselbst, d. h. im Gemeindebezirk sei es in der geschlossenen Ortschaft oder auf einer davon getrennten Einöde

**3.** Das Verlangen kann auch allgemein z. B. durch öffentliche Bekanntmachung geschehen Im Ungehorsamsfall will Wand, Pfälzische Gemeindeordnung S. 40 und Kahr 1 S. 237 S. 5b die Aufstellung eines Bevollmächtigten durch die Gemeindevertretung auf Kosten des Säumigen zulassen.

**4.** Der Bevollmächtigte — Mann, Frau — wird wenigstens volljährig sein müssen, besondere Eigenschaften verlangt die Bestimmung nicht. die Bestellung von Frauen war schon früher unbestritten zulässig

## III. Abteilung.

## Von dem Gemeinde- und Stiftungsvermögen, den Gemeindebedürfnissen und den Mitteln zu deren Befriedigung.

### Erster Abschnitt.

### Von dem Gemeinedevermögen.

#### Art. 26. (19)

I Die Gemeinden[1]) sind verbunden, den Grundstock ihres Vermögens[2]) ungeschmälert[3]) zu erhalten und veräußerte Bestandteile des rentierenden Vermögens durch Erwerbung anderer rentierender Objekte sofort oder mindestens allmählich nach vorher festgestelltem Plane zu ersetzen.[4]) [5])

II Abweichungen von diesen Vorschriften können nur mit Genehmigung der vorgesetzten Verwaltungsbehörde 6) stattfinden. 7) 8) 9)

1. Die Bestimmungen gelten auch für die Ortschaften, soweit sie Vermögen haben. Art. 153 Abs. V. Sie gelten auch für das Vermögen der bayerischen Gemeinden und Ortschaften, das sich außerhalb Bayerns befindet. S 12, 490.

2. Das Gemeindevermögen zerfällt in Verwaltungs- und in Finanzvermögen. Das Verwaltungsvermögen umfaßt alles, was dem gemeinen Gebrauch gewidmet ist, res. universitatis nach bayer. Landrecht, z. B. Wege, öffentliche Gebäude. Das Finanz- (rentierende, werbende) Vermögen, patrimonium universitatis, nach bayer. LR. steht teils im Nutzgenuß der Gemeindeangehörigen, teils dient es zur Befriedigung gemeindlicher Bedürfnisse, Kapitalvermögen, laufende Mittel in den gemeindlichen Kassen

3. Grundstockvermögen ist das Verwaltungsvermögen und derjenige Teil des Finanzvermögens, der nicht für laufende Zwecke verwendet werden darf Dieses Grundstockvermögen kann alle möglichen Formen haben: Bargeld, liegende Gründe, Forderungen, bewegliche Sachen. Auch die gemeindliche Registratur gehört dazu MinBek. vom 11. Mai 1916, StA. 110, Art. 131 Anm 8. Im einzelnen Fall ergibt sich die Unterscheidung aus der Art des Erwerbsvorgangs aus den Beschlüssen der Gemeindevertretung und aus den Entschließungen der Aufsichtsbehörden. Auch der Vermögensausweis nach dem Rechnungsschema der ME. vom 10. Okt. 1869 kann als Behelf bisweilen dienen. Die Art des Vermögens gestattet also keinen zwingenden Rückschluß. Allerdings werden Liegenschaften in der Regel zum Grundstockvermögen gehören, aber ein Bauplatz, den die Gemeinde aus laufenden Mitteln erwerben mußte, und in der Absicht erworben hat, ihn wieder zu veräußern, gehört nicht zum Grundstockvermögen. Umgekehrt gehört das Bargeld für ein verlostes Wertpapier und ebenso der Kaufpreis für eine veräußerte bewegliche Sache, die beide Bestandteile des Grundstockvermögens waren, wieder zum Grundstockvermögen. Aktive Überschüsse des Rechnungsjahres gehören zu den laufenden Mitteln.

4. Die Art, wie diese ungeschmälerte Erhaltung gemeint ist, wird im Gesetz selbst erläutert Es genügt nicht, daß andere Bestandteile für die veräußerten erworben werden, auch der Ertrag soll der gleiche bleiben wie bisher, die neuerworbenen sollen mindestens die gleiche Rente abwerfen wie die veräußerten Ein häufiger Fall ist die Einzehrung von Grundstockkapitalien und die Aufstockung nach einem Tilgungsplan Hier wird bisweilen von der Verzinsung abgesehen. Das entspricht nicht dem Sinne und dem Wortlaut des Gesetzes; der Tilgungsplan, wenn er auch die Verzinsung voraussieht, bedarf keiner Genehmigung, weil dann kein Fall einer Abweichung im Sinne des Abs. II vorliegt. Auch die Verwendung für laufende Zwecke gegen sofortigen Ersatz wird weder beanstandet noch einer Genehmigungspflicht unterstellt werden können Verschiebungen in der Verwendung und in dem Ertrage des Gemeindevermögens auch ohne Vornahme einer

Veräußerung, z. B die Verwandlung eines bisher vermieteten gemeindlichen Wohnhauses in ein Schulgebäude, wird streng genommen ebenfalls der Genehmigung bedürfen. Ein solcher Vorgang wird sich ohnedies in der Regel nicht ohne Vorwissen der Aufsichtsbehörde abspielen. — In der ungedr. Nr. 57 II 16 hat der Verwaltungsgerichtshof die Erlaubnis, in die Wege und Ortsstraßen Gasrohre einlegen zu dürfen und eine vertragsmäßige Bindung auf mehrere Jahre, nicht für eine Schmälerung des Grundstockvermögens erklärt, weil das Grundstockvermögen dadurch nicht seinem eigentlichen Zweck der Benutzung als Weg entzogen wurde.

5. Durch die Entwertung unseres Geldes ist überall eine Schmälerung des Grundstockvermögens eingetreten, die als allgemeines nationales Unglück hingenommen werden muß

6. Die Beachtung der Vorschriften über die ungeschmälerte Erhaltung des Grundstockvermögens ist Sache der Aufsichtsbehörde im Amtsverfahren auf Grund ihres Einblickes in die Gemeindevermögensverwaltung und in die Rechnungs- und Kassenführung. Der einzelne Bürger oder Umlagenpflichtige kann die Aufsichtsbehörde aufmerksam machen, ein subjektives Recht zu verlangen, daß die Gemeinde den Art. 26 beachtet, hat er nicht.

7. Das SG. hat den Art. 26 nicht berührt. Die Genehmigung von Ausnahmen ist reine Ermessungssache, nur Aufsichtsbeschwerde ist möglich. Da die früher vorgeschriebene Genehmigung für die Veräußerung von Liegenschaften weggefallen ist, Art 15 SG., so können die Gemeinden Liegenschaften, die zum Grundstockvermögen gehören, zwar ohne weiteres veräußern, aber sie müssen dafür sorgen, daß der Erlös wieder Bestandteil des Grundstockvermögens wird und verzinslich angelegt wird In der Gegenwart kann den Gemeinden aber nur dringend abgeraten werden, Liegenschaften, überhaupt gemeindlichen Grund und Boden zu veräußern. Wegen des landwirtschaftlichen Grund und Bodens in kleineren Gemeinden enthält Art. 15 III SG eine Beschränkung, die aber der seit 1919 noch weiter gestiegenen Bedeutung des gemeindlichen Grund und Bodens nicht hinreichend gerecht wird. Durch MinBek. vom 14. Juni 1921 StA. 138 sind die Gemeinden und die Aufsichtsbehörden auf die Notwendigkeit der Erhaltung des gemeindlichen Grundeigentums aufmerksam gemacht worden. S. BGemVZ. 1921 Nr. 16, über die Erhaltung des gemeindlichen Grundeigentums und seine Sicherung vor Mißbrauch.

8. Bei dem Betrieb von Gemeindeanstalten wird dem Grundsatz des Art. 26 dadurch entsprochen, daß ebenso wie im kaufmännischen Betrieb jährlich vom Werte des Inventars abgeschrieben, aber auch der Abschreibung entsprechend ein Erneuerungsfonds gesammelt wird. BlAdmPr. Bd 42, 73.

9. Über die Gemeindevermögensverwaltung, das Rechnungs- und Kassenwesen, über Anlegung von Geldern Art 107, insbes. Anm 5 und 6, und 131.

## Art. 27. (20)

I Die Verteilung[1]) von Bestandteilen des Grundstockvermögens ist nur bei den ganz oder teilweise zum Vorteile der Gemeindeangehörigen benützten Gemeindegründen zur Förderung der landwirtschaftlichen Kultur[2]) gegen Auflegung eines im fünfundzwanzigfachen Betrage ablösbaren Grundzinses[3]) zum Besten der Gemeindekasse zulässig, wenn dem Antrage auf Teilung[4]) und Festsetzung des Grundzinses mindestens drei Vierteile der Gemeindebürger zustimmen und wenn die Zustimmenden zusammen mehr als die Hälfte der Grundsteuern entrichten, womit die sämtlichen Gemeindebürger und die außer denselben zur Teilnahme an den Gemeindenutzungen berechtigten Personen in der Gemeinde angelegt sind.[5])

II Auf die in den Fällen des Abs. I von den Gemeindeverwaltungen und den Gemeindeversammlungen zu fassenden Beschlüsse finden die Vorschriften des Art. 103 Abs. I, Art. 118 Abs. I, Art. 145 Abs. IV und V keine Anwendung.

III Der Anspruch auf einen Anteil und der Teilungsmaßstab richten sich nach den Bestimmungen des Art. 32.[6])

IV Denjenigen, welche in Gemeinschaft ihrer Anteile zu bleiben wünschen, sollen dieselben im Zusammenhange zugemessen werden. Die zur Verteilung gelangenden Anteile gehen kraft des genehmigten[7])[8]) Teilungsaktes in das Eigentum der Teilnehmer über. Die Erhebung von Taxen und Stempelgebühren finden bei solchen Besitzänderungen nicht statt.[9])

V Bei jeder Gemeindegrundteilung ist ein besonderer Anteil für den Volksschulfond[10]) derjenigen Gemeinde, in welcher die Verteilung stattfindet, auszuscheiden. Der treffende Anteil bleibt von der Belastung mit Grundzins frei.

VI Vorstehende Bestimmungen finden auch bei Verteilung von Gemeindegründen, welche sich im Eigentum einer einzelnen Ortschaft befinden (Art. 5),[11]) analoge Anwendung.[12])[13])

**1.** Den Grundsatz des Art. 26 von der Unverletzlichkeit des gemeindlichen Grundstockvermögens durchbricht die GemO. sofort in den beiden folgenden Artikeln 27 und 28 Der eine handelt von der Gemeindegrundteilung, Teilung zu freiem Eigentum, der andere von der Nutzteilung, Teilung zum Genuß auf bestimmte Zeit, häufig auf Lebensdauer Der Individualismus lag noch in der markgenossenschaftlichen Auffassung und war durch das GemEd 1818 bereits zurückgedrängt, erst das rev GemEd. 1834, s. Einl Ziff. 2 gab dem § 25, der die Fälle der Veräußerung des Gemeindevermögens behandelt, einen Zusatz, der die Grundteilung zuließ. Es handelt sich also um einen

Rückfall, der auch noch durch die Bestimmung, daß ein Grundzins auferlegt werden muß, an jene Zeiten erinnert, wo die Gemeinden überhaupt nur gegen Auflegung eines Bodenzinses ihre liegenden Gründe verkaufen konnten.

Heute sollten sich die Gemeinden noch mehr wie sonst bemühen, ihren Grund und Boden zu behalten. Art. 26 Anm. 7. Immerhin möchten in manchen Gemeinden noch Fälle denkbar sein, wo die Anwendung des Art. 27 am Platze ist.

**2.** Die Grundteilung ist nur zulässig zur Förderung der landwirtschaftlichen Kultur, sie bezieht sich nur auf Grundstücke und nur auf solche, die sich für den Feldbau eignen. Waldgrundstücke können nur verteilt werden, wenn sie zur Waldkultur nicht geeignet sind oder wenn Überfluß an Waldbestand und Mangel an Acker- und Wiesengründen besteht. In jedem Fall muß der Wald gerodet werden, Verteilung des Waldes zur Fortsetzung der Waldwirtschaft ist unzulässig. Art. 29. Sachverständige gutachtliche Äußerungen der landwirtschaftlichen Vertretungen des Kulturbauamtes werden zugrunde zu legen sein.

**3.** Der Grundzins ist eine Reallast und wird nach den Bestimmungen des bürgerlichen Rechtes beurteilt. § 1105 BGB.

**4.** Der Antrag auf Teilung kann aus dem Schoß der Gemeindevertretung selbst kommen, die Gemeindevertretung wird aber einen solchen Antrag auch beraten müssen, wenn er aus der Reihe der Bürgerschaft kommt. Art. 29 II des SV. über den Volksentscheid ist auch auf solche Projekte anwendbar. Lehnt aber die Gemeindevertretung den Antrag ab, so kann nach Art. 29 II SG. der neue Gemeinderat nach den nächsten Gemeindewahlen wieder mit der Frage beschäftigt werden. Die Aufsichtsbeschwerde ist formal möglich, sachlich aber erfolglos. Man wird die Entscheidung über die Grundteilung dem Ermessen der Gemeindevertretung überlassen müssen. Verwaltungsrechtliche Zuständigkeit kommt überhaupt nicht in Frage, ein subjektives Recht des Einzelnen auf Gemeindegrundteile unter den gegebenen Voraussetzungen räumt Art. 27 nicht ein.

**5.** Für die Beschlußfassung ist eine doppelte Mehrheit vorgeschrieben. Dreiviertel der Gemeindebürger im Sinne des jetzigen Rechtes, Art. 10 Anm. 4, müssen zustimmen und die Grundsteuern, womit die Zustimmenden im Gemeindebezirk angelegt sind, müssen mehr betragen als die Hälfte der sämtlichen Grundsteuern der Gemeindebürger, womit diese im Gemeindebezirk angelegt sind. Bei der Abstimmung finden die Vorschriften über Befangenheit keine Anwendung. Die Nutzungsberechtigten stimmen mit. Die Abstimmung ist also ein öffentlichrechtlicher Akt, nicht eine private Erklärung. Der Gemeinderat hat nur über die Vornahme der Abstimmung zu beschließen, wird die gesetzlich vorgeschriebene Mehrheit erreicht, so stellt die Abstimmung auch die Willenserklärung der Gemeinde dar. Eines weiteren Beschlusses des Gemeinderates bedarf es nicht mehr.

**6.** In der Regel hat jeder Gemeindebürger Anspruch auf den gleichen Anteil. Die zu verteilenden Gründe müssen schon vorher ganz oder teilweise, d. h. nach ihrem ganzen Ertrag oder bis zu einem Teil ihres Ertrages — es ist nicht an die räumliche Ausdehnung des Teilungsgegenstandes gedacht — dem Nutzgenuß unterstanden haben. Herkömmliche Nutzungen nach Art. 32 hindern also nicht nur nicht die Verteilung, sondern sie erfüllen eine notwendige Voraussetzung für deren rechtliche Zulässigkeit. Sind nach Art. 32 die Teile ungleich — Ganzbauern- und Halbbauernrechte —, so bemessen sich danach die Anteile. Art. 32 Anm. 13.

Auch wenn die Zuweisung im Zusammenhang geschieht, müssen doch die Teile selbst als solche ausgeschieden sein, über die Art der Gemeinschaft vereinbaren die Beteiligten, Streitigkeiten aus der Gemeinschaft gehören vor die Gerichte.

7. Die Genehmigung der Grundteilung ist durch Art. 15 SG., der den Art. 159 ersetzt, nicht übernommen worden. Sie kann nicht etwa auf dem Umweg über Art. 26 II rekonstruiert werden, da ja Art. 27 den Art. 26 einschränken will. Als Zeitpunkt der Vollendung des Teilungsaktes wird man jetzt den Zeitpunkt betrachten müssen, in dem der Teilungsakt vollendet wird, d. h. die Teile den Bürgern zugewiesen sind und der auferlegte Grundzins ihnen bekanntgegeben ist. Dann gehen die Teile kraft Gesetzes in das Eigentum der Bürger über, einer Auflassung bedarf es nicht mehr. Vielmehr muß das Grundbuch auf Mitteilung der Gemeindevertretung berichtigt werden. Das Grundbuchamt hat sich von der Rechtmäßigkeit der Grundteilung zu überzeugen und wird in der Regel die Aufsichtsbehörde um Prüfung und Auskunft angehen

8. Die Aufsichtsbehörde kann ihrerseits, sei es, daß sie vom Grundbuchamt in Tätigkeit gesetzt wird, sei es, daß sie selbst Kenntnis von der Teilung erlangt hat, die Voraussetzungen prüfen. Sie kann die Abstimmung aufsichtlich beanstanden, Art. 13 II SG., und da die Abstimmung als Willenserklärung der Gemeinde, Anm. 5, gilt, so wird man dem Stadt- oder Gemeinderat das Recht einräumen müssen, sich nach Art. 10 Ziff 2 VGG. an den VGH. zu wenden, sobald die Kreisregierung unmittelbar oder im Beschwerdeweg zuungunsten der Teilung entschieden hat Weder einzelne Gemeindebürger noch ein gewählter Ausschuß kann die Sache weiter verfolgen, wenn die Gemeindevertretung darauf verzichtet.

Die bisherige Rechtsprechung S 9, 280; 15, 33 läßt sich nur noch teilweise verwenden. Im Verfahren nach Art. 10 Ziff. 2 ist darnach der VGH. zuständig, die Voraussetzungen der Grundteilung zu prüfen, insbesondere ob die Teilung die landwirtschaftliche Kultur befördert, bei Gemeindewaldungen, ob sie zur Waldkultur ungeeignet sind, dagegen nicht, ob Überfluß an Waldbeständen und Mangel an Feldgründen, Art 29, besteht Der VGH hat bisher diese Unterscheidung gemacht, es läßt sich aber auch der Standpunkt vertreten, daß die Würdigung der Bedürfnisfrage gleichfalls Sache des richterlichen Ermessens ist, so gut wie die Frage, ob sich die Grundstücke zur Waldkultur eignen BlAdmPr. Bd 71, 65.

9. Die Tax- und Stempelfreiheit bezieht sich nur auf landesgesetzliche Abgaben, die Grunderwerbsteuer, RGBl. 1919, 1617, wird für die

Reichskasse wie für die Staats- und Gemeindekasse erhoben. § 37 LStG., RGBl. 1920 S. 410 und VG. § 35, GVBl. 1922 S. 255.

**10.** Nach dem rev. GemEd., oben Anm. 1, mußte der Pfarrer und die Schule einen Anteil bekommen, der Anteil der Schule ist geblieben, der Pfarrer kann jetzt nur noch einen Anteil erhalten, wenn er als Gemeindebürger darauf Anspruch hat. Wo eine Sprengelschule in Betracht kommt, erhält der Schulsprengel den Nutzgenuß am Anteil, das Eigentum am Anteil wird der verteilenden Gemeinde zufallen.

**11.** Bei Grundteilung des Ortschaftsvermögens kommt der Begriff des Ortsbürgers zur Anwendung, für die Steuern ist die Veranlagung im Flurbezirk maßgebend.

**12.** Für Streitigkeiten ist zu unterscheiden

a) der Streit zwischen der Gemeindevertretung und der Aufsichtsbehörde über die Zulässigkeit der Teilung, falls diese aufsichtlich beanstandet wird, oben Anm. 7, zunächst aufsichtliches Beschwerdeverfahren mit schließlicher Entscheidung des VGH. nach Art. 10 Ziff. 2 VGG.

b) Streitigkeiten zwischen den Gemeindebürgern unter sich und möglicherweise auch mit der Gemeindevertretung über den Vollzug und die Durchführung der Grundteilung, soweit subjektive Rechte in Betracht kommen, verwaltungsrechtliches Verfahren nach Art. 8 Ziff. 29 VGG. Erste Instanz die Aufsichtsbehörde, Bezirksamt oder Kreisregierung, zweite die Kreisregierung, letzte Instanz der VGH. Ermessensfragen müssen der Gemeindeverwaltung überlassen bleiben, z. B. die Art und Weise der Verteilung im einzelnen. Wenn nicht offenbare Willkürlichkeiten nachzuweisen sind, können weder die Aufsichtsbehörden noch der VGH. in die Besonderheiten der Zumessung und Zuweisung sich einmischen.

c) Streitigkeiten nach der vollzogenen Teilung z. B. über die Zahlung des Grundzinses, über die Wirkung der Teilung auf Rechtsnachfolger des ursprünglichen Empfängers sind bürgerrechtlicher Natur und gehören vor die Gerichte. Für jene Fälle, wenn noch vor Durchführung der Teilung oder während des Verwaltungsprozesses eine Rechtsnachfolge eintritt, S 23, 89.

**13.** Die Aufhebung eines gemeinschaftlichen Eigentums zwischen zwei Gemeinden ist keine Gemeindegrundteilung, sondern eine gewöhnliche privatrechtliche Auseinandersetzung. S 6, 14.

## Art. 28. (21)

Eine Verteilung von Gemeindegründen zur Nutznießung auf Lebensdauer oder auf bestimmte Zeit ist ebenfalls an die in Art. 27 Abs. I bezeichneten Voraussetzungen gebunden, insoferne die Nutznießung unentgeltlich oder gegen Entrichtung einer dem Nutzungswerte nicht entsprechenden Abgabe gestattet werden will.[1—6])

1. Art. 28 behandelt die Nutzteilung, Art. 27 Anm. 1. Er gilt auch für Ortschaften, Art. 27 VI. Bei der Nutzteilung fällt die Auflage eines Grundzinses weg, eine Eigentumsveränderung tritt hier nicht ein.

2. Wegen der Voraussetzungen, Art 27 Anm 2—6. Auch hier finden die Vorschriften über Befangenheit, Art 27 II, keine Anwendung.

3. Aufsichtliche Genehmigung ist nicht mehr notwendig. Art. 27 Anm. 7.

4. Überlassung gegen eine dem vollen Nutzungswert entsprechende Abgabe wird in der Regel sich als Verpachtung darstellen, mag sie in geringem Umfang oder allgemein an die Gemeindebürger geschehen. Die Aufsichtsbehörde wird darauf zu dringen haben, daß dieses Rechtsverhältnis klargestellt wird. Bestehen Meinungsverschiedenheiten zwischen der Gemeinde und der Aufsichtsbehörde, so gelten die Ausführungen bei Art. 27 Anm 8 entsprechend. Bei Überlassung gegen den vollen Nutzungswert kann auch die Anwendung des Art. 31 in Frage kommen, wenn sich kein Pachtverhältnis aufweisen läßt; dann müssen aber auch die weiteren Voraussetzungen des Art 31 gegeben sein.

5. Auch die Nutzteilung tritt auf Grund der Abstimmung ein, die hier wie bei Art. 27 die Willenserklärung der Gemeinde, der Ortschaft darstellt. Art. 27 Anm. 5. Es mangelt eine gesetzliche Vorschrift, um diese Willenserklärung auf dem gleichen Weg wieder aufzuheben, die Nutzteilung ist insofern unwiderruflich, nach Maßgabe der bei der Abstimmung beschlossenen Festsetzungen.

6. Streitigkeiten aus der Nutzteilung beispielsweise ob der frühere oder der jetzige Besitzer des nutzungsberechtigten Anwesens berechtigt ist, sind öffentlich-rechtlicher Natur und gehören vor die Verwaltungsgerichte KompKonflErk v. 22. Febr 1910, GVBl. 1910 Beil. I, ferner S 8, 79; 12, 484. Im übrigen wegen der Zuständigkeit Art 27 Anm. 12

## Art. 29. (22)

I Gemeindewaldungen [1]) können nur behufs der nach den Forstgesetzen zulässigen Rodung [2]) und nur dann verteilt werden, wenn sie zur Waldkultur nicht geeignet sind [3]) oder wenn der örtliche Überfluß an Waldbeständen und der Mangel an Weide-, Acker- oder Wiesgründen [4]) eine Teilung im wirtschaftlichen Interesse nötig macht.

II Der durch die Abtreibung erzielte Erlös muß in die Kasse der betreffenden Gemeinde oder Ortschaft fließen. [5]) [6])

1. Der Artikel 29 enthält eine besondere Bestimmung für den Fall, daß es sich um die Grundteilung oder Nutzteilung bei Gemeinde- und Ortschaftswaldungen handelt Es setzt also den Art 27 und 28 voraus und stellt nur noch weitere Bedingungen auf Vor allem können Waldungen niemals zur Fortführung der Waldwirtschaft verteilt werden;

wenn sie überhaupt, sei es zu Eigentum oder Nutzgenuß, verteilt werden sollen, so müssen sie unter allen Umständen gerodet werden.

**2.** Die **Rodung** ist nach Art. 34 bis 38 des Forstgesetzes vom 28. März 1852 in der Fassung vom 4. Juli 1896, GVBl. 325, nur erlaubt, wenn die Fläche zu einer besseren Benützung — Feld-, Garten-, Wein- oder Wiesenbau — unzweifelhaft geeignet ist, wenn der Wald nicht zum Schutz gegen Naturereignisse notwendig ist — Schutzwald — und wenn die Forstberechtigten in die Rodung gewilligt haben. Die Weideberechtigten sind nach Art. 5 des Weidegesetzes vom 28 Mai 1852, GesBl 1851/2, 601, nicht befugt, Einspruch einzulegen, ebensowenig die Nutzungsberechtigten nach Art. 32, es gilt hier das gleiche in Anm. 6 zu Art 27 Gesagte über die Zulässigkeit beschließt die Forstpolizeibehörde — Bezirksamt oder Kreisregierung —, denen das Forstamt, dem das Vorhaben der Rodung angezeigt werden muß, die Verhandlungen mit sachverständigem Antrag übersendet. Art. 37, 109 FG. Die Zulässigkeit der Rodung ist Vorbedingung für die Teilung selbst. S 15, 33 S auch Art. 27 Anm. 8

**3.** Neben den Vorschriften in Art. 34 FG. muß für die Grund-, die Nutzteilung bei Gemeinde- und Ortschaftswaldungen noch feststehen, daß sie zur **Waldkultur** überhaupt **nicht geeignet** sind oder daß der **Überfluß** an **Waldbeständen** und der **Mangel** an **Weide-, Acker-** oder **Wiesengründen** eine Verteilung des Waldes im wirtschaftlichen Interesse nötig macht. Eine aufsichtliche Genehmigung der Grund- und der Nutzteilungen tritt nicht mehr ein. Art. 27 Anm. 7. Fehlen die weiteren Bedingungen des Art. 29, so kann zwar, wenn die forstpolizeiliche Erlaubnis zur Rodung erteilt wurde, die Gemeinde roden, sie ist dann verpflichtet, den gerodeten Boden der in der forstpolizeilichen Erlaubnis bezeichneten besseren Benützung zuzuwenden, Art. 37 und 76 FG., aber verteilen darf sie die Waldfläche nicht. Die Aufsichtsbehörde von Amts wegen oder auf Veranlassung des Grundbuchamtes, dem die Verhandlungen zur Umschreibung der Grundstücke zugeleitet werden müssen, prüft die Verhandlungen Das weitere Verfahren wird sich abspielen wie nach Art. 27 Anm. 8 Es handelt sich ja nur um eine bestimmte Art von Grundteilung, auf die die Vorschriften des Art. 27 und außerdem auch die des Art. 29 angewendet werden, o Anm. 1.

**4.** Der Art. 25 des Entwurfes von 1869, der dem Art. 29 entspricht, lehnte sich an § 25 Ziff 4 des revidierten GemEd., Art 27 Anm. 1 an, und spricht von Überfluß an Waldbeständen, Mangel an Acker- und Wiesengründen „**in der betreffenden Gegend**". Der Zusatz wurde von der Subkommission, die die endgültige Fassung der GemO. 1869 bestimmte, nicht übernommen Es ist deshalb fraglich, ob die genannten Voraussetzungen notwendigerweise in der teilenden Gemeinde selbst gegeben sein müssen oder ob das Vorhandensein, wenigstens in der betreffenden Gegend genügt. Man wird die strengere Auffassung zu wählen haben, wenn man dem Sinne des Gesetzes gerecht werden will. Aus diesem Grunde wird wohl auch die Subkommission die Worte „in der betreffenden Gegend" gestrichen haben.

5. Der Erlös muß in die Gemeinde- oder Ortschaftskasse fließen; die Rechtler nach Art. 32 haben keinen Anspruch darauf. Der Erlös aus der Rodung ist nicht etwa als Ersatz des verteilten Grundstockvermögens anzusehen und verzinslich anzulegen. Art. 29 im Zusammenhalt mit Art. 27 und 28 sind Ausnahmen von der Regel des Art. 26. Insofern wird es auch zulässig sein, den Erlös aus der Rodung für laufende Zwecke zu verwenden

6. Die Teilung eines mehreren Gemeinden oder Ortschaften gemeinschaftlichen Waldes fällt unter Art 20 FG., weil für dieses Rechtsgeschäft die Gemeindewaldung wie eine Privatwaldung zu behandeln ist Letzte Instanz ist der VGH nach Art 10 Ziff. 8 VGG. S 12, 146

## Art. 30. (23)

Die Bewirtschaftung der Gemeindewaldungen unterliegt den gesetzlichen Vorschriften.1—4)

1. Der Art 30 lautet gleich dem Art 68 für Stiftungswaldungen und bezieht sich auch auf die Ortschaftswaldungen. Die gesetzlichen Vorschriften sind in Art 6—18 FG enthalten. Art. 29 Anm. 2. Die Bewirtschaftung der Gemeinde und Stiftungswaldungen steht unter der Oberaufsicht der Staatsregierung, die Bewirtschaftung muß sich auf Wirtschaftspläne stützen, wobei auf die besonderen Bedürfnisse der Gemeinden, Ortschaften und Stiftungen vorzugsweise Rücksicht zu nehmen ist. Die Wirtschaftspläne unterliegen für Waldungen von mehr als 10 ha Gesamtfläche der Genehmigung der Kreisregierung — Forstpolizeistelle —, außerdem der Genehmigung des Bezirksamtes — Forstpolizeibehörde —, bei kreisunmittelbaren Städten ebenfalls der Kreisregierung. Zur Ausführung des Betriebes haben die Gemeinden, Ortschaften und Stiftungen entweder eigene Förster aufzustellen oder die Ausführung einem benachbarten Sachverständigen zu übertragen Die einen wie die andern müssen die erforderliche Befähigung in der Konkursprüfung für den Staatsforstdienst nachgewiesen haben. Die Staatsforstverwaltung kann gegen einen verhältnismäßigen Besoldungsbeitrag die Betriebsausführung übernehmen. Für Handhabung des Forstschutzes haben die Gemeinden und Stiftungen zu sorgen und das erforderliche Schutzpersonal aufzustellen. Nur bei kleineren Waldungen, die einer regelmäßigen, auf Wirtschaftsplänen gegründeten Bewirtschaftung nicht fähig sind, kann mit Genehmigung der Kreisregierung die Betriebsausführung mit dem Forstschutz vereinigt werden. Die Wahl der Förster und Sachverständigen unterliegt neben der erforderlichen dienstlichen Zustimmung der Bestätigung der Kreisregierung, die des Schutzpersonals der Bestätigung des Bezirksamts, die Waldaufseher werden vom Amtsgericht in Pflicht genommen. Siehe noch S 1, 30 und 9, 91

Diese gesetzlichen Bestimmungen sind näher erläutert durch die besonderen Vorschriften zum Vollzug des Forstgesetzes in Ansehung der Gemeindestiftungs- und Körperschaftswaldungen vom 12. Mai 1897, MBl 209 W 24, 500. Sie haben eine unwesentliche Ergänzung erfahren durch MinBek vom 1. Febr 1918, MBl 2: Wegfall der kollegialen Beratung bei der Kreisregierung.

Durch die ME vom 6. Mai 1901, FMBl 336, W 31, 227 wurde das Festmeter als Rechnungseinheit eingeführt.

**2.** Die Sonderbestimmungen des Art. 30 sind durch das SG. nicht berührt worden. Sie erstrecken sich auf alle Waldungen der Gemeinden, Ortschaften und Stiftungen, auch auf die außerhalb Bayerns gelegenen bei Grenzgemeinden. S 12, 490. Hier gilt also das Personalitätsprinzip, das aber dem Territorialprinzip wieder weichen muß, soweit die ausländischen Vorschriften mit den bayerischen Vorschriften im Widerspruch stehen sollten.

**3.** Die allgemeinen gesetzlichen Vorschriften FG. s. o. Art 29 Anm 2 gelten natürlich für die Gemeinden, Ortschaften und Stiftungen ebenfalls, z. B. die Vorschriften über Schutzwaldungen, über Abschwendung, über Aufforstung, über Wald- und Alpenweide, Flurschutz und Schädlingsbekämpfung. Art. 39—47 FG. Bei Verfehlungen sind die Vertreter der Gemeinde-, Ortschafts- und Stiftungsverwaltungen persönlich zur Verantwortung zu ziehen.

**4.** Die Bewirtschaftung der Gemeindewaldungen ist eigentliche Gemeindeangelegenheit, gegen Aufsichtsbeschlüsse kann nach Art. 10 Ziff 2 VGG der VGH. angerufen werden.

## Art. 31. (24)

I Der Ertrag des Gemeindevermögens ist zur Bestreitung der Gemeindebedürfnisse[1]) zu verwenden.

II Die Verteilung von Überschüssen[2]) an die Gemeindebürger ist nur dann zulässig, wenn alle Gemeindebedürfnisse ohne Erhebung von Gemeindeumlagen und örtlichen Verbrauchssteuern[3])[4]) gedeckt sind, und wenn größere Ausgaben für außerordentliche Bedürfnisse nicht in Aussicht stehen. Die Gewährung von Nutzungen[5]) an Bestandteilen des Gemeindevermögens, bei welchen diese bisher nicht üblich[6]) war, ist nur unter den gleichen Voraussetzungen und nur in widerruflicher[7]) Weise zulässig.

III Für Verteilung[8]) von Überschüssen aus dem Ertrage des Gemeindevermögens, sowie für Gewährung von Nutzungen an Bestandteilen des Gemeindevermögens auf Grund des Abs. II ist in Gemeinden mit städtischer Verfassung die Zustimmung der Gemeindebeziehungsweise der Orts-Versammlung[9]) und außerdem die Genehmigung[10]) der vorgesetzten Verwaltungsbehörde erforderlich.[11])

**1.** Das Erträgnis des Gemeindevermögens ist in erster Linie bestimmt für die Gemeindebedürfnisse, dieser Grundsatz gilt auch für Ortschaften, Abs. III und zwar in dem Sinn, daß die Bedürfnisse für die Gemeinden und die Bedürfnisse der Ortschaft befriedigt werden müssen, ehe an eine Verteilung von Überschüssen gedacht werden kann S 8, 185; 12, 207; 13, 254.

**2.** Ob Überschüsse vorhanden sind, ist erst nach Feststellung des Rechnungsergebnisses, nicht schon bei Feststellung des Voranschlags zu bemessen. Es ist aber der Fall denkbar, daß in einer Gemeinde oder Ortschaft dauernd die Einnahmen die Ausgaben überwiegen, in diesem Fall wird man zu dem gleichen Ergebnis kommen, ob man nach dem Voranschlag oder nach der Rechnung sich richten will. In dem einen Fall verteilt man die Überschüsse des letzten, im andern Fall des laufenden Jahres. Schwierigkeiten sollten in derlei Fällen von der Aufsichtsbehörde nicht gemacht werden.

**3.** Die sonstigen örtlichen Abgaben, vgl. Art. 39 II, sind hier nicht genannt. Man hat bisher schon angenommen, daß eine Verteilung von Überschüssen nur zulässig sei, wenn die Abgleichung des gemeindlichen oder ortschaftlichen Haushalts möglich sei ohne die Erhebung von örtlichen Abgaben. Es handelt sich hier nur um die örtlichen Abgaben, die jetzt in § 4 der Ausführungsanweisung vom 5. April 1922 zur Ausführung des Gesetzes vom 30. Juni 1921 zum Vollzug des LStG. aufgezählt sind. GVBl. 1922, 227. Die Aufzählung — Wohnsteuer, Wohnungsluxussteuer, Reklamesteuer und Steuer für das Halten von Hausangestellten, Zuschlag zu den staatlichen Stempeln der Tarifstelle 19 des Stempelgesetzes, Personenaufzugssteuer, gemeindliche Abgabe für das Halten von Reit- und Zuchtpferden, Zuschläge zur Abgabe für Tanzmusikbewilligung — ist nicht erschöpfend. Diese örtlichen Abgaben beruhen auf Landesrecht und sind zu unterscheiden von den Gemeindesteuern in §§ 5—8 der Ausführungsanweisung, die auf Reichsrecht beruhen Wenn man die örtlichen Abgaben schon früher, wo sie noch eine geringe Bedeutung hatten, wegen ihrer rechtlichen Natur als primäres Deckungsmittel den Umlagen und den örtlichen Gebrauchssteuern, siehe Art. 40 Anm. 1, gleichstellte, so wird man das jetzt umso eher tun müssen, wo sie eine noch größere Bedeutung erlangt haben als die Gemeindeumlagen. Diese örtlichen Abgaben treffen in der Hauptsache die Gemeindeinwohner. Nur die Wohnsteuer, vielleicht auch die Reklamesteuer und der Zuschlag zu den Stempeln mögen mehr oder minder die nur vorübergehend sich Aufhaltenden besteuern

Auch die Zuweisung eines Anteils an der Reichseinkommen- und Körperschaftssteuer, die ja an Stelle der Gemeindeumlagen getreten ist, wird als Umlagenerhebung zu gelten haben

Dagegen wird man die auf Reichsgesetz beruhenden neuen Gemeindesteuern, §§ 5—8 der AA vom 5. April 1922, nicht als Hindernis für die Verteilung von Überschüssen ansehen dürfen, da sie in keinem Zusammenhang mit landesrechtlichen Abgaben gebracht werden können. Die Vergnügungssteuer muß überhaupt in allen Gemeinden erhoben werden § 12 LStG, RGBl. 1920 S 404; AA. § 8 GVBl 1922 S. 231

**4.** Die Anordnung von Hand- und Spanndiensten hindert die Verteilung von Überschüssen oder Nutzungen nicht. S 15, 89

**5.** Man unterscheidet Nutzungen und Nutzungsrechte. Nutzungsrechte sind die auf Herkommen beruhenden subjektiven Rechte, wie sie in Art. 32 I gemeint sind. Art. 32 Anm. 1. Im Gegensatz zu diesen Nutzungsrechten, auf die unter gewissen Voraussetzungen ein Anspruch besteht, sind die Nutzungen jederzeit widerruflich, gleich ist für beide nur der Gegenstand, nämlich Feld, Wald und Weide, also liegende Gründe. Nutzungen am beweglichen Vermögen der Gemeinde — Barbestand, Erlös aus liegenden Gründen, die mit Nutzungsrechten belastet waren — sind rechtlich ausgeschlossen S 1, 283; 5, 211; 18, 125; 22, 107.

6. „Bei welchen dies bisher nicht üblich war" bedeutet nur den notwendigen Vorbehalt für Art 32 I, statt „üblich" ist „herkömmlich" zu lesen. Wenn bisher nach rechtsbegründetem Herkommen Nutzungen verteilt wurden, so steht nicht die Anwendung des Art. 31, sondern des Art. 32 in Frage

7. Die Widerruflichkeit ist das besondere Kennzeichen der Nutzungen nach Art. 32 Anm. 5.

8. Bei der Verteilung hat jeder Gemeindebürger im Sinne des §§ 11 der Landesverfassung, s. o. Art. 10 Anm. 4, Anspruch auf gleichmäßige Berücksichtigung. Die Verteilungsgrundsätze des Art. 32 II greifen hier nicht Platz, Art. 31 muß von Art. 32 durchaus getrennt gehalten werden. Art. 32 betrifft die Nutzungsrechte, obwohl diese Unterscheidung in der Fassung nicht zum Ausdruck kommt.

Abs. I und II des Art. 32 reden von Nutzungen, ebenso wie Art. 31, sie meinen aber nicht das gleiche. Bei der Verteilung nach Art. 31 wird einem Ehepaar, wenn beide das Gemeindebürgerrecht besitzen, ein doppelter Anteil und wenn sie Kinder über 20 Jahre haben, wird auch diesen je ein Anteil zuzuweisen sein.

9. Über die Verteilung beschließt jetzt der Stadt- oder Gemeinderat, in Ortschaften der Ortsausschuß. Das Gemeindekollegium ist durch Art 6 II SG., die Gemeinde- oder Ortsversammlung durch Art. 29 I SG. weggefallen.

10. Das Erfordernis der Genehmigung ist durch das SG. nicht berührt worden. Art. 31 ist eine Sonderbestimmung für die Vermögensverwaltung, genau so wie Art. 26. Das SG. hat nur den Art. 159 treffen wollen, insofern sind die Genehmigungen für die Grund- und für die Nutzteilung, bisher in Art. 139 Ziff. 2 vorgeschrieben, für die Folge weggefallen. SG. Art. 14 Anm. 1.

Die Genehmigung ist reine Ermessenssache, sie muß verweigert werden, wenn die Voraussetzungen fehlen, sie kann verweigert werden, auch wenn sie gegeben sind. Insofern ist eine Beschwerde an den VGH. nur formell möglich, sachlich wird sie ohne Erfolg bleiben müssen. Eine verwaltungsrechtliche Entscheidung darüber, ob die Voraussetzungen vorliegen, wie sie der VGH. in den Fällen der früher genehmigungspflichtig gewesenen Gemeindegrundteilung zugelassen hat, S 9, 280); 15, 33, ist im Verfahren nach Art. 10 Ziff. 2 VGG. nur in der Weise denkbar, daß die Gemeinde oder die Ortschaft behauptet, es stehe überhaupt Art. 31 nicht in Frage, weil es sich beispielsweise um Nutzungsrechte nach Art 32 handle, die etwa nach längerer Pause jetzt wieder gewährt werden, oder weil nur die Gemeindesteuern, darunter die überhaupt unerläßliche Vergnügungssteuer erhoben werde. S. o. Anm. 3.

Ein Recht auf Anwendung des Art. 31 hat weder die Gemeinde, Ortschaft, noch der einzelne Gemeindebürger

**11.** Von besonderer Wichtigkeit ist jetzt § 40 der AA. vom 5. April 1922, GVBl. 258. Die Hälfte der zur Verteilung kommenden Überschüsse, sowie des Wertes der Nutzungen ist ohne weiteres gemäß § 39 I der AA. dem Ausgleichsfonds zuzuweisen. Das gilt für Gemeinden wie für Ortschaften Der Ausgleichsfonds dient zur Unterstützung belasteter Gemeinden. Art. 39 VG. zum LStG., GVBl. 1921 S. 361 und § 55 LStG., RGBl. 1920 S. 402. Voraussetzung ist, daß es sich um widerrufliche Nutzungen im Sinne der Anm. 5, also nicht um Nutzungsrechte nach Art. 32 handelt. Privatrechtliche Nutzungsrechte kommen für die Abgaben an den Ausgleichsfonds nicht in Betracht; wegen solcher Rechte s Art. 32 Anm. 5.

Schon der Entwurf der GemO. 1869 hatte in Art. 28 II eine Abgabe an die Gemeindekassa vorgesehen, für die Gewährung von Nutzungen allerdings ganz allgemein ohne Unterscheidung zwischen Nutzungen und Nutzungsrechten, wie überhaupt der Entwurf von 1869 diesen Unterschied nicht kennt. In unsere GemO ist er erst durch die innere Entwicklung und durch die Rechtsprechung hineingetragen worden. Die Abgaben nach dem Entwurf betrugen aber damals auch schon die Hälfte des im treffenden Jahre aus den Nutzungen gezogenen Vorteils.

## Art. 32. (24 II, 25)

I Abgesehen von dem Falle des Art. 31 Abs. II [3]) ist die Verwendung von Nutzungen des Gemeindevermögens zum Privatvorteile nur soweit statthaft, als hiefür ein besonderer Rechtstitel oder rechtsbegründetes Herkommen besteht. [1]) [2]) [4—9])

II Zur Teilnahme an Gemeindenutzungen sind, soferne dieselben nicht nach besonderen Rechtstiteln oder nach rechtlichem Herkommen einzelnen Klassen von Gemeindeangehörigen allein zustehen, berechtigt: [10]) [11])

1. alle Gemeindebürger, jedoch in Gemeinden, in denen eine Gemeinderechtsgebühr eingeführt ist nur jene, welche die sie treffende Gebühr bezahlt haben;
2. vormalige nutzungsberechtigte Gemeindebürger, welche das Bürgerrecht lediglich wegen Verlustes der Selbständigkeit im Sinne des Art. 11 Abs. II verloren haben;
3. Witwen nutzungsberechtigter Gemeindebürger, wenn sie nach dem Tode ihres Gatten den Hausstand in der Gemeinde fortsetzen und daselbst direkte Steuern zahlen;
4. elternlose Kinder vormals nutzungsberechtigter Gemeindebürger, soferne sie den elterlichen Hausstand in der Gemeinde unverteilt fortsetzen und direkte Steuer zahlen.

III Andere Personen [12]) [13]) können an Gemeindenutzungen nur auf Grund eines besonderen Rechtstitels oder rechtsbegründeten Herkommens teilnehmen.

IV Alle Teilnahmsberechtigten haben gleichen Anspruch, soferne nicht eine Ausnahme durch besonderen Rechtstitel oder rechtliches Herkommen begründet ist. Im Falle von Ziff. 4 steht sämtlichen Kindern nur die Berechtigung auf einen Anteil zu. [14]) [15])

**1.** Art. 32 handelt von den Nutzungsrechten im Gegensatz zu den bloßen Nutzungen des Art. 31 Anm. 5. Man unterscheidet zwischen den öffentlich-rechtlichen Nutzungsrechten, die auf dem Gemeindeverband beruhen und den privatrechtlichen. Für Art. 32 kommen nur die öffentlich-rechtlichen in Betracht; besondere Rechtstitel des öffentlichen Rechtes können nur örtliche Satzungen, aber keine singulären Rechtstitel sein. S 32, 145. Die Verjährung ist kein besonderer Rechtstitel, weil sie schon das GemEd. 1818 in § 26 nicht als solchen anerkennt. S 12, 205. Privatrechtliche Nutzungen kommen eigentlich nicht vor, ihre Erwähnung ist ein vorsichtiger Vorbehalt. Denkbar sind sie, aber im Gegensatz zu den besonderen öffentlichen Rechtstiteln nur als singuläre, die auf einzelnen Verträgen beruhen. Nach Art. 26 kann die Einräumung eines solchen Rechtes, da es wohl immer das Grundstockvermögen der Gemeinde belastet, nur gegen vollwertigen Ersatz geschehen. Noch zur Zeit, wo über die GemO. 1869 verhandelt wurde, standen die Gerichte auf dem Standpunkt, daß Gemeindenutzungen, die mit einem bestimmten Anwesen verbunden waren, als im Privatrecht begründet anzusehen seien und es wurde sogar die Ansicht vertreten, daß, wenn sich die Entstehung solcher Nutzungsrechte auf die markgenossenschaftlichen Verhältnisse zurückführen läßt, eine Vermutung für den privatrechtlichen Charakter der Nutzung spreche.

**A.** Richtig liegt aber die Sache umgekehrt. Die Markgenossenschaften waren im weiteren Sinne Realgemeinden, insofern die Zugehörigkeit auf Realitätenbesitz in der Dorfmark beruhte, Art. 10 Anm. 1. Das Recht auf Teilnahme an den Nutzungen der nicht im Sondereigen stehenden Teile der Mark, nämlich der Almende, wirkte wie eine Reallast zu Lasten der Almende und zugunsten des bäuerlichen Anwesens. So sind jene Nutzungsrechte entstanden, die die eigentliche Grundlage der im Art. 32 behandelten herkömmlichen Nutzungen bilden. Diese Rechte wurden im Kataster beim Grundbesitz der Gemeinde und beim einzelnen Anwesen eingetragen genau so wie früher in den Sal- und Lagerbüchern. Für den Ausbau dieser Rechte waren hauptsächlich drei Gesichtspunkte maßgebend:

a) Der genossenschaftliche Charakter der alten Dorf- und Markgemeinde, der sich unter keine Klasse der auf uns übergegangenen Institute bringen ließ. Zur universitas fehlte es an der juristischen Personeneinheit, zur societas fehlte es an der Art der Berechtigung — kein ideeller Anteil — und an der Befugnis, das Gesellschaftsverhältnis jederzeit zu lösen. Am besten könnte man das Verhältnis mit einer Aktiengesellschaft vergleichen, wenn man von der juristischen Persönlichkeit absieht und den Anwesensbesitz als die Aktie betrachtet. Durch Übergang des Anwesens, allerdings gewöhnlich mit Zustimmung der Gemeinde, war ein Ausscheiden des Genossen und der Eintritt eines neuen möglich. Jedenfalls war aber die Beziehung zum gemeinschaftlichen Eigentum enger und persönlicher als es sich mit den später entwickelten Grundsätzen über die Selbständigkeit des gemeindlichen Vermögens vertrug.

b) Der landwirtschaftliche Charakter der Genossenschaft, ausgedrückt in der Beschränkung der Nutzung auf das wirtschaftliche Bedürfnis des Anwesens S 38, 65. Die gemessenen Nutzungsrechte gehören der späteren Entwicklung an. Die übrigen Kulturaufgaben der Gemeinde Einl. Ziff. 3 traten noch zurück und kamen erst langsam im geschichtlichen Laufe der Umwandlung der Markgenossenschaft in eine politische Gemeinde zum Durchbruch. Ursprünglich war die Nutzung des gemeinsamen Besitzes an Feld, Wald und Weide das selbstverständliche Recht der Genossen.

c) Der naturalwirtschaftliche Charakter der damaligen Zeit, solange das Geld nicht die Werte der Güter gegenseitig neutralisiert, haben die Liegenschaften und ihre Nutzungen einen unvergleichlichen Wert. Das tritt auch heute, wo wir bei der Entwertung unseres Geldes vor ähnlichen Verhältnissen stehen, geradeso zutage.

**B.** Neben dieser Entwicklung lief eine andere gleichzeitig her. Die später gegründeten Niederlassungen in der Mark, sei es, daß die Besitzer als Genossen aufgenommen wurden oder als bloße Beisassen, hatten geringere bisweilen abgestufte Rechte gegenüber den Besitzern der älteren Anwesen. Solche Abstufungen erklärten sich übrigens auch aus der Teilung der alten Bauernhöfe infolge Erbgang, Wegkauf oder Übertragung des Rechtes.

Mit dem Zeitpunkt aber, wo das GemEd. 1818 auch eine Gemeindezugehörigkeit schuf, die nur auf der Ausübung besteuerter Gewerbe beruhte und keinen Grundbesitz mehr voraussetzte, trat jener Zustand ein, den man technisch als die Bildung der Realgemeinden im engeren Sinne bezeichnet. Man versteht darunter den Zusammenhang der durch ihren Realbesitz ganz oder teilweise nutzungsberechtigten Gemeindemitglieder gegenüber den sogenannten Leerhäuslern. In anderen deutschen Gegenden hat dieser Zusammenhang eine rechtliche Bedeutung gewonnen, die Realgemeinde wurde eine juristische Person In Bayern haben die Realgemeinden keine juristische Persönlichkeit erlangt, vielmehr hat die Gemeindegesetzgebung 1818, wie sie den Anstoß enthält zu einer Trennung der Gemeindeangehörigen in zwei Klassen, d h. zur faktischen Bildung der Realgemeinde, auf der andern Seite durch ihre übrigen Bestimmungen, zuerst den öffentlich-rechtlichen Charakter des Grundeigentums gegenüber der markgenossenschaftlichen Auffassung in den Vordergrund gerückt. S 37, 141 In der Wirklichkeit lassen sich aber diese Gegensäze nicht versöhnen, sie sind die Quelle der heute noch unbeendeten Kämpfe um die gemeindlichen Nutzungsrechte geworden Darüber, daß gerade in Bayern die älteren Verhältnisse „vielleicht am allerwenigsten“ berücksichtigt wurden, vgl. Maurer, Dorfverf. Bd. 2, 255. Man sagt nicht zuviel, wenn man sowohl dem GemEd. 1818 als auch der GemO. 1869 das geschichtliche Verständnis für das Problem der gemeindlichen Nutzungsrechte völlig abspricht. Es ist schlechthin anfangs der administrativen Rechtspflege, vgl Maurer a a O., überlassen worden, den Ausweg zu finden, später haben sich, wie bereits bemerkt, auch die ordentlichen Gerichte mit diesen Rechten befaßt, bis das Gesetz über den Verwaltungsgerichtshof vom Jahre 1879 ab die Streitigkeiten ausschließlich der neuen Verwaltungsrechtspflege zuführte.

2. Die Rechtsprechung des VGH. ging mit Recht davon aus, daß herkömmliche Nutzungsrechte, die dem Grundsatz des GemEd. 1818 widersprachen, auch vor diesem Edikt rechtlich entstanden sein mußten. Das war in Wirklichkeit auch der Fall, diese Rechte sind älter als alle gedruckten Gemeindegesetze Die Härte der Rechtsprechung lag aber darin, den urkundlichen Nachweis für dieses ehrwürdige Alter zu verlangen. Das war nach Lage der Sache in den meisten Fällen unmöglich und hing in vielen nur vom Zufall ab Zwar milderte der VGH. bisweilen seine Anschauungen, z. B. S 13, 202, aber das half nur von Fall zu Fall.

Dazu kam noch eine weitere Unterscheidung, die erst durch die Rechtsprechung hineingetragen wurde, nämlich die in qualifizierte und in einfache Nutzungsrechte Unter den qualifizierten Rechten sind solche zu verstehen, die dem Eigenbedarf der Gemeinde vorgehen, d. h. die verteilt werden dürfen, wenn und obwohl die Gemeinde Umlagen erhebt. Auch für diesen Charakter wurde der Nachweis verlangt, daß sich die Übung vor 1818 herkömmlich müsse ausgebildet haben. Dabei legte aber die Rechtsprechung einen Begriff der öffentlichen Umlagen zugrunde, wie er vor dem Jahre 1818 überhaupt dem Rechtsbewußtsein nicht geläufig sein konnte, und wie er auch in der Verordnung vom 22 Juli 1819 die Umlagen für die Gemeindebedürfnisse betr., noch nicht zum Ausdruck gekommen ist Die Befugnisse der alten Markgenossen, aus denen sich die Nutzungsrechte entwickelten, brauchten auf die Gemeindebedürfnisse keine Rücksicht zu nehmen, weil die Genossen diese Bedürfnisse, soweit sie nicht ohnehin neben den Nutzungen aus dem Gemeindevermögen bestritten werden konnten, nach einem von ihnen bestimmten Maßstab befriedigten Die markgenossenschaftlichen Rechte an der Almende, diese Vorläufer der jetzt sog. Nutzungsrechte waren begrifflich alle qualifiziert und der VGH. hat in der Entscheidung S 37, 141 diese Rechtsanschauung wenigstens für das 18. Jahrhundert anerkannt, sie ist aber charakteristisch für das ganze Rechtsinstitut überhaupt.

3. Das Edikt 1818 unterscheidet nicht zwischen Nutzungen und Nutzungsrechten und der Gesetzgeber von 1869 folgte diesem Beispiel. Bei Art. 31 II dachte er an den Fall, daß in einer Gemeinde bereits Nutzungsrechte im erörterten Sinne bestehen und daß weitere Objekte der Nutzung unterstellt werden sollen Damit stimmt der Wortlaut in

Art. 31 II am besten überein Es lag dann nahe, den gleichen Maßstab wie für die bestehenden, nämlich den des Art. 32, auch auf die neuen Nutzungen zu erstrecken. Solche Fälle kommen aber in der Praxis deshalb fast gar nicht vor, weil die Nutzungsrechte sich gewöhnlich schon auf das ganze Objekt, z. B. auf den ganzen Waldbesitz der Gemeinde beziehen. Art. 31 kommt also in der Praxis gewöhnlich nur da zur Anwendung, wo Nutzungsrechte bisher überhaupt nicht bestanden. In diesem Fall gibt es überhaupt noch keinen, also auch keinen von der Regel der gleichheitlichen Verteilung abweichenden Maßstab. So kommt man zu dem Schlusse, daß Art. 31 und 32 getrennt zu nehmen sind Der Verteilungsmaßstab des Art. 32 kann nur noch als gesetzliche Regel Anwendung finden, wenn das Herkommen keinen genügenden Anhaltspunkt für einen anderen Maßstab bietet

**4.** Die Rechtsprechung hätte auch schließen können, daß das Edikt 1818 und die GemO. die Existenz von Nutzungsrechten anerkennen, daß die geschichtliche Entwicklung und die Vermutung dafür sprechen, daß Nutzungen mit dem Anwesensbesitz verbunden ihre Entstehung auf die Zeit vor 1818 zurückführen und hätte sie, wenn die richterliche Überzeugung nach freier Beweiswürdigung sich für die Herkömmlichkeit entschied, auch als qualifiziert anerkennen können. Sie hätte sich damit begnügen können, sie erforderlichenfalls auf das übliche Maß, das im Laufe des 19 Jahrhunderts in vielen Gemeinden überschritten wurde, zurückzuschrauben Im Gesamtergebnis wären die Nutzungsrechte auf diese Weise erhalten geblieben Die Staatsregierung hat auch wiederholt es abgelehnt, von Amts wegen gegen die Nutzungsrechte vorzugehen und im Zusammenhang mit dem Umlagengesetz von 1910 sogar gewarnt, die Einführung von Gemeindeumlagen infolge der Übernahme der Distriktsumlagen auf Gemeindekasse zu einem Vorstoß gegen die Nutzungsrechte zu benützen. Die Rechtsprechung glaubte aber, mit dem Verlangen nach einem urkundlichen Nachweis die Nutzungsrechte möglichst vermindern zu können. Das ist ihr nicht geglückt. Auch der Art. 33 in seiner früheren Fassung suchte die Transferierung der Nutzungsrechte zu beseitigen, er kämpfte aber vergebens gegen die fest eingewurzelte Rechtsüberzeugung der Bevölkerung an und schließlich mußte der Gesetzgeber nachgeben und das Gesetz ändern. Art 33 Anm 2 Auch für die Nutzungsrechte wird es sich nicht vermeiden lassen, eine klare Rechtslage durch die Gesetzgebung zu schaffen

**5.** Man heißt die an den Besitz bestimmter Anwesen geknüpften Rechte radizierte Rechte und sprach ihnen dinglichen Charakter zu. Das ist im strengen Sinn nicht richtig. Das Rechtsverhältnis aus der Markgenossenschaft war ein Komplex von Befugnissen, dem Eigentum vergleichbar und die Nutzung der Almende oder eines Teiles, z. B. des Waldes war nur eine der vielen Äußerungen wie z. B die Befugnis des Verkaufes beim Eigentum, die niemand als ein besonderes Recht des Eigentümers wird bezeichnen wollen Der Markgenosse hat daneben noch andere Rechte aus seinem Status z. B. die Mitwirkung in der Genossenschaftsversammlung, außerdem auch Pflichten, z. B. die Teilnahme an den Aufwendungen für die Bedürfnisse der Genossenschaft Der Nutzgenuß an der Almende ist eine der vielen Lebensäußerungen dieses Status und sie ist wie ein erstarrtes Skelett zurückgeblieben und macht jetzt den Eindruck eines besonderen dinglichen Rechtes. Aber wenn die Gemeinde das Objekt veräußert, geht das Nutzungsrecht nicht gegen die neuen Eigentümer und anderseits liegt das Recht nicht auf dem ganzen Anwesen, sondern nur auf der Hofstätte und auch nur solange, als die Hofstätte besteht. Das spricht alles gegen den unbedingten Vergleich mit dem dinglichen Recht, obwohl wir im Geiste des römischen Rechtes befangen, nicht gut eine andere Kategorie finden, unter die wir diesen Rest des genossenschaftlichen Lebens bringen können, wenn wir manche Wirkungen erklären wollen. Die volle Konsequenz wird aber mit Recht abgelehnt und die Eintragung im Grundbuch kommt nicht in Frage, Dienstanweisung für die Grundbuchämter § 123 Nr. 6. — Für privatrechtliche Nutzungsrechte wäre eine solche Eintragung möglich. Es fehlt aber an einem entscheidenden Merkmal für die privatrechtliche Natur von Nutzungsrechten. Der bloße Anwesensbesitz ohne Rücksicht auf Gemeindeverband wäre vielleicht ein Kennzeichen, wenn nicht nach dem alten Gemeinderecht und auch noch nach den Bestimmungen des Edikts 1818, der bloße Besitz eines Wohnhauses stets auch die Mitgliedschaft in der Gemeinde zur Folge gehabt hätte. Art. 201 II. Infolgedessen muß man abweichend von der herrschenden Meinung sich für die Vermutung entscheiden, daß die mit dem Besitz eines Wohnhauses verbundenen Nutzungsrechte stets öffentlich-rechtlicher Natur sind, wenn sich nicht das Gegenteil beweisen läßt. In der Tat ist ein privates Nutzungsrecht in der Praxis bisher nicht bekannt geworden.

**6.** Nach der herrschenden Lehre und in Übereinstimmung mit der Rechtsprechung bestimmte sich die Entstehung des Herkommens als örtliches Gewohnheitsrecht — zu unterscheiden von der Verjährung, dem sog. attributiven Herkommen — nach dem Zivilrecht, das in der Gemeinde galt. S 12, 459; 13, 197. Es ist aber nicht einzusehen, warum das Herkommen des öffentlichen Rechtes sich nach zivilrechtlichen Bestimmungen richten soll. Es wird genügen, wenn die Übung und die opinio necessitatis vor 1818 genügend lang gedauert haben, um nach freier richterlicher Beweiswürdigung annehmen zu können, daß sich ein rechtliches Herkommen gebildet hat. Man wird auch das Verhalten in der Zeit nach 1818 für diese Beurteilung heranziehen dürfen. S 13, 202.

**7.** Die Rechtsprechung des VGH. gibt nun folgendes Bild:

a) Das Herkommen muß sich vor dem Jahre 1818 entsprechend dem örtlichen Zivilrecht gebildet haben. S 12, 459; 13, 132, 197; 15, 190. Über Gegenleistungen der Rechtler S 16, 225.

b) Es muß neben den bevorzugten Rechtlern auch eine Klasse der Nichtbevorzugten, der Leerhäusler gegeben haben. S 9, 59. Von dieser Auffassung weicht indes der VGH. in der Entscheidung S 38, 143 ab (vgl. insbes. S. 145 Abs. III und IV des Erk.).

c) Für qualifizierte Rechte, die also im Eigenbedarf der Gemeinde vorgehen, muß der Nachweis geliefert werden, daß neben der Gewährung von Nutzungen während der Bildung eines Herkommens auch Gemeindebedürfnisse durch Umlagen im engeren Sinn, d. h. durch Beiträge aufgebracht wurden, die nach dem Grad der Leistungen abgestuft waren und nicht in ständig wiederkehrenden Leistungen bestanden. Kriegskontributionen z. B. sind keine Umlagen. S 3, 493; 13, 23, 246; 14, 302; 22, 107; 36, 242; 38, 143.

d) Die Übung muß bis zur Gegenwart fortgedauert haben. Sie darf höchstens vorübergehend aus besonderen Gründen unterbrochen worden sein. S 12, 179; 14, 89; 38, 143.

e) Die Nutzungsrechte können sich niemals auf Grundstücke beziehen, die nach dem Jahre 1818 erworben wurden, auch wenn sie als Ersatz für veräußerte oder belastete Grundstücke anzusehen sind. S 12, 135.

f) Der bis zum Jahre 1818 herkömmlich gewesene Maßstab kann nach dem Jahre 1818 nicht erweitert worden sein. S. die Rechtsprechung bei a.

Bei Nutzungen im Ortschaftsvermögen gelten entsprechend die gleichen Grundsätze. S 24, 347. Bei Ortschaften ist noch zu beachten, daß nicht bloß die Ortsumlagen, sondern auch die Gemeindeumlagen zunächst aus Renten des Ortschaftsvermögens gedeckt sein müssen, bevor die einfachen Nutzungsrechte zum Zuge gelangen. S 19, 220. Die neue Fassung des Art. 153 durch Art. 28 SG. hat daran nichts geändert. Der Grund für diese Auffassung, daß nämlich die Gemeindebedürfnisse und zwar auch in den Ortschaften jeder anderen Verwendung des Gemeinde- wie des Ortschaftsvermögens vorgehen, trifft auch jetzt noch zu. A. M. BGemVZ. Nr. 26, 1921 S. 601.

Eine bemerkenswerte Abhandlung über Gemeindenutzungen und Gemeindebedarf s. BlAdmPr. Bd. 46, 320 und 353 von dem jetzigen bayerischen Gesandten Dr. Preger in Berlin. Sie nähert sich der hier vertretenen Auffassung, unterscheidet sich aber wesentlich wieder durch die Annahme, daß auch unter der Geltung des Gemeindeedikts noch herkömmliche Nutzungen entstehen konnten.

8. Die Entstehung neuer privatrechtlicher Nutzungsrechte durch besondere Verträge o. Anm. 1 ist auch heute noch rechtlich möglich. Dagegen neue öffentlich-rechtliche Nutzungen durch öffentlich-rechtliche besondere Titel oder durch Herkommen können nicht mehr entstehen, da schon das GemEd 1818 deren neue Entstehung ausgeschlossen hat. S 22, 110, 122. Über privatrechtliche Nutzungsrechte entscheiden die Zivilgerichte

9. Die Nutzungsrechte können an Wald, Feld und Weide bestehen. Die wertvollsten sind die ersteren und um sie dreht sich auch meistens der Streit. Nutzungen an Feldgrundstücken sind im rechtsrheinischen Bayern sehr selten Nutzungen an Weideland gaben zu Streitigkeiten fast nie Anlaß. Aus dem Wald wird Brenn-, Bau-, Hagholz — für Einzäunungen — verabreicht. Das Brennholz kann bisweilen als Nutzholz veräußert werden. Der in vielen Gemeinden hohe Wert der Holzreichnisse ist in den letzten Jahren noch bedeutend gestiegen.

Von den Nutzungsrechten und Nutzungen sind die Forstrechte zu unterscheiden. S 34, 249. Sie sind geschichtlich bisweilen Gemeinderechte an einem früheren Gemeindewald, der in das Eigentum des Staates oder eines Dritten überging.

**10.** Zunächst entscheidet über den Maßstab der besondere Rechtstitel, die Ortssatzung oder das Herkommen. Anm. 7 f. Die Vorschriften des Art. 32 II gelten nur hilfsweise. Ziff. 2—4 decken sich auch meistens mit dem Herkommen.

**11.** Wer ein Nutzungsrecht hat, braucht nach Art. 22 II keine Gemeinderechtsgebühr zu entrichten. Da Art. 32 jetzt nur noch für Nutzungsrechte in Betracht kommt, Anm. 3, so gehört die Vorschrift nicht herein, sie erklärt sich aus der Auffassung des Gesetzgebers, wie sie oben bereits dargelegt wurde.

**12.** Als solche „andere Personen" können die Ausmärker in Betracht kommen, die nur Grundstücke im Gemeindebezirk haben. Derartige Fälle sind aber bisher in der Praxis nicht bekannt geworden.

**13.** Bei den radizierten Nutzungsrechten sind Abstufungen sehr häufig. Anm. 1 B. Es gibt Ganzbauern-, Halbbauernrechte. Die Bruchteilung geht bisweilen noch weiter.

Wegen der Gegenleistungen der Rechtler Art. 34 und S 16, 225.

**14.** Wegen der Zurücknahme der Nutzungsrechte des Art. 32 s. Art. 35.

**15.** Streitigkeiten über Gemeindenutzungsrechte richten sich gegen die Gemeinde oder die Ortschaft. Diese sind also immer beteiligt. Sitzen in der Gemeindevertretung selbst Rechtler, so greift Art. 103 I, 145 IV Platz. Aber auch wenn dies nicht der Fall sein sollte, hat die Aufsichtsbehörde die Pflicht, Kollisionen der Gemeindevertreter mit den Rechtlern zu verhindern. Dreht sich der Streit um die Anerkennung der Rechte überhaupt, so sind alle Rechtler beizuziehen, um eine für alle bindende Entscheidung zu erlangen. Es ist aber auch möglich, daß das Recht eines einzelnen Rechtlers von der Gemeinde bestritten wird, dann ist nur dieser beteiligt. Die Streitigkeiten fallen unter Art. 8 Ziff. 28 VGG. und haben drei Rechtsstufen nur in mittelbaren Gemeinden. Bei unmittelbaren Gemeinden entscheidet die Kreisregierung in erster Instanz. — Weder außerhalb noch innerhalb des Verfahrens ist ein Vergleich über die bestrittene Frage eines gültigen öffentlichen Rechtstitels oder Herkommens möglich, weil diese Frage der Freiheit der Parteien entzogen ist. Dagegen wohl über den Verzicht auf qualifizierte Eigenschaft, wenn für die einfache bereits der Beweis erbracht ist. Vgl. noch S 13, 23; 36, 192.

Ein häufiger Fall ist, daß ein Umlagenpflichtiger, der Nichtrechtler ist, z. B. ein Ausmärker seine Umlagenpflicht in Hinblick auf Art. 39 ablehnt und die Rechtmäßigkeit der Nutzungsverteilung bestreitet. Dann ist der Nutzungsstreit maßgebend für die Umlagenpflicht, die unter Art. 8 Ziff. 30 VGG. fällt. Es ist indes eine offene Frage, ob ein einzelner Gemeindebürger oder Ausmärker ein subjektiv dingliches Recht auf Einhaltung der Vorschriften des Art. 39 geltend machen kann, ob nicht die Beobachtung des Art. 39 lediglich Aufgabe der Aufsichtsbehörde ist. Dem einzelnen Umlagepflichtigen gegenüber muß es genügen, wenn ein formell gültiger Beschluß über Umlagenerhebung vorliegt. Daß die Rechtsprechung bisher ein solches Recht des einzelnen Umlagepflichtigen anerkannte, S 11, 451; 19, 214; 25, 114, hat nicht wenig beigetragen, die Nutzungsstreitigkeiten in Gang zu bringen Ein Ausmärker in A. veranlaßt als Umlagenpflichtiger einen Nutzungsstreit in B. und ein Rechtler in B., der wieder Ausmärker in A. war, vergilt es ihm in A. So greifen zeitweise solche Streitigkeiten wie eine Seuche über eine Gegend. Abgesehen von diesen Folgen kann man weder das besprochene Recht des Einzelnen anerkennen, sich auf Art. 39 zu berufen, noch kann man der Verwaltungsrechtsinstanz, auch wenn sie z. B. als Bezirksamt oder Kreisregierung zugleich die Aufsichtsbehörde ist, die Befugnis einräumen, im Verwaltungsrechtsverfahren etwa vom Aufsichtsstandpunkt aus die Rechtmäßigkeit der Nutzungen in den Umlagenstreit einzubeziehen, da die Funktionen der Staatsaufsicht von der Verwaltungsrechtspflege getrennt gehalten werden müssen. Die Aufsichtsbehörde kann den Einwand des Einzelnen nur als Anregung benützen, es muß ihrem Ermessen überlassen bleiben, ob sie durch eine Aufsichtsverfügung die Gewährung der Nutzungen einstellen und auf diese Weise einen selbständigen Verwaltungsrechtsstreit über diese Frage herbeiführen will. Vgl. noch Art 39 Anm 1, 42 Anm. 6, 53 Anm 2, 55 Anm. 9, 89 Anm. 7.

Der eigentliche Streit um die Rechtmäßigkeit der Nutzungen kann sich auch zum Streit um das Objekt der Nutzungen auswachsen, wenn die Rechtler z. B. den Gemeindewald als Körperschaftswald in Anspruch nehmen Dann werden die Gerichte zuständig und die Anwendung des Art. 37 Abs. II und III wird praktisch. Der Nutzungsstreit ist dann auszusetzen, bis über die Eigentumsfrage entschieden ist.

## Art. 33.

I Auf den Gemeindeverband sich gründende Rechte auf Gemeindenutzungen, welche auf einem Hause oder Grundstücke ruhen, dürfen hievon in der Regel nicht getrennt werden.[1] [2])

II Ausnahmsweise kann aus wichtigen Gründen die Übertragung[3]) auf ein innerhalb derselben Gemeindemarkung gelegenes Haus[4]) mit Zustimmung der Gemeindevertretung durch die der Gemeinde vorgesetzte Verwaltungsbehörde gestattet werden. Eine Häufung[5]) von Nutzungsrechten, wodurch mit Einem Hause mehr als Ein volles Nutzungsrecht verbunden wird, desgleichen die Zerstückelung[5]) eines Nutzungsrechtes in Bruchteile kann nur von dem Staatsministerium des Innern[6]) gestattet werden.

III Gegen den Bescheid der vorgesetzten Verwaltungsbehörde steht sowohl dem Berechtigten als der Gemeindevertretung innerhalb einer ausschließenden Frist von vierzehn Tagen die Beschwerde[7]) zur nächsthöheren Verwaltungsbehörde und gegen die Entscheidung der letzteren, soferne diese eine Kreisregierung, Kammer des Innern, ist, Beschwerde zum Staatsministerium des Innern offen.

IV Wird ein Haus, auf welchem ein oder mehrere Gemeindenutzungsrechte ruhen, durch Brand oder ein anderes Naturereignis zerstört, oder abgebrochen, oder für einen öffentlichen Zweck abgetreten, und wird die bisherige Wohnstätte auf einem anderen Grundstücke des Berechtigten, welches in derselben Gemeindemarkung gelegen und mit welchem ein Nutzungsrecht nicht verbunden ist, wieder aufgerichtet, so ist die Übertragung der auf dem bisher berechtigten Hause haftenden Nutzungsrechte auf das neue Haus durch die vorgesetzte Verwaltungsbehörde zu gestatten. Der gemeindlichen Zustimmung bedarf es in diesem Falle nicht.[8])

V Streitigkeiten über die Zulassung der im vorstehenden Absatz bezeichneten Übertragungen sind Verwaltungsrechtssachen im Sinne des Art. 8 des Gesetzes von 8. August 1878, die Errichtung eines Verwaltungsgerichtshofes und das Verfahren in Verwaltungsrechtssachen betreffend. Ist die zur Entscheidung in erster Instanz berufene vorgesetzte Verwaltungsbehörde ein Bezirksamt, so entscheidet in zweiter Instanz die Kreisregierung, Kammer des Innern.[9])

VI Die vorstehenden Bestimmungen finden auf Nutzungsrechte am Ortschaftsvermögen (Art. 5) mit der Maßgabe Anwendung, daß solche nur auf ein Haus innerhalb derselben Ortsmarkung und zwar in den Fällen des Abs. 2 nur mit Zustimmung der Ortsvertretung (Art. 153) übertragen werden dürfen.[4])

**1.** Über die Entstehung der radizierten Nutzungsrechte Art 32 Anm. 1 und 5 Wie in Anm. 5 dort hervorgehoben wurde, werden in gewisser Beziehung diese Rechte als dingliche Rechte betrachtet, insofern der Besitz des Anwesens ausschließlich auch die Verfügung über das Recht gibt, und als radizierte Nutzungsrechte, die nicht mit einem bestimmten Anwesen verbunden sind, rechtlich nicht denkbar sind, S 17, 197, im Gegensatz z. B. zu den realen Gewerbsrechten, die sowohl radiziert, d. h. auf bestimmten Anwesen ruhen können als auch walzend sein können In anderer Beziehung sind sie aber wieder von dinglichen Rechten verschieden, sie gehen mit dem Untergang des Hauses unter. Allerdings wird diese Folgerung nicht streng in der Praxis festgehalten, es gibt auch radizierte Nutzungsrechte, die auf unbebauten Grundstücken ruhen. Verträge über Transferierung solcher Rechte bedürfen keiner besonderen Form -- Häufig werden die Verträge vor dem Notar im

Zusammenhang mit anderen Geschäften über dingliche Rechte geschlossen, notwendig ist es nicht; es genügt jede Art der Eingehung, nur muß sie wegen der Zustimmung der Gemeindeverwaltung und der Genehmigung der Aufsichtsbehörde schriftlich der Gemeindeverwaltung vorgelegt werden. Es empfiehlt sich, die Einigung überhaupt zu Protokoll der Gemeindeverwaltung zu erklären. Wie Anm. 5 Art. 32 bemerkt, werden die Rechte nicht im Grundbuch eingetragen, dafür aber in den Grundsteuerkatastern, und zwar sowohl beim gemeindlichen Anwesensbesitz, als beim betreffenden Anwesen. Das Recht selbst liegt, wenn wie gewöhnlich das Anwesen aus mehreren Grundstücken besteht, auf der Hofstätte, auf dem Grund und Boden, auf dem Haus und Hof einschließlich des Hausgartens standen. Maurer, Markenverf. § 20; Dorfverf. § 25. S 14, 265. — Die privatrechtlichen Nutzungsrechte dagegen sind hinsichtlich des Vertragsabschlusses und der Eintragung in das Grundbuch als dingliche Rechte zu behandeln

2. Die Übertragung der radizierten Nutzungsrechte beruhte auf einer alten Übung, die wohl überall anerkannt war. Auch das GemEd. 1818 enthielt kein Verbot, nur wurde von jeher die Zustimmung der Gemeinde gefordert, unter der Herrschaft des GemEd. in gewissen Fällen auch die Genehmigung der Kuratelbehörde. Die Rechtsprechung hat diese Verhältnisse nach einer abweichenden Entscheidung, S 13, 270 in dem Plenarerkenntnis S 16, 1, überzeugend nachgewiesen. Die GemO 1869 enthielt von Art. 33 nur den Abs. 1 in der Fassung eines strengen Verbots der Trennung radizierter Nutzungsrechte. Diese, der eingewurzelten Rechtsüberzeugung entgegengesetzte Vorschrift, hat sich in Wirklichkeit keine Anerkennung verschaffen können. Der Gesetzgeber war genötigt, sich der Volksüberzeugung zu fügen. Art. 33 erhielt durch das Gesetz v. 14. März 1890, GVBl. 111, die heutige Fassung. Wegen eines ähnlichen Kampfes der öffentlichen Meinung gegen die Rechtsprechung vgl. auch Art. 32 Anm. 4.

3. Unter Übertragung des Rechtes ist zu verstehen, daß es mit einer anderen Hofstätte verbunden wird. Die Übertragung eines auf unbebautem Grund und Boden ruhenden Rechtes wieder auf ein unbebautes Grundstück wird in der Praxis für zulässig gehalten. Keine Übertragung liegt vor, wenn der Besitzer der Hofstätte einen Teil seines Grundbesitzes weggibt, also das Recht auf einen kleineren Zusammenhang von Grundstücken einschränkt — Konzentrierung —, S 14, 265.

Die Übertragung auf ein Anwesen außerhalb der Gemeindemarkung oder Ortsflur war von jeher unzulässig, insbesondere schon nach dem GemEd 1818, PlenE. S 16, 1.

4. Übertragung auf ein anderes Anwesen in der Gemeinde oder Ortschaft, s. Abs. VI, setzt die Einigung der beteiligten Anwesensbesitzer, Anm. 1, die beschlußmäßig zu erteilende Zustimmung des Gemeinderates oder Ortsausschusses und die Genehmigung der vorgesetzten Verwaltungsbehörde, Bezirksamt, Regierung, voraus. Sowohl die Zustimmung der Gemeinde- wie Ortschaftsvertretung (Ortsausschuß) als Genehmigung der Aufsichtsbehörde sind Sache des freien Ermessens. In der Regel aber wird die Übertragung zugelassen, wenn

sie im Interesse des berechtigten Anwesens liegt und keine Anhaltspunkte für irgendwelche zukünftige gewinnsüchtige Absichten erkennbar sind. Wegen der Beteiligung beim Beschwerdeverfahren Anm. 7.

5. Häufungen sind die Verbindung von mehr als Einem vollen Nutzungsrecht mit Einem Hause. Vereinigung von Bruchteilen, die zusammen kein volles Nutzungsrecht ergeben, fallen nicht darunter, z. B. von 2 Viertelsrechten. Keine Häufung liegt vor, wenn mehrere Anwesen mit Nutzungsrechten sich in einer Hand vereinigen.

Nach gleichen Gesichtspunkten, nur im umgekehrten Sinn, bemißt sich der Begriff der Zerstückelung; sie liegt nicht vor, solange noch ein volles Recht auf dem Hause liegt.

6. Die Genehmigung des Staatsministeriums steht ebenfalls im freien Ermessen und wird nach den gleichen Grundsätzen erteilt, wie die Genehmigung für die gewöhnliche Übertragung. Anm. 4.

7. Für die Übertragung nach Abs. II Anm. 4 ist ein besonderer Beschwerdeweg vorgesehen, rein administrativ, eine Zuständigkeit des Verwaltungsgerichtshofes kommt nicht in Frage. Beteiligt ist nur derjenige, der das Recht übertragen will, er ist auch allein berechtigt zur Beschwerdeeinlegung.

8. Besonders hervorgehoben ist der Fall des Abs. IV, der Wiederaufbau eines durch Brand oder ein anderes Naturereignis zerstörten oder abgebrochenen Hauses auf einem andern Grundstück des Berechtigten in der gleichen Feldmark. Auch die Enteignung des Anwesens nach dem Zwangsenteignungsgesetz 1837 fällt unter Abs. IV Hier wird ein subjektiv dingliches Recht auf die Genehmigung der Übertragung eingeräumt. Die gemeindliche Zustimmung ist nicht erforderlich. Die Gemeinde, Ortschaft wird aber immer gehört werden. Wird die Genehmigung vom Bezirksamt versagt, so kann sie die Kreisregierung auf erhobene Beschwerde erteilen oder versagen. In jedem Fall muß die Sache in den verwaltungsrechtlichen Senat kommen, weil diese Angelegenheiten nach Art. 8 Ziff. 28 VGG als verwaltungsrechtlich erklärt sind. Gegen die Entscheidung der Kreisregierung kann der VGH. angerufen werden. In der Zeit von 1869—1890 war auch für solche Fälle die Übertragung streng verboten. Das kann für die Rechtmäßigkeit früherer Übertragungen von Wichtigkeit sein und ist zu beachten.

Ruht auf der Hofstätte, auf der das neue Anwesen erbaut wird, bereits ein Nutzungsrecht, so entfällt die Anwendung des Abs. IV. Es ist dann nach Abs. II zu verfahren.

9. Alle Ansprüche auf Ausübung der Gemeindenutzungsrechte, soweit sie sich auf Übertragung nach Art. 33 gründen, sind verwaltungsrechtlich nach Art 8 Ziff. 28 mit dreistufigem Rechtszug. Dabei ist zu prüfen, ob die Übertragung zulässig war und ob sie nach der Vorschrift des Gesetzes auch richtig behandelt worden war. Hier kann auch der Besitzer des berechtigten Anwesens, Anm. 7, als Beteiligter in Frage kommen. S 11, 449.

## Art. 34. (26)

I Diejenigen, welche Gemeindenutzungen[1]) beziehen, sind verpflichtet, die auf den Objekten ihres Nutzungsrechtes ruhenden Lasten[2]) zu tragen, die zur Gewinnung[3]) der Nutzungen, zur Erhaltung oder Erhöhung der Ertragsfähigkeit erforderlichen Auslagen zu bestreiten und die etwa herkömmlichen Gegenleistungen[4]) an die Gemeinde zu entrichten.

II Werden die Erträgnisse eines Gemeindegutes teilweise zum Besten der Gemeindekasse, teilweise zum Privatvorteile verwendet, so sind die in Abs. I erwähnten Lasten und Auslagen verhältnismäßig von der Gemeindekasse und den Nutzungsberechtigten zu tragen, soferne nicht ein anderweitiges rechtsbegründetes Herkommen besteht.[5]) [6]) [7])

1. Hier sind unter Nutzungen sowohl die widerruflichen Nutzungen als auch die Nutzungsrechte zu verstehen Art. 31 Anm. 5 und Art. 32 Anm. 1, S 15, 89. Aber stets nur die öffentlichrechtlichen, d. h. auf dem Gemeindeverband beruhenden Vgl. aber auch Art. 32 Anm. 5

2. Die auf den Objekten ruhenden öffentlich-rechtlichen Lasten, insbesondere Steuern und Bodenzinse.

3. Zu den Gewinnungskosten zählen alle Ausgaben auf die Verwaltung, Unterhaltung und Verbesserung des Objekts und Gewinnung der Erträgnisse z. B bei Waldungen: die Kosten für Herstellung des Betriebsplanes für Betriebsführung, Forstschutz, Holzfällung, Verteilung des Holzes; bei Grundstücken: besonders für Melioration, für Wege und Wassergräben, dagegen gehören nicht dazu die Kosten für einen Rechtsstreit, der um das Objekt zugunsten der Nutzungsrechte geführt wird. S 1, 466

4. Herkommen ist hier wie in Art 32 als örtliches Gewohnheitsrecht zu verstehen Die Gegenleistungen stehen bisweilen mit dem Recht in einem nur äußerlichen Zusammenhang. S 16, 225 behandelt z. B das unentgeltliche Kleinmachen des Schulholzes durch die Holzrechtler als solche Gegenleistung, daneben auch noch die Verabreichung eines bestimmten Geldbetrages für die Klafter Holz (15 Kreuzer). Dagegen kann die Übernahme der von der Gemeinde beschlossenen Umlagen durch die Rechtler, die insbesondere seit Mitte des vorigen Jahrhunderts bisweilen geschah, um einer Untersuchung über die Rechtmäßigkeit des Herkommens zu entgehen, nicht als herkömmliche Gegenleistung betrachtet werden, sie ist auch wie gewöhnlich von den Aufsichtsbehörden wieder eingestellt worden. — Die Rechtsprechung betrachtet die Gegenleistung als eine Einschränkung des Rechtes zugunsten der Gemeinde und nimmt deshalb an, daß eine Ausdehnung zuungunsten der Gemeinde nach dem Jahre 1818 nicht mehr hat entstehen können, wohl aber umgekehrt eine Erweiterung zugunsten der Gemeinde S 14, 89; 16, 225. Diese Auffassung, die das Recht und die Gegenleistung als eine Einheit behandelt, kann man

auf § 26 des GemEd. stützen, der nur vom Herkommen überhaupt spricht, also keine Trennung zwischen Leistung und Gegenleistung macht. Man kann aber ebensogut schließen, daß das GemEd., weil es die Gegenleistungen nicht ausdrücklich erwähnt, einer gesonderten Behandlung nicht entgegen sei. Dann würde man zu einer Auffassung kommen, die die Rechtler und die Gemeinde hinsichtlich der Bildung des Herkommens, auch nach dem Jahre 1818 gleichstellt.

**5.** Der Maßstab für die Gegenleistungen richtet sich gleichfalls nach dem Herkommen, das sich meistens wieder nach dem Umfang der Rechte richtet. Ob der Rechtler von seinem Rechte Gebrauch macht oder nicht, ist gleichgültig, solange er nicht auf das Nutzungsrecht überhaupt verzichtet, hat er die herkömmliche Gegenleistung zu entrichten, auch wenn er von seinem Rechte keinen Gebrauch machen sollte. a. M. K I, 307, 5 c.

**6.** Zur Erzwingung der Gegenleistungen hat die Gemeinde, Ortschaft ein Zurückbehaltungsrecht an den Nutzungen. S 14, 31

**7.** Streitigkeiten über die Gegenleistungen werden behandelt wie Streitigkeiten über das Recht selbst, sie fallen unter Art. 18 Ziff. 28 VGG. Art. 33 Anm. 9.

## Art. 35.

**Die Gemeinden sind befugt, durch nach Vorschrift des Art. 27 Abs. I gefaßte Gemeindebeschlüsse Nutzungsrechte[1]) am Gemeindevermögen, welche nach bisherigem Ortsgebrauche gewährt worden sind, im Falle des Bedürfnisses für Gemeindezwecke ganz oder teilweise zurückzuziehen, soferne nicht das Nutzungsrecht auf einem privatrechtlichen[3]) Titel beruht.**

**1.** Hier spricht das Gesetz ausdrücklich von Nutzungsrechten. — Die widerruflichen Nutzungen können ohne weiteres zurückgenommen werden. Art. 31 Anm. 5. — Art. 35 bezieht sich auch auf Ortschaften. Es sind sowohl die qualifizierten als die einfachen Nutzungsrechte hier gemeint. Wegen des Begriffes der qualifizierten Nutzungsrechte Art. 32 Anm. 2.

**2.** Unter Ortsgebrauch ist das Herkommen zu verstehen, sowohl die einfachen wie die qualifizierten Nutzungsrechte müssen sich auf Herkommen gründen. Art. 32 Anm. 6. Die einfachen Nutzungsrechte müssen eingestellt werden, sobald die Gemeindebedürfnisse nicht mehr aus den Renten des Gemeindevermögens bestritten werden können, und die Erhebung von Umlagen notwendig wird. Zurückziehung der qualifizierten Rechte dagegen ist nur in der Form des Art. 27 I, s. Art. 27 Anm. 5, möglich, die Aufsichtsbehörden haben kein Recht, die Zurückziehung der qualifizierten Rechte zu verlangen oder zu erzwingen. S 11, 178.

Von der Zurückziehung durch Beschluß nach Art. 27 Abs. I, wobei alle Gemeindebürger abstimmen, die Rechtler also selbst keine eigene Willenserklärung abzugeben haben, ist die Vereinbarung der Gemeinde mit den Rechtlern zu unterscheiden. Durch eine Vereinbarung, der alle Rechtler zustimmen müssen, können Nutzungsrechte auch ohne die Formen des Art. 27 I aufgehoben werden. S 23, 89.

3. Wegen des Vorbehalts der auf privatrechtlichen Titeln beruhenden Nutzungsrechte Art. 32 Anm. 5. Wichtig ist aber, daß auch die auf besonderem öffentlichen Rechtstitel beruhenden Nutzungsrechte nicht nach Art. 35 und überhaupt nicht anders zurückgenommen werden können, als durch eine Vereinbarung nach Anm. 2 oder durch eine landesgesetzliche Vorschrift, die aber nach Art. 153 der RV. eine Entschädigung sichern muß, sofern nicht der Rechtstitel selbst eine Zurücknahme vorsieht.

Dagegen zeigt der Art. 35, daß alle auf Herkommen beruhenden Rechte nicht im strengen Sinne iura quaesita sind, daß sie also auch ohne Entschädigung gesetzlich aufgehoben werden können.

4. Streitigkeiten über die Gesetzmäßigkeit der Zurückziehung der Gemeinderechte fallen unter Art. 8 Ziff. 28 VGG. wie die Streitigkeiten über die Rechte selbst, Art. 33 Anm. 9, dabei entscheidet der VGH. auch über die Bedürfnisfrage, da sie eine gesetzliche Voraussetzung der Zurückziehung bildet.

## Art. 36. (27)

Werden Nutzungen[1]) am Gemeindevermögen auf Grund eines privatrechtlichen Titels[2]) in Anspruch genommen, so entscheiden hierüber im Falle eines Streites die Gerichte; gründen sich die Ansprüche auf den Gemeindeverband, so entscheiden die Verwaltungsbehörden.[3]) [4])

1. Art. 36 gilt auch für die Nutzungsrechte am Ortschaftsvermögen.

2. Privatrechtliche Nutzungen kommen in der Praxis so gut wie gar nicht vor. Es führen sich fast ausnahmslos alle Gemeinderechte auf den Gemeindeverband zurück, d. h. auf die älteste Form des Gemeindeverbandes, die Markgenossenschaft. Art. 32 Anm. 1 A, Anm. 5. Auch die so häufige Tatsache, daß nur der Anwesensbesitz entscheidet, ohne daß die Zugehörigkeit zum Gemeindeverband notwendig wäre, hindert in keiner Weise, an dem öffentlich-rechtlichen Charakter des Rechtes festzuhalten, da ja in der Zeit der Entstehung des Herkommens, also vor 1818 und noch unter der Herrschaft des GemEd. 1818 der Besitz eines Wohnhauses die Zugehörigkeit zur Gemeinde begründete. Siehe insbesondere Anm. 5 bei Art. 32

Entscheidend für die Zuständigkeit ist die Natur des behaupteten Rechtsverhältnisses. Wenn die Gerichte zuständig sein sollen, muß der Kläger Tatsachen behaupten, aus denen sich die privatrechtliche Eigenschaft des Nutzungsrechtes schließen läßt. Diese Tatsachen muß er aber im Verfahren auch beweisen. Fehlt eine dieser beiden Voraussetzungen, so werden die Gerichte die Klage entweder wegen Unzuständigkeit oder wegen Sachfälligkeit abzuweisen haben. Der Eintrag im Grundsteuerkataster bei der Gemeinde und beim berechtigten Anwesen wird in der Regel für den öffentlich-rechtlichen Charakter des Nutzungsrechtes sprechen, da bei den Grundsteuerliquidationsverhandlungen die alten Sal- und Lagerbücher hauptsächlich maßgebend waren und diese nur die auf dem Gemeindeverband beruhenden Gemeinderechte berücksichtigt hatten

3. Wenn das Nutzungsrecht dem öffentlichen Recht angehört, so fallen auch die übrigen rechtlichen Verwicklungen, die sich bei der Ausübung des Rechtes ergeben können, unter die Zuständigkeit der Verwaltungsbehörde, also beispielsweise die Forderung auf nachträglichen Ersatz für verweigerte Leistungen. Ansprüche wegen Bereicherung, wegen Schadenersatz können auch im öffentlichen Recht vorkommen.

4. Wegen des Verfahrens vgl. Art. 32 Anm. 15. Die Verwaltungsbehörden können in allen Fällen, auch wo es sich um Nutzungsrechte privatrechtlichen Charakters handelt, vorsorgliche Maßregeln treffen. Nehmen die Gerichte ihre Zuständigkeit in Anspruch, so sind sie berechtigt, an Stelle der vorsorglichen Maßnahmen der Verwaltungsbehörden andere zu setzen. Wenn die Verwaltungsbehörde an der privatrechtlichen Natur zweifelt, und ein Interesse daran hat, daß ihre eigenen Maßnahmen aufrecht erhalten bleiben, so kann sie dies durch die Erhebung des Kompetenz-Konfliktes erreichen; das gerichtliche Verfahren wird bis zur Austragung des Kompetenzkonfliktes unterbrochen. Art. 9, 10, 11, 13 des Gesetzes v. 18. Aug. 1879, die Entscheidung der Kompetenzkonflikte zwischen den Gerichten und den Verwaltungsbehörden betr. GVBl. 991. Zur Erhebung ist die Kreisregierung zuständig. Das Bezirksamt ist verpflichtet, die erforderliche Anregung zu geben.

## Art. 37. (28)

I Die Bestimmungen dieses Abschnittes finden keine Anwendung auf gemeinschaftliches Privateigentum.[1])

II Entsteht ein Streit darüber, ob ein Vermögensstück Eigentum der Gemeinde oder Privateigentum Mehrerer sei, oder entsteht darüber Streit, ob und wie weit das Verfügungsrecht der Gemeinde über Gemeindevermögen kraft privatrechtlichen Titels durch Nutzungsrechte Einzelner beschränkt sei, so hat die der beteiligten Gemeinde vorgesetzte Verwaltungsbehörde den Sühneversuch[2]) vorzunehmen. Dieselbe ist berechtigt, im Falle verübter oder drohender Selbsthilfe oder wenn die Verhütung anderer dringender Gefahren es erfordert, die nötigen vorsorglichen Verfügungen zu treffen. Diese sind so lange aufrecht zu halten, bis die Gerichte eine andere, vorsorgliche Verfügung getroffen oder in der Hauptsache, sei es über die Besitz- oder die Rechtsfrage rechtskräftig erkannt haben.

III Jeder Gemeindebürger[3]) kann im Interesse der Gemeinde die Einleitung eines solchen Rechtsstreites beantragen. Wird von der Gemeindeverwaltung seinem Antrage nicht stattgegeben, so ist die Entscheidung der vorgesetzten Verwaltungsbehörde zu erholen, welche berechtigt ist, den Sühneversuch vorzunehmen und, wenn dieser mißlingt, einen Anwalt zur Prozeßführung im Namen der Gemeinde aufzustellen.[4])

1. Beim Übergang der Dorfmarkgemeinde zur heutigen politischen Gemeinde ergab sich als eine Zwischenstufe, die Realgemeinde. Art. 32 Anm. 1 B. Man versteht darunter das Dorf-Patriziat, die Gesamtheit der an der Almende berechtigten Gemeindeangehörigen im Gegensatz zu den Leerhäusern. Diese Realgemeinde hat in manchen Gegenden juristische Persönlichkeit und damit auch eine geschlossene Selbständigkeit gegenüber der Gemeinde erlangt, die Berechtigungen auf Grund des markgenossenschaftlichen Verbandes wurden rein private Berechtigungen. Heusler, Instit. Bd. 1 § 62. In Bayern ist ein derartiger Vorgang nicht erkennbar. Die Körperschaftswaldungen sind ein Rest dieser Bildungen, wenn sie auch in Bayern in der Regel nicht als private Waldungen betrachtet werden. Art. 18 ForstG.

Art. 32 des Regierungsentwurfes zur GemO. 1869, aus dem Art. 37 entstanden ist, spricht von Streitigkeiten darüber, ob ein Objekt Vermögen der Gemeinde oder einzelner Klassen von Gemeindebürgern oder Gemeindeangehörigen sei oder inwieweit das Verfügungsrecht der Gemeinden über das Gemeindevermögen durch besondere auf Grund eines privatrechtlichen Titels in Anspruch genommene Nutzungsrechte Einzelner beschränkt sei. In solchen Fällen soll die vorgesetzte Verwaltungsbehörde nach fruchtlosem Sühneversuch unter dem Vorbehalte des Rechtsweges provisorische Anordnung über die Nutzung und Verwaltung treffen. Die Begründung der Regierung weist darauf hin, daß einzelne Klassen von Gemeindeangehörigen oft lange Zeit von Teilen des Gemeindevermögens Nutzungen bezogen haben und daß dieser Umstand sehr häufig zur Inanspruchnahme des Eigentums selbst oder doch der ausschließlichen Nutzungsberechtigung an diesem Vermögen gegenüber der Gemeinde geführt hat. Es ist eine nicht seltene Erscheinung, daß die Rechtler, wenn sie die Nachweise für die Herkömmlichkeit ihrer Nutzungen nicht ausreichend erbringen können, Art. 32 Anm. 7, das Privateigentum an dem Nutzungsgegenstand — meistens wird es sich um Waldnutzungen handeln — in Anspruch nehmen. Da entwickeln sich dann die Fälle der Anwendung des Art. 37, s. Art. 32 Anm. 15 a. E. Erfordernis ist immer, daß eine Mehrheit von Personen das gemeinschaftliche Eigentum oder die privatrechtliche Nutzungsbefugnis beansprucht.

2. Zum Sühneversuch ist die Gemeindevertretung und sind die Personen zu laden, die den Anspruch nach Anm. 1 erheben. Es kann sich dabei die Anwendung des Art. 103 und 145 IV ergeben, wenn die Ansprechenden, wie dies bei Nutzungsstreitigkeiten nicht selten der Fall ist, zufällig im Stadt- oder Gemeinderat sitzen. Der Sühneversuch wird in der Regel keinen Erfolg haben, da die Aufsichtsbehörde grundsätzlich

am öffentlichen Eigentum festzuhalten hat. Sie gewinnt aber die erforderlichen Anhaltspunkte für die vorsorglichen Maßnahmen. Von diesen Maßnahmen hat sie das Gericht zu verständigen, wenn die Klage bereits eingereicht sein sollte. Vgl. Art. 36 Anm. 4. In diesem Fall wird sich das Benehmen mit dem Gericht empfehlen. Das Gericht wird gewöhnlich die vorsorglichen Maßregeln der Verwaltungsbehörde bestätigen. Es muß hauptsächlich verhindert werden, daß unwiderbringliche Nachteile für die Gemeinde entstehen, auch wenn sie im Rechtsstreit siegt. Außerdem wird und kann indes auch eine vorläufige Weitergewährung der Nutzungen in Betracht kommen, falls das Bedürfnis der Anwesensbesitzer dazu Anlaß geben sollte.

Der Sühneversuch ist keine Voraussetzung der Klageerhebung, weil die ZPO. als Reichsrecht vorgeht und eine derartige Bestimmung nicht kennt, auch keine solche dem Landesrecht vorbehalten wurde. Das Verfahren kann weitergehen und das Urteil erlassen werden, auch wenn dem Art. 37 nicht genügt wurde. Es empfiehlt sich aber, daß die Gerichte die Aufsichtsbehörde in Kenntnis setzen und ihr Gelegenheit zur Nachholung geben. Durch die MinE. v. 18. Sept. 1882, W 16, 24 wurden die Aufsichtsbehörden zur Vornahme des Sühneversuches verpflichtet.

3. Gemeindebürger im Sinne des jetzt geltenden Rechts Art. 10 Anm. 4. Fehlt es an einem solchen Antrag, so wird man der Aufsichtsbehörde nicht das Recht zusprechen können, die Gemeinde zur Klageerhebung aufsichtlich zu zwingen.

4. Die Verfügungen der Aufsichtsbehörde sowohl nach Abs. II wie III sind im gewöhnlichen Beschwerdeweg anfechtbar. Eine Zuständigkeit der Verwaltungsrechtspflege kommt nicht in Betracht.

## Zweiter Abschnitt.

## Von den Gemeindebedürfnissen und den Mitteln zu deren Befriedigung.

### Art. 38.[1]) (29)

I Außer den in besonderen Bestimmungen des gegenwärtigen Gesetzes[2]) oder in sonstigen Gesetzen[3]) und gesetzmäßigen Verordnungen[4]) festgestellten Verpflichtungen gehört vorbehaltlich des Art. 153 Abs. II[5]) zu den Obliegenheiten aller Gemeinden die Herstellung und Unterhaltung[6]) der nötigen Gemeindegebäude,[7]) öffentlichen Uhren[8]) und Begräbnisplätze,[9]) der erforderlichen Feuerlöschanstalten[10]) und Löschgeräte,[11]) die Sorge für Unterhaltung und Reinlichkeit der Ortsstraßen,[12]) öffentlichen Brunnen, Wasserleitungen und Abzugskanäle,[13]) die Herstellung und Unterhaltung der Flur- und Markungs-Grenzen,[14]) der Gemeindewege,[16]) Brücken und Stege[16]) und der zur Verhütung von Unglücksfällen an solchen nötigen Sicherheitsvorrichtungen,[17]) die Aufstellung des zur Handhabung der Ortspolizei, soweit sie den Gemeinden zusteht, erforderlichen Ortspolizei- und Feldschutzpersonals,[18]) die Herstellung und Unterhaltung der nötigen Fähren,[19]) Wegweiser, Orts- und Warnungstafeln,[20]) sowie die Anschaffung der Gesetz- und Amtsblätter.[21])

II Verpflichtungen Dritter[22]) zur Herstellung und Unterhaltung solcher Einrichtungen oder zur Bestreitung des erforderlichen Kostenaufwandes werden hiedurch nicht berührt.

**1.** Hier sollen die gesetzlichen Lasten der Gemeinde bestimmt werden und zwar jene, die zum natürlichen Wirkungskreis gehören und die sich nicht aus anderen Bestimmungen der GemO. ergeben. In strengem Sinn soll eine GemO. nur formalen organisatorischen Charakter tragen und die hier behandelten Gegenstände durch ein besonderes Lastenausscheidungsgesetz regeln. Für die Kreise hat das Landratsgesetz 1852 und das Kreislastenausscheidungsgesetz 1846 diesen theoretischen Anforderungen so ziemlich entsprochen. Es ist indes für eine GemO. fast nicht möglich, diesen theoretischen Anforderungen rein zu genügen; auch der Referentenentwurf des neuen Gemeindegesetzes hat einen solchen Versuch mit Recht unterlassen und eine dem jetzigen Art. 38 ähnliche Bestimmung wieder aufgenommen.

**2.** Die GemO. selbst enthält vielfach Vorschriften, die entweder ausdrücklich eine Last auferlegen, wie z. B. die Entschädigung der ehrenamtlichen Bürgermeister, früher in Art. 75 III, 132 II, jetzt SG. Art. 4 II, oder stillschweigend und mittelbar, wie die Vorschrift zur ungeschmälerten Erhaltung des Grundstockvermögens, Art. 26.

Art. 38 erwähnt noch besonders die Kosten für die Aufstellung des ortspolizeilichen Personals, obwohl diese Last bereits aus Art. 95, 142 hervorgeht. Der Gesetzgeber scheint hier dem Gefühl gefolgt zu sein, daß dieser Teil der Ortspolizei gleichfalls zu den natürlichen Aufgaben gehört, die er deshalb hier besonders erwähnen zu müssen glaubte. An sich steht ja die GemO. auf dem Standpunkt, daß die Ortspolizei ein Recht der Gemeindeverwaltung bildet, Art. 156 Anm. 3. Für die Erwähnung in Art. 38 mag aber mehr der Begriff entscheidend gewesen sein, wie er in Anm. 6 zu Art. 138 auseinandergesetzt ist.

Als Beispiel der in der GemO. selbst enthaltenen Verpflichtungen kann insbesondere Art. 77 a in der Fassung des Gesetzes v. 23. Mai 1921, GVBl. 323, dienen.

Wegen des Zusammenhangs mit der Staatsaufsicht s. SG. Art. 13 Anm. 5 u. 7.

**3.** Hier sind die Reichs- wie die Landesgesetze gemeint, die den Gemeinden Lasten auferlegen.

a) Zu den wichtigsten Reichsgesetzen gehören: Das Personenstandesgesetz v. 6. Febr. 1875, RGBl. 23, insbesondere § 7, wonach die Entschädigung für die bestellten Standesbeamten von den Gemeinden zu tragen ist.

Das Gesetz zur Bekämpfung der gemeingefährlichen Krankheiten v. 30. Juni 1900, RGBl. 306, das sich zwar nur auf bestimmte Krankheiten bezieht, aber in § 35 den Gemeinden allgemeine Leistungen zur Erhaltung der öffentlichen Gesundheit auferlegt. K. AB. v. 8. Nov. 1904, GVBl. 563 und MinBek. v. 9. Nov. 1904, MinBl. 502.

Die Reichsversicherungsordnung v. 19. Juli 1911, RGBl. 509, die insbesondere in § 59 die Kosten der Versicherungsämter bei den gemeindlichen Behörden den Gemeinden zugewiesen hat. Für gewisse Unfallversicherungsarten können die Gemeinden Selbstträger der Versicherung sein, wenn sie von der obersten Verwaltungsbehörde für leistungsfähig erklärt werden, §§ 628, 629.

Durch die Reichsverfassung v. 11. Aug. 1919, RGBl. 1383, Art. 119 sind Schutz des Familienlebens, 122 Schutz der Jugend, 143 Bildung der Jugend, für Aufgaben der Länder und Gemeinden, 143 auch des Reiches, erklärt.

b) Zu den wichtigsten Landesgesetzen gehören: Das Armengesetz v. 21 Aug. 1914, GVBl. 551 Art. 16; der Ortsarmenverband übt die öffentliche Armenpflege auf Kosten der Gemeinde aus. Pöll, ArmG. 254.

Das Fürsorgeerziehungsgesetz in der Fassung v. 21. Juli 1915, GVBl. 595, Art. 13. Der Ortsarmenverband hat die Kosten der Fürsorgeerziehung, soweit sie nicht von den Fürsorgepflichtigen gedeckt werden können, zu $^{2}/_{10}$ zu tragen.

Das Schulbedarfsgesetz v. 14. Aug. 1919, GVBl. 489 Art. 11. Der sachliche Bedarf für die öffentlichen Berufsschulen wird von den Gemeinden aufgebracht, soweit nicht das Gesetz etwas anderes bestimmt.

Wegen der Leistungen aus dem Kirchengemeindeverband und für den reinen Kultusbedarf, Art. 60 und 60a.

c) Eine besondere Form gesetzlicher Verpflichtungen der Gemeinden liegt in dem Zwang zur Teilnahme an bestimmten Vereinigungen. Hier kommt in Betracht:

Der Versorgungsverband, s. Vorbemerkung 3 vor Art. 77;

der Prüfungsverband öffentlicher Kassen, Art. 16 SG.;

endlich allgemein die zwangsweise Teilnahme an Zweckverbänden, Art. 26 II SG.

**4.** Als gesetzmäßige Verordnung kann die v. 9. Jan. 1919, GVBl. 13 über die Errichtung einer Gemeindebeamtenkammer betrachtet werden, die den Gemeinden die Pflicht auferlegt, gemeinsam mit den Bezirken und Kreisen bis zu $^{2}/_{3}$ zu den Kosten der Kammer beizutragen, s. Vorbem. 2 vor Art. 77.

**5.** Der Vorbehalt des Art. 153 II betraf die dort vorgesehenen Verpflichtungen der Ortschaften, gewisse Aufgaben der Gemeinden zu erfüllen. Sie ist durch das SG. beseitigt worden, Art. 153 Anm. 2.

6. Das Gesetz unterscheidet und weist in einigen Fällen nur die Unterhaltung, nicht auch die Herstellung den Gemeinden zu, z. B. bei Ortsstraßen, öffentlichen Brunnen usw.

7. Welche Gebäude nötig sind, ist Sache des Verwaltungsermessens. Bei den Landgemeinden handelt es sich gewöhnlich nur um das Armenhaus und das Feuerhaus. Die Räumlichkeiten für die Erledigung der Gemeindegeschäfte befinden sich bisweilen im Schulhaus (Gemeindekanzlei), sehr häufig auch in der Wohnung des Bürgermeisters. Das Gesetz begreift unter Herstellung jede Art, wie der Gemeinde die erforderlichen Räume zur Verfügung gestellt werden können, z. B. Miete. Für die Unterhaltung soll der Haushalt der Gemeinde jährlich die notwendigen Aufwendungen vorsehen.

8. Öffentliche Uhren sind solche Uhren, die von der Gemeinde unterhalten werden. Daß sie in der Regel allgemein sichtbar und vernehmbar sind, hängt mit ihrem Zweck zusammen, ist aber für den Begriff gleichgültig. S 25, 90. Es gibt in größeren Städten an Gebäuden im Besitz von Privaten oder Stiftungen der Allgemeinheit dienende Uhren, die von den Eigentümern der Gebäude unterhalten werden. Solche Uhren sind, obwohl sie äußerlich den öffentlichen Uhren gleichen können, doch keine solchen. Auf dem Lande sind es gewöhnlich die Kirchturmuhren, die bisweilen ausschließlich von der Gemeinde, bisweilen gemeinschaftlich mit der Kirchenstiftung unterhalten werden In größeren Städten gibt es auch besondere Stiftungen für öffentliche Uhren. — Wenn nicht Rechte Dritter gegeben sind, wie z. B. bei der gemeinschaftlichen Unterhaltung von Kirchturmuhren, so steht es im Belieben der Gemeinde, öffentliche Uhren eingehen zu lassen. Solange aber die Uhr äußerlich besteht, kann die Aufsichtsbehörde auch darauf dringen, daß sie im ordentlichen Gang erhalten wird. An sich liegt es nicht im Sinne der Bestimmung, den Gemeinden allgemein die Pflicht aufzuerlegen, öffentliche Uhren anzubringen.

9. Nach § 19 der BVerfUrk. v. 14. Aug. 1919 sind die Gemeinden zur Errichtung von Begräbnisplätzen und Bestattungsanstalten nur soweit verpflichtet, als die vorhandenen Begräbnisplätze und Bestattungsanstalten nicht ausreichen. Im übrigen bestimmen sich Errichtung und Unterhaltung nach dem öffentlichen Bedürfnis. Die Verfassungsurkunde räumt bei dem Mangel eines gemeinschaftlichen Begräbnisplatzes, den Andersgläubigen einen Anspruch auf Beisetzung in dem Friedhof einer Religionsgesellschaft ein. Dadurch sind die Bestimmungen der früheren VerfUrk. v. 26. Mai 1818, Beil. 2, § 100 und die damit zusammenhängende Rechtsprechung hinfällig geworden. Dieser Rechtsanspruch macht auf dem Land in der Regel die Errichtung einer gemeindlichen Begräbnisstätte entbehrlich. Die VerfUrk. 1919 meint mit den Bestattungsanstalten auch die Feuerbestattungsanstalten, Art. 40 Anm 5. Es ist denkbar, daß aus Anlaß von Epidemien eine solche Einrichtung ins Auge gefaßt werden kann von der Aufsichtsbehörde, in der Regel wird es aber den Gemeinden zu überlassen sein, ob sie den Gemeindeangehörigen die Gelegenheit zur Feuerbestattung bieten will.

Der Simultangebrauch gehört rechtlich nicht in das Gemeinde-, sondern in das Kirchenrecht Die Gemeinde — die ja die beiden Religionsteile umfaßt — spielt dabei keine Rolle. Parteien sind dabei nur die Kirchengemeinden Soweit die Gemeinde Verpflichtungen hat, werden sie in der Regel bürgerlich-rechtlicher Natur sein. Streitigkeiten über das Eigentum an Friedhöfen gehören an sich schon vor die bürgerlichen Gerichte.

Für die Benützung gemeindlicher Friedhöfe können örtliche Gebühren erhoben, Art. 41, die Benützung des Friedhofes durch Satzung geregelt werden. GemZ. Bd. 21, 454; 28, 286 Streitigkeiten zwischen Einzelnen und der Gemeinde über Benützung gemeindlicher Friedhöfe, insbesondere auch über Benützung von Grabstätten und Grüften fallen unter Art 8 Ziff. 31 VGG

Die Errichtung von Leichenhäusern fällt nicht unter den Begriff der Bestattungsanstalten. Sie kann aber unter Umständen auf Grund des Reichsgesetzes über die Bekämpfung gemeingefährlicher Krankheiten gefordert werden, o. Anm 3a.

**10.** Zu den Feuerlöschanstalten zählen alle Einrichtungen und Vorkehrungen zum Schutz gegen Feuersgefahr und zu ihrer wirksamen Bekämpfung. Sowohl die beweglichen Feuerlöschgeräte als die Räume zur Unterbringung, die Herstellung von Feuerweihern, von Wasserleitungen, von Wasserabnahmestellen, der Feuermeldedienst, sowohl zur Benachrichtigung der eigenen Feuerwehr als der Nachbargemeinden zur Feuerhilfe.

Zur Wasserversorgung der Gemeinden leistet das Landesamt für Wasserversorgung technische Beihilfe, der Staat selbst aber Zuschüsse. MinE. v. 13. Febr. 1909, MinBl. 179. Diese Entschließung enthält auch eine Mustersatzung für Wasserversorgungsgruppen, wie sie jetzt auch auf Grund der Art. 26 GG. gebildet werden können.

Auf § 368 Ziff. 8 beruht die K. VO. v. 17. Juni 1898, die Feuerbeschau betreffend, GVBl. 332. Danach ist die Feuerbeschau Gegenstand der Ortspolizei. Jede Gemeinde bildete einen Feuerbeschaubezirk und für jeden solchen Bezirk wird eine Feuerbeschaukommission gebildet, die einmal alle zwei Jahre während der Heizperiode nicht nur die Privatgebäude, sondern auch alle Hof-, Staats-, Gemeinde-, Kirchen- und Stiftungsgebäude auf feuergefährliche Zustände und sicherheitsgefährliche Baugebrechen gründlich untersucht. Das Ergebnis wird schriftlich niedergelegt, für die Abstellung der gefundenen Mängel sorgt die Bezirksverwaltungsbehörde. Die Kosten der Feuerbeschau fallen den Gemeinden zur Last.

Für Zwecke der Feuersicherheit können auch Gemeindedienste angeordnet werden, Art 49.

**11.** Die Feuerlöschgeräte sind besonders genannt, obwohl sie begrifflich zu den Feuerlöschanstalten gehören, s. o. Anm. 10. Je nach den Verhältnissen und der Leistungsfähigkeit der Gemeinde bestimmt sich auch das Maß der an die Gemeinde von Aufsichts wegen zu stellenden Ansprüche. Die fast in allen Gemeinden bestehenden freiwilligen Feuerwehren sorgen ihrerseits dafür, daß die notwendigen Gerätschaften angeschafft werden. MinBek. v. 23. Sept. 1922, StA. 223, Z. f. FLöschwesen.

Die Beischaffung und Unterhaltung der zum gemeinsamen Gebrauch bestimmten Feuerlöschmaschinen ist gesetzliche Bezirkslast. Art. 27 I Ziff. 5, DRG v 28. Mai 1852, GBl 245

Für Anschaffung von Kraftfahrspritzen empfiehlt sich jetzt die Gründung von Zweckverbänden, womöglich für ganze Bezirke nach Art. 26 SG., s. dort Anm. 1.

Über die Prüfung und Richtigstellung der Normalspritzengewinde MinE. v. 2. April 1889, MinBl. 121, die indes insofern gegenstandlos geworden ist, als die Organisation der freiwilligen Feuerwehr die Aufsichtstätigkeit der Distriktsverwaltungsbehörde auf diesem Gebiet entbehrlich gemacht hat. Zu den Kosten der Auswechslung oder Abänderung fehlerhafter Gewinde werden Zuschüsse aus dem Fonds zur Förderung des Feuerlöschwesens gewährt. Dieser Fonds ist allgemein für Anschaffung von Feuerlöschgerätschaften bestimmt, nicht aber für die Beschaffung von Uniformstücken der freiwilligen Feuerwehr. Vgl. z. B. MinE. v. 17. Dez. 1882, W 16, 61.

**12.** Die Ortsstraßen und die öffentlichen Plätze gelten als öffentliche Wege, die den Verkehr innerhalb einer zusammenhängend gebauten Gemeinde vermitteln. Sie entstehen, wie die öffentlichen Wege überhaupt, durch einen Widmungsakt der Gemeinde im Zusammenhang mit der Festsetzung der Baulinien, insbesondere nach § 62 der Bauordnung v. 17. Febr. 1901, 3. Aug. 1910, GVBl. 87 u. 403. Auf diese Art mußten sich die Gemeinden bisher helfen, weil ihnen die Befugnis zur Zwangsenteignung für Ortsstraßen nach dem Zwangsenteignungsgesetz v. 17. Nov. 1837 und 13. Aug. 1910, GVBl. 109 und 621 versagt war, bis sie durch das Gesetz v. 9. Mai 1918, GVBl. 289 den Gemeinden über Ortschaften mit mehr als 5000 Einwohnern gegeben wurde. In den übrigen Fällen geschieht heute noch die Zwangsenteignung im Wege der Festsetzung der Baulinien. Auch die Herstellung der Ortsstraßen, die das Gesetz von der Verpflichtung der Gemeinden hier ausnimmt, kann die Gemeinde auf die Angrenzer abwälzen. Das gleiche ist hinsichtlich der Straßenreinigung möglich. Die Gemeinden können auf Grund des § 366 Ziff. 10 RStGB., Art. 94 PStGB. ortspolizeiliche Vorschriften erlassen, die den Angrenzern die Verpflichtung zur Reinhaltung der Straßen auferlegen Sie können durch solche ortspolizeiliche Vorschriften auch eine Zwangspflicht zur Teilnahme an einer gemeindlichen Straßenreinigungsanstalt begründen, in der Weise, daß der Anlieger nur noch durch Bezahlung einer bestimmten Gebühr seiner Verpflichtung der Straßenreinigung entsprechen kann. S 41, 21. Vgl. Art. 40 Anm. 4.

Die Unterhaltung der Ortsstraßen dagegen ist eine den Gemeinden verbleibende Last, die sie sich bei gepflasterten Ortsstraßen durch Einführung des Pflasterzolls erleichtern können. Art. 40 Anm. 6.

**13.** Bei Brunnenwasserleitungen und Abzugskanälen ist die Pflicht der Herstellung ebenso wie vorher bei Ortsstraßen Anm. 12 ausgenommen. Wasserleitungen können indes sowohl aus feuerpolizeilichen, Anm. 10, als auch aus gesundheitlichen Gründen erzwungen werden, Anm. 3 a.

Öffentliche Brunnen sind Wasserentnahmestellen, die dem gemeinen Gebrauch eröffnet sind. Dem Begriff entsprechen also nicht nur die gegrab nen Brunnen im Sinne des gewöhnlichen Sprachgebrauchs, sondern auch die an Wasserleitungen angeschlossenen Entnahmestellen gleichgültig, ob die Entnahme ohne weiteres möglich ist, oder durch eine mechanische Tätigkeit ausgelöst werden muß. Zur Herstellung von gegrabenen Brunnen werden die Gemeinden wohl in der Regel nicht angehalten werden können, dagegen wohl zur Einrichtung von öffentlichen Wasserentnahmestellen im Zusammenhang mit der Herstellung einer gemeindlichen Wasserleitung und einer aus gesundheitspolizeilichen Gründen verfügten Schließung der vorhandenen gegrabenen Brunnen. Dagegen liegt es im Sinne des Gesetzes, daß die in der Gemeinde bestehenden öffentlichen gegrabenen Brunnen, sofern keine polizeilichen Bedenken dagegen bestehen, nicht verfallen oder verwahrlosen dürfen. Die Beseitigung von öffentlichen Brunnen, für die ein Bedürfnis nicht besteht, liegt jederzeit im Ermessen der Gemeinde; man wird überhaupt das Recht der Gemeinde, öffentliche Brunnen ordnungsgemäß zu beseitigen, nicht in Abrede stellen können; die Aufsichtsbehörde wird nur dann hindernd eingreifen können, wenn die Voraussetzung für Herstellung von Brunnen aus gesundheitspolizeilichen Gründen wie oben gegeben sein sollte.

Auch die Herstellung von Abzugskanälen wird auf Grund des RG. v. 30. Juni 1900, Anm. 3a verlangt werden können. Der Gesetzentwurf über Änderungen der Gemeindeordnungen usw., Beil. 2584 K. d. A. 1917/18 stand auf diesem Standpunkt in der Begründung zu dem Vorschlag, in Art. 38 den Gemeinden allgemein für Abzugskanäle und auch für Wasserleitungen die Pflicht zur Herstellung zu überweisen. Vgl. auch S 33, 122; 38, 125. Dabei sind unter Kanälen Vorrichtungen zur Abführung der Abwässer verstanden, die innerhalb der geschlossenen Ortschaft unterirdisch oder gedeckt gehalten sein müssen. Allgemein technische Vorschriften über die Anlage von gemeindlichen Kanälen bestehen nicht, es ist aber den Gemeinden zu raten, sich bei Anlage von städtischen Kanälen fachmännischen Rat zu erholen und die Entwürfe, obwohl eine derartige Vorschrift nicht besteht und die Anlagen auch keiner Genehmigungspflicht unterliegen, den Aufsichtsbehörden zur obertechnischen Prüfung vorzulegen.

Die Straßenrinnen gehören zur Ortsstraße, sie werden in der Regel mit dem Kanalsystem in Verbindung stehen und sind auch ohne ein solches nicht gut denkbar.

Streitigkeiten über die öffentliche Eigenschaft eines Abzugskanals über Pflicht zur Reinigung, Unterhaltung, fallen unter Art. 8 Ziff. 34 VGG., da dort unter den Abzugskanälen auch die unterirdischen Kanäle zu verstehen sind. S 18, 327; 24, 188.

**14.** Art. 92 III und 138 VI enthielten die Vorschrift, daß die Flur- und Markungsgrenzen von den Feldgeschworenen jährlich einmal umgangen und die zur Anzeige gebrachten Mängel abgestellt werden. Diese Vorschriften sind durch das Markungsgesetz v. 30. Juni 1900, GVBl. 553 aufgehoben, an ihre Stelle ist Art. 12 des Gesetzes getreten, der die Verpflichtung der Feldgeschworenen enthält, überhaupt die Grenzzeichen der gesamten Gemeindeflur der besonders abgemarkten Abteilungen (Gewannen) sowie die Grenzzeichen der einzelnen Grundstücke zu beaufsichtigen. Der ordentliche Flurumgang hat jetzt nur noch alle 3 Jahre zu geschehen. Sache der Gemeinde ist nur, darauf zu sehen, daß die Feldgeschworenen diesen Verpflichtungen gehörig nachkommen.

**15.** I. Gemeindewege sind öffentliche Wege, die auf Grund öffentlich-rechtlicher Verpflichtung von den Gemeinden unterhalten werden. Öffentliche Gemeindewege beruhen entweder auf althergebrachtem Gemeingebrauch, oder sie sind durch eine Handlung der Gemeinde entstanden, die einen öffentlich-rechtlichen Gemeingebrauch am Weg begründet. S 11, 328 Ziff. 2. Diesen Akt heißt man die Widmung

a) Der öffentlich-rechtliche Gemeingebrauch ist ein wahrer Allgemeingebrauch, der jedem beliebigen Einzelnen zusteht. K 1, 345, VGH. v. 14. Juli 1911 in ZfR. 1912 S. 55 im Gegensatz zum bürgerlich-rechtlichen Gemeingebrauch, der einem bestimmten Rechtssubjekt eingeräumt sein muß und auch Beschränkungen unterworfen werden kann. Der öffentlich-rechtliche Gemeingebrauch kann nur durch den Wegherrn beschränkt werden.

b) Die Widmung ist ein öffentlich-rechtlicher Akt der Gemeinde, durch den sie den Gemeingebrauch am Weg begründet, den Weg jener allgemeinen Benützung eröffnet, die ein Privateigentümer auf Grund seines privatrechtlichen Eigentums überhaupt nicht erzeugen kann. Deshalb ist auch die Widmung kein bürgerlich-rechtlicher Akt, sondern ein Ausfluß der Wegehoheit und sie ist auch da, wo die Gemeinde nicht das privatrechtliche Eigentum an der Wegfläche hat, niemals ein aus dem Rechte des Eigentümers irgendwie abgeleitetes Recht. Die Widmung trägt originären Charakter.

c) Die Zustimmung des Eigentümers kommt überall da in Frage, wo die Gemeinde nicht selbst zugleich das Eigentum an der Wegfläche hat. Diese Zustimmung ist keine Rechtsübertragung, siehe oben b, sie ist also nicht die Einräumung einer bürgerlich-rechtlichen Dienstbarkeit, sie unterliegt, weil sie ebenfalls dem öffentlichen Recht angehört, nicht den Vorschriften des bürgerlichen Rechtes, Art. 55 EG. z. BGB. Die Zustimmungserklärung kann also formlos sein. Vgl. S 32, 156. Durch die Zustimmung wird die Widmung rechtlich unanfechtbar, und zwar als öffentlich-rechtlicher Akt auch gegenüber den Nachfolgern im Eigentum. Vielfach wird indes, um Zweifel abzuschneiden, auch eine Dienstbarkeit neben der Zustimmung bestellt. Das den öffentlich-rechtlichen Gemeingebrauch begründende Moment liegt aber nicht in diesem bürgerlich-rechtlichen Akte, sondern in dem öffentlich-rechtlichen der Widmung seitens der Gemeinde in Verbindung mit dem den gleichen Charakter tragenden der Zustimmung seitens der Eigentümer. Diese klare Unterscheidung macht indes weder die Rechtslehre noch die Rechtsprechung. Vielmehr wird häufig die bürgerlich-rechtliche Dienstbarkeit für die Unterlage des Gemeingebrauchs auch im öffentlich-rechtlichen Sinne gehalten, es werden die Formen des bürgerlichen Rechts gefordert und es wird die Zuständigkeit der Gerichte angenommen, ohne zu fragen, ob es sich um die Zustimmung zur Widmung oder um die Errichtung einer Dienstbarkeit gehandelt hat. Vgl. S 5, 236; 32, 160; Dyr. Art. 10 Ziff. 2 Anm. 5 S. 418, Eisenbahnwegrecht.

Die Lehre Otto Mayers vom öffentlichen Eigentum,

DVR. 2, 71 ff., sucht die öffentliche Sache dem Privatrecht völlig zu entziehen. Vgl. auch Dr. Guba, Die öffentlich-rechtlichen Grundlagen des Wegerechts, Leipzig 1917. Das Reichsgericht hat in der Entscheidung d. RGZ. Bd. 80, 135 ein öffentlich-rechtliches Eigentum anerkannt, das von den privatrechtlichen verschieden ist, sich aber in ein solches verwandeln kann und der Kommentar der RGR. Anm. 1 zu § 90 BGB. S. 78 erklärt es für eine dem Landesrecht überlassene Frage, ob es öffentliche Sachen gibt, die im Sinn des Privatrechts verkehrsunfähig sind. Für das bayerische Recht wird von Oertmann, BLPrR. S. 122 ff., 90 ff., 388 Anm. 8, die Frage verneint. Siehe auch BlfRA. Bd. 43, 23; 53, 168; Roth-Becher, Bayer ZivR. Bd. I, 332 Anm. 15. — Solange nicht ein selbständiges öffentliches Sachenrecht zur gesetzlichen Anerkennung gelangt ist, wird es immer Schwierigkeiten bereiten, die öffentlich-rechtliche Dienstbarkeit von der bürgerlich-rechtlichen nach Form und Inhalt zu trennen. Die Bedeutung, die diese Unterscheidung für die Form der Begründung hat, ergibt sich aus den bisherigen Darlegungen. Für den Inhalt mag sie aus folgenden Beispielen erhellen: Es kann für eine privatrechtliche Dienstbarkeit nach § 1020 BGB. fraglich sein, ob der Eigentümer nach dem Aufkommen des Kraftwagenverkehrs diesen dulden muß, für die öffentlich-rechtliche Dienstbarkeit steht diese Entscheidung nur beim Wegherrn. Dieser übt die Polizei über die öffentlichen Sachen und deren Gesichtspunkte sind hier ausschließlich maßgebend. Der Verlegungsanspruch des Eigentümers § 1023 ist für die öffentlich-rechtliche Dienstbarkeit nicht vorhanden. Im Fall des § 1024 geht das öffentliche Wegerecht vor, ohne auf die gütliche Vereinbarung angewiesen zu sein. Bei der privatrechtlichen Dienstbarkeit kann der Eigentümer unter Umständen gerade infolge der Bestellung der Dienstbarkeit von der Wegbenützung ausgeschlossen sein. Bei der öffentlich-rechtlichen nimmt er am Gemeingebrauch wie jeder andere teil.

Es bleibt nichts übrig, als das Bedürfnis der Gegenwart festzustellen, daß die Gesetzgebung das öffentliche Sachenrecht regle. Solange diese Lücke besteht, wird die Rechtsprechung sich in der gleichen schlimmen Lage sehen wie das Schiff des Odysseus. Es wird zwischen der Scylla des öffentlichen und der Charybdis des bürgerlichen Rechts die Durchfahrt niemals ohne Opfer gewinnen. Die Praxis aber muß sich an die oben angedeutete Sicherung halten und die bürgerlich-rechtliche Bestellung einer Dienstbarkeit dem zweifelhaften Ausgang eines Rechtsstreites vorziehen.

**II.** Ob die Gemeinde einen Weg herstellt und unterhalten läßt, oder ob sie einen bestehenden, auch durch konkludente Handlungen, S 19, 4, wieder einziehen will, ist zunächst Sache ihres eigenen freien Ermessens. Einzelne Personen haben in dieser Beziehung keinen Anspruch gegen die Gemeinde. Dagegen folgt aus dem Aufsichtsrecht, daß die Gemeinde von der Staatsaufsichtsbehörde gezwungen werden kann, bestehende Wegverbindungen, deren Notwendigkeit als eines allgemeinen Verkehrsmittels festgestellt ist, zu übernehmen und zu unterhalten. S 32, 153. In diesem Erkenntnis ist dieser Grundsatz auch auf den Fall erstreckt, daß der Gemeindeweg nicht mehr die Verbindung der Gemeinden untereinander sondern mit einer Eisenbahnstation vermittelt. Der Schienenweg dient zwar dem freien Verkehr, ist aber selbst kein öffentlicher Weg. Die Rechtsprechung hat sogar die Herstellung der Zufahrtsstraßen zu den Laderampen den Gemeinden auferlegt ohne die Frage zu prüfen, ob diese Wege nicht richtiger als Zubehör der Betriebsanlagen von dem Unternehmer der Bahn zu unterhalten seien und ob nicht wenigstens innerhalb des Bahnhofbereiches die Wege überhaupt des öffentlichen Charakters entbehren. Vgl. die ungedr. E. VGH. v. 5. Nov. 1913, N. 136 I/13. Die schwäbische Kreisregierung hat in drei Fällen die Wegbaupflicht der Gemeinde innerhalb des Bahnhofsbereiches verneint und das Staatsministerium des Innern hat diese Entscheidung oberaufsichtlich nicht beanstandet. Abgesehen von dieser Einschränkung ist es anerkannt, daß die Sorge für die Herstellung der erforderlichen allgemeinen Verkehrsverbindungen im Zweifel Sache der Gemeinden ist. Von diesem Gesichtspunkt aus läßt sich auch die Rechtsprechung hinsichtlich der Zufahrtsstraßen zu den Eisenbahnstationen vertreten, indes nur insoweit, als eine dem Gemeingebrauch dienende Wegverbindung bereits besteht. Die Neuschaffung einer solchen in dem denkbaren Fall, daß eine Bahnstation ohne Rücksicht auf die Wegverbindung verlegt oder neu errichtet wird, kann der Gemeinde nicht zugemutet werden. In diesem Sinne ist auch die Rechtsprechung nicht gemeint, sie spricht von bestehenden Wegverbindungen. S 32, 154 in der Fußnote. — Ebensowenig darf aus dem Grundsatz oben der Schluß gezogen werden, daß eine von einem anderen öffentlichen Rechtssubjekt — Staat, Bezirk — aufgelassene Straße ohne weiteres die Eigenschaft eines Gemeindeweges annimmt. S 29, 86. — Gegen die Entscheidungen der Aufsichtsbehörde steht den Gemeinden nach Art. 10 Ziff. 2 VGG. die Beschwerde zum VGH. offen. Dessen Zuständigkeit ist aber nach der Rechtsprechung im Hinblick auf Art. 13 I Ziff. 3 VGG. erheblich eingeschränkt. Die Beurteilung der Leistungsfähigkeit der Gemeinde, der Verkehrsbedeutung des Weges, der Art und Weise der notwendigen Unterhaltung sind Ermessensfragen, die nach der Rechtsprechung der verwaltungsrichterlichen Zuständigkeit entrückt sind. S 2, 710; 4, 438. Vgl. hiezu SG. Art. 13 Anm. 7. — Die endgültige aufsichtliche Entscheidung ersetzt, soweit sie die Übernahme eines Weges durch die Gemeinde betrifft, den Akt der Widmung.

Was insbesondere die Bauart der Gemeindewege anlangt, so fehlt es an allgemeinen Vorschriften. Die ME v. 3. April 1909, MBl. 201, behandelt nur die Verlegung öffentlicher Wege bei Eisenbahnbauten. Sie kann indes wenigstens als Maßstab für jene Anforderungen dienen, die an Gemeindewege zu stellen sind. Die Unterhaltung erstreckt sich auch auf die Zubehörungen des Weges, die Brücken, die Fähren, die Vorrichtungen zur Wasserableitung (Rinnen), die Sicherheitsvorrichtungen (Geländer), S 17, 312; 32, 33; die Durchlässe usw., S 2, 525, 710; 6, 74; 7, 227; dann auf die Maßnahmen zur Bequemlichkeit und Sicherheit des Verkehrs (Schneeräumen, Setzen von Schneezeichen), S 10, 334; 11, 518.

Nicht zu den Verpflichtungen gehört wenigstens außerhalb der Ortschaften das Bestreuen mit Sand bei Glatteis. S 33, 259. Auch die Straßenbeleuchtung kann nur vom polizeilichen Standpunkt aus unter Umständen gefordert werden, zur Wegunterhaltungspflicht gehört sie nicht. S 16, 123. Die Bepflanzung der Wege mit Bäumen ist zwar den Gemeinden dringend zu empfehlen, eine gesetzliche Verbindlichkeit ist sie nicht. In jenen besonderen Fällen, wo die Gemeinde nicht zugleich das Eigentum an der Wegfläche hat, wird sie sich auch rechtlich schützen müssen, da das Eigentum am Baum dem Eigentümer der Straßenfläche zusteht, § 95 BGB. Sonderrechte an Bäumen, die vor dem BGB. bestanden haben, wurden durch Art. 181 EG aufrecht erhalten

**III.** Ein Ausfluß der Wegehoheit der Gemeinde ist die Wegpolizei. Sie steht der Gemeinde nach Maßgabe der Gesetze zu, durch sie schützt sie die öffentliche Sache, erhält sie bei ihrem Zweck und ordnet ihren Gebrauch. Einschlägig sind hier Art. 89—96 PStGB. und § 366 Ziff. 10 RStGB. Danach werden die erforderlichen Anordnungen für die Gemeindewege durch ortspolizeiliche Vorschriften getroffen. Die Gemeinde kann nicht nur allgemeine, sondern einzelne Weisungen auf diese Weise unter Strafdrohung stellen. Daneben gelten aber auch die oberpolizeilichen Vorschriften, soweit sie für sämtliche Wege erlassen werden, hier insbesondere MinBek. v. 23. Juni 1862 über das Ausweichen der Reiter, Fuhrwerke und Viehherden auf öffentlichen Straßen, W 6, 24. MinBek. v 4. Jan. 1872, die Sicherheit und Bequemlichkeit auf öffentlichen Wegen, Straßen und Plätzen, W 9, 263. Im übrigen siehe Schied., PStGB. S. 209, insbesondere wegen des Verkehrs mit Motorfahrzeugen, mit Fahrrädern usw. Die Vorschriften über das Auslichten von Straßen gelten nur für Staatsstraßen, nicht für Gemeindewege. Laforet, ZwEG. S. 249 Fußn. 12. Es fragt sich, ob nicht die Gemeinden durch ortspolizeiliche Vorschriften auf Grund Art. 90 PStGB. den gleichen Zweck erreichen können. Die nach Art. 124 EG. z. BGB. im b. AG. z. BGB. enthaltenen Bestimmungen, Art. 72 ff., kommen für die Gemeinden hier nur passiv in Frage.

Über die Anordnung von Gemeindediensten für Wegunterhaltung Art. 49 Anm. 3.

**IV.** Die öffentliche Eigenschaft eines Weges mit Zubehörungen, einer Brücke; Verbindlichkeiten in bezug auf Herstellung und Unterhaltung der nicht in die Klasse der Staatsstraßen gehörigen öffentlichen Wege, Brücken, Fähren, Stege und Abzugskanäle gehören im Streitfalle vor die Gerichtsbarkeit der Verwaltungsbehörden. Art. 8 Ziff. 34 VGG.

Voraussetzung für die Öffentlichkeit des Weges ist es, daß er dem allgemeinen Gebrauch dient. S 11, 325. Dabei kann er recht wohl objektiven Beschränkungen in der Benützung unterliegen. Beschränkt öffentliche Wege: Der Weg kann oder darf nur zu bestimmten Zeiten oder nur von bestimmten Gruppen von Personen, Fußgänger, Radfahrer, Reiter, Schulkinder, Kirchgänger benützt werden Es kommt nur darauf an, daß innerhalb dieser Grenzen ein allgemeiner Verkehr stattfinden kann: Kirchen und Schulweg, S 10, 334.

Die Unterhaltungspflicht ist territorial begrenzt, die Entscheidung über die Klassenzugehörigkeit eines Weges, Gemeindeweg, Bezirksstraße, ergibt sich aus der Feststellung, wem die Unterhaltungspflicht zukommt. Die Verwaltungsgerichte vermeiden es überhaupt, die Klassenzugehörigkeit des Weges im Entscheidungssatz zu bezeichnen, ein Hindernis besteht aber kaum, Dyr. bei Art. 8 Ziff. 34 Anm. 7 S. 361. Die Unterhaltungspflicht kann nur erlöschen, durch ordnungsmäßige Auflassung des Weges, der aber die Aufsichtsbehörden widersprechen können. An sich kann die Auflassung durch konkludente Handlungen geschehen. Es hängt von der Beurteilung des einzelnen Falles ab, ob es sich nicht vielmehr um die unterlassene Erfüllung der Unterhaltungspflicht handelt. Durch eine solche allein, auch wenn sie noch solange dauert, kann sich die Gemeinde nicht von der Unterhaltungspflicht befreien, sofern es sich um eine notwendige allgemeine von ihr bisher unterhaltene Verbindung handelt. S 2, 667.

Beteiligt sind diejenigen öffentlichen Rechtssubjekte, die für die Unterhaltung des Weges in Betracht kommen können oder in Anspruch genommen werden sollen, in der Regel also verschiedene Gemeinden, auch Bezirke, unter Umständen auch der Staat, einzelne Personen dagegen niemals. Diese sind nur unter Umständen rückgriffweise den öffentl. Rechtssubjekten haftbar, darüber unterscheiden dann die Gerichte, Anm. 22, außerdem können sie bei Feldwegen beteiligt sein, die indes nicht zur Klasse der öffentlichen Wege zählen. In dieser Beziehung gehen allerdings die Meinungen auseinander, die Rechtsprechung will private und öffentliche Feldwege zulassen. Art. 55 Anm. 5. Die Feld- und Waldwege sind für die Bewirtschaftung der Felder und Wälder bestimmt, nicht für den Verkehr, wenn sie auch nebenbei für diesen Zweck mit benützt werden. Die in Art. 55 den Grundbesitzern überwiesene Unterhaltungspflicht wäre unbillig, wenn der allgemeine Verkehr einen Anspruch auf diese Wege hätte. Die Rechtsprechung muß indes von ihrem Standpunkt aus Art. 8 Ziff. 34 auf Feld- und Waldwege anwenden und in einem Streit, ob der Weg als Gemeindeweg oder als Feldweg zu unterhalten ist, auch die Grundbesitzer als Beteiligte zulassen. S 8, 223.

Die Ortschaften können nach Art. 153 in der Fassung des Art. 28 SG. nicht mehr Träger von Wegbauverpflichtungen sein, Anm. 2 bei Art. 153. Auch bei freiwilliger Übernahme für die Gemeinde, zu der die Ortschaft gehört, wirkt dieses Rechtsverhältnis nur nach innen, im Streitfall hat immer die Gemeinde als die gesetzliche Trägerin der Wegelast einzutreten.

**16.** Brücken und Stege sind Teile der Wege, auf denen sie sich befinden, sie werden rechtlich ebenso behandelt, o. Anm. 15 II g. E. S 2, 525; 5, 14; 36, 159. — Für Brücken haben die Gemeinden Zwangsenteignungsrecht, für Gemeindewege aber nicht (o. Anm. 12). Darin liegt eine Inkonsequenz, auf die bei den Kammerverh. über die Abänderung des ZwEG. vom Staatsminister ausdrücklich hingewiesen wurde. Laforet S. 60 c zu ZwEG. I A Ziff. 9.

**17.** S. Anm. 15 II g. E.

**18.** S. Art. 141 Anm. 2, 3, 10 und 14. Über die Beihilfe der

Gendarmerie MinBek v 25 Sept. 1919 GVBl. 639, betr. Einricht der Gendarmerie § 13, DienstVorschr. MBl. 1922, 223 § 40.

**19.** Überfahrtsanstalten i. S. des Art. 78 WG. und als solche genehmigungspflichtig.

**20.** Die Instruktion für Errichtung von Stundensäulen, Geländern, Wegweisern und Ortstafeln v. 1. Nov. 1829, W 2, 483 enthält Vorschriften über Form, Inhalt und Anbringung von Wegweisern und Ortstafeln Größere, allgemein bekannte Städte bedürfen keiner Ortstafeln Ergänzend ME v 10 Juni 1833, W 2, 484 Fußn verlangt die deutsche Frakturschrift und ME. v 31 Dez. 1833, W a. a. O., daß Ortstafeln nicht nur an allen Staats- und Kreis-, sondern auch auf allen eigentlichen Vizinalstraßen (Gemeindewegen) stehen, indes nur zur Bezeichnung der von der Straße entfernten Orte, insofern sie eine besondere historische Bedeutung haben oder Amtssitze sind und als solche den Reisenden bezeichnet werden müssen. ME. v. 7. Febr. 1841, W 3, 368 verlangt die Herstellung der Ortstafeln, Wegweiser usw. von den Gemeinden, die sie auch instand halten müssen. Nach ME. v. 25. Aug. 1905, MBl. 375 sollen bei Ausbesserung oder Erneuerung von Wegweisern an den Staatsstraßen, Bezirksstraßen und Gemeindewegen die beiden Arme des Wegweisers mit Aufschrift versehen und neben dem Namen einer Ortschaft auch die Entfernung vom Standort des Wegweisers in Kilometern angegeben werden. Nach MinBek. v. 29. Aug. 1921, MBl. 170 sollen die Ortstafeln im Grenzbezirk mit der deutlich sichtbaren Aufschrift „Grenzbezirk" versehen werden. Nach MinBek. v. 2. Dez. 1919, MBl. 318 ist bei Erneuerung der Ortstafeln oder gelegentlich ihrer Ausbesserung die Angabe des Aushebungsbezirkes, des Landwehrbezirkes und des Hauptmeldeamts wegzulassen.

Die ME. v. 27. Juli 1842, W 3, 464 über Kosten der Ortstafeln an Einmündungen in Staatsstraßen, die ME. v. 28. Febr. 1873, W 9, 706 über die Aufschriften an Ortstafeln, endlich die ME. gl. Betr. v. 12. Febr. 1889, MBl. 73 sind nur noch teilweise anwendbar.

Nach Art. 38 ist die Anbringung von Amts- und Ortstafeln, von Wegweisern und Warnungstafeln eine besondere Last der Gemeinde, nicht ein Bestandteil der Wegunterhaltung; in welcher Form und in welchem Umfang, bestimmt die Aufsichtsbehörde.

**21.** Die Gemeinden müssen halten

a) das Reichsgesetzblatt, MinE. v. 13. März 1871, W 8, 734,
b) das Gesetz- und Verordnungsblatt, VO. v. 29. Okt. 1873, W 10, 149,
c) das Amtsblatt des Staatsministeriums des Innern, MinBek. v. 15. Juni 1872, W 9, 415 und MinBek. v. 28. Dez. 1904, MBl. 1905, 1 und 23. Dez. 1918, MBl. 378,
d) das Kreisamtsblatt, MinBek. v. 8. Okt. 1875, GVBl. 626,
e) den Bayerischen Staatsanzeiger, VO. v. 25. Nov. 1912, GVBl. 1215, S 34, 242.

Über den Inhalt der Kreisamtsblätter, Wegfall einer Reihe bisheriger Veröffentlichungen, gem. Bek. der Min. v. 25. Febr. 1922, GVBl. 197. Dann über den Inhalt des GVBl., der MBl., des BayStA. gem. Bek. der Min v. 14 Juli 1922, GVBl. 363, MBl. 214.

Die Amtsblätter sind in der Gemeinderegistratur geordnet aufzubewahren. Art. 131 Anm. 8, dort auch die Vorschriften über Ausscheidung der älteren Jahrgänge. Die Amtsblätter gehören zum Grundstockvermögen der Gemeinde. Art. 26 Anm. 3.

Für die Bürgermeistereien genügt es, wenn die Amtsblätter bei der Bürgermeisterei gehalten werden. MinE. v. 4. Jan. 1870, W 8, 469.

**22.** Die Verpflichtungen können im öffentlichen oder im bürgerlichen Recht begründet sein, nur auf Verpflichtungen des öffentlichen Rechts kann sich die Gemeinde mit Erfolg gegenüber der Aufsichtsbehörde berufen. In dieser letzteren Beziehung kamen früher hauptsächlich die Ortschaften als Dritte in Betracht. Jetzt ist das nicht mehr möglich. Anm. 15 a. E. Dadurch sind eine Menge derartiger Streitigkeiten, bei denen es sich darum handelte, ob die Gemeinde oder die Ortschaft in Anspruch genommen werden konnte, für die Folge weggefallen. Vgl. z. B. S 1, 95; 5, 4; 29, 86; 25, 77 und 382. Dafür sind die Fälle, wo die Gemeinde die Wegebaulast des Bezirks behauptet, noch praktisch, S 2, 111, 413. Grundsätzlich kann, abgesehen von vorläufigen Maßnahmen, gegen die Gemeinde nicht vorgegangen werden, wenn diese behauptet, daß die Erfüllung der ihr angesonnenen Verpflichtungen nicht ihr, sondern einem anderen Rechtssubjekt auf Grund des öffentlichen Rechtes obliegt. Eine Ausnahme bilden jene Fälle, wo ein geordnetes Verfahren für die Verpflichtungen des Dritten nicht besteht, z. B. bei Streitigkeiten zwischen Kreisen und Gemeinden über öffentliche Rechtsansprüche und Verbindlichkeiten in bezug auf die Unterhaltung von Realschulen. S 18, 38.

Auf dem Gebiet des Wegerechts ist das Eisenbahnärar sehr häufig als Dritter in Anspruch genommen worden Da aber öffentlich-rechtliche Rechtstitel für eine Wegebaupflicht des Eisenbahnärars in der Regel nicht in Betracht kommen, so hat nach dem erörterten Grundsatz die Gemeinde eintreten müssen. S 32, 153 und die ungedr. E. Nr. 161 I/12, 122 I/13, 33 I/14, selbst wenn ausdrückliche Verträge und Abmachungen vorlagen, weil diese nur als bürgerlich-rechtliche Verpflichtungen zu erachten sind. In solchen Fällen muß die Gemeinde im Weg der gerichtlichen Klage den Rückgriff gegen den Vertragsgegner nehmen.

Beruhen die Verpflichtungen des Dritten im öffentlichen Recht und ist die Gemeinde selbst für die Erfüllung eingetreten, so sind für den Rückgriff die Verwaltungsbehörden zuständig, soweit der Verwaltungsrechtsweg eröffnet ist, vgl. oben S 18, 38.

## Art. 39.[1]) (30)

[I] Die Gemeindeausgaben [2]) sind zunächst aus den Renten [3]) des Gemeindevermögens, aus den für besondere Zwecke vorhandenen Stiftungen [4]) oder hiefür geleisteten freiwilligen Beträgen, aus den der Gemeindekasse gesetzlich zugewiesenen Gebühren [5]) und Strafgeldern,[6]) aus den für Benützung von Gemeindeanstalten festgesetzten Gebühren [7]) und sonstigen Erträgnissen dieser Anstalten, aus etwaigen Zuschüssen des Staates[8]) und anderer öffentlicher Kassen, sowie aus den auf besonderen Rechtstiteln beruhenden Leistungen Dritter zu bestreiten.

II Soweit diese Einkünfte für den gesetzlich festgestellten Bedarf[9]) nicht ausreichen, ist derselbe durch Gemeindeumlagen,[10]) Verbrauchssteuern[11]) und sonstige örtliche Abgaben[12]) zu decken.[13—16])

**1.** Art 39 enthält bindende Grundsätze für die Finanzgebarung der Gemeinden Die Einhaltung dieser Grundsätze überwachen die Aufsichtsbehörden, der einzelne Umlagepflichtige kann seine Umlage nicht deshalb verweigern, weil die Gemeinde gegen diese Grundsätze verstoßen hat Seydel 1 Aufl. Bd IV S. 519. Die Rechtsprechung hat dagegen S 7, 119 dem einzelnen Umlagepflichtigen eine solche Berechtigung zuerkannt Vgl auch Art 32 Anm 15

**2.** Zu den Gemeindeausgaben zählen nicht nur die gesetzlichen, sondern auch die freiwilligen, z. B. die des Art. 12 II SG.

**3.** Zu den Renten des Gemeindevermögens gehören die Grundzinsen des Art. 27 und die Gegenleistungen des Art 28 und 34 I.

**4.** Es werden meistens Spezialstiftungen sein, für bestimmte Gemeindezwecke, Wohltätigkeit, Schule, Gesundheit, Reinlichkeit u. dgl

**5.** Die Gemeinden können nach dem Kostengesetz v. 16. Febr. 1921, GVBl. 133 Art. 142 ff. Gebühren für Amtshandlungen erheben. Die Standesamtsgebühren fließen nach § 70 PersStG. v. 6. Febr. 1875, RGBl 23 in die Gemeindekasse.

**6.** Strafgelder s Art. 41 III, 100, 144, 165, 174 III GemO., Art 21 VI und 124 PStGB.

**7.** Über Gemeindeanstalten und Gebühren für deren Benützung s Art 40 Anm 4.

**8.** Zuschüsse des Staates z. B. Art 95 II an die kreisunmittelbaren Städte für die Handhabung der Bezirkspolizei.

**9.** Gesetzlich festgelegt ist der Bedarf, wenn die Beschlüsse den gesetzlichen Vorschriften entsprechen

**10.** Für die Gemeindeumlagen gelten Art. 9—24, für die Ortschaftsumlagen Art. 25 VG v 30. Juni 1921, GVBl 361 z. RLStG v 30 März 1920, RGBl 402; s Art. 42 Anm. 1

**11.** Wegen der Verbrauchssteuern s. Art. 40 Anm. 1.

**12.** Die sonstigen örtlichen Abgaben beruhen auf Art. 4 VG v. 30 Juni 1921 und sind — nicht erschöpfend -- aufgezählt in § 4 der AA. z. VG, GVBl. 1922, 227.

**13.** Die auf Grund der reichsgesetzlichen Vorschriften zulässigen Abgaben: Zuwachssteuer, Grundwertabgabe, Warenhaussteuer und Steuer von Filialgeschäften, Vergnügungssteuer, §§ 5—8, AA. z. GVBl. 1922, 228 ff sind unter Art 39 nicht inbegriffen, da dieser Art. nur von den landesgesetzlichen Finanzquellen handelt

Die Anteile der Gemeinden an der Reichseinkommensteuer und Reichskörperschaftssteuer nach §§ 17 ff. RLStG., RGBl. 1920, 405 sind als Ersatz der weggefallenen Gemeindeumlagen zu betrachten. Nach der bei Art. 32 Anm. 15 und oben A. 1 behandelten Rechtsprechung kommen sie für die Frage, ob einfache Nutzungen verteilt werden dürfen, als Umlagenerhebung in Betracht.

**14.** Die Reihenfolge in Abs. 2 ist nicht bindend.

**15.** Art. 39 findet auch auf Ortschaften Anwendung. Die Renten des Ortschaftsvermögens sind zunächst zur Deckung der gemeindlichen Bedürfnisse zu verwenden, s. Art. 32 Anm. 7 a. E. Für Zwecke, die gesetzliche Aufgaben der Gemeinden sind, dürfen die Ortschaften überhaupt keine Umlagen mehr erheben. Art. 153 II i. d. F. Art. 28 SG.

## I. Verbrauchssteuern und andere örtliche Abgaben.

### Art. 40. (31)

I Die Gemeinden sind zur Erhebung von Verbrauchssteuern [1—3]) und von örtlichen Abgaben für die Benützung ihres Eigentums, ihrer Anstalten und Unternehmungen [4]) [5]) befugt, soweit nicht Gesetze oder Staatsverträge entgegenstehen.

II Neue in den Landesteilen diesseits des Rheins bisher nicht in Übung gewesene Verbrauchssteuern können nur mit gesetzlicher Ermächtigung eingeführt werden.

III Die Beschlußfassung über Einführung oder Erhöhung von Verbrauchssteuern und örtlichen Abgaben steht in Gemeinden mit städtischer Verfassung dem Magistrate unter Zustimmung der Gemeindebevollmächtigten, in Landgemeinden, der Gemeindeversammlung zu. [7—9])

IV Bei Erhebung des Fleisch-, Getreide- oder Mehl-Aufschlages dürfen die durch Verordnung festgesetzten Maximalbeträge nicht überschritten werden. Sonstige Verbrauchssteuern, desgleichen Pflaster-, Weg- und Brückenzölle [6]) können nur mit Genehmigung des betreffenden Staatsministeriums eingeführt oder erhöht werden.

**1.** Örtliche Verbrauchssteuern sind Abgaben von Gegenständen, die zum Verbrauch bestimmt sind. Nach Reichsrecht Art. 5 Abt. II, § 7 des Vertrags über die Fortdauer des Zoll- und Handelsvereins v 8 Juli 1867, W 7, 39 waren örtliche Verbrauchssteuern nur zulässig von Bier, Essig, Malz, Zider (Obstwein) und von Erzeugnissen, die der Mahl- und Schlachtsteuer unterliegen, ferner von Brennmaterialien, Marktviktualien und Fourage, von Wein nur in dem Gebiete eigentlicher Weinländer, von Branntwein und anderen vorstehend nicht genannten

Gegenständen nur in jenen Gegenden, wo bisher schon Abgaben darauf bestanden haben. Von Salz ist eine örtliche Abgabe durch Art. 2 der Übereinkunft v. 8. Mai 1867, W 7, 17 verboten.

Das RG. v. 27. Mai 1885, RGBl 109 hat den Grundsatz aufgestellt, daß ausländische Erzeugnisse, die bei der Einfuhr mit mehr als 15 Groschen (1,50 Mk.) Zoll vom Zentner (3 Mk. von 100 kg) belegt sind, keiner gemeindlichen Abgabe unterworfen werden dürfen, ausgenommen Bier, Branntwein, Mehl und andere Mühlenerzeugnisse, Backwaren, Fleischwaren und Fette.

§ 13 des Zolltarifgesetzes v. 25. Dez. 1902, RGBl. 303 verbot vom 1. April 1910 ab die gemeindlichen Aufschläge auf Getreide, Hülsenfrüchte, Mehl und andere Mühlenfabrikate, auf Backwaren, Vieh, Fleisch, Fleischwaren und Fette. Den Malzaufschlag von dem zur Bierbereitung bestimmten Malze nahm es von dem Verbot aus. S. auch KAB. v. 13. Febr. 1910, GVBl. 75.

Art. 40 IV Satz 1 ist dadurch gegenstandslos geworden. Aufschläge auf Fleisch, Getreide und Mehl, die bisher innerhalb der Höchstsätze der K. VO v. 27. Nov. 1875 und nach Maßgabe dieser Verordnung eingeführt oder erhöht werden konnten, sind seit 1. April 1910 nicht mehr zulässig. Pferdefleisch, Geflügel und Wildbret fielen nicht unter den Begriff des bayer. Fleischaufschlags, Wildbret und Wildgeflügel fällt aber unter das Verbot des ZollTG. von 1902. S 35, 108.

Für sämtliche Verbrauchssteuern ist jetzt zur Einführung und Erhöhung die Min.-Erlaubnis notwendig. In Betracht kommen nur noch Bier, Essig, Zider (Obstwein), Brennmaterialien, Marktviktualien und Fourage. Die Abgaben von Malz, das für Bierbereitung bestimmt ist, wurde durch den Beitritt Bayerns zur Biersteuergemeinschaft ab. 1. Juli 1919 beseitigt. Auf Pferdefleisch und Geflügel werden Verbrauchsabgaben nicht mehr möglich sein.

Die örtlichen Verbrauchssteuern haben fast keine Bedeutung mehr, mit Ausnahme der Biersteuer, Anm. 2.

Wegen der Zuständigkeit bei Streitigkeiten über Entrichtung, Rückforderung, Verjährung s. Anm. 9 — Vorrecht im Konkurs nach § 61 Ziff. 2 KO., Meyer-Bleyer S. 252 Note 3, möglicherweise auch § 49 I Ziff. 1 KO.

**2.** Die gemeindliche Biersteuer ist an Stelle des gemeindlichen Malz- und Bieraufschlags getreten. Seit 1. Juli 1919 gehört Bayern der Biersteuergemeinschaft an RG. v. 24. Juni 1919, RGBl. 599. Für die Landesteile des ehemaligen Freistaates Coburg muß die Biersteuer erst durch gemeinsame E. d. Staatsmin. d. J. und F. eingeführt werden. Art. 48 VII VG., GVBl. 1921, 361. — Von jenem Tag an ist das bayerische Malzaufschlaggesetz v. 18. März 1910, GVBl. 801, mit seinen Ausführungsbestimmungen, sowie die VO. v. 30. Sept. 1918 über die Übergangsabgabe für Bier, GVBl. 801, mit den übrigen auf den Übergangsverkehr bezüglichen Vorschriften außer Kraft getreten.

Nunmehr gelten in Bayern für die Besteuerung des Bieres

das Biersteuergesetz v. 26. Juli 1918, RGBl. 863,

die Bekanntmachung z. Biersteuergesetz v. 8. Aug. 1918, RGBl. 1063, die Biersteuerausführungsbestimmungen v 8. Aug. 1918, ZBl. f. d. D. R. 863,

die Braurechtsordnung vom 11. März 1919, ZBl f d. D. R. 41.

Hinsichtlich der Abgabenerhebung von Bier für Rechnung von Gemeinden kommt Art. 5 II § 7 des Zollvereinsvertrags v. 8. Juli 1867 mit folgenden Abänderungen zur Anwendung: Die Abgabe darf nur vom fertigen Bier erhoben werden. Die Grenze, bis zu der das Bier für Rechnung von Gemeinden besteuert werden darf, ist auf 65 Pf. für 1 hl festgesetzt. Für einfaches Bier i. S. des Biersteuergesetzes darf die Abgabe nicht mehr als 30 Pf. für 1 hl betragen. Abgaben von Bier für Rechnung von Gemeinden sind bei dem Übergang des versteuerten Bieres nach anderen Orten von den Gemeinden in dem nachweislich gezahlten Betrag zurückzuerstatten. Übergangsausnahmen waren bis 1. Okt. 1920 zugelassen; vgl. S 42, 30.

Fälligkeit, Einzahlung und Stundung der von Gemeinden erhobenen Abgaben für Bier richten sich nach § 11 BierstG.

Gemeinden, die vor dem 1. Okt. 1908 höhere Abgaben von Bier erhoben haben, als nach § 63 III BierstG. zulässig ist, dürfen diese höheren Abgaben bis auf weiteres forterheben

Die Erhebung und Verrechnung der gemeindlichen Biersteuer geschieht durch die Reichsfinanzbehörden FMinBek. v. 25. Juli 1919, StA. 158, MinBek. v 19. Juli 1919, StA. 182, v 23. Sept. 1920, StA 225, v. 14. Okt. 1920, StA. 253.

Das RG. betr. Erhöhung einzelner Verbrauchssteuern, Anl. 7 z. RG. v 8. April 1922 über Änderungen im Finanzwesen, RGBl. 380, hat die Biersteuer erhöht und RBierstG. verschiedentlich abgeändert, die gemeindliche Bierabgabe aber nicht berührt

Die Genehmigung zur Einführung der Biersteuer erteilt das StMin. d. J. im Benehmen mit dem der F., und zwar nur an Gemeinden, nicht auch an Ortschaften. Wegen Behandlung der Gesuche MinE. v. 10. Juli 1893, MBl. 172; 24. Febr. 1894, MBl. 279; 1 Mai 1898, MBl. 279 und 20. Nov. 1909, MBl 965. Nach MinBek v 23. April 1920, StA. 98, gilt die ministerielle Gen. bis auf weiteres allgemein widerruflich für erteilt, wenn die gemeindlichen Beschlüsse gesetzmäßig zustande gekommen sind. Die Prüfung hiewegen steht für kreisunmittelbare Gemeinden bei der Regierung, sonst beim Bezirksamt Vgl. auch S 7, 81.

Voraussetzung war bisher, daß der Ertrag der Abgabe nicht für laufende Zwecke, sondern nur für außerordentliche und vorübergehende Ausgaben, insbesondere zur Schuldentilgung verwendet wurde, und daß die Gemeinde sonst mit Umlagen überbürdet war. Jede Änderung des Verwendungszweckes bedarf neuerlicher Genehmigung. Die richtige Verwendung wird aufsichtlich überwacht, für den Aufschlag, jetzt die Biersteuer, war bisher gesonderte Rechnungsführung vorgeschrieben Min.-Bek v 24. Febr 1894 Ziff. 5, MBl 279

Wegen Streitigkeiten, Verjährung f Anm 9, Vorrecht im Konkurs f. Anm 1 a E., für die Zwangsverst u Zwangsverw § 4 II EG z. ZVG. u. Art 24 AG. z. ZVG., GVBl. 1899, 125: Steiner S 60 Note 3d: für 1 Jahresertr u. auch auf d. m d. Brauerei verb. Geb.

**3.** Die örtlichen Abgaben zerfallen in zwei Klassen:

a) Abgaben für die Benützung des gemeindlichen Eigentums, der gemeindlichen Anstalten und Unternehmungen,

b) sonstige örtliche Abgaben.

Die Erwähnung der sonstigen örtlichen Abgaben in Art 40 IV ist durch Art. 46 VG gestrichen worden.

Nur die Abgaben unter a sind noch in der Gemeindeordnung geregelt Die Abgaben unter b beruhen nicht mehr auf Art. 40 GemO., sondern auf Art. 4 des bayer VG. v. 30 Juni 1921, GVBl 361. — § 1 des Landessteuergesetzes hat den Gemeinden das Recht gegeben, örtliche Abgaben zu erhöhen, dieses Recht aber wesentlich durch §§ 1—3 eingeschränkt Die Gemeinden können keine Steuern erheben, die mit Reichssteuern gleichartig oder geeignet sind, die Steuereinnahmen des Reiches zu schädigen. Zuschläge zu Reichssteuern sind nur auf Grund reichsgesetzlicher Ermächtigung gestattet. Innerhalb der gegebenen Grenzen ist eine Neuerfindung von örtlichen Abgaben möglich. Die bis jetzt zugelassenen „sonstigen örtlichen Abgaben" zählt die AA. v. 5 April 1922, GVBl. 225, in § 4 auf:

a) Wohnsteuer bei vorübergehendem Aufenthalt MinBek. v 30 Jan. 1919, MBl. 13 und 28. Sept. 1921, StA. 227 S 41, 118,
b) Wohnungsluxussteuer, Besteuerung von Wohnräumen über den notwendigen Bedarf, BayGemZ. 1922 Nr. 20 Sp. 474,
c) Reklamesteuer,
d) Steuer für das Halten von Hausangestellten,
e) gemeindliche Zuschläge zu den staatlichen Stempeln der Tarifstelle 19 des Stempelgesetzes, aut. MinE v. 2. Mai 1921 Nr 3027 h 50 Es handelt sich um Zuschläge bei Erteilung gewerblicher Bewilligungen,
f) Personenaufzugsteuer,
g) gemeindliche Abgaben für das Halten von Reit- und Zugpferden,
h) Zuschläge zur Abgabe für Tanzmusikbewilligungen.

Zur Genehmigung sind die Regierungen, K. d. J., zuständig Die Genehmigung muß bei rechtsgültigen Beschlüssen erteilt und soll beschleunigt werden Die Gemeinden haben nach erlangter Genehmigung dem zuständigen Landesfinanzamt gemäß § 5 LStG. Mitteilung zu machen

Das bayer VG v 30 Juni 1921 ermächtigt die Gemeinden zur Erhebung

i) der Zuwachssteuer Art. 5 VG, § 5 AA. u MinBek. v. 16 Sept 1922, StA 216
k) der Grundwertabgabe Art 6 VG, § 6 AA.,
l) der Warenhaussteuer und der Steuer von Filialgeschäften Art 7 VG, § 7 AA.

Die Zuwachssteuer ist eine Besteuerung des Wertzuwachses der Grundstücke Die Gemeinden können die aufgestellte Mustersatzung, MinBek. v 17 Sept 1921, GVBl 469, geändert durch MinBek. v. 26. Juli 1922, GVBl 370, ohne Änderung annehmen und haben dann nur der Regierung und dem Landesfinanzamt Mitteilung zu machen. Dagegen bedürfen sie zur Änderung der Mustersatzung der Genehmigung der Regierung. Zuwachssteuern nach dem Reichszuwachssteuergesetz v 14 Febr 1911, RGBl 32, konnten ab 1 Okt. 1921 nicht mehr erhoben werden Die den Gemeinden bisher zukommenden Anteile und die von ihnen beschlossenen Zuschläge fielen von diesem Tag an weg. Über die Verwaltung der Zuwachssteuer BayGemZ. 1922 Sp. 465, 496, über den Unterschied zwischen Mustersatzung und RG. v. 14. Febr. 1911 BayGemZ. 1922 Sp 427, 469, 501.

Die Grundwertabgabe ist eine besondere Gemeindesteuer auf Bauplätze und sonstige in der Hauptsache Spekulationszwecken dienende unbebaute Grundstücke. Für Genehmigung gelten die gleichen Vorschriften wie für Zuwachssteuer. Die Mustersatzung v. 17. Sept. 1921, GVBl. 477, ist bindend und kann nur abgeändert werden, soweit die Mustersatzung es zuläßt.

Die Warenhaussteuer und die Steuer von Filialgeschäften soll die bisherige Warenhaussteuer ersetzen Die Beschlüsse der Gemeinden bedürfen der Genehmigung des StM d. J. im Benehmen mit dem StM. d. Fin.

Die unter a—l aufgezählten Abgaben und Steuern sind ihrer rechtlichen Natur nach sämtlich örtliche Abgaben, die auf Grund reichsgesetzlicher Ermächtigung durch Landesgesetz den Gemeinden eröffnet sind. Diese Abgaben können nur in Gemeinden, nicht in Ortschaften, erhoben werden

Unmittelbar auf reichsgesetzlicher Vorschrift beruht

m) die Vergnügungssteuer Art. 8 VG, § 8 AA. Sie ist durch §§ 12 u. 13 LStG. für sämtliche Gemeinden vorgeschrieben Der Reichsrat hat am 9. Juni 1921 Bestimmungen für diese Steuer erlassen, RGBl. 856, die am 15. Sept. 1921 in Kraft getreten sind. Sie ist ebenfalls eine örtliche Abgabe, bedarf aber keiner Genehmigung, sofern sie der Steuerordnung in Art 2 der Reichsratsbestimmungen entspricht Abweichungen sind teils mit Genehmigung der Regierung, K d. J., teils des Ministeriums zulässig. Ortspolizeiliche Vorschriften zur Sicherung und Überwachung der Steuern sind getrennt von der Steuerordnung aufzustellen und bedürfen der Vollziehbarkeitserklärung der Kreisregierung Die nach den landesrechtlichen Bestimmungen eingeführten Vergnügungssteuern der Gemeinden sind zufolge § 13 LStG. und Bek v 3 Dez 1921, RGBl 1532, am 31 März 1922 außer Kraft getreten

Die Gemeinden — nicht auch die Ortschaften — sind berechtigt

n) Zuschläge zur Grunderwerbsteuer bis zu 2 v. Hundert des steuerpflichtigen Wertes zu erheben §§ 37 u 40 LStG., Art. 35 VG., § 35 AA. Diese Steuer ist an Stelle der alten Besitzveränderungsabgabe getreten. Die gemeindlichen Beschlüsse bedürfen keiner Genehmigung, sind aber dem Landesfinanzamt zur Prüfung vorzulegen Gemeinden, die vor 1. Jan. 1918 Besitzveränderungsabgaben auf Grund des bayr. BesVerG v 14. Aug. 1910, GVBl. 433, erhoben haben, erhalten eine Sonderzuweisung aus den in der Gemeinde aufkommenden Reichsanteil der Grunderwerbsteuer in Höhe von 1/4 dieses Anteils, § 39 LStG Diese Sonderzuweisung ist nicht davon abhängig,. daß die Gemeinden auf Grund des früheren Grunderwerbsteuergesetzes, RGBl. 1919, 1617, oder des § 40 LStG. auch weiterhin solche Abgaben erhoben haben, auch nicht davon, daß sie gegenüber ihrer früheren Einnahme jetzt einen Ausfall erleiden

Man wird diese Zuschläge ihrer rechtlichen Natur nach zu den örtlichen Abgaben zählen dürfen Das Rechtsmittelverfahren richtet sich nach den für die Reichssteuer geltenden Vorschriften

o) D e r  A n t e i l  d e r  G e m e i n d e n am Aufkommen der U m s a t z s t e u e r, § 33 LStG., ist eine Überweisung aus dem Reichsanteil und keine örtliche Abgabe Der Anteil beträgt 5 vom Hundert des auf die Gemeinde anfallenden Aufkommens an der Umsatzsteuer Siehe VO. v. 10. Sept 1920 über die Ermittlung und Überweisung dieser Anteile an die Gemeinde, ZBl f d D R S 1469

V e r w a l t u n g  d e r  A b g a b e n: Die A b g a b e n unter a—h werden regelmäßig durch die Gemeinden selbst verwaltet, die Erhebung könnte nach § 19 der RAO. auch den Finanzämtern übertragen werden. Wegen deren Überlastung werden die Gemeinden aber davon Umgang nehmen, kleinere Gemeinden sollen sich zu gemeinsamer Verwaltung vereinigen, § 4 Ziff. 6 AA.

Auch die V e r w a l t u n g  d e r  A b g a b e n  u n t e r i und k obliegt den Gemeinden mit der Möglichkeit, sie den Finanzämtern, die Abgabe unter i den Notaren übertragen zu können § 5 Ziff 3, § 6 AA.

Die A b g a b e n l und m werden v o n  d e r  G e m e i n d e  v e r w a l t e t, die AA enthält keine Bemerkung wegen Übertragung an die Finanzämter, sie wird indes auch hier möglich sein.

Für die V e r w a l t u n g  der Z u s c h l ä g e zu der G r u n d e r w e r b s t e u e r (n) gelten dieselben Vorschriften, wie für die Reichssteuern § 35 AA., sie werden mit der Reichssteuer erhoben und nach Ablauf des Kalendervierteljahres durch die Finanzämter den Gemeinden ausbezahlt

Der A n t e i l der G e m e i n d e n an der U m s a t z s t e u e r (o) ist der Natur der Sache nach in der Erhebung der Reichssteuer mit inbegriffen

Z u s t ä n d i g k e i t  f ü r  S t r e i t i g k e i t e n: F ü r  d i e  A b g a b e n a—m gilt die verwaltungsrichterliche Zuständigkeit Art 8 Ziff 31 VGG, im ersten Rechtszug die Aufsichtsbehörde der erhebenden Gemeinde, Bezirksamt oder Regierung, im zweiten Rechtszug der VGH., für m ausdrücklich Art 8 VG. und § 8 AA. Die K. AB v. 1. April 1911 über den Vollzug des Zuwachssteuergesetzes v. 14 Febr. 1911, GVBl 185, gilt zwar formell noch weiter, ebenso wie auch das Zuwachssteuergesetz v. 14. Febr 1911 formell noch weiter gilt, nach Art 48 III VG., GVBl 1921, 372, wird aber die Zuwachssteuer nach diesem Gesetz ab 1 Okt. 1921 nicht mehr erhoben Dadurch entfällt auch die Anwendung der K. AB. v. 1. April 1911 und es sind nun auch die Zuwachssteuern als örtliche Abgaben nach Art 8 Ziff. 31 VGG. zu behandeln. Daher hat auch das VG. Art 47 das VGG in Art. 8 Ziff 31 durch die Worte Zuwachssteuern ergänzt B e i n u n d o fallen die Streitigkeiten unter die reichsgesetzlichen Vorschriften

Die H u n d e a b g a b e, Ges. v. 14. Aug. 1910, GVBl. 604, wurde von der Gemeinde selbst verwaltet, die Erhebung der gesetzlichen Abgabensätze war nach Art. 10 zulässig, die Beschlüsse bedurften der staatsaufsichtlichen Genehmigung Änderung durch Ges v 23 Aug. 1922, GVBl.

613. Die oberpol. Vorschrift v. 13. Juli 1911, GVBl 907 u. Vollz.-Bek. v. 13. April 1911, GVBl. 909, sind durch neue Vorschriften ersetzt. Die gemeindlichen Beschlüsse brauchen keine staatsaufsichtl Genehmigung mehr. Die Mindestsätze sind bedeutend erhöht, die Höchstsätze, wie bisher, unbegrenzt. Neufass. d. Ges.: MinBek. v. 25 Sept 1922, GVBl. 615.

Die Kurtaxe kann nach Art. 179 Kostengesetz v 16. Febr. 1921, GVBl. 133, in klimatischen und anderen Kurorten für Herstellung und Unterhaltung der zu Kurzwecken getroffenen Veranstaltungen als örtliche Abgabe von den Gemeinden erhoben werden. Die näheren Bestimmungen trifft die Staatsregierung. Bisher geschah die Genehmigung durch das Min. d. J. im Benehmen mit dem FinMin Voraussetzung ist, daß auch die Einheimischen zu entsprechenden Leistungen, insbesondere diejenigen Gewerbetreibenden herangezogen werden, die Vorteile aus dem Fremdenverkehr ziehen.

Eine Abgabe auf Halten von Katzen hat das Ministerium bisher abgelehnt, weil sie praktisch nicht durchführbar ist

**4.** Abgaben für Benützung des gemeindlichen Eigentums, der gemeindlichen Anstalten und Unternehmungen.

Für die Behandlung geht man am besten von einem möglichst weiten Begriff der Gemeindeanstalt aus. Während der gewöhnliche Sprachgebrauch bei dem Worte Anstalt zunächst nur an solche Zwecke denkt, die zu ihrer Ausführung geschlossene Räume erfordern, z. B. Sparkassen, Pfandleihanstalten, rechnet man auch die Friedhöfe zu den Gemeindeanstalten und auch die öffentlichen Wege, die Plätze, die Brücken Bisweilen unterscheidet man die Anstalten von den Einrichtungen, insofern die Einrichtungen nur persönlichen Aufwand erheischen sollen und bezeichnet die Aufstellung eines Trichinenschauers oder eines sachverständigen Beraters für städtischen Fensterschmuck als eine gemeindliche Einrichtung. Ebenso die Rechtsauskunftsämter, wie sie auf Grund der autogr MinE v. 23 Aug. 1905 getroffen wurden. Indes auch für diesen Fall wird sich niemals ein Sachbedarf und ein Bedarf an Räumlichkeiten ganz vermeiden lassen — Auch das bloße gemeindliche Eigentum, ohne daß an ihm etwas veranstaltet worden ist, wird selten Gegenstand der Benützung sein Man denke an die Herstellung der Wege und Plätze und an die Erbauung der Brücken. So wird es sich auch rechtfertigen, unter dem Ausdruck Anstalt alle jene Fälle zu vereinigen, wo die Gemeinde Vorkehrungen getroffen hat, die sie der Benützung durch einen mehr oder minder weiten Personenkreis, unter Umständen gegen eine von ihr bestimmte Vergütung, entweder frei stellt oder aufzwingt Die Zwecke können vorübergehend oder dauernd sein, der letztere Fall wird die Regel geben Als Beispiel für den ersteren kann die Aufstellung eines Desinfektors für die Zeit einer Epidemie dienen.

Man kann die Anstalten einteilen in

a) gebundene Anstalten, wenn es sich um Zwecke handelt, die mehr oder weniger mit gesetzlichen Bestimmungen zusammenhängen, sei es, daß die Gemeinde gezwungen werden kann, derartige Anstalten zu treffen, zu errichten oder bloß zu unterhalten, z. B. Wege, Brücken, Friedhöfe, Fleischbeschau, Wasserleitung, Straßenkanäle oder daß sie in dieser Beziehung zwar freie Wahl hat, aber die bestehenden öffentlich-rechtlichen Vorschriften einhalten muß, wie z. B. bei Sparkassen, Straßenreinigung, Pensionsanstalt für Gemeindebeamte, Feuerbestattungsanstalten;

b) freie Anstalten, die die Gemeinde nicht nur nach ihrer Wahl treffen oder nicht treffen, sondern auch nach ihrem freien Ermessen ausgestalten und betreiben kann, mit denen sie aber Kulturaufgaben der Gemeinden erfüllt, Art. 12 II GO, z. B. Gasanstalten, Elektrizitätswerke, Bibliotheken, Theater, Badeanstalten. Hier muß sie nur diejenigen Vorschriften einhalten, die auch jeder Privatmann beobachten muß.

Die Gemeinde kann alle Anstalten, mit Ausnahme der polizeilichen Einrichtungen als öffentliche, wie als privatrechtliche Unternehmungen betreiben. Für den Begriff der Gemeindeanstalt hat dieser Unterschied keine Bedeutung, auch eine privatrechtlich betriebene Gasanstalt mit Einzelverträgen für alle Gasabnehmer ist eine gemeindliche Anstalt. Dagegen ist ein Unternehmen der Gemeinde, das mit Kulturaufgaben keinen Zusammenhang hat, z. B. der Betrieb einer Zichorienfabrik, niemals eine Gemeindeanstalt. Für den Begriff des öffentlichen Unternehmens ist entscheidend, daß für die Rechte und Pflichten aus dem Betriebe für die Gemeinde wie für die Benützer der Anstalt eine von der Gemeinde erlassene Satzung maßgibt. Ob die Anstalt dann durch Beamte oder Vertragsangestellte betrieben wird, ist gleichgültig, ebenso gleichgültig ist, ob die Gemeinde die Anstalt selbst betreibt oder verpachtet.

Nur die Gegenleistungen der Benützer einer öffentlichen Anstalt sind örtliche Abgaben im Sinne der GemO und nur solche Anstalten kommen für die GemO überhaupt in Betracht. Über Rechte und Pflichten aus nicht öffentlich betriebenen Gemeindeanstalten entscheiden die Gerichte, über solche aus öffentlich betriebenen die Verwaltungsbehörden.

Richtigerweise soll die Gemeinde alle ihre Anstalten für Kulturzwecke als öffentliche Unternehmungen betreiben, jedenfalls aber die unter a. Ein Zwang besteht nur für die polizeilichen Anstalten und Einrichtungen. Hier ist die Gemeinde zur Anstellung von Beamten gezwungen und wegen des Inhalts der Dienstesvorschriften durch die staatlichen Bestimmungen gebunden.

Die Gemeinden können unter Umständen die Benützung einer Gemeindeanstalt zur Zwangspflicht machen. Dazu ist notwendig, daß ein Reichs- oder Landesgesetz sie dazu ermächtigt, sei es unmittelbar oder auf dem Umweg der Zulassung einer ortspolizeilichen Vorschrift, die diese Zwangspflicht durch eine Strafdrohung erzwingt. Die Satzung an sich kann eine solche Zwangspflicht nicht begründen. Die Münchener Straßenreinigungsanstalt liefert ein lehrreiches Beispiel. Bis zum Jahre 1919 beruhte die Anstalt, die übrigens damals auch verpachtet war, auf einer Satzung, in der die Pflicht zur Teilnahme ausgesprochen war. Der VGH lehnte damals die Anerkennung der Zwangspflicht ab, S 21, 5. Im Jahre 1919 erließ die Stadt eine ortspolizeiliche Vorschrift auf Grund § 366 Ziff. 10 RStGB und Art. 94 PStGB., die der gedachten Voraussetzung genügte, worauf der gleiche Gerichtshof die Zwangspflicht der Hausbesitzer zur Teilnahme anerkannte. S 41, 21.

Das Reichsgesetz über Bekämpfung gemeingefährlicher Krankheiten v. 30. Juni 1900, das RStGB. in seinen straßen-, feuer-, sicherheits- und gesundheitspolizeilichen Vorschriften, §§ 366[10], 368[8], das bayerische PStGB. in den entsprechenden Bestimmungen sind geeignet, Unterlagen für die Zwangspflicht zu geben. Schließlich konnte früher auf Grund des gemeindlichen Dienstrechts die Gemeinde die Teilnahme ihrer Beamten an gemeindlichen Pensionsanstalten vorschreiben, bis das Gemeindebeamtengesetz v. 15. Juli 1916 die Fürsorgepflicht für die Gemeindebeamten und ihre Hinterbliebenen zu einer gesetzlichen Aufgabe der Gemeinden machte. S 9, 422.

Für die Gründung oder die Aufhebung von Gemeindeanstalten ist eine aufsichtliche Genehmigung nicht erforderlich. Das SG. hat durch Art. 13 und 14 die früher für Anstalten mit dauernder Haftpflicht erforderlich gewesene aufsichtliche Genehmigung beseitigt. Gewisse Anstalten und Einrichtungen muß die Gemeinde treffen, z. B für Polizei, Ortsstraßen, Gemeindeverbindungswege, für Friedhöfe. Sie darf diese Anstalten auch nicht ohne weiteres aufheben Wenigstens kann sie staatsaufsichtlich verhindert werden.

Soweit keine Zwangspflicht gegeben ist, steht das Recht der Benützung der Anstalten gegen Entrichtung der örtlichen Abgabe in der Regel jedem frei, in manchen Fällen z. B. für Überlassung von Familiengräbern auf gemeindlichen Friedhöfen kann die Gemeinde den Kreis der Berechtigten etwa auf die in der Gemeinde wohnhaft gewesenen Familien beschränken. Als Regel gilt aber, daß die Gemeinde solche Beschränkungen unterlassen soll.

Die örtliche Abgabe als Gegenleistung ist öffentlich-rechtlicher Natur. Für ihre Beitreibung gilt Art. 22 und 23 BG. Trifft die Abgabe nach der Satzung den jeweiligen Besitzer eines Hauses oder Anwesens, so nimmt die Abgabe dinglichen Charakter an, Art 122 AG. z. BGB. Ein Vorrecht für örtliche Abgaben für die Benützung von Gemeindeanstalten besteht im Konkursverfahren nicht, KO. § 61 Ziff. 2; Meyer-Bleyer S 252 Anm. 3. Für das Zwangsversteigerungsverfahren ZwVG. § 10 I Ziff 3, soweit die Abgabe dinglichen Charakter angenommen hat, Steiner S. 58 Note 3 — Siehe auch Anm. 9 Maßstab und Höhe der Gebühr steht im Ermessen der Gemeinde Das Erträgnis aus den Abgaben soll in der Regel die Kosten der Anlage, die Betriebskosten die Aufwendungen für angemessene Rücklagen und Erneuerungsfonds nicht überschreiten. Ein gesetzlicher Zwang besteht aber nicht, S 32, 217. Ungebr E. v 7 Dez. 1917 Nr 125 II/14.

Der Grundsatz eines gleichförmigen Maßstabes bei Abgaben für die Benützung von Gemeindeanstalten muß nur dann von einer Gemeinde eingehalten werden, wenn die Benützung zur Zwangspflicht gemacht wird. S 24, 138 und die E. v 7 Dez. 1917.

Bei Gemeindeanstalten ohne Benützungszwang dagegen bleibt die Regelung der Benützungsgebühren dem freiem Ermessen überlassen, soweit Gesetz oder Staatsverträge nicht entgegenstehen S 33, 142. In allen Fällen aber ist es unzulässig, die Abgaben oder Gebühren nach der Leistungsfähigkeit der Zahlungspflichtigen abzustufen. MinBek v 25. Febr 1922, StA 49 und AA. § 4 Ziff 5, GVBl 1922, 228 Die Gebühr darf nicht zur Steuer werden.

**5.** Für die Sparkassen sind besondere Vorschriften erlassen, die Grundbestimmungen der MinBek v 1. Juni 1911, MBl. 321 und die Kassen- und Rechnungsvorschriften MinBek. v 31. Okt 1912, MBl. 1087.

Auch für die Feuerbestattungsanstalten, oberpol. Vorschriften v. 28 Dez. 1912, GVBl 1297, und MinBek. vom gleichen Tag, GVBl. 1299

Für Marktgebühren gilt § 68 RGO., wegen der Begrenzung der Abgaben Art. 25 ZollV. v. 8. Juli 1867 W 7, 39. Die Fortgeltung der K AV. v 25 Juni 1868 über Marktverkehr, W 7, 348 für die Spezialmärkte, — im Gegensatz zu den Messen, Jahr- und Wochenmärkten, auf die sich die RGO. nach § 64 bezieht, — ist zweifelhaft. Es fehlt an einer gesetzlichen Bestimmung, die diese Vorschriften decken könnte. Die Frage ist praktisch von wenig Bedeutung, da diese VO. von 1868 mit den Grundsätzen der RGO übereinstimmt und nur für den Ausschank von geistigen Getränken und die Verabreichung von Speisen § 17 der Wirtschaftsordnung v. 25. April 1868, W 7, 246, aufrecht erhält, wonach in gewissen Ausnahmsfällen die Bezirkspolizeibehörde bei besonderen Anlässen, Volksfesten, Märkten usw. die Ausübung des Gewerbes auch ohne Konzession gestatten kann. — Man wird sagen dürfen, daß die Marktgebühren nach der Gewerbeordnung aber auch die Gebühren für Spezialmärkte keiner Genehmigung bedürfen

**6.** Pflaster-, Weg- und Brückenzölle sind örtliche Abgaben für die Benützung gemeindlichen Eigentums Wegzölle gibt es in Bayern nicht, das Min hat auch bisher die Genehmigung zur Erhebung von Wegzöllen aus grundsätzlichen Erwägungen abgelehnt. Wegen der bestehenden Pflaster-, Weg- und Brückenzölle siehe die Zeitschrift des Stat Landesamts, Jahrg. 1922 Heft 3, 4.

Pflaster- und Brückenzölle bedürfen der ministeriellen Genehmigung, für die Behandlung der Gesuche gelten die gleichen Weisungen, wie sie in Anm 2 für die Gesuche um Erhebung der Biersteuer aufgeführt sind, von der Vorlage der Verhandlungen über Pflaster- und Brückenzölle an die Landesfinanzämter ist abzusehen, MinBek. v 28. Sept 1921, MBl 178, v. 24. Mai 1922, MBl 148. Die Erträgnisse des Pflasterzolls müssen zur Unterhaltung eines wirklichen Pflasters auf der Fahrbahn, den Übergängen, den Wasserablaufrinnen, nicht aber für Beschotterung der Fahrbahn oder für Herstellung und Unterhaltung der eigentlichen Fußsteige verwendet werden. Auch nicht für Makadamisierung Auf Brückenzölle dürfen Kosten für die Brückenbeleuchtung übernommen werden.

Die Genehmigung wird auf eine bestimmte Zeit erteilt. Wegen der Forterhebung MinBek. v. 23. April 1920, StA. 98 in Anm. 2 a. E. Der Pflasterzoll ist fällig, wenn eine gepflasterte Straße benützt wird. Es genügt nach einer E. d VGH. v. 7. Juli 1881, Pflasterzollerhebungen in Ochsenfurt, bereits das Betreten einer zum Stadtbezirk gehörigen gepflasterten und mit dem übrigen Straßenpflaster zusammenhängenden Ortstraverse, gleichviel ob außerdem das Pflaster auf einer längeren oder kürzeren Strecke benützt wird. Für die Benützung von Eisenbahnen im Stadtgebiet oder einer Bahn, die eine ungepflasterte (makadamisierte) Strecke überquert, ist kein Zoll zu entrichten S 16, 267; 36, 39. In dem Streit der Augsburger Lokalbahn gegen die Stadt Augsburg hat der VGH. in der E v. 4. Mai 1917 die Zollpflicht verneint, weil die Lokalbahn vertragsmäßig das Pflaster an den Bahnübergängen selbst unterhalten hat.

Die Pflasterzollordnung muß auch die Einheimischen mit heranziehen, wenn nicht aus gemeindlichen Mitteln entsprechende Beträge für die Tilgung der Pflasterschulden oder für die Pflasterunterhaltung aufgewendet werden.

Pflasterzoll kann auch für Kraftfahrzeuge genehmigt werden Für Personenkraftwagen wird in der Regel nur ein Zollsatz bewilligt, der dem Zoll für zweispänn. Fuhrwerk entspricht. Lastkraftwagen stehen vierspännigen Fuhrwerken gleich.

Gesetzliche Freiheit von Brücken- und Pflasterzoll für die Post § 16 PostG. v 28. Okt. 1871, RGBl. 347, nach Landesrecht für Staatsgut, für Beamte und Offiziere auf Dienstreisen, MinE. v 11 Juni 1881, W 15, 252

7. Bei Ortschaften kommen Verbrauchssteuern überhaupt nicht in Frage. Anm. 1 am Ende Örtliche Abgaben für Benützung ihres Eigentums und ihrer Anstalten sind bei Ortschaften zulässig. Pflaster- und Brückenzölle können die Ortschaften nicht erheben, weil nach Art. 153 in der Fass des Art. 28 SG. die Wegebaulast in allen Fällen den Ortschaften abgenommen wurde. Sie können überhaupt gemeindliche Aufgaben nicht mehr erfüllen. Es wird sich bei ihnen nur um freie Anstalten, Anm. 4, handeln können. Über die Abgaben beschließt der Ortsausschuß. Auch Kurtaxen können für Ortschaften nicht erhoben werden, weil sie nach Art 179 Kostengesetz nur Gemeinden eingeräumt werden dürfen.

8. Zuständig sind jetzt die Stadt- oder Gemeinderäte — für Ortschaften s. Anm 7 —, sie erlassen für die Erhebung von Verbrauchssteuern und Abgaben gemeindliche Satzungen, und zur Sicherung der Abgabe ortspolizeiliche Vorschriften Anm 3 bei Art 41 Satzung und polizeiliche Vorschriften sind getrennt zu halten, die Polizeivorschriften bedürfen der Vollziehbarkeitserklärung durch die Regierung. Bei der Biersteuer wurden bisher die Wirte und Bierbrauer als Beteiligte, bei Pflaster- und Brückenzöllen dagegen die Fuhrwerksbesitzer nicht als Beteiligte im Sinne des Art. 103, 145 IV betrachtet Die Beschlüsse sind in öffentlicher Sitzung zu fassen, nur beim Vollzug von Satzungen, wenn die Gemeinde gewisse Abgaben nach b in Anm 3 selbst verwaltet, können geheime Sitzungen geboten sein AA § 4 Ziff 6, § 5 Ziff 3, § 6, GVBl. 1922, 228 ff

Die Beschlüsse durfen grundsätzlich nicht mit ruckwirkender Kraft gefaßt werden, vgl. S 11, 436; 16, 22; 22, 39. Eine Ausnahme enthält § 62 III LStG für Zuschläge zu Reichssteuern, die unter Umständen mit rückwirkender Kraft bis 1 Okt 1919 erlassen werden konnten, nach 1 Okt. 1920 durfte der Erhebung der Zuschläge rückwirkende Kraft nicht mehr beigelegt werden. — Herkommen ist kein Entstehungsgrund für örtliche Angaben S 27, 55

**9.** Für Streitigkeiten über Entrichtung von gemeindlichen Verbrauchssteuern und örtlichen Abgaben in Anm. 3 a—m und Anm. 4, also auch der Hundeabgabe und der Kurtaxe, da diese in Art. 179 Kostengesetz, oben Anm. 3 a E, als örtliche Abgabe bezeichnet ist und Art. 184 Kostengesetz auf sie nicht zutrifft, ist der Verwaltungsrechtszug gegeben, Art 8 Ziff 31 VGG., zunächst entscheidet die Aufsichtsbehörde, Bezirksamt oder Regierung, im zweiten Rechtszug der VGH.

Die Rechtsverhältnisse aus der Erhebung von örtlichen Verbrauchssteuern und örtlichen Abgaben sind öffentlichrechtlicher Natur, weil sie auf der gemeindlichen Gesetzgebung, nämlich der erlassenen Satzung beruhen. Anm. 8. Die daraus entspringenden Beziehungen sind vertragsähnlich, Rückforderungen zu Unrecht erhobener Verbrauchssteuern oder Abgaben, Verzugszinsen, Verjährung Art 125 AG zu AG. z. BGB. fallen unter die Prüfung durch den Verwaltungsrichter. Die Gemeinden sind an ihre eigene Satzung, solange sie diese nicht abgeändert haben, ihrerseits ebenfalls gebunden, sie können auch besondere Vereinbarungen treffen, insbesondere sind Pauschalleistungen sowohl auf dem Gebiete der Verbrauchssteuern als der Abgaben als zulässig anerkannt, wenn auch sonst der Grundsatz der Gleichmäßigkeit der Erhebung festgehalten werden muß. Wenn bürgerlich-rechtliche Titel geltend gemacht werden, z B die Brückenzollfreiheit als Grunddienstbarkeit behauptet wird, so sind zur Entscheidung die Gerichte berufen. Theoretische Entscheidungen können dem Verwaltungsrichter nicht angesonnen werden, er wird nur tätig, wenn ein bestimmter Anspruch im Streite befangen ist.

## Art. 41. (32)

I Örtliche Aufschläge sollen, soweit tunlich, nur die Verzehrung innerhalb des Gemeindebezirkes, nicht die Produktion und den Handel treffen.[1])

II Unter welchen Voraussetzungen und in welchen Größen Rückvergütungen bei der Ausfuhr aufschlagpflichtiger Produkte zu gewähren sind, wird durch Verordnung festgesetzt.[2])

III Die Gemeinden sind berechtigt, ortspolizeiliche[3]) Vorschriften zur Kontrolle und Sicherung örtlicher Gefälle[4]) zu erlassen und in denselben die Gefährdung der Gefälle durch Zuwiderhandlung gegen derartige Vorschriften mit Geldstrafe[5]) bis zu 10 Gulden (18 Mk ), die rechtswidrige Entziehung oder Verkürzung der Gefälle, soferne dieselbe den Betrag von 2 Gulden 30 Kreuzer (4½ Mk. nicht übersteigt, mit Geldstrafe bis zu 25 Gulden (15 Mk.), bei höheren Beträgen mit

Geldstrafe bis zum zehnfachen, im Rückfalle[6]) bis zum zwanzigfachen Betrage des entzogenen Gefälles zu bedrohen. Die erkannten Geldstrafen fließen in die Gemeindekasse.

IV Die Übertretung der betreffenden Vorschriften unterliegt der Aburteilung der hiefür zuständigen Gerichte. Der Übertreter kann durch unbedingte freiwillige Unterwerfung unter den Ausspruch der Gemeindeverwaltung die richterliche Aburteilung abwenden, in welchem Falle dieser Ausspruch die Wirkung eines rechtskräftigen richterlichen Urteils hat.[7])

V Die Rückvergütung des Lokalaufschlages bei der Ausfuhr von Bier, sowie die Bestrafung der Defraudation und der Zuwiderhandlung gegen die zur Kontrolle und Sicherung dieses Gefälles erlassenen gesetzlichen Vorschriften ist nach den Bestimmungen des Malzaufschlaggesetzes zu bemessen.[8])

**1.** Die Weisung in Abs 1, gemildert durch den Beisatz, soweit tunlich, gehört zu jenen Gesetzesvorschriften, die nach Art. 40 I zu beachten sind, Art 40 Anm. 1. Es läßt sich nicht vermeiden, daß Produktion und Handel vorübergehend und vorschußweise die örtlichen Aufschläge tragen, dem Grundsatz des Gesetzes wird entsprochen, wenn es möglich ist, sie auf die Verbraucher schließlich abzuwälzen. Der Selbstverbrauch des Produzenten darf vom Aufschlag nicht angenommen werden.

**2.** Nur die VO. v 27. Nov. 1875, GVBl. 690, enthält Vorschriften über die Voraussetzungen der Rückvergütungen und schreibt die volle Rückvergütung vor für Transitgegenstände, nämlich solche, die von vornherein für einen dritten Ort bestimmt sind und in unveränderter Form und Verpackung den Aufschlagsbezirk sofort oder in kurzer Zeit verlassen. S 12, 271. Für sonstige Fälle kann jetzt die Verpflichtung zur Rückvergütung vom Min. bei der Genehmigung ausbedungen werden, die Gemeinden können sich in der Satzung auch freiwillig dazu verpflichten.

**3.** Die ortspol. Vorschriften des Abs 3 sind getrennt von der Gemeindesatzung zu erlassen Art 40 Anm. 8. An die Stelle der Beträge im Gesetz treten die in Klammern beigeschriebenen zufolge RG. v 8 Nov 1875, RGBl. 665. Die Rückvergütung ist in Abs. 3 nicht erwähnt, es ist fraglich, ob die Zuwiderhandlungen gegen Vorschriften über Rückvergütung unter Strafe gestellt werden können Vgl Urteil des b. Obersten Landesgerichtes, Strafsenat v 9 Mai 1911, sie fallen dann unter das gemeine Strafrecht

**4.** Die örtlichen Gefälle sind im weitesten Sinne gemeint und erfassen auch die Abgaben bei Art. 40 Anm 3

**5.** Die Vorschriften sind durch § 2 EG z. StGB. gedeckt, und in Art. 3 Ziff 2 AG. z. StPO ausdrücklich aufrecht erhalten.

**6.** Die Rückfallsstrafe bezieht sich nur auf die höheren Beträge, weil sonst die Rückfälle bei einer Hinterziehung von 2 Mk. nicht einmal die einfache Strafe erreichen würden. — Der Rückfall setzt voraus, daß die Zuwiderhandlung im gleichen Gemeindebezirk verübt wurde.

7. Die Gemeinde hat die Wahl, ob sie die Übertretung im gerichtlichen Verfahren oder im Verwaltungsstrafverfahren verfolgen will. Durch § 6 II Ziff 3 des EG. z. RStPO v. 1 Febr 1877 und Art 86 ff AG z. StPO ist an Stelle des Unterwerfungsverfahrens im Abs 4 das Bescheidsverfahren nach der RStPO §§ 459—463 getreten — Soll die Geldstrafe, weil sie nicht beigetrieben werden kann, in Freiheitsstrafe umgewandelt werden, so ist diese Umwandlung durch gerichtliche Entscheidung auszusprechen, nach Anhörung der Staatsanwaltschaft und des Beschuldigten, ohne daß der Strafbescheid einer Prüfung des Gerichtes unterliegt

8. Abs 5 ist durch RBierstG und den Eintritt Bayerns in die Biersteuergemeinschaft gegenstandslos geworden und durch die reichsrechtlichen Vorschriften ersetzt, Art 40 Anm. 2

## II. Gemeindeumlagen.

### Art. 42. (33)

**Zur Bestreitung von Auslagen, welche den Gemeinden nach Gesetz, besonderen Rechtstiteln oder gesetzmäßigen Beschlüssen obliegen, können Gemeindeumlagen erhoben werden.[1—9])**

1. Geschichtliche Übersicht. Das Edikt über das Gemeindewesen v 24. Sept 1808 spricht von Gemeindeanlagen, die nur stattfinden, wenn die Früchte des Gemeindevermögens zur Bestreitung der Bedürfnisse nicht zureichen. Sie sollten den ordentlichen Landessteuern beigeschlagen werden. Diese Anlagen, deren Feststellung für jede Gemeinde in ungeheuerlicher Weise beim Min. d. J. zentralisiert werden sollte, war rechtlich eine von Staats wegen auferlegte Leistung für Gemeindezwecke Seidel IV, 503 Die Verordnung vom 6. Febr. 1812, die die Erhebung regeln sollte, hatte einen fast vollständigen Mißerfolg, weil es unmöglich war, von einer zentralen Stelle aus den Haushalt sämtlicher Gemeinden zu leiten

Das GemEd. 1818 enthält nur in § 19 Ziff. 3 eine Bestimmung, daß jedes aktive Gemeindeglied alle gemeinschaftlichen Verbindlichkeiten, auch Gemeindedienste und Umlagen verhältnismäßig zu übernehmen habe

Erst die als Gesetz zu betrachtende VO. v 22. Juli 1819, W 2, 9, betr. die Umlagen für die Gemeindebedürfnisse, gab den Gemeinden das Recht, Gemeindeumlagen anzuordnen, zu bestimmen, zu erheben und zu verwalten Auch diese Verordnung hielt an dem Grundsatze fest, daß Gemeindeumlagen nur erlaubt sind, soweit eine Unzulänglichkeit der ursprünglichen Deckungsmittel — Ertrag des Gemeindevermögens, der örtlichen Gefälle, Zuschüsse und Zusammenwirken der Gemeindeglieder Art I a — für die Gemeindebedürfnisse besteht, ebenso hält die VO daran fest, bestimmte Zwecke zu benennen, zu deren Gunsten Umlagen erhoben werden dürfen, Art I b.

Bemerkenswert ist, daß diese Verordnung die Erhebung von Gemeindeumlagen für die Unterhaltung von Feldwegen gestattete, Art. Ib Ziff. 1, die durch die jetzige GemO. Art. 55 IV nur beschränkt zugelassen wurde.

Weder die VO. 1812 noch die 1819 konnten im Lande durchgeführt werden, die VO. 1812 so gut wie gar nicht

Die Gemeindeordnung 1869 regelte in Art. 42—48 die Gemeindeumlage in fortschrittlicher Weise und setzte sich auch allmählich durch, obwohl nicht verschwiegen werden darf, daß noch bis in dieses Jahrhundert herein Gemeinden vorhanden waren, die ihre eigene Weise hatten, den Fehlbetrag zur Deckung der Gemeindebedürfnisse aufzubringen. Hauptsächlich waren das solche Gemeinden, in denen Gemeinderechte bestunden und Nutzungen verteilt wurden Anm 2 bei Art 32.

Das Umlagengesetz v. 14. Aug. 1910, GVBl. 581, hat die Art 43—48 GemO. 1869 aufgehoben, und den ganzen Stoff neu geordnet. Das Gesetz wurde in der Hauptsache unverändert in die Fassung v 17 Aug. 1918 übernommen.

Die entscheidende Wendung aber brachte das Reichslandessteuergesetz v. 30. März 1920, RGBl. 402. Es ist der tiefste und einschneidendste Eingriff in das Finanzrecht der Gemeinden und der Länder gewesen, den diese jemals erlebt haben. Nach § 1 dieses Gesetzes sind die Länder und Gemeinden (Gemeindeverbände) nur noch insoweit berechtigt, Steuer nach Landesrecht zu erheben, als nicht die Reichsverfassung und die auf deren Grund erlassenen reichsrechtlichen Vorschriften entgegenstehen. Daraus ergibt sich auch eine Reichskontrolle über das gemeindliche Finanzwesen.

Das bayerische Vollzugsgesetz v. 30. Juni 1921, GVBl. 361, zum Reichslandessteuergesetz, RGBl. 1920, 402, gibt in Art. 9—24 das Umlagenrecht der Gemeinden und in Art. 25 das der Ortschaften. Diese landesrechtlichen Vorschriften sind an die Stelle des Umlagengesetzes von 1910 in der Fassung von 1918 getreten, Art 48 II VG., und ergänzen wie die Umlagengesetze von 1910 und 1918 die Gemeindeordnung hinsichtlich der nach wie vor aufgehobenen Art. 43—48. Insofern kann man noch von einem bayerischen Gemeindeumlagenrecht sprechen Dieses Umlagenrecht läßt ebenso, wie die Gesetze von 1910 und 1918 der Gemeindeordnung die entscheidende Bestimmung, unter welchen Voraussetzungen überhaupt Umlagen erhoben werden dürfen und zu welchem Zwecke sie zu verwenden sind, AA. § 9 Ziff 2

2. Das Reich hat die Einkommensteuer vollständig an sich gezogen, zur Entschädigung aber den Ländern und Gemeinden $^2/_3$ des Aufkommens zugewiesen. Die Einkommensteuer der juristischen Personen wird durch die Körperschaftssteuer ergriffen. Das Gesetz über die Reichseinkommensteuer (der physischen Personen) v 29 März 1920, RGBl. 359, ist wiederholt abgeändert worden, eine Neufassung ist noch nicht erschienen, der Text des Körperschaftssteuergesetzes ist in der Fassung v 8. April 1922 im Reichsgesetzblatt 1922 S 472 veröffentlicht.

Über die Verteilung des überwiesenen $^2/_3$ Anteils unter Land und Gemeinde bestimmt der Art 1 VG., GVBl 1922, 361. Jede Gemeinde erhielt ihren Teil nach dem Verhältnis, in dem die Solleinnahme des Landes an Einkommen-, Kapitalrenten- und Vermögenssteuern einschließlich der Zuschläge nach dem Durchschnitt der Jahre 1912 mit 1919 zu den Solleinnahmen der Gemeinde an Umlagen zu diesen Steuern stund. Der Hundertsatz wurde auf ganze Zahlen aufgerundet. Für die Verteilung waren die Grundsätze §§ 20—25 LStG. maßgebend.

Die Berechnung dieser Anteile geschah durch das Stat. Landesamt, die amtliche Feststellung für die sämtlichen Gemeinden Bayerns ist in der Bek. v. 10. und 28. Juli 1921, StA. 168 Obb., 169 Niederbayern, 171 Pfalz, 181 Oberfranken, 184 Oberpfalz, 168 Unterfranken, 190 Mittelfranken, 192 Schwaben, enthalten.

3. Wegen des Einflusses, den das Reichsrecht auf das örtliche Abgabenrecht ausgeübt hat, Art. 40 Anm. 3.

4. Die Gemeindeumlage ist eine direkte Gemeindesteuer, im Gegensatz zu den örtlichen Verbrauchssteuern, die als indirekte Gemeindesteuern, und zu den Abgaben für Benützung der Anstalten, die als Gebühren aufgefaßt werden können.

Die UA. bezeichnet in § 9 die Umlagen, ebenso wie die früheren Umlagengesetze von 1910 und 1918 als Zuschläge zu den direkten Staatssteuern. Als solche kommen die vier Steuern in Betracht, sämtlich in der Fassung v. 27. Juli 1921.

a) Das Grundsteuergesetz, GVBl. 411;
b) das Haussteuergesetz, GVBl. 412;
c) das Gewerbesteuergesetz, GVBl. 413;
d) das Gesetz über die Besteuerung des GewBetr. im Umherziehen, GVBl. 439.

Wegen der Zuschläge auf die Grundsteuer und Haussteuer für 1922 s. MinBek. v. 31. Aug. 1922, StA. 202.

Umlagenpflichtig ist, wer in der Gemeinde mit einer direkten Staatssteuer veranlagt ist. Art. 10 VG. Gewisse Erträge aus Grundstücken des Reiches, des Landes, der christlichen Konfessionen, der Konfessionsgesellschaften, gewisser Korporationen, wenn sie unmittelbar zur Erfüllung öffentlicher Abgaben dienen, sind umlagenfrei. Art. 11 VG. Alle Steuern werden gleichheitlich herangezogen, im Gegensatz zum Art. 18 der Umlagengesetze von 1910 und 1918.

Für die Umlagenpflicht des Reiches, soweit die Befreiung nicht Platz greift nach den obigen Bestimmungen, ist das Reichsbesteuerungsgesetz v. 5. April 1911, RGBl. 187, maßgebend.

Die Staatsregierung kann in bezug auf Gemeindeumlagenpflichtige, die auch dem Steuerrecht nichtbayerischer Gemeinden unterliegen, Vereinbarungen und Verfügungen treffen, die von den Vorschriften des Gesetzes abweichen, das Gleiche können auch die Gemeinden.

Berechtigt Umlagen zu beanspruchen, ist bei Erträgen aus Grundbesitz, Hausbesitz und Gewerbebetrieb im Umherziehen die Gemeinde des Ortes der Steuerveranlagung. Art. 14 VG., § 10 LStG., bei Erträgen aus Gewerbebetrieb die Gemeinde, in der eine Betriebsstätte zur Ausübung des stehenden Gewerbebetriebes unterhalten wird. Art. 15 VG.

Art. 16 VG. regelt die Ausscheidung der Umlage bei mehrfacher Umlagenberechtigung. Die Betriebskapitalsanlage wird nach dem Wert der in den einzelnen Gemeinden befindlichen Bestandteile des Betriebskapitals, Art. 8, 9 GewStG., die Ertragsanlage nach den Grundsätzen §§ 24 und 25 LStG., vielmehr nach der FMinBek. v. 17. Mai 1922, GVBl. 295, bereits nach den entsprechenden Bestimmungen des neuen Entwurfes des LStG. ausgeschieden.

**5.** Für das materielle Umlagenrecht ist von besonderer Wichtigkeit die Schranke, die das VG. hinsichtlich des zulässigen Hundertsatzes in Art. 9 gezogen hat. Kreisunmittelbare Gemeinden dürfen 400%, die übrigen Gemeinden 350% nicht überschreiten. Ortschaften dürfen nur den Teil des Hundertsatzes nehmen, den die Gemeinden nicht beanspruchen, zu denen die Ortschaft gehört. Der Hundertsatz für die Grundsteuern muß in der gleichen Höhe wie für die übrigen Steuern festgesetzt, darf aber bis um die Hälfte erhöht werden.

**6.** Wie in Anm. 1 a. E. bemerkt, bestimmt die Gemeindeordnung die Voraussetzungen und die Zwecke der Umlagenerhebung. § 9 Ziff. 2 AA. Maßgebend ist Art. 39, s. Anm. bei diesem Artikel. Weder die Erhebung von Gebühren für Gemeindeanstalten, noch die Anordnung von Gemeindediensten ist Voraussetzung für die Erhebung von Umlagen. S 16, 165. Eine besondere Beschränkung hinsichtlich der Verwendung der Umlagenerträgnisse enthält Art. 55 GemO. insofern, als für die dort angegebenen Zwecke Umlagen nur verwendet werden dürfen, wenn eine Erhöhung des Hundertsatzes nicht eintritt. Art. 55 Anm. 9. Wegen der Leistungen für Kultuszwecke Art. 60 a GemO. und die Anmerkung dort.

Für die Ortschaften enthält Art. 153 II a. E. in der Fassung Art. 28 SG. eine Beschränkung, sie dürfen für freiwillig übernommene Zwecke keine Umlagen mehr erheben.

Abgesehen von diesen Beschränkungen sind die Gemeinden und Ortschaften hinsichtlich des Zweckes frei, denn die übrigen Zwecke, soweit sie nicht durch Gesetz, insbes. Art. 38 GemO., durch besondere Rechtstitel, öffentliche wie privatrechtliche, getragen werden, können durch gesetzmäßige Beschlüsse anerkannt werden. Dieser Freiheit steht aber gegenüber die Verpflichtung, Umlagen zur Abgleichung des Haushalts zu beschließen. Bei schuldhafter Unterlassung greift die Staatsaufsicht, Art. 13 SG., Platz.

Art. 39 GemO. betrifft übrigens nur die Finanzgebarung der Gemeinden, begründet aber keine subjektiven Rechte, im Gegensatz zur herrschenden Rechtsprechung Art. 32 Anm. 15, Art. 53 Anm. 2 und 55 Anm. 9, ferner 88 Anm. 7. — Der Art. 60 a über das Ablehnungsrecht bei Umlagen für Zwecke anderer Religionsgesellschaften beruht auf der hier vertretenen Anschauung. Wenn der Beschluß über Umlagenerhebung in gesetzlicher Form zustande gekommen ist, so gibt er eine genügende Unterlage für die Umlagenerhebung ab. Durch Verletzung der Vorschriften des Art. 39 wird der Beschluß nicht ungültig, sondern nur anfechtbar, aber nicht für jeden Dritten, sondern nur für die Aufsichtsbehörde. Die Rechtsprechung hat diesen Grundsatz nicht angenommen. S 25, 114. Die Überspannung der subjektiven Berechtigung des Umlagepflichtigen macht den Umlagenstreit von so viel Vorfragen abhängig, daß gerade diese Fälle die Verwaltungsrechtspflege in den Ruf des schleppenden Geschäftsgangs gebracht haben. Manche Umlagenstreitigkeiten haben in der Tat Jahrzehnte gedauert.

7. Wegen des Rechnungsjahres Art. 88 und 135 Anm. 1. Wegen der Fälligkeit der Umlagen Art. 21 VG., wegen der Verjährung Art. 124 AG. BGB., wegen Einhebung, Mahngebühr und Beitreibung Art. 22 VG., Zwangsvollstreckung Art. 4, 6—8 AG. ZPO., GVBl. 1899, 401. Einwendungen gegen die Umlagenforderung haben keine aufschiebende Wirkung. Art. 22 II VG. Steuernachlässe bewirken auch die entsprechende Minderung oder Aufhebung der Umlagenpflicht. Die Niederschlagung der Umlagen steht der Gemeinde nach Maßgabe des Art. 24 VG. zu. Wegen des Vorzugsrechts im Konkurs § 61 Ziff. 2 KO. bei der Zwangsversteigerung § 10 Ziff. 3 ZwVG. und Art. 122 AG. BGB.

Die nachträgliche Heranziehung zu Umlagen, Nachholung ist nach der Rechtsprechung als zulässig anerkannt. S 29, 156. Einen Verzicht der Gemeinde auf Umlagen gibt es nicht. Verträge über Umlagenfreiheit sind unzulässig. S 6, 275; 20, 79 und insbes. 40, 39. Nachträgliche Änderungen der Staatssteuer bewirken auch die der Umlage.

8. Beschlüsse über Umlagenerhebung brauchen den Landesfinanzämtern nicht mitgeteilt zu werden.

9. Streitigkeiten über Gemeindeumlagen, einschließlich Rückforderung zu Unrecht erhobener Einlagen fallen unter Art. 8 Ziff. 30 VGG. Bezirksamt oder Kreisregierung erste, Kreisregierung bei mittelbaren Gemeinden zweite, der VGH. letzte Rechtsstufe. Streit über Ausscheidung der Staats-St. zur Uml.-Ver. gehört vor die Steuerinstanzen.

### Art. 43 (34)[1].

I Umlagenpflichtig sind nach Maßgabe der nachfolgenden Artikel alle diejenigen, welche in der Gemeinde mit einer direkten Steuer angelegt sind, auch wenn sie nicht im Gemeindebezirke wohnen.

II In der Gemeinde wohnhafte Staatsangehörige, welche Kapitalrenten aus dem Auslande beziehen, sind auch dann nach dem vollen Betrage der mit Einrechnung dieser Renten sich entziffernden Kapitalrentensteuer umlagenpflichtig, wenn dieser Betrag für die Staatskasse nicht erhoben wird. Dasselbe gilt auch von juristischen Personen und privatrechtlichen Vereinigungen, welche in der Gemeinde ihren gesetzlichen Wohnsitz haben.

III Das Staatsärar ist bezüglich seiner im Gemeindebezirke gelegenen Besitzungen und daselbst betriebenen Gewerbe vorbehaltlich des Art. 44 umlagenpflichtig, wenn auch die ermittelte Steuer für die Staatskasse nicht zur Erhebung gelangt.

1. S. Art. 42 Anm. 1.

### Art. 44 (35).

I Zu den Gemeindeumlagen können nicht beigezogen werden:

1. Schlösser und Gärten, welche zur k. Zivilliste gehören, desgleichen Schlösser nebst den dazugehörigen Gärten, welche sich im Privateigentum des regierenden Königs befinden;

2. Gebäude und Grundstücke, welche unmittelbar zu Zwecken des Staates, der Gemeinde, des Gottesdienstes, des öffentlichen Unterrichts und der öffentlichen Wohltätigkeit dienen. Befinden sich in einem solchen Gebäude Dienst- oder Mietwohnungen, die für den Hauptzweck des Gebäudes nicht unentbehrlich sind, so kann dasselbe nach Maßgabe der Mietertragsfähigkeit dieser Wohnungsräume zu den Umlagen beigezogen werden;
3. die in § 55 der IV. Beilage zur Verfassungsurkunde bezeichneten Besitzungen der Standesherren, woferne letztere nicht Vorteile aus dem Gemeindeverbande ziehen.

II Verpflichtungen, welche dem Hausbesitzer als solchem nach polizeilichen Vorschriften obliegen, bleiben vorbehalten.

### Art. 45 (36 Abs. 1, 2).

I Die sämtlichen in der Gemeinde zu erhebenden oder nach Art. 43 Abs. II und III und Art. 44 Ziff. 2 zu berechnenden direkten Steuern der Umlagenpflichtigen bilden den Maßstab für die Verteilung der Gemeindeumlagen.

II Werden Umlagen notwendig für Bedürfnisse, deren Bestreitung nach Art. 153 Abs. II einer Ortschaft allein obliegt, so bilden die sämtlichen Haus- und Grundsteuern, welche für die innerhalb der Ortsmarkung gelegenen Realitäten angelegt oder ermittelt sind, sowie die sämtlichen übrigen direkten Steuern, womit die innerhalb des Ortsbezirks wohnenden umlagenpflichtigen Personen in der Gemeinde angelegt sind, den Maßstab für die Verteilung der Umlagen.

III Befinden sich geschlossene Waldungen von mindestens 500 Tagwerk Flächeninhalt, welche nicht unter die Bestimmungen des Art. 3 fallen, oder arrondierte Gutskomplexe von solchem Flächeninhalte im Eigentume oder im ungeteilten Eigentume mehrerer Personen, so ist denselben auf Verlangen zu gestatten, den Wald- beziehungsweise Feldschutz in den betreffenden Besitzungen selbst zu übernehmen, in welchem Falle sie mit diesen Besitzungen nicht zu den Kosten des Wald- und Feldschutzes in den übrigen Markungsteilen, soweit sich solche Kosten nicht für den Schutz des Gemeindeeigentums ergeben, umlagenpflichtig sind.

### Art. 46 (36 Abs. 3).

Die k. Rentämter sind verpflichtet, den Gemeindeverwaltungen zum Behufe der Herstellung der Umlagenregister die Einsicht und Abschriftnahme der amtlichen Steuerliste zu gestatten.

### Art. 47 (37).

I Die Beschlußfassung über die Einführung neuer und die Erhöhung bestehender Gemeindeumlagen, sowie über Unternehmungen und Einrichtungen, zu deren Ausführung eine Umlage erforderlich ist, steht in Gemeinden mit städtischer Verfassung dem Magistrate unter Zustimmung der Gemeindebevollmächtigten, in den übrigen Gemeinden der Gemeinde- beziehungsweise der Ortsversammlung zu.

II Vor der Beschlußfassung in der Gemeindeversammlung hat eine Vorberatung im Gemeindeausschusse stattzufinden.

III Wird mehr als ein Drittel der sämtlichen in der Gemeinde angelegten und bei der in Frage stehenden Umlage in Berechnung zu ziehenden direkten Steuern von fünf oder weniger als fünf Personen gezahlt, so ist jede dieser Personen in der Gemeindeversammlung stimmberechtigt und muß, wenn sie nicht ohnehin Mitglied des Gemeindeausschusses ist, zur Teilnahme an der Vorberatung und Beschlußfassung geladen werden. Die Ladung hat an die Person, oder im Falle dieselbe nach Art. 25 einen Bevollmächtigten aufzustellen hat, an diesen zu ergehen. Ist ungeachtet der Aufforderung der Gemeindeverwaltung ein Bevollmächtigter nicht aufgestellt worden, so kann die Ladung durch öffentliche Anheftung am Gemeindehause gültig bewirkt werden.

IV Diese Höchstbesteuerten können hiebei in jedem Falle durch Bevollmächtigte vertreten werden, welche jedoch die in Art. 15 Abs. IV bezeichneten Eigenschaften besitzen müssen. Frauen müssen sich einer solchen Vertretung bedienen. Juristische Personen, privatrechtliche Vereinigungen, Minderjährige und Personen, die entmündigt oder nach § 1906 des Bürgerlichen Gesetzbuchs unter vorläufige Vormundschaft gestellt sind, werden durch ihre gesetzlichen Vertreter oder durch von diesen aufgestellte taugliche Bevollmächtigte vertreten.

V In den Fällen des Abs. I ist bei den Beschlüssen der Gemeindeversammlung für die Zahl der Stimmen der einzelnen Stimmberechtigten der Gesamtbetrag der direkten Steuern maßgebend, mit welchen die Stimmberechtigten im Gemeindebezirk angelegt, und im einzelnen Falle umlagenpflichtig sind.

VI Ein jährlicher Steuerbetrag bis zu 10 Gulden gibt eine Stimme, über 10 Gulden bis zu 20 Gulden zwei, über 20 Gulden bis zu 30 Gulden drei Stimmen. Bei höheren Steuerbeträgen erhöht sich die Stimmenzahl in der Weise, daß jeder Mehrbetrag bis zu 10 Gulden je eine weitere Stimme gewährt.

VII Die Zahl der Stimmen eines Einzelnen darf jedoch ein Dritteil der Zahl der sämtlichen in der Gemeinde stimmberechtigten Personen nicht übersteigen. Bruchteile, die sich bei dieser Berechnung ergeben, kommen nicht in Betracht.

VIII Die Bestimmungen der Abs. III bis VII sind analog anwendbar, wenn für die Bedürfnisse einer besonderen Ortschaft die Einführung neuer oder die Erhöhung bestehender Umlagen stattfinden soll.

## Art. 48 (38).

I Die Umlagenpflichtigen haben ihre schuldigen Beträge an dem festgesetzten Termine an die aufgestellten Einnehmer abzuliefern.

II Diese sind ermächtigt, die Säumigen nach Ablauf jenes Termines zu mahnen. Der Betrag der Mahngebühr wird in Gemeinden mit städtischer Verfassung durch den Magistrat mit Zustimmung der Gemeindebevollmächtigten, in den übrigen Gemeinden durch den Gemeindeausschuß mit Genehmigung der vorgesetzten Verwaltungsbehörde festgesetzt.

III Bleibt die Mahnung erfolglos, so hat die Gemeindeverwaltung das Ausstandsverzeichnis als vollstreckbar zu erklären und für die Beitreibung der Rückstände zu sorgen, wobei ihr gleiche Exekutionsbefugnisse zustehen, wie den k. Rentämtern bezüglich der Beitreibung der Staatsgefälle.

## Art. 49 (39).

I Für Gemeindezwecke,[2]) insbesondere auch zur Handhabung der öffentlichen Sicherheit,[3]) können Gemeindedienste[1]) angeordnet[5]) werden.

II Als solche können wissenschaftliche, kunst- oder handwerksmäßige Arbeiten[4]) nicht gefordert werden.[6])

**1.** Die Gemeindedienste sind die älteste Form, in der die Gemeindeangehörigen für Gemeindezwecke in Anspruch genommen wurden. Die Einrichtung trägt heute noch das Gepräge, das ihr die Markgenossenschaft gegeben hat und hängt innig mit der Naturalwirtschaft zusammen. Während die Umlage als Geldleistung, obwohl sie anfangs auch für alle Markgenossen gleichheitlich war, sich dem Wesen des Geldes entsprechend immer enger an die wirtschaftliche Leistungsfähigkeit des Pflichtigen anschmiegte, nimmt der gemeindliche Hand- und Spanndienst den einzelnen Menschen und das einzelne Tier in abstracto als Einheit. Der Anwesensbesitzer mit mehreren Gespannen muß nicht etwa, weil er wirtschaftlich stärker ist, mehr leisten, als wer nur über ein Gespann verfügt. Wenn die Tiere krank sind, so fällt die Spanndienstpflicht für diese Zeit hinweg. Nach der gewöhnlichen Übung wurden die Menschen hinsichtlich der Handdienstpflicht wegen der Einheit der Haushaltung, Satz 2 Art. 51, etwas anders behandelt, solange nur noch ein Familienglied zur Verfügung steht, greift die Handdienstpflicht Platz, auch wenn das Familienhaupt entschuldbar abgehalten ist. Auch der Knecht wird an manchen Orten zur Haushaltung gerechnet Hat der Bauer einen guten Knecht, dann geht er lieber selbst zum Fronen: s auch Art. 51 Anm. 4.

Schon bei Beratung der GemO 1869 wurden die Gemeindedienste als überlebt bezeichnet, es fragt sich aber, ob sie nicht in der Gegenwart wieder neue Bedeutung gewinnen Vgl auch Seydel IV, 560.

**2.** Unter Gemeindezwecken sind auch freiwillig übernommene zu verstehen, nicht bloß die gesetzlichen etwa des Art 38 Eine vorherige Erschöpfung der übrigen Einnahmequellen ist nicht notwendig. Die Inanspruchnahme von Gemeindediensten, im Gegensatz zum Edikt 1808 und zum Umlagenrecht 1819, ist keine Voraussetzung für die Umlagenerhebung mehr Bei Ortschaften treten die Zwecke der Ortschaften an Stelle der Gemeinden, z B zur Erhaltung des Ortsvermögens können die Ortschaften Gemeindedienste für den Ortschaftswald anordnen Auch für freiwillig übernommene Gemeindezwecke ist das möglich Hat beispielsweise die Ortschaft einen Gemeindeweg zur ferneren Unterhaltung freiwillig übernommen, so kann sie nach der neuen Fassung des Art. 153 II, Art. 28 SG. zwar keine Umlagen für diesen Zweck erheben, wohl aber ortschaftliche Gemeindedienste anordnen

Ob die Anordnung von Gemeindediensten für die Wegunterhaltung der beteiligten Grundbesitzer nach Art. 55 zulässig ist, dürfte nicht unzweifelhaft sein Die Rechtsprechung hat es bejaht. S 14, 364, s. Art. 55 Anm 3

**3.** Neben der Handhabung der öffentlichen Sicherheit nennt Art 29 PStGB. noch die Dienste zur Erhaltung der Fahrbarkeit der Gemeindewege und Bezirksstraßen. Im Zusammenhalt mit Art 31 DRG., den das SG. nicht getroffen hat, ist anzunehmen, daß die Gemeinden die ihnen vom Bezirk überwiesenen Naturaldienste im Wege des Art. 49 GemO aufbringen dürfen, Seydel IV, 593[1]. S 24, 530. Für die öffentliche Sicherheit können Wachen, insbes. auch Nachtwachen, auch sog. Streifen angeordnet werden. Die Aufsichtsbehörde kann von Polizei wegen die Gemeinde dazu veranlassen, dann ist Beschwerdeführung nach Art. 10 Ziff. 2 VGG. möglich S 11, 485, Art 52 Anm. 1. Auch für Schulzwecke sind Gemeindedienste noch denkbar S 16, 225.

Zu unterscheiden sind die Dienstleistungen für die Feuerwehr auf Grund bezirkspolizeilicher Vorschrift. Sie sind keine Gemeindedienste, S 4, 151, ebensowenig die Nothilfe nach § 360[10] RStGB. bei Unglücksfällen oder gemeiner Gefahr, Art. 27 PStGB.

Die Bestimmungen der Gemeindeordnung finden auch Anwendung auf die Hand- und Spanndienste nach Art. 108 Wassergesetz v. 23 März 1907, GVBl. 157, zur Abwendung von Wassergefahr, Brenner Anm 4, dagegen nicht auf die Hand- und Spanndienste für den Kirchenverband Art 60, diese regeln sich nach der KGemO. v 24. Sept 1912, GVBl. 911 Die Vorschriften des ArmG. über die Umkost Art 18 III des AG. v 29. April 1869 sind durch Art. 6 des AG v 21. Aug. 1914, GVBl. 551, ersetzt. Die nur ausnahmsweise zugelassene Umkost gehört nicht zu den Gemeindediensten. Diese begreift überhaupt niemals die Lieferung von Sachen oder Stoffen.

**4.** Die Leistungen dürfen keinerlei Vorbildung erheischen, aber auch dem Umfange nach dürfen sie ein billiges Maß nicht überschreiten. Sie sind nicht auf den Gemeindebezirk beschränkt, Abholen von Sendungen auf einer entsprechend nahen Bahnstation auch außerhalb des Gemeindebezirks.

**5.** Die Anordnungen trifft der Stadt- oder Gemeinderat, die Beschlüsse müssen gesetzmäßig zustande gekommen und den in Anspruch Genommenen auch richtig bekanntgegeben sein. Die Beitragsrollen für die Gemeindedienste sind nach Art 131 III d beim Bürgermeister in Landgemeinden aufzubewahren.

**6.** Streitigkeiten fallen in der Regel unter Art. 8 Ziff. 30 VGG. als Leistungen aus dem Gemeindeverband, möglicherweise auch Ziff 38 für Schulzwecke Wegen der Ersatzvornahme bei nicht rechtzeitiger Leistung Art. 54.

## Art. 50.

I Zur Leistung von Gemeindediensten sind verpflichtet:
1. die Gemeindebürger;[1])
2. diejenigen, welche nach Art. 32 Ziff. 2 bis 4 an Gemeindenutzungen teilnehmen;
3. jene selbständigen Gemeindeeinwohner, welche seit sechs Monaten in der Gemeinde wohnen und daselbst mit einer direkten Steuer angelegt sind;
4. die Besitzer eines in der Gemeinde gelegenen Wohnhauses.

II Von Leistung der Handdienste[2]) sind befreit im aktiven Dienste stehende Personen, welche zur Erfüllung ihrer Wehrpflicht oder infolge eines öffentlichen Dienstverhältnisses sich in der Gemeinde aufhalten. Dieselbe Befreiung kommt denjenigen zu, welche zur Erfüllung einer öffentlichen Pflicht von der Gemeinde ihres Wohnsitzes abwesend sind.[3])

III Gemeindedienste dürfen durch geeignete Stellvertreter geleistet werden.

IV Niemand kann zu Gemeindediensten angehalten werden, welche Zwecke betreffen, deren Erfüllung durch Umlagen ihn nicht treffen würde.

**1.** Gemeindebürger im Sinne der bayer. Verf. Art. 10 Anm. 4. Die Ausübung des Bürgerrechts begreift sowohl die Rechte wie die Pflichten, insofern ist auch die Inanspruchnahme mit Gemeindediensten an einen vorgängigen Aufenthalt von 6 Monaten geknüpft. Ziff 1 u. 3 werden meistens zusammenfallen. Frauen waren nach Ziff. 3 schon bisher handdienstpflichtig. Wegen des Begriffes Selbständigkeit Art 11 II. Indes, da die Selbständigkeit nicht mehr für das Bürgerrecht eine Voraussetzung bildet, werden auch die unselbständigen Einwohner meist schon nach Ziff. 1 dienstpflichtig sein. Ziff 4 trifft in Gemeinden mit radizierten Gemeinderechten immer auch die Rechtler, so daß Ziff 2 u 4 in der Regel sich zu dem Grundsatz vereinigen lassen, daß alle Nutzungsberechtigten auch dienstpflichtig sind. Ausgenommen jene Nutzungen, die auf einen besonderen Rechtstitel Art 32 II oder auf einem Herkommen beruhen, das ein anderes Unterscheidungsmerkmal zeigt, als den Anwesensbesitz. Solche Fälle kommen indes in der Praxis so gut wie gar nicht vor. Nach Ziff. 4 sind die Besitzer eines Wohnhauses, auch eines nichtbesteuerten, selbst dann dienstpflichtig, wenn sie kein Nutzungsrecht haben. Bei gemeinschaftlichem Besitz mehrerer Personen Art. 51 I Satz 3.

**2.** Nur von den Handdiensten, nicht auch von den Spanndiensten Art 51 Anm 8.

**3.** Der Regierungsentwurf zur GemO. 1869 nannte die im Dienste des Staates, der Kirche, der Gemeinde auf Lebensdauer Angestellten, dann die Notare, die öffentlichen angestellten Lehrer, die Militärpersonen, Art 38 des RegEnt. Auch die Beamten der öffentlichen

Stiftungen und die Beamten nach Art. 189 StGB., auf die das StGB anwendbar erklärt wurde. Ebenso fallen die Reichsbeamten unter den Begriff Vgl. noch S 12, 219; 14, 73; 32, 119. Die Buchhalter und Inzipienten der Notare fallen nicht darunter, weil sie vertragsmäßig angestellt sind Nicht befreit sind ferner Ärzte, Handelsrichter, Gemeinderatsmitglieder Die allgemeine Wehrpflicht ist durch Art. 79 RV aufgehoben. Bildet der Wohnsitz in der Gemeinde nicht die Folge, sondern den Grund der Anstellung wie z. B. bei Postagenturen, so trifft die Voraussetzung der Befreiung nicht zu, weil sich der Beamte auch ohne das Amt in der Gemeinde aufhalten würde S 12, 219; 32, 119. Ebenso muß jemand, der sich in der Gemeinde A als Beamter aufhält, aber in B ein Wohnhaus hat, in B Gemeindedienste leisten Wer aber nach Abs. 2 befreit ist, wird nicht deshalb pflichtig, weil die Voraussetzungen von Abs. 1 in seiner Aufenthaltsgemeinde vorliegen. S 14, 73; 32, 119

## Art. 51.

I Die Spanndienste werden ausschließend [1]) unter den mit Gespann versehenen,[2]) die Handdienste aber nach der Zahl sämtlicher zu Gemeindedienstеn Verpflichteten verteilt.[3]) Leben mehrere Verpflichtete, welche nicht Gemeindebürger sind, in einer Familiengemeinschaft zusammen, so sind sie nur einem Verpflichteten gleichzuachten.[4]) Im Falle des Art. 50 Ziff. 4 ist ebenfalls nur eine Verpflichtung anzunehmen, wenn sich ein Wohnhaus im gemeinschaftlichen Besitze Mehrerer befindet.[5])

II Die Spanndienste sind hiebei nach einem billigen Anschlage an den zu leistenden Handdiensten in Abrechnung zu bringen.[6]) [7])

III Das Maß der Spanndienste richtet sich nach der Zahl der in der Gemeinde vorhandenen, nicht zum öffentlichen Dienste [8]) gehaltenen Gespanne der Verpflichteten.

IV Das bei den Spanndiensten zwischen den Besitzern von Pferden und von anderem Zugvieh einzuhaltende Verhältnis ist von den Gemeinden festzusetzen.[9])

**1.** S Art 49 Anm. 1.

**2.** Die mit Gespann versehenen müssen nach Maßgabe der von ihnen gehaltenen Gespanne Dienste leisten. Das folgt aus Abs. 3. Wer ein Gespann stellen muß, hat auch einen Lenker, Fuhrmann, beizugeben. Das Aufladen des Wagens kann in die Spanndienste mit einbegriffen werden, es kann aber auch durch besondere Handdienste geschehen Je nachdem richtet sich auch die Anrechnung, Anm. 6.

**3.** Der Verteilungsmaßstab ist zwingend, insbesondere ist die so häufig zu beobachtende Verteilung nach der Steuer, also nach der wirtschaftlichen Leistungsfähigkeit unzulässig.

Ebenso unzulässig ist bei Wegunterhaltung die Verteilung nach Strecken. S 11, 518. Hand- und Spanndienste können unter Umständen Gegenleistungen der Rechtler im Sinne des Art. 34 sein, s. aber auch S 15, 89.

4. Infolge der Neuordnung des Bürgerrechts, Art 10 Anm. 4, sind auch die Ehefrauen und die Söhne und Töchter, die landwirtschaftlichen Dienstboten, wenn alle diese sich sechs Monate nach vollendetem 20. Lebensjahre in der Gemeinde aufgehalten haben, für ihre Person dienstpflichtig nach Art. 50 I Ziff. 1. Dadurch erleidet die Bestimmung für die Folge eine wesentliche Abschwächung. Familiengemeinschaft ist übrigens von gemeinschaftlichen Hauswesen zu unterscheiden, das erstere Verhältnis ist der engere Begriff.

5. Wenn der oder die Besitzer des Wohnhauses nicht in der Gemeinde wohnen, so wird die Gemeinde nach Art. 25 die Aufstellung eines Bevollmächtigten verlangen, der auch für Besorgung der zugewiesenen Gemeindedienste verantwortlich ist.

6. Eine allgemein anerkannte Übung für diese Anrechnung gibt es nicht, die Gemeindeverwaltung hat sie aber für die Gemeinde allgemein zu treffen. Es empfiehlt sich überhaupt für die Gemeinden, die Hand- und Spanndienste in einer Satzung zu regeln. Diese bedarf keiner Genehmigung. Ob der Maßstab wirklich billig ist, unterliegt im Streitfall der verwaltungsrichterlichen Prüfung.

7. Die Kraftfahrzeuge sind in der K. GemO., Ges. v. 24. Nov. 1912, GVBl. 911, Art. 27 III ausdrücklich genannt. Für die GemO. wird man indes nicht annehmen können, daß die Kraftfahrzeuge unter die Gespanne im Sinne des Art. 51 fallen, ebensowenig wie etwa die Flugzeuge.

8. Das Gespann muß zum öffentlichen Dienst gehalten sein, z. B. das Dienstgespann des Bezirksoberamtmanns. Wenn eine im öffentlichen Dienste stehende Person für private Zwecke ein Gespann hält, ist sie spanndienstpflichtig. Art. 50 Anm 2, S 15, 171 Die vorschriftsmäßig zu haltenden Postpferde und Postillione dürfen nicht zu Spanndiensten herangezogen werden § 22 PostG. des D. R. v. 28. Okt. 1871, RGBl. 347.

9. Das Verhältnis des Wertes der Leistung der Pferde gegenüber Ochsen und Kühen ist ähnlich wie nach Anm 6 das Verhältnis von Handdiensten zu Spanndiensten festzusetzen. Der Wortlaut des Abs. 4 hindert insbesondere die Kraftfahrzeuge in die Spanndienstpflicht einzubeziehen Oben Anm 7

## Art. 52.

Den Gemeinden ist freigestellt,[1]) Gemeindearbeiten auf Rechnung der Gemeindekasse in Akkord zu geben oder durch Lohnarbeiter herstellen zu lassen. Wird hiedurch die Einführung neuer oder die Erhöhung bestehender Gemeindeumlagen veranlaßt, so sind die Bestimmungen der Art. 43 bis 47[2]) zu beobachten.

1. Dieser Artikel enthält eigentlich nichts, was die Gemeinde nicht ohnedies tun dürfte Der Regierungsentwurf zur GemO. 1869 in Art 40 sprach von der Versteigerung an den wenigst Nehmenden. Das ist wohl selbstverständlich. Wenn die Gemeinde von ihrem Ermessen Gebrauch macht, keine Gemeindedienste anzuordnen, so tritt von selbst der Fall des Art. 52 ein Zur Anordnung von Gemeindediensten kann die Gemeinde aufsichtlich im allgemeinen nicht gezwungen werden, nur für bestimmte polizeiliche Zwecke können gewisse Dienste, z. B Streifen, verlangt werden. Art 49 Anm 3

Durchaus unzulässig ist die Simulation in der Weise, daß äußerlich die Form des Art. 52 gewählt wird, aber gewisse Kategorien von Gemeindeangehörigen die Umlagen durch Gemeindedienste abverdienen, dagegen ist die Vergebung von Lohnarbeiten an dienstpflichtige Einwohner zulässig S 26, 23

2. Die Art. 43—47 sind schon durch das Umlagengesetz von 1910 aufgehoben worden. Art. 42 Anm. 1. Bei der Aufbringung durch Umlagen müssen diejenigen Personen, die nach Art. 51 oder 52 befreit sind, mitzahlen. Das ist auch der Grund, warum vielfach jetzt von Gemeindediensten Umgang genommen wird.

## Art. 53.

Die Gemeinden sind ferner befugt:[1])

1. zur Abwendung etwaiger Überbürdung mäßige Vergütung[2]) bei Leistung von Gemeindediensten aus der Gemeindekasse zu bewilligen;
2. die zu leistenden Gemeindedienste einzelnen oder allen Pflichtigen auf deren Antrag[3]) gegen eine nach den ortsüblichen Fuhr- und Taglöhnen zu regelnde Geldabgabe abzunehmen und für dieselben zu besorgen.

1. Die Wahl dieses Weges steht im freien Ermessen des Stadt- oder Gemeinderats Aufsichtlicher Zwang kann nicht geübt werden.

2. Die Vergütung soll die angemessene Bezahlung nicht erreichen Die Aufsichtsbehörde wird berechtigt sein, die Einhaltung dieser Vorschrift zu erzwingen, der einzelne Umlagenpflichtige kann dieses Einschreiten anregen, ein subjektives Recht in dieser Beziehung wird man ihm nicht zusprechen können, er wird auch nicht berechtigt sein, deswegen etwa die Zahlung der ihn treffenden Gemeindeumlage abzulehnen Art 42 Anm. 6.

3. Nur auf Antrag und nur zu den ortsüblichen Sätzen In letzterer Hinsicht Anm. 2

## Art. 54.

[I]Gemeindedienste, deren Leistung nicht rechtzeitig erfolgt, läßt der Bürgermeister nach vorgängiger einmaliger Mahnung[2]) auf Kosten des Säumigen leisten.

II Die erwachsenen Kosten werden auf dem für die Beitreibung der Gemeindeumlagen vorgeschriebenen Wege erhoben.[2])

III Kann die Dienstleistung auf Kosten des Säumigen nicht stattfinden, so ist derselbe zur Nachholung der Leistung oder Zahlung eines entsprechenden Betrags an die Gemeindekasse verpflichtet.[3])

IV Die im Art. 29[4]) des Polizeistrafgesetzbuches vom 26. Dezember 1871 vorgesehene Strafeinschreitung findet bei allen nach Art. 50 gemeindedienstpflichtigen Personen Anwendung.

1. Es handelt sich nicht um eine rechtsförmliche Mahnung im Sinne Art. 22 VG., GVBl. 1922, 367. Es kann also auch keine Mahngebühr erhoben werden. Es ist überhaupt kein schriftlicher Akt gemeint, sondern es genügt, wenn der Bürgermeister mündlich, persönlich oder durch einen Beauftragten, gewöhnlich den Gemeindediener den Pflichtigen hat an die Leistung erinnern lassen. Gewöhnlich wird der Pflichtige den Grund seines Wegbleibens angeben, die übrigen Pflichtigen werden bereits zur Stelle sein, insofern ist rasches Handeln geboten. In diesem Sinne ist Art 54 leicht verständlich.

2. Für die Beitreibung Art 22 und 23 VG., GVBl. 1922, 367, Art. 42 Anm. 7. In diesem Stadium der Zwangsvollstreckung können Einwendungen gegen die Gemeindedienstpflicht erhoben werden, dann beginnt ein Verwaltungsrechtsstreit nach Art. 8 Ziff. 30 VGG., Art. 49 Anm. 6. Die Zwangsvollstreckung wird hier im Gegensatz zu den Umlageforderungen gehemmt. Art. 21 II VG.

3. Die Durchführung ist Sache der Gemeindeverwaltung. Der Pflichtige kann auch hier den Verwaltungsrechtsstreit in Gang bringen. Anm. 2.

4. Art. 29 PStGB. enthält die einschlägige Strafbestimmung. Art. 49 Anm. 3.

Voraussetzung ist, daß es sich um die in Art. 29 aufgeführten Zwecke handelt, Sicherheitswache, Erhaltung der Fahrbarkeit der Gemeinde- und Bezirksstraßen, ferner daß gesetzmäßige Beschlüsse der Gemeindeverwaltung vorliegen, die zur Kenntnis der Pflichtigen gebracht worden sind. Das Bewußtsein der Rechtswidrigkeit ist bei Polizeiübertretungen allgemein nicht erforderlich, und Irrtum über die Gemeindedienstpflicht ist Rechtsirrtum und schützt nicht vor Strafe

## IV. Besondere Bestimmungen.

### Art. 55. (40)[1])

I In Ermangelung besonderer Rechtstitel[2]) gehört zu den Gemeindeausgaben jener Aufwand[3]) nicht, der für den Schutz der Grundstücke gegen außerordentliche Elementarereignisse,[4]) für Herstellung und Erhaltung der zur Bewirtschaftung der

Grundstücke erforderlichen Feldwege [5]) und Abzugsgräben,[5]) für Haltung der Hirten [5]) und für Anschaffung und Unterhaltung der Zuchttiere [6]) gemacht wird.

II Wenn die Beteiligten nicht unmittelbar solche Einrichtungen treffen und deren Kosten unter sich aufbringen, so ist die Gemeindeverwaltung befugt und auf Antrag eines Beteiligten verpflichtet, nach Vernehmung eines unter Leitung des Bürgermeisters von den Beteiligten aus ihrer Mitte zu wählenden Ausschusses von 3 bis 5 Mitgliedern die notwendigen Anordnungen zu treffen und über den erforderlichen Aufwand zu beschließen.[7]) [8])

III Liegt eine anderweite Übereinkunft [7]) nicht vor, so werden Ausgaben im Interesse der Viehzucht nach dem Viehstande, sonstige Ausgaben für landwirtschaftliche Zwecke nach Maßgabe der auf den beteiligten Grundstücken haftenden Grundsteuer verteilt.

IV Der Gemeinde bleibt jedoch unbenommen, zur Förderung der landwirtschaftlichen Kultur auch derartige Ausgaben ganz oder teilweise auf die Gemeindekasse zu übernehmen,[9]) [10]) soweit dies ohne Einführung neuer oder Erhöhung bestehender Umlagen geschehen kann.

1. Art 55 ist durch SG. nicht berührt. Art. 159 Ziff. 7, wonach Gemeinden für freiwillige Leistungen über gewisse Beträge hinaus einer aufsichtlichen Genehmigung bedurften, ist allerdings durch das SG. aufgehoben, aber Art 55 bildete gegenüber dieser Bestimmung schon bisher eine Ausnahme insofern, als unter den Voraussetzungen des Abs. 4 die Übernahme keiner Genehmigung bedurfte, und wenn die Voraussetzungen fehlten, die Übernahme selbst mit Genehmigung unzulässig war — Die Beschränkung des Selbstverwaltungsrechtes durch Art. 55 gibt nun im Zusammenhang mit dem aufgehobenen Art. 159 Ziff. 7 das seltsame Ergebnis, daß eine Gemeinde für alle möglichen freiwilligen Zwecke Aufwendungen machen darf, nur nicht für die Landwirtschaft.

2. Unter den besonderen Rechtstitel zu Lasten der Gemeinden sind nicht nur öffentlich-rechtliche sondern auch zivilrechtliche denkbar, ferner ältere Satzungen und ältere Vereinbarungen. Diese sind durch Art. 55 wegen des Vorbehaltes nicht beeinträchtigt worden. Das Herkommen dagegen ist kein Rechtstitel im Sinne der GemO.

Davon zu unterscheiden sind die hauptsächlich wohl privatrechtlichen Titel zugunsten der Gemeinden. Sie fallen überhaupt nicht in den Rahmen des Art. 55, gehören auch vor die Zivilgerichte, S 1, 254 und werden durch Art. 10 III des Körgesetzes, Anm. 6, für den Fall einer erweiterten Inanspruchnahme infolge des Körgesetzes durch einen Entschädigungsanspruch geschützt. Solche Rechte sind häufig Real- oder auch sogenannte Komplexlasten, z. B. die Last, auf einem Anwesen den Zuchtstier zu halten.

**3.** Der Aufwand nach Art. 55 ist an sich keine Gemeindeangelegenheit. Man tut aber gut, mit Seydel IV, 544 anzunehmen, daß, wenn die Gemeinde auf Antrag eines Beteiligten die Sache in die Hand genommen hat, sie zu einer eigentlichen Gemeindeangelegenheit wird. Auch das Umlagengesetz 1819 hatte bereits, aber nur für Feldwege Gemeindedienste und Gemeindeumlagen zugelassen. Art. 7 des Gesetzes von 1888, das ältere Körgesetz, bezeichnete den Aufwand für Zuchttierhaltung als eine eigentliche Gemeindeangelegenheit.

Man kommt so am einfachsten zum Ergebnis, für Art. 55 die Bestimmungen des Gemeinderechts, nämlich Gemeindedienste und Umlagen für die Beteiligten und das gemeindliche Vollstreckungsrecht zuzulassen, wie das die Rechtsprechung auch getan hat. S 14, 364; 4, 426; s. Art. 49 Anm. 2. Der VGH. hat in S 2, 733; 4, 293; 14, 164 die Angelegenheiten im übrigen als besondere Angelegenheiten behandelt. Anderseits hat der VGH. in der Mehrzahl der einschlägigen Entscheidungen auch ein Beschwerderecht der Gemeinde in Anordnungen nach Art. 55 II anerkannt. — Auch die Ortschaften können solche Ausgaben für Zwecke des Art. 55 I übernehmen, soweit sie nicht Umlagen für diesen Zweck erheben müssen, Art. 153 II in der Fass. Art. 28 SG. — Dagegen ist das Verfahren nach Art. 55 II niemals Sache der Ortsverwaltung sondern nur der Gemeindeverwaltung. Anm. 7.

**4.** Elementarereignisse, aber nur solche, die einzelne Grundstücke betreffen könnten, der Schutz der ganzen Gemeinde- oder Ortsflur ist Gemeindeangelegenheit. — Die Bekämpfung schädlicher Tiere, Maulwürfe, Feldmäuse, fällt nicht unter Art. 55 GemO., sondern Art. 120 PStGB. I Ziff. 2.

**5.** Feldwege und Waldwege. Öffentliche Feldwege gibt es eigentlich nicht. Jeder Weg dient dem Verkehr, aber nicht jeder dem öffentlichen. Feldwege dienen wirtschaftlichen Zwecken, hauptsächlich landwirtschaftlichen und sind nicht für den öffentlichen Verkehr bestimmt. A. M. S 4, 452; 18, 107; 19, 4; 25, 68 auch H—R. Mit Recht hat aber der VGH. in S 3, 29 wenigstens die Bedeutung dieses Unterschiedes für Art. 55 abgelehnt. Die Frage ist nicht zu verwechseln mit der Möglichkeit objektiver Beschränkung öffentlicher Wege, z. B. Fuß-, Kirchen-, Schulwege, s. Art. 38 Anm. 15 IV. Diese Wege dienen immerhin dem öffentlichen Verkehr, die Feldwege sollen nur den Grundstücksbesitzern dienen.

Brücken und Fähren können Zubehörungen der Feldwege sein. — Abzugsgräben dienen der Bewässerung oder Entwässerung der Grundstücke oder Feld- und Waldwege. Es ist nicht an technische Projekte gedacht, sondern an die Unterhaltung und unter Umständen auch Neuherstellung einfacher Anlagen nach gemeiner landwirtschaftlicher Erfahrung.

Die Haltung der Hirten war schon von altersher eine gemeinschaftliche Angelegenheit, daher die vielen insbesondere auch ortschaftlichen Hirtenhäuser und die Dienstgrundstücke der Hirten. Es handelt sich um die Aufbringung der Kosten unter den Viehbesitzern. Die Lohnforderung des Hirten ist bürgerlich-rechtlich, Dienstmiete.

**6.** Die Anschaffung und Unterhaltung der Zuchttiere ist jetzt durch Gesetz v. 13. Aug. 1910, Körgesetz, GVBl. 609, geregelt, das an Stelle des älteren Körgesetzes von 1888 getreten ist. Danach ist die Tierhaltung für Bullen und Eber (Rindvieh und Schweine) allgemein geordnet. Für Ziegen- und Schafböcke kann bei gegebenem Bedürfnis die Regierung die Ausdehnung des Gesetzes vorschreiben. Die in älteren Ortsübungen noch vorkommenden Tierhaltungen, Hahn, Hund, sind nach Art. 55 überhaupt nicht gemeint. Wegen der Hengste hat das Gesetz v. 26. März 1881, GVBl. 166, im Verein mit den dazu erlassenen Verordnungen ein befriedigendes Ergebnis nicht erzielt. Der Landtag hat ein Hengstkörgesetz bereits angenommen, Ges. v. 10. Juli 1922, GVBl. 499. — Auf Zuchttierhaltung findet also Art 55 keine Anwendung mehr, auch für die Umlagenstreitigkeiten nach dem Körgesetz gilt nicht Art 8 Ziff 32 VGG., sondern Art. 8 des Körgesetzes, s. Anm. 10.

**7.** Das Verfahren nach Abs. 2 tritt nur auf Antrag ein Zuständig ist nur die Gemeindeverwaltung nicht auch die Ortschaft. Anm 3 a. E Es ist beschränkt auf die in Abs. 1 aufgezählten Zwecke und darf nicht ausgedehnt werden S 1, 259 Die vorgeschriebenen Formen sind einzuhalten, sonst ist das Verfahren ungültig. Wahlberechtigt sind alle Beteiligten, die Anzahl der Ausschußmitglieder bestimmt die Gemeindeverwaltung. Sie wird aber in erster Linie den Mehrheitswillen der Beteiligten gelten lassen. Diese sind geeignet zu laden, besondere Formvorschriften gibt es nicht, es muß jede Mitteilung genügen, die den Zweck hinreichend deutlich erkennen läßt. Ebenso ist auch jedes Wahlverfahren zulässig, das ein unbefangenes Ergebnis verbürgt. Beteiligt sind alle diejenigen, die die Einrichtung benützen oder benützen können, auch wenn sie sich absichtlich enthalten S 11, 99; 14, 122; 14, 160; 16, 305; 18, 55 —

Der Nachdruck, den die Rechtsprechung auf Beobachtung der Förmlichkeiten, insbesondere mit Recht auf die Vernehmung des Ausschusses gelegt hat, S 14, 369; 38, 45 darf nicht dazu verleiten, zu ängstlich zu werden Es schadet nicht, wenn in entschuldbarer Weise ein Beteiligter erst später ermittelt oder ein Unbeteiligter irrigerweise zugezogen wurde, das wird sich niemals ganz vermeiden lassen.

Eine freiwillige Vereinbarung bevor die Gemeinde die Angelegenheit in die Hand genommen hat, ist privatrechtlicher Natur und setzt völlige Übereinstimmung voraus, weil die Mehrheit kein Recht hat, die Minderheit zu binden. Eine Vereinbarung im Laufe der Verhandlung unter Leitung der Gemeindeverwaltung, insbesondere über die Aufbringung der Kosten ist dagegen öffentlich-rechtlicher Natur, setzt aber ebenso allseitige Übereinstimmung voraus. Kommt die Einigung über die Kosten nicht zustande, so ist der gesetzliche Verteilungsmaßstab, bei Ausgaben für Viehzucht nach dem Viehstande, bei landwirtschaftlichen Zwecken nach der Grundsteuer zwingend, weder Herkommen noch Verjährung können ihn ändern S 3, 29

Gesonderte Rechnungsführung für die Ausgaben und für die Umlagen wird sich empfehlen, ist aber nicht mehr wie früher in den Vollzugsbestimmungen zum älteren Körgesetz 1888 vorgeschrieben.

8. Für Feldwege ist nach allgemeinen Grundsätzen am Territorialprinzip festzuhalten. Seydel IV, 545[21]. Danach kann die Gemeinde nur jene Wegstrecken und jene Grundstücke behandeln und heranziehen, die im Gemeindebezirk liegen. Das führt allerdings zu Mißlichkeiten, die Rechtsprechung hat sich deshalb über jenen Grundsatz hinweggesetzt. S 6, 209; 25, 68. Durch gemeinsames Vorgehen der beteiligten Gemeindeverwaltungen wird sich die Streitfrage praktisch gegenstandslos machen lassen.

9. Nach der Rechtsprechung ist die Übernahme auf die Gemeindekasse zulässig, wenn im Zeitpunkt der Übernahme der Hundertsatz der Umlage nicht gesteigert wird, es schadet dann nichts, wenn später durch andere Ausgaben eine Umlagenerhöhung verursacht wird. S 10, 148; 35, 54. Danach kann eine einmal übernommene Leistung dauernd die Gemeinde belasten, auch wenn die Umlagen infolge anderer notwendiger Ausgaben noch so sehr steigen. Es ist auf diese Weise möglich, in einem günstigen Jahr Ausgaben zu übernehmen und sie auf unabsehbare Zeit fortzuführen. Dieses Ergebnis ist für die praktische Lösung von Streitigkeiten bequem, aber nicht befriedigend und trifft keinesfalls den Sinn des Gesetzes, mag man auch über diesen nach den Gesetzgebungsverhandlungen keinen sicheren Anhalt zu gewinnen S 35, 54.

Zu einem besseren Ergebnis führt folgende Erwägung: Der Haushalt wird jedes Jahr beschlossen, Ausgaben nach Art. 55 müssen also jedes Jahr auf die Voraussetzungen des Abs. 4 geprüft werden. — Eine Ausnahme macht dann nur Art. 4 III des Körgesetzes, wonach Beträge und Reichnisse, ferner überlassene Grundstücke bei Inkrafttreten des Gesetzes vom 1. Jan. 1912 auch für die Folge gewährt und überlassen werden dürfen, selbst wenn die Voraussetzungen des Abs. 4 nicht mehr vorliegen. Diese Bestimmung ist übrigens aus dem älteren Körgesetz 1888 übernommen worden. Die Übernahme der gesamten Kosten ist von der Leistung von Beiträgen zu unterscheiden, jene wird von Art. 4 III Körgesetz nicht getroffen. S 35, 55. — Bei dieser Auffassung wird der wahre Zweck des Abs. 4 erreicht, daß jeweils nur die innerhalb des bisherigen Umlagenhundertsatzes verfügbaren Mittel für solche freiwilligen Ausgaben verwendet werden dürfen. Maßgebend ist auch hier der Zeitpunkt der Übernahme, das ist der der Beschlußfassung, es schadet nichts, wenn im Lauf des Rechnungsjahres durch andere notwendige Ausgaben der Hundertsatz erhöht werden muß. Diese Auffassung gestattet aber keine dauernde Übernahme und insbesondere keine dauernde Übernahme bei Einrichtungen, z. B. Aufstellung einer Lehrkraft. Das liegt aber im Sinne des Gesetzes. Die Gemeinden sollen sich für solche Zwecke nicht dauernd belasten Eine Schwierigkeit würde sich allerdings ergeben bei Umlagenstreitigkeiten, da nach einer Reihe von Jahren die Berechnung, wie weit die Ausgaben in jedem Jahr hätten übernommen werden dürfen, nicht so leicht sein wird. Allein es ist festzuhalten, daß die Ausgaben nur von der Aufsichtsbehörde beanstandet werden können, daß der Einzelne nur Anregung geben kann, aber kein subjektives Recht hat, die Ausgabe durch Verweigerung der Umlage der verwaltungsrichterlichen Prüfung zu unterwerfen. Auf solche Weise kann die Verwicklung mit einem Streit nach Art. 8 Ziff. 30 VGG. überhaupt vermieden werden, s. Art. 32 Anm. 15, 42 Anm. 6, 53 Anm. 1. Für die andere Auffassung der Rechtsprechung S 9, 150; 25, 114; 35, 61 Ziff. 7. Bei dem jetzigen gemeindlichen Finanzrecht hat diese Frage übrigens sehr an Bedeutung verloren, die Gemeinden werden den zulässigen Höchstsatz der Gemeindeumlage meistens ausschöpfen. Der Eingang aus dem Anteil an der Reichseinkommen- und Körperschaftssteuer, der auch einen Teil der Umlage darstellt, hängt vom Willen der Gemeinde nicht mehr ab.

**10.** Streitigkeiten über Teilnahme an dem Unternehmen wie an den Kosten fallen unter Art. 8 Ziff. 32 VGG. Auch wenn die Formvorschriften nicht eingehalten sind, bleibt die Angelegenheit öffentlich-rechtlich. S 16, 122, im Gegensatz zu S 3, 387.

Die Streitigkeiten nach Art. 4 Körgesetz 1910 fallen nicht unter Art. 8 Ziff. 32 VGG., oben Anm. 6 a. E.

Wird der Einwand gebracht, daß ein öffentlicher Gemeindeweg aber kein Feldweg in Rede stehe, dann ist zunächst der Streit nach Art. 8 Ziff. 34 VGG. zu entscheiden, es sind aber die beteiligten Grundbesitzer beizuziehen. Das Verfahren nach Art. 55 II ist erst möglich, wenn die Eigenschaft des öffentlichen Verkehrswegs verneint worden ist. S 18, 101.

Der Streit über die Höhe von Sprunggeldern und über deren Entrichtung ist ein Streit über örtliche Abgaben nach Art. 8 Ziff. 31 VGG.

Wegen der Beitreibung der Umlagen Art. 22, 23 VG. v. 30. Juni 1921, GVBl. 367, ferner Art. 42 Anm. 7. — Das Verfahren ist gebührenpflichtig, S 4, 321.

Unterläßt es die Gemeinde, auf Antrag eines Beteiligten das Verfahren nach Abs. III einzuleiten und durchzuführen, so kann sie staatsaufsichtlich gezwungen werden. Gegen solche Anordnungen hat sie ein Beschwerderecht nach Art. 10 Ziff. 2 VGG., nicht aber die Beteiligten. Auch bei dieser Auffassung muß man davon ausgehen, daß es sich um eigentliche Gemeindeangelegenheiten handelt.

## Art. 56. (41) [1]

I Wenn in einer Gemeinde zum Vorteile mehrerer an Privatgewässern [2]) bestehender Triebwerke [2]) oder anderer Stauvorrichtungen auf Kosten der Gemeinde Wasserbauten errichtet worden sind oder unterhalten werden, so ist die Gemeindeverwaltung nach Vernehmung eines unter Leitung des Bürgermeisters von den Wasserwerkbesitzern aus ihrer Mitte zu wählenden Ausschusses [3]) von 3 bis 5 Mitgliedern berechtigt, wegen Benützung des Wassers und der hiezu dienenden Einrichtungen, sowie wegen der von den Wasserwerkbesitzern zu leistenden

Kostendeckungsbeiträge und Gebühren die erforderlichen Anordnungen zu treffen.

II Jene Beiträge und Gebühren[4]) werden, wenn nicht im Einverständnisse mit dem Ausschusse ein anderer Maßstab festgestellt wird, nach Verhältnis der dem Einzelnen zugewiesenen dynamischen Wasserkraft berechnet.

III An bestehenden Rechten und Verpflichtungen wird durch die vorstehenden Bestimmungen nichts geändert.

**1.** Der geistige Urheber dieses Artikels war der Abgeordnete und Bürgermeister Fischer von Augsburg. Die Vorschriften sind auf die dortigen Verhältnisse an den Wasserkräften des Lech zugeschnitten. Sie sind auch heute nicht gegenstandslos. Der gleiche Zweck kann zwar auch durch Art. 101 III, 104, 89 WG. v. 23. März 1907, GVBl. 157 erreicht werden, aber der Verteilungsmaßstab und das Verfahren ist nach WG. anders. Brenner WG. Art. 211 Anm. 1.

**2.** Unter Privatgewässern sind, obwohl es sich in Augsburg nur um fließende Gewässer handelte, auch stehende Gewässer zu verstehen. Es ist nicht notwendig, daß die Gemeinde Eigentümer des Gewässers ist. Auch die Lage der Triebwerke ist gleichgültig, wenn nur die Wasserbauten im Gemeindebezirk und von der Gemeinde errichtet sind.

**3.** Für die Wahl des Ausschusses und die sonstigen Förmlichkeiten Art. 55 Anm. 7.

**4.** Die Beiträge und Gebühren sind örtliche Abgaben. Art. 40. Es handelt sich nicht um eine entsprechende Ausdehnung des Art. 55 auf den Fall der Wasserwirtschaft, Art. 56 will die ganze Angelegenheit in die Hand der Gemeinde geben, der Ausschuß soll nur beratend gehört werden. An die Bestimmungen des Art. 89 WG. ist die Gemeinde nicht gebunden, Art. 56 ist eine Sondervorschrift. a. M. H—R.

Streitigkeiten fallen unter Art. 8 Ziff. 31 VGG. Art. 8 Ziff. 14 VGG. ist durch Art. 211 Ziff. 5 WG. aufgehoben, Brenner Art. 211 Anm. 1.

### Art. 57.[1])

Die Bestimmungen des Art. 48 gelten auch für die Beitreibung rückständiger Geldstrafen, Taxen, Heimat- und Aufnahmsgebühren, Verbrauchssteuern, örtlicher Abgaben, Gebühren für Benützung von Gemeindeanstalten und ähnlicher liquider Leistungen an die Gemeinde-, Schul- oder Armenkasse.

**1.** Ab 1. Jan. 1912 durch Art. 49 und G. v. 14. Aug. 1910, GVBl. 581, aufgehoben. Jetzt Art. 23 VG. v. 30. Juni 1921, GVBl. 361. Danach können die Vorschriften über Beitreibung rückständiger Gemeindeumlagen auf alle öffentlich-rechtlichen Gefälle angewendet werden.

### Art. 58. (42)[1])

Die Bewilligung von Nachlässen an Gemeindeumlagen oder sonstigen Leistungen an die der Gemeindeverwaltung untergebenen

Kassen darf nur aus erheblichen Gründen erfolgen. Dieselbe steht in Gemeinden mit städtischer Verfassung vorbehaltlich der Bestimmung des Art. 112 Ziff. 3 den Magistraten, in den übrigen Gemeinden den Gemeindeausschüssen zu.

1. Aufgehoben, Art. 57 Anm. 1. — Jetzt Art. 24 BG., darnach können die Gemeinden die Umlagen und auch andere öffentlich-rechtliche Leistungen ganz oder teilweise niederschlagen, wenn feststeht, daß die Beitreibung keinen Erfolg haben wird oder wenn die Kosten der Beitreibung außer Verhältnis zum Betrag stehen, oder endlich wenn die Einhebung die Pflichtigen in ihrem wirtschaftlichen Fortkommen gefährden würde.

## Art. 59. (43)[1])

Die Behandlung der Kreis- und Distriktsumlagen,[2]) die Verpflichtung der Gemeinden und Gemeindeangehörigen bezüglich der Militäreinquartierung[3]) und Vorspannsleistung in Friedenszeiten, für den bei Aufläufen verursachten Schaden,[4]) und bezüglich der mit dem Einschreiten der bewaffneten Macht[5]) zur Erhaltung der gesetzlichen Ordnung verbundenen Kosten, ferner bezüglich des Wildschadenersatzes,[6]) sowie bezüglich des Uferschutzes und der sonstigen Wasserbauten unterliegt den Bestimmungen der besonderen Gesetze.

1. Art. 59 soll die Schlußfolgerung verhindern, die Verpflichtungen der Gemeinden aus anderen Gesetzen seien deshalb beseitigt, weil sie in der GemO. nicht erwähnt sind. Dieser Vorbehalt ist überflüssig, weil diese Gesetze andere Gebiete selbständig regeln und durch die GemO. nicht berührt werden. Die Aufzählung ist übrigens auch nicht vollständig.

2. Für Kreis- und Distriktsumlagen jetzt BG. v. 30. Juni 1921, GVBl. 361, Art. 30—34 Kreisumlagen, Art. 26—29 Bezirksumlagen.

3. Für Militäreinquartierung: RG. v. 25. Juni 1868, BundGBl. 523, W 7, 338, Quartierleistung für die bewaffnete Macht während des Friedensstandes. — RG. v. 13. Febr. 1875, RGBl. 52, W 10, 598, über die Naturalleistungen für die bewaffnete Macht im Frieden; beide Gesetze geändert RG. v. 21. Juni 1875, RGBl. 52. W 10, 373, für das Naturalleistungsgesetz noch Gesetz v. 24. Mai 1898 und 9. Juni 1906, RGBl. 361 und 735. Ferner W 26, 172; 33, 106 und 34, 685. Endlich RG. v. 13. Juni 1873, RGBl. 129, über die Kriegsleistungen. — Wegen Quartierleistung und Naturalverpflegung MinBek. v. 21. Juli 1922, StA. 170, und RG. v. 12. Juli 1922, RGBl. 626.

4. Gesetz v. 12. März 1850, GBl. 73, W 4, 99. Die Verpflichtungen zum Ersatz des bei Aufläufen r. d. Rh. verursachten Schadens im Zusammenhalt mit Art. 11 AG. z. ZPO. in der Fass. der MinBek.

v. 26. Juni 1899, GVBl. 401. Die Frist von einem Jahr für Erhebung der Klage ist wegen des erwarteten Reichsgesetzes durch Landesgesetz v. 26. März 1920, GVBl. 85, um 3 Jahre verlängert worden. Das RG. v. 12. Mai 1920, RGBl. 941, ist am 14. Mai 1920 in Kraft getreten und hat erst von diesem Tage an Geltung. Für Schäden, die seit 1. Nov. 1918 bis dahin im Zusammenhang mit inneren Unruhen durch offene Gewalt oder durch deren Abwehr verursacht worden sind, bleiben die bisherigen Gesetze in Kraft. Um die Geschädigten und die Gemeinden nicht in überstürzte Prozesse zu verwickeln und die Gerichte nicht zu sehr zu überlasten, ist durch Landesgesetz v. 27. Okt. 1921, GVBl. 525, die Frist um ein weiteres Jahr verlängert worden, sie endet spätestens am 18. Nov. 1922, weitere Verlängerung kommt nach der Gesetzesbegr. Beil. 1877, Landtag II. Tagung 21/22 keinesfalls mehr in Betracht.

5. Gesetz v. 4. Mai 1851, GBl. 9, W 4, 247. Einschreiten der bewaffneten Macht zur Erhaltung der gesetzlichen Ordnung.

6. Gesetz v. 15. Juni 1850, GBl. 185, W 4, 125 Ersatz des Wildschadens.

7. Wassergesetz v. 23. März 1907, GVBl. 157.

## Art. 60. (44)[1])

Die Verpflichtung zu Dienstleistungen[2]) oder Umlagen,[3]) welche sich aus dem Kirchengemeindeverbande ergeben, bemißt sich nach den hierüber bestehenden besonderen Bestimmungen.

1. Bis zum rev. GemEd. v. 1834, Einl. Ziff. 2, war die Verwaltung des kirchlichen Stiftungsvermögens Sache der Gemeinden. Von 1834 ab wurden die Kirchenverwaltungen gebildet, deren Geschäftsgang aber noch im rev. GemEd. geregelt war. Die völlige Trennung geschah erst durch die GemO. 1869, die Bestimmungen des rev. GemEd. für die Kirchenverwaltungen wurden durch Art. 206 II, III GemO. für die Kirchenverwaltungen aufrecht erhalten und erst durch KGemO. v. 24. Sept. 1912, GVBl. 911, aufgehoben und ersetzt. Die KGemO. gilt noch, abgesehen von den Bestimmungen über Zusammensetzung, Berufung oder Wahl, Ersetzung und Austritt der Mitglieder und über den Geschäftsgang der Kirchenverwaltungen, Ges. v. 21. Dez. 1921, GVBl. 617.

2. Die Kirchengemeindedienste sind in Art. 26—31 KGemO. geregelt.

3. Für die Kirchenumlagen: LStG. v. 30. März 1920, RGBl. 402, § 15, wonach die Religionsgemeinden Zuschläge zu jenen Reichssteuern erheben können, die an Stelle der bisherigen Landessteuern getreten sind, ferner religionsgesellschaftliches Steuergesetz v. 27. Juli 1921, GVBl. 459 Art. 5. Darnach können die Religionsgemeinden Zuschläge zu der Reichseinkommensteuer und Reichskörperschaftssteuer und den Landessteuern erheben. Die Landessteuern sind in Anm. 4 bei Art. 42 aufgezählt.

## Art. 60a. (44a)[1][10])

I Wenn eine Gemeinde oder Ortschaft[2]) Leistungen für einen reinen Kultusbedarf freiwillig[3]) übernommen hat, so kann die Umlagenentrichtung hiefür durch rechtzeitige Erinnerung gegen den Voranschlag[4]) jeder ablehnen, der im Falle der Deckung des Kultusbedarfs durch Kirchen- oder Kultusumlagen nicht beitragspflichtig wäre.[5]) Die Ablehnung[6]) kann hiebei als für künftige Jahre fortwirkend bezeichnet werden.

II Soweit hienach nicht Befreiung eintritt, können juristische Personen[7]) oder nicht rechtsfähige Vereine im Sinne des Art. 21 der Kirchengemeindeordnung eine verhältnismäßige Abminderung der Beitragsleistung verlangen, wenn die Möglichkeit einer Heranziehung zu Gemeinde- oder Ortsumlagen für Zwecke mehrerer Religionsteile besteht. Sie werden alsdann für die Zwecke des einzelnen Bekenntnisses nur mit jenem Teile des Gesamtbetrages ihrer Steueransätze (Art. 24 und 25 des Umlagengesetzes) beigezogen, der dem Anteile des Bekenntnisses an der Gesamteinwohnerzahl der Gemeinde oder Ortschaft entspricht. Der Anteil wird als Hundertsatz berechnet; Bruchteile von mehr als einhalb werden auf eins vom Hundert aufgerundet, andere bleiben außer Ansatz.

III Die Bestimmungen in Abs. I und II finden keine Anwendung[8])

1. soweit eine Gemeinschaft des Bedürfnisses oder Gebrauches besteht;
2. wenn ein besonderes Rechtsverhältnis eine Beitragspflicht oder eine andere Bemessung des Beitrags begründet;
3. wenn in sonstigen Fällen jene Leistungen der Gemeinde oder Ortschaft insgesamt für das Rechnungsjahr weniger als drei vom Hundert der Steuersumme[9]) betragen, die sich nach Art. 24 und 25 des Umlagengesetzes ergibt.

**1.** Da die Gemeinden für kirchliche Bedürfnisse Aufwendungen machen dürfen, so hielt man Bestimmungen für notwendig, die den Genossen eines anderen Bekenntnisses von der Beitragsleistung befreien. Bisher hatte die GemO. 1869 in Art. 206 II Ziff. 2 den Art. V des als Verordnung bezeichneten Gesetzes v. 22. Juli 1819, W 2, 12 aufrecht erhalten, er lautete:

> Kein Staatsbürger ist verbunden, zur Befriedigung der Bedürfnisse von Kirchen und Schulen einer Religionspartei, zu welcher er nicht gehört, mittelst Umlagen beizutragen, wenn nicht ein gemeinschaftlicher Genuß oder ein besonderes Rechtsverhältnis besteht.

Die Anwendung und Auslegung dieser Vorschrift gab zu viel Zweifeln Anlaß. Die KGemO. v. 24. Sept. 1912 schuf eine besondere Bestimmung für die GemO., die als Art. 60a eingeschoben wurde, Art. 93 KGemO. Dadurch wurde Art. V des UG. 1819 überflüssig, die KGemO. hob ihn durch Art. 112 A 2 auf.

Es besteht jetzt ein Recht auf Ablehnung und ein Recht auf Abminderung der Gemeindeumlagen für kirchliche Zwecke. Das Recht auf Ablehnung ist für physische wie für juristische Personen denkbar, Anm. 7, z. B. eine juristische Person mit Bekenntnisgepräge ist für andere Religionsgesellschaften nicht kirchenumlagepflichtig, sie kann also auch die Gemeindeumlage für einen solchen Zweck ablehnen. — Für das Recht auf Abminderung kommen nur juristische Personen und nur Bauumlagen in Betracht, weil juristische Personen nur für Bauzwecke kirchenumlagepflichtig sind. Art. 20—23 KGemO. — Es handelt sich um Befugnisse, von denen Gebrauch gemacht werden kann oder nicht, die Ablehnung ist an eine Frist gebunden, Anm. 4, die Abminderung nicht. Anm. 7 a. E. — Wird nicht rechtzeitig oder überhaupt kein Gebrauch gemacht oder wird irrtümlich verzichtet und die Umlage voll bezahlt, so kann das Geleistete nicht zurückgefordert werden. Bei richtiger Geltendmachung der Ablehnung wird aus dem Verhältnis des gesamten Umlagebedarfs der Gemeinde zum Bedarf für den kirchlichen Zweck der verhältnismäßige Teil der Umlage berechnet, der beim Ablehnenden in Abzug kommt. Für die Abminderung gibt das Gesetz selbst die Art der Berechnung an.

**2.** Ortschaften dürfen für freiwillige Leistungen keine Umlagen mehr erheben. Art. 153 II, Art. 28 SG. Für sie kommt also Art. 60a nicht zur Anwendung. Art. 153 Anm. 4.

**3.** Freiwillige Aufwendungen, die nur kirchlichen Zwecken dienen, hauptsächlich Leistungen für Aufstellung und Besoldung von Geistlichen, Beamten und Angestellten der Religionsgesellschaften, dann für Neubau und Erhaltung von Gotteshäusern, Bethäusern oder von Wohngebäuden für Geistliche, Beamte oder Angestellte. Mischt sich ein weltlicher Zweck herein, so greift Art. 60a nicht Platz. Z. B. ein Betsaal wird mit einem gemeindlichen Gebäude verbunden und steht in freien Zeiten der Gemeinde zur Verfügung oder Aufwendungen für das Aufziehen einer der Gemeinde gehörigen Kirchturmuhr. S 6, 156; 13, 505.

**4.** Innerhalb der in Art. 88 II, 135 II vorgeschriebenen 14 tägigen Auflage des Voranschlags.

**5.** Art. 20, 22 KGemO., GVBl. 1912, 922. Es handelt sich um die Beitragspflicht der natürlichen Personen.

**6.** Es genügt eine mündliche Erklärung, die aber einem zuständigen Beamten gegenüber abgegeben werden muß. Schriftliche Erklärungen müssen innerhalb der 14 tägigen Auflagefrist, Anm. 4 bei der Gemeinde eingelaufen sein.

**7.** Art. 21 KGemO. zieht die juristischen Personen nur zu Umlagen für Bauzwecke, Bauumlagen heran, befreit die juristischen Personen des öffentlichen Rechts sowie die sonstigen Körperschaften, Vereine, Stiftungen, Anstalten und Kassen, soweit diese öffentlichen Zwecken dienen und schließlich noch jene juristischen Personen und nicht rechtsfähigen Vereine, die in ausschließlicher Beziehung zu einer Privatkirchengesellschaft stehen oder an denen ausschließlich oder überwiegend Angehörige einer Privatkirchengesellschaft oder bekenntnislose Personen beteiligt sind. Hier in Abs. II des Art. 60a sind alle juristischen Personen gemeint, die in Art. 61 KGemO. überhaupt aufgezählt sind, also nicht bloß die Baumlagepflichtigen sondern auch die Befreiten. Die Heranziehung juristischer Personen zu Kirchenumlagen für mehrere Religionsgesellschaften regelt Art. 22 Ziff. 5 KGemO., es handelt sich um Bauumlagepflichtige ohne Bekenntnisgepräge. Die Bauumlagepflichtigen mit Bekenntnisgepräge dürfen nur von ihren eigenen Religionsgesellschaften herangezogen werden. Abs. II des Art. 60a trifft nur für die Heranziehung juristischer Personen durch Gemeindeumlagen zu den Zwecken mehrerer Religionsteile den entsprechenden Ausweg. Er ist genau der gleiche wie in Art. 22 Ziff. 5 KGemO. nur auf das Gebiet des Umlagenrechts verlegt: der Anteil nach dem Verhältnis des Bekenntnisses in der Gemeinde wird gerade so gerechnet, wie in der KGemO. Wenn weniger als ½% der Bevölkerung dem anderen Bekenntnis angehören, so ist keine Ablehnung möglich.

Für die Geltendmachung des Abminderungsrechts nach Abf. II ist keine Frist gesetzt.

**8.** In Abs. III handelt es sich bei Ziff. 1 und 2 nicht um die Gemeinde, sondern um den Umlagepflichtigen. Für diesen müssen also die Gemeinschaft des Bedürfnisses oder des Gebrauches und ebenso auch die besonderen Rechtsverhältnisse bestehen. Bei der Gemeinde selbst als solcher kann Ziff. 1 überhaupt nicht praktisch werden und wenn nach Ziff. 2 ein besonderes Rechtsverhältnis vorliegt, dann wird die Ausgabe eine gemeindliche, zu der jeder Umlagepflichtige beizutragen hat ohne Rücksicht auf das Bekenntnis.

Für Ziff. 1 ist also nötig, daß der Umlagepflichtige an dem Zweck, dem die gemeindliche Ausgabe gewidmet ist, in irgendeiner Form einen Mitgenuß hat, auf den er einen Rechtsanspruch besitzt, z. B. wenn er zu einem Bekenntnis gehört, das diesen Betsaal gleichfalls benützt, dagegen nicht, wenn er einem andern Bekenntnis angehört, aus Neigung aber den Gottesdienst in der ihm fremden Kirche besucht.

Für Ziff. 2 ist etwa der Fall denkbar, daß sich ein Fabrikbesitzer oder eine AG. aus besonderen Gründen der Gemeinde gegenüber verpflichtet haben, von der Ablehnung der Umlagen keinen Gebrauch zu machen. Ob eine solche Verpflichtung auch Dritten gegenüber, z. B. der Religionsgesellschaft, eingegangen werden kann, ist zweifelhaft.

**9.** Die Einkommen- und Kapitalrentensteuer kommen für die Gemeindeumlagen nicht mehr in Betracht, Art. 24 u. 25 UG. gelten nicht mehr, Art. 42 Anm. 1. — Steuersumme im Sinne der Ziff. 3 ist jetzt der Sollbetrag des für die gemeindliche Umlagenerhebung in Betracht kommenden Staatssteuersolls der in Anm. 4 bei Art. 42 aufgezählten direkten Staatssteuern. Beträgt der Aufwand weniger als 3% dieser Summe, so ist die Ablehnung ausgeschlossen.

**10.** Streitigkeiten fallen unter Art. 8 Ziff. 30 VGG., der Rechtszug hat drei Stufen.

### Art. 61. (45)[1])

Die Aufnahme eines Anlehens der Gemeinde kann nur zur Abtragung aufgekündigter Kapitalien oder zur Bestreitung unvermeidlicher oder zum dauernden Vorteil der Gemeinde gereichender Ausgaben stattfinden, wenn die Deckung dieser Ausgaben aus anderen Hilfsquellen der Gemeinde nicht ohne Überbürdung der Gemeindeangehörigen geschehen kann.

**1.** Art. 61—63 ersetzt durch Art. 14 SG.

### Art. 62. (46)[1])

I Für alle Gemeindeschulden müssen Tilgungspläne angefertigt werden, welche auf nachhaltigen Einnahmen für Verzinsung und Tilgung beruhen und der vorgesetzten Verwaltungsbehörde vorzulegen sind.

II Mit Ausnahme außerordentlicher Notfälle darf ohne vorgängige Feststellung und Vorlage des Tilgungsplanes kein neues Anlehen aufgenommen werden.

III Für die richtige Erhebung und Verwendung des Tilgungsfonds haften zunächst die Verwalter.

**1.** S. Art. 61 Anm. 1.

### Art. 63. (47)[1])

I Die Aufnahme eines Anlehens — wozu in Landgemeinden die Zustimmung der Gemeindeversammlung erforderlich — ist nur mit Genehmigung der vorgesetzten Verwaltungsbehörde zulässig, wenn der Betrag, um welchen die Schuldenlast in demselben Rechnungsjahr vermehrt wird,

| | | |
|---|---|---|
| in Gemeinden mit weniger als 2500 Seelen | 500 fl. | (857 ℳ 14 ₰), |
| in Gemeinden von 2500—5000 Seelen | 1000 fl. | (1714 ℳ 29 ₰), |
| in Gemeinden von 5000—20000 Seelen | 5000 fl. | (8571 ℳ 43 ₰), |
| in Gemeinden mit größerer Seelenzahl | 10000 fl. | (17142 ℳ 86 ₰) |

übersteigt.

II In anderen Fällen kann die Verwaltungsbehörde binnen 14 Tagen nach Empfang des Tilgungsplanes die Schuldaufnahme untersagen, wenn den Bestimmungen des Art. 62 Abs. I nicht genügt ist, oder wenn die Voraussetzungen des Art. 61 nicht gegeben sind.

III Jede Abweichung vom Tilgungsplane, wodurch die Tilgung ganz oder teilweise eingestellt wird, bedarf der Genehmigung der Verwaltungsbehörde.

**1.** S. Art. 61 Anm. 1.

## Dritter Abschnitt.

## Von den Gemeindeschulden.

### Art. 64. (48)[1])

I Vorschüsse aus besonders dotierten Gemeinde- oder Stiftungskassen an andere unter derselben Verwaltung stehende

Kassen sind, wenn solche Vorschüsse nicht binnen Jahresfrist[2]) zurückersetzt werden, gleich den Gemeindeschulden zu behandeln.

II Die Gewährung solcher Vorschüsse darf nur auf Grund eines Beschlusses der Gemeindeverwaltung erfolgen.[3]) [4])

1. Die Bestimmungen sollen die Schiebungen unter den Kassen verhindern, durch die so häufig die Unterschleife meistens lange Zeit verdeckt werden können. Rechtlich ist ein Darlehensverhältnis zwischen zwei Kassen derselben Gemeinde nicht möglich, weil niemand sein eigener Schuldner sein kann. Sind aber die unter der gleichen Verwaltung stehenden Kassen die Kassen verschiedener Rechtssubjekte, so greift Art. 64 nicht Platz. Auch insofern sich der Art. 64 über diese Bedenken wegsetzt, ist er eine Ausnahmebestimmung.

2. Nicht im Laufe des Rechnungsjahres, sondern eines Jahres vom Tage der Vorschußleistung an gerechnet.

3. Es genügen nicht etwa die Willenserklärungen der Kassiere, wenn aber für die Kassenverwaltungen ein besonderer Ausschuß eingesetzt ist, Art. 106 I, so genügt der Beschluß des Ausschusses.

4. Eine Genehmigung der Aufsichtsbehörde ist nicht notwendig. Wird die Rückzahlungsfrist überschritten, so ist die Aufsichtsbehörde berechtigt, der Sache nachzugehen. In der Praxis wird bisweilen die Verlängerung nicht beanstandet, eine Genehmigung im staatsaufsichtlichen Sinne ist aber darin nicht zu erblicken, es liegt eine reine Verwaltungshandlung vor.

## Vierter Abschnitt.

## Von dem örtlichen Stiftungsvermögen.

### Art. 65. (49)[1])

Die Verwaltung des örtlichen Stiftungsvermögens[2]) steht den Gemeinden zu, wenn nicht durch spezielle Gesetze[3]) oder die Stiftungsurkunden[4]) [5]) [6]) eine andere Verwaltung[7]) angeordnet ist.[8])

1. Durch das organische Edikt v. 1. Okt. 1807 über die Generaladministration des Stiftungs- und Kommunalvermögens im Königreich Bayern wurde die Verwaltung des gemeindlichen und Stiftungsvermögens zentralisiert, RBl. 1808, 209 Beil. 1. Der dadurch hervorgerufene Zustand war unbeschreiblich und führte zu den größten Mißlichkeiten. In den nach 1807 erworbenen Gebietsteilen wurde die Zentralisation nicht durchgeführt.

Die noch heute für die Organisation des Stiftungswesens maßgebende VO. v. 6. März 1817, die Verwaltung des Stiftungs- und Kommunalvermögens betr., RBl. 153, W 1, 511 gab den Gemeinden die Verwaltung der örtlichen Stiftungen wieder zurück. Durch das GemEd. 1818, Einl. Ziff. 2, wurden die Organe bestimmt für die Verwaltung des gemeindlichen und Stiftungsvermögens.

a) Örtliche Stiftungen, die nach ihrer Zweckbestimmung nicht über den räumlichen Umkreis der Gemeinde hinausreichen. Den Gegensatz bilden

b) die allgemeinen Stiftungen, deren Wirkungskreis sich ganz unabhängig von dem Gebiete einer Gemeinde bestimmt, z. B. allgemeine Stipendien, Studienanstalten, Erziehungsinstitute usw. und

c) die Stiftungen zugunsten von Privaten, Familien, erlaubten Gesellschaften, bestätigten Kongregationen und Bruderschaften.

Die Kuratel über das Stiftungsvermögen nach VO. 1817 wurde auch ferner von den Generalkreiskommissariaten, den heutigen Kreisregierungen ausgeübt. Oberste Stiftungs- und Kommunalkuratel soll dem Staatsministerium des Innern zustehen.

Nach bayerischem Recht unterscheidet man die Stiftungen nach den drei Zwecken, Unterricht, Wohltätigkeit und Kultus. Diese Einteilung reicht aber nicht aus, es gibt noch viele andere dem allgemeinen Interesse dienenden Zwecke z. B. Stiftungen für Lebensrettungen, für Dienstbotentreue, für Erfindungen usw.

Die FormVO. v. 9. Dez. 1825, RBl. 937, W 2, 261 über die Zuständigkeit der Ministerien übertrug in §§ 63 und 74 die oberste Kuratel über die Stiftungen für Zwecke des Kultus, des Unterrichts und der Wohltätigkeit dem Staatsministerium des Innern, die VO. v. 27. Febr. 1847 und vom 16. März 1849, RBl. 47, 169, W 3, 659 und RBl. 49, 249, W 4, 27 trennte die Zuständigkeit für die Stiftungen des Unterrichts und Kultus ab und übertrug sie an das Staatsministerium des Innern für Kirchen- und Schulangelegenheiten. So steht die Sache auch noch heute. Die Oberkuratel haben die Kreisregierungen, die Unterkuratel die Bezirkspolizeibehörden, §§ 69 bis 72 FormVO. v. 17. Dez. 1825, RBl. 1049, W 2, 279.

Die bayerische Verfassung v. 14. Aug. 1919 hat in § 25 das gesamte Vermögen der öffentlichen Stiftungen und die stiftungsmäßige Verwendung seiner Erträgnisse dem besonderen Schutz des Staates unterstellt. Stiftungsvermögen darf unter keinem Vorwande dem Staatsvermögen einverleibt werden. Verwaltung und Ausrichtung der öffentlichen Stiftungen werden staatlich beaufsichtigt. Ein besonderes Gesetz über das Stiftungswesen bleibt vorbehalten. Bis jetzt ist das Gesetz nicht erschienen. Gelegentlich der Vorlage des Gesetzentwurfes über die Verlängerung der Wahlzeit der ortskirchlichen Vertretungskörper erklärte die Staatsregierung am 17. Jan. 1921, die Ausarbeitung werde noch im Jahre 1921 geschehen, das Versprechen ist aber nicht eingelöst worden. Beil. 804 Landtag I. Tagung 1920/21. Wegen der ehemals militärischen Stiftungen Min.-Bek. v. 16. Juni 1922, StA. 142 und VO. v. 30. Juni 1922, GVBl. 361.

2. Das ortskirchliche Stiftungsvermögen wurde bereits durch das RevGemEd. 1834, s. Art. 1 Anm. 3, Art. 60 Anm. 1, einer besonderen Verwaltung, den Kirchenverwaltungen unterstellt. Für die Gemeinden kommt nur noch Unterricht und Wohltätigkeit in Betracht.

Auch den Ortschaften ist in Art. 153 II in der jetzt geltenden

Fassung, ebenso wie früher das Recht der Verwaltung ihres Stiftungsvermögens eingeräumt.

Die GemO gibt den Gemeinden und Ortschaften ein Recht, aber auch eine Pflicht. Die Verwaltung örtlicher Stiftungen muß von ihnen übernommen werden, im übrigen steht es ihnen frei, bei anderen Stiftungen die Verwaltung abzulehnen. Sie dürfen zu den Verwaltungskosten Beiträge erheben, deren Erhöhung früher nach Art. 159 I Ziff. 3 der aufsichtlichen Genehmigung bedurfte. Diese Beschränkung ist durch SG. weggefallen. Es ist aber Ehrensache der Gemeinden, diese Beiträge nicht zu überspannen.

3. Ein spezielles Gesetz ist z. B. Art. 6 KGemO. oder Art. 2 Ges v. 21. Dez. 1921 über die ortskirchlichen Vertretungskörper, GVBl. 617. Die letztere Vorschrift regelt die Verwaltung kirchlicher paritätischer Stiftungen, deren Verwaltung nicht dem einen Religionsteil allgemein zukommt.

4. Die Stiftungsurkunde kann jede Verwaltung bestimmen. Es ist Sache der Aufsichtsbehörden, bei den Vorverhandlungen über die Bestätigung der Stiftung, Art. 69, zu prüfen, ob die Bestimmungen der Stiftungsurkunde annehmbar sind und bei lebenden Stiftern mit ihnen selbst, außerdem mit dem Verlassenschaftsgericht ins Benehmen zu treten. — Die Staatsaufsicht kann von der Stiftungsurkunde nicht ausgeschaltet werden.

5. Zur Entstehung einer Stiftung ist das bürgerliche Stiftungsgeschäft und die staatliche Bestätigung notwendig. Die Rechtsfähigkeit der Stiftung tritt erst mit der Bestätigung, Art. 69, ein. Für die Bestätigung kommen regelmäßig nur öffentliche Stiftungen in Betracht, die also allgemeinen Interessen dienen, wenn auch nicht unmittelbar so wenigstens in zweiter Linie z. B. Familienstiftungen für Unterricht oder Eheausstattung, die bei Mangel von verwandtschaftlichen Bewerbern die allgemeine Verteilung zulassen.

Von den öffentlichen Stiftungen im Sinne des bayerischen Rechtes sind zu unterscheiden die Stiftungen des öffentlichen Rechtes im Sinne des § 87 BGB. Vgl. AG. z. BGB., Henle-Schneider II. Aufl., Vorbem. Art. 5 Anm. 2. — Das BGB. verlangt einen organischen Zusammenhang der Stiftung mit dem Staate, einer Gemeinde oder einem sonstigen Verbande des öffentlichen Rechts. Eine öffentliche Stiftung, wenn sie nach der Stiftungsurkunde von einer Privatperson verwaltet wird, ist also keine Stiftung des öffentlichen Rechts im Sinne des § 87 BGB. Da es sich in Art. 65 GemO. nur um Stiftungen unter Verwaltung der Gemeinden und Ortschaften handelt, so spielt der Unterschied hier keine Rolle. Für die GemO. fallen also die öffentlichen Stiftungen und die Stiftungen des öffentlichen Rechtes zusammen. Daher ist es auch zulässig, den Ausdruck in Art. 67 GemO. zu gebrauchen.

6. Die Stiftungen genießen im öffentlichen Recht eine Reihe von Vergünstigungen:

a) im RG. über die KörperschSt. in der Fass. v. 8. April 1922, RGBl. 472, § 2 Ziff. 2: Stiftungen, deren Zwecke im Falle der Unzulänglichkeit der eigenen Mittel vom Reiche, von den Ländern den Gemeinden (Gemeindeverbänden) ganz oder teilweise erfüllt werden, § 2 Ziff. 5: Zweckvermögen, die nach der Stiftung ausschließlich gemeinnützigen oder mildtätigen Zwecken dienen, sind von der Steuer befreit;

b) im Reichserbsch StG. in der Fassung der Bek. v. 7. Aug. 1922, § 21 eine Ermäßigung der Erbschaftssteuer auf 5% für Stiftungen, die ausschließlich mildtätige oder gemeinnützige Zwecke verfolgen, sofern ihnen die Rechte juristischer Personen zustehen. — Für die Überleitung des Erbschaftssteuerrechts RVO. v. 7. Aug. 1922, RGBl. 708;

c) im KapErtrStG. v. 29. März 1920, RGBl. 345, § 3 Ziff. 2 Stiftungen, die ohne Beschränkung auf einen bestimmten engeren Personenkreis mildtätigen oder gemeinnützigen Zwecken dienen, sind von der Steuer befreit.

Nach den zum Körperschaftssteuergesetz ergangenen AusfBest. v. 30. März 1920, ZBl. f. d. D. R. 1921, 257 sind die Verwaltungsbehörden und die Gemeinden zu Anzeigen an die Finanzämter verpflichtet, nach § 8 die Reichs- und Landesbehörden bei Genehmigung einer Stiftung, die Gemeinden bei Gründung oder Erlöschen einer Stiftung. MinBek. v. 22. Aug. 1921, StA. 199.

d) Das bayerische Haussteuergesetz v. 17. Aug. 1918, GVBl. 423, 858, v. 16. Aug. 1919, GVBl. 564 hat in § 2 Abs. I Ziff. 7 Gebäude, die unmittelbar zu Zwecken der öffentlichen Wohltätigkeit oder der öffentlichen Gesundheitspflege unter Ausschluß von Erwerbs- oder Sportzwecken dienen, von der Haussteuer befreit. Die nämlichen Gebäude sind

e) auch umlagenfrei, Art. 11 Ziff. 7 VG. v. 30. Juni 1921, GVBl. 364.

f) Die Vorschriften über den Erwerb der toten Hand finden auf Stiftungen keine Anwendung. Seydel VI, 314.

Für die Zwangsvollstreckung wegen Geldforderungen gegen Stiftungen, die von Gemeinden verwaltet werden, haben die Aufsichtsbehörden Anordnung zu treffen. Über das Vermögen solcher Stiftungen findet kein Konkurs statt. Art. 9 und 10 AG. z. ZPO. in der Fass. MinBek. v. 26. Juni 1899, GVBl. 401. Eines Streitkonsenses bedürfen die Stiftungen nicht. Art. 206 I Ziff. 5 GemO.

7. Zur Verwaltung der Stiftung gehört die Sorge für die Erhaltung des Stiftungsvermögens Art. 66 und für die richtige Verwendung. In der Regel obliegt der Gemeinde auch die Ausführung des Stiftungszweckes, insbesondere die sogenannte Beleihung, das ist die Bestimmung derjenigen Personen, die Zuwendungen aus der Stiftung erhalten. Die Beleihung kann auch Privatpersonen zustehen, Kollatoren. — Gemeinden können auch in die Lage kommen, als Vertreter der Stiftung mit sich selbst ein Rechtsgeschäft abschließen zu müssen. Das ist zulässig, § 181 BGB. läßt die Ausnahme zu mit den Worten, „soweit nicht ein anderes gestattet ist". Diese Gestattung liegt hier in der gesetzlich vorgeschriebenen Vermögensverwaltung durch die Gemeinde. Beschl. d. OLG. München v. 31. Dez. 1921, BayGemZ. Nr. 17/22 Spalte 409.

8. Streitigkeiten über bestrittene Rechtsansprüche auf Genuß oder Nichtgenuß von Stiftungen über das Recht der Verwaltung und der Verleihung sind Verwaltungsrechtssachen nach Art. 8 Ziff. 35 VGG. Die verwaltungsrechtliche Entscheidung kann bei Ansprüchen auf Genuß von Stiftungen nur feststellen, ob der Kläger zum Kreis der Berechtigten gehört, die Verleihung ist stets Sache der Verwaltung oder der Kollatoren. S 10, 269; 13, 15; 18, 95.

Der Verwaltungsrechtszug hat drei Stufen. Handelt es sich um eine Stiftung, die von einer kreisunmittelbaren Stadt verwaltet wird, so nimmt die Rechtsprechung nach anfänglichem Schwanken jetzt den Standpunkt ein, daß die Kreisregierung im ersten Rechtszug zuständig sei. Die Entscheidung S 5, 113 und 5, 228 widersprechen einander, die erste nimmt die Zuständigkeit des Stadtmagistrats an. Die Entscheidung 13, 233 und insbesondere 18, 91 treten der zweiten Auffassung bei, der erstinstanziellen Zuständigkeit der Kreisregierung, die nun die herrschende geworden ist. Man wird indes an der Richtigkeit dieser Auffassung zweifeln müssen. Nach der FormVO. § 71, s. oben Anm. 1, war den Bezirkspolizeibehörden die niedere Kuratel übertragen und nach Art. 96 GemO. sind die Stadtverwaltungen an deren Stelle getreten. Aus der Kuratel hat sich aber die Zuständigkeit, wie auch der VGH. annimmt, entwickelt, vgl. aber S 18, 93, 94. Man darf daran keinen Anstoß nehmen, daß etwa der Stadtrat jetzt sich selbst überwacht, denn es handelt sich nicht mehr um Kuratel, sondern um Rechtsprechung. Bei den Streitigkeiten um den Stiftungsgenuß wird übrigens die Stadt in der Regel nicht Partei sein, wohl aber beim Streit über das Recht der Stiftungsverwaltung. Aber auch früher unter der älteren Heimatgesetzgebung hat der Stadtmagistrat Heimatfeststellungen entschieden, auch wenn die Stadt selbst Partei war. Art. 96 Anm. 1.

Beteiligt sind der Kläger, Bewerber, und in der Regel die Mitbewerber, die auch dann beigezogen werden sollen, wenn sie nicht in ausgesprochenem Gegensatz zum Bewerber stehen, endlich auch die Stiftungsverwaltung, S 4, 570; 6, 231; 11, 331.

Für manche Stiftungen, insbesondere solche Familienstiftungen, die jetzt als öffentliche behandelt werden, liegen aus früherer Zeit noch Erkenntnisse der bürgerlichen Gerichte vor, weil bei diesen Stiftungen besonders gerne die Zivilgerichte ihre Zuständigkeit annahmen, bis die Verwaltungsrechtspflege in den Gang gebracht war.

Dagegen gibt es noch einen Kreis von Verpflichtungen, der auch bei öffentlichen Stiftungen vor den Zivilrichter gehört, die Rechtsgeschäfte der Stiftungen insbesondere wirtschaftlicher Natur, z. B. Werkverträge über Ausbesserung eines Stiftungsgebäudes, aber auch der Anspruch auf Rückerstattung, wenn die Bedingung der Verleihung nicht eingehalten wurde, gehören vor die bürgerlichen Gerichte. — S 23, 45 zu vgl. hinsichtlich der Abgaben, die eine Stiftung beansprucht, z. B. bei Eheabschluß zu einer Waisenstiftung. Sie sind keine örtlichen Abgaben, der VGH hat seine Zuständigkeit nach Art. 8 Ziff. 31 VGG. verneint.

9. Wo das Bürgerrecht die Voraussetzung für den Stiftungsgenuß bildet, wird man, wenn nicht die Stiftungsurkunde das Gegenteil deutlich zum Ausdruck bringt, auch das jetzige Bürger-

recht für genügend erachten müssen. Art. 10 Anm. 4. Die Entscheidung steht bei den Verwaltungsgerichten. Ebenso wie bisher schon hinsichtlich der Stellvertretung der Heimat durch den Unterstützungswohnsitz, Pöll, AG. Art. 89 S. 365. Der dort vertretenen Meinung ist beizupflichten, in erster Linie wird das nach Art. 10 GemO. verliehene ältere Bürgerrecht und in zweiter Linie das Gem. Bürgerrecht § 11 bayr. VerfUrk. in Betracht kommen. Vgl. noch die allgemeine Begründung Ziff. 5 des Entw. eines neuen GemGes. Von Entrichtung einer Gebühr kann der Genuß der Stiftungen nicht abhängig gemacht werden, a. M. BayGemZ. 1920 Sp. 479, s. Art. 22 Anm. 3.

## Art. 66. (50)

I Das der Verwaltung der Gemeinden anvertraute Stiftungsvermögen[1]) darf mit dem Gemeindevermögen nicht vermischt[2]) und zu keinem anderen als dem Stiftungszwecke verwendet werden.

II Dasselbe soll im Grundstock[3]) ungeschmälert erhalten und im Falle unvermeidlicher Verluste tunlichst durch Rentenadmassierung wieder ergänzt werden.

III Abweichungen[4]) von den Vorschriften des Abs. II können nur mit Genehmigung der vorgesetzten Verwaltungsbehörde stattfinden.

IV Für die Verwaltung[5]) des Stiftungsvermögens finden in Ermangelung besonderer gesetzlicher oder stiftungsmäßiger Bestimmungen die Vorschriften über Verwaltung des Gemeindevermögens Anwendung.

1. Das ganze in der gemeindlichen oder ortschaftlichen, Art. 65 Anm. 2, Verwaltung befindliche Stiftungsvermögen, nicht bloß das örtliche.

2. Keine Vermischung ist die gemeinschaftliche Kassenverwaltung der Renten mit der Kassenverwaltung des übrigen Gemeindevermögens, insbesondere bei der Zentralisierung der Kassen.

3. Für den Begriff Grundstockvermögen, Art. 26 Anm. 3. Auch die Zustiftungen gehören zum Grundstock, Grundstock ist bei den Stiftungen, was man im volkswirtschaftlichen Sinn das Kapital nennt, im Gegensatz zum Ertrag, wobei Kapital alles einer dauernden Nutzung unterworfene Vermögen begreift, Geldkapital, Hypothekenforderungen, Wertpapiere, Grund und Boden.

Ungeschmälert erhalten heißt den Wert nicht verringern, den Grundstock weder ganz noch teilweise einzehren. Durch das Sinken unseres Geldwertes ist bei den Stiftungen eine Schmälerung des Grundstockvermögens eingetreten, die in vielen Fällen die Ausrichtung des Stiftungszweckes vereitelt. Art. 26 Anm. 5.

4. Unter Abweichungen sind hauptsächlich Einzehrungen zu verstehen, wie sie häufig bei Baufonds für Unterhaltung von Gebäuden vorkommen, die oft nicht einmal Eigentum der Stiftung sind.

— Es handelt sich um eine besondere Bestimmung des Stiftungsrechts, die durch SG. nicht berührt worden ist.

5. Für die Vermögensverwaltung gelten die Vorschriften über die Verwaltung des Gemeindevermögens. Insofern die Gemeinde oder Ortschaft hier freie Hand hat, spricht man bisweilen auch von einem Selbstverwaltungsrecht der Stiftung. Das ist nicht richtig, es liegt nur ein Reflexrecht vor, das sich aus dem Selbstverwaltungsrecht der Gemeinde erklärt. Alle Beschränkungen des gemeindlichen Selbstverwaltungsrechts erstrecken sich auch auf die Stiftungsverwaltung, und die Aufsicht auf die Stiftungsverwaltung der Gemeinden fällt mit der Staatsaufsicht auf Gemeinden zusammen.

In erster Linie kann die Stiftungsurkunde selbst bestimmte Vorschriften über die Vermögensverwaltung enthalten, z. B. das Verbot, Hypotheken auf städtische oder umgekehrt auf ländliche Grundstücke auszuleihen, soweit nicht dadurch ausgeschlossen, gelten alle Vorschriften über Geldanlage, über vermögensrechtliche Geschäfte der Gemeinden, auch für die gemeindliche Stiftungsverwaltung. Art. 87 Anm. 2, Art. 107 Anm. 6. Einschlägig ist Art. 14 SG. und 15 I, III SG., Schuldaufnahme, Ausleihung von Geldern gegen die Vorschriften oder an Mitglieder der Verwaltung, Veräußerung oder wesentliche Veränderung von Gebäuden, oder sonstigen unbeweglichen und beweglichen Gegenständen von künstlerischem oder geschichtlichem Wert. Veräußerung von Grund und Boden in kleineren Gemeinden, unter 3000 E., mit vorwiegend landwirtschaftlicher Bevölkerung.

Wegen Streitkonsens Art. 65 Anm. 6 a. E., wegen Vergütung an die Gemeinde für die Stiftungsverwaltung Art. 65 Anm. 2. Über Streitigkeiten um das Recht der Stiftungsverwaltung oder auf den Genuß der Stiftung Art. 65 Anm. 8.

Nach § 89 BGB. findet § 31 BGB. auch auf die Stiftungen des öffentlichen Rechts, Art. 65 Anm. 5, Anwendung. § 31 handelt von der Schadenshaftung.

## Art. 67. (51)[3])

I Ist die Erfüllung des Stiftungszwecks[1]) unmöglich geworden oder gefährdet sie das Gemeinwohl, so finden auch bei Stiftungen des öffentlichen Rechtes die Vorschriften des § 87 des Bürgerlichen Gesetzbuches Anwendung.

II Zu der zu treffenden Verfügung ist in den Gemeinden mit städtischer Verfassung die Zustimmung der Gemeindebevollmächtigten, in den übrigen Gemeinden die Zustimmung der Gemeinde- bezw. Ortsversammlung erforderlich. Der Beschluß bedarf der Genehmigung[2]) der vorgesetzten Verwaltungsbehörde.

1. Art. 67 hat seine jetzige Fassung durch Art. 158 Ziff. IV des AG. BGB. v. 9. Juni 1899, Beil. z. Nr. 28, GVBl. 1899 S. 1ff., erhalten. Die neue Fassung stellt die öffentlichen Stiftungen und die dem Privatrecht angehörigen Stiftungen in bezug auf die Änderung des Stiftungszweckes gleich, sofern der Grund darin liegt, daß die Erfüllung des Stiftungszweckes unmöglich geworden ist,

oder das Gemeinwohl gefährdet. In diesem Fall kann die zuständige Behörde der Stiftung eine andere Zweckbestimmung geben oder die Stiftung aufheben, sie kann auch die Verfassung der Stiftung ändern, soweit es die Umwandlung des Zweckes fordert. Die Absicht des Stifters ist möglichst zu berücksichtigen, die Erträge sollen dem bisherigen Personenkreis erhalten bleiben. § 87 BGB.

Wegen des Begriffes der öffentlichen Stiftungen Art. 65 Anm. 5, alle unter gemeindlicher Verwaltung stehenden Stiftungen, nicht bloß die örtlichen, fallen regelmäßig darunter.

Die Beschlüsse über die Umänderung faßt die Gemeindeverwaltung, sie ist hier die Behörde im Sinne der reichsrechtlichen Bestimmung. Die Zustimmung der Gem.-Bevollm. der GemVerf. ist durch Art. 6 II, 29 I SG. weggefallen.

**2.** Die Genehmigung steht der Staatsaufsichtsbehörde, Bezirksamt, Kreisregierung zu. Sie ist durch SG. nicht berührt, Art. 66 Anm. 4. Zur Erteilung ist die Aufsichtsbehörde bei gegebenen Voraussetzungen verpflichtet, gegen die Entscheidung des Bezirksamts kann die Regierung, gegen diese der VGH. angerufen werden. Art. 10 Ziff. 3 a VGG. Diese Bestimmung ist eine bemerkenswerte Besonderheit des Stiftungsrechtes, die sich nach Art. 66 Anm. 5 erklärt.

**3.** Für den Fall, daß der Stiftungszweck nur unzeitgemäß geworden sein sollte, bietet Art. 15 II SG. die Möglichkeit einer Änderung. Siehe dort.

## Art. 68. (52)

Die Bewirtschaftung der Stiftungswaldungen unterliegt den gesetzlichen Vorschriften.[1])

**1.** Hier gelten die Bemerkungen bei Art. 30. Der Artikel bezieht sich nur auf die örtlichen Stiftungen.

## Art. 69. (53)

I Neue örtliche Stiftungen bedürfen der königlichen Bestätigung,[1]) mit bleibenden Lasten verknüpfte Stiftungszuflüsse jener der vorgesetzten Verwaltungsbehörde.[2]) Bezüglich anderer Stiftungszuflüsse kann jährliche Anzeige angeordnet werden.

II Die Stiftungen erlangen durch die landesherrliche Bestätigung die Rechtsfähigkeit[3]) und den verfassungsmäßigen Staatsschutz.[4])

**1.** An deren Stelle ist jetzt die ministerielle Bestätigung getreten. VO. v. 15. Nov. 1918, GVBl. 1231. Ausdrücklich als fortgültig anerkannt MinBek. v. 28. April 1919, GVBl. 401. Bei Stiftungen für Unterricht und Kultus ist das Ministerium für Unterricht und Kultus zuständig. Außerdem das Ministerium des Innern. Die Bestätigung wird im Staatsanzeiger bekannt gegeben.

Die ehemals militärischen Stiftungen kommen hier nicht in Betracht MinBek v 16 Juni 1922, StA 142.

2. Bezirksamt, bei kreisunmittelbaren Städten Regierung. Einmalige Lasten fallen nicht darunter

3. Vollkommene Teilnahme am Rechtsverkehr.

4. VerfUrk § 25, Art 65 Anm 1

# IV. Abteilung.

# Von der Verwaltung der Gemeinden.

## Erster Abschnitt.

## Von der Verwaltung in Gemeinden mit städtischer Verfassung.

### Vorbemerkung zu Artikel 70.

1. Die Entwicklung der Gemeindeverf. zeigt uns im Anfang in Dorf und Stadt die Verwaltung durch die herrschenden Geschlechter, das Patriziat. Aus ihnen bildete sich in den Städten der Stadtrat. Die vollziehende Gewalt lag beim Stadtrichter. Justiz und Verwaltung waren ja bis in die Mitte des vorigen Jahrhunderts eng miteinander verbunden Der Stadtrichter gehörte in der Regel nicht zum Stadtrat.

Im Laufe des 14. und im Anfang des 15. Jahrhunderts erscheint neben dem Stadtrat, der nun der innere Rat heißt, ein zweites Kollegium, der äußere Rat. Langsam hatte sich das Bürgertum heraufgekämpft. Die herrschenden Geschlechter saßen im inneren, die Bürger im äußeren Rat. Das Bürgermeisteramt taucht erst am Ende des 15. und Anfang des 16. Jahrhunderts in Bayern auf. Gewöhnlich dem inneren Rat entnommen, hatte der Bürgermeister den Vorsitz und die Leitung der Ratsgeschäfte, sowie die Sorge für den Vollzug Jeder der inneren Räte führte abwechselnd das Bürgermeisteramt, bis die Zahl der Bürgermeister mehr und mehr beschränkt wurde Der äußere Rat sollte die Gemeinde gegenüber dem inneren Rat vertreten, genau so wie später nach der GemO. 1869 das Gemeindekollegium gegenüber dem Magistrat. Im äußeren Rat trat das Gemeindevolk in die Erscheinung, er ersetzte die Gemeindeversammlung.

Hier liegt also die Quelle jener dualistischen Bildung, die sich im bayerischen Gemeinderecht bis zum SG. erhalten hat.

Das GemEd. 1808 wollte nur ein einziges Kollegium für die Stadtverwaltung. Dieses Edikt ist aber nicht zum Vollzug gelangt. Das Edikt 1818 kehrte wieder zur alten städtischen Verfassung zurück und auch die GemO. 1869 hat sie beibehalten. Nach Art. 111 war das Gemeindekollegium nicht als Aufsichtsorgan gegenüber dem Magistrat gedacht, sondern als Repräsentant der Gemeinde, die in wichtigen in Art. 112 bezeichneten Angelegenheiten durch dieses Organ ihren Willen und ihre Zustimmung erklären sollte. Der mittelbare wesentliche und wichtigste Einfluß des Kollegiums lag aber in seinem Recht, den Magistrat zu wählen Hier hatte es die Macht, den entscheidenden Einfluß auf die Richtung der Stadtverwaltung zu uben.

**2.** So bestechend auch der Eindruck sein mag, den ein solches Zusammenwirken von Stadtregiment und Gemeindevolk vielleicht gerade in unseren Tagen ausübt, so machte sich doch in steigendem Maße eine Strömung gegen diese Einrichtung geltend, teils aus politischen, teils aus verwaltungstechnischen Gründen

Der sozialdemokratische Parteitag 1904 in Bremen setzte das Einkörperschaftssystem auf sein Programm. Maßgebend war hier der Wunsch einer unmittelbaren Wahl der Stadtverwaltung durch die Gemeinde Anderseits haben Männer der Praxis wie der Theorie aus rein sachlichen Erwägungen sich angeschlossen. Rechtslehrer Otto Mayer hat sich zur sächsischen Denkschrift 1919 in diesem Sinne geäußert, der sächsische Gemeindetag 1921 sprach sich für dieses System aus Am 5 Deutschen Städtetag in Stuttgart 1921 sind die Redner ausschließlich dafür eingetreten. Auf diesem Städtetage wurde insbesondere die Vereinheitlichung der GemVerf. erörtert Der gerade bei diesen Verhandlungen und auch außerdem besonders häufig in der Presse gebrauchte Ausdruck Einkammersystem ist übrigens unzutreffend Es handelt sich nicht um zwei gesetzgebende Körperschaften, wie früher bei uns die Kammer der Reichsräte und Landtag, sondern um das Nebeneinander einer Verwaltungs- und Vollzugskörperschaft und einer anderen, die in bestimmten Fällen die Entschlüsse der ersteren zu sanktionieren hat Nach unserer GemO war für den Fall, daß eine Einigung der beiden Kollegien nicht zustande kam, eine gemeinschaftliche Sitzung vorgesehen. Unter Umständen konnte die Angelegenheit auch auf sich beruhen. War das aber nicht möglich, dann gab es Fälle, wo die Gemeindeordnung keinen Ausweg bot, wenn die beiden Kollegien uneinig waren. Ein solcher Fall lag in einer kreisunmittelbaren Stadt vor, als der Magistrat einen bürgerlichen und das Kollegium der GemBev. einen rechtskundigen Bürgermeister haben wollte Hier konnte auch das Kollegium, weil es die Wahl vorzunehmen hatte, unter Umständen Obstruktion treiben —

Das SG. hat jener Strömung nachgegeben und einen einfachen Aufbau der Gemeindeverwaltung einheitlich für Stadt und Land durchgeführt. Dadurch ist der Unterschied zwischen Stadt- und Landgemeindeverfassung gefallen, in der Geschäftsführung hat er aber noch seine Bedeutung. Für die bisherigen Stadtmagistrate gelten die Vorschriften der GemO. in Art 70—107 weiter, während Art 123—152 für die übrigen Gemeinden angewendet werden muß. MinBek. v. 22 Aug. 1919, MBl 225

**3.** Wie schon das bisherige Recht, kennt auch das Selbstverwaltungsgesetz keinen Gegensatz zwischen Vollzug und Verwaltung, der in den norddeutschen Systemen eine Rolle spielt. Der Bürgermeister hebt sich gegenüber dem Stadt- oder Gemeinderat durch keine besonderen Funktionen ab, er hat insbesondere nicht die ausgesprochene Aufgabe, über die Gesetzmäßigkeit der Beschlüsse zu wachen und trägt in dieser Beziehung keine größere Verantwortung als jedes andere Mitglied des Stadtrates auch Er hat die Sorge für den Vollzug der Stadtratsbeschlüsse, Art. 101, weil die Ausführung nur das Werk einer einzelnen Person sein kann. Aus dem gleichen Grund hat er auch die Gegenstände zu erledigen, die sich nicht für die kollegiale Beratung eignen. Es ist Sache seiner Pflichtauffassung, ob und wie er handeln will, wenn er einen Beschluß des Stadtrats für ungesetzlich oder gemeinschädlich erachtet. Die GemO gibt ihm keinen besonderen Weg an und sieht diesen Fall überhaupt nicht vor.

**4.** Das SG hat ebenso wie die GemO 1869 davon abgesehen, der Staatsregierung die Befugnis zu geben, in bestimmten Fällen die Gemeindeämter durch Staatskommissäre verwalten zu lassen, ebensowenig die Befugnis, die Gemeindeverwaltung aufzulösen.

### Art. 70.[1])

In Städten und Märkten mit städtischer Verfassung werden vorbehaltlich der Befugnisse der Bürgerschaft die Gemeindeangelegenheiten besorgt:

1. durch den Magistrat als Verwaltungsbehörde,
2. durch die Gemeindebevollmächtigten als Gemeindevertretung.

**1.** Ersetzt durch Art 6 I, II SG.

## I. Bildung des Magistrats.

### Art. 71.[1])

I Der Magistrat soll bestehen:

1. aus einem Bürgermeister;
2. im Falle des Bedürfnisses aus einem oder mehreren rechtskundigen Räten;
3. aus den bürgerlichen Magistratsräten, und zwar
   6—10 in den Gemeinden bis zu 10 000 Seelen,
   8—12 „ „ „ von 10 000—20 000 Seelen,
   10—16 „ „ „ von 20 000—50 000 Seelen,
   14—20 „ „ „ mit größerer Seelenzahl.

II Die einer Kreisregierung unmittelbar untergeordneten Städte sind verpflichtet, mindestens ein rechtskundiges Magistratsmitglied aufzustellen.

III In Städten mit mehr als 10 000 Seelen können zwei, in Städten mit mehr als 50 000 Seelen drei Bürgermeister aufgestellt werden.

IV Nach Erfordernis können für technische Angelegenheiten, für Schulangelegenheiten, Forstwirtschaft, Gesundheitspflege und Medizinalpolizei Sachverständige als Mitglieder des Magistrats mit voller Stimmberechtigung in Gegenständen ihres Wirkungskreises aufgestellt werden.

**1.** Ersetzt durch Art 6 III, VII SG.

### Art. 72.

I Die Gemeinden sind ferner berechtigt,[1]) [2]) Verwalter [3]) des Stadtvermögens (Stadtkämmerer), Verwalter des Stiftungsvermögens und einzelner Gemeindeanstalten, Beamte für Forst- und Bauwesen und öffentliche Gesundheitspflege und andere höhere Beamte[4]) aufzustellen.

II Gemeinden ohne rechtskundiges Magistratsmitglied sind zur Aufstellung eines Stadt- oder Marktschreibers verpflichtet, wenn nicht der Bürgermeister eine der im Art. 77 Abs. I bezeichneten Prüfungen mit Erfolg bestanden hat.[5])

III Den Stadt- und Marktschreibern kommt eine beratende Stimme in den Magistratssitzungen zu.[6])

IV Für die Besorgung untergeordneter Geschäfte ist das nötige niedere Dienstpersonal von Gehilfen, Schreibern, Boten, Polizeidienern usw. aufzustellen.[7]) [8])

**1.** Im Gegensatz zu den gewählten ehrenamtlichen oder berufsmäßigen Mitgliedern des Stadtrates handelt Art. 72 von den durch einen Verwaltungsakt des Stadtrats angestellten Beamten. Der Stadtrat hat es in der Hand, den Umfang und die Gliederung seines Beamtenkörpers selbst zu bestimmen. Er kann auch Personen auf bürgerlich-rechtlichen Dienstvertrag hin anstellen. Art 77 Anm. 3. Die Aufsichtsbehörde darf keine Vorschriften im einzelnen machen, sie kann nur verlangen, daß die Stadtverwaltung in ordentlichem Gang erhalten wird Bloß für Zwecke der Polizei hat die Aufsichtsbehörde weitergehende Vollmacht. Art. 156. Die Beamten des Art 72 I fielen nicht unter Art. 32 SG. An Sitzungen des Stadtrates können sie als Auskunftspersonen teilnehmen, Stimmrecht kann ihnen nicht eingeräumt werden, auch nicht in Gegenständen ihrer Geschäftsaufgabe.

**2.** Für die Anstellung der Gemeindebeamten gilt § 68 I b. VerfUrk Danach kann zu einem öffentlichen Amt nur berufen werden, wer seit mindestens 5 Jahren die deutsche Reichsangehörigkeit besitzt. Ein Verstoß gegen diese Bestimmung macht übrigens die Anstellung weder anfechtbar noch nichtig. BayGemZ. Nr. 5/1922.

**3.** Nach Art. 87 I wird das Gemeinde- und örtliche Stiftungsvermögen durch die aus der Mitte des Stadtrates vom Bürgermeister bestimmten oder durch die besonderen Verwalter verwaltet. Die Stadtratsmitglieder sind gehalten, die Kassenführung zu übernehmen, wenn der Stadtrat von der Aufstellung besonderer Verwalter absieht. Das wird nur in den kleineren Städten der Fall sein. Die besonderen Verwalter müssen Sicherheit bestellen

**4.** Höhere Beamte im Gegensatz zu den in Abs. IV aufgeführten. Die Eigenschaft eines höheren Beamten ist notwendig für die Aufgaben nach Art. 94 und 100 I Auch für die Handhabung der Dienststrafgewalt ist der Unterschied von Bedeutung. Art 166 I, 167 I.

**5.** Abs. II ist ersetzt durch Art. 6 VIII SG.

**6.** Der Stadt- und Marktschreiber heißt nach SG. Gemeindesekretär, er gehört immer zu den höheren Gemeindebeamten Art. 73 I, er hat ein Recht auf Teilnahme an den Sitzungen des Stadtrats und auch darauf, gehört zu werden und Anträge zu stellen. Er wird nur dann auszuschließen sein, wenn ein Beschluß seine eigene Person betrifft. Von geheimen Sitzungen kann er nicht ausgeschlossen werden. a. M. BayGemZ. 1917 Sp 308

**7.** Auch für die übrigen gemeindlichen Beamten gilt das gleiche freie Ermessen des Stadtrats. Anm. 1.

**8.** Wegen der Verpflichtung der Gemeindebeamten Art 79 Anm. 1, wegen der Dienstkleidung Art 85 Anm. 5. Für die Beamten, die weder Mitglieder der Gemeindeverwaltung sind, noch zu polizeilichen Verrichtungen verwendet werden, ist eine Dienstkleidung nicht vorgeschrieben.

## Art. 73.

I Der Magistrat beschließt mit Zustimmung der Gemeindebevollmächtigten[1]) innerhalb der Vorschriften der Art 71 und 72 über die Zahl der bürgerlichen Magistratsmitglieder,[2]) über die Aufstellung und Zahl rechtskundiger und technischer Magistratsmitglieder,[3]) sowie über die Aufstellung der Stadt- und Marktschreiber und des übrigen höheren Dienstpersonals.[4])

II Die Feststellung der Zahl des niederen Dienstpersonals nach Maßgabe der hierfür bestimmten Mittel steht dem Magistrat allein zu.

**1.** Die Zustimmung des GemKoll. ist durch Art. 6 II SG. weggefallen.

**2.** Die Zahl der bürgerlichen, d. h. nicht berufsmäßigen Stadtratsmitglieder wird durch den Stadtrat allein bestimmt innerhalb der Grenzen des Art. 6 III SG., die Besetzung geschieht durch die Wahl nach den Grundsätzen des Verhältniswahlrechts, an der Wahl nehmen sämtliche Wahlberechtigte Personen der Gemeinde teil, Art. 7 I Ziff 4 SG. Die Wahl fällt gewöhnlich mit den allgemeinen Wahlen zusammen, es kann aber auch unter der Wahlzeit eine Vermehrung beschlossen und eine Wahl abgehalten werden, VA. § 6 VI.

**3.** Bei rechtskundigen und technischen Stadtratsmitgliedern, die sich jetzt in die Gruppe der berufsmäßigen Stadtratsmitglieder zusammenfassen lassen, ist zu unterscheiden a) wieviel Stellen geschaffen werden sollen, vgl. insbes. Art. 6 III Ziff. 4 SG., b) mit welchen Persönlichkeiten sie besetzt werden sollen. Für die Frage a) ist jetzt der Stadtrat allein zuständig. Er hat sich zunächst nach den im Haushaltsplan vorgesehenen Mitteln zu richten, kann sich aber durch Nachbewilligung von Mitteln helfen, ohne wie früher die Zustimmung des GemKoll. zu haben. Die Besetzung der Stellen b) geschieht durch Verhältniswahl, wenn mehrere Stellen zu besetzen sind, es wählt aber nicht die Gemeinde, sondern der Stadtrat. Art. 7 I Ziff. 3 SG.

**4.** Die Aufstellung der höheren und niederen Beamten steht dem Stadtrate zu. Art. 73 hat nur die Anzahl der Stellen im Auge, die Zuständigkeit des Stadtrats ist durch Art. 85 gedeckt, die Bestimmung jetzt selbstverständlich nach Wegfall des GemKoll Die

Aufstellung geschieht durch Beschluß des Stadtrats, sie kann sich in Form einer Auswahl aus einer Anzahl von Bewerbern vollziehen, die äußerlich einer Wahl nach Art. 7 I SG. ähnlich sieht, rechtlich liegt aber nur ein Beschluß, keine Wahl im Sinne der GemO. vor. Es finden deshalb auch die Formvorschriften für Gemeindewahlen keine Anwendung.

5. Wegen der Amtsbezeichnung der Beamten und wegen der Frage nach dem Recht der Titelverleihung durch die Gemeinden, Einl. Ziff. 3 E und Art. 12 SG. Anm. 2 c.

### Art. 74. (56 a)

I Die für die Stelle eines rechtskundigen Bürgermeisters oder Magistratsrats Gewählten müssen in der Gemeinde ihren Wohnsitz nehmen.[1])

II Sie erhalten bei ihrer Anstellung eine angemessene Besoldung und treten nach drei Jahren, wenn sie zu derselben Stelle wieder gewählt worden sind, entsprechend in die Verhältnisse und Rechte der in etatsmäßiger Weise unwiderruflich angestellten Staatsbeamten, sofern nicht durch besondere Dienstverträge eine andere Bestimmung getroffen ist.

III Aus besonderen Gründen kann durch Beschluß der Gemeindebevollmächtigten mit Zustimmung des Magistrats das Dienstverhältnis schon vor Ablauf der im Abs II bestimmten Zeit als unwiderruflich erklärt werden.[2])

1. Die Bestimmung gilt jetzt allgemein für alle berufsmäßigen Stadtratsmitglieder, der Bürgermeister ist auch Mitglied des Stadtrats.

2. Abs. II und III sind durch Art 6 IV—VI SG ersetzt

### Art. 75.

I Die nicht rechtskundigen Bürgermeister und Magistratsräte werden auf sechs Jahre und zwar letztere in der Art gewählt, daß alle drei Jahre die Hälfte derselben nach der sie treffenden Reihenfolge, das erste Mal nach dem Lose, austritt, und durch neue Wahl ersetzt wird

II Auch diese Bürgermeister und Magistratsräte müssen in der Gemeinde ihren Wohnsitz haben.

III Die Bürgermeister können für die Dauer ihrer Amtsführung einen Funktionsgehalt, die Magistratsräte eine verhältnismäßige Entschädigung erhalten; jedenfalls haben dieselben auf Vergütung der durch den Dienst verursachten Auslagen Anspruch.

1. Ersetzt durch SG. Art. 5, Art. 4 II, III und Art. 2 I Ziff. 3 WahlG. Art. 75 betrifft die Gruppe der ehrenamtlichen Stadtratsmitglieder, die mit dem Wegzug aus der Gemeinde auch das Wahlamt verlieren Eine Residenzpflicht im Rechtssinne haben sie nicht. A. M. H—R.

### Art. 76.

Technische[1]) Magistratsmitglieder (Art. 71 Abs. IV) werden, abgesehen von besonderen Dienstverträgen, in widerruflicher Weise angestellt und können eine Besoldung oder verhältnismäßige Entschädigung erhalten.

1. Die technischen Stadtratsmitglieder fallen jetzt unter die Gruppe der berufsmäßigen Stadtratsmitglieder Art. 73 Anm 3

### Vorbemerkung zu Art. 77.

## Gemeindebeamtenrecht.

1. Seitdem das Gesetz v 16. Aug. 1908 die Dienst- und Gehaltsverhältnisse der Staatsbeamten zum ersten Male in Bayern in einem einheitlichen Werke geregelt hatte, ist in den Reihen der Gemeindebeamten der Wunsch nach einer gleichen Leistung für ihr Standesrecht nicht mehr verstummt. Der Entwurf eines Gemeindebeamtengesetzes, den das Staatsministerium des Innern am 22. Okt. 1913 vorlegte, entsprach diesem Wunsche. Die Verhandlungen über den Entwurf wurden durch den Weltkrieg unterbrochen. Nach der Wiederaufnahme im Oktober 1915 war es in der K. d. Abg. in der 2. Lesung zu einem Beschluß gekommen, der im wesentlichen dem Reg.-Entw entsprach, Verh. d. K. d. Abg. 36. Vers III Session 1915 Beil. 1212. Die K. d. Reichsräte lehnte den Entwurf ab und wollte sich nur auf eine Änderung der Gemeindeordnung einlassen. Die K. d. Abg. gab nach. Das GBG. v. 15. Juli 1916, GVBl. 113, begnügte sich damit, teils die Bestimmungen der Gemeindeordnung über das GB.-Recht zu ergänzen, teils neue einzufügen. Das GB.-Verhältnis sollte wie bisher grundsätzlich widerruflich bleiben; der vollbeschäftigte berufsmäßige GB. nach 10jähriger Dienstzeit Anspruch auf Ruhegehalt und Hinterbliebenenversorgung erhalten. Im Gegensatz zur bisherigen Rechtsauffassung wurde dem berufsmäßigen GB. ohne Rücksicht ob voll beschäftigt oder nicht ein in einem aufsichtlichen Beschwerdeweg verfolgbarer Anspruch auf angemessene Besoldung eingeräumt. Ebenso wurde für Ruhegehalt und Hinterbliebenenbezüge der Beschwerdeweg eröffnet. Die frühere Rechtsauffassung, die jede aufsichtliche Nachprüfung der GB.-Gehälter für unzulässig erklärte s. K I S. 923 Note 9

Bemerkenswert sind noch folgende Bestimmungen des GBG. 1916.

a) Die Gemeinden sollten die Dienst- und Gehaltsverhältnisse ihrer Beamten, einschließlich der Ruhegehälter und Hinterbliebenenversorgung durch eine Satzung regeln, zu deren Genehmigung die Regierung für zuständig erklärt wurde. Art. 23 BGB. Diese Bestimmung ist durch SG. nicht berührt, die Genehmigung durch die Regierung ist noch notwendig, ungedr. E. d. BGH. v. 14. Okt. 1921 Nr. 70 II, 21. Der Entwurf des Landessperrgesetzes, Beilage 2710, Landtagsverh. II. Tagung 21/22 Art. 14, will diese Bestimmung beseitigen.

Die Mustersatzung MinBek. v 25. Juli 1916, MBl. 123 ist durch MinBek v 9 Sept. 1920, MinAmtsbl 334, dem

Besoldungsgesetz angepaßt worden, ergänzt durch MinBek. v. 9. Febr. 1921, MABl. 22.

b) Für Gemeinden bis zu 10 000 Einwohner wurde zur Ausgleichung der Versorgungslasten ein Zwangsverband errichtet, dem auch die Bezirke beitreten mußten, während den Gemeinden mit mehr als 10 000 Einwohnern das Recht des freiwilligen Beitritts eingeräumt wurde.

Es gab für die Gehaltsansprüche der GB. nur den aufsichtlichen Verwaltungsweg, lediglich die Gemeinde konnte, wenn sie zur Erhöhung der Bezüge gezwungen wurde, nach Art. 10 Ziff. 2 den VGH. anrufen.

Bei den Beratungen des BBesG. v. 2. Juni 1920, GVBl. 275, drang der Antrag „Jehle" durch: die bisher nur als praktisch empfohlene Regel MinE. v. 25. Juli 1916 Ziff. III, 1 und 2, MinABl. 120, der vergleichsweisen Heranziehung der Staatsgehaltsordnung wurde zu einer gesetzlichen Gleichstellung der GB. und der Staatsbeamten hinsichtlich der Höhe der Bezüge erhoben. Zur Entscheidung über die Festsetzung der neuen Bezüge wurden Kreisschiedsgerichte eingerichtet, die auch über die Angemessenheit der Bezüge der ehrenamtlichen GB. zu entscheiden haben. Endlich wurde für die Verfolgung der vermögensrechtlichen Ansprüche der GB. und ihre Hinterbliebenen der Rechtsweg eröffnet. Art. 66 BBG.

Ihren Abschluß fand diese Entwicklung beim Staatspensionsergänzungsgesetz v. 23 März 1921, GVBl. 117. Gleichzeitig mit diesem Gesetz wurden durch ein besonderes Gesetz, das aber, weil es nicht für dringlich erklärt worden war, erst am 23. Mai 1921, GVBl. 323 verkündet werden konnte, die Versorgungsbezüge der vor Erlassung des GBG. vorhanden gewesenen, im Ruhestand befindlichen GB. und der Hinterbliebenen von solchen angeordnet. Auch auf sie wurde die Gleichstellung ausgedehnt und ebenso die Zuständigkeit der Kreisschiedsgerichte. Zu diesem Zwecke erhielt Art. 77a die jetzige also zum zweiten Male geänderte Fassung. Um die zeitlich unbeschränkte Rückwirkung auf die Bezüge der Pensionisten und Hinterbliebenen zu erreichen, mußte Art. 26 II des GBG. 1916 eine neue Fassung erhalten Art. 2 Ges. v. 23. Mai 1921, GVBl. 323.

Die KreisschiedsgerichtsO wurde am 20 Okt. 1920 erlassen und am 31. Okt. 1921 geändert. Die jetzt gültige Fassung MBl. 1921 S. 189 Die Urteile der KrSchGer. sind unanfechtbar. Der Entwurf des Landessperrgesetzes sieht jetzt in Art. 9 eine Beschwerde an ein Landesschiedsgericht vor. — Die KSchG. befinden nur über die Angemessenheit der Besoldungs- und Versorgungsbezüge, die Leistungsfähigkeit der Gemeinde haben sie nicht zu prüfen. Die 8 KrSchGer sind mit Beginn des Jahres 1921 so ziemlich gleichzeitig in Tätigkeit getreten Das KrSchGer. für Mittelfranken hat seinen Sitz in Nürnberg, die übrigen Gerichte in den Kreishauptstädten

**2.** Durch die mit Gesetzeskraft erlassene VO. v. 9 Jan. 1919, GVBl 13 und 403, haben die GB. gemeinschaftlich mit den Bezirksbeamten eine ständige Vertretung erhalten, die Gemeindebeamtenkammer. Sie ist rechtsfähig und wird nach Maßgabe der MinBek. v. 25. Okt 1919, MinBl 259, und v 11 Mai 1921, MBl. 99, von der

Staatsregierung, insbes. vor der Erlassung von Maßnahmen, die die GB. berühren, gehört.

Nach der vom Min. d. J. am 11. Dez. 1919 genehmigten Satzung, die auf den Beschlüssen der Vollsitzung der GBKammer v. 27. Okt. 1919 beruhte, besteht der Vorstand der Gemeindebeamtenkammer aus zwei Vorsitzenden und höchstens 7 Beisitzern, einschließlich der Schriftführer. Die Wahl geschieht auf 6 Jahre. Das Hauptorgan ist die Vollsitzung, die regelmäßig jedes Jahr stattfindet und zu der das Min. d. J. einen Vertreter abordnet. Für jeden Regierungsbezirk ist eine Kreiskammer eingerichtet.

Die GBK hat sich noch eine Geschäftsordnung gegeben und eine Dienstanweisung für ihre Beauftragten erlassen. Zu den Kosten der Kammer hat das Min. d. J. bisher auf Grund Abs. III VO. v. 9. Jan. 1919 Gemeinden und Bezirke mit $^2/_3$ des nachgewiesenen Aufwandes herangezogen. Über den Verteilungsschlüssel MinBek. v. 20. Sept. 1920, StA. 222 und v. 19. Nov. 1921, StA. 272. Die Kreise sind schließlich von der Beitragspflicht befreit worden.

Wahlberechtigt zur GB.-Kammer sind nach I, 1 der oben erwähnten MinBek. v. 25. Okt. 1919, MBl. 259, alle verbandsweise zusammengeschlossenen Beamten der Bezirke und Gemeinden. Die Wahlordnung v. 9. Mai 1919 siehe StA. 125.

**3.** Der Versorgungsverband zum Ausgleich der Lasten für die Versorgung der Gemeinde- und Bezirksbeamten und ihre Hinterbliebenen beruht auf Art. 24 GBG. 1916, GVBl. 113, der durch Gesetz v. 23. Juli 1918 § 5, GVBl. 374, und v. 18. Aug. 1922, GVBl. 421, geändert wurde.

Die gültige Fassung der Verbandssatzung MinBek. v. 21. April 1921, MBl. 78, nachträglich geändert durch MinBek. v. 14. Okt. 1921, MBl. 183, u. v. 17. Aug. 1922, MBl. 288. Dem Verband gehören neben den gesetzlichen Mitgliedern, das sind die Gemeinden bis zu 10000 Einwohner einschließlich und die Bezirke, auch fast alle größeren Gemeinden und Städte als freiwillige Mitglieder an.

## Art. 77.

I Die Anstellung eines Stadt- oder Marktschreibers 1) setzt den Nachweis der für dieses Amt erforderlichen Kenntnisse durch Bestehen einer von der Staatsregierung anzuordnenden oder der in Art. 172 Abs. II erwähnten Prüfung 2) voraus.

II Die berufsmäßigen Gemeindebeamten 3) haben Anspruch auf Besoldungen oder Dienstbezüge, 4) außerdem, wenn sie vollbeschäftigt 5) sind, nach zehnjähriger Dienstzeit

1. Anspruch auf Ruhegehalt nach Erreichung des 65. Lebensjahres oder im Falle der Dienstunfähigkeit, 6)
2. Anspruch auf Hinterbliebenenversorgung. 7) 8)

III Das Dienstverhältnis ist widerruflich. 9) Der Magistrat kann jedoch mit Zustimmung der Gemeindebevollmächtigten einzelnen Gemeindebeamten unwiderruflich Anstellung gewähren.

1. Die Bezeichnung Stadt- und Marktschreiber ist in Art. 6 VIII SG. durch Gemeindesekretär ersetzt worden. Die Prüfung ist in der MinBek. v. 6. April 1909 betr. die *Prüfung für den mittleren Staats- und Gemeindeverwaltungsdienst*, MBl. 303, im einzelnen geregelt. Die Prüfung findet jährlich statt, abwechselnd bei verschiedenen Regierungen zugleich. MinBek. v. 12. Mai 1921, StA. 111. Die *Kriegsteilnehmer* genießen besondere Vergünstigungen, sowohl bei der Bewertung der Prüfungsarbeiten als bei der Einrechnung in den Prüfungsjahrgang. MinBek. v. 3. Jan. 1920, StA. 7 Der Vorbereitungsdienst dauert 5 Jahre nach Vollendung des 16. Lebensjahres, für Personen mit Befähigung für den Einjährig-Freiwilligendienst nur 3, wobei die vor Vollendung des 17. Lebensjahres zurückgelegte Dienstzeit nicht eingerechnet wird. Der Vorbereitungsdienst kann bei einer Bezirksverwaltungsbehörde, Bezirksamt, kreisunmittelbare Stadt, oder bei einer mittelbaren Gemeindebehörde, Stadt, Markt, die früher die magistrat Verf. hatte, abgeleistet werden. Bei einer Gemeinde mit bisher Landgem.-Verf. nur mit Genehmigung der Regierung. Nach MinBek. v 22. Nov. 1919, MBl. 284 kann der Vorbereitungsdienst auch bei der Verwaltung einer *Kreis-, Heil- und Pflegeanstalt*, ferner in der Pfalz bei einer Steuer- und Gemeindeeinnehmerei abgeleistet werden

2. Die Prüfung zu dem höheren Justiz- und Verwaltungsdienst.

3. *Gemeindebeamte* sind nur die im öffentlich-rechtlichen Dienstverhältnis zur Gemeinde stehenden Personen Die Gemeinde kann auch nach den bürgerlich-rechtlichen Formen ihre notwendigen Kräfte gewinnen. Diese Personen heißen Angestellte Ein sicheres Unterscheidungsmerkmal für alle Fälle gibt es nicht. Hat die Gemeinde eine Satzung für ihre Beamten erlassen, so ist die Anstellung auf Grund der Satzung ein Kennzeichen, daß es sich um einen Beamten handelt. Fehlt es an einem solchen Anhaltspunkte, — die *Verpflichtung ist kein solches* Kennzeichen —, so ist im Zweifel zu vermuten, daß die Anstellung öffentlich-rechtlich gemeint ist, weil diese Form bei der Gemeinde die Regel bilden soll. Für *polizeiliche Zwecke* kann die Aufsichtsbehörde in bestimmten Fällen die Aufstellung von Beamten verlangen, Art. 141 Anm. 6 Im übrigen steht die Wahl im freien Ermessen der Gemeinde. Art. 72 Anm 1 Für die Angestellten gelten die Bestimmungen der GemO nicht

*Berufsmäßiger Gemeindebeamte* im Gegensatz zum ehrenamtlichen Gemeindebeamten ist derjenige, der gegen Entgelt im Dienste der Gemeinde angestellt ist und der seine Arbeitskraft ganz oder teilweise in den Dienst der Gemeinde stellt Ungedr. Entscheidung v. 15 Febr. 1918 Nr 58 II 17 und 26. Juli 1918 Nr. 25 II 18.

Auch die *nicht voll beschäftigten* berufsmäßigen Gemeindebeamten haben *Anspruch* auf *angemessenes Diensteinkommen*, ungedr Entsch. VGH. v. 26. Juli 1918. Ob das Einkommen angemessen ist, ist nach der Rechtsprechung Sache des freien Ermessens der VerwBeh. und entzieht sich der Prüfung durch den VGH., ungedr. Entsch v. 26. Juli 1918 und v. 20. Dez. 1918 Nr. 53 II 18. Dagegen später S 42, 84. Es ist nicht mehr nötig, der Streitfrage hier nachzugehen, da seit Art. 66 BBesGes., Vorbemerkung zu Art. 77 a. E über diese

Angemessenheit die Kreisschiedsgerichte entscheiden Hiebei ist die staatliche Gehaltsordnung maßgebend Der Wirkungskreis des GB. wird mit dem entsprechenden des StB. verglichen.

**4.** Unter Besoldungen und Dienstbezügen ist das gesamte als Gehalt den Beamten zugewiesene Diensteinkommen zu verstehen. Nebenbezüge, Naturalbezüge sind einzurechnen, soweit sie zum Gehalt gehören, die Dienstwohnung dagegen nicht, wenn für sie Entschädigung bezahlt werden muß Die Angemessenheit der Entschädigung für Dienstwohnung entzieht sich auch der Zuständigkeit der KreisSchGer

**5.** Vollbeschäftigt ist ein GemBeamter, wenn durch die Erfüllung seiner Geschäftsaufgabe seine volle Arbeitskraft in Anspruch genommen wird S 39, 99. Ungedr. Entsch. v. 20. Dez. 1918 Nr. 53 II 18. Die zehnjährige Dienstzeit konnte in der Satzung bis zu drei Jahren ermäßigt werden, § 7 Ziff. 5 der Satzung des Versorgungsverbandes, MBl 1921 S. 81. Die Dienstzeit wird vom Tage des Dienstantritts gerechnet, wenn die Satzung nicht etwa den Tag der Verpflichtung vorschreibt Die Dienstzeit in einer fremden Gemeinde kann die Gemeinde anrechnen, wenn sie will. Die vor dem 16. Juli 1916 zurückgelegte Dienstzeit wird eingerechnet. S 39, 90. Den Militäranwärtern wird die Militärdienstzeit in gewisser Weise eingerechnet. § 2 Min.-Bek. v 25. Juli 1916, MBl. 108, in der geänderten Fassung v 24. Sept. 1920, MBl 351, s. auch Art. 85 Anm. 2.

**6.** Der Begriff Ruhegehalt, Erreichung und Vollendung des 65. Lebensjahres, Dienstunfähigkeit, bestimmen sich für das GemBR. entsprechend dem StGB. v. 16. Aug. 1908, GVBl. 581, Art. 47 u BBG v. 2 Juni 1920, GVBl. 275, Art. 2—22. — Dienstunfähigkeit ist Untauglichkeit zur Erfüllung der Amtspflichten infolge geistigen oder körperlichen Gebrechens S 37, 42.

**7.** Die Hinterbliebenen-Versorgung richtet sich ebenfalls nach StBG. Art 72—88 mit den Änderungen Art. 44 BBG. Auch für die Hinterbliebenenversorgung müssen die Bezüge sich der entsprechenden staatlichen Beamtengattung angleichen, wenn sie angemessen sein sollen Auch hier entscheiden über die Höhe die Kreisschiedsgerichte

**8.** Die Gemeinden haben vielfach gemeindliche Pensionseinrichtungen getroffen, gemeindliche Anstalten, die hinsichtlich der Streitigkeiten über Verbindlichkeiten aus der Teilnahme unter Art. 8 Ziff 31 BGG fallen S 9, 419 und ungedr. Entsch. v. 6. Dez. 1918 Nr. 56 II 18

Seit dem BBG. dürfen die Gemeinden Beiträge für solche Anstalten nicht mehr erheben. Wohlerworbene Ansprüche aus der früheren Teilnahme sind durch Art. 77a VI i. d. F. des Ges. v. 23. Mai 1921, GVBl. 323, aufrechterhalten. BayGemZ. 1921 Nr. 22 S. 518 Ziff. V Da jetzt die vermögensrechtlichen Ansprüche der GB. zur Zuständigkeit der ordentlichen Gerichte gehören, Art. 77a IV, so werden auch für die Verbindlichkeiten der Gemeinden aus der früheren Teilnahme an solchen Anstalten jetzt nicht mehr die Verwaltungsgerichte zuständig sein. Vor die KrSchGer gehören sie nicht, s Art. 77a Anm. 7.

**9.** Widerruflich ist ein Dienstverhältnis, wenn es einseitig durch den Willen der Gemeinde, sei es mit oder ohne Abfindung, Art. 77b II, gelöst werden kann.

Unwiderruflich ist ein Dienstverhältnis, wenn die Entlassung nur durch gerichtliches oder dienststrafrechtliches Urteil möglich ist. Das Recht auf die Dienstleistung ist davon zu unterscheiden, es kann stets entzogen werden. K I, 745; Seydel III, 347[3].

Das GBG. v. 15. Juli 1916 hat am Grundsatz der Widerruflichkeit des GB. festgehalten. Vorbem. 1 zu Art. 77 Ausnahmsweise kann einzelnen Gemeindebeamten der Magistrat, jetzt nach SG. diejenige Gemeinde, die bis zum SG. die magistratische Verfassung hatte, unwiderrufliche Anstellung gewähren. Die Vorschrift ist als Ausnahmevorschrift streng auszulegen, ganze Klassen von Beamten können die Unwiderruflichkeit nicht erlangen. S 39, 69. Diesem Mangel hilft einigermaßen Art 77 b II ab.

## Art. 77 a. (64 a)[1])

I Die Besoldungen oder Dienstbezüge der berufsmäßigen Gemeindebeamten, ferner die Ruhegehalte und die Hinterbliebenenbezüge müssen angemessen sein.[2]) Sie sind regelmäßig dann angemessen, wenn sie den für die Staatsbeamten und ihre Hinterbliebenen geltenden Vorschriften entsprechen.

II Die beteiligten Gemeindebeamten und ihre Hinterbliebenen können eine Neufestsetzung[3]) beantragen. Zur Entscheidung von Streitigkeiten sind Kreisschiedsgerichte zuständig. Das Nähere über Bildung, Zuständigkeit, Verfahren und Kosten der Schiedsgerichte bestimmt das Staatsministerium des Innern im Benehmen mit den beteiligten Verbänden und der Gemeindebeamtenkammer.

III Die Kreisschiedsgerichte entscheiden auch über die Angemessenheit der Bezüge der ehrenamtlichen Gemeindebeamten[4]) (Art. 4 des Selbstverwaltungsgesetzes vom 22. Mai 1919).

IV Für die Verfolgung vermögensrechtlicher Ansprüche der Gemeindebeamten und ihrer Hinterbliebenen finden die Bestimmungen des Staatsbeamtengesetzes (Art. 176 mit 178) entsprechende Anwendung.[5])

V Vorstehende Vorschriften gelten auch für die nach Art. 32 des Selbstverwaltungsgesetzes vom 22. Mai 1919 in den Ruhestand versetzten Gemeindebeamten und ihre Hinterbliebenen; als angemessen ist der Ruhegehalt zu erachten, der sich aus dem pensionsfähigen Diensteinkommen (Grundgehalt, Teilbetrag der nächsten Dienstalterszulage, Durchschnittssatz des nächsten Ortszuschlags) mit 75 vom Hundert berechnet, wobei Art. 39 Abs. I Satz 2 des Beamtengesetzes in der Fassung des Art. 43 des Beamtenbesoldungsgesetzes vom 2. Juni 1920 Anwendung findet.[6])

VI Die bestehenden Ansprüche und Anwartschaften auf bestimmte Mehrleistungen zu den Versorgungsbezügen infolge von Beiträgen zu früheren Pensions- und Versorgungskassen bleiben unberührt.[7])

VII Den vollbeschäftigten berufsmäßigen Gemeindebeamten, die der reichsgesetzlichen Krankenversicherung unterliegen, hat die Gemeinde im Falle der Krankheit auf die Dauer der Regelleistungen der Krankenkassen einen Barbezug im anderthalbfachen Betrage des Krankengeldes zu gewähren.[8]) Auf diesen Bezug wird der Betrag angerechnet, der dem Gemeindebeamten für die gleiche Zeit als Besoldung, Ruhegehalt oder Unterhaltsbeitrag zukommt. Ist ein vollbeschäftigter berufsmäßiger Gemeindebeamter versicherungsberechtigt,[9]) so kann ihn die Gemeinde anhalten, der Versicherung freiwillig beizutreten; sie muß alsdann die vollen Beiträge bestreiten. Jedoch werden die Barleistungen der Krankenkasse auf die dem Gemeindebeamten gegen die Gemeinde für die gleiche Zeit zustehenden Bezüge angerechnet.

VIII Ist ein nicht vollbeschäftigter berufsmäßiger Gemeindebeamter krankenversicherungsberechtigt und macht er von diesem Rechte Gebrauch, so hat ihm die Gemeinde ein Drittel der Beiträge zu erstatten.

IX Ist ein nicht vollbeschäftigter berufsmäßiger Gemeindebeamter invalidenversicherungs- oder angestelltenversicherungsberechtigt und macht er von diesem Rechte Gebrauch, so hat ihm die Gemeinde die Hälfte des Beitragssatzes der untersten Klasse zu erstatten.

X Die Vorschriften der Abs. VIII und IX gelten nicht für Gemeindebeamte, die zugleich als etatsmäßige Staatsbeamte oder als vollbeschäftigte Gemeindebeamte oder an öffentlichen Volksschulen als Volksschullehrer, Schulverweser oder Hilfslehrer im Dienste stehen.[10])

**1.** Die jetzige Fassung beruht auf Gesetz v. 23 Mai 1921, GVBl. 323, Vorbem. 1 bei Art. 77

**2.** Art. 77 Anm. 3, 4, 6 u. 7. Das Wort „regelmäßig" wurde bei den Verhandlungen der Volksvertretung eingesetzt, um einen gewissen Spielraum zu lassen Die Leistungsfähigkeit der Gemeinde kann weder von den KrSchGer. noch bei der Verfolgung im Rechtswege von den ordentlichen Gerichten geprüft werden. BayGemZ. 1921 Sp. 518 und 1922 Spalte 244. Der Spielraum liegt also in der Erwägung der Bedeutung, des Umfangs, der Schwierigkeit der Dienstaufgabe des GB. und in der Wahl der zu vergleichenden Kategorie des Staatsdienstes, MinBek. v 25 Juli 1916, MBl 188 Ziff. III, 2.

**3.** Der Antrag auf Neufestsetzung soll die Gemeinde zur beschlußmäßigen Stellungnahme veranlassen. Vom Tag der Beschlußfassung läuft die Frist von acht Wochen zur Anrufung des Schiedsgerichtes. § 8 KrSchGO., Vorbem. 1 a. E. zu Art. 77, Schmitt-Lindner, KrSchGer. der Gemeindebeamten, München 1921, S. 78. Einen Überblick über die Rechtsprechung der KrSchGer. gibt die bayerische Gemeindebeamtenzeitung, das Organ der Gemeindebeamtenkammer und des Zentralverbandes der Gemeindebeamten Bayerns in den Jahrgängen 1921 u. 1922. Das KrSchGer. setzt nur die Höhe der Dienst- oder Versorgungsbezüge fest, bei Zahlungsweigerung der Gemeinde muß auf Grund dieser Festsetzung der Rechtsweg beschritten werden. Abs. IV; vgl. auch BayGemZ. 1921 Sp. 512, den Aufsatz über die KrSchGer. der GB.

Hat das ordentliche Gericht gesprochen, so ist die Zwangsvollstreckung wieder Sache der Aufsichtsbehörden. Aber auch im Zwangsvollstreckungsverfahren kann die Leistungsfähigkeit der Gemeinde rechtlich nicht berücksichtigt werden, nur tatsächlich kann die Zwangsvollstreckung erfolglos bleiben. § 13 KrSchGO und BayGemZ. 1922 Sp. 274

**4.** Die ehrenamtlichen Gemeindebeamten gehören eigentlich nicht in den Art. 77a herein, der nur von den angestellten Beamten handelt. Ehrenamtlich sind nur die auf Grund des gemeindlichen Wahlges. v. 15. April 1919, GVBl. 171, gewählten Beamten, wenn sie nicht berufsmäßige Beamte auf Dienstvertrag sind, Art. 6 IV GG. — Art. 4 II GG. gibt den ehrenamtlichen Bürgermeistern den Anspruch auf einen angemessenen Funktionsbezug, den übrigen Gewählten auf angemessene Aufwandentschädigung, Angestellten und Lohnarbeitern auch auf Ersatz für entgangenen Verdienst. Die Festsetzung dieser Ansprüche der Höhe nach steht den KrSchGer. zu. Auch in diesem Falle muß bei Zahlungsweigerung der Gemeinde nach erlassener Entscheidung des KrSchGer. der Rechtsweg beschritten werden; oben Anm. 3.

**5.** Wegen des Abhilfeverfahrens bestehen Meinungsverschiedenheiten. Schmitt-Lindner nimmt an, daß es durch das KrSchGer.-Verfahren ersetzt sei; der Aufsatz BayGemZ. 1921 Sp. 516 Ziff. IV, daß die Aufsichtsbehörde angegangen werden müsse und von diesem Zeitpunkt ab die Frist von sechs Wochen des Art. 177 StBG. läuft. Der VGH. hat sich dafür ausgesprochen, daß die Gem. selbst angerufen werden muß. S 42, 110.

Das Verfahren vor den ordentlichen Gerichten bemißt sich nach der ZPO.

**6.** S. Art. 32 GG. Anm. 13

**7.** S. Art. 77 Anm. 8. Über diesen Anspruch befinden die ordentlichen Gerichte, weil es sich hier nicht um ermessensweise Festsetzung von Dienst- oder Versorgungsbezügen, sondern um bereits erworbene Rechte handelt. So auch das oberbayr. KrSchGer., BayGemBeamtZ. 1922 Nr. 14 S 103 und amtl. Mitt. d. GBK. Nr. 5 S. 23.

**8.** Die Bestimmung bezweckt die Befreiung der Gemeindebeamten von der reichsges. Krank.-Vers., indem sie ihnen die Regelleistungen sichert. Sie gilt ohne Rücksicht auf die Dauer der Dienstzeit, die der Beamte in der Gemeinde zurückgelegt hat. § 170 RVO. Wegen der Begriffe vollbeschäftigt und berufsmäßig Art 77 Anm. 5 und 3.

9. Wegen der Versicherungsberechtigung § 176 RVO.
Die vollbeschäftigten berufsmäßigen GB. sind, solange sie noch keine Versorgungsansprüche erworben haben, versicherungspflichtig, sofern ihnen die Gemeinde nicht die Anwartschaft, § 1234 RVO., zusichert, für die AngestVers. schreibt Art. 57 des AG. z. RVO. v. 2. Nov. 1912, GVBl. 1151, eine solche Zusicherung vor. Die Unfallfürsorge, Art. 24 III GBG., ist in der Satzung des Versorgungsverbandes, Vorbem. 3 zu Art. 77, § 8 vorgesehen. Auch die Versorgung von Arbeitern und Vertragsangestellten ist durch eine besondere Einrichtung und Ergänzung der Satzung des Versorgungsverbandes getroffen. MinBek. v. 14. Okt. 1921, MBl. 183.

10. Die Bestimmung soll die auf dem Gebiete der reichsgesetzlichen SozVers. ohnedies unzulässige Doppelversicherung verhüten. Wenn Staatsbeamte im Nebenamte bei einer Gemeinde beschäftigt sind, so ist eine Nebenversorgung bei der Gemeinde mit Genehmigung des dem Beamten vorges. Min. ausnahmsweise zulässig. § 6 Ziff. 3 der Satzung des Versorgungsverbandes, MBl. 1921, 80 und MinBek. v. 29. Okt. 1917, MBl 301

## Art. 77b. (64b)

I Das Dienstverhältnis der widerruflichen berufsmäßigen [1]) Gemeindebeamten kann durch Beschluß jederzeit gelöst werden; jedoch ist, sofern nicht eine grobe Pflichtverletzung inmitte liegt,[2]) eine Kündigungsfrist von drei Monaten einzuhalten.[3])

II Hat ein widerruflicher berufsmäßiger Gemeindebeamter drei Dienstjahre[4]) als vollbeschäftigter Beamter der Dienstgemeinde zurückgelegt, so darf die Lösung des Dienstverhältnisses nur erfolgen, wenn ein wichtiger Grund[5]) vorliegt. Liegt dieser nicht in der Person des Gemeindebeamten, so wird ihm eine angemessene Abfindung[6]) gewährt.

III Beschwerde (Art. 163) ist zulässig.[7])

1. Widerruflich s. Art. 77 Anm. 9, berufsmäßig s. Art. 77 Anm. 3.

2. Bei grober Pflichtverletzung muß das Verbleiben des GB. mit den Interessen des Gemeinde- wie des öffentlichen Dienstes überhaupt nicht mehr vereinbar sein. Es ist im allgemeinen der gleiche Tatbestand, der auch die Dienstentlassung rechtfertigen würde. S 39, 133. Solche grobe Pflichtverletzung ist auch ein wichtiger Grund nach Abs. II dieses Artikels.

3. Das Ende der Kündigungsfrist braucht bei Zusammentreffen von Abs. I u. II nicht vor den Endpunkt der dreijährigen Dienstzeit zu fallen, es kann wegen eines wichtigen Grundes noch am letzten Tag der dreijährigen Dienstzeit rechtswirksam gekündigt werden. Ungedr. VGH. v. 17. Juni 1921 Nr. 22 II 21.

Die Kündigungsfrist läuft vom Tage der Eröffnung ab und wird nach § 187 I u. 188 BGB. berechnet.

4. Wegen Berechnung der Dienstzeit Anm. 5 Art. 77.

5. Als **wichtiger Grund** ist jedenfalls eine grobe Pflichtverletzung zu betrachten, Anm. 3, überhaupt schwere Dienstverfehlungen, die im Dienststrafverfahren zur Dienstentlassung führen würden. Es muß aber auch ein Tatbestand für genügend erachtet werden, der nur an diesen Tatbestand angrenzt. Es sind ferner Gründe denkbar, die mit einem Verschulden und überhaupt mit der Person des Beamten nicht zusammenhängen, z. B. Krankheit, Überflüssigkeit der Stelle. Die Berührung des Sachverhalts der Kündigung mit dem der Dienstentlassung führt leicht zu fehlerhafter Behandlung der Sache. Das Min. hat darauf aufmerksam gemacht, den richtigen Ausdruck, Kündigung, in den Gemeindebeschlüssen zu wählen und hat auch Winke in der Sachbehandlung gegeben. MinBek. v. 28. Sept. 1921, MBl. 179.

6. Zu unterscheiden ist der Anspruch auf **Abfindung** überhaupt von der Frage nach der Höhe der Abfindung. Über den Anspruch auf Abfindung an sich entscheiden die Verwaltungsbehörden, über die Höhe der Abfindung, sobald endgültig die Verpflichtung zur Gewährung einer solchen feststeht, die ordentlichen Gerichte. Art. 77 a IV. Die Gemeinde kann den Anspruch dem Grunde nach auch freiwillig anerkennen.

7. Der gewöhnliche **Beschwerdeweg** nach Art. 163, Bezirksamt und Reg., bei kreisunmittelbaren Städten Reg. und Min. d. J., die Gemeinde kann nach Art. 10 Ziff. 2 VGG. den VGH. anrufen, wenn die Regierung im Beschwerdeweg die Wichtigkeit des Grundes verneinte oder eine angemessene Abfindung auferlegte. Auch der VGH. prüft die Wichtigkeit des Grundes. Dagegen kann der Beamte im umgekehrten Falle nicht den VGH. anrufen, S 39, 139 und ungedr. VGH v. 29. Nov. 1918 Nr. 54 II 18.

## Art. 78.[1])

I Die Bürgermeister und rechtskundigen Magistratsräte bedürfen der Bestätigung, welche bezüglich der einer Kreisstelle unmittelbar untergeordneten Städte dem Staatsministerium des Innern, bezüglich der übrigen Städte und Märkte der vorgesetzten Kreisregierung zusteht.

II Die Bestätigung kann nur unter Angabe der Gründe versagt werden. Gegen die von einer Kreisregierung ausgegangene Versagung der Bestätigung ist in allen Fällen Beschwerde zum k. Staatsministerium des Innern zulässig

III Wird die Bestätigung versagt, so ist zu einer neuen Wahl zu schreiten, wobei der Nichtbestätigte nicht wieder gewählt werden darf.

1. Nach Art. 4 I Satz 3 SG. bedürfen die zu Gemeindeämtern gewählten Personen keiner Bestätigung mehr

## Art. 79.

I Die Verpflichtung und Einweisung der Bürgermeister[1]) geschieht in Gegenwart des Magistrats und der Gemeindebevollmächtigten durch einen von der vorgesetzten Kreisregierung ernannten Kommissär oder durch die unmittelbar vorgesetzte Verwaltungsbehörde.

II Die übrigen Magistratsmitglieder und Gemeindebeamten sowie das Unterpersonal werden durch den Bürgermeister verpflichtet und eingewiesen.[1] [2])

1. Nach Art. 4 I Satz 4 SG. wird die Verpflichtung und Einweisung der ersten Bürgermeister von der Aufsichtsbehörde angeordnet. § 4 VA. Nach der VO. v. 3. Mai 1920, GVBl. 191, werden die öffentlichen Beamten für ihre dienstliche Tätigkeit auf die Verf. d. Deutschen Reiches, RG. v. 14. Aug. 1919, RGBl. 1419, und auf die Verf. d. Freistaats Bayern, bayr. Ges. v. 6. Nov. 1919, GVBl. 783, vereidigt. Die Formel und Förmlichkeit ist der Verordnung zu entnehmen. Über die Vereidigung wird eine Niederschrift aufgenommen. Zu den öffentlichen Beamten der Gemeinden zählen nur die ersten Bürgermeister und die berufsmäßigen Beamten der Gemeinden ohne Unterschied, ob sie vollbeschäftigt sind oder nicht. Die Vereidigung des ersten Bürgermeisters geschieht durch die Kreisregierung bei unmittelbaren Städten, sonst durch das Bezirksamt.

In den Gemeinden mit bisher Stadtverfassung werden die berufsmäßigen GemB. durch den ersten Bürgermeister oder dessen gesetzlichen Stellvertreter vereidigt, alle übrigen berufsmäßigen GemB., also auch die weiteren Bürgermeister, aber nur wenn sie berufsmäßig sind, vom ersten Bürgermeister oder dessen Stellv. vereidigt. MinBek. v. 14. Juni 1920, MBl. 186. — Die übrigen gewählten GemB. die nicht berufsmäßig sind, also die ehrenamtlichen Stadträte, werden weder vereidigt noch sonst irgendwie verpflichtet. Art. 4 I Satz 3 SG. Dagegen sind nach Art. 79 II die angestellten GemB. und das Unterpersonal durch den Bürgermeister zu verpflichten und in den Dienst einzuweisen. Mit dieser Aufgabe kann der Bürgermeister andere GemB. beauftragen. Die GSatzung soll über die Verpflichtung Bestimmungen treffen. § 13 Mustersatzung, Vorbem. 1a zu Art 77. Ausschließend für Forstschutz bestellte Beamte werden durch das Amtsgericht verpflichtet. Art. 121 ForstG., GVBl. 1896, 325.

2. Ist die eigentliche Verpflichtung unterblieben, so ist dies auf die Gültigkeit der Amtshandlungen und auf die Verantwortlichkeit für Pflichtverletzung ohne Einfluß. Mustersatz. § 13 MBl. 1916, 123 S 39, 63. Fraglich ist, ob nicht für polizeiliche Verrichtungen der ersten Bürgermeister und deren Stellvertreter die Verpflichtung eine notwendige Voraussetzung bildet. K 1, 750[4]. Die Verpflichtung bildet auch kein Unterscheidungsmerkmal für den öffentlich-rechtlichen Charakter des Dienstverhältnisses. Die Gem. kann auch die bürgerlich-rechtlich angestellten Personen in Pflicht nehmen. Art. 77 Anm. 3. Dagegen ist aus Art. 141 II GO. analog für die Städte zu schließen, daß die Personen, die zur Handhabung der Ortspolizei, des Feld- und Waldschutzes aufgestellt werden, stets in Pflicht zu nehmen sind. Art. 141 Anm. 6 und 7. Diese Personen gelten auch immer als öffentliche Beamte.

## Art. 80.

I Bürgerliche Magistratsmitglieder[1]) [2]) sind wegen erwiesener körperlicher oder geistiger Dienstesunfähigkeit[3]) oder wegen zurückgelegten 60. Lebensjahres[4]) zum Austritte berechtigt.[5])

II Der Austritt muß[5]) erfolgen, wenn ein bürgerliches Magistratsmitglied die zur Wählbarkeit[6]) erforderlichen Eigenschaften verliert, oder wenn Verhältnisse[7]) eintreten, welche die Fortführung des Amtes unmöglich machen.

III Über die Zulässigkeit oder Notwendigkeit des Austrittes entscheidet der Magistrat mit Zustimmung der Gemeindebevollmächtigten[8])

IV Außerdem kann einem bürgerlichen Magistratsmitgliede aus triftigen Gründen die nachgesuchte Entlassung durch übereinstimmenden Beschluß des Magistrats und der Gemeindebevollmächtigten bewilligt werden.[9])

1. Jetzt nur noch die ehrenamtlichen Stadtratsmitglieder.

2. Der Artikel 80 behandelt den Austritt, nachdem das Amt angetreten ist. Davon zu unterscheiden ist die Ablehnung der Wahl, über die der Wahlausschuß zu befinden hat. Art. 191 II GemO., der jetzt noch auf die Gemeindewahlen in Städten anzuwenden ist.

3. Die körperliche oder geistige Dienstunfähigkeit kann, wenn allgemein bekannt, ohne weiteres anerkannt werden, sonst ist sie durch ärztliches Zeugnis zu belegen. Die Beibringung des Beweismaterials ist im Falle der Bestreitung Sache des Antragstellers. S 8, 112.

4. War das 60. Lebensjahr bereits bei Annahme der Wahl vollendet, so wird man in der Annahme der Wahl einen Verzicht auf diesen Ablehnungsgrund sehen können, durch den die Berechtigung zum Austritt verloren gegangen ist. Anderer Meinung anscheinend K I 751 Note 1b. Die Vollendung während der Wahlzeit gibt vom Zeitpunkt der Vollendung ab das Recht auf Austritt, das nach dem Wortlaut des Ges. jederzeit nach Vollendung geltend gemacht werden kann.

5. Die Austrittsgründe des Abs. I geben nur ein Recht, bilden aber keine Pflicht, sofern nicht gleichzeitig etwa wegen erheblicher körperlicher oder geistiger Dienstunfähigkeit die Voraussetzungen des Abs. II vorliegen. Abs. II begründet eine Verpflichtung.

6. Wegen der Voraussetzungen der Wählbarkeit Art. 4 I, 2 und 3 WahlGes. v. 15. April 1919, GVBl. 171. Konkurs bewirkt nicht den Verlust der Wählbarkeit. Verlust des Amtes infolge strafrichterlichen Urteils, Zuchthaus, Aberk. der bürgerl. Ehrenrechte, tritt von Gesetzes wegen im Zeitpunkt der Rechtskraft des Urteils ein. Auch dienststrafrechtliche Verfehlungen können zu einer strafweisen Entlassung führen. Diese Fälle gehören nicht unter Art. 80.

7. Solche Verhältnisse können sehr verschiedenartig sein, z. B. körperliche oder geistige Dienstunfähigkeit, wenn sie hochgradig ist, immer aber muß die Fortführung des Amtes unmöglich sein, sonst kann nur Abs. IV in Frage kommen. Der Austritt aus der Partei, auf die der Betreffende gewählt worden ist, kommt weder für Abs. II noch für Abs. IV in Frage.

**8.** Jetzt entscheidet der Stadtrat allein, der Betroffene stimmt nicht mit, kann aber verwaltungsrechtlich nach Art. 8 Ziff. 33 VGG. Entscheidung darüber herbeiführen, ob er im Falle des Abs. I zum Austritt berechtigt oder im Falle des Abs. II zum Austritt verpflichtet ist. S 8, 169. Zunächst entscheidet die Aufsichtsbehörde, Bezirksamt, Regierung bei unmittelbaren Städten, die Beschwerde geht sofort an den VGH. Dieser prüft nach richterlichem Ermessen die Voraussetzungen. Wegen Streitsbeteiligung S 25, 320. Wenn die Voraussetzungen nicht vorliegen, ist der Austritt in den Formen des Abs. I und II unzulässig, es kann dann immer noch Abs. IV zur Anwendung kommen. Solange die Streitfrage nicht entschieden ist, bleibt der Betroffene Mitglied des Stadtrats.

Wenn umgekehrt zwar die Voraussetzungen des Abs. II vorliegen, der Stadtrat aber keinen Beschluß nach Abs. II faßt, so wird von Aufsichts wegen nichts zu machen sein. Staatsaufsichtlicher Zwang zur Erlassung eines Beschlusses ist nicht möglich und ohne einen Beschluß des Stadtrats ein Verfahren nach Art. 8 Ziff. 33 VGG. nicht denkbar. Ein Beschluß des Stadtrats kann auch nicht erzwungen oder fingiert werden und wenn er negativ ausfällt, also formell vorhanden ist, schafft er keine Rechtslage für eine verwaltungsrechtliche Entscheidung. A. M. H—R, bei Art. 80 Anm. 12. Streitigkeiten nach Art. 8 Ziff. 33 VGG. sind gebührenpflichtig. S 4, 12.

**9.** Abs. IV gewährt einen weiten Spielraum, begreift alle jene Verhältnisse, wo die gesunde Vernunft, die öffentliche Meinung, die Niederlegung des Amtes entweder verständlich machen oder sogar fordern. Der Betroffene muß aber selbst darum nachsuchen. Dann handelt es sich um eine Ermessenssache des jetzt allein entscheidenden Stadtrats, S 31, 53. Der Austritt aus der Partei soll auch nach Abs. IV nicht als triftiger Grund anerkannt werden. Sofern es aber doch geschieht, was nur mit Einverständnis des Betroffenen möglich ist, weil dieser nachsuchen muß, so ist aufsichtlich nichts dagegen zu machen.

## Art. 81.

I Rechtskundige und technische Magistratsmitglieder [1]) können jederzeit ihre Stellen niederlegen, womit alle Ansprüche auf Gehalt und Pension erlöschen.

II Rechtskundige Magistratsmitglieder ohne definitive Anstellung,[2]) welche die Wählbarkeit [3]) zu Gemeindeämtern (Art. 172) verlieren, werden damit ihres Amtes verlustig.[4])

**1.** Die beiden Gattungen werden jetzt unter dem Begriff der berufsmäßigen Stadträte zusammengefaßt. Eine Verpflichtung, wie sie Art. 10 StBG. dem Staatsbeamten auferlegt, unter gewissen Voraussetzungen das Amt noch ein Vierteljahr, unter Umständen noch länger weiterzuführen, gibt es für das GB.-Recht nicht. Auf die Befugnis nach Art. 81 I kann auch im Dienstvertrag nicht verzichtet werden.

2. Jetzt berufsmäßige Stadtratsmitglieder während der Probezeit Art. 6 IV Satz 2 SG. Versorgungsansprüche entstehen erst nach Ablauf der Probezeit. Denkbar ist der Fall der Entmündigung, des strafrichterlichen Verlustes der bürgerlichen Ehrenrechte. Der Verlust der Reichs- und Staatsangehörigkeit wird die Folge nicht haben.

3. Art. 4 WahlGes.

4. Der Verlust des Amtes ist gesetzliche Rechtsfolge; eines Stadtratsbeschlusses bedarf es nicht. Meinungsverschiedenheiten sind denkbar, die berufsmäßigen Stadträte sind gewählte Mitglieder des Stadtrats, es ist kein Grund ersichtlich, warum im Streitfalle nicht der Verwaltungsrechtsweg wie nach Anm. 8 bei Art. 80 eröffnet sein soll. Anderer Meinung H—R.

### Art. 82.

Magistratsmitglieder und Gemeindebeamte, welche wegen eines Verbrechens oder eines solchen Vergehens, wegen dessen auf Verlust der bürgerlichen Ehrenrechte erkannt werden kann, in die öffentliche Sitzung eines Strafgerichts verwiesen sind, unterliegen für die Dauer des Strafverfahrens der Suspension [1] [2]) vom Amte, welche in bezug auf Bürgermeister die vorgesetzte Verwaltungsbehörde, in bezug auf andere Magistratsmitglieder und Gemeindebeamte der Bürgermeister in Vollzug zu setzen hat.

1. Art. 82 ist ersetzt durch Art. 111 und 112 des AG. z. StPO. v. 18. Aug. 1879, GVBl. 781. — Art. 223 II StVG. hat Art. 111 und 112 in seiner Gültigkeit für das GVR. nicht berührt. Art. 111 unterscheidet sich vom Art. 82 dadurch, daß die Suspension kraft Gesetzes eintritt und nicht bloß, wenn auf Verlust der bürgerlichen Ehrenrechte anerkannt werden kann, sondern auch auf Verlust des Amtes. Art. 111 ist durch Art. 112 auf GB. für anwendbar erklärt.

2. Seit der Vorschrift des Art. 111 über Einbehaltung des Gehalts und Zahlung eines Bruchteiles wird Art. 174 und 175 des Staatsbeamtengesetzes entsprechend anzuwenden sein auf jene Beamten, die unter Art. 167 I GemO. fallen.

### Art. 83.

Die Dienstzeichen der Magistratsmitglieder werden durch Verordnung bestimmt.[1])

1. Maßgebend ist noch die KVO. v. 4. Aug. 1869, RBl. 1457, W 8, 243, die MinBek. v. 12. März 1903, MBl. 103 und für die Städte München, Nürnberg, Augsburg die KVO. v. 30. März 1913, GVBl. 132. Praktisch wird jetzt nur § 3 der VO. v. 4. Aug. 1869 sein, der verlangt, daß Bürgermeister oder sonstige Stadtratsmitglieder, wenn sie in den durch Art. 3 des Ges. v. 4. Mai 1851 über das Einschreiten der bewaffneten Macht bezeichneten Fällen tätig werden, sich einer weißen Schärpe, außerdem bei polizeilichen Funktionen einer Schärpe von weißer Farbe oder von den Stadtfarben bedienen. Die Schärpe wird von der rechten Schulter zur linken

Hüfte getragen. §§ 1 und 2 der VO. betreffen die Kleidung bei festlichen Anlässen.

## II. Wirkungskreis des Magistrats.[1])

### A. Eigentliche[2]) Gemeindeangelegenheiten.

### Art. 84.

Der Magistrat verwaltet unter Vorbehalt[3]) der den Gemeindebevollmächtigten zukommenden Befugnisse die Gemeindeangelegenheiten,[4]) erläßt innerhalb seiner Zuständigkeit[5]) statutarische Bestimmungen und vertritt die Gemeinde in ihren Rechten und Verbindlichkeiten nach Außen.[6])

1. Die Abgrenzung des magistratischen Wirkungskreises hat nach Wegfall des GemKoll. wesentlich an Bedeutung verloren. Soweit nicht die Mitwirkung der Staatsaufsicht im Gesetze ausdrücklich vorbehalten ist, Art. 14, 15 SG., oder die Zustimmung der Gemeindebürger auch jetzt noch notwendig ist, Art. 122 Anm. 1, kommt dem Stadtrat die unbeschränkte Vertretung der Gemeinde zu. Wo umgekehrt eine solche Schranke gezogen ist, fehlt dem Beschluß entweder die Wirksamkeit überhaupt oder wenigstens solange, als nicht die notwendige Mitwirkung eingetreten ist. Dadurch unterscheiden sich die gesetzlichen Schranken von den Schranken, die die Geschäftsordnung des Stadtrats selbst aufstellt. Die letzteren wirken nicht nach außen. Die mangelnde staatsaufsichtliche Genehmigung einer Schuldaufnahme, wo sie nach Art. 14 SG. notwendig ist, macht auch das bürgerliche Darlehensgeschäft ungültig. O. Mayer, DVR. II, 721. K I, 763 Note 4a. Wegen der Rechtsprechung des BGH. siehe dort Fußnote 17 S. 769. — Für alle Angelegenheiten der öffentlichen Armenpflege ist der Gemeinderat überhaupt ausgeschaltet, hier wird die Gemeinde durch den Armenrat des Ortsarmenverbandes vertreten. Art. 31 AG. v. 21. Aug. 1914, GVBl. 551.

2. Der RegEntw. zur GemO. 1869 gab als Überschrift: „A. Rücksichtlich der Gemeindeangelegenheiten" und bei B. (vor Art. 92) „rücksichtlich der Polizei". Die Überschrift wurde hier und vor Art. 130 bei der 2. Lesung ohne weitere Begründung geändert. Man nahm die Polizei- und Distriktsverwaltung als den übertragenen Wirkungskreis und stellte ihm alles übrige als eigentliche Gemeindeangelegenheiten gegenüber. Vgl. zu diesem Unterschied Einleitung Ziff. 3A. Dort wird die in einem bestimmten Sinn gefaßte Ortspolizei gleichfalls zu den eigentlichen Gemeindeangelegenheiten gerechnet. Siehe auch Art. 156 Anm. 3. Nicht unter die eigentlichen Gemeindeangelegenheiten fallen die wirtschaftlichen Handlungen der Gemeinde, das sind alle jene Rechtsgeschäfte, wie sie auch der Privatmann vornehmen kann; sie sind das Mittel der Verwaltung, nicht die Verwaltung selbst, z. B. Ankauf eines Bauplatzes, Werkvertrag mit Baumeister und Architekt bei Erbauung eines Gemeindegebäudes, Einkauf von Futtermitteln für städtische Zugtiere usw.

Derartige Geschäfte tragen überhaupt keinen öffentlichen Charakter, wenn sie auch auf gesetzmäßig gefaßten Gemeindebeschlüssen beruhen müssen. Dagegen ist die Vermietung eines öffentlichen Platzes zur vorübergehenden Benützung durch einen Schausteller eine eigentliche Gemeindeangelegenheit. So auch ungedr. VGH. Nr. 88 I/16.

3. Der Vorbehalt ist jetzt weggefallen. Art 6 II SG.

4. Hier sind alle Gemeindeangelegenheiten, auch die wirtschaftlichen Handlungen gemeint. Anm. 2.

5. Weder die örtliche noch die sachliche Zuständigkeit bedarf einer gesetzlichen Ermächtigung, wenn sachlich das Gebiet eingehalten wird, auf dem die Gemeinde selbständig Bestimmungen treffen kann. Gemeindesatzungen sind Ausfluß der örtlichen Gesetzgebungsgewalt und diese ist ein Kennzeichen des SV.-Rechts. Einleitung Ziff. 3 A. Als Gesetze bedürfen sie der Verkündung in ortsüblicher Weise. Rückwirkende Kraft haben sie im Zweifel nicht. Für gewisse Fälle ist sie sogar ausdrücklich ausgeschlossen, z. B. § 5 AG. z. BG., GVBl. 1922, 229. Die Gemeinde ist an ihre Satzung selbst solange gebunden, als sie diese nicht in rechtsförmlicher und zulässiger Weise geändert hat.

6. Die Vertretung nach außen liegt in der Hand eines Kollegiums, das selbst wieder einen Vertreter zum Handeln nötig hat. Der Stadtrat kann seinen Willen nur in Beschlüssen kundgeben, deren Vollzug in der Regel die pflichtmäßige Aufgabe des Bürgermeisters bildet. Art. 101. Demzufolge gilt auch für den Bürgermeister die Vermutung, daß er im Auftrag der Gemeinde handelt, wenn er einen Beschluß des Stadtrats vollzieht, der Beschluß ist seine Vollmacht, regelmäßig auch vor dem Notar. Im übrigen bedarf der Bürgermeister einer Vollmacht durch besonderen oder allgemeinen Beschluß des Stadtrats. Von sich aus kann der Bürgermeister nach Art. 101 die Gemeinde nicht verpflichten. Beschwerde kann er einlegen vorbehaltlich der nachträglichen Genehmigung durch den Stadtrat, die auch nach Ablauf der Beschwerdefrist verteilt werden kann. Anders liegt die Sache bei der Stellung eines Strafantrags, hier läuft eine längere Frist, eine vorsorgliche Haltung ist in der Regel nicht geboten, hier auch die wirkliche Anschauung des Stadtrates notwendig, da der gestellte Strafantrag nicht in allen Fällen zurückgenommen werden kann. Für diesen Fall hat die Rechtsprechung den Bürgermeister nicht als berechtigt angesehen, auch nicht vorsorglich für den Stadtrat Strafantrag zu stellen, ObLGSt S Bd. 11, 75

7. Zustellungen geschehen rechtswirksam für den Stadtrat an den Bürgermeister, S 1, 85. Im Zivilprozeß nach der Vorschrift der ZPO. § 171 II, in seiner Abwesenheit an einen anderen im Geschäftslokal anwesenden Beamten oder Bediensteten während der gewöhnlichen Geschäftsstunden. § 184 — Diese Vorschriften gelten auch für Verwaltungssachen. S 1, 85. Die Entscheidung S 36, 137 hat eine solche Ersatzzustellung auch außerhalb der gewöhnlichen Geschäftsstunden für gültig anerkannt, weil der Beamte zur Entgegennahme bereit und besonders für solche Zwecke dienstlich beauftragt war — Wegen des Begriffs Geschäftslokal S 14, 211

8. Strafrechtlich können sich in der Regel nur natürliche Personen verfehlen, weil bloß diesen ein Verschulden zur Last fallen kann. Der Stadtrat selbst ist keine juristische Person, er ist eine Personenmehrheit, die eine juristische Person vertritt. Insofern kann bei strafbaren Handlungen nur das Verschulden der Stadträte und zwar eines jeden für seine eigene Person, niemals aber das der Gemeinde in Frage kommen. Diese kann nur unter Umständen für die Folgen der strafbaren Handlungen ihrer Vertreter vermögensrechtlichen Schadensersatz leisten müssen. Art. 158 Anm. 2 Ib.

9. Die Gemeindebürger können, abgesehen von den Fällen des Art. 122 einen gesetzlichen Einfluß auf die Stadtverwaltung nicht ausüben Dagegen stehen ihnen die außerordentlichen Mittel des Art. 29 SG. zu: Neuwahl des Stadtrats durch Volksbegehren, Verlangen der Bearbeitung bestimmter Unternehmungen und Einrichtungen (Recht der Initiative).

## Art. 85.

I Der Magistrat [1]) ernennt die technischen Magistratsmitglieder [2]) mit Zustimmung die Stadt- oder Marktschreiber und andere höhere Beamte nach vorgängiger Vernehmung der Gemeindebevollmächtigten. Die Anstellung des niederen Dienstpersonals steht dem Magistrat allein zu. Insoweit hierfür Militäranwärter und Inhaber des Anstellungsscheins [3]) in Betracht kommen, kann durch Ministerialvorschrift bestimmt werden, daß ein Teil der Militärdienstzeit für die Bemessung des Gehalts nach Maßgabe der entsprechenden Bestimmungen für den Staatsdienst angerechnet wird. [4])

II Die Dienstkleidung der zu polizeilichen Verrichtungen verwendeten Gemeindebeamten wird durch Verordnung bestimmt. [5])

1. Die Ausscheidung der Zuständigkeit zwischen Magistrat und GemKoll. ist durch Art. 6 II SG. gegenstandslos. Der Stadtrat ist jetzt allein zuständig und kann, auch wenn der Haushaltsplan nicht eingehalten wird, durch nachträgliche Genehmigung der Mittel helfen. Art. 73 Anm. 3. Sein Ermessen ist frei, nur wegen der Beamten für die Polizei kann die Staatsaufsichtsbehörde sich einmengen. Art. 156 Anm. 7 Die jetzige Fassung des Art. 85 beruht auf Art. 5 GBG. v. 15. Juli 1916.

2. Wegen der technischen Magistratsratsmitglieder, Art. 73 Anm. 3, wegen der Stadt- und Marktschreiber, Art. 72 Anm. 6. Wegen der höheren GB., Art. 72 Anm 4.

3. Schon das Reichsmilitärpensionsgesetz 1893 hatte eine Verpflichtung der Gemeinden festgelegt, die mittleren Kanzlei- und Unterbeamtenstellen bei den Kommunalbehörden mit Militäranwärtern und Inhabern des Anstellungsscheines nach bestimmten Grundsätzen zu besetzen. An Stelle dieses älteren Gesetzes trat

RG. v. 31. Mai 1906, RGBl. 593, das in § 18 jene Verpflichtung erneuerte. Für Bayern sind die Grundsätze für diese Besetzung in der MinBek. v. 30. Sept. 1907, GVBl. 685, 720 enthalten. Früher nur die Gemeinden mit 3000 und mehr Einwohner erfassend, ist durch Bundesratsbeschluß v. 25. März 1917 die Zahl 3000 durch 1000 ersetzt worden. MinBek. v. 20. April 1917, GVBl. 87. Durch MinBek. v. 10. Sept. 1920, GVBl. 426, hat § 1 der Grundsätze eine Ergänzung erfahren. Die früheren AusfBest. v. 22. Nov. 1885 und 29. Nov. 1899, GVBl. 669, 973 gelten nur noch behelfsweise.

Über die Anrechnung der Militärdienstzeit MinBek. v. 25. Juli 1916, MBl. 109 § 2, die durch MinBek. v. 24. Sept. 1920, MBl. 351 geändert wurde. Nach der MinE. v. 6. Nov. 1917 N. 1033 b 3 hat die Anrechnung nach den Erläuterungen der MinBek. v. 28. Dez. 1910, GVBl. 1202 zu geschehen, hiebei ist auch die vor dem Inkrafttreten des GVG. 1916 zurückgelegte Dienstzeit zu berücksichtigen. Eine Nachzahlung der sich berechnenden Gehaltsmehrbeträge findet erst ab 17. Juli 1916, dem Tage des Inkrafttretens des GVG., statt.

Während des Krieges war die Stellenbesetzung vorübergehend eingestellt, um die Kriegsteilnehmer nicht zu schädigen. Durch MinBek. v. 6. März 1919, StA. 66 wurde die Ausschreibung der Stellen wieder eröffnet, Stellenanwärter, die bereits vor Ausbruch des Krieges vorgemerkt waren, durften ohne weiteres berücksichtigt werden. — Seit 1. Jan. 1922 wird die Ausschreibung der offenen, den Militäranwärtern vorbehaltenen Stellen nur in der an jedem Dienstag erscheinenden Nummer des StA. bewirkt. MinBek. v. 16. Nov. 1921, StA. 270. — Wegen der Einreihung der geprüften Anwärter MinBek. v. 4. Febr. 1922, StA. 31.

**4.** Die Besetzung der GB.-Stellen ist eine eigentliche Gemeindeangelegenheit. Einleitung Ziff. 3 A. Die Vorschriften in Anm. 3 schränken das Selbstverwaltungsrecht ein, sie müssen von den Gemeinden befolgt werden, die Staatsaufsicht kann es erzwingen. Im einzelnen Fall hat die Gemeinde das Beschwerderecht nach Art. 10 Ziff. 2 VGG. gegen die Entscheidung der Kreisregierung an den VGH. Dieser prüft nur, ob die Voraussetzungen des Zwangs vorliegen, die Würdigung der Fragen, welche Anforderungen im Interesse des Gemeindedienstes nach den besonderen Verhältnissen der Gemeinde zu stellen sind, insbesondere auch hinsichtlich der Altersgrenze, fällt in das freie Ermessen der Staatsaufsichtsbehörden. S 25, 285.

**5.** Maßgebend ist die KVO. v. 21. April 1911, GVBl. 279, sie unterscheidet für Gemeinden mit städtischer Verfassung oder mehr als 5000 Einwohner in § 1 Schutzmänner, § 2 berittene Schutzmänner, § 4 Polizeidiener. Es fallen alle Gemeinden darunter, die bis GO. die städtische Verfassung hatten. Gemeinsame Vorschriften sind in § 7 für Flurhüter und § 8 für Forstschutzbedienstete. Die VO. v. 21. April 1911 teilweise geändert durch VO. v. 2. Aug. 1922, GVBl. 380, ebenfalls für Gemeinden, die früher städtische Verfassung hatten oder mehr als 5000 Einwohner besitzen. Sie unterscheidet die Beamten nach Besoldungsgruppen. — Wegen des Waffengebrauchs MinBek. v. 3. Mai 1921, StA. 104. — Außerdem ist für die Dienstkleidung und für die Dienstabzeichen gemeindlicher Beamter und Bediensteter, Bürgermeister, Stadtratsmitglieder, Polizeimannschaft, in Gemeinden mit städtischer Verfassung noch die MinBek. v. 12. März 1903, MABl. 103, und für die mit polizeilichen Verrichtungen betrauten höheren Gemeindebediensteten in den nicht kreisunmittelbaren Städten rechts d. Rh. die MinBek. v. 29. März 1905, MABl. 109, teilweise gültig.

## Art. 86.

I Der Magistrat führt den Gemeindehaushalt;1) er hat für Erhaltung des Vermögens und für Erfüllung der Verbindlichkeiten der Gemeinde zu sorgen.

II Seine Mitglieder haften 2) für allen durch die Nichterfüllung ihrer Dienstobliegenheiten entstehenden Schaden.

1. Die Pflicht des Stadtrates, den öffentlichen Haushalt der Gemeinde zu führen, begreift in sich nicht bloß den Vollzug des aufgestellten Haushaltplanes sondern die Sorge für die Aufstellung und für die erforderliche Ergänzung, im weiteren Sinne aber Besorgung der ganzen Rechtsgeschäfte für die Gemeinde. Diese Pflicht ist auf seiten der Gemeinde ein wichtiges Recht, eine Funktion der Selbstverwaltung, die hinsichtlich ihrer formellen und materiellen Gesetzmäßigkeit allerdings der Aufsicht der Staatsbehörden unterstellt ist. Diesen sind die Voranschläge wie die Rechnungen vorzulegen. Art. 88/89. Die Aufsicht geht aber nur soweit, als in beiderlei Hinsicht Gesetze oder auf Grund von Gesetzen erlassene Anweisungen z. B. über Kassen- und Rechnungsführung, Einholung der staatlichen Genehmigung oder der Zustimmung der Gemeindebürger verletzt sind. Art. 14—16 GG. — Eine materielle Verletzung liegt dann vor, wenn der Stadtrat nicht für die Erfüllung der gesetzlichen oder übernommenen Verbindlichkeiten der Gemeinde ausreichend sorgt.

2. Abs. II handelt nur von der Haftpflicht für Mitglieder der Gemeindeverwaltung. Er ist die Grundlage für die Schadensersatzpflicht dieser Mitglieder gegenüber der Gemeinde. Die Haftpflicht der berufsmäßigen Stadtratsmitglieder beruht also nicht auf dem Dienstvertrag, der wesentlich das Recht dieser Mitglieder bestimmen soll sondern auf dieser öffentlich-rechtlichen Norm des Art. 86 und betrifft den Schaden, den die Mitglieder unmittelbar der Gemeinde durch pflichtwidrige Handlungen oder Unterlassungen verursachen. Diese Haftpflicht wird auch nach Art. 158 von den Verwaltungsbehörden sowohl dem Grund als dem Umfang nach festgestellt, die in Art. 158 zugelassene Betretung des Zivilrechtswegs bedeutet nicht etwa eine höhere oder eine endgültige Instanz sondern ist nur ein Vorbehalt für solche Einreden, die auf privatrechtlichen Titeln beruhen. Siehe bei Art. 158 Anm. 1, insbes. ist der Ausspruch der VerwBeh. über die Verschuldung für die Zivilgerichte bindend. Es bedarf auch im Verhältnis des Verwaltungsmitgliedes zur Gemeinde keiner Vorentscheidung über diesen Punkt.

Wegen der Haftung der GV. überhaupt und der Haftung der G. für ihre Beamten Art. 158 Anm. 2.

## Art. 87.

I Er verwaltet das Gemeinde-[1]) und das örtliche Stiftungs-[2]) Vermögen durch die aus seiner Mitte aufgestellten [3]) oder durch die besonderen [4]) Verwalter.

II Den Bürgermeistern ist untersagt, eine Verwaltung selbst zu führen.[5])

III Die Verwalter haften [6]) zunächst für die richtige Erhebung der Einkünfte, für die Einhaltung der Voranschläge und für die vorschriftsmäßige Ordnung in den Ausgaben.

IV Der Magistrat hat mit Zustimmung der Gemeindebevollmächtigten über die von den Verwaltern zu leistende Kaution und über die denselben, soferne sie nicht für ihre Funktion einen bestimmten Gehalt beziehen, zu gewährende Entschädigung zu beschließen; er kann jedoch mit Zustimmung der Gemeindebevollmächtigten in einzelnen Fällen von Anforderung einer Kaution [7]) [8]) Umgang nehmen, wenn die Verwaltung durch Mitglieder des Magistrates geführt wird.

**1.** Das Gemeindevermögen umfaßt das Gesamtvermögen der Gemeinde, auch die Fonds für besondere Zwecke, z B Schulfonds, Armenfonds. Die Renten des Armenfonds fließen in die Armenkasse, diese enthält die laufenden Mittel für die Armenpflege und wird vom Armenrat verwaltet Art 37 AG. — Die Verwaltung des im Schulhaus festgelegten gemeindlichen Vermögens und die Aufsicht über die im Schulhaus untergebrachten besonderen Wohlfahrtseinrichtungen kann mit Genehmigung der zuständigen Behörde, auch gegen eine angemessene Vergütung, einem Schulleiter übertragen werden SchulaufsGes v. 1 Aug. 1922, GVBl. 385 § 21.

**2.** Das örtliche Stiftungsvermögen aber nicht nur dieses sondern auch das übrige Stiftungsvermögen, das von der Gemeinde zur Verwaltung übernommen worden ist, s Art. 65 Anm. 2 a. E

**3.** Der Bürgermeister kann auf Grund des Art 101 I im Weg der Geschäftsverteilung die Mitglieder des Stadtrates für die einzelnen Kassen bestimmen, er kann ihnen diese Funktion auch wieder entziehen Eines Beschlusses des Stadtrates bedarf es nicht Die Kassenverwaltung ist für diese Mitglieder ein Ausfluß ihres Gemeindeamts, eine Tätigkeit — ebenso wie beispielsweise die Teilnahme an den Sitzungen, — die unter Umständen dienstaufsichtlich erzwungen werden kann Art 166 Ein Verwaltungsrechtsstreit nach Art. 8 Ziff. 33 VGG kommt nicht in Frage

**4.** Die besonderen Verwalter sind berufsmäßige Beamte, vollbeschäftigt brauchen sie nicht zu sein. Die Aufstellung ist Sache des Stadtrates, Art 85 Sie sind höhere Beamte, Art 62, in der Regel widerruflich Art. 77 III. Wenn also der Bürgermeister von seinem Recht, die Kassiere aus der Mitte des Stadtrats zu bestellen, keinen Gebrauch machen will, so bedarf er für die anderweitige Regelung eines

Beschlusses des Stadtrates, der die Aufstellung und die Mittel für diese Beamten genehmigen muß Für die Kassenverwaltung wird man aus Art 87 folgern dürfen, daß die besonderen Verwalter immer als Beamte aufgestellt werden müssen. S Art 72 Anm 1 und 77 Anm 3. Ihr Dienst ist die Ausübung öffentlicher Gewalt

**5.** Der Bürgermeister hat das gesamte Kassen- und Rechnungswesen zu überwachen, für die Landgemeinden nach ausdrücklicher Vorschrift in Art 131 V. Diese Aufgabe folgt aber überhaupt aus der Stellung des Bürgermeisters, ihm kommt auch die Anweisung der Zahlungen zu, Art 88 IX, soweit nicht der Bürgermeister nach Art 101 I oder die Geschäftsordnung Art 107 eine andere Bestimmung trifft Dem Bürgermeister ist deshalb untersagt, eine Kassenverwaltung selbst zu führen. Dieses Verbot ist absolut zwingend. Übertretung ist Verletzung der Amtspflicht. S 29, 11

Wird im Wege der Geschäftsordnung die Anweisung der Zahlungen einem Mitglied des Stadtrats übertragen, so ist entsprechend auch diesem Mitglied die Kassenführung verboten Das folgt aus der Natur der Sache Bei staatsaufsichtlichen Beanstandungen in dieser Beziehung hat nur die Gemeinde, d h der Gemeinderat, ein Beschwerderecht nach Art 10 Ziff 2 VGG.

**6.** Wegen der Haftung der Verwalter gegenüber der Gemeinde s Art 86 Anm 2, wegen der Haftung der Gemeinde gegenüber Dritten Art 158 Anm 2

**7.** Die Stellung einer Sicherheit ist die Regel Auch die Befreiung der aus der Mitte des Stadtrats aufgestellten Kassiere soll die Ausnahme bilden In der Praxis bildet sie indes die Regel Die besonderen Verwalter müssen immer Sicherheit stellen, sie können unter keinen Umständen davon entbunden werden.

**8.** Wegen des Rechtes der Gemeinde auf Sicherungshypothek an den Grundstücken ihrer Kassenverwalter der ehrenamtlichen wie der besonderen Art 91 EG BGB, 89 AG BGB Das Grundbuchamt ist zur Eintragung ohne weiteres verpflichtet. § 39 GBO

## Art. 88.

I Das Rechnungsjahr läuft vom 1. Januar bis 31. Dezember.[1])

II Im Monat Oktober hat der Magistrat den Voranschlag[2]) sämtlicher voraussehbarer Einnahmen und Ausgaben der Gemeinde für das nächste Jahr aufzustellen[3]) und denselben nach vorgängiger Bekanntmachung[4]) 14 Tage lang öffentlich aufzulegen.[5])

III Jedem Umlagenpflichtigen[6]) steht frei, seine Erinnerungen[7]) schriftlich einzureichen oder zu Protokoll zu erklären.

IV Der Voranschlag nebst den abgegebenen Erinnerungen wird den Gemeindebevollmächtigten mitgeteilt, ist von denselben zu prüfen und noch vor Jahresschluß festzustellen.

V Gibt der Voranschlag zu keiner Beanstandung Anlaß, so wird derselbe sofort genehmigt. Findet eine Meinungsverschiedenheit statt und tritt der Magistrat nicht der Ansicht der Gemeindebevollmächtigten bei, so ist eine gemeinschaftliche Sitzung beider Kollegien zu veranstalten, in welcher auf Grund gemeinsamer Beratung die Feststellung des Voranschlages durch Beschlußfassung der Gemeindebevollmächtigten erfolgt.

VI Bisher nicht bestandene Einnahmsquellen und bisher nicht bestandene Ausgaben, sowie Erhöhungen der in Antrag gebrachten Einnahmen oder Ausgaben können nur mit Zustimmung des Magistrats von den Gemeindebevollmächtigten in den Voranschlag eingestellt werden.

VII Der vorgesetzten Verwaltungsbehörde ist sofort Abschrift des festgestellten Voranschlages zu übersenden. Sieht sich diese Behörde hiedurch zur Ausübung ihres Aufsichtsrechtes[8]) nach Art. 157 veranlaßt, so hat sie binnen vier Wochen[9]) dem Magistrate die geeignete Eröffnung zu machen.

VIII Der Voranschlag bildet die Grundlage des Gemeindehaushaltes.[10]) Unvermeidliche im Etat nicht vorgesehene Ausgaben erfordern die zuvor eingeholte Zustimmung der Gemeindebevollmächtigten.

IX Die Verwalter dürfen ohne schriftliche Zahlungsanweisung des Magistrats[11]) bei Meidung eigener Haftung keine Zahlung machen.

X Vorstehende Bestimmungen finden auch Anwendung auf den Stiftungshaushalt. Die Voranschläge können jedoch für eine längere Periode festgestellt werden, sofern die vorgesetzte Verwaltungsbehörde nicht im einzelnen Falle anders verfügt.[12])

**1.** Infolge der Abhängigkeit des gemeindlichen Haushalts vom Haushalt des Reiches, Art. 41, 42, hat sich durch die Macht der Tatsachen auch das gesetzliche Rechnungsjahr der Gemeinden in das des Reiches verwandeln müssen. MinBek. v. 24. Nov. 1919, StA. 286, es läuft also jetzt vom 1. April bis 31. März. Infolgedessen ändern sich auch die Zeitbestimmungen des Abs. II entsprechend ab. So schwierig es auch jetzt sein mag, wie es das Beispiel des Staates zeigt, den Haushalt überhaupt vor Beginn des Rechnungsjahres mit einiger Wahrscheinlichkeit aufzustellen, so sollen dennoch die Gemeinden bemüht sein, ihrem Haushalt einen Rahmen zu geben und sollen sich vor planloser Wirtschaft hüten. — S. auch § 78 BVerfUrk.

**2.** Über die Mustervoranschläge s. Art 107 IV und Anm. 5 bei Art. 107.

**3.** Der Voranschlag soll vor allem zeigen, daß laufende Ausgaben aus laufenden Mitteln gedeckt werden. Der Fehlbetrag ist im ganzen zu berechnen, nicht für die einzelnen Zwecke auszuscheiden. S 3, 719. Er soll im Regelfall durch die Überweisungen vom Reich und durch Bemessung eines Umlagensatzes gedeckt werden. Der mutmaßliche Anfall aus örtlichen Abgaben jeder Art bildet gesonderte Einnahmeposten. Für größere Gemeindeanstalten können **Betriebsfonds** eingestellt werden. S 14, 195. Ein **Reservefonds** für unvorhergesehene Ausgaben oder unvermeidliche Überschreitungen ist stets vorzusehen. MinE. v. 10. Okt. 1869 bei Art. 107 Anm. 5.

Für die Armenpflege stellt der Armenrat Voranschläge auf Art. 38 AG.

Für jede Anstalt mit besonderer Kassenführung, z. B. die gemeindlichen Sparkassen, Leihhäuser usw., sind selbständige Voranschläge am besten; die Fehlbeträge werden aus dem Hauptvoranschlag gedeckt, **Nettobudget** vgl. Gschwill, Kommunalbudget, Augsburg 1912.

**4.** Die Form der **Bekanntmachung** soll die ortsübliche sein und die Sicherheit bieten, daß sie zur Kenntnis der Gemeindebürger gelangt.

**5.** Die **Auflage** soll eine bequeme Einsichtnahme gestatten, sie wird in der Regel in einem Gemeindegebäude geschehen. Hierüber befindet das Ermessen der Stadtverwaltung.

**6.** Jedem **Umlagenpflichtigen** in abstracto, der also gesetzlich umlagenpflichtig ist, auch wenn er tatsächlich keine Umlagen entrichtet.

**7.** Das **Erinnerungsrecht** ist an eine 14tägige Frist gebunden, es kann sich gegen die Finanzgebarung richten, indem eine Verletzung insbesondere der Vorschriften des Art. 39 behauptet wird, oder daß laufende Ausgaben nicht aus laufenden Einnahmen gedeckt werden. Es kann die Unterlassung notwendiger, dagegen nicht wohl die Einsetzung freiwilliger Ausgaben — vgl. übrigens Art. 60a — rügen, weil in dieser Hinsicht die Aufsichtsbehörde in das Ermessen der Stadtverwaltung nicht eingreifen kann.

Niemals darf aber das Erinnerungsrecht zur Geltendmachung individueller Forderungen des Umlagepflichtigen benützt werden, denen durch den Voranschlag überhaupt kein Eintrag geschieht. Derartige Streitigkeiten sind in besonderen Verfahren entweder vor den Richter, wenn es sich um bürgerlich-rechtliche, oder vor den Verwaltungsgerichten auszutragen, wenn es sich um öffentlich-rechtliche Ansprüche handelt. Umgekehrt soll aber auch der Umlagenpflichtige nicht das Recht haben, in dem individuellen Streite die Finanzgebarung zu rügen, vgl. die Bemerkung bei Art. 32 Anm. 15, 42 Anm. 6, 55 Anm. 9. Die Rechtsprechung hat, wie dort im einzelnen dargelegt, diesen Grundsatz nicht anerkannt.

**8.** Die Aufsichtsbehörde — Bezirksamt bei mittelbaren Städten, Regierung bei kreisunmittelbaren — prüft die **Finanzgebarung** auf die gesetzlichen Vorschriften. Beanstandungen soll sie binnen 4 Wochen der Stadtverwaltung eröffnen.

**9.** Die Frist ist **nicht ausschließend**; auch nach ihrem Ablauf ist aufsichtsrechtliches Einschreiten nicht behindert, soweit nicht durch Vollzug des Haushaltplanes abgeschlossene Rechtsverhältnisse eingetreten sind.

**10.** Auch jetzt noch soll, Anm. 1, nicht nur auf die Aufstellung des **Voranschlags**, sondern auch auf die möglichst genaue Einhaltung

Wert gelegt werden, gerade weil der Stadtrat jetzt nicht mehr unter der Kontrolle und Mitwirkung des Gemeindekollegiums steht. Man muß der Aufsichtsbehörde das Recht einräumen, einzugreifen, wenn durch eine planlose Wirtschaft die Aufstellung des Haushaltsplanes zu einer leeren Form herabgewürdigt wird. — Der Voranschlag bedarf keiner Genehmigung. Bestehen keine Erinnerungen und auch keine aufsichtlichen Beanstandungen, so nimmt ihn die Aufsichtsbehörde zur Kenntnis. Trifft sie Verfügungen, so ist beschwerdeberechtigt die Gemeinde in der Regel nach Art. 10 Ziff. 2 VGG. bis zum VGH., Gemeindebürger sind es nur, wenn sie Einspruch eingelegt haben. Ihre Beschwerde richtet sich nach Art. 161, endet bei der Kreisregierung, kann aber auch als Oberaufsichtsbeschwerde vor das Ministerium gebracht werden.

**11.** Die Zahlungsanweisung ist Sache des Bürgermeisters als des Vollzugsorgans des Stadtrates. S. Art. 87 Anm. 5.

**12.** Für den Stiftungshaushalt gelten die gleichen Bestimmungen nur mit der Ausnahme, daß hier, wo die Ausgaben eine gewisse Regelmäßigkeit zeigen, Voranschläge auf längere Zeit, gewöhnlich 10 Jahre, aufgestellt werden können, Grundetats wie man sie früher nannte. Für Abweichungen im einzelnen Jahr sind Etatsvarianten notwendig. Solche Grundetats hatte das rev. Gemeindeedikt noch für den Gemeindehaushalt zugelassen.

## Art. 89.

I Die Rechnungen über die Verwaltung des Gemeinde- und Stiftungs-Vermögens 1) im abgelaufenen Jahre müssen in den einer Kreisregierung unmittelbar untergeordneten Städten spätestens bis zum 1. Juli, in den übrigen Gemeinden spätestens bis zum 1. Mai gestellt sein 2) und nach vorgängiger Bekanntmachung 14 Tage lang öffentlich aufgelegt werden. 3)

II Jedem Umlagenpflichtigen 4) steht frei, binnen dieser Frist bei Vermeidung des Ausschlusses seine Erinnerungen 5) schriftlich einzureichen oder zu Protokoll zu erklären.

III Sodann sind die Rechnungen mit allen hiezu abgegebenen Erinnerungen den Gemeindebevollmächtigten zur Prüfung mitzuteilen.

IV Gibt die vorgenommene Prüfung zu keiner Beanstandung Anlaß, so wird von den Gemeindebevollmächtigten sofort die Genehmigung ausgesprochen.

V Gibt die Prüfung zu Erinnerungen Anlaß, so sind diese dem Rechner zur Beantwortung mitzuteilen. Werden durch diese Beantwortung die Erinnerungen gehoben, so sprechen die Gemeindebevollmächtigten die Genehmigung der Rechnung aus; im entgegengesetzten Falle erfolgt die Entscheidung in gemeinschaftlicher Sitzung auf Grund gemeinsamer Beratung durch Beschluß der Gemeindebevollmächtigten.

VI Glaubt sich der Rechner bei einem die Feststellung seiner Verpflichtungen betreffenden Beschlusse 6) nicht beruhigen zu können, so entscheidet hierüber die zuständige Verwaltungsbehörde gemäß Art. 158.

VII Die geprüften [7]) Rechnungen nebst Belegen werden mit den eingekommenen Erinnerungen und den Beschlüssen der Gemeindebevollmächtigten binnen zwei Monaten [8]) nach den in Abs. I bezeichneten Terminen an die vorgesetzte Verwaltungsbehörde eingesendet. In den einer Kreisregierung unmittelbar untergeordneten Städten hat die Prüfung der Aufsichtsbehörde nach Maßgabe des Art. 157 [9]) zu geschehen, in den übrigen Gemeinden mit städtischer Verfassung hat auch die rechnerische [10]) Prüfung und Verbescheidung zu erfolgen. Ist die Aufsichtsbehörde durch die vorgelegte Rechnung zur Ausübung ihres Aufsichtsrechtes veranlaßt, so hat sie binnen drei Monaten [11]) dem Magistrate die geeignete Eröffnung zu machen.

1. Nicht nur die eigentlichen Stadtkämmereirechnungen, sondern auch die Rechnungen der Gemeindeanstalten, der Armenfonds, Schulfonds, der der Armenkasse, der Schulkasse, dann des örtlichen Stiftungsvermögens und der sonst von der Stadt verwalteten Stiftungen nebst den Quittungen und Belegen. Wegen der Formulare s. Art. 107 IV und Anm. 5 bei Art. 107. Die Rechnungen stellen die Kassiere, die die Kassen verwaltet haben.

2. S. Art. 88 Anm. 1.

3. S. Art. 88 Anm. 4 u. 5.

4. S. Art. 88 Anm. 6.

5. S. Art. 88 Anm. 7. Auch hinsichtlich der Rechnungen beschränkt sich das Erinnerungsrecht in der gleichen Weise wie beim Voranschlag.

6. Den Beschluß faßt der Stadtrat, vgl. Art. 136 IV. In der Regel erteilt der Beschluß dem Rechner die Befreiung, indes unbeschadet der Haftung, wenn sich solche erst in der Folge herausstellen sollte. Abs. VI gilt noch, die gegenteilige Annahme im § 33 VA. z. SG. beruht auf einem Versehen. Siehe im übrigen Art. 86 Anm. 3 u. 158. Haftungsverbindlichkeiten sind besonders zu behandeln.

7. Die Prüfung nimmt der Stadtrat vor, in der Regel setzt er einen Ausschuß dafür ein, der dem Stadtrat über das Ergebnis seiner Prüfung berichtet.

8. Binnen zwei Monaten gerechnet vom Ablauf der 14tägigen Auflagefrist. Die Auflage wird jetzt regelmäßig nach der Prüfung durch den Stadtrat und nach der Beschlußfassung über Anerkennung der Rechnungen geschehen.

9. Wegen der aufsichtlichen Prüfung s. Art. 88 Anm. 8.

10. Wegen der rechnerischen Prüfung und über die Befugnis der Aufsichtsbehörde in einzelnen Jahren die Vorlage zu erlassen, über die Einrichtung von Revisionsverbänden s. Art. 16 SG. und VA. § 16.

11. S. Art. 88 Anm. 9.

## Art. 90.

In den einer Kreisregierung unmittelbar untergeordneten Städten hat der Magistrat jährlich nach beendigter Prüfung und Bescheidung[1]) der Rechnungen einen Bericht über die Ergebnisse der gesamten Verwaltung des verflossenen Rechnungsjahrs und über den Stand der Gemeindeangelegenheiten durch den Druck zu veröffentlichen.[2]) In den übrigen Gemeinden mit städtischer Verfassung sind die wesentlichen Ergebnisse der Gemeinde- und Stiftungs-Rechnungen jährlich nach beendigter Rechnungsrevision in ortsüblicher Weise zur öffentlichen Kunde zu bringen.[3])

1. Bescheidung der Rechnungen und zwar durch den Stadtrat. Art. 89 Abs. VI. Die Vorschrift entstand in jener Zeit, wo nicht wie jetzt auch in den kleineren Städten die örtliche Tagespresse die Öffentlichkeit über den Gang der Stadtverwaltung fortwährend auf dem Laufenden hielt. Siehe die ähnlichen Bestimmungen in DistrRGes. Art. 21 IV.

Die wirkliche Übung gestaltete aber diese Berichte zu ausgezeichneten statistischen Quellen über die Entwicklung und die Kulturleistungen besonders unserer größeren Städte. Dieser Zweck litt keineswegs darunter, daß die kleineren Städte den Bericht für 2—3 Jahre mit Genehmigung des Ministeriums vereinigten. Die in den letzten Jahren stark gestiegenen Druckkosten haben aber Veranlassung gegeben, den Städten unter 30000 E. die allerdings gesetzliche Verpflichtung im Wege einer aufsichtlichen Anordnung zu erleichtern. Nach der MinBek. v. 26. Okt. 1920, MABl. 404, haben diese Städte den Bericht nur noch dreifach herzustellen und ein Stück der Kreisregierung vorzulegen, ein Stück öffentlich aufzulegen. Die Vorlage ans Ministerium, die bisher üblich war, ist überhaupt erlassen worden.

2. Einrichtung und Anordnung des Berichtes ist den Städten überlassen. MinE. v. 10. Okt. 1869 Ziff. 19 IV, W 8, 345.

3. S. Ziff. 19 I, II der MinE. in Anm. 2.

## Art. 91.[1])

Der Magistrat nimmt Anteil an der Armenpflege,[2]) sowie an dem Kirchen-[3]) und Schulwesen[4]) nach den hierüber bestehenden Gesetzen und Verordnungen.

1. Ähnlich wie Art. 60 — Kirchenverband — enthält auch Art. 91 den überflüssigen Vorbehalt, daß die Vorschriften über Armenpflege, Kirchen- und Schulwesen durch die Gemeindeordnung nicht berührt werden.

2. Art. 22, 24, 25, 29, 34 III, 38 III, VI, 39 II, III AG.

3. Bisher Art. 25 I, 48 V, 106 VIII KGO., s. Ges. über ortsk. Vertr.-Körp. v. 21. Dez. 1921, GVBl. 617.

4. Art. 1—3, 5, 6, 11, 12 Schulbed. v. 14. Aug. 1919, GVBl. 489.

## B. Polizei-[1]) und Distriktsverwaltung.[2])

### Art. 92.

I Der Magistrat als Ortspolizeibehörde [3]) erläßt die ortspolizeilichen Vorschriften nach Maßgabe der gesetzlichen Bestimmungen.[4])

II Demselben steht die Handhabung und der Vollzug der die Polizeiverwaltung [5]) betreffenden Gesetze, gesetzlich erlassenen Verordnungen, polizeilichen Vorschriften und kompetenzmäßigen Anordnungen der vorgesetzten Behörden innerhalb des Gemeindebezirkes zu, soweit hiefür nicht durch Gesetz oder gesetzmäßige Verordnung die Zuständigkeit einer höheren Behörde begründet ist.

1. Polizeiverwaltung steht hier im Gegensatz zu den eigentlichen Gemeindeangelegenheiten, Überschrift vor Art. 84 f. dort Anm. 2, ferner Einleitung Ziff. 3 A. — Polizei- und Distrikts-, jetzt Bezirksverwaltung, begreifen den übertragenen Wirkungskreis. Im Sinne der GO. gehört die Ortspolizei zum übertragenen Wirkungskreis.

Über die Schwierigkeit, eine Grenzlinie zu finden zwischen allgemeiner und örtlicher Polizeiangelegenheit O. Mayer, DVR. II, 650.

Nach Seydel III, 57 hat der Gesetzgeber der GO. den Ausdruck Polizei in wissenschaftlich veraltetem Sinne verstanden, wonach er gleichbedeutend mit innerer oder Landesverwaltung ist. Die Gemeinde sei hienach das unterste Vollzugsorgan der Staatsgewalt auf dem Gebiete der inneren Verwaltung, sie kann von der Staatsverwaltung regelmäßig nicht außer Dienst gesetzt werden, nur bei Gefahr auf Verzug ist jene berechtigt, an Stelle der Gemeindebehörde diejenigen Anordnungen unmittelbar zu treffen, die zur Ausführung gesetzlich bestehender Vorschriften notwendig sind.

K I, 815 hält es nicht für ganz unbedenklich, bei dem Mangel einer klaren, bewußten und konsequenten Festhaltung einer bestimmten Vorstellung des Begriffes in der GO. eine formelle Begriffsbestimmung zu wagen. Er glaubt man könne etwa sagen: Die Polizeiverwaltung ist diejenige Staatstätigkeit, wodurch der Staat sich selbst, seine Einrichtungen und seine Angehörigen, insoweit sich diese nicht selbst zu schützen vermögen, gegen Gefährdungen durch Menschen wie gegen natürliche Gefahren, nötigenfalls mit der ihm zu Gebote stehenden Zwangsgewalt schützt.

Den Begriff Polizei im neuzeitlichen Sinn gibt Seydel V, 6: Polizei ist diejenige Zwangsgewalt, durch die der Staat sich und seine Verwaltung sowohl wie auch seine Angehörigen vor Gefährdungen durch die Menschen schützt. Sicherungsmaßregeln gegen natürliche Gefahren fallen nicht unter den Begriff der Polizei.

2. Distrikts-, jetzt Bezirksverwaltung, umfaßt alles, was in die Zuständigkeit der staatlichen Bezirksämter fällt. Durch die Art. 93 und 96 I ist den kreisunmittelbaren Städten diese Zuständigkeit

übertragen, soweit die GemO. nicht selbst Ausnahmen in Art. 97 u. 98 gemacht hat.

3. Abs. I will nur die formelle Zuständigkeit des Stadtrates zur Erlassung der ortspolizeilichen Vorschriften zum Ausdruck bringen, und deckt sich mit Art 3 PStGB. Nach Art. 5 PStGB. kann in jenen Fällen, wo auch bezirkspolizeiliche Anordnungen zulässig sind, die Bezirkspolizeibehörde innerhalb des ortspolizeilichen Bezirkes verbindliche Anordnungen erlassen, wenn eine Aufforderung an die ortspolizeiliche Behörde erfolglos geblieben ist, oder wenn Gefahr auf Verzug besteht. Nach Art. 6 PStGB. sind ortspolizeiliche Vorschriften, die eine fortdauernd geltende Anordnung enthalten, der Kreisverwaltungsstelle vorzulegen. Sie werden nach Ablauf von 30 Tagen vollziehbar, sofern sie nicht die Kreisregierung schon früher für vollziehbar erklärt hat. Bei kreisunmittelbaren Städten fällt Orts- und Bezirkspolizei zusammen. Der Art. 5 PStGB. ist für diese gegenstandslos.

In Art. 12 u. 13 PStGB. ist vorgesehen, daß ortspolizeiliche Vorschriften von der Regierung und Ministerium wegen Mangels der gesetzlichen Bedingungen, wegen Nachteils für das öffentliche Wohl und wegen Verletzung der Rechte Dritter außer Kraft gesetzt werden können Verwaltungsgerichtliche Zuständigkeiten kommen auf dem Gebiet des reinen Polizeirechtes weder für die Gemeinde noch für das Publikum in Frage. S 3, 447 u. 364. Der Einzelne kann sich nach Art. 14 PStGB. nur auf dem Verwaltungsweg beschweren.

4. In welchen Fällen polizeiliche Vorschriften zulässig sind, bestimmt sich durch die Reichs- und Landesgesetzgebung. Die Ausscheidung der im RStGB. enthaltenen polizeilichen Ermächtigung auf die Ortspolizei trifft Art. 2 PStGB; für das PStGB. sind sie dem Gesetz selbst zu entnehmen.

5. Abs. II will den Begriff der Ortspolizei bestimmen, er ist an Stelle des Art. 87 des Regierungsentwurfs zur GemO. v. 1869 getreten, der lautete:

„Zur Ortspolizei gehören die Sicherheits-, Fremden-, Sitten-, Armen-, Kirchen- und Unterrichts-, Gesundheits-, Straßen-, Reinlichkeits-, Wasser- und Feuer-, Bau- und Lebensmittel-, Markt-, Gewerbs-, Feld- und Flurpolizei, das Dienstbotenwesen, die Aufsicht auf Maß und Gewicht im Umfang des Gemeindebezirks und nach Maßgabe der Gesetze und Verordnungen"

Der Vorschlag enthielt also eine sachliche und eine geographische Abgrenzung des Gebietes der Ortspolizei Von der sachlichen Aufzählung glaubte man absehen zu können, und erkannte als Prinzip an, daß überall, wo nicht die Zuständigkeit der Bezirkspolizei oder einer höheren Polizeibehörde ausdrücklich vorbehalten sei, die ortspolizeiliche Zuständigkeit angenommen werden dürfe. Der Berichterstatter drückte das später noch kürzer aus: „Alles was der Polizei primitiv anfällt, ist ortspolizeilich, wenn nicht eine besondere Bestimmung es einer anderen höheren Polizeistelle zuweist"

Man wird den auch von Seydel, oben Anm. 1, gezogenen Schluß nicht abweisen können, daß hienach die Gemeinde im Bereich der inneren Verwaltung deren unterstes Vollzugsorgan ist. K II, 25 kommt zu dem gleichen Ergebnis auf Grund geschichtlicher Erwägungen In jedem Fall ergibt sich ein Recht der Gemeinde auf diese Tätigkeit, anderseits aber auch eine Pflicht, diese Tätigkeit ohne Entschädigung zu leisten. Art 156 V, s. dort Anm. 12. In dieser Eigenschaft besteht für die Gemeinde nach dem Unterordnungsverhältnis auch die weitere Pflicht, den Aufträgen der vorgesetzten Polizeibehörde ohne weiteres zu gehorchen. S 16, 301 Die innere Verwaltung schließt die Verwaltungsrechtspflege nicht ein Sie ist durch Art. 96 den kreisunmittelbaren Städten insoweit übertragen, als sie in die Zuständigkeit der Bezirksverwaltungsbehörde fällt.

## Art. 93.

In den einer Kreisregierung unmittelbar untergeordneten Städten steht vorbehaltlich der Bestimmungen der Art. 97 und 98[1]) dem Magistrat die Polizeiverwaltung[2]) mit Einschluß der den unmittelbaren Distriktspolizeibehörden[3]) vorbehaltenen Befugnisse zu.

**1.** S auch Art. 92 Anm. 2.

**2.** S Art. 92 Anm. 1.

**3.** S. Art. 92 Anm. 3. Bei den kreisunmittelbaren Städten ist die Unterscheidung zwischen Bezirks- und Ortspolizei ohne Bedeutung. S. aber Art. 98 Anm. 2. Diese erlassen übrigens auch da, wo nach dem PStGB. bezirkspolizeiliche Anordnungen zulässig sind, stets ortspolizeiliche, denn für sie ist nach Art. 92 jene in dieser einbegriffen. Das PStGB. grenzt die Zuständigkeit für bezirkspolizeiliche Anordnungen von der für ortspolizeiliche überall ab; auch in Reichsgesetzen und in Landesgesetzen ist häufig die Zuständigkeit der Polizeibehörden angegeben. Wo diese nicht der Fall ist, entscheidet die aus Art. 92 II abgeleitete Regel für die ortspolizeiliche Zuständigkeit, Art. 92 Anm. 5. Ein Zusammentreffen der beiden Zuständigkeiten ist nicht anzuerkennen. Die Meinung K I, 816, 817 ist auch aus praktischen Gründen abzulehnen. Das dortige Beispiel, daß die Bezirkspolizeibehörde gleichberechtigt mit der Ortspolizeibehörde, örtliche Lebensmittel- oder Marktvisitationen vornimmt, läßt sich einfacher aus dem Aufsichtsrecht und der Nachschau erklären, ob die Ortspolizei in dieser Beziehung ihre Schuldigkeit tut. Die gewöhnlich auf Grund vertragsmäßiger Abmachungen stattfindenden Visitationen der Anstalten für Untersuchungs der Nahrungs- und Genußmittel sind eine Besonderheit. Sie geschehen in der Regel auf Rechnung des Bezirks, aber rechtlich angesehen im Auftrag der Ortspolizei selbst. Der Bürgermeister wird auch stets verständigt und wenn möglich zugezogen.

**4.** Die Geschäfte der Amtsanwaltschaft mußten nach Art. 55 AG. z. GVG. v. 23 Febr 1879, GVBl 273, die kreisunmittelbaren Städte gegen Entschädigung durch Gemeindebeamte besorgen lassen. Bei den Bezirksämtern war sie Aufgabe der Nebenbeamten; seit 1. Okt. 1912 stellt der Staat eigene Justizbeamte für diesen Zweck auf. VO. v. 21. Sept. 1912, GVBl. 895.

## Art. 94.

Die dem Magistrate obliegende Polizeiverwaltung steht unter Leitung[1]) des Bürgermeisters, wo deren mehrere vorhanden sind, des ersten. Derselbe erledigt Geschäfte, welche sich zur kollegialen[2—4]) Behandlung nicht eignen, persönlich oder läßt sie unter seiner Leitung durch andere Magistratsmitglieder oder durch höhere Gemeindebeamte[5]) besorgen.

1. Ortspolizeibehörde ist in den Städten der Stadtrat, Art. 92. Die verantwortliche Leitung ist dem ersten Bürgermeister übertragen. Er hat in allen Angelegenheiten, wenn Gefahr auf Verzug ist, allein zu handeln und einschlägige Aufträge der vorgesetzten Polizeibehörde zu vollziehen, s. Art. 92 Anm. 5. Er kann, wo dies nicht der Fall ist, jede Angelegenheit vor den Stadtrat bringen.

2. Solche Gegenstände werden in der Regel die Vorbereitung oder den Vollzug der einschlägigen Stadtratsbeschlüsse betreffen. Bestimmte Weisungen der höheren Polizeibehörde, soweit nicht ohnehin Gefahr auf Verzug besteht, Anm. 1, fallen ebenfalls darunter. Die Geschäftsordnung, Art. 107 I, kann Anhaltspunkte geben, aber nur unbeschadet der gesetzlichen Regel. Der Bürgermeister kann indes alle diese Gegenstände auch vor den Stadtrat bringen, doch gilt auch für diesen bei Weisungen der höheren Behörde die Gehorsamspflicht, Art. 92 Anm. 5. Die Haftung für die Gesetzmäßigkeit des von ihr erteilten Auftrags trägt die höhere Behörde. Es steht indes dem Stadtrat und auch dem Bürgermeister unbenommen, soweit nicht Gefahr auf Verzug, ihre Bedenken vorher der auftraggebenden Behörde vorzutragen. Eine Beschwerde zur nächsthöheren Stelle ist aber unzulässig.

3. Die Stellvertretung des ersten Bürgermeisters richtet sich jetzt nach Art. 8 SG., zunächst die weiteren Bürgermeister, danach die nicht berufsmäßigen Stadt- und Gemeinderäte nach der Reihenfolge ihres Lebensalters. Der Stellvertreter geht dem nach Anm 5 aufgestellten Beamten vor.

4. Der Bürgermeister und sein Stellvertreter sind nach Art. 56 AG. z. GVG. Hilfsbeamte der Staatsanwaltschaft. Als solche sind sie nach § 153 GVG. verpflichtet, den Anordnungen der Staatsanwälte bei dem Landgericht ihres Bezirkes und der diesen vorgesetzten Beamten Folge zu leisten. Sie sind in gewissen Fällen für Beschlagnahme und Durchsuchungen zuständig, StPO. §§ 98 und 105, MinBek. v. 31. Aug. 1879, MBl. 367.

5. Die vom ersten Bürgermeister für diese Geschäfte aufgestellten Personen sind seine Stellvertreter Sie haben seinen Weisungen zu gehorchen. Er trägt soweit auch die Verantwortung; der Stadtrat selbst ist nicht berechtigt, hier einzugreifen. Wegen der höheren Gemeindebeamten s Art 72 I und Anm 4 bei Art. 72, Art. 73 I.

## Art. 95.

I Die Gemeinden sind verpflichtet, soweit ihnen die Polizeiverwaltung[1]) zusteht, die damit verbundenen Obliegenheiten zu erfüllen und die hiefür erwachsenden Kosten zu bestreiten.

II Zur Bestreitung des Aufwandes für Handhabung der Distriktspolizei[2]) wird nach Maßgabe des jeweiligen Finanzgesetzes ein Beitrag[3]) aus Staatsmitteln geleistet.

**1.** S. Art. 92 Anm. 1 und Anm. 5. Danach fällt unter die Ortspolizei nicht nur die Polizei im engeren Sinne sondern auch die Tätigkeit der Gemeinde als unterstes Vollzugsorgan der inneren Landesverwaltung. Bei den kreisunmittelbaren Städten kommen noch die polizeilichen und die nicht polizeilichen Geschäfte, Art. 96, der Bezirksverwaltungsbehörden dazu. — Der Aufwand z. B. für Beobachtung und Verpflegung ansteckungsverdächtiger Personen fällt unter Art. 95, soweit er nicht armenpfleglich sein sollte.

**2.** Handhabung der Bezirkspolizei begreift hier nicht nur die polizeilichen sondern auch die nicht polizeilichen Geschäfte, Anm. 1, der Bezirksverwaltungsbehörden. Der ältere Sprachgebrauch stellt Distriktspolizeibehörde und Distriktsverwaltungsbehörde einander völlig gleich. Seydel V, 5 und ebenso wie in Abs. I unter der Polizeiverwaltung auch die Tätigkeit für die innere Verwaltung überhaupt, so ist in Abs. II auch Distriktspolizei in weiterem Sinne zu nehmen. Die kreisunmittelbaren Städte haben in ihren Anträgen auf Beitragsleistungen seitens des Staates immer diese Auffassung vertreten.

**3.** Nicht der volle Ersatz. Im Jahre 1912 betrug der Zuschuß auf den Kopf der Bevölkerung der kreisunmittelbaren Stadt je 27,82 Pf., 1921 auf den Kopf 40 Pf. Der ganze Staatszuschuß betrug im Jahre 1891 183 000 Mk., im Jahre 1916 359 732 Mk. Im Staatshaushalt 1922 ist er unter Ziff. VI beim Staatsministerium des Innern mit 1 153 000 Mk. vorgetragen und vom Landtag bewilligt. Der Zuschuß ist nur für die Kosten der Bezirkspolizei bestimmt und wird vom Staatsministerium des Innern nach Maßgabe des Umfangs der Geschäfte und der Bedürftigkeit verteilt.

## Art. 96.

I Die nichtpolizeilichen[1]) Geschäfte der Distriktsverwaltungsbehörden werden in den einer Kreisregierung unmittelbar untergeordneten Städten gleichfalls von dem Magistrate besorgt.

II Die Bestimmungen des Art. 94[2]) finden auch auf diese Geschäfte Anwendung.

**1.** Dazu gehören vor allem die streitigen Verwaltungssachen. Der kreisunmittelbare Stadtrat ist nach dieser Bestimmung auch in jenen Fällen die erste Instanz, wo die Gemeinde selbst als Partei beteiligt ist. Die Rechtsprechung hat indes hier einen Unterschied geschaffen und die Zuständigkeit der Stadträte da ausgeschlossen, wo es sich um Streitigkeiten über Angelegenheiten handelt, die im Gemeindeverband wurzeln und auf Grund der GO. zu entscheiden sind. Für solche Streitigkeiten hat der VGH. angenommen, daß bei kreisunmittelbaren Städten die Regierung im I. Rechtszug zuständig sei. S 1, 8, 65; 2, 315; 4, 429, obwohl anderseits der VGH. wieder selbst anerkannt hat, daß sogar in solchen Angelegenheiten, in denen die Gemeinde selbst Partei ist, die Zuständigkeit des Stadtrates nicht grundsätzlich ausgeschlossen sei, S 2, 667; 4, 190. Für jenen Unterschied fehlt es an einer gesetzlichen Grundlage. BlfAdmPr. 33, 289; Seydel III, 59 Fußn. 1 Man darf auch die Beschlüsse der Gemeindeverwaltungen in eigentlichen Gemeindeangelegenheiten Art. 163 nicht mit den hier in Frage stehenden Beschlüssen nach Art. 96 verwechseln. Die Beschlüsse nach Art. 163 sind Beschlüsse der Gemeindeverwaltung als gemeindliches Organ. Bei Beschlüssen nach Art. 96 sind die Gemeindeverwaltungen aber Bezirksverwaltungsbehörden. Wenn S 18, 94 in den Gründen meint, daß durch Art. 96 eine verwaltungsrechtliche Zuständigkeit überhaupt nicht geschaffen wurde, so ist dies in gewissem Sinne richtig. Die bisherige Zuständigkeit der Bezirksverwaltungsbehörden wird in Art. 96 nicht verändert. Insofern wird auch keine neue Zuständigkeit geschaffen, aber die Stadträte der kreisunmittelbaren Städte werden zu Bezirksverwaltungsbehörden erklärt, auf sie wird diese Zuständigkeit übertragen, wenn auch keine neuen Zuständigkeiten so wurden doch neue Zuständigkeitsbehörden geschaffen Vgl. auch Art. 65 Anm. 8. Immerhin hat die Rechtsprechung ihre praktischen Vorzüge, Art 163 Anm 1. Sie entspricht auch dem natürlichen Gefühl.

Als Streitigkeiten, die im Gemeindeverband wurzeln, kommen in Betracht Art. 8 Ziff. 19 Pflaster- und Brückenzoll, Ziff. 26 Gemeindebürgerrecht, Stimmrecht in Gemeindeangelegenheiten, Ziff. 27 Gemeinderechtsgebühren, Ziff. 28 Anspruch auf Gemeindenutzungen, Ziff. 30 Teilnahme an Gemeindelasten, Umlagen und Leistungen für die Armenpflege, Ziff. 31 Verbrauchssteuern und örtliche Abgaben, Ziff. 32 Leistungen nach Art. 55 GO. (wegen Körges. s. Art. 55 Anm. 10), Ziff. 33 Wahlrecht und Wählbarkeit zu Gemeindeämtern, Ziff. 38 Leistungen für Schulzwecke

Eine andere Frage ist, inwiefern Stadtratsmitglieder bei solchen Beratungen wegen persönlicher Beteiligung ausscheiden. Art. 103.

**2.** Art. 94 Anm 2.

## Art. 97.

In bezug auf die Haupt- und Residenzstadt München findet die Ausscheidung der Zuständigkeiten der Polizeidirektion, des Magistrats und der Lokalbaukommission nach Einvernahme des Magistrats durch Verordnung[1]) statt, welche binnen drei Jahren revidiert und dem Landtage zur gesetzlichen Feststellung vorgelegt werden soll.

**1.** Maßgebend ist noch immer die Verordnung v. 2. Okt. 1869, RBl. 881, W 8, 335, sie scheidet die Zuständigkeit zwischen Stadtrat,

Polizeidirektion und Lokalbaukommission aus. Die Gesetzesvorlage, die im Landtag 1874 gemacht wurde, scheiterte, weil man sich über die Zuteilung der Gesundheitspolizei nicht einigen konnte. — Wegen der Einrichtung der Lokalbaukommission für München s. AE. v. 23. Okt. 1845 und 30 März 1852, W 3, 594 und Fußnote 1, Bauordnung für München v 29 Juli 1895, GVBl 333 mit Änderung v. 31. März 1900, GVBl. 217 und AB v 1 Dez. 1902, GVBl 729

Der Art. 93 des Regierungsentwurfes zur GemO. 1869 hatte vorgesehen, ähnliche Einrichtungen wie in München auch in anderen Städten zu treffen und die Kosten, soweit die Polizeiverwaltung durch die unmittelbaren Staatsbehörden besorgt wird, auf den Staat zu übernehmen. Dieser Vorschlag wurde vom Landtag abgelehnt.

Das Gesetz v 15 Juni 1898, GVBl. 293 legte der Stadt München einen Beitrag zu den Kosten der Polizeidirektion auf. Die Einrichtung der Polizeidirektion wurde durch AVO. v. 24. Juni 1898, GVBl. 345, und die MinBek. v. 25. Juni 1898, GVBl. 347, erweitert, indem fünf auf den Stadtbezirk verteilte Polizeiämter geschaffen wurden, die hauptsächlich das Meldewesen, Sicherheits-, Sitten-, Straßen- und Verkehrs und Gewerbepolizei zum Teil auch das Plakatwesen behandeln

## Art. 98.

I Der Staatsregierung bleibt vorbehalten,[1]) auch in den übrigen einer Kreisregierung unmittelbar untergeordneten Städten die Ausübung der den Distriktspolizeibehörden vorbehaltenen Befugnisse[2]) in Bezug auf Fremdenpolizei, Presse, Vereinswesen und Versammlungsrecht, ferner die Handhabung der Sicherheitspolizei zum Schutze des Staates und der bestehenden Staatseinrichtungen, sowie zur Aufrechthaltung der öffentlichen Ruhe auf Kosten des Staates zu übernehmen und hiefür eigene Beamte mit dem erforderlichen Hilfspersonal aufzustellen.

II Wenn die öffentliche Ruhe bedroht oder gestört ist, hat der Magistrat zu deren Erhaltung oder Wiederherstellung mitzuwirken.[3])

**1.** Unter dem rev. GemEd. bestanden in den Städten Stadtkommissariate Das letzte solche in Nürnberg wurde erst am 5. Nov. 1872, RBl 2529, W 9, 562, aufgehoben. Nürnberg wurde durch MinE. v. 11. Aug. 1873 den übrigen unmittelbaren Städten gleichgestellt. Art. 98 ersetzt den Mangel einer Bestimmung, nach der die Staatsregierung unter gewissen Voraussetzungen die kommissarische Verwaltung der Polizei übernehmen kann, wie sie z. B. Art. 38 des Entwurfes eines neuen Gemeindegesetzes vorsehen will. In Art. 98 ist diese Befugnis beschränkt auf gewisse wichtige Teile der Polizei. Die MinBek. v. 29. Juni 1869, RBl 1099, hat in allen kreisunmittelbaren Städten die Preßpolizei und die sicherheitspolizeiliche Zuständigkeit in

Fällen bedrohter oder gestörter öffentlicher Ruhe auf Stadtkommissäre übertragen. Als solche werden in Kreishauptstädten Mitglieder der Kreisregierung, Kammer d. J., in anderen Städten die Vorstände der Bezirksämter aufgestellt. Die übrigen in Art. 98 genannten polizeilichen Aufgaben sind den unmittelbaren Städten geblieben. Auch für Nürnberg-Fürth ist in jüngster Zeit ein staatliches Polizeiamt errichtet worden.

**2.** Die ortspolizeilichen Befugnisse können den Städten nicht entzogen werden. S. Art. 93 Anm. 3.

**3.** Die Stadt hat den Stadtkommissär in allen einschlägigen Fällen sofort zu verständigen und hat ihm auch ihre polizeilichen Hilfsmittel zur Verfügung zu stellen. Über die in den Städten Ingolstadt, Landshut, Passau, Regensburg, Amberg, Bayreuth, Bamberg, Coburg, Nürnberg-Fürth, Ansbach, Eichstätt, Würzburg, Aschaffenburg, Augsburg jetzt organisierte staatliche Polizei kann der Stadtkommissär dort verfügen.

In München ist wegen der Polizeidirektion kein Stadtkommissär nötig, ihr untersteht auch die dortige staatlich organisierte Polizei.

## C. Zwangsbefugnisse.

### Art. 99.[1])

I Der Magistrat ist berechtigt, Verfügungen, welche er in seiner Zuständigkeit als Gemeindeverwaltung oder[2]) Polizeibehörde zum Vollzuge von Gesetzen und gültigen Verordnungen, deren Übertretung nicht[3]) mit Strafe bedroht ist, an bestimmte Personen erlassen und diesen eröffnet hat, durch gesetzliche Zwangsmittel unter Anwendung der Art. 21 und 22[4]) des Polizeistrafgesetzbuchs vom 26. Dezember 1871 zur Ausführung zu bringen.

II Gleiche Befugnis hat der Bürgermeister in bezug auf jene Verfügungen, welche er innerhalb seiner Zuständigkeit allein erläßt.[5])[6])

**1.** Die jetzige Fassung beruht auf Gesetz v. 19. Jan. 1872, GVBl. 71/72 S. 197. Ursprünglich waren die Art. 28 und 29 des PStGB v. 10. Nov. 1861 genannt.

**2.** Auch in eigentlichen Gemeindeangelegenheiten und zum Vollzug gemeindlicher Satzungen kann der Stadtrat von der Befugnis Gebrauch machen. Die Begründung zum Regierungsentwurf GemO. 1869 bemerkte bei Art. 95, dem jetzigen Art. 99, daß er sich nicht nur auf rein polizeiliche Aufträge, sondern auch auf diejenigen beziehe, die von den Gemeindebehörden in eigentlichen Gemeindeangelegenheiten oder in Gegenständen der öffentlichen Verwaltung erlassen werden.

**3.** Sind die Übertretungen mit Strafe bedroht, so richtet sich das Verfahren nach Art. 16—20 PStGB

**4.** Nach diesen Bestimmungen sind die Behörden der inneren Verwaltung befugt, Verfügungen, die sie innerhalb ihrer Zuständigkeit zum Vollzug von Gesetzen, deren Übertretung nicht mit Strafe bedroht ist, an bestimmte Personen erlassen und diesen eröffnet haben durch Anwendung gesetzlicher Zwangsmittel zur Ausführung zu bringen. Näheres siehe Schied. PStGB. bei Art. 21 u 22.

Wegen Beitreibung des Kostenaufwands Art. 22 u. 23 VG., GVBl. 1921, 367

**5.** S Art 94 Anm 2. Auch der Stellvertreter des Bürgermeisters, dann die Stadtratsmitglieder und die höheren Gemeindebediensteten, die unter seiner Leitung die Polizeiverwaltung besorgen, haben die Befugnis nach Art. 99.

**6.** Grundsätzlich ist vorherige Androhung notwendig. Die Befugnisse stehen nach den Gesetzgebungsverhandlungen auch der Polizeidirektion und der Lokalbaukommission München zu. K I, 832. Beschwerde ist nur zur Aufsichtsbehörde zulässig, der Verwaltungsgerichtshof kann in die Lage kommen, sich mit dem Vollzug des Art. 99 zu befassen, wenn er in Angelegenheiten angewendet wurde, die nach dem VGG. vor ihn gebracht werden können. S 3, 480, 525.

## D. Vermittlungsamt.

### Art. 100.

I Die Ausübung des Vermittlungsamtes[1]) bei Rechtsstreitigkeiten unter Gemeindeeinwohnern[2]) steht dem Bürgermeister[3]) zu. Derselbe ist jedoch befugt, hiemit ein anderes Magistratsmitglied oder einen höheren Gemeindebeamten zu beauftragen. Den Beteiligten ist es unbenommen, Männer ihres Vertrauens[4]) zu benennen, welche zum Sühneversuche beizuziehen sind. Die Zulassung von Advokaten[5]) ist ausgeschlossen.

II Wenn auf gehörige Ladung nicht beide Parteien erscheinen, so ist der Vermittlungsversuch als vereitelt zu erachten. Ist der Kläger nicht erschienen, so verwirkt er eine Geldbuße von dreißig Kreuzern (90 Pfennig)[6]) zum Besten der Gemeindekasse.

III Die Verhandlungen und Ausfertigungen des Vermittlungsamtes sind tax- und stempelfrei.

**1.** Das gemeindliche Vermittlungsamt ist eine Sondereinrichtung. Sie gehört weder zu den eigentlichen Gemeindeangelegenheiten noch zur Polizeiverwaltung. Die pfälzische GemO. kennt sie überhaupt nicht. Sie ist eine den Gemeinden nach Art. 156 V GemO. übertragene Aufgabe. Sie ist nur für bürgerliche Rechtsstreitigkeiten, aber nicht bloß für den Kläger — auch der Beklagte kann den Anfang machen —, bestimmt, ist durch Art. 12 AG. ZPO., GVBl. 1899, 401, ausdrücklich aufrecht erhalten und von dem Vermittlungsamt im Sinne des

§ 420 RStPO. für die Vornahme von Sühneversuchen in Beleidigungen streng auseinanderzuhalten; s. Anm. 7.

**2.** Für beide Ämter gilt nun die Auffassung, daß die Parteien möglichst persönlich und möglichst unbeeinflußt seien und offen sollen reden dürfen. Über die Zuziehung von Vertrauenspersonen, Bevollmächtigten und Rechtsanwälten gelten für die beiden Ämter verschiedene Vorschriften. S. Anm. 7.

Für beide Ämter wird grundsätzlich hinsichtlich der Person des die Vermittlung oder den Sühneversuch vornehmenden Beamten die Entbindung vom Amtsgeheimnis verweigert MinE v. 20. Okt. 1908 Nr. 26868. Sie würde dem öffentlichen Interesse widersprechen. § 53 RStPO., das Wohl des Reiches oder Bundesstaates bedeutet nichts weiter als das öffentliche Interesse. Seydel III, 389 Fußn 1.

Beide Teile müssen im Gemeindebezirk wohnen.

**3.** Oder seine Stellvertreter Wenn Bürgermeister, Vertreter und sämtliche Mitglieder des Ausschusses verhindert sind, auch ein höherer Gemeindebeamter, Art 72 u. Anm. 4 bei Art 72, nicht zur Verfügung steht, dann läßt sich der Vermittlungsversuch schlechthin nicht durchführen Wegen des Sühneversuchs nach § 420 StPO s Anm 7

**4.** Nur für das gemeindliche Vermittlungsamt gültig, nicht für den Sühneversuch nach § 420 RStPO Rechtsanwälte, Advokaten sind ausgeschlossen Anm. 5.

**5.** Das Verbot ist zwingend Auch als Männer des Vertrauens dürfen sie nicht beigezogen werden. Für den Sühneversuch nach § 420 StPO gilt das Verbot nicht. A. M. BayGemZ. 1917 Sp. 186 dagegen aber mit Recht Sp. 314.

**6.** Jetzt 90 Pf Gesetz v 8. Nov. 1875, GVBl. 665.

**7.** Wie in Anm 1 bereits bemerkt ist, vom gemeindlichen Vermittlungsamt streng zu unterscheiden der Sühnetermin nach § 420 RStPO., der den Beleidigungsklagen vorzugehen hat und der durch Art 80 AG. GVG. v 23 Febr. 1879 den Gemeinden übertragen wurde. Das Verfahren bemißt sich hier nach MinBek. v. 5 Aug 1879, GVBl 769

Wenn hier der Fall der Anm 3 eintritt, so wird von der Justizverwaltung eine Persönlichkeit, gewöhnlich der Bezirksamtsvorstand, mit der Vornahme des Termins betraut MinE v. 19 Mai 1888, W 19, 78, u 15 Okt. 1921, MBl 184 Beide Teile müssen im Gemeindebezirk wohnen, das persönliche Erscheinen ist nur für den Kläger vorgeschrieben, er kann sich durch einen Bevollmächtigten vertreten lassen, wenn er nachweist, daß er am persönlichen Erscheinen verhindert ist. Der Beklagte kann sich stets vertreten lassen Als Bevollmächtigte sind hier auch Anwälte zugelassen

Die Zuziehung von Männern des Vertrauens gibt es nicht In Begleitung eines andern auch nicht eines Rechtsanwalts kann also keine Partei erscheinen Besondere Fälle, gebrechliche, aphasische Personen u dgl. sind natürlich ausgenommen.

Kommt der Kläger nicht, so erhält er kein Zeugnis über Abhaltung des Termins, er kann aber neuerlich Antrag stellen MinE. v.

31. Jan. 1883, W 16, 102. Kommt der Beklagte nicht, so ist der Versuch als erfolglos zu betrachten und der Kläger erhält das Zeugnis. Die Verwirkung der Geldstrafe nach Art. 100 durch den nicht erscheinenden Kläger, Ziff. 6 der MinBek. v. 5. Aug. 1879, gilt auch für das Sühneverfahren nach § 420 RStPO. Da das ganze Verfahren dem Vermittlungsamt übertragen wurde, konnte die Regierung, die diesem Amte bereits gesetzlich zustehende Strafbefugnis auch auf dieses Verfahren ausdehnen. Auch diese Verhandlungen sind gebührenfrei. Ziff. 7 der MinBek. v. 5. Aug. 1879.

**8.** Weil es sich hier überhaupt nicht um Gemeindeangelegenheiten handelt, ist auch die Zuständigkeit des Verwaltungsgerichtshofs hier ausgeschlossen. S 2, 652.

**9.** Zu unterscheiden sind auch die Einigungsämter. Sie beruhen auf der BRVO. v. 15. Dez. 1914, RGBl. 511, MinBek. v. 31. Dez. 1914, MBlKr. Beil. S. 470.

## III. Geschäftsgang des Magistrats.

### Art. 101.

I Die Verteilung[1]) der Geschäfte, der Vorsitz in den Sitzungen, die Sorge für den Vollzug[3]) der Magistratsbeschlüsse und die Erledigung der für kollegiale[4]) Beratung nicht geeigneten Gegenstände steht dem ersten oder einzigen Bürgermeister, bei dessen Behinderung seinem Stellvertreter zu.

II Zur Stellvertretung berufen sind die übrigen Bürgermeister nach ihrem Range, in deren Ermangelung oder Verhinderung die rechtskundigen Magistratsräte nach dem Dienstalter, in deren Ermangelung oder Verhinderung die bürgerlichen Magistratsräte nach dem Dienstalter und der Reihenfolge ihrer Wahl[5]).

III Alle Ausfertigungen[6]) des Magistrats werden von dem geschäftsleitenden Vorstande unterzeichnet.

**1.** Sowohl unter die Mitglieder des Stadtrates, z. B. die Verteilung der Kassengeschäfte, Art. 87 Anm. 3, als auch unter die angestellten berufsmäßigen Beamten und die Vertragsangestellten.

**2.** Er hat die Sitzung nach Zeit und Ort zu bestimmen, die zu erledigenden Gegenstände und die Reihenfolge, die Besprechung zu leiten, die Sitzungspolizei zu üben. Art. 105 IV, die Abstimmung vorzunehmen, den Stichentscheid abzugeben, Art. 102 V, und das Ergebnis festzustellen. Über die Form des Sitzungsprotokolls, Inhalt und Unterschrift, soll die Geschäftsordnung, Art. 107, Vorschriften geben. Nur für die Landgemeinden sieht das Gesetz ein Protokoll vor. Art. 145. Bei den Städten wurde es als selbstverständlich angesehen. Ist nichts anderes bestimmt, so wird der Bürgermeister auch das Protokoll zu unterzeichnen haben. S. bei Art. 145 Anm. 8.

**3.** Über den Bürgermeister als Vollzugsorgan des Stadtrates Art. 84 Anm. 6. Als selbständiger Wirkungskreis kommt dem

Bürgermeister die Verteilung der Geschäfte, die Erteilung von Urlaub, Art. 164, und die Erledigung der nicht für kollegiale Beratung geeigneten Gegenstände zu. Man wird den Bürgermeister in den Städten mit ehemals magistratischer Verfassung nicht als besondere Behörde betrachten können. a. M. Seydel III, 229. Von einem Bürgermeisteramt kann man in den rrhein. Städten nicht reden.

4. S. Art. 94 Anm. 2.

5. Abs. II ist durch Art. 8 SG. ersetzt.

6. Unter Ausfertigung versteht man eine schriftliche Urkunde, die ersehen läßt, daß eine Willenserklärung des Stadtrates in gesetzlicher Form zustande gekommen ist. In der Regel sind es beglaubigte Abschriften der Stadtratsbeschlüsse, sie können aber auch andere Formen annehmen, z. B. früher die Heimaturkunden oder Bestätigungen, daß ein Beschluß zustande gekommen ist. Trägt eine solche Ausfertigung die Unterzeichnung des Bürgermeisters, so gilt sie als Beweis der Willenserklärung und der aus der Ausfertigung ersichtlichen Art des Zustandekommens. Eine nachträgliche Anfechtung durch die Gemeinde wegen Mangel bei der Beschlußfassung ist unwirksam, es müßte denn dem Dritten der Mangel bekannt gewesen sein. S 10, 208; 11, 123. Beide Fälle betrafen die Ausfertigung von Heimatverleihungsbeschlüssen. Wenn es sich nur um den Vollzug eines Stadtratsbeschlusses handelt, so kann der Bürgermeister auch vor dem Notar ohne besondere Vollmacht auftreten. Art. 84 Anm 6. Unter dem geschäftsleitenden Vorstand ist der erste Bürgermeister oder dessen Stellvertreter zu verstehen. Die MinBek. v. 30 Dez. 1918, StA. 1919, 1 ist auf gemeindliche Verhältnisse nicht anwendbar.

7. Über Rangverhältnis von Mitgliedern der Gemeindeverwaltung enthält Art. 120 und 128 für die Distriktsvorsteher und für die Mitglieder der Landgemeindeverwaltungen Vorschriften. Für die Stadtratsmitglieder fehlen sie. Die VA. z. SG. in § 8 hat von einer Ordnung der Rangverhältnisse abgesehen. Wenn ein Bedürfnis danach gefühlt wird, kann sie vom Stadtrat getroffen werden Es handelt sich hier nicht um die Reihenfolge, in der die Verwaltungsmitglieder die Bürgermeister vertreten; diese bestimmt sich nach Art 8 SG., sondern um die Stelle, die sie bei feierlichen Anlässen, Aufzügen u. dgl. einzunehmen haben.

## Art. 102.

I Der Magistrat[1]) beschließt in Sitzungen[2]) über alle zur kollegialen Beratung geeigneten Gegenstände.

II Zur Gültigkeit eines Plenarbeschlusses wird erfordert:

1. daß alle im Gemeindebezirke anwesenden[3]) Magistratsmitglieder, soferne die Sitzungstage nicht vorausbestimmt sind,[4]) besonders eingeladen wurden;
2. daß mehr als die Hälfte der in Art. 71 Ziff. 1 bis 3[5])

bezeichneten Mitglieder an der Beratung und Abstimmung teilgenommen;

3. daß die Mehrheit der Abstimmenden [6]) für dieselbe Meinung sich ausgesprochen hat.

III Alle der Zustimmung der Gemeindebevollmächtigten, der Bürgerschaft oder Staatsaufsichtsbehörde unterliegenden Beschlüsse sind in den Plenarsitzungen zu fassen.

IV Zur Erledigung anderer Angelegenheiten können in Städten von 10000 [8]) Seelen und darüber Senate [9]) gebildet werden, deren Besetzung durch Plenarbeschluß erfolgt. Zur Gültigkeit eines Senatsbeschlusses ist erforderlich, daß alle im Gemeindebezirke anwesenden Senatsmitglieder, soferne die Sitzungstage nicht vorausbestimmt sind, besonders eingeladen [10]) wurden, daß mindestens fünf [11]) Mitglieder an der Beratung und Abstimmung teilgenommen haben, und daß die Mehrheit der Abstimmenden [12]) sich für dieselbe Meinung ausgesprochen hat.

V Bei Stimmengleichheit entscheidet die Stimme des Vorsitzenden. [13])

VI Kein stimmberechtigtes [14]) Magistratsmitglied darf sich der Abstimmung enthalten. [15])

**1.** Der Stadtrat als Vollversammlung im Gegensatz zum Bürgermeister nach Art. 94 und 101, der die für die Kollegialberatung nicht geeigneten Gegenstände erledigt, s. Art. 94 Anm. 2 und 101 Anm. 4. Neben der Vollversammlung gibt es noch Senate, Abs. IV, und besondere Ausschüsse, Art. 106.

**2.** Nur dann kann von einer Sitzung gesprochen werden, wenn die Voraussetzungen für die Fassung eines gültigen Plenarbeschlusses vorliegen. Eine gelegentliche Zusammenkunft einer beschlußfähigen Anzahl von Stadtratsmitgliedern kann nicht in eine Sitzung verwandelt werden. Wegen des Protokolles s. Art. 101 Anm. 2 und 145 Anm. 8.

**3.** Diese Bestimmung schafft eine Erleichterung. Wer verreist ist, braucht nicht geladen zu werden, wohl aber wer krank ist, auch wenn er amtsbekanntermaßen nicht ausgehen kann, oder wenn er wegen persönlicher Beteiligung, Art. 103, voraussichtlich weder an der Beratung noch an der Abstimmung teilnehmen kann. Tagesordnung ist nicht notwendig. Als Form der Ladung gilt jede Art von Mitteilung, die den amtlichen Zweck der Ladung und Zeit und Ort gehörig und rechtzeitig zum Ausdruck bringt

**4.** Sowohl der Bürgermeister auf Grund von Art. 101 als der Stadtrat können eine solche Bestimmung treffen.

**5.** Jetzt Art. 6 SG. Maßgebend ist der Sollstand, d. h. die Anzahl der Stadtratsmitglieder, wie sie der Stadtrat im Rahmen des Art. 6 SG. festgesetzt hat. Dazu zählen dann noch der erste und die weiteren Bürgermeister, dagegen nicht die berufsmäßigen Mitglieder des Stadtrates.

**6.** Nicht der Anwesenden. Wer sich der Abstimmung zu enthalten hat, Art. 103 zählt nicht mit. § 198 GVG. über Abstimmung bei Beträgen — wer für den höheren Betrag stimmt, zählt bei den Stimmen für den niedern mit —, gilt für die GemO. mangels einer gesetzlichen Vorschrift nicht.

**7.** Die Zustimmung der Gemeindebevollmächtigten ist durch Art. 6 II SG. weggefallen, wegen Zustimmung der Bürgerschaft s. Art. 27, 28, 35 GemO., der Staatsaufsichtsbehörde s. insbes. Art. 14 u. 15 SG., außerdem die bei Art. 14 gegebene Übersicht über die Fälle, wo staatsaufsichtliche Genehmigung noch notwendig ist. Beschlüsse in solchen Angelegenheiten können also weder von Senaten noch von besonderen Ausschüssen gefaßt werden.

**8.** Für die Beschlußfassung in verwaltungsrechtlichen Angelegenheiten können solche Senate in allen kreisunmittelbaren Städten auch mit weniger als 10000 E. gebildet werden. Art. 30 II VGG.

**9.** Die Senate haben Selbständigkeit. Sie erhalten im Gegensatz zu den besonderen Ausschüssen keine Instruktionen vom Stadtrat. Die Mindestzahl ihrer Mitglieder ist 5, nach oben ist die Zahl unbegrenzt. Kein Ablehnungsrecht nach Art. 174 GemO. — Aufstellung von Stellvertretern möglich. Beispielsweise wird häufig ein Polizeisenat gebildet, der die kollegialen Geschäfte der Polizeiverwaltung erledigt, insbesondere die Bau- und Gewerbepolizei. - Je größer die Stadtgemeinde, um so mehr wird sie die Senate nach Zuständigkeiten gliedern. Dadurch leidet bisweilen die Einheit der Behandlung.

**10.** S. Anm. 3.

**11.** Es genügen 5 Mitglieder als Teilnehmer überhaupt, nicht etwa als Mindestzahl der Mehrheit, daher ist diese Zahl die Mindestzahl für die Besetzung der Senate.

**12.** S. Anm. 6.

**13.** Diejenige Meinung, der der Bürgermeister oder sein Stellvertreter, wenn er die Sitzung auch leitet, beigetreten sind, gilt als die angenommene.

**14.** Nicht mitzustimmen haben diejenigen, die nach Art. 103 ausgeschlossen sind. Ferner die berufsmäßigen Stadträte in Gegenständen, die nicht zu ihrer Geschäftsaufgabe gehören; s. Art. 6 V SG.

**15.** Die Abstimmung hat offen zu sein. Sie kann auch schriftlich geschehen, dann muß aber die Stimme die Unterschrift tragen und muß als von dem Unterzeichner herrührend, bekanntgegeben werden. Sonst ist auch der Vollzug des Abs. V nicht möglich.

Weigerungen stehen unter Strafe nach Art. 165 GemO. Für Streitigkeiten aus Abstimmungen ist der VGH. nicht zuständig, wenn es sich nicht um das Recht, sondern um die Pflicht zur Abstimmung handelt. S 6, 80.

## Art. 103.

I Magistratsmitglieder können an der Beratung und Beschlußfassung über Angelegenheiten, wodurch ihr Privatinteresse unmittelbar berührt[1]) wird, nicht teilnehmen.

II Kann infolgedessen die Voraussetzung des Art. 102 Abs II Ziff. 2 nicht erfüllt werden, so haben die Gemeindebevollmächtigten für den besonderen Fall so viele unbeteiligte Mitglieder abzuordnen, als zur Beschlußfähigkeit des Magistrats erforderlich sind. Wird auch auf diesem Wege die Beschlußfähigkeit nicht erzielt, so hat die vorgesetzte Verwaltungsbehörde die im Interesse der Gemeinde nötige Verfügung zu treffen.[2])

III Tritt die Beschlußunfähigkeit des Magistrats in einer Sache ein, in welcher dieser als Polizei- oder Distriktsverwaltungs-Behörde[3]) zu beschließen hat, so ist die Sache durch die Kreisverwaltungsstelle an eine andere Polizei- oder Distriktsverwaltungs-Behörde zu verweisen.

IV Das in Abs. II und III vorgezeichnete Verfahren hat auch dann einzutreten, wenn der Magistrat durch andere Hindernisse zeitlich beschlußunfähig wird und unverschiebliche Beratungsgegenstände vorliegen.

**1.** Art. 103 I ist zu vergleichen mit Art. 145 IV. Der Wortlaut ist verschieden. Art. 99 des RegEntw. zur GemO., der jetzige Art. 103, lautete:

„Gemeinderatsmitglieder, die bei einer zur Sitzung gelangenden Angelegenheit persönlich beteiligt sind, können an der Beratung und Beschlußfassung nicht teilnehmen."

Die Fassung stimmt mit Art. 143 V, dem jetzigen Art. 145 IV, überein. Die Begründung des RegEntw. schweigt zu beiden Bestimmungen. Die Gesetzgebungsverhandlungen geben keine Klarheit K I, 850.

Die unmittelbare Berührung des Privatinteresses steht im Gegensatz zu jenem Interesse, das jeder Gemeindebürger an den Gemeindeangelegenheiten hat und das ihn ebenso persönlich und unmittelbar berührt, aber gemeinsam mit der ganzen Bürgerschaft; z. B. der Beschluß über die Umlagenerhebung. Hier ist der höher Besteuerte um so höher interessiert. Das frühere Umlagenrecht hatte bekanntlich hier eine Bestimmung, die gerade den höchst Besteuerten ein besonderes gesichertes Teilnahmerecht und einen verstärkten Einfluß auf die Beschlußfassung einräumte: Art. 47 GemO., Art. 29, 30 der aufgehobenen Umlagengesetze 1910 und 1918. — Seydel legt bei der Auslegung des Art. 103 das Gewicht darauf, daß das Interesse Einzelner sich als ein Sonderinteresse von dem der Allgemeinheit abhebt. So waren die Bierbrauer und Wirte von der Beratung über Erhöhung des Bier- und Malzaufschlags, die Bäcker und Mehlhändler beim Brot- und Mehlaufschlag, die Gemeindenutzungsberechtigten bei der Beratung ihrer Sonderansprüche nach Art. 103 ausgeschlossen. Seydel III, 217 und Fußn. 3. Es war also keineswegs notwendig, daß die Beteiligung auf privatrechtlichen Beziehungen beruhte. S 10, 188. Im Widerspruch mit Art. 103 abgegebene Stimmen machten den Beschluß nicht ungültig sondern kamen nur vom Abstimmungsergebnis, wenn es sonst gesetzmäßig war, in Abzug. S 5, 272; 24, 1.

Auch diese Auslegung enthält kein richtiges Prinzip. Das Interesse der Wirte bei Erhöhung der gemeindlichen Biersteuer, — der Brot- und Mehlaufschlag besteht nicht mehr —, berührt eine Klasse von Gemeindebürgern, die in großen Städten mehrere 1000 Personen umfassen kann, mehr als in einer mittleren Gemeinde Umlagenpflichtige vorhanden sind. Eine Umlagenerhöhung — das Gegenbeispiel oben — berührt heute noch weniger wie früher die Allgemeinheit als solche, da das Einkommen und die Kapitalrente jetzt nicht mehr Umlagen zahlen. Es gibt in allen Gemeinden genug Personen, die nicht umlagenpflichtig sind, insofern kann man die Umlagepflichtigen gerade so gut als eine sich abhebende Sonderklasse ansehen, wie die Wirte bei der Biersteuer. Für eine grundsätzlich befriedigende Erklärung reicht also auch die Seydelsche nicht aus, sie betont zu sehr das quantitative Moment, sie ist indes am besten geeignet, die bisherige Übung zu verstehen.

Qualitativ betrachtet, kann nur der individuelle Beschluß, d. h. ein Beschluß, der keinen satzungsmäßigen Inhalt hat und der sich nicht an generell sondern an individuell bestimmte Personen richtet, das Privatinteresse berühren, gleichgültig, ob die Beziehungen privat-rechtlich oder öffentlich-rechtlich sind Nach dieser Auffassung kann niemand mitstimmen, wenn es sich um die Anerkennung eines gemeindlichen Nutzungsrechtes oder um die Abschließung eines Kaufvertrags mit ihm handelt, wohl aber, wenn er eine gemeindliche Badeanstalt gepachtet hat, kann er bei der statutarischen Festsetzung der örtlichen Badegebühr ebenso auch als Wirt bei der Einführung der Biersteuer mitstimmen. Auf ein vermögensrechtliches Interesse hat es überhaupt nicht anzukommen, auch wenn der individuelle Beschluß dem Betroffenen schadet, darf er doch nicht mitstimmen.

Eine offene Frage ist, ob das Privatinteresse nicht unmittelbar berührt ist, wenn es sich um Angehörige handelt S 2, 103 beantwortet die Frage nur vom Standpunkt der Anm. 3. — Die Teilnahme eines Stadtratsmitglieds an einer Aktiengesellschaft gibt keinen Grund zur Stimmenthaltung bei individuellen Beschlüssen, die diese Gesellschaft betreffen, da die Aktiengesellschaft ihre eigene Rechtsfähigkeit hat, die von der Person des Aktionärs zu unterscheiden ist. Der Art. 16 des Entwurfes eines bayer GemGes. nähert sich der hier vertretenen Auffassung und benennt auch die Angehörigen, bis zu denen sich die Ausschließung erstreckt. Der besondere Vorzug ist aber, daß dort die Entscheidung endgültig dem Gemeinderat anheimgegeben wird, denn dadurch wird es auch möglich, jene Fälle zuzulassen, die nicht aus Gründen des Rechtes, sondern aus einem berechtigten Empfinden des Taktes ein Mitglied des Stadtrates abhalten können, an einer Abstimmung teilzunehmen. Auch für die Anwendung des Art. 103 wird man zwar dem Bürgermeister als dem Vorsitzenden, Art. 101 Anm 2, zunächst die Verpflichtung zuweisen, das beteiligte Mitglied von der Teilnahme auszuschließen, es wird aber nichts im Weg stehen, wenn der Bürgermeister einen Beschluß herbeiführt und sich nach diesem richtet. Der Auszuschließende wird dabei mitstimmen dürfen.

**2.** Da die Einrichtung des Gemeindekollegiums, Art. 6 II SG, nicht mehr besteht, so tritt jetzt sofort die Verwaltungsbehörde mit ihrer Verfügung ein. Ausgeschlossen sind dabei die Angelegenheiten nach Abs. III, es kann sich also nur um eigentliche Gemeindeangelegenheiten handeln. Gegen die Verfügung der vorgesetzten Verwaltungsbehörde muß für die Beteiligten Beschwerde nach Art. 163 GemO. möglich sein, die aber an die nächst höhere Behörde zu richten sein wird.

**3.** Es handelt sich um die Zuständigkeit des Stadtrates nach Art. 94 u. 96 GemO. und zwar um Beschlüsse. Dabei kommt nicht etwa der Fall in Frage, wo die Stadtgemeinde als Partei beteiligt ist, vgl. Art. 96 Anm. 1 und Art. 50 des Weidegesetzes v. 28. Mai 1852, GBl. 601, W 4, 457, sondern nur die Fälle, wo die einzelnen Stadtratsmitglieder für ihre Person beteiligt sind. Insofern tritt der Fall in Wettbewerb mit Art. 18 VGG., sofern der Stadtrat als Beschlußbehörde in Verwaltungsrechtsangelegenheiten tätig wird. Hier soll Art. 103 als sondergesetzliche Bestimmung durch den Vorbehalt in Art. 18 VGG. diesen Art. 18 verdrängen, S 2, 103, während S 28, 96 beide nebeneinander bestehen läßt und nur dem Art. 103 den Vorrang gibt. Der Unterschied von beiden Auffassungen ist von Bedeutung. Nach Art. 103 GemO. sind die Stimmen der Beteiligten ungültig, nach Art. 18 VGG. ist der Beschluß nichtig, d. h. er kann auf Beschwerde aufgehoben werden. Dyr. bei Art. 18 VGG. Note 5.

Wird ein Senat beschlußunfähig, so sind andere Mitglieder abzuordnen, denn Abs. III spricht von der Beschlußunfähigkeit des Stadtrates, also des ganzen Kollegiums.

**4.** Elementarereignisse können eine Anzahl der Stadtratsmitglieder von der Teilnahme abhalten, z. B. Trennung durch einen Fluß nach Einsturz der Brücken oder epidemische Krankheiten mit ihren Absperrungsmaßnahmen. Hier können besonders mittelbare Stadträte betroffen werden. Die Bestimmung bezieht sich wie der ganze Art. 103 keineswegs bloß auf die kreisunmittelbaren Städte; im Fall des Abs. IV müssen die Gegenstände unverschieblich sein.

**5.** Streitigkeiten über das Recht der Abstimmung, wenn es bestritten wird, fallen unter Art. 8 Ziff. 26 VGG. S 19, 67; wurde es unrechtmäßig anerkannt, so kann es einschlußweise durch den VGH. nachgeprüft werden. Vgl. den Fall S 2, 94.

**6.** Die Anwendung des Art. 103 ist für Art. 27, 28, 35 GemO. u. Art. 10 HundeabgGes. v. 23. Aug. 1922, GVBl. 616 ausdrücklich ausgeschlossen.

## Art. 104.

Dem Magistrate ist es anheimgegeben, bei Gegenständen, welche besondere Fachkenntnis erheischen, Fachmänner mit ihrem Gutachten zu hören und erforderlichen Falles in die Sitzung zu berufen.[1])

**1.** In der Regel wird das Gutachten schriftlich eingeholt und in der Sitzung vorgetragen werden. Die persönliche Zuziehung findet sich bisweilen, dann wird sich nie unterscheiden lassen, ob nicht der zugezogene Sachverständige auch einen beratenden Einfluß ausgeübt hat. Das wird auch nichts schaden. Eine beschließende Stimme haben sie nie.

## Art. 105.

I Die Plenar- und Senats-Sitzungen des Magistrats[1]) sind öffentlich,[2]) soweit nicht Rücksichten auf das Senats- oder Gemeindewohl[3]) oder auch berechtigte Ansprüche einzelner[4]) entgegenstehen.

II Die Frage, ob in einem gegebenen Falle die Öffentlichkeit der Beratung oder Abstimmung auszuschließen sei, wird in geheimer Sitzung entschieden.[5])

III Die Öffentlichkeit darf jedoch niemals ausgeschlossen werden, wenn sie durch Gesetz für bestimmte Fälle ausdrücklich vorgeschrieben ist.[6])

IV Der Vorsitzende handhabt die Ordnung; er ist verpflichtet, Zeichen des Beifalls oder der Mißbilligung den Zuhörern nicht zu gestatten und nötigenfalls jeden derselben, der die Ruhe der Sitzung in irgend einer Weise stört, aus dem Sitzungssaal wegzuweisen[7]) und nach Umständen abführen zu lassen.

**1.** Nicht aber die Sitzungen der besonderen Ausschüsse, Art. 106.

**2.** Die Öffentlichkeit der Sitzungen der Gemeindeverwaltung führt sich auf das Jahr 1848 zurück. AE v 5 Sept. 1848, RBl. 953, W 3, 729 Sie beschränkte die Öffentlichkeit auf Vortrag und Beratung der Gegenstände, nahm gewisse Gegenstände, z. B. konfessionelle Fragen, ganz aus und verbot die Abhaltung der Sitzungen in Gasthäusern.

Zur Öffentlichkeit gehört vor allem, daß Zeit und Ort der Sitzung öffentlich bekanntgegeben wurde, ein für allemal an bestimmten Sitzungstagen oder von Fall zu Fall. In verwaltungsrechtlichen Angelegenheiten ist für die Bezirksverwaltungsbehörden nur in den Fällen des Art. 27 II u. III eine mündliche Verhandlung vorgeschrieben. Sie ist dann öffentlich nach Art. 28 VGG. Während aber die Öffentlichkeit sich bei Beschlüssen in anderen Angelegenheiten auch auf die Abstimmung erstreckt, ist die Abstimmung bei verwaltungsrechtlichen Angelegenheiten geheim Art 37 VGG; s auch Art. 102 Anm. 15.

**3.** Gleichbedeutend mit öffentlichem Interesse, vgl. § 53 II RStPO.

**4.** Gleichbedeutend mit den Interessen der Einzelnen, z. B. nicht die Einzelheiten eines Kaufangebotes, weil sonst dem Eigentümer, wenn sich das Geschäft mit der Stadt zerschlägt, möglicherweise die Erzielung eines angemessenen Preises erschwert wird. In den meisten Fällen wird der Einzelne selbst die entsprechenden Anträge oder Wünsche äußern.

Hier einschlägig sind die Weisungen in § 4 Ziff. 6 und § 5 Ziff. 3, § 6 II, § 7 I Ziff. 5 und § 7 II der AA z. VG., GVBl. 1922 S. 228 ff. Danach sollen Gemeinden, die die örtlichen Abgaben, die Zuwachssteuer, die Grundwertabgabe und die Warenhaussteuer und Steuer von Filialgeschäften selbst verwalten, die erforderlichen Verhandlungen über Veranlagung der einzelnen Pflichtigen, über Einsprüche usw in geheimer Sitzung pflegen.

**5.** Die Wirkung von Verstößen gegen die Vorschriften über Öffentlichkeit oder deren Ausschluß sind von Fall zu Fall zu prüfen. Sie haben nicht ohne weiteres die Ungültigkeit der Beschlüsse zur Folge S 28, 11 Eine geheime Abstimmung ist eine offene Abstimmung in geheimer Sitzung Art. 102 Anm. 15.

**6.** Art. 176 V GemO bei der Prüfung von Reklamationen gegen die Wählerliste

**7.** Neben der Wegweisung kann auch eine Bestrafung nach Art. 7 AG StPO. v. 18. Aug. 1879 in Frage kommen, Störung der dienstlichen Verrichtungen einer Behörde ungeachtet erfolgter Warnung, Haft bis zu drei Tagen, Geld bis zu 15 Mk

## Art. 106. (67 Abs. 5 u. 6)

I Zur Verwaltung örtlicher Stiftungen[1]) und Anstalten,[2]) sowie zur Besorgung bestimmter Geschäfte[3]) können auf Beschluß des Magistrats besondere Ausschüsse aus Mitgliedern des Magistrats[4]) oder aus zu Gemeindeämtern wählbaren[5]) Gemeindebürgern gebildet werden, deren Auswahl[6]) dem Magistrate zusteht.

II Die hiezu berufenen Gemeindebürger verrichten ihre Funktion unentgeltlich[7]) und haben nur Anspruch auf Ersatz von Auslagen.

III Solche Ausschüsse sind dem Magistrate untergeordnet, an dessen Instruktionen gebunden und können von dem Magistrate aufgelöst werden. Der Bürgermeister oder ein von ihm bezeichnetes Magistratsmitglied führt den Vorsitz.[8])

IV Die Funktion ständiger Ausschüsse endet jedenfalls mit Ablauf der Wahlperiode[9]) in welcher sie gebildet worden sind.

V Im Einverständnisse mit den Gemeindebevollmächtigten können zur Vorbereitung von Beratungsgegenständen gemeinschaftliche Ausschüsse gebildet werden, zu welchen jeder Körper eine bestimmte Anzahl von Mitgliedern abordnet[10]).

**1.** Nicht nur der örtlichen Stiftungen, sondern aller Stiftungen, die der Stadtrat verwaltet s. Art. 65 Anm 1 a, Anm 2 und 66 Anm 1

**2.** Wegen des Begriffes Anstalten s. Art. 40 Anm. 4. „Örtlich" gehört nicht mehr zu Anstalten, obwohl die meisten Anstalten nur örtliche Bedeutung haben, manche dagegen z. B. gemeindliche Sparkassen können im weiten Umkreis der Stadt das Landgebiet zur Kundschaft zählen.

**3.** Bestimmte Geschäfte sind z. B. ein einzelnes Geschäft, wie die Errichtung eines Stadttheaters oder generell bezeichnete Geschäfte, wie die Vorbereitung gewisser Angelegenheiten.

4. Die Mitglieder des Stadtrates sind zum Eintritt in den Ausschuß verpflichtet. Ablehnungsrecht nach Art. 174 greift für sie nicht Platz.

5. Wählbar s. Art. 4 WG. Für diese aus der Gemeinde Zugewählten besteht die Möglichkeit, das Amt aus den Gründen des Art. 174 abzulehnen. Streitigkeiten fallen unter Art. 8 Ziff. 33 VGG. Diese Mitglieder haben in den Ausschüssen volles Stimmrecht; a. M. H—K Art. 106[3].

6. Auswahl zum Unterschied von Wahl. In der Regel wird der Stadtrat die Persönlichkeiten in der Form eines Beschlusses bestimmen. Es steht ihnen aber auch die Form der Wahl frei, nur muß die Form auf dem Beschluß des Stadtrates beruhen.

7. Also ehrenamtlich. Die Auslagen können auch pauschal vergütet werden, wenn die Pauschsumme angemessen und nicht ein verschleierter Funktionsbezug ist.

8. Im Gegensatz zu den selbständigen Senaten, Art. 102 IV, sind die besonderen Ausschüsse abhängige Hilfs- und Vollzugsorgane des Stadtrates, im allgemeinen sind ihre Beschlüsse nur vorbereitender Natur und ergehen vorbehaltlich der Zustimmung des Stadtrates. Dieser kann aber auch ihre Vollmachten erweitern, er kann ihnen für gewisse Fälle auch das Recht eines endgültigen Beschlusses einräumen, sogar das Recht, über städtische Mittel in gewissem Umfang zu verfügen und Zahlungsanweisungen zu erteilen. — Die weiteren Bürgermeister gehören den Ausschüssen nur an, wenn sie hineingewählt sind oder den ersten Bürgermeister zu vertreten haben.

9. Früher, wo es in Städten für den die Auswahl treffenden Stadtmagistrat zwei überschneidende Wahlzeiten — Wahlperioden — gab, hatte die Bestimmung besondere Bedeutung. Jetzt ist sie insofern selbstverständlich, als mit der einzigen Wahlperiode von fünf Jahren die Tätigkeit der Stadtratsmitglieder und auch damit die der gewählten Ausschußmitglieder erlischt.

10. Infolge Art. 6 II SG. jetzt gegenstandslos.

## Art. 107.

I Zur Regelung des formellen Geschäftsganges[1]) kann der Magistrat eine Geschäftsordnung erlassen. Zur Bildung von Senaten ist die Zustimmung der Gemeindebevollmächtigten erforderlich.[2])

II Sämtliche der Verwaltung des Magistrats untergebene Kassen sind regelmäßig mindestens einmal[3]) im Jahre unvermutet durch eine aus Mitgliedern des Magistrats und der Gemeindebevollmächtigten gebildete gemischte Kommission zu untersuchen.

III Die näheren Vorschriften über Führung und Untersuchung der Kassen sind von dem Magistrate zu erlassen und der vorgesetzten Verwaltungsbehörde zur Bestätigung vorzulegen.[4])

IV Die Formulare der Voranschläge, Rechnungen und Rechnungsübersichten können durch Ministerialvorschrift festgestellt werden.[5]).

**1.** Die Geschäftsordnung soll den Gang der Geschäfte bestimmen, im Gegensatz zur Verteilung der Geschäfte, die nach Art. 101 dem Bürgermeister allein zukommt Die Geschäftsordnung wird aber unbeschadet dieses Rechtes des Bürgermeisters auch Zuständigkeiten ordnen können, allerdings soweit das Gesetz Vorschriften enthält, innerhalb dieser Schranken, z. B. kann die Geschäftsordnung eine mehr ins Einzelne gehende Abgrenzung der nicht für die kollegiale Behandlung geeigneten Gegenstände, Art 94, vornehmen und insbesondere streitige und zweifelhafte Fälle treffen, sie kann die Stellvertretung des Bürgermeisters, insbesondere was die Unterzeichnung der Ausläufe angeht, näher regeln. Dem Art. 101 III kann nach § 8 II VA. z. SG. durch Geschäftsabteilungen Rechnung getragen werden, deren Vorstände die weiteren Bürgermeister sind; s. Art. 8 SG. u. Anm. über die rechtliche Bedeutung der Geschäftsordnung S 14, 145.

**2.** Die Zustimmung der Gemeindebevollmächtigten ist infolge Art. 6 II SG. weggefallen; vgl. im übrigen Art. 102 Anm. 9.

**3.** Für die Landgemeinden ist die gleiche Verpflichtung in der MinE. v. 12. Okt. 1869, W 8, 382, und in den Kreisamtsblättern über die formelle Behandlung des Kassenwesens unter IV Ziff. 20 enthalten. Diese Vorschriften gelten für die Städte nicht, hier sind sie in das Gesetz selbst aufgenommen. — Über Kassenversicherung gegen Unterschleif usw. s. Bek. d. VersKamm. v. 28. Sept. 1922, St. 227.

**4.** Die in Anm. 3 erwähnte MinE. enthält solche Vorschriften über Führung und Untersuchung der Kasse. Sie gilt nur für Landgemeinden, kann aber für kleinere, insbes. mittelbare Städte, als Vorbild dienen Die Städte sind verpflichtet, auf Grund des Art. 107 Vorschriften zu erlassen und können nötigenfalls staatsaufsichtlich angehalten werden.

**5.** Diese Regelung ist durch MinBek. v. 10. Okt. 1869 das Etats- und Rechnungswesen der Gemeinden und örtlichen Stiftungen in den Gemeinden der Landesteile diesseits des Rheins, W 8, 345 außerdem auch in den Kreisamtsblättern, getroffen worden. Für die Ortsarmenverbände MinBek. v. 4. Sept. 1915, MBl. 256.

**6.** Über die Anlegung von Geldern der Gemeinde und Stiftungen gilt die VO. v. 5. Mai 1905, GVBl. 461, und die MinBek. v. 13. Mai 1905, MBl. 203. In § 20 geändert durch MinBek. v. 2. Mai 1906, MBl. 167, und ergänzt durch die Aufnahme der bayerischen Landwirtschaftsbank, MinBek. v. 4. März 1921, StA. 56, und der Aktienges. Pfalzwerke v. 7. Juli 1922, StA. 156. Hinsichtlich der pfälzischen Hypothekenbank durch Zulassung weiterer Anlegungsarten MinBek. v. 29. April 1921, StA. 107, der bayer. Großwasserkräfte, MinBek. v. 3. Febr. 1921, MBl. 17; der A.-G. Bayernwerk, MinBek. v. 12. April 1921, MBl. 75; der A.-G. Kreis Elektr. Vers Unterfr., MinBek. v 16. Aug. 1922, StA. 189 — Die Geldanlage bei Genossenschaften m. u. H. ist unter Abänderung der Ziff. 23

Abs. 4 durch die MinBek. v. 10. Aug. 1921, MBl. 136, unter den Voraussetzungen des Abs. II der Ziff. 23 gestattet worden. Zu Ziff. 23 Abs. V wird die Beteiligung an der Rhein-Main-Donau-A.-G. staatsaufsichtlich zugelassen, MinBek. v. 15. Nov. 1921, StA. 267. Über die Anlage von Geldern der Gemeinden und örtlichen Stiftungen in laufender Rechnung MinBek. v. 30. Aug. 1922, GVBl. 532. Über die Errichtung offener Depots der Gemeinden und örtlichen Stiftungen bei der Staatsbank MinBek. v. 23. Juni 1904, MBl. 257. Die Bedingungen sind mehrfach geändert worden, sie sind bei der Bank erhältlich.

Auf Grund der Ziff. 23 der MinBek. v. 13. Mai 1905, MBl. 203, können die Aufsichtsbehörden auch die Geldanlage bei anderen Bankanstalten zulassen, als die in Ziff. 20 der MinBek. genannten. Voraussetzung ist, daß sich keine der zugelassenen Banken am Orte befindet, auch nicht eine ihrer Filialen. Agenturen gelten nicht als Filialen. Zuständig ist die Aufsichtsbehörde, für die Pfälzische Bank MinE. v. 25. April 1921 Nr. 11668. Über das Reichsschuldbuch MinBek. v. 30. Juli 1917, MBl. 175.

**7.** Für die Sparkassen Grundbestimmungen v. 1 Juni 1911, MBl. 321, und die Kassen- und Rechnungsvorschriften MinBek. v. 31 Okt. 1912, MBl. 1087; s. noch die MinBek. v. 18. Febr. 1920, StA. 45, und 24. Juni 1920, StA. 149. Über bargeldlosen Zahlungsverkehr MinE. v. 9. Febr. u. 2. März 1917, MBl. 31, 42.

Statt der kameralistischen Buchführung wird vom Staatsministerium des Innern für kaufmännisch geführte städtische Betriebe auch die kaufmännische Buchführung erlaubt und in diesem Fall die Aufstellung von Voranschlägen nachgelassen. MinE. v. 8. Juli 1920 Nr. 3016 e. 4. Die Rechnungsstellung durch Vorlage der Rechnungen der Hauptbücher wurde grundsätzlich zugelassen. MinE v. 1. April 1914 Nr. 3016 e. 9, indes nur, wenn volle Gewähr für übersichtliche und sorgfältige Führung der Hauptbücher geboten ist. — Schrifttum: Dr. M. Heilgemayr, Kameralistische Buchführung, München 1917; Hermann Gschwill, Das Kommunalbudget im rechtsrheinischen Bayern, Augsburg 1912; Mader und Ebenböck, Rechnungswesen der Stadt- und Landgemeinden, München, Komm.-Schrift.-Verl.

## IV. Bestellung der Gemeindebevollmächtigten.[1])

### Art. 108.

I Die Gemeindebevollmächtigten werden auf neun Jahre gewählt, in der Art, daß je nach drei Jahren das ältere Dritteil austritt.

II Der erste und zweite Austritt erfolgt nach Verlauf von drei und sechs Jahren durch das Los.

III Die Zahl der gewählten Gemeindebevollmächtigten soll dreimal so groß sein als die Zahl der bürgerlichen Magistratsräte.

**1.** Die Ziff. IV, V u. VI der 4. Abtlg. Art. 108—119 sind durch Art 6 II SG gegenstandslos geworden. S. Vorbem. vor Art. 70.

### Art. 109.

I Ein Gemeindebevollmächtigter ist aus den in Art 80 Abs. I bezeichneten Gründen zum Austritte berechtigt und unter den Voraussetzungen des Art 80 Abs. II hiezu verpflichtet.

II Über die Zulässigkeit oder Notwendigkeit des Austritts entscheiden die Gemeindebevollmächtigten vorbehaltlich der Beschwerdeführung bei der vorgesetzten Verwaltungsbehörde.

III Außerdem kann einem Gemeindebevollmächtigten aus triftigen Gründen die nachgesuchte Entlassung durch übereinstimmenden Beschluß des Magistrats und der Gemeindebevollmächtigten bewilligt werden.

IV In den Fällen des Art. 82 unterliegen auch Gemeindebevollmächtigte für die Dauer des Strafverfahrens der Suspension vom Amte, welche der Bürgermeister in Vollzug zu setzen hat.

### Art. 110.

I Die Gemeindebevollmächtigten versehen ihre Stellen unentgeltlich, erhalten jedoch für bare Auslagen Vergütung aus der Gemeindekasse.

II Bei öffentlichen Feierlichkeiten und anderen besonderen Gelegenheiten haben sie den Rang nach dem Magistrate vor den übrigen Gemeindebürgern.

## V. Wirkungskreis der Gemeindebevollmächtigten.

### Art. 111.

Die Gemeindebevollmächtigten vertreten die Gemeinde gegenüber dem Magistrat.

### Art. 112.

I Außer den gesetzlich bestimmten besonderen Fällen muß der Magistrat die Zustimmung der Gemeindebevollmächtigten erholen:

1. bei Übernahme einer Garantie der Gemeinde für Anstalten oder sonstige Unternehmungen;
2. bei Verpachtungen und Geldvorleihen aus Gemeinde- oder Stiftungs-Mitteln an Mitglieder des Magistrats oder an deren Verwandte in auf- und absteigender Linie, dann an Seitenverwandte oder Verschwägerte des nächsten Grades;
3. bei Feststellung der den Magistratsmitgliedern zu gewährenden Besoldungen, Funktionsbezüge und Entschädigungen, bei Festsetzung der Besoldungen des höheren Dienstpersonals der Gemeinde, sodann bei Abschluß von Dienstverträgen und Festsetzung von Dienstkautionen, bei Verleihung von Pensionsrechten und Pensionen an Magistratsmitglieder und höhere Beamte der Gemeinde, sowie bei Bewilligung außerordentlicher Remunerationen, Unterstützungen und Nachlässe an solche Personen, endlich bei Verleihung von Pensionsrechten oder Pensionen an niedere Gemeindebeamte;

4. bei Einführung und Regulierung der Aufnahms- und Gemeinderechts-Gebühren;
5. bei Gründung neuer Gemeindeanstalten;
6. bei Gemeinde- und Stiftungs-Neubauten;
7. bei Erwerbung von Realitäten, bei freiwilliger Veräußerung oder Verpfändung unbeweglicher Gemeinde- und Stiftungs-Güter oder nutzbarer Rechte, sowie bei Veränderungen in deren Substanz oder bei Belastung derselben mit ständigen Ausgaben oder sonstigen bleibenden Lasten;
8. bei Kapitalanlagen, wenn sie gegen die durch Verordnung aufgestellte Norm stattfinden sollen;
9. bei Verwandlung der bisherigen Selbstverwaltung bedeutender Ökonomiegüter oder nutzbarer Rechte in Verpachtung und dieser in Selbstverwaltung;
10. bei Regulierung der Gebühren für Benützung des Eigentums, der Anstalten oder Unternehmungen der Gemeinde;
11. bei Anordnung bisher nicht bestandener Gemeindedienste;
12. bei Abschließung von Vergleichen oder bei Erklärung des Streitabstandes, wenn dadurch eine Änderung an der Substanz des Gemeinde- oder Stiftungsvermögens herbeigeführt wird;
13. bei Aufnahme von Passivkapitalien, wodurch der Schuldenstand vermehrt wird, bei Festsetzung und Abänderung der Schuldentilgungspläne und bei zeitlicher Einstellung der Schuldentilgung;
14. bei Geschenken und freiwilligen Gaben für Zwecke, welche außerhalb der Verpflichtung der Gemeinde liegen;
15. bei Beschlüssen über Abänderung des gesetzlichen Maßstabes für Verteilung der Naturaleinquartierung.

II Welche Vermögensbestandteile der Gemeinde als unter Ziff. 9 fallend betrachtet werden sollen, haben die Gemeindebevollmächtigten zu bestimmen.

### Art. 113.

Inwieferne den Gemeindebevollmächtigten die Ausübung von Präsentations- oder Vorschlags-Rechten bei Besetzung von Kirchen- und Schuldiensten oder eine Mitwirkung hiebei zusteht, ist vorbehaltlich besonderer gesetzlicher Vorschriften nach der bisherigen Übung zu bemessen.

### Art. 114.

I Haben die Gemeindebevollmächtigten in einer Sache, in welcher deren Zustimmung erforderlich ist, nicht zugestimmt und glaubt der Magistrat ihrem Beschlusse nicht beitreten zu können, so ist eine wiederholte Beratung in gemeinschaftlicher Sitzung zu veranstalten, wobei die beiden Körper gesondert abstimmen. Erfolgt hiebei keine Vereinigung, liegt jedoch eine teilweise Zustimmung der Gemeindebevollmächtigten vor, so ist deren Beschluß maßgebend, wenn nicht der Magistrat seinen Antrag zurückzieht.

Außerdem hat im Falle der Nichtvereinigung die Angelegenheit auf sich zu beruhen, unbeschadet der Befugnis der vorgesetzten Verwaltungsbehörde, die nötigen Verfügungen zu treffen, wenn infolge des Aufschubs eine Einschreitung gemäß Art. 157 veranlaßt ist.

II In allen gemeinschaftlichen Sitzungen führt der Bürgermeister oder dessen Stellvertreter den Vorsitz, jedoch wird die Abstimmung der Gemeindebevollmächtigten, außer dem in Art. 118 Abs III vorgesehenen Falle durch deren Vorstand geleitet

### Art. 115.

I Die Gemeindebevollmächtigten sind berechtigt, in allen ihrer Mitwirkung vorbehaltenen Angelegenheiten selbständige Anträge zu stellen und hierüber die Beschlußfassung des Magistrats beziehungsweise die in Art. 114 bestimmte gemeinschaftliche Beratung herbeizuführen; dieselben sind auch berechtigt, in den ihrer Zustimmung nicht vorbehaltenen Angelegenheiten an den Magistrat schriftliche Anregungen zu richten, auf welche derselbe verpflichtet ist, schriftlichen Bescheid zu geben.

II Der Magistrat ist verpflichtet, den Gemeindebevollmächtigten die Einsicht der Akten, deren sie zu ihren Beratungen bedürfen, zu gestatten und sonstige Auskunft über ihre Beratungsgegenstände zu erteilen.

## VI. Geschäftsgang der Gemeindebevollmächtigten.

### Art. 116.

I Die Gemeindebevollmächtigten wählen jedes Jahr aus ihrer Mitte einen Vorstand, welcher die Sitzungen, so oft es erforderlich ist, anzuordnen hat, und einen Schriftführer, dem die Besorgung der schriftlichen Arbeiten obliegt.

II Die Vertretung des Vorstandes und Schriftführers wird durch die Geschäftsordnung geregelt.

III Die Gemeindebevollmächtigten sind befugt, zu ihren Sitzungen die Abordnung von Mitgliedern des Magistrats zu verlangen, welchen das Wort, so oft sie es begehren, erteilt werden muß.

IV Der Magistrat ist berechtigt, zu jeder Sitzung Mitglieder aus seiner Mitte abzuordnen, die auf Verlangen gehört werden müssen. Zu diesem Behufe ist dem Magistrate von der Sitzungszeit Kenntnis zu geben.

V Der Vorstand der Gemeindebevollmächtigten ist verpflichtet, auf schriftlichen Antrag von mindestens dem vierten Teile sämtlicher Mitglieder, sowie auf Antrag des Magistrats eine Sitzung zu veranstalten.

VI Die Gemeindebevollmächtigten können Sachverständige mit ihrem Gutachten vernehmen; etwa hierauf erlaufende Kosten trägt die Gemeindekasse.

### Art. 117.

I Die Vorschriften des Art. 105 finden auch auf die Sitzungen der Gemeindebevollmächtigten Anwendung.

II Zur Gültigkeit der Beschlüsse ist erforderlich:

1. daß alle im Gemeindebezirke anwesenden Gemeindebevollmächtigten, soferne die Sitzungstage nicht vorausbestimmt sind, besonders eingeladen wurden;
2. daß mehr als die Hälfte der gesetzlichen Mitgliederzahl an der Beratung und Abstimmung teilgenommen;
3. daß die Mehrheit der Abstimmenden für dieselbe Meinung sich ausgesprochen hat.

III Bei Stimmengleichheit entscheidet die Stimme des Vorsitzenden.

IV Kein stimmberechtigtes Mitglied darf sich der Abstimmung enthalten.

### Art. 118.

I Gemeindebevollmächtigte können an der Beratung und Beschlußfassung über Angelegenheiten, wodurch ihr Privatinteresse unmittelbar berührt ist, nicht teilnehmen.

II Kann infolgedessen die Voraussetzung des Art. 117 Ziff. 2 nicht erfüllt werden, so hat der Bürgermeister unter Beobachtung der Vorschriften des Art. 190 Abs II aus der Zahl der Ersatzmänner so viele Unbeteiligte für den besonderen Fall einzuberufen, als zur Beschlußfähigkeit der Versammlung erforderlich sind.

III Kann auch auf diese Weise eine beschlußfähige Versammlung nicht gebildet werden, so sind die unbeteiligten Mitglieder des Magistrats und der Gemeindebevollmächtigten durch den Bürgermeister zu einer Versammlung zu vereinigen, in welcher der Beschluß durch absolute Stimmenmehrheit der Anwesenden gefaßt wird und bei Stimmengleichheit die Stimme des Vorsitzenden entscheidet

### Art. 119.

Die Gemeindebevollmächtigten sind befugt, eine Geschäftsordnung aufzustellen und zur Vorbereitung von Beratungsgegenständen Ausschüsse aus ihrer Mitte zu bilden

## VII. Distriktsvorsteher.

### Art. 120.

I Die größeren[1]) Städte sollen von dem Magistrate nach Straßen und Plätzen in Distrikte mit eigenen Distriktsvorstehern eingeteilt werden.

II Die Distriktsvorsteher werden vom Magistrate für jeden Distrikt aus den zu Gemeindeämtern wählbaren[2]) Einwohnern desselben oder eines anstoßenden Distriktes auf drei Jahre[3]) ernannt. Ihr Amt ist unentgeltlich[4] und widerruflich. Sie schließen sich bei Feierlichkeiten den Gemeindebevollmächtigten an

1. Größere Städte sind nach der jetzigen GemGesGebung in der Regel Gemeinden mit mindestens 10000 E, vgl. Art. 17 SG. Das GemEd v 1818 in § 9 rechnete Städte mit 2000 Familien und darüber dazu und regelte die Sache in §§ 89—92, die auch für Art. 120 als Vorbild gedient haben; die Vorschrift will die Städte hauptsächlich auf die Einrichtung aufmerksam machen, sie einzuführen ist ihrem Ermessen überlassen Für große Städte ist die Einrichtung bereits überholt, hier können ehrenamtliche Personen nicht mehr in Betracht kommen.

2. S. Art 4 WG. Ablehnungsrecht nach Art. 174 GemO. Streit über Verpflichtung zur Übernahme nach Art 8 Ziff. 33 VGG

3. Es wird nichts entgegenstehen, sie jederzeit entsprechend der Einführung der fünfjährigen Wahlzeit auf fünf Jahre zu ernennen.

4. Diese Vorschrift ist bindend.

5. Wegen Rangverhältnis s. Art. 101 Anm. 7. Nunmehr werden sie sich unmittelbar an die Stadtratsmitglieder anschließen.

## Art. 121.

Die Distriktsvorsteher haben den Magistrat in der Ausübung seiner Befugnisse innerhalb ihres Distriktes zu unterstützen[1]) und in polizeilichen[2]) Angelegenheiten im Falle augenblicklichen Bedürfnisses statt des Bürgermeisters zu handeln.

1. Sie sollen hauptsächlich bei Auskünften über Aufenthalt und bei einfachen örtlichen Ermittlungen Dienste leisten.

2. Hier ist Polizei vorwiegend in dem vorsorglichen Sinn gemeint. Hindernisse des Verkehrs, Unglücksfälle auf öffentlichen Wegen und Plätzen, Benachrichtigung der Sicherheitspolizei bei Ruhestörungen und strafbaren Handlungen u. dgl., Dinge wo es sich um rasche Abstellung von Mißständen oder um rasches Einschreiten der Polizei handelt, unter Umständen auch Tätigkeiten, wie sie dem Bürgermeister zukommen, Art. 94 Anm 1.

# VIII. Gemeindebeschlüsse.

## Art. 122.[5])

I In jenen Fällen,[1]) in welchen nach gegenwärtigem Gesetze ein Beschluß nur mit Zustimmung einer bestimmten Anzahl von Gemeindebürgern gefaßt werden kann, ist nach öffentlicher Bekanntmachung des Antrages schriftlich zu Protokoll abzustimmen.[2])

II Das Abstimmungsprotokoll ist innerhalb einer ausschließenden Frist zur Aufnahme der Unterschriften derjenigen, welche für den Antrag stimmen, im Gemeindehause aufzulegen.

III In Städten, welche in mehrere Distrikte[3]) eingeteilt sind, kann für jeden Distrikt ein solches Protokoll in einem vom Magistrate zu bestimmenden Lokale aufgelegt werden.

IV Ist nach Ablauf der Frist die erforderliche Zahl von Zustimmungen[4]) nicht erreicht, so gilt der Antrag als abgelehnt.

1. In Betracht kommen
a) Art. 9 V, Rücktritt einer kreisunmittelbaren Stadt in die Reihe der mittelbaren, s. Art. 9 Anm. 2.
b) Art. 27, Verteilung von Gemeindegründen zu Eigentum.
c) Art. 28, Verteilung von Gemeindegründen zur Nutznießung auf Lebensdauer.
d) Art. 35, Einziehung von bisher gebräuchlichen Nutzungen.

2. Stimmberechtigt ist jeder Gemeindebürger, s. Art. 10 Anm. 4.

3. S. Art. 120.

4. Es ist zulässig, auch die Ablehnenden sich eintragen zu lassen, wenn nur Vorsorge getroffen wird, daß keine Verwechslungen vorkommen.

5. Die Vorschrift sollte entsprechend die Gemeindeversammlung in den Städten ersetzen.

Jetzt sieht Art. 29 II SG. eine Volksabstimmung der Bürgerschaft in gewissen Fällen vor, die ebenfalls als Ersatz der Gemeindeversammlung gelten soll.

## Zweiter Abschnitt

## Von der Verwaltung in Gemeinden mit Landgemeindeverfassung.[1])

### Art. 123. (54)

Die Gemeindeverwaltung[2]) wird vorbehaltlich der Befugnisse der Gemeindeversammlung durch den Gemeindeausschuß[4]) besorgt.

1. Über den Unterschied zwischen Stadt- und Landgemeindeverfassung s. Vorbem. 2 vor Art. 70. Dort auch wegen der fortdauernden Bedeutung dieses Unterschiedes für die Bestimmungen über die Geschäftsführung.

2. S. Vorbem. 3 vor Art. 70. Die Verwaltung begreift alle Handlungen und Geschäfte, die die Gemeinde freiwillig oder auf Grund gesetzlicher Bestimmungen vornimmt. Auch für Landgemeinden der Grundsatz der kollegialen Verwaltung, aber mit der Ausnahme des Art. 138. In Landgemeinden ist der Bürgermeister in seiner Person allein

die Ortspolizeibehörde. Das ist ein wesentlicher, noch heute geltender Unterschied zwischen Stadt- und Landgemeindeverfassung.

3. Die Gemeindeversammlung ist durch Art. 29 I SG. beseitigt.

4. Jetzt der Gemeinderat. Der ganze Artikel ist durch Art. 6 I SG. ersetzt.

## I. Bildung des Gemeindeausschusses.

### Art. 124 (55).

Der Gemeindeausschuß wird gebildet:
1. aus einem Bürgermeister,
2. aus einem Beigeordneten,
3. aus den Gemeindebevollmächtigten und zwar aus
   - 4 in Gemeinden bis zu 300 Seelen,
   - 6 in Gemeinden von 300 bis zu 500 Seelen,
   - 8 in Gemeinden von 500 bis zu 1000 Seelen,
   - 10 in Gemeinden von 1000 bis zu 1500 Seelen,
   - 12 in Gemeinden von 1500 bis zu 3000 Seelen,
   - 18 in Gemeinden von 3000 bis zu 5000 Seelen,
   - 24 in Gemeinden mit größerer Seelenzahl.

1. Ersetzt durch Art. 6 III SG.

### Art. 125 (56).

I Die Mitglieder des Gemeindeausschusses werden auf sechs Jahre gewählt[1]).

II Die Bürgermeister erhalten einen angemessenen Funktionsbezug, die Beigeordneten und Gemeindebevollmächtigten versehen vorbehaltlich der Entschädigung für die Verwaltung von Gemeinde- oder Stiftungskassen, für bare Auslagen und außerordentliche Dienstleistungen ihre Stellen unentgeltlich[2]).

III In Verhinderungsfällen wird der Bürgermeister durch den Beigeordneten und, wenn auch dieser verhindert ist, durch den nach dem Dienstalter und der Reihenfolge der Wahl nächststehenden Gemeindebevollmächtigten vertreten[3]).

1. Ersetzt durch Art. 5 I SG.

2. Ersetzt durch Art 4 II, III SG.

3. Ersetzt durch Art. 8 SG.; an Stelle des Beigeordneten ist der zweite Bürgermeister getreten. Auch die Landgemeinden können bis zu drei weiteren Bürgermeistern wählen; sie können ebenso und in den gleichen Grenzen wie die Städte berufsmäßige Bürgermeister und Gemeinderatsmitglieder wählen und Dienstverträge nach Art. 6 IV, VI SG. mit ihnen abschließen. Die berufsmäßigen Gemeinderäte haben auch in Landgemeinden Stimmrecht nur in Gegenständen ihrer Geschäftsaufgabe. Art. 6 V SG.

Wegen der Anstellung der sonstigen Beamten Art. 132. Das Dienstverhältnis dieser Beamten ist in Landgemeinden immer widerruflich. Art. 132 I Die Ausnahme des Art 77 III gilt nur für Gem. mit bisher Stadtverf.

### Art. 126 (57)[1].

I Die Bürgermeister und die Beigeordneten bedürfen der Bestätigung der Distriktsverwaltungsbehörde und werden durch diese verpflichtet und in ihr Amt eingewiesen.

II Die Bestätigung kann nur unter Angabe der Gründe versagt werden. Gegen die Versagung der Bestätigung ist in allen Fällen Beschwerde zur nächstvorgesetzten Verwaltungsstelle, in letzter Instanz zum k. Staatsministerium des Innern zulässig.

III Die Gemeindebevollmächtigten sind durch den Bürgermeister zu verpflichten und in ihre Stellen einzuweisen.

IV Wird die Bestätigung der Wahl des Bürgermeisters oder des Beigeordneten versagt, so ist zu einer weiteren Wahl zu schreiten, wobei der Nichtbestätigte nicht wieder gewählt werden darf.

**1.** Die Bestätigung ist durch Art. 4 I Satz 3 beseitigt. Nach Satz 4 wird die Einweisung der ersten Bürgermeister von der Aufsichtsbehörde angeordnet. Eine Verpflichtung und Einweisung der Gemeinderäte, früher Gemeindebevollmächtigten, ist gesetzlich nicht mehr vorgeschrieben Nach der früheren Bezeichnung entsprechen die Gemeindebevollmächtigten der Landgemeinden nicht den Gemeindebevollmächtigten der Städte, sondern den jetzigen Stadtrats- früher Magistratsmitgliedern. Das Gemeindekollegium gab es in Landgemeinden nicht. Hier wurde die Gemeinde gegenüber der Gemeindeverwaltung, früher Gemeindeausschuß, jetzt Gemeinderat, durch die Gemeindeversammlung vertreten, die aber durch Art 29 I SG. beseitigt worden ist.

### Art. 127. (58—60)

I Mitglieder des Gemeindeausschusses sind wegen erwiesener körperlicher oder geistiger Dienstesunfähigkeit oder wegen zurückgelegten sechzigsten Lebensjahres zum Austritt berechtigt.

II Der Austritt muß erfolgen, wenn ein Ausschußmitglied die zur Wählbarkeit erforderlichen Eigenschaften verliert oder wenn Verhältnisse eintreten, welche die Fortführung des Amtes unmöglich machen.

III Über die Zulässigkeit oder Notwendigkeit des Austrittes entscheidet der Gemeindeausschuß.

IV Außerdem kann einem Ausschußmitgliede aus triftigen Gründen die nachgesuchte Entlassung durch Beschluß des Gemeindeausschusses mit Genehmigung der vorgesetzten Verwaltungsbehörde bewilligt werden.[1])

V Ausschußmitglieder, welche wegen eines Verbrechens oder eines solchen Vergehens, wegen dessen auf Verlust der bürgerlichen Ehrenrechte erkannt werden kann, in die öffentliche Sitzung eines Strafgerichts verwiesen sind, unterliegen für die Dauer des Strafverfahrens der Suspension vom Amte, welche durch die vorgesetzte Verwaltungsbehörde in Vollzug gesetzt wird.[2])

1. Abs. I—IV decken sich mit Art 80, s. die Anm. bei Art 80. Der Beschluß nach Abs III ist kein instanzieller, sondern nur ein Verwaltungsbescheid, S 8, 169 Die in Abs IV vorgeschriebene Genehmigung ist noch erforderlich.

2. Abs. V deckt sich mit Art 82 und ist ersetzt durch die Art. 111, 112 AG z. StRO, s die Bemerkung bei Art. 82 zu Anm 2. Die Gemeinderäte, bisher Ausschußmitglieder fallen unter Art 167 I GemO

## Art. 128. (61)

I Bei öffentlichen Feierlichkeiten gehen die Mitglieder des Gemeindeausschusses den anderen Gemeindebürgern vor.[1])

II Die Dienstzeichen der Bürgermeister und der Beigeordneten werden durch Verordnung bestimmt.[2])

1. Wegen der Rangverhältnisse s. Art 101 Anm 7.

2. Maßgebend ist §§ 5 u 6 der K AB. v. 4. Aug. 1869, RBl 1457, W 8, 243. Die Neuordnung steht noch aus. Die Bürgermeister werden vorläufig das Dienstzeichen wie die bisherigen Beigeordneten tragen, einen kleinen Schild mit dem bayer. Wappen an einem hellblauen Band um den Hals. Dieses Dienstzeichen trugen nach § 99 des rev. GemEd. v. 1818 die Gemeindevorsteher, späteren Bürgermeister, bis zur Einführung der GemO v. 1869, aber nicht um den Hals, sondern auf der linken Seite der Brust.

## Art. 129. (62)

I Dem Bürgermeister kann überlassen werden, gegen angemessene Entschädigung für Herstellung der nötigen schriftlichen Arbeiten Sorge zu tragen. Wird diese Einrichtung nicht getroffen, so ist unter Auswerfung einer angemessenen Besoldung ein Gemeindeschreiber[1]) aufzustellen, dem die Verpflichtung auferlegt werden kann, die Voranschläge und Rechnungen über den Gemeinde- und Stiftungs-Haushalt[2]) für die betreffenden Verwalter[3]) herzustellen.

II Mehrere benachbarte Gemeinden können sich zur gemeinschaftlichen Bestellung eines Gemeindeschreibers vereinigen.[4])

III Die Gemeinden sind befugt, für sich allein oder in Gemeinschaft mit anderen rechnungsverständige[5]) Einnehmer zur Besorgung des Kasse- und Rechnungswesens für den Gemeinde- und Stiftungshaushalt aufzustellen und angemessen zu besolden. Die aufgestellten Einnehmer bedürfen der Bestätigung[5]) der vorgesetzten Verwaltungsbehörde und sind zur Kautionsleistung verpflichtet.[6])

IV Außerdem haben die Gemeinden das sonst notwendige Dienstpersonal aufzustellen.[7])

V Die Dienstauszeichnung der zu polizeilichen Verrichtungen verwendeten Gemeindebeamten wird durch Verordnung bestimmt.[8])

**1.** Die wichtigste Aufgabe in den Landgemeinden ist die Gemeindeschreiberei. Sie lag herkömmlich in den Händen der Lehrer. Der RegEntw. v. 1869 wollte die Ortsschullehrer sogar im Bedürfnisfall zur Übernahme verpflichten. Die Besorgung durch den Bürgermeister wurde zur größten Seltenheit infolge der steigenden Vielseitigkeit und Mannigfaltigkeit der Inanspruchnahme der Gemeinden. Das Volksschullehrergesetz v. 14. Aug. 1919, GVBl. 437, insbes. Art. 3 dieses Gesetzes und die Entschließung des Staatsmin. f. Unt. u. Kultus v. 13. März 1920, KMBl. 105, wird in absehbarer Zeit dazu führen, daß auch jene Gemeindeschreibereien, die bislang noch ausnahmsweise von Lehrern besorgt worden sind, sich erledigen und anderweitig zu besetzen sind. Für diese Stellen sollen nun Kriegsbeschädigte gewonnen werden, für die Ausbildung ist Sorge zu tragen durch Kurse für Gemeindeschreiber, die von der Kriegsinvalidenfürsorge veranstaltet werden. MinBek. v. 29. März 1921, StA. 74. Das Nähere ist bei den Kreishauptfürsorgestellen, in Augsburg für Ober-, Niederbayern und Schwaben, in Nürnberg für Ober-, Mittelfranken und Oberpfalz, in Würzburg für Unterfranken zu erfahren.

Der Gemeindeschreiber, jetzt Gemeindesekretär genannt, ist Gemeindebeamter. Vorschriften über Prüfung bestehen nur, wenn die Gemeinde mehr als 1500 E hat, dann muß der GemSekretär die Prüfung für den mittleren Staats- und Gemeindeverwaltungsdienst mit Erfolg abgelegt haben, wenn nicht einer der Bürgermeister diese Prüfung bestanden hat. Art. 6 VIII. S. Art. 6 SG. Wegen Aufstellung, Besoldung s. Art. 132 Wegen der Disziplin Art 166 II—IV.

**2.** S. Art. 135/136.

**3.** S. Art. 134.

**4.** Sie geschieht durch gemeinschaftlichen Dienstvertrag mit dem Gemeindesekretär. Es greift dann Art. 6 VIII SG. Platz; wenn die Gemeinden zusammen mehr als 1500 E. haben, muß er die vorgeschriebene Prüfung bestanden haben. Als vollbeschäftigter berufsmäßiger Beamter hat er auch Versorgungsansprüche zum Unterschied von einem Sekretär, der von mehreren Gemeinden, aber von jeder einzelnen für sich bestellt wurde, diesfalls greift weder Art 6 VIII SG. Platz, noch Art. 77 II im Zusammenhalt mit 132 III.

Die gemeinschaftliche Aufstellung kann auch in Form eines Zweckverbandes geschehen, Art. 26 SG Sie kann auch nach Art. 26 II SG unter Umständen erzwungen werden Bis jetzt ist davon kein Gebrauch gemacht worden. Auf diesem Gebiet wird auch die freiwillige Vereinigung immer vorzuziehen sein. Die mehreren Gemeinden brauchen in keinem Fall räumlich zusammenzuhängen, vgl Art 6 Anm. 1 u. 3. Es genügt, wenn sie genügend nah benachbart sind Auch die Bahnverbindung kann dabei in Betracht kommen.

5. über die gemeinschaftliche Aufstellung vgl. Anm. 4. Rechnungsverständig sind Persönlichkeiten, die zwar nicht rechnungsverständig von Fach sind, aber nach ihren Kenntnissen und nach ihrer Befähigung die ausreichende Gewähr bieten, daß sie die Verwaltungs-, Kassen- und Rechnungsgeschäfte ordnungsgemäß führen. MinE. v. 28. Jan. 1870, W 8, 504. Wegen der Besoldung Art. 132 III und 77 II. Die Bestätigung ist durch das SG. nicht berührt und noch notwendig. Die besonderen Verwalter werden durch den Bürgermeister verpflichtet, MinE. v. 12. Okt. 1868 Ziff. I, 1, W 8, 382. Nach dem Entwurf von 1869 trug sich die Regierung schon damals mit der Absicht, die Einrichtung der pfälzischen Einnehmer auf das rechtsrheinische Bayern zu übertragen. Die Staatsregierung sollte, Art. 82 V u. 130 V des RegEntw. 1869, ermächtigt werden, die Bestimmung wurde aber abgelehnt.

6. Im Gegensatz zu den Kassenverwaltern, die aus der Mitte des Gemeinderats aufgestellt werden und die nach dem Gesetz ausnahmsweise befreit werden können, Art. 134 IV; s. auch Art. 87 Anm. 4 u. 7. Gewöhnlich werden sie befreit.

7. Nach ihrem freien Ermessen, für polizeiliche Zwecke kann die Aufsichtsbehörde eingreifen, wenn die Gemeinde nicht in genügender Weise für leistungsfähige Kräfte sorgt, s. Art. 141 I, IV. Wegen der gemeinschaftlichen Aufstellung für polizeiliche Zwecke Art. 141 V.

8. KB. v. 21. April 1911, GVBl. 279 Ziff. II u. III Vorschriften für Schutzmänner, Polizeidiener und Flurhüter. — Für höhere Beamte der mittelbaren Gemeinden, die mit polizeilichen Verrichtungen betraut werden, ist erlaubt, die Uniform der Offizianten der Polizeidirektion München, jedoch mit glatten Knöpfen aus Metall und mit einer Mauerkrone auf dem Helm zu tragen. MinBek. v. 29. März 1905, MBl. 109. Für mittelbare Gemeinden mit mehr als 5000 E. kommt noch die VO. v. 2. Aug. 1922, GVBl. 380, in Betracht. Sie unterscheidet die Beamten nach Besoldungsgruppen und hat die VO. v. 21. April 1911 teilweise abgeändert. — Für ehrenamtliche Gemeindebeamte, die zu Polizeizwecken verwendet werden, gibt es keine Kleidervorschrift. Die Bürgermeister dagegen legen ihre Dienstzeichen an, s. Art. 128 Anm. 2.

## II. Wirkungskreis des Gemeindeausschusses.

### A. Eigentliche Gemeindeangelegenheiten.[1]

### Art. 130. (54)

Die eigentlichen Gemeindeangelegenheiten werden vom Gemeindeausschusse[2]) verwaltet;[3]) derselbe erläßt innerhalb seiner Zuständigkeit[4]) statutarische Bestimmungen und vertritt die Gemeinde in ihren Rechten und Verbindlichkeiten.[5])

1. S. Art. 84 Anm. 2.

2. Jetzt Gemeinderat. Zusammensetzung s. Art. 6 SG.

3. S. Art. 70 Vorbem. 3. Der Bürgermeister ist Mitglied des Gemeinderats, insofern verwaltet er die Gemeinde. Nach Art. 131 ist er aber zugleich Vollzugsorgan der Gemeinde und führt die Beschlüsse, an deren Zustandekommen er selbst beteiligt ist, aus. Die Aufgabe, die Gesetzmäßigkeit dieser Beschlüsse zu prüfen, ist ihm nicht ausdrücklich vom Gesetz übertragen, das ihm auch keinen Weg angibt, falls er an dieser Gesetzmäßigkeit zweifeln sollte.

4. S. Art. 84 Anm. 5.

5. S. Art. 84 Anm. 6. In Angelegenheiten der Armenpflege vertritt der Armenrat die Gemeinde. AG. Art. 31.

## Art. 131. (63)

I Vorstand des Gemeindeausschusses ist der Bürgermeister.[1])

II Er sorgt für örtliche Bekanntmachung der den Wirkungskreis der Gemeinde betreffenden Gesetze, Verordnungen und Erlasse und, soweit er hiezu gesetzlich verpflichtet ist, für den Vollzug.[2])

III Ihm liegt ob die Führung und Bewahrung[3])

a) der Beschreibung der Gemeindegrenzen, der Rechte und Gerechtigkeiten und Besitzungen der Gemeinde;
b) der Gemeinde-Grundsteuer-Katasterauszüge und des Gemeindeplanes;
c) des Inventars über alles bewegliche Vermögen der Gemeinde, der Feuerlöschgerätschaften und dergleichen;
d) der Beitragsrollen für die Gemeindeumlagen[4]) und für die Gemeindedienste;[5])
e) des Verzeichnisses der Gemeindebürger und der Einwohner;[6])
f) der Wahllisten und der Urlisten für die Wahl der Geschworenen.[7])

IV Er hat für die ordnungsgemäße Erhaltung der Gemeinderegistratur,[8]) insbesondere für die Aufbewahrung der Gemeinde- und der Stiftungsrechnungen nebst Belegen zu sorgen.

V Ihm kommt die Überwachung des Kasse- und Rechnungswesens der Gemeinden und der Stiftungen zu.[9])

VI Er hat in bezug auf die Verwaltung der Gemeindeangelegenheiten die Beschlußfassung des Gemeindeausschusses, in Fällen, wo dies gesetzlich erforderlich ist, die Beschlußfassung der Gemeindeversammlung vorzubereiten und zu leiten und für den Vollzug der gefaßten Beschlüsse zu sorgen.[10])

1. Die Stellung ist die gleiche wie die des Bürgermeisters in den Städten, nur hinsichtlich der Ortspolizei besteht ein wichtiger Unterschied, in Städten ist der Stadtrat die Ortspolizeibehörde, Art 92, in

den übrigen Gemeinden, Landgemeinden, ist die Ortspolizei nach Art. 138 dem Bürgermeister allein übertragen. — Verteilung und Leitung der Geschäfte Art. 145 I; s. auch Art. 84 Anm. 6. Ausfertigungen, die die Gemeinde verpflichten, müssen nach Art. 145 VII noch von zwei weiteren Mitgliedern des Gemeinderats unterzeichnet werden. — Die Aufzählung in Art. 131 ist nicht erschöpfend.

**2.** Nur ausnahmsweise werden allgemeine Gesetze auch besonders in den Gemeinden verkündet, in der Regel kommen für diesen Zweck nur Verkündigungen in Betracht, die die Gemeinde betreffen und regelmäßig im besonderen Auftrag der Aufsichtsbehörde geschehen. MinE. v. 26. März 1876, W 11, 478. Die Form der Bekanntmachung ist die ortsübliche, gewöhnlich der Aushang an der Amtstafel, bisweilen auch die Bekanntgabe durch die Schelle, Verlesung vor versammelter Gemeinde, Art. 136 Anm. 1. Über die Verkündung orts- und bezirkspolizeilicher Vorschriften MinBek. v. 2. Aug. 1922, GVBl. 372; die Kosten treffen in allen Fällen die Gemeinden.

**3.** In Landgemeinden, gewöhnlich in der Behausung des Bürgermeisters, doch kann dieser verlangen, daß die Gemeinde für Räumlichkeiten sorgt. Einzelne Gemeinden haben auch wohlgeordnete Archive. Die Oberaufsicht über die Gemeindearchive ist jetzt das Staatsministerium des Äußern übergegangen. VO. v. 16. Sept. 1921, GVBl. 379. Es handelt sich um den Ortsplan, die Salbücher, dann die Grundsteuerkataster, dann aber auch jene Urkunden aus älterer Zeit, die sich im Besitz der Gemeinde befinden. — Die Druckschrift „Winke f. d. d. GemBeh. zum Ordnen ihrer GemArchive" wurde 1921 vom Hauptstaatsarchiv versendet und kann von dort zum Selbstkostenpreis, 1 Mk., bezogen werden, MinBek. v. 16. Aug. 1922, StA. 193.

**4.** Sofern nicht die Verwaltung der Umlagen dem Finanzamt übertragen ist.

**5.** Art. 49 Anm. 5.

**6.** Der jetzige Wortlaut beruht auf Art. 92 AG. Zur Unterstützung in der Führung der Einwohnerlisten erging die MinE. v. 29. Febr. 1916, MBl. 38, an die Standesämter, Anzeigen von Standesamtsfällen an den Standesbeamten des Wohnorts. Die Einwohnerlisten können, da das Bürgerrecht in der Hauptsache nur vom Aufenthalt abhängt, entsprechend geführt auch das Verzeichnis der Bürger ersetzen.

**7.** Die Wählerlisten der letzten Gemeindewahl müssen bis zur nächsten Gemeindewahl aufgehoben werden. Schon wegen Art. 29 I SG., wo auf sie Bezug genommen ist. Sie sind von den Bürgerlisten, Anm. 6, unterschieden. Wegen der Liste für die Auswahl der Schöffen und Geschworenen MinBek. v. 10. Juli 1922, StA. 159.

**8.** Die in a bis f aufgezählten Gegenstände und die Gemeinde- und Stiftungsrechnungen bilden in der Hauptsache die Gemeinderegistratur. Sie soll nach einem Plan geordnet sein. Das Staatsministerium hat es bisher absichtlich vermieden, einen einheitlichen Plan vorzuschreiben, weil die Verhältnisse zu verschieden liegen. Es steht aber den Aufsichtsbehörden frei, zur Erleichterung des ihnen zustehenden Visitationsrechtes nähere Anweisungen zu geben. Die Registratur enthält auch, wenn keine Gemeindekanzlei besteht, den Schriftwechsel mit dem vorgesetzten Bezirksamt, ferner mit den Behörden der Justiz- und Finanzverwaltung und mit den übrigen Behörden und Gemeinden.

Neben der Registratur ist noch besonders für die Aufbewahrung der Amtsblätter zu sorgen, die die Gemeinde halten muß. Art. 38 Anm. 21. Wegen der Ausscheidung der älteren Bestände an Amtsblättern erging MinBek. v. 11. Mai 1916, StA. 110. Danach durften abgegeben werden.

1. Regierungsblätter, 2. Gesetzblätter für das Königreich Bayern, 3. Allgemeines Intelligenzblatt, 4. Regierungsblatt für das Königreich Bayern, 5. Regierungs- und Intelligenzblatt, 6. Ministerialamtsblätter, 7. Bezirksamtsblätter.

Alle diese einschließlich bis 1869, ferner die Kreisamtsblätter bis einschließlich 1899, soweit nicht die Kreisregierung wegen besonderer Jahrgänge Ausnahmen bestimmte. Das Gesetzblatt 1866—69 durfte nur dann abgegeben werden, wenn eine Sonderausgabe der GemO. in der Gemeinde vorhanden war. Die freiwillig gehaltenen amtlichen und nichtamtlichen Blätter und Druckschriften durften ohne Einschränkung abgegeben werden, dagegen nichts von archivarischem Wert. Beschlüsse über Ausscheidung von Büchern und Drucksachen sind den Aufsichtsbehörden vorzulegen. — Die Bestände rechnet die Staatsregierung zum Grundstockvermögen im Sinne des Art. 26 GemO., s Art. 26 Anm. 3. Wegen des Staatsanzeigers hat es bei der MinE. v. 3. Dez. 1912 Nr. 2316 a 5 sein Bewenden, s. auch MinBek. v. 6 Okt 1922, StA. 233.

**9.** S. Art. 145 VIII. Jährl. mindestens einmal Visit. der Kurrent- u. Reservekassen, MinE. v. 12. Okt. 1869, W 8, 382 Ziff. 20; s. auch Art. 134 II, wegen Kassenversich. Art. 107 Anm. 3.

**10.** S. Anm. 1, wegen gemeindl. Aufgaben außerhalb des Bereichs der inneren Verw. s. Art. 156 Anm. 8—11. Die Gem.-Versamml. ist durch Art. 29 I SG. beseitigt. — Über anonyme Eingaben s allgem. MinBek. v. 7. März 1922, GVBl. 202.

## Art. 132.[1]) (64)

I Der Gemeindeausschuß stellt den Gemeindeschreiber[2]) und die sonst erforderlichen Beamten[3]) an und bestimmt deren Gehalt sowie für die vollbeschäftigten berufsmäßigen Gemeindebeamten, die eine zehnjährige Dienstzeit vollendet haben, den im Falle der Dienstunfähigkeit oder nach Erreichung des 65. Lebensjahrs zu gewährenden Ruhegehalt und die Hinterbliebenenbezüge.[4]) Das Dienstverhältnis ist widerruflich.[5])

II Der Gemeindeausschuß bestimmt ferner vorbehaltlich der Beschwerde[6]) an die vorgesetzte Verwaltungsbehörde den Bezug des Bürgermeisters und beschließt über die den Verwaltern des Gemeinde- und Stiftungsvermögens zu gewährende Entschädigung.[7])

III Die Bestimmungen der Art. 77a und 77b finden Anwendung.[8])

1. Fassung nach GVG. Art 6.
2. Wegen des Gemeindesekretärs Art. 129 Anm. 1.
3. Nach dem Ermessen des Gemeinderates Beamten für die Armenpflege nach Einvernahme des Armenrats Art. 28 AG. Dem Armenrat sind auch Schreibkräfte zur Verfügung zu stellen.
4. S die Vorbemerkung vor Art 77, dann die Anm 3, 4, 5, 6 u. 7, 9 bei Art. 77.
5. S. Art. 125 Anm. 3 a E
6. Die Beschwerde kann nicht mehr an die Aufsichtsbehörde, sie kann nur noch an das Kreisschiedsgericht eingelegt werden. Frist acht Wochen nach dem Tag, an dem der beschwerende Beschluß der Gemeinde ergangen ist, § 8 KSchGO Die Verpflichtung, einen angemessenen Funktionsbezug dem ersten Bürgermeister zu gewähren, enthält jetzt Art. 4 SG Die weiteren ehrenamtl. Bürgermeister haben Anspr. auf angemessene Aufwandsentschädigung und wenn sie Angestellte oder Lohnarbeiter sind, auch auf Ersatz für entgangenen Verdienst.
7. Hier sind die aus der Mitte des Gemeinderats aufgestellten Verwalter gemeint. Art. 134 I.
8. S. die Bemerkungen bei Art. 77a und 77b. Auch wegen Festsetzung dieser Bezüge ist der Beschwerdeweg nach Anm. 6 eröffnet. Art. 1 III des Gesetzes v 23. Mai 1921, GVBl. 323.

## Art. 133. (66)

I Der Gemeindeausschuß führt den Gemeindehaushalt[1]); er hat für Erhaltung des Vermögens und für Erfüllung der Verbindlichkeiten der Gemeinde zu sorgen.

II Seine Mitglieder haften[2]) für allen durch die Nichterfüllung ihrer Dienstesobliegenheiten entstehenden Schaden.

1. S. Art 86 Anm 1
2. S. Art. 86 Anm. 2 Wegen der Haftung der Gemeinden für den Schaden, den die Beamten anrichten, Art. 158 Anm 2.

## Art. 134. (67, 65)

I Er verwaltet das Gemeinde-[1]) und örtliche Stiftungsvermögen[2]) durch die aus seiner Mitte aufgestellten[3]) oder die besonderen[4]) Verwalter.

II Dem Bürgermeister und Beigeordneten ist untersagt, eine Verwaltung selbst zu führen.[5])

III Die Verwalter haften zunächst für die richtige Erhebung der Einkünfte, für die Einhaltung der Voranschläge und für die vorschriftsmäßige Ordnung in den Ausgaben.[6])

IV Die Verwalter haben eine vom Gemeindeausschusse festzusetzende Kaution zu leisten. Mitgliedern des Gemeindeausschusses kann diese Kautionsstellung aus besonderen Gründen erlassen werden.[7])[8])

1. S. Art. 87 Anm. 1.

2. S. Art. 87 Anm. 2.

3. S. Art. 87 Anm. 3. Das Recht der Geschäftsverteilung in Landgemeinden steht dem Bürgermeister nach Art. 145 I zu.

4. S. Art. 87 Anm. 4.

5. S. Art. 87 Anm. 5. Unter dem Beigeordneten ist stets der weitere Bürgermeister zu verstehen.

6. Wegen der Haftung der Verwalter gegenüber der Gemeinde Art. 86 Anm. 2. Wegen der Haftung der Gemeinde gegenüber Dritten Art. 158 Anm. 2 I b.

7. S. Art. 87 Anm. 7 und Art. 129 Anm. 6.

8. S. Art. 87 Anm. 8.

## Art. 135.[1]) (68)

I Das Rechnungsjahr läuft vom 1. Januar bis 31. Dezember.

II Im Monat Oktober hat der Gemeindeausschuß den Voranschlag sämtlicher voraussehbarer Einnahmen und Ausgaben der Gemeinde für das nächste Jahr aufzustellen und denselben im Laufe des Monats November nach vorgängiger Bekanntmachung vierzehn Tage lang öffentlich aufzulegen. Jedem Umlagenpflichtigen steht es frei, seine Erinnerungen schriftlich einzureichen oder zu Protokoll zu erklären.

III Nach Ablauf dieser Fristen hat der Gemeindeausschuß den Voranschlag unter Würdigung der eingekommenen Erinnerungen festzustellen und der vorgesetzten Verwaltungsbehörde sofort vorzulegen. Sieht sich diese Behörde hiedurch zu der Ausübung ihres Aufsichtsrechtes nach Art. 157 veranlaßt, so hat sie binnen sechs Wochen dem Gemeindeausschusse die geeignete Eröffnung zu machen.

IV Der Voranschlag bildet die Grundlage des Gemeindehaushaltes. Über nicht vorgesehene unvermeidliche Ausgaben hat der Gemeindeausschuß Beschluß zu fassen.

V Vorstehende Bestimmungen finden auch Anwendung auf den Stiftungshaushalt. Die Voranschläge können jedoch für eine längere Periode festgestellt werden, soferne die vorgesetzte Verwaltungsbehörde nicht im einzelnen Falle anders verfügt.

VI Die Verwalter oder besonderen Einnehmer dürfen ohne schriftliche Zahlungsanweisung des Bürgermeisters bei Meidung eigener Haftung keine Zahlung machen.

1. Hier sind die Anmerkungen zu Art. 88 einschlägig. Maßgebend Kassen- und Rechnungswesens in Landgemeinden

ist die MinE. v. 12. Okt. 1869, W 8, 382, außerdem auch in den Kreisamtsblättern abgedruckt. Ziff. 4 dieser E. gibt die Vorschriften wegen der Zahlungsanweisungen. Zahlungen an den Bürgermeister selbst sind durch seinen Stellvertreter anzuweisen.

## Art. 136. (69)

I Die Rechnungen über die Verwaltung des Gemeinde- und Stiftungs-Vermögens im abgelaufenen Jahre müssen bis zum 1. Mai von den Verwaltern oder Einnehmern gestellt, nach vorgängiger Bekanntmachung an bestimmten Tagen verlesen und vierzehn Tage lang öffentlich aufgelegt werden.[1])

II **Jedem Umlagenpflichtigen steht frei, binnen dieser Frist bei Vermeidung des Ausschlusses seine Erinnerungen schriftlich einzureichen oder zu Protokoll zu erklären.**[2])

III **Sodann sind die Rechnungen durch den Gemeindeausschuß unter Würdigung der abgegebenen Erinnerungen und nach Vernehmung des Rechners über etwa erhobene Beanstandungen festzustellen und nebst Belegen mit allen Verhandlungen an die vorgesetzte Verwaltungsbehörde einzusenden, von welcher die Rechnungen geprüft und rechnerisch beschieden werden.**[3])

IV **Betrifft der Bescheid eine Haftungsverbindlichkeit des Rechners, so finden die Bestimmungen des Art. 158 Anwendung.**[4])

V **Ist die Behörde durch die vorgelegte Rechnung zur Ausübung ihres Aufsichtsrechtes nach Art. 157 veranlaßt, so hat sie binnen vier Monaten**[5]) **dem Gemeindeausschuß die geeignete Eröffnung zu machen.**

**1.** S die Bemerkungen bei Art. 89 Anm. 1 und Art. 88 Anm. 4 u. 5 Die Verlesung der Rechnungen in der Gemeindeversammlung war eine alte Sitte auf dem Land. Infolge der Beseitigung der Gemeindeversammlungen durch Art. 29 I GO. wird auch dieser Brauch sein Ende gefunden haben. Übrigens mag es sonst, insbesondere zur Bekanntgabe von Weisungen und Verhaltungsmaßregeln, auch heute noch zulässig sein, in kleineren Gemeinden die Gemeindeeinwohner zusammenkommen zu lassen, insbesondere wenn diese Form für Bekanntmachungen bisher schon üblich war; s. Art. 131 Anm. 2.

**2.** S. Art. 88 Anm. 6 u. 7.

**3.** Bei den Rechnungen der Landgemeinden ist die aufsichtliche und die rechnerische Prüfung vorgeschrieben. Die aufsichtliche Prüfung, Art. 157, erstreckt sich auf Einhaltung der gesetzlichen Vorschriften in der Finanzgebarung, z. B. des Art. 39, daß vorher alle Einnahmequellen erschöpft werden, bis Umlagen erhoben werden, ferner auf Erfüllung aller gesetzlichen Obliegenheiten der Gemeinde, Art. 38.

4. S. Art. 86 Anm. 2, wenn der Kassier Mitglied des Gemeinderats ist, außerdem Art. 158 Anm. 2 I a.

5. Die Frist ist nicht ausschließend, soweit nicht bereits eine unabänderliche Sach- oder Rechtslage eingetreten ist, kann auch nach dieser Frist noch vom Aufsichtsrecht, jedenfalls aber vom Rügerecht und unter Umständen auch von dienststrafrechtlicher Behandlung, Gebrauch gemacht werden.

### Art. 137. (70)[1])

Der Gemeindeausschuß nimmt Anteil an der Armenpflege sowie an dem Kirchen- und Schulwesen nach den hierüber bestehenden Gesetzen und Verordnungen.

1. S Art. 91 Anm. 1—3.

## B. Polizei.

### Art. 138. (71)

I Die Handhabung der Ortspolizei ist [1]) dem Bürgermeister allein übertragen. Hienach steht demselben der Vollzug [2]) der die Polizeiverwaltung betreffenden Gesetze, gesetzlich erlassenen Verordnungen, polizeilichen Vorschriften und kompetenzmäßigen Anordnungen der vorgesetzten Behörden innerhalb des Gemeindebezirkes zu, soweit hiefür nicht durch Gesetz oder gesetzmäßige Verordnung die Zuständigkeit einer höheren Behörde begründet ist.

II Er hat insbesondere die polizeiliche Aufsicht zu pflegen, die nötigen Visitationen vorzunehmen,[3]) die ortspolizeilichen Bewilligungen [4]) zu erteilen und die ortspolizeilichen Anzeigen [5]) zu erstatten.

III Er hat für die Erhaltung der öffentlichen Sicherheit, Ordnung, Ruhe und Sittlichkeit zu sorgen und den Fremdenverkehr zu überwachen; er hat das Recht der vorläufigen polizeilichen Einschreitung zur Verhütung strafbarer Handlungen.[6])

IV Er hat bei Verletzung der Strafgesetze die zur Ermöglichung und Sicherung der gerichtlichen Einschreitung zulässigen vorläufigen Maßregeln, soweit nötig, vorzukehren und die Gerichte bei Führung der Untersuchungen, insbesondere bezüglich der Aufnahme und Sammlung der Beweismittel, entsprechend zu unterstützen, sowie in allen Fällen, in welchen die Festnahme einer Person zulässig und veranlaßt erscheint, diese Festnahme zu bewirken.[7]) Er ist verpflichtet, nötigenfalls für den Transport der von den Beamten des Staates im Gemeindebezirke Aufgegriffenen an die Distriktspolizeibehörde oder den Einzelrichter des Bezirkes gegen Ersatz der Kosten aus Staatsmitteln zu sorgen.[8])

V Ihm liegt ob, die augenblicklichen Vorkehrungen gegen Gefahren für das Leben und Eigentum zu treffen, die Anstalten für Beförderung der allgemeinen Wohlfahrt[9]) in der Gemeinde zu beaufsichtigen und namentlich sein Augenmerk auf die öffentliche Reinlichkeit, die Einrichtungen für Gesundheit, die Feuerbeschau und Feuerlöschanstalten, die öffentlichen Wege, Stege, Brücken, Brunnen und Wasserleitungen, den Verkauf von Lebensmitteln, den Marktverkehr, dann auf Maß und Gewicht zu richten und die entsprechenden Verfügungen und Maßregeln zu treffen oder zu veranlassen.

**1.** Über den Begriff der Polizeiverwaltung Art. 92 Anm. 1. Die Ortspolizei handhabt der Bürgermeister allein. Er ist für seine Person die Ortspolizeibehörde. Über die Beihilfe der Gendarmerie Art. 38 Anm. 18.

**2.** Der Bürgermeister ist das äußerste Vollzugsorgan der inneren Landesverwaltung. Diese umfaßt dabei das Gebiet der 6 Ministerien: a) des Innern, b) für Unterricht und Kultus, c) Handel, Industrie und Gewerbe, d) Soziale Fürsorge, e) Landwirtschaft, in geringem Maße auch f) des Äußern. Diese Ministerien und in deren allgemeinem oder besonderem Auftrag die Kreisregierungen und Bezirksämter haben das Recht zum Vollzug der in die Zuständigkeit dieser Ministerien fallenden Gesetze den Bürgermeister in Anspruch zu nehmen. Die Verantwortung trägt die auftraggebende Behörde. Der Bürgermeister ist, soweit der Auftrag von der Behörde innerhalb ihrer Zuständigkeit und in der etwa vorgeschriebenen Form erteilt wird, zur Ausführung verpflichtet. S 16, 301; 24, 98.

**3.** Wegen des Zusammentreffens mit der Bezirkspolizei auf dem Gebiet der Visitationen Art 93 Anm. 3

**4.** Die Zuständigkeit der Ortspolizei für Bewilligung ist den einzelnen Polizeigesetzen zu entnehmen, für die Vorschriften des Reichspolizeirechts fehlen häufig Zuständigkeitsbestimmungen. Siehe Schiedm. z. B. bei § 368 S. 193 bei Nr. 3. Landesrechtlich kommen hauptsächlich Polizeistunden und Tanzmusiken in Betracht.

**5.** Es sind nicht etwa die Anzeigen gemeint, die die Ortspolizeibehörde an die Aufsichtsbehörde zu erstatten hat wie z. B. die Anzeigen über Gewerbeanmeldungen und Niederlegungen, sondern vermutlich als Gegensatz zu den Bewilligungen die Strafanzeige von jenen Handlungen, denen die erforderliche Bewilligung fehlte.

**6.** Über die weite Fassung des Begriffes der Polizeiverwaltung, Art. 92 Anm. 1; Art. 134 des Regierungsentwurfes 1869 entsprach mit geringen Abweichungen dem jetzigen Wortlaut des Art. 138. Der Gesetzgeber nimmt in Abs. V die Anstalten für Beförderung der allgemeinen Wohlfahrt ausdrücklich herein und hebt in Abs. II und am Anfang des

Abs. V jene primitiven vorbeugenden Maßnahmen heraus, die zum ursprünglichen und natürlichen Begriff jener Fürsorge gehören, die schon die alten Markgenossen für ihr gesellschaftliches Zusammenleben verlangten und die man als den eigentlichen Begriff der Ortspolizei in materiellem Sinn bezeichnen kann. Es ist die Sorge für Ordnung und Ruhe und für Sicherheit der Personen des Eigentums im Gemeindebezirk. Dieses abgegrenzte Gebiet ist geschichtlich betrachtet auch das unangreifbare Recht der selbstverwaltenden Gemeinden. Einleitung Ziff. 3 A f. In solchen Vorkehrungen liegt in der Regel kein Zwang. Es fehlt ihnen das wichtige Merkmal der Polizei in neuzeitlichem Verstand, sie sind Verwaltungshandlungen. Aber auch heute noch rufen wir, wenn eine aufgegrabene Stelle der öffentlichen Ortsstraße nachts nicht beleuchtet wird, wenn ein gestürzter Lastwagen den Verkehr sperrt, wenn eine Schwalbe sich in die geschlossene Laterne des Rathausdachreiters verirrt hat, nicht nach der Verwaltung sondern nach der Polizei. Der Entwurf des neuen Gemeindegesetzes hat mit richtigem Gefühl in Art. 23 wenigstens die Sorge für öffentliche Ruhe und Sicherheit im Gemeindebezirk zu den gesetzlichen Obliegenheiten der Gemeinde gerechnet. Art. 38 GO., der diesen Stoff regelt, enthält diese Vorschrift nicht.

**7.** Abs. IV enthält die Justizpolizei, die Mitwirkung zur Entdeckung und Festhaltung der Personen, die strafbare Handlungen verübt haben und zur Sicherung der Beweismittel. Der Bürgermeister und sein Stellvertreter sind Hilfsbeamte der Staatsanwaltschaft: Art 94 Anm 4.

**8.** Die Kosten werden bei der Kreisregierung angefordert und durch die mittleren Finanzverwaltungsstellen eingewiesen. Die Kosten der Festnahme und vorläufigen Verwahrung sind von den Gemeinden zu tragen, zur Einrichtung von Arrestlokalen werden aber Zuschüsse gewährt.

**9.** Die Beförderung der allgemeinen Wohlfahrt, welche Bemerkung sich schon zum ursprünglichen Entwurf zu Art. 138 gefunden hat, zeigt, daß in der Tat der Begriff der Polizei im Sinne des Gesetzgebers sich mit der inneren Landesverwaltung deckt. Art. 92 Anm. 1. Die weiteren Aufzählungen des Abs. V lassen sich nicht mehr unter den Begriff der Polizei, auch nicht den engeren der vorbeugenden Schutzpolizei mehr bringen, sie können aber wohl als eine zeitgemäße Ausgestaltung des in Anm. 6 gemeinten ursprünglichen Begriffs der Ortspolizei angesehen werden Auch die Rechtsprechung hat hier beigetragen, z. B. Sorge für Sandstreuen bei Glatteis auf den Landstraßen S. 31, 149, aber nicht außerhalb der Ortschaft S 33, 259; Sorge für Verkehrssicherheit der öffentlichen Wege S 29, 1

## Art. 139. (73)

I Der Beigeordnete[1]) und die Gemeindebevollmächtigten[2]) sind verpflichtet, sich nach Anordnung des Bürgermeisters zu polizeilichen Geschäften[3]) verwenden zu lassen.

II In den vom Wohnsitze des Bürgermeisters entfernten

Orten kann[4]) ein dort wohnendes Mitglied des Gemeindeausschusses, in dessen Ermangelung[5]) ein vom Gemeindeausschuß gewählter Ortsführer mit Zustimmung der vorgesetzten Verwaltungsbehörde[6]) als Gehilfe der Polizeiverwaltung aufgestellt werden. Dieser hat in dringlichen Fällen statt des Bürgermeisters zu handeln, außerdem dessen Aufträge zu vollziehen,[7]) die notwendigen Anzeigen an denselben zu machen und die Beseitigung gesetzwidriger Zustände in der Ortschaft zu veranlassen.

**1.** Jetzt der weitere Bürgermeister, bei seiner Verhinderung s. Art. 8 SG.

**2.** Jetzt der Gemeinderat. Art. 126 Anm. 1.

**3.** Geschäfte, wie sie Art. 138 aufzählt. Die Erfüllung dieser Verpflichtung kann dienstaufsichtlich erzwungen werden. Art. 166, 167. Verwaltungsrechtsstreit ist nicht möglich. Nach Art. 145 I und Art. 139 kann der Bürgermeister diese Verwendung des weiteren Bürgermeisters und der Gemeinderäte für einen ganzen Geschäftskreis im allgemeinen festlegen, z. B. für Beaufsichtigung der öffentlichen Wege, für Fremdenpolizei. S. Art. 94 Anm. 4 und 5.

**4.** Hängt also vom Ermessen des Gemeinderats ab. Wenn er es für notwendig hält und ein Mitglied des Gemeinderats in der Ortschaft wohnt, so muß dieses Mitglied vom Gemeinderat aufgestellt werden, es hat kein Ablehnungsrecht. Die Übernahme ist Ausfluß seiner Dienstaufgabe als Gemeinderat. Die Aufstellung geschieht auf die Dauer der laufenden Wahlzeit.

**5.** Nur wenn kein Mitglied des Gemeinderats in der Ortschaft wohnt, kann ein wählbarer Gemeindebürger durch Beschluß des G.-Rats aufgestellt werden. Art. 172 I ist für diesen Fall noch von praktischer Bedeutung. Der Gewählte kann infolgedessen nach Art. 174 ablehnen, darüber befindet der Gemeindeausschuß, außerdem Verwaltungsrechtsstreit Art. 8 Ziff. 33 VGG. Die Aufstellung des Ortsführers geschieht auf die Dauer der laufenden Wahlzeit. S. Art. 120.

**6.** Diese Vorschrift ist durch SG. nicht berührt.

**7.** Der Ortsführer ist die Verlängerung des Bürgermeisters in die Ortschaft hinein, er ist also auch Vollzugsorgan der inneren Verwaltung und die Bezirksämter pflegen ihn oft gleich unmittelbar für solche Geschäfte in Anspruch zu nehmen. Über das Zusammentreffen der Haftung des Ortsführers und der Haftung des Bürgermeisters S 32, 33. Die Haftung des Bürgermeisters geht vor, wenn er den Zustand kennt. Der Ortsführer ist Polizeiorgan. Er ist streng zu unterscheiden vom Ortspfleger Art. 153 V. Der Pfleger ist Vorstand des Ortsausschusses und nur der Ortsausschuß vertritt die Ortschaft nach außen. S 19, 152 — Beschwerde des Ortsführers nachträglich durch die Gemeindevertretung anerkannt u. auch vom VGH. nicht beanstandet — läßt sich nicht halten, auch nicht für das frühere Recht, das in bezug auf die Rechtstellung des Ortsführers sich nicht geändert hat.

## Art. 140. (74)

I Der Gemeindeausschuß erläßt die ortspolizeilichen Vorschriften nach Maßgabe der gesetzlichen Bestimmungen.[1])

II Er beschließt über polizeiliche Einrichtungen und Anstalten, mit deren Ausführung Kosten für die Gemeinden verbunden sind.[2])

**1.** Art. 92 Anm. 4.

**2.** Sofern die Kosten nicht schon im Gemeindehaushalt vorgesehen sind Wegen der Pflichten diese Kosten zu tragen Art. 142.

## [1]) Art. 141. (75)

I Die Gemeinden sind verpflichtet, für die notwendigen Dienstleistungen bei Handhabung der Ortspolizei,[2]) des Feld- und Waldschutzes geeignete Diener aufzustellen und die hierzu verwendeten Personen im Falle erwiesener Untauglichkeit oder Unzuverlässigkeit vom Dienste zu entfernen.[3]) Die Bestimmungen der Art. 85 Abs. I Satz 2[4]) und 132 Abs. I und III[5]) finden Anwendung.

II Die in Abs. 1 bezeichneten Beamten sind von der vorgesetzten Distriktsverwaltungsbehörde zu verpflichten[6]) und haben sodann den amtlichen Glauben öffentlicher Diener.

III In dieser Eigenschaft steht denselben die Befugnis zu, aus Anlaß der Verübung strafbarer Handlungen in den gesetzlich zulässigen Fällen und unter Beobachtung der gesetzlichen Vorschriften Personen festzunehmen,[7]) sowie zur Sicherung des Beweises gegen die auf frischer Tat[8]) Betretenen Pfändungen[9]) vorzunehmen.

IV Wenn eine Gemeinde es unterläßt, ungeachtet eines ihr durch die vorgesetzte Behörde erteilten Auftrages innerhalb der ihr vorgesteckten Frist die in Abs. I genannten Diener aufzustellen, so ist die vorgesetzte Verwaltungsbehörde befugt, diese für die Gemeinde zu bestellen, deren Gehalt festzusetzen und auf die Gemeindekasse anzuweisen.[10]) Diese Folge der Fristversäumung ist in der Aufforderung ausdrücklich zu erwähnen.

V Mehrere aneinandergrenzende[11]) Gemeinden können sich mit Genehmigung[12]) der vorgesetzten Verwaltungsbehörde zur gemeinschaftlichen Bestellung der in Abs. I bezeichneten Beamten vereinigen.[13])

VI Hinsichtlich der Aufstellung und Verpflichtung des Waldschutzpersonales finden die besonderen gesetzlichen Bestimmungen Anwendung.[14])

**1.** Abs. I und II in der Fassung des Art. 6 GBG.

**2.** Hier sind die Polizeidiener, Flurhüter, Nachtwächter, auch Fleischbeschauer — die Fleischbeschau ist seit 1599 in Bayern bekannt, jetzt RG. v 3. Juni 1900, RGBl. 250, zur Ortspolizei gehörig — Totengräber, aber nicht die Leichenbeschauer gemeint.

**3.** Diese Verpflichtung der Gemeinde ergibt sich aus Art. 142, die Befugnis der Aufsichtsbehörde aus Art. 156 I. Nur wegen des Nachdrucks ist diese Bestimmung eingefügt, durch Abs. IV ist ein an sich im staatsaufsichtlichen Verfahren zulässiges Zwangsmittel noch besonders hervorgehoben, um den Vollzug in Landgemeinden zu erleichtern. Ob die Diener geeignet sind, ob ihre Anzahl genügt, ist Verwaltungsermessen und der verwaltungsrichterlichen Zuständigkeit entzogen. S 4, 157; 2, 301.

**4.** Betrifft die Anstellung von Militäranwärtern. Art. 85 Anm. 3.

**5.** Betrifft den Anspruch auf Gehalt, bei vollbeschäftigten berufsmäßigen Beamten nach 10 jähriger Dienstzeit auch Ruhegehalt- und HinterblVers., Widerruflichkeit des Dienstverhältnisses, s. Vorbem. vor Art. 77, dann Anm. 3, 4, 5, 6, 7, 9 bei Art. 77. Wegen Widerruflichkeit Art. 125 Anm. 3 a. E., im übrigen Art. 77 a, 77 b nebst Anmerkungen.

**6.** Die Verpflichtung ist vorgeschrieben. Vorher können die Beamten zwar ihren Dienst ausüben, aber den amtlichen Glauben öffentlicher Diener haben sie noch nicht. Diese Beamten können nicht durch vertragsmäßig Angestellte ersetzt werden, hier drückt das Gesetz die Erfordernis, wirkliche Gemeindebeamte zu stellen, genügend zwingend aus, s. Art. 77 Anm. 3. Wird die Verpflichtung von der Aufsichtsbehörde abgelehnt, weil der Beamte nicht geeignet ist, so kann sich nur der Gemeinderat beschweren nicht auch der Beamte. Wegen der Dienstkleidung s. Art. 129 Anm. 8.

**7.** Die zur Handhabung der Ortspolizei und des Feldschutzes aufgestellten Beamten und Bediensteten der Gemeinde sind Hilfsbeamte der Staatsanwaltschaft, s. Art. 94 Anm. 4. KAB. v. 31. Aug. 1879, GVBl. 1057.

**8.** Nach § 127 RStPO. ist jedermann befugt, Personen auf frischer Tat festzunehmen, wenn Fluchtverdacht vorliegt und die Persönlichkeit nicht sofort festgestellt werden kann. Der Festgenommene ist dem Amtsrichter des Bezirks unverzüglich vorzuführen, s. noch Art. 127 ForstG.

**9.** Pfändungen, d h. die Wegnahme beweglicher Sachen und von Tieren Art. 131 ForstG.

**10.** S. oben Anm. 3. Es handelt sich nur um einen besonderen Fall der Ausübung der Staatsaufsicht Der Dienstantritt braucht nicht abgewartet zu werden. S 5, 27.

**11.** Räumliche Berührung ist nicht erforderlich, es genügt, wenn die Nachbarschaft die gemeinschaftliche Besorgung der Dienste ermöglicht. S. Art. 1 Anm. 1 a. E., ferner Art. 6 Anm. 3.

**12.** Das Erfordernis der Genehmigung ist durch SG. nicht berührt.

13. Art. 129 Anm. 4.

14. Verpflichtung bei Beamten, die ausschließlich für Forst- und Waldschutz aufgestellt sind, durch Amtsgericht Art. 121 ForstG. Außerdem, wenn noch Feldschutz damit verbunden ist, durch die Bezirksverwaltungsbehörden, Abs. II Art. 141 GemO. In jedem Falle sind sie Hilfsbeamte der Staatsanwaltschaft, oben Anm. 7. Die nur für Forst- und Waldschutz aufgestellten Beamten bedürfen vor ihrer Verpflichtung beim Amtsgericht der nach freiem Ermessen zu erteilenden Bestätigung des BezA. als Forstpolizeibehörde, Art. 131 ForstG., S 1, 30.

## Art. 142. (76)

Die Kosten der örtlichen Polizeiverwaltung[1]) und der hiefür erforderlichen Einrichtungen und Anstalten sind von den Gemeinden zu tragen.

1. Art. 92 Anm. 1, s. auch Art. 95 Anm. 1 a. E.

## C. Zwangsbefugnisse.

## Art. 143.[1])

I Der Gemeindeausschuß ist berechtigt, Verfügungen, welche er in seiner Zuständigkeit als Gemeindebehörde zum Vollzuge von Gesetzen und gültigen Verordnungen, deren Übertretung nicht mit Strafe bedroht ist, an bestimmte Personen erlassen und diesen eröffnet hat, durch gesetzliche Zwangsmittel unter Anwendung der Bestimmungen in den Art. 21 und 22 des Polizeistrafgesetzbuches vom 26. Dezember 1871 zur Ausführung zu bringen.

II Gleiche Befugnis steht dem Bürgermeister hinsichtlich jener Verfügungen zu, welche er innerhalb seiner Zuständigkeit allein erläßt.

1. Art. 99 nebst Anmerkungen Geldstrafe bei Landgemeinden höchstens 6 Mk.

## D. Vermittlungsamt.

## Art. 144.[1])

I Die Ausübung des Vermittlungsamtes bei Rechtsstreitigkeiten unter Gemeindeeinwohnern steht dem Bürgermeister zu. Derselbe ist jedoch befugt, hiemit ein anderes Gemeindeausschußmitglied zu beauftragen. Den Beteiligten ist es unbenommen, Männer ihres Vertrauens zu benennen, welche zum Sühneversuche beizuziehen sind. Die Zulassung von Advokaten ist ausgeschlossen.

II Wenn auf gehörige Ladung nicht beide Parteien erscheinen, so ist der Vermittlungsversuch als vereitelt zu erachten. Ist der Kläger nicht erschienen, so verwirkt er eine Geldbuße von dreißig Kreuzern (90 Pfennig) zum Besten der Gemeindekasse.

III Die Verhandlungen und Ausfertigungen des Vermittlungsaktes sind tax- und stempelfrei.

1. Art. 100 nebst Anmerkungen.

## III. Geschäftsgang.

### Art. 145. (78)

I Die Verteilung[1]) und Leitung der Geschäfte gebührt dem Bürgermeister, in dessen Verhinderung dem gesetzlichen Stellvertreter.[2])

II Der Gemeindeausschuß kann nur dann gültig beschließen, wenn alle im Gemeindebezirke anwesenden[3]) Mitglieder gehörig geladen sind und mehr als die Hälfte der gesetzlichen Mitgliederzahl[4]) an der Beratung und Abstimmung teilgenommen hat. Kein stimmberechtigtes Mitglied darf sich der Abstimmung enthalten.[6])

III Die Beschlüsse werden durch absolute Stimmenmehrheit[7]) gefaßt, bei Stimmengleichheit entscheidet die Stimme des Vorsitzenden. Über die Beschlüsse ist ein fortlaufendes Protokoll[8]) zu führen, dessen Einsicht jedem Gemeindebürger[9]) zu gestatten ist.

IV Wer bei einer Angelegenheit aus einem Privatinteresse persönlich unmittelbar beteiligt ist, darf an der Beratung und Beschlußfassung hierüber nicht teilnehmen.[10])

V Kann deshalb ein gültiger Beschluß nicht gefaßt werden, so ist die Angelegenheit der Beschlußfassung der Gemeindeversammlung vorzubehalten, in welcher den unmittelbar beteiligten Gemeindebürgern kein Stimmrecht zukommt. Ist mindestens die Hälfte der Gemeindebürger zur Teilnahme an der Beschlußfassung unfähig, so entscheidet[11]) nach Vernehmung[12]) der Beteiligten wie der Unbeteiligten die vorgesetzte Verwaltungsbehörde, welche berechtigt ist, erforderlichen Falles einen Rechtsanwalt zur Vertretung der Gemeindeinteressen aufzustellen.

VI Auf die Sitzungen des Gemeindeausschusses finden die Bestimmungen des Art. 105, auf die Bildung besonderer Ausschüsse die Bestimmungen des Art. 106 Anwendung.[13])

VII Alle Ausfertigungen[14]) des Gemeindeausschusses werden von dem geschäftsleitenden Vorstande, Urkunden, welche eine Verpflichtung[15]) der Gemeinde begründen, außerdem noch von zwei Mitgliedern des Gemeindeausschusses unterzeichnet.

VIII Zur Regelung des formellen Geschäftsganges kann der Gemeindeausschuß eine Geschäftsordnung[16]) erlassen; die formelle Behandlung des Kasse- und Rechnungswesens wird durch Ministerialvorschrift geregelt.[17])

**1.** Anm. 1, s. als Beispiel: Art. 134 Anm. 3 Aufstellung der ehrenamtlichen Kassiere, Art. 139 Anm. 3 Verwendung des weiteren Bürgermeisters und der Gemeinderäte zu polizeilichen Zwecken.

**2.** Art. 8 SG. zunächst der weitere Bürgermeister

**3.** Art. 102 Anm. 3. Für die Ladung gibt es keine näheren Vorschriften, so rechtzeitig, daß jeder ohne ungewöhnliche Veranstaltung kommen kann. Auch in Landgemeinden können die Sitzungstage vorher bestimmt werden. Mitteilung der Tagesordnung nicht vorgeschrieben. Auch nicht üblich.

**4.** Jetzt Art. 6 SG., maßgebend ist der Sollstand, d h die Anzahl der Gemeinderäte, wie sie im Rahmen Art. 6 SG. festgesetzt wurde, zuzuzählen sind noch die Bürgermeister, dagegen nicht die etwa vorhandenen berufsmäßigen Mitglieder des Gemeinderats.

**5.** Nicht mitzustimmen haben die nach Abs. IV Art. 145 ausgeschlossenen, dann etwa vorhandene berufsmäßige Gemeinderäte in Gegenständen, die nicht zu ihrer Geschäftsaufgabe gehören. Art. 6 V SG

**6.** Art. 102 Anm. 15.

**7.** Wer sich der Abstimmung zu enthalten hat, oben Anm. 5, wird bei Berechnung der absoluten Mehrheit nicht mitgezählt, s. auch Art. 102 Anm. 6. Kein Beschluß im Zirkularweg, S 24, 230, MinE. v. 26. März 1887, MBl. 119 Ziff. 1 Abs. II.

**8.** Fortlaufendes Protokoll bedeutet die Führung eines Protokollbuches, es soll der Gefahr der Verschleuderung der Protokolle vorgebeugt werden MinE v 26. März 1887, MBl. 119 Ziff. 3. — Unterlassung der Niederschrift ist kein Ungültigkeitsgrund S 7, 295

**9.** Gemeindebürger s. Art. 10 Anm. 4; nur auf Verlangen, die Form ist dem Bürgermeister überlassen, er kann eine angemessene Zeit bestimmen, von einer Auflage des Protokollbuches spricht das Gesetz nicht. Rücksicht auf Art. 105 II, s. insbes. Art. 105 Anm. 4 über bestimmte Fälle, wo die Öffentlichkeit auszuschließen ist

**10.** Art. 103 Anm. 1.

**11.** Die Gemeindeversammlung ist durch Art 29 I SG beseitigt, die Entscheidung der vorgesetzten Behörde besteht in einer Verfügung, die den nicht zustande gekommenen Beschluß des Gemeinderats ersetzen soll. Wenn z. B. über die Verteilung der Nutzungen kein Beschluß zustande kommen kann, so kann das Bezirksamt eine Verteilung anordnen oder aussprechen, daß von einer Verteilung abzusehen sei. In keinem Falle liegt hier ein instanzieller Beschluß vor Beschweren können sich nur die einzelnen Beteiligten, nicht aber die Gemeinde, an deren Stelle hier die Behörde getreten ist, s Art. 103 Anm. 2. Auch hier ist die Beschwerde der Beteiligten an die der Behörde vorgesetzte Stelle zu richten Das Verfahren bemißt sich nach Art. 163.

**12.** Die Vernehmung ist bei den Landgemeinden ausdrücklich vorgeschrieben, im Gegensatz zum Verfahren nach Art. 103 II in Städten. Es darf nicht davon Umgang genommen werden. Es steht im Ermessen der Behörde, ob sie einen Rechtsanwalt aufstellen will. Entscheidend wird in der Regel sein, wie stark die vermögensrechtlichen Interessen der einzelnen berührt werden, inwieweit rechtliche Nachteile für die Gemeinde zu befürchten sind. Bisweilen wird sich eine Verwandtschaft mit Art 37 ergeben und die Gemeinde bereits durch einen Anwalt vertreten sein Hier ist es denkbar, daß der von der Gemeinde bestellte Anwalt mehr die Interessen der Einzelnen als der Gemeinde vertritt, in diesem Fall ist der Beschluß über die Aufstellung des Anwalts nachzuprüfen. Es wird dann dem vom Bezirksamt aufgestellten Anwalt die Bestellung eines Anwaltes zukommen. Er kann sich selbst bestellen. Die Kosten der Aufstellung hat die Gemeinde zu tragen, kommt es zu einem Rechtsstreit, so werden sie möglicherweise vom unterliegenden Gegner ersetzt.

**13.** S. Anm. bei Art. 105, 106.

**14.** Über den Begriff der Ausfertigung Art. 101 Anm. 6. Bei den Landgemeinden werden es in der Regel beglaubigte Abschriften der Beschlüsse des Gemeinderats sein. Sie bevollmächtigen den Bürgermeister der Landgemeinde, ebenso wie den Bürgermeister in Städten Art. 84 Anm. 6. Nur wenn eine Verpflichtung der Gemeinde in der Urkunde begründet wird, muß die Ausfertigung noch die Unterschrift von zwei weiteren Gemeinderatsmitgliedern tragen. Genügt sie dieser Voraussetzung, so ist sie auch eine genügende Vollmacht, auf die hin der Bürgermeister die Verpflichtung für die Gemeinde eingehen kann.

**15.** Verpflichtung, Verbindlichkeit bedeutet jedes Schuldverhältnis des bürgerlichen wie des öffentlichen Rechts. Insbes. die Aufnahme von Anlehen, die Übernahme von Bürgschaften und auch die Verbindlichkeiten aus zweiseitigen Verträgen Im Zweifel ist sich zugunsten der strengeren Form zu entscheiden Anerkenntnisse, Quittungen, wo es sich nur um bestehende Verpflichtungen und nicht um Begründung neuer handelt, fallen nicht darunter

**16.** Art. 107 Anm 1 Auch für den Bürgermeister gilt, abgesehen von den Geschäften der Ortspolizei die Regel, daß er Angelegenheiten, die sich zur kollegialen Beratung eignen, dem Gemeinderat vorlegt. Auch für Landgemeinden besteht unter Umständen ein Anlaß, die nähere Abgrenzung solcher Angelegenheiten in der Geschäftsordnung vorzunehmen

**17.** Die formelle Behandlung des Kassenwesens in den Gemeinden mit Landgemeindeverfassung ist durch MinE. v. 12. Okt. 1869 geregelt. W 8, 382, auch in den Kreisamtsblättern abgedruckt. — Über die Formulare für Voranschläge und Rechnungen MinE v 10 Okt. 1869, das Etats- und Rechnungswesen der Gemeinden und örtlichen Stiftungen in den Gemeinden der Landesteile diesseits des Rheins W 8, 345 und in den Kreisamtsblättern, dazu MinBek. v. 5. Okt. 1889 und 16. Mai 1913, MBl. 305, 452. — Über die Anlegung von Geldern der Gemeinden und Stiftungen s. Art. 107 Anm 6 Wegen Sparkassen Art. 107 Anm. 7.

## IV. Gemeindeversammlung.

### Vorbemerkung zu Artikel 146.

Der ganze Abschnitt ist durch Art. 29 I SG. beseitigt. Die Gemeindeversammlung gibt es als amtliches Organ der Gemeinde nicht mehr. Zu unterscheiden ist die Versammlung der Gemeindebürger, um sich mit ihnen zu benehmen, um auch in kleineren Gemeinden ihre Willensmeinung außeramtlich zu erfahren. S. Art. 131 Anm 2, 136 Anm. 1. — Art. 153 II in der Fass. des Art. 28 SG. kennt noch in Ortschaften die Zustimmung der Ortsversammlung bei Vereinigung des Ortschaftsvermögens mit dem Vermögen der Gemeinde Art. 122 ist auf Landgemeinden nicht anwendbar, in den bei Art. 122 Anm. 1 angegebenen Fällen wird aber die entsprechende Anwendung sich empfehlen Für die Gemeindeversammlung soll Art 29 II, III SG. einigermaßen Ersatz bieten — Volksabstimmung, Volksinitiative.

### Art. 146. (79)

I Gültige Beschlüsse können in der Gemeindeversammlung gefaßt werden, wenn entweder alle Stimmberechtigten anwesend sind oder die Versammlung in herkömmlicher Weise berufen ist.

II Zur Beratung und Beschlußfassung sind der Gemeindeversammlung von der Gemeindeverwaltung bestimmte Anträge vorzulegen

### Art. 147.

I Abgesehen von den gesetzlich bestimmten Fällen kann die Zuständigkeit der Gemeindeversammlung auf die Beratung und Beschlußfassung über solche Angelegenheiten, für welche gemäß Art. 112 Ziff 1, 2, 5, 6, 9, 12, 14 und 15 in Gemeinden mit städtischer Verfassung die Zustimmung der Gemeindebevollmächtigten erforderlich ist, durch statutarischen Beschluß der Gemeindeversammlung ausgedehnt werden.

II Wenn ein Zehnteil der stimmberechtigten Gemeindebürger schriftlich einen Antrag einreicht, der eine Angelegenheit betrifft, für welche die Zuständigkeit der Gemeindeversammlung begründet ist, so muß der Gemeindeausschuß diesen Antrag der Gemeindeversammlung zur Beratung und Beschlußfassung vorlegen.

### Art. 148. (80)

Dem Bürgermeister steht die Leitung der Versammlung zu; er ist befugt, zu der Versammlung unter Androhung einer Geldstrafe bis zu einem Gulden (1 ℳ 80 ₰) zugunsten der Armenkasse zu laden, bei gleicher Strafe das unzeitige Weggehen aus der Versammlung oder sonstige ungebührliche Störungen zu verbieten und die verwirkten Strafen auszusprechen.

### Art. 149. (81)

I Soferne nicht im Gesetze die Zustimmung einer bestimmten Anzahl von Gemeindebürgern oder neben der Stimmenmehrheit ein bestimmtes Verhältnis der Steuerzahlung auf Seite der Zustimmenden für das Zustandekommen eines gültigen Beschlusses erforderlich ist, so kann ein solcher durch die absolute Stimmenmehrheit der Anwesenden gefaßt werden, wenn mehr als die Hälfte der Stimmberechtigten erschienen oder mehr als die Hälfte der durch die Gemeindebürgerschaft abzugebenden Stimmen vertreten ist

II Die Abstimmung kann mündlich oder schriftlich erfolgen. Über die Verhandlung ist ein Protokoll zu errichten, welches die Zahl der Anwesenden, sowie das Endergebnis der Abstimmung feststellt und vom Bürgermeister, vom Protokollführer und von zwei Gemeindebürgern unterschrieben wird Erfolgt schriftliche Abstimmung, so sind die Stimmen für und gegen den Antrag durch Unterschrift der einzelnen Gemeindebürger in das Protokoll aufzunehmen.

III Die Abstimmung muß schriftlich vorgenommen werden, wenn die Stimmenzahl sich nach der Größe des Steuerbetrages richtet oder wenn neben der Stimmenzahl auch ein bestimmtes Verhältnis der Steuer auf Seite der Zustimmenden zur Fassung eines Beschlusses erforderlich ist.

## V. Verwaltung der zu einer Bürgermeisterei vereinigten Gemeinden.

### Art. 150. (82)

I Die im Verbande einer Bürgermeisterei [1]) befindlichen Gemeinden werden durch ihre eigenen Gemeindeausschüsse verwaltet.[2])

II In der Gemeinde seines Wohnortes [3]) hat der Bürgermeister alle in diesem Gesetze bestimmten Obliegenheiten des Bürgermeisters zu erfüllen.

III In den übrigen Gemeinden liegt ihm die Handhabung der Ortspolizei gemäß Art. 138 ob.[4]) Außerdem ist er berechtigt, in denselben alle anderen Geschäfte des Bürgermeisters vorzunehmen, soferne nicht die Gemeinde seines Wohnortes als im entgegengesetzten Interesse[5]) beteiligt erscheint. Er ist verpflichtet, die Beratung und Beschlußfassung der Gemeindeausschüsse bei den gemäß Art. 140 zu fassenden Beschlüssen, sowie bei Feststellung der Voranschläge und Rechnungen zu leiten und die Kassefühhrung zu beaufsichtigen.[6]) Bei der Beschlußfassung in eigentlichen Gemeindeangelegenheiten hat er nur dann eine Stimme, wenn Stimmengleichheit vorliegt.

IV Die unter dem Vorsitz des Bürgermeisters vereinigten Gemeindeausschüsse[7]) können für den ganzen Bürgermeistereibezirk verbindliche ortspolizeiliche Vorschriften nach Maßgabe der gesetzlichen Bestimmungen erlassen.[8])

V Zur Gültigkeit des Beschlusses ist erforderlich, daß mehr als die Hälfte der Mitglieder eines jeden[9]) Gemeindeausschusses an der Beratung und Abstimmung teilgenommen und daß die Mehrheit der Abstimmenden sich für dieselbe Meinung entschieden hat.

**1.** S. Art 6 Anm. 1 Die Bürgermeisterei ist nur eine Personalunion hinsichtlich der Person des Bürgermeisters und seines gesetzlichen Stellvertreters. Im übrigen hat jede der zu einer Bürgermeisterei vereinigten Gemeinden ihre rechtliche Selbständigkeit. Insofern gehört auch Art 6 oben, dem System nach hierher in den Abschnitt über die Verwaltung, denn die Bürgermeisterei will den Bestand der Gemeinden nicht treffen, sondern nur deren Geschäftsführung. Jede einzelne Gemeinde hat ihren eigenen weiteren oder mehrere weitere Bürgermeister und ihren eigenen Gemeinderat In polizeilichen Angelegenheiten wird der gemeinschaftliche Bürgermeister für den ganzen Bürgermeistereibezirk durch den Stellvertreter am Wohnsitz des I. Bürgermeisters, dem Sitz der Bürgermeisterei, vertreten Im übrigen vertreten die weiteren Bürgermeister je in ihrer eigenen Gemeinde den gemeinschaftlichen I Bürgermeister Rechnungs-, Kassenführung, Protokollbücher sind völlig getrennt, nur die Amtsblätter Art 38 Anm 21 können gemeinschaftlich gehalten werden. MinE v 4. Jan 1870, W 8, 469. Die Kostenanteile der einzelnen Gemeinden an den Kosten der Bürgermeisterei werden in den Rechnungen der Gemeinden der Bürgermeisterei geführt Eine eigene Rechnung für die Bürgermeisterei gibt es nicht Alle Zustellungen für die einzelnen Gemeindeverwaltungen haben aber an den gemeinschaftlichen Bürgermeister zu geschehen. Dieser gibt sie dann in die betreffende Gemeinde weiter und kann, insoweit er es für nötig hält, auch die Aufträge zur Erledigung erteilen Wegen der Ausübung der Disziplin Art 166 III

**2.** Die Verwaltung der eigenen Gemeinde verbleibt dem Gemeinderat. Der gemeinschaftliche Bürgermeister kann die Sitzungen leiten Er hat auch Stimmrecht in den Angelegenheiten der Polizeiverwaltung, dagegen in eigentlichen Gemeindeangelegenheiten, Art 84 Anm 2, nur, wenn Stimmengleichheit vorliegt, Abs III, sonst kann er die Leitung dem zuständigen weiteren Bürgermeister überlassen. Gewisse Sitzungen muß er selbst leiten Abs III

**3.** Diese Gemeinde ist auch der Sitz der Bürgermeisterei. Nach ihr führt sie gewöhnlich den Namen

**4.** Art. 138 nebst Anmerkungen.

**5.** In allen Fällen, wo beide Gemeinden miteinander Rechtsgeschäfte abschließen wollen, dann Gemeindegrenzfragen, dagegen nicht ohne weiteres die Benützung gemeinschaftlicher Anstalten

**6.** Der gemeinschaftliche Bürgermeister hat sich zu diesem Zweck in die andere Gemeinde begeben, s im übrigen oben Anm 2

**7.** Solche Sitzungen wird der gemeinschaftliche Bürgermeister gewöhnlich an seinem Wohnort abhalten Er kann aber auch eine der übrigen Gemeinden als Versammlungsort wählen Das wird in der Regel von der Verkehrsverbindung und auch von der Lage des Verkehrsschwerpunktes abhängen

**8.** Sowohl Geschäftsvereinfachung als Einheitlichkeit der Vorschriften Jede Gemeinde kann für ihren Bezirk sie wieder aufheben, wie sie auch besondere erlassen kann Schiedm PStGB Art 4 Anm 9

**9.** Abs V gilt nur für die Beschlüsse nach Abs IV. Die Beschlußfähigkeit wird für jeden Gemeinderat besonders berechnet, die Mehrheit aber aus der Anzahl der Abstimmenden, nicht der Anwesenden Wer sich nach Art 145 IV oder als berufsmäßiger Gemeinderat der Abstimmung zu enthalten hat, zählt nicht mit

## Art. 151. (83)

I Der Bürgermeister wird aus den wählbaren Bürgern der vereinigten Gemeinden auf sechs Jahre gewählt[1]) und bedarf der Bestätigung,[2]) in bezug auf welche die Bestimmungen des Art. 126 Abs. II anwendbar sind.

II Bei Verhinderung des Bürgermeisters wird derselbe in polizeilichen Angelegenheiten[3]) für den ganzen Bürgermeistereibezirk durch den in der Gemeinde seines Wohnsitzes zuständigen Stellvertreter ersetzt.[4]) In den eigentlichen Gemeindeangelegenheiten[5]) jeder einzelnen Gemeinde steht die Stellvertretung dem nach Art. 125 Abs. III hiezu berufenen Mitgliede des betreffenden Gemeindeausschusses zu.[6]) Dieses Mitglied hat in dringenden Fällen auch in Polizeisachen statt des Bürgermeisters zu handeln, außerdem dessen Aufträge zu vollziehen, die notwendigen

Anzeigen an denselben zu machen und die Beseitigung gesetzwidriger Zustände in der Gemeinde zu veranlassen.[7])

1. Jetzt auf 5 Jahre. Über die Form der Wahl MinBek. v. 28. April 1919, StA. 121. Es werden in einem einzigen Wahlgang der gemeinschaftliche Bürgermeister und für jede Gemeinde die weiteren Bürgermeister und die Gemeinderäte gewählt.

2. Durch Art. 4 I Satz 2 SG. beseitigt.

3. Die Angelegenheiten nach Art. 138 also Polizeiverwaltung in dem weiteren Sinn, wie sie den Vollzug der inneren Landesverwaltung bedeutet. Art. 92 Anm. 1 und 5, Art. 138 nebst Anm.

4. Art. 150 Anm. 1.

5. Art. 84 Anm. 2.

6. Jetzt nach Art. 8 SG. in der Regel der weitere Bürgermeister der betreffenden Gemeinde.

7. In Polizeisachen nimmt das nach Anm. 6 bestimmte Mitglied des Gemeinderats der auswärtigen Gemeinden die Stellung eines Ortsführers ein Art 139 II.

## Art. 152. (84)[1])

I Die Remuneration des Bürgermeisters, die Bezüge des für die Bürgermeistereigeschäfte verwendeten Gemeindeschreibers und Dieners, sodann die Aversalentschädigung des Bürgermeisters für Regieausgaben sind von den vereinigten Gemeinden nach Maßgabe der von den Ausschüssen der beteiligten Gemeinden hierüber etwa geschlossenen Übereinkunft, in deren Ermangelung nach dem Verhältnisse der Steuersummen zu bestreiten, die sich nach Art. 24, 25 UG. ergeben. Auf die Remuneration des Bürgermeisters und die Gehalts- und die Dienstverhältnisse des Gemeindeschreibers und Dieners findet Art. 132 Abs. I und III entsprechend Anwendung.

II Über die Feststellung obiger Kosten beschließen in der Regel auf die Dauer einer Wahlperiode die vereinigten Gemeindeausschüsse in der durch Art. 150 Abs. V bezeichneten Weise.

III Die Aufstellung des in Abs. I genannten Personals kommt dem Bürgermeister zu.

1. Die jetzige Fassung beruht teils auf Art 50 UG. v 14. Aug. 1910, GVBl. 581, teils auf Art. 8 GVG

Die gemeinschaftlichen Beamten der Bürgermeisterei sind gemeinschaftliche Beamte der Gemeinden der Bürgermeisterei. Auf ihr Dienstverhältnis finden die Bestimmungen wie für Beamten der Landgemeinden Anwendung Vorbemerkung zu Art. 77. Bemerkungen zu Art. 77, 77a, 77b Der vollbeschäftigte berufsmäßige Gemeindesekretär hat Anspruch auf Ruhegehalt und Versorgung gegen die Gemeinden der Bürgermeisterei.

Art. 24 und 25 UG sind jetzt aufgehoben. Art. 48 II VG., GVBl. 1922, 372 Sinngemäß wird aber die Steuersumme wieder zu nehmen sein, aus der für jede Gemeinde der Hundertsatz der Gemeindeumlagen errechnet wird Art 9, 10 VG.

Der auf jede Gemeinde treffende Anteil wird in der Rechnung dieser Gemeinde als Ausgabe geführt. Eine gemeinschaftliche Rechnung für die gemeinschaftlichen Ausgaben der Bürgermeisterei ist nicht notwendig und auch nicht vorgeschrieben. Art. 150 Anm. 1.

Wegen Disziplin über das Personal Art 166 III. über das gemeinschaftliche Halten der Amtsblätter Art. 38 Anm 21

## Art. 153.

I Wenn in einer Gemeinde eine oder mehrere Ortschaften[1]) bestehen, obliegen die Leistungen des Art. 38 Abs. 1 der Gemeinde.[2])

II Die Ortschaft hat das Recht der Verwaltung ihres Ortschafts- und Stiftungsvermögens und die Sorge für dessen Unterhaltung. Zu diesem Zwecke genießt sie die Rechte einer öffentlichen Körperschaft[3]) und kann Umlagen erheben.[4]) Bestehende Verpflichtungen der Ortschaften zu Leistungen des Art. 38 Abs. 1 werden aufgehoben, ohne Unterschied, ob sie auf Herkommen, Vereinbarung oder Gesetz beruhen, neue dürfen nicht mehr begründet werden.[5]) Die freiwillige Weitererfüllung solcher Verpflichtungen ist nur zu Lasten des Ortsvermögens zulässig; Ortsumlagen dürfen für diesen Zweck nicht erhoben werden.[6])

III Die Wege, Straßen, Brücken, Fähren und Stege, die Gebäude, die öffentlichen Uhren und Begräbnisplätze, die öffentlichen Brunnen, Wasserleitungen und Abzugskanäle der Ortschaft, soweit sie künftig von der Gemeinde zu unterhalten sind, gehen mit dem Inkrafttreten des Gesetzes auf die Gemeinde über.[7]) Die Gemeinde ist verpflichtet, den Teil der ungetilgten Ortschaftsschulden[8]) zu übernehmen, der nachweisbar auf die Herstellung oder den Erwerb dieser Gegenstände erwachsen ist. Streitigkeiten sind nach Art. 11 des Verwaltungsgerichtsgesetzes auszutragen.[9]) Die völlige oder teilweise Vereinigung des übrigen Ortschaftsvermögens[10]) mit dem Vermögen der Gemeinde bedarf der Zustimmung der Ortsversammlung und der Genehmigung der Aufsichtsbehörde.

IV Jede Ortschaft, der die besondere Verwaltung ihres Vermögens zusteht, hat für diese Verwaltung aus den wählbaren Ortseinwohnern einen aus einem Pfleger und höchstens drei weiteren Mitgliedern bestehenden Ausschuß auf fünf Jahre, den Pfleger mit absoluter Mehrheit, den Ausschuß nach den Grundsätzen des Verhältniswahlrechts zu wählen.[11])

V Der Pfleger ist Vorstand des Ortsausschusses und führt den Vorsitz in der Ortsversammlung.[12]) Im Verhinderungsfalle wird er durch das an Lebensjahren älteste Ausschußmitglied vertreten.[13]) Die Bestimmungen der Gemeindeordnungen über das Gemeinde- und Stiftungsvermögen gelten entsprechend.[14]) Die den Gemeindeausschüssen zukommenden Befugnisse werden durch den Ortsausschuß ausgeübt.[15]) Dieser vertritt die Ortschaft nach außen[16]) und verwaltet das Ortschaftsvermögen durch die aus seiner Mitte aufgestellten oder die besonderen Verwalter.[17]) Weder der Pfleger noch sein Stellvertreter dürfen eine Kassenverwaltung selbst führen.[18])

VI Sind nicht wenigstens drei wählbare Ortseinwohner vorhanden oder kommt keine Wahl zustande, so kann die vorgesetzte Behörde die Anordnungen für die Verwaltung und Vertretung der Ortschaft treffen und diese auch dem Ausschusse der Gemeinde übertragen.[19])

VII Befindet sich ein gesondertes Gemeinde- oder Stiftungsvermögen im Eigentum einer Ortschaft, die einer Stadtgemeinde zugeteilt ist, oder im Eigentum eines Bezirkes der Gemeinde, so sind die nötigen Anordnungen über die Verwaltung dieses Sondervermögens, wenn hierüber Streit entsteht, nach Art der obigen Bestimmungen durch die Verwaltungsbehörde zu treffen.[20])

VIII Die in Abs. 2, 4 bezeichneten Befugnisse werden jedoch, wo es sich um das gesonderte Vermögen eines städtischen Bezirkes handelt, ausschließlich von den an den Nutzungen dieses Vermögens teilnehmenden Gemeindebürgern ausgeübt.

### Vollzugsanweisung zum SG.

### § 28.

I Die Ortschaften hören für die Folge auf, gesetzliche Träger öffentlichrechtlicher Pflichten der Gemeinde zu sein (Art. 38/29 der beiden Gemeindeordnungen). Mit dem Inkrafttreten des Gesetzes sind diese Pflichten auf die Gemeinde übergegangen, gleichzeitig ist auch das öffentliche Eigentum, soweit es den Ortschaften zusteht und den Zwecken des Art. 38/29 der beiden Gemeindeordnungen dient, auf die betreffende Gemeindeordnung übergegangen. Hier gelten die gleichen Gesichtspunkte, wie sie hinsichtlich der Auseinandersetzung in § 27 vorher gegeben worden sind. Der nachweisbar auf den Erwerb oder die Herstellung des öffentlichen Eigentums erwachsene Teil der Ortsschulden muß von der Gemeinde übernommen werden, hingegen können Schulden, die nur auf Unterhaltung des öffentlichen Eigentums erwachsen sind, lediglich im Wege freiwilliger Übernahme oder aus besonderen Gründen im Schiedsspruche nach Art 11 des Verwaltungsgerichtsgesetzes auf die Gemeinde übergehen.

II Bisher stand es den Ortschaften frei, ob sie eine eigene Verwaltung und Vertretung bestellen oder diese Befugnis dem Ausschusse der Gesamtgemeinde übertragen wollten Jetzt müssen diejenigen Ortschaften, welche Grund- oder Kapitalvermögen haben, vorbehaltlich Abs 6 eine eigene Vertretung aufstellen.

**1.** Die Ortschaft betrachtete man bisher als einen öffentlich-rechtlichen Verband, als eine Gemeinde innerhalb der Gemeinde S 8, 178, im Gegensatz zu Seydel III, 74. Maßgebend ist für den Bestand einer Ortschaft, daß sie vor Verkündung des GemEd. v. 17. Mai 1818 ihre eigene Ortsflur, S 8, 178, und regelm. eigenes Ortsvermögen, hauptsächlich Allmende hatte. Der Art. 153 in seiner früheren Fassung Abs. X stellte diesen Ortschaften auch jene Dörfer ohne eigenes Gemeindevermögen und eigenes Gemeinderecht, bloße Weiler und einzelne Anwesen gleich, die ebenfalls vor Verkündung des Gem.-Ed. 1818 besondere, von dem Gemeindeverband ausgenommene Markungen besessen haben und die auf Grund des § 3 des rev. GemEd. v. 1 Juli 1834 einer Gemeinde bloß für die polizeiliche Verwaltung einverleibt worden sind, s. Art. 2 Anm. 1 Siedlungen, die keiner dieser Voraussetzungen entsprechen, die also kein eigenes Vermögen haben und schon vor Verkündung des Edikts 1818 einer Gemeinde ohne Beschränkung zugeteilt waren, nahmen schon bisher keine Sonderstellung ein.

Außerdem konnten im Weg des Art. 4 und 5 bei Vereinigung von Gemeinden neue Ortschaften entstehen, s. Art. 5 Anm. 1 Jetzt ist durch Aufhebung des Art. 5 III und die Vollzugsanweisung zu Art. 4 der Weg geebnet für eine, auch vermögensrechtliche Vereinigung, sodaß die Entstehung neuer Ortschaften zwar möglich ist aber eine Seltenheit bilden wird.

**2.** Für diese drei Klassen von Ortschaften bestand nach Art. 153 II in seiner bisherigen Fassung die Möglichkeit, einen Teil der den Gemeinden gesetzlich zugewiesenen Aufgaben für den Bezirk der Ortschaft zu erfüllen und dementsprechend auch von den Leistungen zur Gemeinde befreit zu sein. Die großen Schwierigkeiten aus dieser Bestimmung, die langwierigen Verwaltungsprozesse nicht nur die gemeinschaftlichen Angelegenheiten und die von der Ortschaft übernommenen festzustellen, sondern auch auf Grund dieser Feststellung die Berechnung der Umlagenschuldigkeit vorzunehmen, sind in der Begründung zum Entwurf Brettreich 1918, K d Abg 1917/18 Beil 2584, bei Art. 23 geschildert:

„Nach dem bisherigen Rechte sind die Ortschaften in gewissem Sinne Selbstverwaltungskörper; Art. 153 Abs. 2 (85 Abs. 2) läßt jenen Ortschaften, welche ein eigenes Vermögen haben, im rechtsrheinischen Bayern auch jenen, welche bis zur Verkündung des Gemeindeedikts von 1818 besondere, vom Gemeindeverband ausgenommene Markungen besaßen und nur für die Polizeiverwaltung einverleibt worden sind, das Recht, alle öffentlichen Abgaben zu erfüllen, soweit es sich nicht um Polizeiverwaltung und um andere durch das Gesetz ausdrücklich den Gemeinden zugewiesene Verbindlichkeiten handelt. ‚In streitigen Fällen sollen die vorgesetzten Verwaltungsbehörden im gesetzlichen Instanzenzuge mit Rücksicht auf die bestehenden Verträge, auf rechtsbegründetes Herkommen und auf die Gemeinschaft des Bedürfnisses und Gebrauches' entscheiden. Diese Bestimmungen sind oft die Quelle langwieriger und schlimmer Streitigkeiten gewesen. Zunächst ist der Begriff dessen, was unter die Polizeiverwaltung fällt, an und für sich schon in Wissenschaft wie in Rechtsprechung nicht fest bestimmt, der Begriff hat auch in verschiedenen Zeiten verschiedenen Inhalt besessen. Gewöhnlich liegen weder Verträge noch Nachrichten über das Herkommen vor und die Frage nach der Gemeinsamkeit des Bedürfnisses und des Gebrauches läßt sich in vielen Fällen durchaus nicht so leicht beantworten. Bestreitet z. B. ein Umlagenpflichtiger der, wie das gerade im Falle des Abs. 10 des Art. 153 nicht selten vorkommt, der einzige Einwohner der Ortschaft sein kann, seine Verbindlichkeit zur Umlagenentrichtung, so muß für ihn aus der Gemeinderechnung die Summe aller jener Ausgaben ausgeschieden werden, für welche eine Gemeinsamkeit des Bedürfnisses oder des Gebrauches nicht gegeben ist, z. B der Ausgaben für die Turmuhr, wenn sie von der Ortschaft weder gesehen noch gehört wird, unter Umständen auch ein Teil der Ausgaben auf Unterhaltung solcher Gemeindegebäude, welche zum Teil den Bedürfnissen der Hauptortschaft dienen, möglicherweise auch ein Teil der Besoldung des Gemeindedieners, des Nachtwächters, soweit sie noch Nebengeschäfte verrichten, die ebenfalls vorwiegend dem Bedürfnisse der Hauptortschaft dienen usw. Es muß für diesen Streit förmlich eine neue Gemeinderechnung aufgestellt und der den Beklagten treffende Aufwand neu berechnet und hieraus auch der Umlagensatz für ihn festgestellt werden. Solche Streitigkeiten, besonders wenn sie um sich greifen, können nicht nur den Haushalt einer Gemeinde empfindlich stören, sie können auch die Tätigkeit einer Verwaltungsbehörde, die einen solchen Streit gewissenhaft entscheiden will, geradezu für alle anderen Aufgaben teilweise lahmlegen Diese Bestimmungen sind durchaus veraltet und gehören endlich abgeschafft. Dazu kommt aber noch, daß die Ortschaften an und für sich nicht imstande sind, den Träger öffentlicher Aufgaben zu machen. Dazu sind sie in der Regel viel zu klein. Die schlechten Wege bei ortschaftsweiser Wegunterhaltung, der schlechte bauliche Zustand der ortschaftlichen Hirtenhäuser und ebenso der noch in manchen Gegenden ziemlich häufigen ortschaftlichen Armenhäuser sind eine bekannte, keineswegs erfreuliche Wahrnehmung, die eine laute Mahnung enthält, mit einer Bestimmung aufzuräumen, die ebenfalls, wie die oben geschilderten Zwerggemeinden und so ziemlich aus den gleichen Gründen, einen lästigen Hemmschuh der Verwaltung bildet.

Es gibt in Bayern über 44000 Ortschaften im weiteren Sinne, wie sie bei der Erhebung im Jahre 1903 gezählt worden sind Angaben darüber, wie viele davon unter den Begriff des Art. 153 fallen, fehlen; sie wären auch nur sehr schwierig und mit großem Zeitaufwande zu beschaffen. Beispielsweise sind von den über 1300 Ortschaften allein des Bezirksamts Wasserburg a. J. nach einer für diesen Zweck gepflogenen Untersuchung etwa 547 wirkliche Ortschaften im Sinne des Art. 153. Danach darf man die Zahl solcher Ortschaften in ganz Bayern etwa auf 18500 schätzen. Es gibt viele Gemeinden, welche aus 3—4 solchen Ortschaften mit teilweisem, in die Aufgaben der Gemeinde eingreifenden Selbstverwaltungsrechte bestehen. Dieser Zustand gehört beseitigt."

Die jetzige Fassung des Art. 153 beruht auf Art. 28 SG., dem Art. 23 des Entwurfes Brettreich. Dadurch ist den Ortschaften jene Selbständigkeit entzogen worden. Die Leistungen des Art. 38 I sind seit Inkrafttreten des SG. gesetzlich nur noch Lasten der Gemeinde, nicht mehr in irgendeinem Umfang auch der Ortschaften. S. auch Art. 38 Anm. 5.

**3.** Abs. II handelt nur von Ortschaften mit eigenem Vermögen, insbesondere auch eigenen Nutzungsrechten, die ihnen ungeschmälert erhalten bleiben. Nur diese haben Rechtspersönlichkeit, da sie sonst die Rechtsgeschäfte für die Verwaltung ihres Ortschaftsvermögens nicht vornehmen könnten. Das Stiftungsvermögen hat zwar eigene Rechtspersönlichkeit, aber auch hier muß der Vertreter, die Ortschaft, gleichfalls eine Rechtspersönlichkeit sein. Über diesen Zweck hinaus können die die Rechte einer öffentlichen Körperschaft nicht in Anspruch nehmen, also nicht allgemein in den Rechtsverkehr treten, beispielsweise nicht Mitglied einer Aktiengesellschaft werden. Die bisher vermögenslosen Ortschaften, oben Anm. 1, die Klasse 2 auf Grund des früheren Abs. X des Art. 153, sind durch das SG. von ihren Verbindlichkeiten befreit worden. Rechtspersönlichkeit haben sie nicht erhalten. Am Gemeindevermögen haben sie die allgemeinen Mitgliedschaftsrechte. An den besonderen Nutzungen werden sie in der Regel keinen Anteil haben.

**4.** Die Umlagenerhebung ist begrenzt, oben Art. 42 Anm. 5, zunächst nach ihrer Höhe, dann aber auch nach dem Zweck. Für freiwillig übernommene Leistungen dürfen keine Umlagen mehr erhoben werden. Der letzte Satz des Abs. II der jetzigen Fassung ist in diesem allgemeinen Sinn aufzufassen; s. auch Art. 60a Anm. 2. Die Renten des Ortschaftsvermögens sind nach Art. 39 in erster Linie für Gemeindeausgaben, jetzt für den Anteil der Ortschaft an den Umlagen der Gemeinde zu verwenden, S 5, 97; 19, 220; s. bei Art. 32 Anm. 7, dann erst kommen die allgemeinen Umlagen der Gemeinde zur Erhebung und möglicherweise daneben Ortsumlagen.

**5.** Die Bestimmung ist möglichst weitgehend auszulegen. Es soll ein für allemal jener Zustand beseitigt werden, bei dem die Gemeinde, wenn sie angesprochen wurde, auf die Ortschaft und die Ortschaft auf die Gemeinde hinwies. Jetzt stehen der Aufsichtsbehörde nur noch die Gemeinde für die Leistungen nach Art. 38 I gegenüber.

**6.** Die freiwillige Weitererfüllung ist begrifflich gleichzeitig eine stets widerrufliche, da der vorhergehende Satz die Begründung einer neuen Verpflichtung kategorisch verbietet. Sie ist nur zulässig, wenn und solange das Ortschaftsvermögen zureicht. Umlagen dürfen für diesen Zweck nicht erhoben werden, anderseits ist es auch nicht zulässig, die Ortschaft wegen einer solchen Weitererfüllung mehr oder weniger von Leistungen zur Gemeindekassa, insbes. durch Abminderung des Umlagensatzes, zu entbinden. Es war ja der Zweck der Änderung, die aus solchen Rechtsverhältnissen unvermeidlichen Streitigkeiten für die Folge abzuschneiden.

7. Das im öffentlichen Gebrauch stehende und öffentlichen Zwecken dienende Vermögen geht kraft Gesetzes auf die Gemeinde über, zugleich auch die Unterhaltungspflicht. Der Eigentumsübergang an Grundstücken und grundstücksgleichen Rechten vollzieht sich außerhalb des Grundbuches, so daß das Grundbuch berichtigt werden muß. VA. bei § 27 a. E., abgedruckt bei Art. 4.

8. Wegen der Übernahme von Schulden, die bloß auf Unterhaltung des öffentlichen Eigentums der Ortschaften entstanden sind, VA. § 28; oben am Schluß des Artikels abgedruckt

9. Infolge Art. 12 des VGG. wäre von selbst wohl der Art. 11 bei Streitigkeiten zur Anwendung gekommen; um aber jeden Zweifel auszuschließen, daß Art. 11 auf diese außerordentliche Vereinigung Anwendung findet, wurde die Bezugnahme ausdrücklich in das Gesetz aufgenommen. Zufolge Art. 12 VGG gilt Art. 11 für Ortschaften; a. M. ASt. S. 246 Anm. 8.

Wegen des Zeitpunktes des Übergangs der Rechte siehe den durch Art. 30 SG. dem Art 11 VGG. zugefügten Abs. II. Sehr häufig wird der Eigentumsübergang im Schiedsspruch selbst auf den Zeitpunkt des Inkrafttretens des SG. zurückbezogen werden.

10. Das übrige Ortschaftsvermögen, oben Anm. 7, wird häufig im Nutzgenuß der Ortsbürger stehen. Auch die frühere Fassung des Art. 153 hatte für die Vereinigung von Ortschafts- und Gemeindevermögen die aufsichtliche Genehmigung vorgesehen. Nur für diesen Zweck war die Ortsversammlung im Interesse der Offenheit des Vorgangs ausnahmsweise aufrecht erhalten. Die Durchführung wird auch praktisch kaum auf Schwierigkeiten stoßen. Als Formvorschriften werden die Art. 146—149 nur behelfsweise anzuwenden sein, denn sie sind durch Art 29 I SG. aufgehoben. Zirkularweg wird aber unzulässig sein.

11. Der Ortsausschuß hat die Stellung wie der Gemeinderat in der Gemeinde Der Pfleger ist der Bürgermeister der Ortschaft. Während früher die Ortschaften es in der Hand hatten, ob sie sich eine Vertretung geben wollten oder nicht, hat das Gesetz jetzt einen Zwang eingeführt Der frühere Zustand hatte seine großen Mißlichkeiten, die der in Anm. 2 erwähnte Gesetzentwurf eingehend dargelegt hat — Das Ortsbürgerrecht bemißt sich entsprechend dem Gemeindebürgerrecht, Art 10 Anm. 4 Nur ist hier der Aufenthalt in der Ortschaft maßgebend.

Wegen der Wahlen s. MinBek. v. 2 Juli 1919, StA 165, im übrigen gelten die allgemeinen Vorschriften des Wahlrechts.

12. Zustellungen an den Ortsausschuß geschehen rechtswirksam an den Pfleger Die Ortsversammlung ist nicht allgemein aufrecht erhalten, sondern nur für den in Abs. III erwähnten Zweck, oben Anm. 10.

In Ortschaften wird aber häufig von dem Recht Gebrauch gemacht werden, außeramtlich die Ortsbürger zusammenkommen zu lassen, s. Vorbem. zu Art 146

**13.** Sollten zufällig zwei Ausschußmitglieder an Lebensjahren gleich alt sein, dann wird das Los zu entscheiden haben

**14.** Es gelten Art. 22 IV, 26—37, 39, 40, 42, 49—54, 65—69, 103, 135, 136, 165 I, 167 II GemO., ferner Art 14 SG über Schuldaufnahme Verbrauchssteuern, Pflaster- und Brückenzölle kommen für Ortschaften nicht in Betracht, dagegen örtliche Abgaben für eigene freiwillig unterhaltene Anstalten der Ortschaften mit freigelassener Inanspruchnahme. Zwangsteilnahme an Anstalten können die Ortschaften nicht mehr beschließen. Bestehende derartige Anstalten sind auf die Gemeinde übergegangen. Die Ortschaften können aber Ortschaftsdienste, z. B für den Gemeindewald, beschließen. Wegen der staatlichen Aufsicht auf Ortschaften s. SG. Art. 14 Anm. 3

**15.** Es sind die Aufgaben, die Art. 130 dem Gemeinderat überweist, statt „Gemeindeausschüsse" soll es im Gesetz heißen „Gemeinderäte".

Dienstsiegel führt die Ortschaft nicht. Die Verwendung von Dienstwertzeichen ist den Ortsausschüssen gestattet, GVBl. 1916, 200.

**16.** Art. 84 Anm 6. Für die Ortschaften kommt infolgedessen die Bestellung eines Prozeßbevollmächtigten nach Art. 19 III VGG. nicht in Frage. S 13, 370. Wegen Zustellungen s. oben Anm. 12.

**17.** Art. 134, dazu Art. 87 Anm. 3 u 4.

**18.** Art. 87 Anm. 5. Der Pfleger hat die gesamte Kassen- und Rechnungsführung zu beaufsichtigen

**19.** Nicht nur wenn die Ortschaft zu klein ist, sondern wenn aus anderen Gründen keine Wahl zustande kommt, wenn z. B. die Ortsbürger sämtlich von der Wahl wegbleiben, um eine eigene Vertretung zu verhindern, so kann die Verwaltungsbehörde eine Verwaltung anordnen und ihr die Vertretung übertragen, z. B. eine wählbare Persönlichkeit als Ortspfleger aufstellen. Sie kann aber auch die Verwaltung dem Gemeinderat übertragen, bei Zusammenstoß der Interessen ihm auch wieder nehmen. — Wegen der Wahlen s. oben Anm. 11

**20.** Abs. 7 u. 8 bezieht sich nur auf einen einzigen Fall im Land (Erlangen-Altstadt). Sie wurden aus dem bisherigen Art. 153 unverändert übernommen, nur die Ziffern der in Bezug genommenen Absätze mußte geändert werden. Die Besonderheit besteht hier darin, daß nicht alle Ortsbürger stimmberechtigt sind, sondern nur die Nutzungsberechtigten

## V. Abteilung.

## Von der Staatsaufsicht und der Handhabung der Disziplin.

### Art. 154. (86, 87) [1]

Die Staatsaufsicht auf die Gemeinden wird unter der obersten Leitung des betreffenden Staatsministeriums durch die Behörden des Staats und zwar in erster Instanz mit den in Art. 155 und 160 bezeichneten Ausnahmen durch die Distriktsverwaltungsbehörden ausgeübt.

**1.** Ersetzt durch SG. Art. 13 I a.

## Art. 155.

Diejenigen Städte, deren Verwaltung am 1. Juli 1869 einer Kreisregierung unmittelbar[1]) untergeordnet ist, verbleiben bis zur legalen Änderung ihrer Verfassung in diesem Verhältnisse.[2])

**1.** Die Einrichtung der kreisunmittelbaren Städte ist gut altbayerisch. Die Hauptstädte der bayerischen Herzogtümer München, Landshut, Straubing, Burghausen, Ingolstadt waren dem rentmeisterschen Umritt nicht unterworfen, erhielten bei Generalausschreibungen die Expedition unmittelbar und genossen auch sonst manche Ausnahmen.

Burghausen, Landshut, Straubing wurden bei der Wiedervereinigung Bayerns die Sitze der Mittelbehörden, der jetzigen Regierungen, deren Wirkungskreis sich im großen und ganzen mit dem des Hofrates zu München deckte. Es lag nahe, die Stadtverwaltungen selbst unmittelbar der Mittelbehörde unterzuordnen.

Aus diesen Verhältnissen entwickelte sich die Kreisunmittelbarkeit. Das GemEd. v. 1818 unterstellte in § 122 die Städte I. Klasse mit mehr als 2000 Familien, § 9, und in § 126 die Städte, in denen eigene Kommissäre aufgestellt waren, § 70, unmittelbar den Regierungen. Dann übertrug sich die Einrichtung auf die später erworbenen Landesteile. Nürnberg wurde erst 1873 den übrigen kreisunmittelbaren Städten durch Aufhebung des Stadtkommissariates gleichgestellt. S. Art. 98 Anm. 1.

Eine Aufzählung der kreisunmittelbaren Städte nach dem jetzigen Stand bei Pöll, AG. 2. Aufl. S. 255 nach der Zeitschrift des bayer. stat. Landesamts Jahrg. 1920 Heft 3.

**2.** Über die Verleihung der Kreisunmittelbarkeit SG. Art. **17.**

## Art. 156. (88)

I Die Polizeiverwaltung[1]) in den Gemeinden unterliegt der ununterbrochenen Aufsicht der vorgesetzten Behörde.

II Innerhalb ihres polizeilichen Wirkungskreises können die Gemeindebehörden zur Ausführung der gesetzlich bestehenden Vorschriften von der zuständigen Aufsichtsbehörde[2]) aufgefordert und nötigenfalls durch Anwendung der Disziplinargewalt angehalten werden. Der Aufsichtsbehörde kommt es zu, wenn Gefahr auf Verzug,[3]) ist, die zur Ausführung solcher Vorschriften erforderlichen Anordnungen unmittelbar zu treffen.

III Beschwerden[4]) gegen polizeiliche Verfügungen der Gemeindebehörden, sowie Beschwerden der Gemeinden gegen Anordnungen, welche die vorgesetzte Aufsichtsbehörde in bezug auf die Polizeiverwaltung getroffen hat, werden in dem vorgeschriebenen Instanzenzuge erledigt.

IV Wenn eine Gemeindebehörde die Schranken ihrer polizeilichen Befugnisse [5]) überschreitet oder die für die Polizeiverwaltung notwendigen Einrichtungen [6]) vorzunehmen unterläßt, ist nach den Bestimmungen des Art. 157 Abs. III und V bis VII [7]) zu verfahren.

V Bezüglich der den Gemeindebehörden durch Gesetz oder Verordnung übertragenen Verrichtungen in Gegenständen der allgemeinen Staatsverwaltung, [8]) der gerichtlichen Polizei, [9]) der Rechtspflege [10]) und der Finanzverwaltung [11]) sind die desfallsigen Bestimmungen maßgebend. Neue Verrichtungen dieser Art können den Gemeinden nur durch gesetzliche Anordnung zugewiesen werden.

**1.** Mit der Polizeiverwaltung meint die GemO die gesamte innere Verwaltung. Art. 92 Anm. 1 u. 5, wie sie in den Geschäftsbereich der sechs in Anm 2 bei Art. 138 aufgezählten Ministerien fällt. Auch das Ministerium des Äußern kann, obwohl das Handelsministerium von ihm abgezweigt wurde, doch noch, wenn auch nur in geringem Umfang in Betracht kommen, z. B. wegen seiner Aufsicht auf Gemeindearchive, Art 91 Anm. 3.

**2.** Die sechs Ministerien, Anm. 1, können unmittelbar oder durch die Kreisregierungen und Bezirksämter innerhalb ihres Geschäftsbereichs an die Gemeinden Aufträge ergehen lassen. Soweit der Vollzug in die Zuständigkeit der Gemeinde fällt, ist der Bürgermeister dazu verpflichtet, Art. 138 Anm. 2. Die Kosten treffen in der Regel die Gemeinden. — Die disziplinäre Gewalt wird nicht gegen die Gemeinde, sondern gegen die Person des Beamten geübt, aber nur wenn entweder die Verpflichtung zum Vollzug nicht bestritten wird oder wenn Gefahr auf Verzug besteht Bestreitet die Gemeinde die Rechtmäßigkeit des Auftrags oder ihre Verbindlichkeit zum Vollzug, so ist erst dieser Streitpunkt zu erledigen, in der Regel im Verwaltungsbeschwerdeverfahren, wenn nicht der Charakter der Polizeisache bestritten wird; s den Fall in Anm 10.

**3.** Die Ortspolizei, d h. im Sinne der GemO die Polizeiverwaltung im Gemeindebezirk, ist ein Recht der Gemeinden, das ihnen nicht entzogen werden darf, die Gesetzgebungsverhandlungen lassen darüber keinen Zweifel. Seydel III, 57 Fußn 1. Die Aufsichtsbehörde hat sich der unmittelbaren Ausübung der Polizeigewalt an Stelle der Gemeinden, sofern nicht Gefahr im Verzug ist, zu enthalten; s Art. 93 Anm 3. In dieser Beziehung sind die Gemeinden nicht grundsätzlich ohne den Schutz des Art. 10 Ziff. 2 VGG., wenn auch häufig Ermessensfragen, die der verwaltungsrichterlichen Würdigung entzogen sind, den Ausschlag geben werden. Dyr bei Art. 10 Ziff. 2 Note 5 S 416.

**4.** Beschwerden der betroffenen Privatpersonen gehen an

die Aufsichtsbehörde, auch wenn diese den Auftrag selbst erlassen haben sollte. In diesem Fall wirkt die Beschwerde zunächst wie eine Gegenvorstellung. Bei Landgemeinden ist der vorgeschriebene Instanzenzug: Bezirksamt, Kreisregierung und von oberaufsichtswegen dasjenige Staatsministerium der inneren Verwaltung, in dessen Geschäftskreis die Angelegenheit fällt. Es handelt sich hier nicht um Staatsaufsicht im engeren Sinn des Art. 13 SG., für die das Staatsministerium des Innern ausschließlich zuständig wäre, sondern um die Ausübung der Staatsbefehlsgewalt, s. oben Anm. 2. — In Disziplinarangelegenheiten gegen Gemeindebeamte wird nach allgemeiner Übung die Zuständigkeit des Ministeriums des Innern festgehalten, das aber im Benehmen mit dem in der Sache zuständigen Staatsministerium zu entscheiden pflegt. Die Beschwerde der Gemeinde kann denselben Weg gehen, sie kann aber auch gegen die Entscheidung der Regierung nach Art. 10 Ziff. 2 den VGH. anrufen. Sofern sie in der Weisung oder Haltung eine ungerechtfertigte Übergehung ihrer ortspolizeilichen Zuständigkeit oder die Auferlegung einer gesetzlich nicht notwendigen Leistung behaupten will, oben Anm. 3. Unter Leistung ist aber ein Aufwand zu verstehen. S 41, 1; 42, 102.

**5.** Soweit es sich um Polizei im engeren Sinne, also um Zwangsmaßnahmen gegen das Publikum handelt, wird von Seite der Betroffenen selbst Beschwerde eingelegt werden. „Polizeilich" hat aber hier auch den weiteren Sinn wie sonst, beispielsweise fällt die Erhebung von örtlichen Abgaben, die gesetzlich verboten sind, unter den Begriff und muß auf dem in Abs. IV vorgeschriebenen Weg abgestellt werden.

**6.** Hier ist Art. 38, daneben aber auch die große Zahl der sonstigen Reichs- oder Landesgesetze einschlägig, die den Gemeinden im Gebiet der inneren Verwaltung bestimmte Einrichtungen unter gewissen Voraussetzungen zur Pflicht machen, z. B. das RG. v. 30. Juni 1900 über die Bekämpfung der gemeingefährlichen Krankheiten.

**7.** Jetzt SG. Art. 13 II—V. Für Landgemeinden ist Art. 141 V nur ein besonderer Fall der Anwendung, s. Art. 141 Anm. 10.

**8.** Der Begriff ist unklar, Seydel III, 53 Fußn. 2. Es ist der Rest der übrig bleibt, wenn die innere Verwaltung, die gerichtliche Polizei, die Rechtspflege und die Finanzverwaltung abgezogen wird. Vermutlich wollte der Gesetzgeber die etwaigen Lücken seiner Aufzählung durch diesen Begriff ergänzen, z. B. gehört nach S 41, 6 und 42, 102 die gemeindliche Wohnungsvermittlung hierher, RBek. v. 23. Sept. 1918, RGBl. 1143, in der Fassung RG. v. 11. Mai 1920, RGBl. 949, i. d. Fass. d. Ges. v. 11. Juli 1921, RGBl. 933, verlängert durch RG. v. 28. Juni 1922, RGBl. 529, bis 31. März 1923. MinBek. v. 10. Aug. 1920, StA. 186 und v. 7. Febr. 1921, StA. 34. Richtiger gehört die Wohnungsvermittlung zur inneren Verwaltung.

**9.** Die gerichtliche Polizei begreift jene Maßnahmen in sich, die in Art. 138 IV für Landgemeinden im besonderen aufgezählt sind.

**10.** Als Beispiel kann hier die Führung der Nebenregister zu den Strafregistern dienen, MinBek. v. 27. Okt. 1920, MBl. 405.

Sie gehört zur Strafrechtspflege, nicht zur gerichtlichen Polizei. Sie ist Aufgabe der Bezirkspolizei, die den kreisunmittelbaren Städten nach Art. 93 übertragen ist, weil auch die Bezirksämter diese Nebenregister zu führen haben. Der VGH. rechnet die Führung dieser Nebenregister zur polizeilichen Tätigkeit und hat die kreisunmittelbaren Städte für verpflichtet erklärt, BayGemZ. 1922 Nr. 15 und 17; S 43, 13.

Auf dem Gebiet der Rechtspflege ist durch das BGB. den Bürgermeistern die Mitwirkung bei der Errichtung von Dorftestamenten übertragen. §§ 2249, 2250 BGB., MinBek. v. 19. Dez. 1900, MinBl. 1901, 4. MinBek. v. 7. März 1908, MBl. 146, Formblatt MinBek. v. 23. April 1920, StA. 96, BlfAdmPr. 67, 116; 68, 65; 70, 106. Durch MinBek. v. 7. Aug. 1920, StA. 184 wurde die Anschaffung der vom Kommunalschriftenverlag herausgegebenen Nottestamentsmappe empfohlen.

Wegen der Listen für die Wahl der Schöffen und Geschworenen §§ 36ff., 85ff. GVG. Siehe auch Art. 131 Anm. 7.

Zur Beglaubigung von Urkunden sind die Bürgermeister im allgemeinen nur befugt, wenn die Urkunde in ihren öffentlichen Wirkungskreis fällt. Zur Beglaubigung einer Privaturkunde nur dann, wenn die Beglaubigung ihnen durch besondere Vorschriften ausdrücklich zugewiesen ist. Eine Zuwiderhandlung kann eine Haftung begründen. MinE. v. 2. Dez. 1909, MBl. 1095. Vgl. auch W 37, 718 Fußn. 1.

Das Justizministerium hat die Gerichte ausdrücklich angehalten, sich nur in unbedingt notwendigen Fällen an die Gemeinde zu wenden, JustMinBek. v. 18. Juni 1921, StA. 140.

**11.** Die Reichsfinanzverwaltung kann die Gemeinden auf Grund § 22 der Reichsabgabenordnung v. 13. Dez. 1919 in Anspruch nehmen, z. B. bei der Einkommensteuer nach § 21 der Ausführungsbestimmungen, für die Anlegung des Verzeichnisses derjenigen natürlichen Personen, die eigenen oder gepachteten Grundbesitz oder eine gewerbliche Betriebsstelle haben, aber an einem anderen Orte des Reiches wohnen oder ohne einen Wohnsitz im Reich zu haben, an einem andern Ort im Reich bereits zur Einkommensteuer veranlagt waren. MinBek. v. 12. Juli 1922, StA. 160. Über die zu gewährende Entschädigung MinBek. des RFinMin. v. 10. Dez. 1920, Bayer. GVBl. 1921 S. 22, Bek. d. RFinM. v. 15. Juni 1922, StA. 176. — Für die Landesfinanzverwaltung ist die Frage nicht geordnet.

**12.** Eine erschöpfende Aufzählung der alten Verrichtungen ist nicht gut möglich. Die innere Verwaltung bedarf keiner gesetzlichen Ermächtigung, denn sie ist unter Abs. I des Art. 156 in ihrem vollen Umfang begriffen; hier sind nur Verrichtungen außerhalb des Gebietes der inneren Verwaltung gemeint. Für das Reich gilt bei Anwendung des § 56 LStG., RGBl. 1920, 414, diese Unterscheidung nicht, wohl auch nicht mehr für das Land wegen Art. 38 VU., GVBl. 1921 S. 369, wo allgemein die Beteiligung des Staates an den Kosten in Aussicht gestellt wird, falls den Gemeinden neue Aufgaben zugewiesen werden. Geschieht die Zuweisung innerhalb des Gebietes der inneren Verwaltung, so bedarf sie keiner gesetzlichen Ermächtigung, aber an den Kosten muß auch in diesem Fall jetzt der Staat teilnehmen. Die erhebliche Vergrößerung einer bestehenden Aufgabe wird man billigerweise wie die Zuweisung einer neuen zu betrachten haben

**13.** Die gesetzliche Anordnung kann auch vom Reich ausgehen; das Reich kann auch eine Grundlage für Landesverordnungen schaffen S 31, 126.

### Art. 157. (89)

I Die Handhabung der Staatsaufsicht über die Verwaltung der eigentlichen Gemeindeangelegenheiten erstreckt sich darauf:

1. daß die gesetzlichen Schranken der den Gemeinden zustehenden Befugnisse nicht zum Nachteile des Staates überschritten werden;
2. daß die gesetzlichen Vorschriften beobachtet werden, durch welche das Ermessen der Gemeindebehörden innerhalb des Kreises ihrer Befugnisse beschränkt ist;
3. daß die den Gemeinden gesetzlich obliegenden öffentlichen Verpflichtungen erfüllt;
4. daß die gesetzmäßigen Vorschriften über die Geschäftsführung beobachtet werden

II Die vorgesetzten Verwaltungsbehörden haben zu diesem Behufe das Recht der Kenntnisnahme von der Tätigkeit der Gemeindebehörden, insbesondere das Recht der Amts- und Kasse-Visitation

III Gesetzwidrige Beschlüsse sind, wenn die Zurücknahme derselben nicht binnen einer angemessenen Frist erfolgt, durch die zuständige Behörde vorbehaltlich des Beschwerderechts der Gemeinde außer Wirksamkeit zu setzen

IV Beschlüsse, welche nur eine Benachteiligung Einzelner enthalten, können lediglich auf rechtzeitig erhobene Beschwerde (Art. 163) außer Wirksamkeit gesetzt oder abgeändert werden

V Unterläßt eine Gemeinde die ihr gesetzlich obliegenden Verpflichtungen zu erfüllen, gesetzlich notwendige Ausgaben in den Voranschlag aufzunehmen und erforderlichen Falles außerordentlich zu genehmigen, oder die nötigen Gemeindedienste für gesetzlich notwendige Zwecke anzuordnen, so ist sie unter Angabe des Gesetzes aufzufordern, binnen angemessener Frist die zur Erfüllung ihrer Verpflichtung erforderlichen Beschlüsse zu fassen.

VI Wird innerhalb der vorgesetzten Frist die gesetzliche Notwendigkeit, der Umfang oder die Art der Leistung bestritten, so hat die Behörde hierüber vorbehaltlich des der Gemeinde zustehenden Beschwerderechtes Beschluß zu fassen, wobei auf die Leistungsfähigkeit der Gemeinde besondere Rücksicht zu nehmen ist Die Beschlußfassung der Kreisverwaltungsstellen erfolgt nach kollegialer Beratung.

VII Wird die endgültig festgestellte Verpflichtung innerhalb einer angemessenen Frist nicht erfüllt, so hat die Staatsbehörde an der Stelle der Gemeindebehörde die zum Vollzuge nötigen Verfügungen zu treffen, insbesondere auch die etwa erforderliche Umlage anzuordnen und deren Erhebung auf Kosten der Gemeinde zu veranlassen.

VIII Die Bestimmung des vorstehenden Absatzes ist auch dann anwendbar, wenn die Gemeinde eine durch rechtskräftige Entscheidung auf dem Zivil- oder Verwaltungs-Rechtswege festgestellte Verpflichtung nicht erfüllt

IX Werden die gesetzmäßigen Vorschriften über die Geschäftsführung verletzt, so ist die Gemeindebehörde zu deren Beobachtung aufzufordern und nötigenfalls durch Disziplinarmaßregeln anzuhalten.

**1.** Ersetzt durch ZG Art 13 II—V.

## Art. 158. (90)

Die Haftungsverbindlichkeit der Gemeindebeamten [1]) wegen Nichterfüllung oder Überschreitung ihrer gesetzlichen Dienstesobliegenheiten gegenüber der Gemeinde wird durch die vorgesetzte Verwaltungsbehörde vorbehaltlich der Beschwerdeführung festgestellt. Die Betretung des Zivilrechtsweges ist durch die Entscheidung der Verwaltungsbehörden nicht ausgeschlossen, hat jedoch keine aufschiebende Wirkung. [1]) [2])

**1.** Sowohl der ehrenamtlichen wie der berufsmäßigen Gemeindebeamten s Anm 2. Art. 158 bezieht sich auf jeden Schaden, der durch Nichterfüllung oder Überschreitung der gesetzlichen Dienstpflichten für die Gemeinde entstanden ist, also nicht etwa bloß auf Kassen- und Rechnungsführung, sondern auf die ganze in Art 86 II, 133 II für die ehrenamtlichen Mitglieder gesetzlich vorgeschriebene Haftpflicht. Bei den berufsmäßigen ergibt sie sich aus dem Dienstverhältnis Es macht keinen Unterschied, ob die Tätigkeit Ausübung der öffentlichen Gewalt, eigentliche Gemeindeangelegenheit oder wirtschaftlicher Natur war Eine Vorentscheidung nach Art 7 II VGG kommt nicht in Frage Die vorgesetzte Verwaltungsbehörde befindet darüber, ob eine Verfehlung vorlag, ob sie in ursächlichem Zusammenhang mit dem Schaden steht und wie hoch dieser Schaden ist Gegen diese Feststellung ist die Beschwerde im Verwaltungsverfahren zulässig. Sie ist an keine Frist gebunden, wenn die feststellende Behörde nicht in ihrem Beschluß eine solche vorschreibt Die Feststellung der Verwaltungsbehörde ist nicht provisorisch, ergeht auch nicht vorbehaltlich der Entscheidung der Gerichte Der Vorbehalt des Satzes 2 will nur besagen, daß der Zuständigkeit der Gerichte, soweit sie an sich gegeben ist, durch die Feststellung nicht geschadet wird Der Haftpflichtige kann möglicherweise Einreden gebrauchen, die vor die Zivilgerichte gehören, anderseits kann durch besondere Umstände, Tod des Haftpflichtigen, Erbgang, Konkurs, Pfandrecht am Eigentum des Haftpflichtigen entweder die Mitwirkung oder die Zuständigkeit der Gerichte für bestimmte Fragen in Betracht kommen Die Entscheidung der Verwaltungsbehörde ist gebührenfrei, Art. 3 Ziff. 1 Kostengesetz v 16. Febr 1921, GVBl. 133 Der Beschluß wird gemäß Art. 6 AG z ZPO für vollstreckbar erklärt und zwar von der beschließenden

Behörde, sobald sie festgestellt hat, daß keine Beschwerde eingelegt wurde. Über die Durchführung der Vollstreckung Art. 7 AG. z. ZPO. Für die Erhebung der Klage vor den Gerichten ist keine Frist vorgeschrieben, das Klagerecht erlischt erst, wenn der Anspruch auf Rückerstattung verjährt ist Das ist ein Mangel. Im StVG. entspricht das Verfahren bei Ersatzzuweisung Art. 179 dem Art. 158. Nach Art. 180 erlischt dort das Klagerecht nach einem Jahr

**2.** Überblick über die Haftung der Gemeindebeamten und der Gemeinden.

**I.** Von der in Art. 86 II festgesetzten Haftpflicht der Mitglieder des Stadt- oder Gemeinderates ist zu unterscheiden:

a) die Haftung der übrigen, nämlich durch Verwaltungsakt angestellten Beamten der Gemeinde, Art. 72 Anm. 1 und Art. 77 Anm. 3 Sie beruht auf dem öffentlich-rechtlichen Dienstverhältnis und verwirklicht sich auf dem Weg des Art. 158, wie bei den Mitgliedern der Gemeindeverwaltung Auch hier bedarf es keiner Vorentscheidung.

b) Die Haftung der Gemeinde für ihre Beamten, sowohl die Mitglieder der Verwaltung als die angestellten Beamten, gegenüber dritten Personen Sie beruht auf Art. 839 BGB., 77 EG. z. BGB. und Art. 60 AG z. BGB. Darnach ist in der Regel die Klage des Dritten nur gegen die Gemeinde zulässig, aber gegen den Beamten ausgeschlossen, wenn er in Ausübung der ihm anvertrauten öffentlichen Gewalt vorsätzlich oder fahrlässig die einem Dritten gegenüber obliegende Amtspflicht verletzt und diesem Dritten einen Schaden zugefügt hat. Nur in zwei Fällen ist die Klage gegen den Beamten selbst zulässig, wenn nämlich der Kläger Ausländer und sein Heimatsstaat nicht die entsprechende Primärhaftung der Gemeinde vorschreibt und ferner wenn der Schaden nicht in Ausübung der öffentlichen Gewalt, sondern nur in Veranlassung dieser Ausübung, also nebenher zugefügt worden ist

Für die Feststellung des Verschuldens in Ausübung der öffentlichen Gewalt oder in Veranlassung der Ausübung ist eine Vorentscheidung des VGH nach Art 7 II VGG. vorgeschrieben, die für den Zivilrichter bindend ist und zwar nicht bloß für die Klage des Dritten gegen die Gemeinde oder in den beiden erwähnten Fällen gegen den Beamten, sondern auch für den Rückgriff der Gemeinde gegen den Beamten, s c

c) Die Haftung der angestellten Beamten gegenüber der Gemeinde in jenen Fällen, wo die Gemeinde dem Dritten gegenüber nach b hat eintreten müssen. Sie ist eine Rückgriffklage, die auf Art 60 III AG z. BGB beruht Für diese Klage ist die Vorentscheidung in b auch für die Gemeinde bindend

d) Die Haftung der Gemeinden für ihre Beamten, sowohl der Mitglieder der Verwaltung als der angestellten Beamten für jene Handlungen, die nicht in Ausübung der öffentlichen Gewalt, sondern nur in Veranlassung der Ausübung der öffentlichen Gewalt, ferner bei Besorgung der eigentlichen Gemeindeangelegenheiten, der rein wirtschaftlichen Angelegenheiten der Gemeinde zu einem Schaden für dritte Personen geführt haben. Eine Vorentscheidung ist nur notwendig und dann auch bindend für die Fälle, wo es sich um Schaden in Veranlassung der Ausübung der öffentlichen Gewalt handelt und wo in der Regel die Klage gegen den Beamten selbst erhoben werden soll. S. oben b.

Ob hier unter den in b gemeinten Fällen die Haftung der Gemeinde eintritt, beantwortet sich nach bürgerlich-rechtlichen Vorschriften nämlich zunächst nach §§ 89 und 31 BGB., Haftung für Schaden durch Vorstandsmitglieder öffentlicher Körperschaften aus Verrichtungen für die Körperschaft, ferner § 831 BGB Bestellung eines andern zu Verrichtungen ohne genügende Sorgfalt in der Auswahl der Person dieses andern, beide Male im Zusammenhalt mit § 823 BGB., der die nähere Bestimmung enthält, wann überhaupt ein Schaden angenommen werden darf.

In den Fällen b—d gehört die Klage nach dem Umfang der Haftung primär vor die Gerichte. In den Fällen b und c ist die Vorentscheidung notwendig, im Falle d nur, wenn der Schaden in Veranlassung der Ausübung der öffentlichen Gewalt eingetreten ist. Im Fall d kann der Dritte auch statt der Gemeinde den Beamten selbst belangen und zwar in der Regel mit besserem Erfolg als die Gemeinde.

Beispiele:

Die Unterschlagung von Gemeindegeldern durch ein Mitglied des Stadtrates fällt unter a. Verschulden und Umfang der Haftung wird von der Verwaltungsbehörde festgestellt, im Rechtsweg kann der Beamte etwa einwenden, daß er Gegenforderungen gegen die Gemeinde in der gleichen Höhe aus zivilrechtlichen Gründen habe.

Die Versäumung der rechtzeitigen Ausstellung eines Reisepasses fällt unter b Wird die Verletzung der Amtspflicht in der Vorentscheidung bejaht, so kann nur die Gemeinde und zwar vor Gericht, verklagt werden Sie hat dann den gerichtlichen Rückgriff gegen den Beamten, die Vorentscheidung ist für die Klage des Dritten gegen die Gemeinde und für die Rückgriffklage der Gemeinde gegen den Beamten bindend

Hat der Beamte bei Ausstellung eines Reisepasses eine falsche Auskunft gegeben, z. B. über Bahnverbindungen, die mit der Ausübung der öffentlichen Gewalt nicht zusammenhängt, aber in Veranlassung dieser Ausübung geschah, so ist Vorentscheidung notwendig; die gerichtliche Klage kann gegen den Beamten oder die Gemeinde gerichtet werden Wird die Gemeinde für haftbar erklärt, so hat sie wieder den Rückgriff gegen den Beamten In beiden Fällen ist die Entscheidung über die Vorfrage für das Gericht bindend

Hat der Beamte ein der Gemeinde gehöriges Grundstück an einen Dritten im Namen der Gemeinde vermietet, aber gewisse Fehler verschwiegen, auf die es nach der Verkehrssitte ankam, oder hat ein Arzt des städtischen Krankenhauses einen Kunstfehler begangen, der einem Patienten schadete, so fällt der Tatbestand unter d; es handelt sich aber um eine eigentliche oder eine wirtschaftliche Gemeindeangelegenheit Eine Vorentscheidung kommt nicht in Frage; die gerichtliche Klage kann gegen den Beamten oder gegen die Gemeinde gerichtet werden Im letzteren Fall hat die verurteilte Gemeinde wieder den Rückgriff gegen den Beamten.

Hat ein Bürgermeister einer kreisunmittelbaren Stadt einen Platz an einen Schausteller zur Aufstellung einer Menagerie namens der Gemeinde vermietet und muß er als Vorstand der Bezirksverwaltungsbehörde, Art 93, wegen unerwartet eingetretener Seuchengefahr die Schaustellung verbieten und die Überlassung des Platzes verweigern, so treffen die Fälle b und d in der Person des Bürgermeisters zusammen. Der Dritte kann beide Wege versuchen, er kann den Beamten, er kann die Gemeinde verklagen Mit oder ohne Vorentscheidung, je nachdem er die Klage begründet; stellt er die Klage auf Schadenshaftung und Besorgung einer eigentlichen Gemeindeangelegenheit für die Gemeinde gegen diese, § 831 BGB., also ohne Vorentscheidung, so wird das Gericht die eingetretene Seuchengefahr wohl als unvertretbaren Zufall betrachten und die Gemeinde von der Leistung und auch vom Schadensersatz wegen Nichterfüllung freisprechen Sucht der Dritte seinen Anspruch auf § 839 I BGB zu stützen, so wird hier die Vorentscheidung zugunsten des Beamten ausfallen und die weitere Verfolgung hindern

**II.** Bei Beamten der streitigen oder freiwilligen Gerichtsbarkeit ist keine Vorentscheidung nötig und keine Haftung der Gemeinde vorgeschrieben Zur streitigen Gerichtsbarkeit gehört auch die Strafrechtspflege Unter gewissen Voraussetzungen entfällt auch die Haftung des Beamten, Art 7 III BGG und § 839 II BGB

Die Richter der von Gemeinden errichteten Gewerbe- und der Kaufmannsgerichte sind richterliche Beamte, die übrigen Gemeindebeamten nur dann, wenn sie im einzelnen auf solchem Gebiet tätig werden, z. B der Bürgermeister, soweit er als Hilfsbeamter der Staatsanwaltschaft handelt. Art 94 Anm 4

**III.** Für den Tatbestand b in Anm 3 sind folgende Merkmale nach öffentlichem Recht zu beurteilen:

a) Ob der Beschuldigte Beamter der Gemeinde war, vgl Art 72 Anm 1 und Art. 77 Anm 3
b) Ob er in Ausübung einer ihm anvertrauten öffentlichen Gewalt handelte
c) Ob er eine dem Dritten gegenüber obliegende Amtspflicht verletzt hat.

Die Frage c hängt wieder von den öffentlich-rechtlichen Verpflichtungen der Gemeinde ab, die der Beamte vertreten hat, z B ob die Gemeinde überhaupt verpflichtet ist, die Straße zu beleuchten, und von der Dienstanweisung für den Beamten

Diese drei Merkmale bilden den Gegenstand der Vorentscheidung.

Für die Rechtsprechung s Dyr bei Art 7 II Ferner v Schelhorn in den Ann 1906 S 682 zur Theorie der zivilrechtlichen Beamtenhaftung; O Mayer, DVR I, 189 über die Haftung für rechtswidrige Amtshandlungen

## Art. 159. (91)[1]

I In bezug auf die Verwaltung des Gemeinde- und Stiftungs-Vermögens sind die Gemeinden außer den durch Gesetz besonders bezeichneten Fällen in folgenden an die vorherige Genehmigung der vorgesetzten Verwaltungsbehörde gebunden:

1 bei freiwilliger Veräußerung von Realitäten und Rechten, wenn deren Wert
  a) in Gemeinden mit weniger als 2500 Seelen 500 fl. (857.14 Mk.),
  b) in Gemeinden von 2500 bis 5000 Seelen 1000 fl. (1714.20 Mk.),
  c) in Gemeinden von 5000 bis 20 000 Seelen 5000 fl. (8571.43 Mk.),
  d) in Gemeinden von 20 000 bis 50 000 Seelen 10 000 fl. (17 142.86 Mk.),
  e) in größeren Gemeinden 20 000 fl. (34 285.71 Mk.).

  übersteigt, oder wenn bereits in einem und demselben Rechnungsjahre so viele Veräußerungen stattgefunden haben, daß die vorstehenden Maximalbeträge durch die neue Veräußerung überschritten würden:

2. bei Verteilung von Gemeindegründen;

3. bei Erhöhung der in einzelnen Gemeinden bestehenden Beiträge der Unterrichts- und Wohltätigkeits-Stiftungen zu den Gemeindeverwaltungskosten;

4 bei Veränderung oder Beseitigung öffentlicher Denkmäler oder Bauwerke von historischem oder Kunstwerte;

4a) bei Veräußerung, Belastung, Restauration oder Veränderung beweglicher Sachen von prähistorischem, historischem oder kunsthistorischem Werte;

5 bei Gründung von Gemeindeanstalten, aus welchen der Gemeinde eine dauernde Haftungsverbindlichkeit erwächst und bei Übernahme einer solchen Verbindlichkeit für sonstige Anstalten;

6 bei Regulierung der Gebühren für die Benützung von Gemeindeanstalten, wenn dieselbe den Beteiligten zur Zwangspflicht gemacht ist;

7. bei freiwilligen Leistungen aus Gemeindemitteln, wenn deren Betrag die in Ziff 1 bezeichneten Summen übersteigt;

8 bei Überschreitung des Voranschlages durch Gewährung außerordentlicher Remunerationen oder Geschenke an Mitglieder der Gemeindeverwaltung, an Gemeindebevollmächtigte oder Beamte, dann bei Gewährung von Nachlässen an solche Personen;

9 bei Pensionierung definitiv angestellter Magistratsmitglieder und höherer Gemeindebeamten, soferne die Pensionierung nicht auf Ansuchen wegen des erreichten 65 Lebensjahres, oder wegen nachgewiesener Berufsunfähigkeit erfolgt;

10. bei Kapitalsausleihungen, wenn sie gegen die durch Verordnung festgesetzten Normen stattfinden sollen, dann bei Kapitalsausleihungen an Mitglieder der Gemeindeverwaltung.

II Die Genehmigung der vorgesetzten Behörde ist im Falle

der Ziff. 9 nicht erforderlich. wenn einstimmige Beschlüsse des Magistrates und der Gemeindebevollmächtigten vorliegen.

1. Ersetzt durch SG. Art. 15.

### Art. 160.[1])

Die gemäß Art. 157 Abs. III, VI bis VIII und Art. 158 erforderlichen Entschließungen werden auch in bezug auf die einer Distriktsverwaltungsbehörde untergeordneten Gemeinden mit städtischer Verfassung von der vorgesetzten Kreisregierung erlassen. In allen anderen Fällen trifft die unmittelbar vorgesetzte Verwaltungsbehörde die zur Handhabung der Staatsaufsicht erforderlichen Verfügungen in erster Instanz.

1. Art. 13 I a SG. hat alle nicht kreisunmittelbaren Gemeinden in jeder Beziehung der Staatsaufsicht der Bezirksämter unterstellt. Art. 160 ist dadurch gegenstandslos geworden

## Art. 161. (92)

Gegen die in erster Instanz über eigentliche Gemeindeangelegenheiten gefaßten Beschlüsse der Aufsichtsbehörden[1]) können die Gemeindeverwaltungen[2]) binnen 14 Tagen[3]) die Beschwerde ergreifen und dieselbe sofort oder binnen einer weiteren Frist von 14 Tagen ausführen.[4]) Die nächsthöhere Behörde entscheidet in letzter Instanz,[5]) soferne nicht die endliche Entscheidung gesetzlich[6]) dem Verwaltungsgerichtshofe zusteht.

1. Der Kreisregierung bei kreisunmittelbaren Städten, sonst der Bezirksämter; je nachdem ist die Kreisregierung oder das Ministerium des Innern die letzte Instanz. Über den Begriff der eigentlichen Gemeindeangelegenheit s. Einleitung Ziff. 3 A und Anm 2 bei Art. 84. Außerdem ist auch in den Fällen des Art. 156 IV wegen der Verweisung auf Art. 157 auch das zu Art. 157 gehörige, in Art. 161 geordnete Beschwerdeverfahren anzuwenden. Der Art. 161 ergänzt den an Stelle des Art. 157 GemO. getretenen Art. 13 SG. und hat insofern noch Geltung.

2. Die Kollegien der Stadt- oder Gemeinderäte, nicht aber einzelne Mitglieder dieser Körperschaften oder einzelne Einwohner einer Gemeinde. Von dem Recht auf Beschwerde ist zu unterscheiden die Befugnis eines jeden Dritten, die Aufsichtsbehörde von der Angelegenheit in Kenntnis zu setzen und ihr Einschreiten von Amts wegen zu veranlassen.

3. Durch Art. 13 III SG. ist die Frist auf vier Wochen verlängert· sie berechnet sich nach § 181 BGB. unter entsprechender Anwendung von § 222 ZPO. und ist eine Notfrist, nach deren Ablauf zwar die Gemeinde nicht mehr Beschwerde ergreifen, wohl aber die höhere Aufsichtsbehörde von Amts wegen die Angelegenheit nachprüfen und den Beschluß der unteren Aufsichtsbehörde ändern kann.

Eine materielle Rechtskraft wird also durch diese Bestimmung nicht geschaffen. Die Plenarentscheidung S 4, 611; Dyr. bei Art. 45 Note 5, ist hier unschädlich, weil die Frist gesetzlich besonders bestimmt ist. Die Beschwerde kann mündlich oder schriftlich eingereicht werden. Gegen die erstinstanziellen Verfügungen der Kreisregierungen ist Doppelbeschwerde zum VGH und zum Staatsministerium des Innern möglich. Art. 49 VGG.

4. Eine Verpflichtung zur Begründung der Beschwerde besteht nicht, der Mangel der Beschwerdeausführung ist unschädlich.

5. Wegen der nächst höheren Behörde s. Anm. 1. Das Staatsministerium kann indes stets und ohne Fristbeschränkung von Oberaufsichts wegen angerufen werden.

6. In Betracht kommt Art. 10 Ziff. 2 VGG., wonach jetzt allgemein gegen Verfügungen in Gegenständen der Staatsaufsicht, — nach der früheren Fassung: „In Gegenständen der Staatsaufsicht über Gemeindeangelegenheiten", — der VGH. angerufen werden kann, wenn die Verletzung des Selbstverwaltungsrechts oder die Belastung mit einer gesetzlich nicht begründeten Leistung behauptet werden kann. Der Erfolg hängt vom Nachweis dieser Behauptung ab. Handelt es sich nur um Verwaltungsermessen, so wird sich der VGH. für unzuständig erklären. Schon die frühere Fassung von Art. 10 Ziff. 2 sprach nur von Gemeindeangelegenheiten, also nicht von „eigentlichen" Gemeindeangelegenheiten. Die jetzige Fassung ist noch allgemeiner und erlaubt auch Beschwerden auf polizeilichem Gebiet, soweit die Gemeinde hier von einer Verkürzung ihres eigenen Bestimmungsrechtes oder von einem ihr zugemuteten gesetzlich nicht gerechtfertigten Aufwands sprechen kann; s. Art. 156 Anm. 3 und 4. In all diesen Fällen ist die Beschwerde eine Anfechtungsklage. Die Entscheidung des VGH. kann nur die Aufhebung der angefochtenen Verfügung aussprechen, etwas anderes kann er nicht an deren Stelle setzen. — Vgl. auch die Anmerkungen zu Art. 13 SG.

## Art. 162.[1])

Bei streitigen Verwaltungssachen, worüber die den Kreisregierungen unmittelbar untergeordneten Magistrate in ihrer Eigenschaft als Distriktsverwaltungsbehörden in erster Instanz entschieden haben, richtet sich das Beschwerderecht und der Instanzenzug[2]) nach den hiefür bestehenden Bestimmungen.

1. Der Art. 162 gehört zu jenen allgemeinen gesetzlichen Vorbehalten, wie z. B. auch Art. 60, Art. 91, Art. 137, die nichts weiter besagen, als daß die GemO. die dort gemeinten Vorschriften nicht berühren will. Insofern ist auch Art. 162 überflüssig, denn er besagt nur, daß für das Verfahren in streitigen Verwaltungssachen die besonderen Vorschriften des vom Standpunkt der GemO aus später erlassenen Gesetzes über die Errichtung eines VGH. und das Verfahren in Verwaltungsrechtssachen vom 8. Aug. 1878 gelten

2. S. Art. 96 Anm. 1.

## Art. 163. (93)

I Beschwerden gegen Beschlüsse der Gemeindeverwaltungen und der Gemeindeversammlung in eigentlichen Gemeindeangelegenheiten[1]) sind von der unmittelbar vorgesetzten Verwaltungsbehörde zu entscheiden. Gegen diese Entscheidung steht sowohl dem Beschwerdeführer als der Gemeindeverwaltung die Berufung an die nächsthöhere Behörde zu, welche hierüber in letzter Instanz[2]) entscheidet, soferne das Gesetz über die Verwaltungsgerichtsbarkeit nichts anderes bestimmt.

II Die Beschwerden[3]) sind, soferne eine Nichtigkeit[4]) nicht inmitte liegt, an eine Notfrist von 14 Tagen gebunden.

III Beschlüsse der Gemeindeverwaltungen und Gemeindeversammlungen können von den Staatsbehörden nur insoweit aufgehoben oder abgeändert werden, als ein Gesetz oder eine andere gültige Rechtsnorm[5]) zum Nachteile des Beschwerdeführers verletzt ist.

**1.** Der Art. 163 bietet insofern eine Schwierigkeit, als er für Beschlüsse der Gemeindeverwaltungen in eigentlichen Gemeindeangelegenheiten — „eigentlich" ist erst von der Subkommission eingesetzt worden — eine materielle Rechtskraft vorschreibt, die der Aufsichtsbehörde auch für ein Eingreifen von Amts wegen dann Schranken setzte, wenn nicht das allgemeine Interesse, sondern nur die Benachteiligung Einzelner vorlag. Dadurch, daß das SG. in Art. 13 diese Bestimmung des Art. 157 IV nicht mehr aufgenommen hat, können die Aufsichtsbehörden auch in solchen Fällen die Beschlüsse der Gemeinden in eigentlichen Gemeindeangelegenheiten zu deren Ungunsten abändern; autogr. MinE v. 1. Sept. 1919, Nr. 3002 d 156 Ziff. 7 Ferner VGHEntsch. N. 63. III. 21, BayGemZ. 1922 Sp. 185. Schon vorher suchte sich auch der VGH. zu helfen, wenn durch die Versäumung der Beschwerdefrist eine Verletzung des objektiven Rechtes einzutreten drohte, indem er den Begriff des allgemeinen Interesses ausdehnte, S 39, 130

Die andere Schwierigkeit, daß auch bei solchen eigentlichen Gemeindeangelegenheiten, die Gegenstand der Gerichtsbarkeit sind, diese Rechtskraft eintritt, hat die Rechtsprechung des VGH. beseitigt, indem sie grundsätzlich annahm, daß alle Beschlüsse der Gemeindeverwaltungen, die streitige Verwaltungangelegenheiten betreffen, nur Parteierklärungen der Gemeinde enthalten und als solche keiner Rechtskraft fähig sind. Dadurch ist Art. 163 größtenteils außer Gebrauch gesetzt; angefochtene Beschlüsse in Angelegenheiten, die nicht unter die Reihe der streitigen Verwaltungssachen fallen, sind ziemlich selten. Eine der wenigen solchen praktischen Anwendungen des Art 163, die Beschwerde der Gemeindebeamten wegen ungenügender Festsetzung ihrer Bezüge ist jetzt weggefallen, weil diese Streitigkeiten vor die Kreisschiedgerichte kommen. Gerade auf diesem Gebiet hat aber Art. 163 bisweilen geschadet, weil die Gemeindebeamten nicht selten die Frist versäumten; die Aufsichtsbehörden haben aber auch hier sehr häufig eine Verletzung des allgemeinen Interesses, nicht des Rechtes Einzelner angenommen und so die Schwierigkeit des Art. 157 IV, solang diese Bestimmung noch galt, überwunden. S. auch in Anm. 7 bei Art. 164 ein weiteres Beispiel. Wegen der GemVersammlung s. Vorbem. bei Art. 146.

**2.** Das VGG. kann nur hinsichtlich der Instanz etwas anderes bestimmen, insofern läßt sich die Rechtsprechung des VGH., oben Anm. 1, nicht etwa vom Standpunkt des VGG. aus rechtfertigen. Der Entwurf eines Gesetzes zur Abänderung der GemO., Beil. 2584 Verh. d. K. d. Abg. 1917/18 schlug vor, in Abs. II das Wort „Beschwerden" durch „Berufungen" zu ersetzen. Dadurch hätte sich die Notfrist nur noch auf die Entscheidung der unmittelbar vorgesetzten Verwaltungsbehörde bezogen. In der Tat liegt im Art. 163 auch heute noch eine Schwierigkeit, die endgültig nicht durch Rechtsprechung, sondern nur durch eine Änderung des Gesetzes beseitigt werden kann.

**3.** Unter Beschwerden sind hier auch die Berufungen gemeint. Die längere Frist des Art. 13 III SG. kann nie für den Einzelnen, für die Gemeinde aber nur dann in Betracht kommen, wenn sich die Entscheidung der Aufsichtsbehörde als staatsaufsichtlich auffassen läßt.

**4.** Die Nichtigkeit bestimmt sich nach den allgemeinen prozessualen Grundsätzen. Das rechtliche Gehör ist für den Beschluß der Gemeindeverwaltung nicht vorgeschrieben, auch die Verletzungen des Art. 102 II, 145 ziehen keine absolute Nichtigkeit nach sich.

**5.** Dadurch sollte das freie Ermessen der Gemeinde gewahrt bleiben, auch soweit derartige Beschlüsse der Gemeindeverwaltungen im Weg des Verwaltungsstreitverfahrens vor die Staatsbehörden und vor den Verwaltungsgerichtshof kommen, ist dieser Grundsatz einzuhalten, S 26, 67.

## Art. 164. (94)

I Der geschäftsleitende[1]) Vorstand der Gemeindeverwaltung darf sich über Nacht[2]) nur nach Verständigung seines Stellvertreters und bei einer über acht Tage dauernden Abwesenheit mit Genehmigung des Magistrates oder Gemeindeausschusses und der vorgesetzten Aufsichtsbehörde[3]) aus dem Gemeindebezirke entfernen.

II Derselbe[4]) kann Mitgliedern des Magistrates oder Gemeindeausschusses auf 14 Tage Urlaub[5]) geben. Ein längerer Urlaub kann nur mit Genehmigung des Magistrates oder Gemeindeausschusses erteilt werden.

III Für die Versehung des Dienstes während des Urlaubs hat, soweit das Gesetz nicht Maß gibt, der Magistrat oder Gemeindeausschuß die etwa nötigen Vorkehrungen zu treffen.

IV Nach den Bestimmungen des Abs. II und III ist auch die Erteilung des Urlaubs an höhere Gemeindebeamte zu behandeln;

zur Urlaubserteilung an das niedere[6]) Personal ist der Bürgermeister allein zuständig.

V Wegen ungerechtfertigter Verweigerung des Urlaubs steht den Beteiligten das Recht der Beschwerdeführung[7]) zu.

1. In der Regel der erste Bürgermeister, wenn er abwesend, krank, beurlaubt ist, so gilt die Vorschrift für seinen Stellvertreter, der sich nach Art. 8 SG. bestimmt.

2. Sodaß er also weder in seinen Geschäftsräumen angetroffen, noch in seiner Behausung erfragt und herbeigeholt werden kann.

3. Diese Genehmigung ist noch erforderlich, sie ist durch SG. nicht berührt; sie betrifft nicht die Selbstverwaltung der Gemeinde, sondern die Dienstpflicht der Gemeindebeamten.

4. Der Bürgermeister oder sein Stellvertreter.

5. Wenn die Abwesenheit notwendig wird, um eine gesetzliche Pflicht zu erfüllen — Schöffe, Geschworener, Landtagsabgeordneter —, so bedarf es keiner förmlichen Urlaubsbewilligung; es genügt die Anzeige unter Beifügung der etwa notwendigen Belege.

6. Hier sind hauptsächlich die in Art. 141 I genannten Beamten gemeint.

7. An die Aufsichtsbehörde. Dieses Beschwerderecht fällt unter Art. 163 und könnte als Schulbeispiel dienen; nach Ablauf der 14 Tage ist keine Beschwerde mehr möglich. Von Amts wegen kann aber auch hier die AufsBeh. eingreifen.

## Art. 165. (95)

I Magistrate,[1]) Gemeindebevollmächtigte,[2]) Gemeinde- und Orts-Ausschüsse[3]) sind befugt,[4]) gegen diejenigen ihrer Mitglieder, welche ohne gültige Entschuldigungsursache die Sitzungen versäumen, oder als Stimmberechtigte sich der Abstimmung enthalten,[5]) Ordnungsstrafen bis zu 25 Gulden[6]) (45 ℳ) zum Besten der Armenkasse[7]) zu verhängen. Nach fruchtloser mehrmaliger[8]) Bestrafung und vorgängiger[9]) Androhung können solche Mitglieder durch Beschluß[10]) des Kollegiums als ausgetreten erklärt werden.

II Gegen die gemäß Abs. I gefaßten Beschlüsse ist dem Beteiligten nur der binnen 8 Tagen nach der Zustellung einzulegende Einspruch gestattet, worüber in einer der nächsten Sitzungen zu beschließen[11]) ist.

III Auf rechtskundige und technische Magistratsratsmitglieder[12]) finden diese Bestimmungen keine Anwendung.

1. Jetzt die Stadträte.

**2.** Hier sind die Mitglieder des durch Art. 6 II SG. beseitigten Gemeindekollegiums gemeint.

**3.** Die Gemeinderäte (in Märkten und Landgemeinden), die Ortsausschüsse Art. 153 IV/V.

**4.** Die häusliche Dienststrafgewalt, die das Kollegium selbst gegen seine Mitglieder übt.

**5.** Art. 102 VI, 145 II.

**6.** Ummwandlung nach RG. v. 8. Nov. 1875, GVBl. 665.

**7.** Wie in Art. 148 und 167 III. Eine anderweitige Verwendung ist ausgeschlossen. Diese Mittel dienen zur Bestreitung des Bedarfes der Ortsarmenkasse. Art. 35 AG., Pöll S. 285.

**8.** Mindestens zweimaliger.

**9.** Wenigstens vor der letzten Versäumnis, aber nicht notwendig vor der letzten Strafe.

**10.** Der Beschluß muß in Städten, Märkten, Landgemeinden, Ortschaften den Voraussetzungen des Art. 102 II Ziff. 2 und 3 genügen. Es ist möglich, daß eine Mehrheit den Art. 165 sabotiert. § 86 des Ed. v. 1818 war vorsichtiger und räumte den Anwesenden ohne Beschränkung die Strafbefugnis ein. Gerade weil die Übernahme dieser vorsichtigen Bestimmung in die GemO. unterblieb, muß man auf den Willen schließen, daß die Minderheit nicht das Recht hat, über die Mehrheit zu richten. Tut sie das trotzdem, so ist der Beschluß nichtig. Einer Aufhebung des Beschlusses bedarf es nicht; nur die Aufsichtsbehörde kann hier eingreifen. Das Verwaltungsrechtsverfahren nach Art. 8 Ziff. 33 kommt nicht in Betracht, da es sich nicht um eine Verpflichtung zum Austritt, sondern um eine Disziplinarausschließung handelt. Vgl. K II, 156 N. 5, a. M. H—R.

**11.** Hier ist das gemaßregelte Mitglied von der Beratung wie von der Abstimmung nach Art. 103, 145 IV ausgeschlossen.

**12.** Jetzt unter dem gemeinsamen Namen berufsmäßige Mitglieder des Stadt- oder Gemeinderates begriffen.

## Vorbemerkung zu Artikel 166.

### Dienststrafrecht der Gemeindebeamten.

**1.** In Art. 166—168 ist das Dienststrafrecht der Gemeindebeamten, sowohl der ehrenamtlichen wie der berufsmäßigen, der höheren und niederen geordnet. Das Dienststrafrecht ist kein Bestandteil des allgemeinen Strafrechts, sondern ein selbständiges, der landesgesetzlichen Regelung nicht entzogenes Rechtsgebiet, es wird von der Geltung des RStGB. nicht berührt, gilt neben den Bestimmungen des gemeinen Strafrechtes, auch soweit dieses die sogenannten Dienstvergehen behandelt. Es wird auch nicht von Art. 4 AG. z. StrO. getroffen. Die Dienststrafe und die peinliche Strafe — die kriminelle Strafe — schließen einander nicht aus, nur ist das Dienststrafverfahren regelmäßig gezwungen, auf das peinliche Strafverfahren in gewissen Grenzen Rücksicht zu nehmen. Vgl. z. B. Art. 115, 116 StBG.

Die Gemeindebeamten haben wie die Staatsbeamten die Pflicht der gewissenhaften Wahrnehmung ihrer Dienstaufgabe, der Beobachtung des Amtsgeheimnisses und eines achtungswürdigen Verhaltens in und außer dem Amte. Die beiden letzten Pflichten dauern auch nach der Versetzung in den Ruhestand fort. Das Dienststrafrecht erstreckt sich nach Maßgabe der einzelnen Vorschriften auf alle Gemeindebeamten, die ehrenamtlichen wie die berufsmäßigen, die vollbeschäftigten und nicht vollbeschäftigten, die etatmäßigen und die außeretatmäßigen. Ausdrückliche gesetzliche Vorschriften über die Pflichten gibt es nicht, §§ 6 und 7 der Mustersatzung. Die Verpflichtungsformel und das Gewohnheitsrecht können die fehlende Unterlage ersetzen. Hier zeigt sich der Mangel eines ausgebildeten Gemeindebeamtenrechtes, wie es der Entwurf 1913 bringen wollte. S. Vorbem. 1 vor Art. 77. Die GemO. regelt nur einzelne Stücke und in unvollkommener Weise. Lediglich für diejenigen Beamten, auf die das Dienststrafrecht des StBG Anwendung findet, ist die Regelung genügend.

Art 166 bestimmt die Zuständigkeit der Disziplinarbehörden Art 167 gibt materielles Recht und Art 168 Vorschriften über das Prozeßverfahren. Die jetzige Fassung dieser drei Artikel beruht auf dem GBG. Art. 10—12, SG. Art 31 hat Art. 167 I durch Zufügung des letzten Satzes ergänzt und dem Art. 167 II die Anwendbarkeit auf berufsmäßige Stadt- oder Gemeinderäte abgesprochen, gleichzeitig für das Wegfallen des Gemeindekollegiums einen Ersatz getroffen.

**2.** Das Dienststrafrecht kennt in der Regel keine Verjährung Art. 113 des StBG macht hievon eine Ausnahme O. Mayer II, 345 Fußn. 56. Die in Art. 167 I genannten Beamten können sich auf Verjährung berufen, die andern nicht. Für diese andern gilt auch noch Art. 103—106, 108—111 AG. z. RStrRO, weil das StBG. in Art. 223 jene Bestimmungen nur für diejenigen Beamten nicht gelten läßt, die dem Dienststrafrecht des StGB. unterworfen sind Die VO v. 22. Nov. 1918 über die Niederschlagung von Strafverfahren und den Erlaß von Strafen, GVBl. 1237, bezieht sich in Ziff. VI zugunsten von Kriegsteilnehmern auch auf Dienststrafen. Allgemein ist die Bekanntmachung der Ministerien v 21 Jan 1919, GVBl. 21, mit Zusatz vom 20. Febr 1919, GVBl. 61 Darnach wurden alle im Dienststrafverfahren erkannten Geldstrafen erlassen, die bis 31. Dez 1918 rechtskräftig geworden sind. Dazu noch Bekanntmachung der Ministerien vom 1. Juli 1919, GVBl 328, über Einstellung schwebender Dienststrafverfahren und Gewährung von Straffreiheit und Strafmilderung in Disziplinarsachen.

**3.** Die Vollstreckung liegt in den Händen derjenigen Behörde, die in erster Instanz zuständig ist. Geldstrafen werden wie Gemeindegefälle beigetrieben, Art. 23 VG, GVBl. 1922, 367, s. auch Art. 42 Anm. 7. Die Geldstrafen fließen in den Fällen des Art. 165 I, 167 III in die Armenkasse, sonst in die Staatskasse, wenn das Dienststrafrecht der Staatsbeamten angewendet wird, Art. 107 StBG. Für die übrigen Fälle fehlt es an einer allgemeinen Bestimmung. Art. 29 AG z. StrO ist hier nicht anwendbar; s. oben Anm. 1

4. Die Kosten des Verfahrens hat in der Regel der Beschuldigte zu tragen, Anwaltskosten werden nicht ersetzt. StBG. Art. 162. Für die übrigen Beamten mangelt es an einer ausdrücklichen gesetzlichen Regelung. Das Verfahren ist gebührenfrei. Art 3 Ziff. 4 Kostengesetz v. 16. Febr 1921, GVBl 133 — Als Beistände sind nur Anwälte zugelassen, MinBek v 25 Juli 1916, MBl 112, § 6 IV

## Art. 166. (96)

I Vorbehaltlich der Bestimmungen des Art. 165[1]) steht die Handhabung der Disziplinargewalt über die Mitglieder der Magistrate,[2]) über die Stadt- und Marktschreiber,[3]) sowie über jene höheren Gemeindebeamten,[4]) welchen dies durch Dienstvertrag zugesichert wurde, der vorgesetzten Kreisregierung zu.

II Vorbehaltlich der Bestimmungen des Art. 167[5]) wird die Disziplin über Mitglieder der Gemeindeausschüsse und über die als Gemeindeschreiber verwendeten Schullehrer durch die vorgesetzte Distriktsverwaltungsbehörde[6]) ausgeübt.

III In Bürgermeistereien[7]) wird die Disziplin über das vom Bürgermeister aufgestellte Dienstpersonal, in Landgemeinden die Disziplin über das niedere Dienstpersonal[8]) wegen im polizeilichen Dienste[9]) verschuldeter Ordnungswidrigkeiten durch den Bürgermeister allein gehandhabt.

IV In bezug auf die übrigen[10]) Gemeindebeamten steht die Disziplinarbefugnis in Gemeinden mit städtischer Verfassung dem Magistrate, in den übrigen Gemeinden dem Gemeindeausschusse zu. Der Bürgermeister kann jedoch auch außer den Fällen des Abs. III Geldstrafe bis zu fünf Gulden (9 M verhängen.[11])

1. Betrifft die häusliche Strafgewalt der gemeindlichen Körperschaften Sie steht gesondert auch neben dem eigentlichen Dienststrafrecht

2. Die Stadträte und zwar die ehrenamtlichen wie die berufsmäßigen

3. Die Gemeindesekretäre Art 77

4. Art. 73 I

5. Betrifft insbesondere die in Art 167 II vorgesehene Amtsentlassung ehrenamtlicher Mitglieder der Stadt- und Gemeinderäte, Ortsausschüsse

6. Das Bezirksamt Soweit jetzt noch Volksschullehrer als Gemeindesekretäre angestellt sind, findet die Bestimmung auf sie Anwendung; s. hier Art. 129 Anm 1

7. Art. 6, 150—152.

8. Art. 141 I.

9. Es handelt sich um Ordnungswidrigkeiten im Dienste, sei es gegen die allgemeine Dienstanweisung oder gegen eine bestimmte Anweisung. Außerdienstliche müssen durch den Gemeinderat behandelt werden. Im Fall Art. 141 V müssen die Bürgermeister der vereinigten Gemeinden gemeinsam handeln.

10. Das sind die höheren widerruflichen Gemeindebeamten, denen durch Dienstvertrag nicht die Unterstellung unter die Kreisregierung zugesichert wurde und die, weil sie die Unwiderruflichkeit nicht erlangt haben, auch nicht unter das Dienststrafrecht des StBG. fallen. Aber auch soweit sie darunter fallen, wird für die Ordnungsstrafen Abs IV Satz 1 zutreffen. Weiter fallen darunter die andern Beamten, soweit nicht Art. 166 III einschlägt. Die Gemeindesekretäre fallen stets unter Art. 166 I, die als Gemeindesekretäre aufgestellten Volksschullehrer stets unter Art. 166 II; die ehrenamtlichen Mitglieder des Stadtrates stets unter Art 166 I.

11. Das GBG hat die Arreststrafe in Abs. 4 gestrichen — Der Bürgermeister kann auch in anderen Fällen, also z. B. bei außerdienstlichen Ordnungswidrigkeiten eine Dienststrafe verhängen, um dem Beamten die Behandlung durch den Stadt- oder Gemeinderat zu ersparen. Die Beschwerde des Beamten geht aber nicht an den Stadt- oder Gemeinderat, sondern an die Aufsichtsbehörde, denn die Verhängung der Strafe geschah durch den Bürgermeister kraft eigenen Rechtes, der Stadt- oder Gemeinderat ist nicht sein Vorgesetzter. Wegen der Berechnung des Strafbetrages, Ges. v. 8. Nov 1875, GVBl. 665. Will der Bürgermeister eine höhere Strafe durchsetzen, so muß er die Sache vor den Stadt- oder Gemeinderat bringen.

## Art. 167. (97)

I Auf Mitglieder der Magistrate und Gemeindeausschüsse und jene höheren Gemeindebeamten,[1]) die Unwiderruflichkeit erlangt haben, findet das Dienststrafrecht des Beamtengesetzes vom 16. August 1908 entsprechend Anwendung. Bei dem Verfahren gegen nicht berufsmäßige Gemeindebeamte werden die beiden dem Berufskreise des Beschuldigten zu entnehmenden Mitglieder der Disziplinarkammer (Art. 121 Abs. II Staatsbeamtengesetzes) ebenso wie die drei entsprechenden Mitglieder des Disziplinarhofes (Art. 125 Abs. II StGB.) aus den nicht berufsmäßigen Gemeindebeamten ausgewählt.[2])

II Magistratsmitglieder, welche nicht die Rechte der in etatsmäßiger Weise unwiderruflich angestellten Staatsbeamten besitzen, dann Mitglieder der Gemeinde- oder Ortsausschüsse und Ortspfleger können wegen grober Pflichtverletzungen, unsittlicher und unehrenhafter Handlungen durch Disziplinarerkenntnis der vorgesetzten Kreisregierung des Dienstes entlassen werden, wenn sich in Gemeinden mit städtischer Verfassung das Kollegium der Gemeindebevollmächtigten dafür ausgesprochen hat, und in Landgemeinden der Distriktsausschuß der betreffenden Distriktsgemeinde seine Zustimmung erteilt hat.[3])

III Die gegen Gemeindebeamte, auf welche nicht Abs. 1 anwendbar ist,[4]) zulässigen Disziplinarstrafen bestehen in Verweis, Geldbuße bis zu 50 fl. (90 ℳ) zum Besten der Armenkasse oder eines etwa vorhandenen Unterstützungsfonds für untergeordnete Gemeindebeamte, Suspension vom Dienste und Gehalt auf bestimmte Zeit[5]) und Dienstentlassung.[6])

IV Mit der Dienstentlassung erlöschen alle aus dem Dienstverhältnisse fließenden Ansprüche an die Gemeinde.

1. Das Dienststrafrecht des StBG. findet Anwendung auf die ehrenamtlichen und berufsmäßigen Mitglieder der Stadt- und Gemeinderäte, dann auf jene höheren Gemeindebeamten, Art. 73, die Unwiderruflichkeit erlangt haben, das können nur berufsmäßige durch Verwaltungsakt angestellte Beamte sein; die berufsmäßigen Mitglieder der Stadt- und Gemeinderäte sind stets auf Dienstvertrag angestellt. Art. 6 IV SG. Sie fallen aber als Mitglieder des Stadt- oder Gemeinderats unter Art. 167 I. Die Mitglieder der Ortsausschüsse und die Ortspfleger sind zwar nicht genannt, sie werden aber wohl auch unter Abs. I fallen.

Der nach Art. 129 I StBG. vorgeschriebene Antrag wird von der einschlägigen Kreisregierung gestellt, die in jedem einzelnen Fall die Ermächtigung des Staatsministeriums des Innern einholt. Die äußeren Behörden haben die Anregung zur Antragstellung auf dem Dienstweg ans Staatsministerium zu bringen. Autogr. MinE. v. 8. Jan. 1921. — Für das Ordnungsstrafverfahren sind die Zuständigkeiten des Art. 166 maßgebend Die als Gemeindesekretäre verwendeten Volksschullehrer können nicht unter Art. 167 I fallen.

Auch für die Tätigkeit der Gemeindeverwaltungsmitglieder bei der Schulpflegschaft und bei der Stadtschulpflegschaft gelten bezüglich der Verhängung von Dienststrafen die Vorschriften der GemO. SchulaufsGes. v 1. Aug. 1922, GVBl. 385 § 17.

2. Dieser Zusatz beruht auf Art. 31 I SG. Es soll den ehrenamtlichen Gemeindebeamten eine Vertretung bei der Besetzung des Disziplinargerichtes und des Disziplinarhofes gesichert werden. S. SG. Art. 31 Anm. 1.

3. Abs. II hätte eigentlich durch das Gemeindebeamtengesetz 1916 gestrichen werden sollen. Er paßt neben dem durch Abs. I geregelten Verfahren nicht mehr herein. In Abs. II sind die Ortsausschüsse und Ortspfleger genannt, in Abs. I nicht. Sie werden aber auch unter Abs I fallen, da sie grundsätzlich auch im Art. 165 den Gemeinderäten gleichgestellt sind. Der Ortspfleger nimmt überdies jetzt eine noch höhere Stelle ein als wie bisher, wo er nur der Ortskassier war, während er nach dem SG. mit der Stelle des Bürgermeisters verglichen werden muß. S. Art. 153 Anm. 11.

Immerhin ist Abs. II auch nicht durch Auslegung zu beseitigen. Er eröffnet zusatzweise einen außerordentlichen Weg, Mitglieder der Gemeinde- und Ortsverwaltungen aus dem Dienst zu entfernen. Durch Art. 31 III SG. ist er übrigens auf berufsmäßige Mitglieder nicht mehr anwendbar. Für das Kollegium der Gemeindebevollmächtigten, das durch Art. 6 II SG. beseitigt wurde, ist für kreisunmittelbare Städte der Kreisausschuß, sonst der Bezirksausschuß zur Abgabe des Gutachtens berufen. Art. 31 II SG.

Statt des Verfahrens nach Art. 167 II kann manchmal bei ehrenamtlichen Mitgliedern der leichtere Weg des Art. 80 IV, 127 IV gewählt werden.

4. Für die in Abs. I bezeichneten Gemeindebeamten gelten die Strafbestimmungen des StBG. Die Strafe der Versetzung wird allerdings bei Gemeindebeamten in der Regel keine Anwendung finden können. Im Falle des Art. 110 III StBG. wird die einschlägige Gemeindevertretung zu beschließen haben.

5. Hier ist die Suspension — Dienstenthebung — als Strafe gemeint, im Gegensatz zu Art. 168 V, wo sie eine vorsorgliche Maßregel bedeutet.

6. Ohne Anspruch auf Gehalt oder Versorgung. Wenn der Stadt- oder Gemeinderat die Entscheidung trifft, wird man ihm das Recht nicht absprechen können, nach billigem Ermessen auch Abfindungen, unter Umständen einen gekürzten Ruhegehaltsbezug einzuräumen. Dagegen wird die Beschwerdeinstanz ein solches Recht nicht haben wegen Abs. IV, wonach mit der Dienstentlassung alle Ansprüche an die Gemeinde erlöschen. S 40, 4. Die satzungsmäßige Entziehung des Ruhegehalts dagegen kann nachgeprüft werden. S 38, 220. Außerdem gelten für alle Gemeindebeamten, die nicht unter Art. 167 I fallen, auch noch die Art. 103—106, 108—111 AG. z. RStPO. S. Vorbem. 2 zu Art. 166.

## Art. 168. (98)

I Das Verfahren[1]) in Disziplinarfällen, auf welche nicht die Bestimmung des Art. 167 Abs. I Anwendung findet, richtet sich nach folgenden Grundsätzen:

II Vor jeder Disziplinarverfügung ist der Beteiligte mit seiner Rechtfertigung zu hören.[2])

III Beschwerden sind an eine Notfrist von 14 Tagen[3]) gebunden und werden von der nächst vorgesetzten Behörde entschieden. Ist diese eine Distriktsverwaltungsbehörde,[4]) so ist eine weitere Berufung an die Kreisverwaltungsstelle zulässig, soweit es sich nicht um die Entlassung oder Suspension vollbeschäftigter berufsmäßiger Gemeindebeamten handelt. Im letzteren Falle ist gegen den Bescheid der nächstvorgesetzten Behörde unmittelbar Beschwerde zum Verwaltungsgerichtshofe zulässig. Das Verfahren in Dienststrafsachen wird durch das K. Staatsministerium des Innern geregelt.[5]) In Fällen, in welchen auf Dienstentlassung oder Suspension erkannt ist, wird durch die Beschwerde die vorläufige Entziehung des Gehalts nicht ausgeschlossen.[6])

IV Die Beschwerde hat keine aufschiebende Wirkung, wenn die erkannte Strafe, 1 fl. 30 kr. (2 ℳ 70 ₰)[7]) an Geld, nicht übersteigt.

V Der Bürgermeister ist befugt, Gemeindebeamte in dringenden Fällen vorbehaltlich der Verfügung des Magistrats oder Gemeindeausschusses sofort vom Dienste zu suspendieren.[8])

1. Der Art. 168 gibt einige Vorschriften über das Verfahren in Dienststrafsachen für jene Fälle, wo nicht das Verfahren des StVG. Platz greift, Art. 167 I.

2. Das rechtliche Gehör verlangt auch die Zuziehung eines Protokollführers, schriftliche Niederlegung. Es kann aber dem Beschuldigten auch freigelassen werden, sich in einer selbstverfaßten und schriftlich niedergelegten Erklärung zu verantworten.

3. Bei der Berechnung zählt der Tag der Eröffnung nicht mit. Für die erlassenen Strafbescheide gilt der Grundsatz der Unabänderlichkeit, wie im allgemeinen Strafprozeß. Die Dienststrafbehörde kann zwar nachträglich eine mildere Strafe verhängen, niemals aber eine dem Beschuldigten eröffnete Dienststrafe durch eine schärfere ersetzen Ungedr. VGH. N. 33 II. 22.

4. Satz 2, 3 und 4 des Abs. III rühren vom GBG. 1916 Art. 12 her Den vollbeschäftigten berufsmäßigen, unwiderruflichen niederen Gemeindebeamten und den vollbeschäftigten berufsmäßigen widerruflichen Gemeindebeamten, gleichviel ob sie etatmäßig sind oder nicht, S 39, 139, soll in jenen wichtigen Fällen, wo es sich um Entlassung oder Suspension handelt, in einem geordneten Gerichtsverfahren die Sicherheit einer unbefangenen und gerechten Prüfung ihrer Sache gegeben werden. Gegen den Bescheid der Bezirksverwaltungsbehörde — kreisunmittelbarer Stadtrat oder Bezirksamt — ist in diesem Fall die Beschwerde unmittelbar an den Verwaltungsgerichtshof zugelassen, der in diesen Strafsachen nach richterlichem Ermessen die strafbare Handlung und die ausgesprochene Strafe frei gegeneinander abwägt und auch eine mildere Dienststrafe selbst sofort aussprechen kann. S 39, 139. In allen anderen Fällen ist die Kreisregierung die letzte Instanz; die Anrufung des Staatsministeriums des Innern von Oberaufsichts wegen ist immer möglich.

5. MinBek. v 25. Juli 1916, MBl. 112. Die Überschrift dieser MinE. ist ungenau, sie bezieht sich nicht nur auf die vollbeschäftigten berufsmäßigen widerruflichen, sondern auch auf die vollbeschäftigten berufsmäßigen niederen unwiderruflichen Gemeindebeamten. S 38, 112; 39, 139. Allerdings kann bei widerruflichen Gemeindebeamten die Gemeinde auch vom Recht der Kündigung Gebrauch machen, indes mit der Beschränkung des Art. 77 b II.

6. Entfernung vom Dienst und die vorläufige Entziehung des Gehaltes als vorläufige Maßregeln in Fällen der Dienstentlassung oder der als Strafe ausgesprochenen Dienstenthebung, muß im Bescheid zum Ausdruck gebracht sein, dann hat die Beschwerde keine aufschiebende Wirkung; außerdem tritt die Wirkung erst mit der Rechtskraft der Strafe ein.

7. Wegen der Umrechnung Art. 166 Anm. 11.

8. Diese Dienstenthebung ist eine vorläufige Maßregel. Die Entziehung des Gehaltes ist nicht einbegriffen und kann auch nicht einbegriffen werden. In manchen Fällen wird teils mit Rücksicht auf das Ansehen des Beamtenstandes, teils mit Rücksicht auf das Publikum die sofortige Enthebung vom Dienst geboten sein.

## Art. 169. (99)[7]

I Die vorgesetzten Aufsichtsbehörden[1]) sind berechtigt, die Handhabung der den Gemeindebehörden zustehenden Disziplin zu überwachen[2]) und dieselben auf Grund eigener Wahrnehmung oder eingekommener Anzeigen und Beschwerden zur disziplinären Einschreitung gegen Gemeindebeamte zu veranlassen.

II Sie sind befugt, gegen diese Personen selbst[3]) einzuschreiten:

1. wenn die Gemeindebehörde begründete Beschwerden Einzelner[4]) gegen untergeordnete Beamte nicht abstellt und hiewegen die Beschwerde gegen die Gemeindebehörde ergriffen wird;[5])
2. wenn gegen die Gemeindebehörde[6]) selbst wegen vernachlässigter Handhabung der Aufsicht und Disziplin über das ihr untergeordnete Personal ein Disziplinarverfahren eingeleitet ist.

1. Kreisregierung bei kreisunmittelbaren Städten, sonst das Bezirksamt. Art. 13 I a SG.

2. Die Überwachung der Disziplin ist eine notwendige Folge des allgemeinen Aufsichtsrechtes; auch die Einwirkung auf die Gemeinden läßt sich noch ableiten ohne gesetzliche Vorschrift. Dagegen ist die in Abs. II eröffnete Möglichkeit, selbst an die Stelle der Gemeinde zu treten und unmittelbar einzuschreiten, eine besondere Erweiterung. Diese Maßnahmen fallen nicht unter den Begriff der Staatsaufsicht in engerem Sinn des Art. 13 SG.

3. Die Aufsichtsbehörde muß das Verfahren nach Art. 168 dabei einhalten, insbesondere auch das rechtliche Gehör gewähren.

4. Es ist nicht notwendig, daß der Einzelne selbst durch Nachlässigkeit der gemeindlichen Aufsicht irgendwie verletzt ist, obwohl das in der Regel der Fall sein wird. Man wird beispielsweise den Fall

zulassen, daß ein Sparkassengast sich beschwert, nicht weil er selbst, sondern weil vor seinen Augen ein anderer ordnungswidrig behandelt wurde, der nicht den Mut hat, sich zu beschweren.

5. Es genügt der Nachweis, daß die Gemeinde auf Beschwerden der Einzelnen untätig geblieben ist. Eine weitere Aufforderung der Aufsichtsbehörde ist dann nicht mehr nötig; sie wird sich aber empfehlen. Wenn sich der Gemeindebeamte gegen die Aufsichtsbehörde verfehlt hat, so wird diese sich zuerst um Abhilfe an die Gemeindebehörde zu wenden haben und dann erst, wenn sie deren Verhalten ungenügend findet, von Art. 169 II Gebrauch machen können.

6. Das Dienstverfahren geht nie gegen die Behörde, sondern nur gegen die Personen, die die Behörde bilden. Wenn die Ziff. 2 angewendet werden soll, muß das Disziplinarverfahren gegen den Bürgermeister eröffnet sein, soweit es sich um Fälle handelt, wo er allein handeln kann Art. 166 III/IV, außerdem gegen alle Mitglieder des Stadt- oder Gemeinderates.

7. Gegen die Strafverfügung der Aufsichtsbehörde hat jedenfalls der betroffene Beamte ein Beschwerderecht. Die höhere Instanz, auch der VGH. werden zu prüfen haben, ob die Voraussetzungen des Abs. II gegeben waren. Hat ein Bezirksamt auf Grund des Art. 169 II einen Gemeindebeamten entlassen, so geht dessen Beschwerde unmittelbar an den VGH. Art. 168 III. — Die Gemeinde, die sich über unrechtmäßige Anwendung des Art. 169 II beklagen will, hätte zunächst die Kreisregierung anzurufen, die das ganze Verfahren aufheben kann, wenn sie einen Mangel der Voraussetzungen findet, selbst wenn der Beamte sich beim Strafausspruch beruhigt haben sollte. Gibt die Kreisregierung der Gemeinde Unrecht, so wird diese formell nach Art. 10 Ziff. 2 an den VGH. gehen können. In der Regel werden aber Fragen des reinen Verwaltungsermessens den Ausschlag geben, die der Verwaltungsrichter nicht nachprüfen darf. Art. 13 I Ziff. 3 VGG.

## VI. Abteilung.

## Von den Wahlen zu Gemeindeämtern.

### Erster Abschnitt.

### Allgemeine Bestimmungen.

#### Vorbemerkung vor Artikel 170.

1. Geschichtliches. Das GemEd. 1818 wurde ergänzt durch die Gemeindewahlordnung v. 5. Aug. 1818. Danach waren nur die wirklichen Gemeindeglieder, s. oben bei Art. 10 Anm. 2, wahlberechtigt, die Wählbarkeit war beschränkt, z. B. konnten als bürgerliche Magistratsräte nur solche Gemeindeglieder gewählt werden, die in den Städten der ersten Klasse unter dem höchstbesteuerten Drittel der zur Abgabe einer Stimme berechtigten wirklichen Gemeindeglieder begriffen waren usw.

Art. 11 der GemWahlO. 1818 — Die bürgerlichen Magistratsräte sollten auch, wo es geschehen konnte, nicht aus solchen Gewerben genommen werden, die einer besonderen ununterbrochenen Polizeiaufsicht unterworfen waren. Gemeindevorsteher sollten nicht aus solchen Gemeindeeinwohnern gewählt werden, die eine offene Wirtschaft treiben. Diese Wahlordnung wurde erst durch Art. 206 I Ziff. 3 der GemO. 1869 aufgehoben. —

Das Wahlrecht der GemO. 1869 beruht auf dem Bürgerrecht; s oben bei Art. 10 Anm. 4. —

Das Gemeindewahlgesetz v. 15. Aug. 1908, GVBl. 421, führte für Gemeinden mit mehr als 4000 Einwohnern die Verhältniswahl ein Die Wahlen 1908 in Gemeinden mit städtischer Verfassung fanden erstmals nach diesem Gesetz statt Die KAB. v. 18. Aug. 1908, GVBl 424, wurde durch die KAB v 18. Aug. 1911, GVBl. 1037, behufs Erzielung einer größeren Anzahl von Ersatzmännern geändert.

Dieses Wahlrecht beruhte noch auf dem Bürgerrecht. Nach der Staatsumwälzung räumte die Notverordnung v 22. Jan 1919, GVBl. 22, das Wahlrecht allen Personen, männlichen und weiblichen Geschlechtes ein, die das 20 Lebensjahr vollendet, ein Jahr sich in der Gemeinde aufgehalten hatten und die bayerische Staatsangehörigkeit besaßen Dieses vorläufige Wahlrecht wurde abgelöst durch das Wahlgesetz v. 15 April 1919, GVBl 170, nebst Wahlordnung v. 15 April 1919, GVBl. 173, und Vollzugsbekanntmachung v. 22 April 1919, GVBl. 188. Das Wahlgesetz 1919 ist vom Gesamtministerium auf Grund des Ermächtigungsgesetzes v. 28. März 1919, GVBl. 112, erlassen.

Gesetz, Wahlverordnung und Vollzugsbekanntmachung sind in einer Handausgabe: von Jan, Schweitzer Verlag 1919, erschienen. Diese Ausgabe befindet sich bei allen Ämtern und bei allen Gemeinden Von dem Abdruck der Vorschriften wurde hier abgesehen mit Ausnahme des Wahlgesetzes

**2. A.** Das Wahlgesetz 1919 knüpft an das Wahlrecht der Notverordnung v. 22. Jan. 1919 an, verlangt aber neben der Vollendung des 20 Lebensjahres und der bayerischen Staatsangehörigkeit einen Aufenthalt in der Gemeinde nur mehr von sechs Monaten, Art 2 WG Reichsangehörigkeit ersetzt die Staatsangehörigkeit, Art 17 der Reichsverf Von der Wahlberechtigung ist ausgeschlossen,

a) wer entmündigt ist oder unter vorläufiger Vormundschaft steht,
b) wer infolge eines rechtskräftigen Urteils die bürgerlichen Ehrenrechte nicht besitzt, Art 3

Wählbar sind nach dem vollendeten 25 Lebensjahr alle wahlberechtigten Personen, wenn keiner der Ausschließungsgründe nach Art. 3 vorliegt, Art 4 Wer zur Zuchthausstrafe verurteilt wurde, ist solange nicht wählbar, als er nicht in die nach § 31 RStGB. verlorenen Rechte wieder eingesetzt worden ist. S 41, 30. Jede Gemeinde bildet einen Wahlkreis, muß in Stimmbezirke zerlegt werden, wenn sie mehr als 2500 E. hat Der Stimmbezirk soll höchstens 2500 E. zählen, Art. 5 WG., § 6 WO

Alle Wahlen sind allgemein, geheim, gleich und unmittelbar Sie sind Verhältniswahlen, wenn es sich nicht um die Wahl bloß einer einzigen Person handelt, Art. 6. Das Wahlgesetz und die Wahlordnung nebst Vollzugsbekanntmachung ordnet die Wahlhandlung, wenn diese in jenem weitern Sinn genommen wird, der auch die vorbereitenden Handlungen mit einschließt. S 15, 18 Insoweit sind die bestehenden Vorschriften entweder, soweit sie entgegenstehen, aufgehoben, oder soweit sie übereinstimmen, gegenstandslos und ersetzt Von diesem Gesichtspunkt aus gelten in der GemO. noch:

a) von den allgemeinen Bestimmungen Art. 174, 175, 181, 186, 196;
b) für die Wahlen in Landgemeinden Art. 198 wegen der Wahl in Bürgermeistereien;
c) für die Ortschaftswahlen Art 199;
d) für außerordentliche Gemeindewahlen Art. 200

Art. 172 I ist gegenstandslos, muß aber noch zur Erklärung von 174 II herangezogen werden, ebenso Art. 191, 197 III u IV für die Zuständigkeit des Wahlausschusses, über Ablehnungsgesuche zu beschließen. Art. 172 II Satz 2 — die juristische Staatsprüfung — und 177 — Ausschreibung von berufsmäßigen Stadt- oder Gemeinderatsstellen — enthalten Selbstverständliches und sind entbehrlich Wegen Art 188 s. dort die Anmerkungen. — Abweichend Br—St. S 67 und 104.

Das Wahlgesetz 1919 ist nach Art. 1 zunächst nur für die Wahlen des Jahres 1919 erlassen und gilt auch für die Ergänzungswahlen im Laufe der Wahlzeit (Wahlperiode). Diese endet am 31. Dez 1924, Art 5 GG Die Wahlen fanden am 15. Juni 1919 statt, gleichzeitig für Gemeinden, Bezirke und Kreise. Zur Erleichterung des Zählgeschäftes wurde die gebundene Liste vorgeschrieben; die Stimmzettel haben nicht den Namen der zu Wählenden, sondern nur das Kennwort des Wahlvorschlags, Parteibezeichnung oder ein sonstiges einzelnes Kennwort, zu enthalten, Art. 9 Ziff 7 WG. Die Stimmzettel für die Gemeindewahlen mußten weiß, für die Bezirkswahl blau, für die Kreiswahl hellbraun sein, § 40 WO Sie wurden gleichzeitig vom Wähler abgegeben.

**B.** Im einzelnen

a) Wahlkommissär Eine Verpflichtung zur Übernahme besteht nur für den Bürgermeister und deren Stellvertreter, § 1 WO. Über seine selbständigen Funktionen s. Art. 196 Anm. 20. Wenn die Gemeinde nicht in Stimmbezirke eingeteilt ist, hat er die mittelbare örtliche Leitung der Wahlhandlung, außerdem die Wahlvorsteher, §§ 31, 32 WO. In jedem Fall hat er die Feststellung des Wahlergebnisses für den ganzen Gemeindebezirk im Zusammenwirken mit dem Gemeindewahlausschuß, § 67 WO
b) Wahlausschuß. Er besteht aus den Vertrauensmännern der eingereichten Wahlvorschläge, soweit sie rechtzeitig eingereicht und entsprechend ergänzt sind, mindestens aber aus fünf wahlberechtigten Personen und wird auf diese Zahl erforderlichenfalls vom Wahlkommissär ergänzt, § 2

WO Die Mitglieder müssen in die Wählerlisten eingetragen sein, Personen nach § 17 kommen für den Wahlausschuß nicht in Betracht, weil sie erst nach Bildung des Wahlausschusses zur Wahl zugelassen werden können.

Für Beschlüsse muß der Ausschuß vollzählig sein; nur für die Stimmabgabe gilt § 37 WO, wonach drei Mitglieder, darunter der Wahlkommissär, Wahlvorsteher und der Schriftführer oder deren Vertreter genügen.

Der Wahlkommissär gibt den Stichentscheid. Sonst hat er nur eine Stimme, wenn er im Gemeindebezirk wahlberechtigt ist, § 3 WO. Konkludente Beschlüsse des Wahlausschusses gibt es nicht. S 41, 34

c) Die Wählerliste, wegen der Kartei s MinBek. v 30 März 1919, StA. Nr. 86 § 9 WO., wird von den Gemeinden aufgestellt, — alle Landesbehörden sind gehalten, die erforderlichen Aufschlüsse zu geben, auf Art 176 III wird man sich nicht mehr beziehen können – , doppelt angelegt, vom 21 —14 Tag öffentlich ausgelegt; Einsprüche sind innerhalb dieser Frist zu erheben und können sich auch gegen die Eintragung dritter Personen richten. Schafft die Gemeindebehörde nicht sofort Abhilfe, so hat die Aufsichtsbehörde am achten Tag vor dem Wahltag spätestens darüber zu beschließen. Die Verfügung der Gemeindebehörde hat im Gegensatz zum früheren Recht, Art. 176 V, keinen instanziellen Charakter mehr, §§ 7—13 WO — Der Bürgermeister schließt am siebenten Tag vor dem Wahltag die Liste ab, § 14 WO; bis zu diesem Tag sind Änderungen auf Grund von Einsprüchen und Vormerkungen auf Grund von Beschlüssen der Aufsichtsbehörden noch einzutragen. Wer ohne Verschulden die Einspruchsfrist versäumt hat, braucht ein Zeugnis für Ausübung des Wahlrechtes, § 17 WO.

Nur wer in die Liste eingetragen ist oder das Zeugnis nach § 17 WO vorlegt, kann wählen Für die Wählbarkeit ist im Gegensatz zum bisherigen Recht der Eintrag in die Wählerliste nicht mehr notwendig, wenn der Gewählte sonst wählbar ist, s auch bei Art 196 Anm 17.

d) Wahlvorschläge. Sie müssen am 15 Tag spätestens vor dem Wahltag eingereicht werden, in Gemeinden mit weniger als 30000 E höchstens zweimal, in größeren Gemeinden eineinhalbmal so viel Namen enthalten als Personen zu wählen sind. Der Wahlkommissär gibt die Zahl der zu wählenden Personen spätestens am 25. Tag vor dem Wahltag bekannt und fordert zur Einreichung von Wahlvorschlägen auf. Die Frist zur Einreichung muß ausreichend sein. S 42, 45; s. Art. 196 Anm. 16.

Ein beim Gemeindeschreiber eingereichter Wahlvorschlag hat unter gewissen Voraussetzungen als beim Gemeindewahlkommissär eingereicht zu gelten. S 41, 90.

Der Wahlvorschlag muß das Kennwort enthalten, die Angabe der Bewerber, mindestens 10, in Gemeinden über 10000 E.

mindestens 20 Unterschriften wahlberechtigter Personen und die Bezeichnung eines Vertrauensmannes, der am Sitz des Wahlkommissärs wohnhaft sein soll. Als Anlage des Wahlvorschlags ist die Erklärung der Bewerber notwendig, daß sie der Aufnahme ihrer Namen zustimmen, vgl. S 42, 40 Mängel der Wahlvorschläge müssen spätestens am achten Tag vor der Wahl behoben sein, §§ 21—24 WO. Ein Bewerber darf nur auf einem einzigen Wahlvorschlag stehen, § 25 WO.

Mehrere Wahlvorschläge können verbunden werden; die Verbindung ist nur bis zum achten Tag vor dem Wahltag möglich, § 26 WO Am siebenten Tag vor dem Wahltag entscheiden die Wahlausschüsse endgültig über die Gültigkeit der eingereichten Wahlvorschläge, § 27 WO., vgl. aber S 41, 90 und Anm. 22 bei Art. 196.

Die Wahlvorschläge werden am siebten Tag vor dem Wahltag von den Gemeindewahlkommissären bekanntgegeben, auch die Verbindung von Wahlvorschlägen.

e) Wahlhandlung: beginnt um 9 Uhr vormittags und dauert bis 6 Uhr nachmittags, kann aber auf mindestens 6 Stunden herabgesetzt werden und darf dann auch nach 9 Uhr vormittags beginnen Nach dem 7. Tag vor dem Wahltag ist die Kürzung nicht mehr zulässig, S 41, 97. Sie kann vorher geschlossen werden, wenn alle in die Wählerliste eingetragenen Personen abgestimmt haben, § 41 WO.

Sie ist nach § 42 WO in der Weise öffentlich, daß den Wahlberechtigten die Anwesenheit im Wahlraum erlaubt ist, soweit sie ohne Störung der Wahlhandlung möglich ist. Die früher vorgeschriebene Auflage der Wählerliste im Wahlraum ist jetzt weggefallen

Die Stimmzettel von mittelstarkem Schreibpapier 9:12 cm von vorgeschriebener Farbe, § 44 WO Eine Verschiedenheit in der Abtönung hat auf die Gültigkeit von Stimmzetteln keinen Einfluß, wenn die Hauptfarbe eingehalten ist. Die Stimmzettel haben die Wähler mitzubringen, nach dem früheren Recht mußten die Gemeinden dafür sorgen. Die Wahlurnen müssen dem § 46 WO entsprechen. Wegen der Besetzung des Wahlausschusses während der Stimmabgabe s. oben b. Wegen der gebundenen Liste s. oben A a. E.

f) Festsetzung des Wahlergebnisses Der Wahlkommissär, Wahlvorsteher liest die geöffneten Stimmzettel vor, Führung einer Stimm- und einer Gegenliste, Bestimmung der ganz oder teilweise ungültigen Stimmzettel, §§ 49—55 WO. Die Übergabe mehrerer Stimmzettel, die gleichfarbig und gleichlautend sind, gelten als eine Stimme, § 56 WO, im Gegensatz zum früheren Recht, das in solchen Fällen alle Stimmzettel für ungültig erklärte, Art. 182 IX. Über die Berechnung unterrichtet am besten die Ziff. 54—56 der VBek. z. WG. u. z. WO Wegen der Stimmenzahl bei Mehrheitswahlen s. Art 196 Anm 12.

In Gemeinden, die nur einen Stimmbezirk umfassen, wo Gemeindewahlkommissär und Wahlvorsteher ein und dieselbe Person sind, geschieht die Feststellung nach §§ 58—65 WO., außerdem nach §§ 66—69 WO

Wegen der Wahl in Bürgermeistereien s. Art. 198 Anm. 3.

Die Wahlverhandlungen sind endlich zu versiegeln und in der Gemeinderegistratur zu hinterlegen

Im Gegensatz zum früheren Recht Art. 180 III ist für Unterbrechung der Wahlhandlung keine besondere Regelung getroffen. Die Sicherung geschieht am besten nach den früheren Vorschriften, ist aber dem Ermessen der Wahlausschüsse überlassen.

g) Die Bekanntgabe des Wahlergebnisses in ortsüblicher Weise; das Anschlagen in Wirtshäusern genügt nicht, S 41, 88, nur eine ordnungsmäßige Bekanntgabe setzt die Beschwerdefrist nach Art. 196 in Lauf; sie ist Aufgabe des Wahlkommissärs, § 65, ebenso die Verständigung der Gewählten, § 77 WO Wegen Ablehnung s. Art. 174 Anm. 3

**C.** An die Gemeindewahlen schließen sich von den Gemeindeverwaltungen vorzunehmende Wahlen des Armenrates, Art 25 AG, und des Waisenrates, Art. 95 Satz 1 AG z. BGB. Für beide Wahlen MinBek v 12 Juni 1919, MBl. 116 Bürgerrecht ist nicht notwendig.

## Art. 170 (100).

I Wahlstimmberechtigt sind alle Gemeindebürger mit Ausschluß jener, welchen durch rechtskräftiges richterliches Urteil die bürgerlichen Ehrenrechte aberkannt sind, so lange dieser Verlust dauert, ferner derjenigen, welche auf Grund der bisherigen bayerischen Strafgesetzgebung wegen eines Verbrechens oder wegen Vergehens des Diebstahls, der Unterschlagung, des Betrugs, der Hehlerei oder der Fälschung verurteilt worden sind, oder infolge rechtskräftiger Verurteilung wegen eines anderen Vergehens die in Art. 28 Ziff. 4 und 5 des bayerischen Strafgesetzbuches von 1861 bezeichneten Fähigkeiten oder einzelne derselben verloren haben, soferne nicht seit der vollendeten Erstehung oder Verjährung oder dem Erlaß der Strafe in den Fällen der Verurteilung wegen Verbrechens zehn Jahre und in den übrigen Fällen fünf Jahre abgelaufen sind, oder früher vollständige Rehabilitation erfolgt ist

II Das Wahlrecht derjenigen, gegen welche das Gantverfahren eingeleitet ist, kann vor rechtskräftiger Beendigung dieses Verfahrens nicht ausgeübt werden

## Art. 171 (101)

I Jeder Wahlstimmberechtigte hat nur eine Stimme.

II Das Wahlstimmrecht kann mit Ausnahme des in Art. 15 Abs. IV und V bezeichneten Falles nicht durch Stellvertreter ausgeübt werden

## Art. 172 (102)

I Wählbar als Bürgermeister, Beigeordneter, Gemeindebevollmächtigter, Distriktsvorsteher, Ortsvorsteher, Ortsführer, sowie als Mitglied eines Magistrates, Gemeinde- oder Orts-Ausschusses und eines von der Gemeindeverwaltung gebildeten besonderen Ausschusses sind, soweit nicht Abs. II anwendbar ist, alle wahlstimmberechtigten Gemeindebürger, welche die in Art. 11 vorgeschriebene Befähigung besitzen, das 25. Lebensjahr zurückgelegt und in der Gemeinde ihren Wohnsitz haben.

II Die Wählbarkeit zur Stelle eines rechtskundigen oder technischen Magistratsmitglieds setzt den Besitz oder Erwerb des Indigenats, die Zurücklegung des 25 Lebensjahres und das Nichtvorhandensein von Hindernissen voraus, welche für Gemeindebürger die Ausübung des Wahlstimmrechts nach Art. 170 ausschließen Die zu der Stelle eines rechtskundigen Bürgermeisters oder Magistratsrates zu Wählenden müssen außerdem die Prüfung für die Anstellung im Richteramte oder im Dienste der inneren Staatsverwaltung mit Erfolg bestanden haben

**Art. 173** (103).[1])

I Die Stelle eines Bürgermeisters, Beigeordneten oder Magistratsrates ist mit dem aktiven Dienstverhältnisse eines Staatsdieners, Geistlichen, öffentlich angestellten Lehrers, Notars oder eines von der Gemeinde oder Kirche besoldeten Beamten nicht vereinbar

II Staatsdiener im zeitlichen Ruhestande können eine solche Stelle nur nach erhaltener k. Genehmigung übernehmen.

III Die vorstehenden Bestimmungen sind nicht anwendbar auf Personen, welche zu der Stelle eines technischen Magistratsmitgliedes ernannt werden sollen, sowie auf dem Kaufmannsstande angehörige Mitglieder der Handelsgerichte

IV Die der aktiven Armee und den besoldeten Stämmen der Landwehr angehörigen Militärpersonen, ferner zeitlich pensionierte Offiziere und Militärbeamte sind zu keinem Gemeindeamte wählbar

1. Aufgehoben durch Art 2 SG

## Art. 174.[1])

I Die Wahl zu den im Art. 172 Abs. I[2]) bezeichneten Gemeindeämtern kann abgelehnt[3]) werden:

1. wegen erwiesener[4]) körperlicher oder geistiger Unfähigkeit;
2. wegen zurückgelegten[5]) sechzigsten Lebensjahres;
3. wenn der Gewählte das Amt eines Bürgermeisters, Beigeordneten Magistratsrates oder Gemeindeausschußmitgliedes während voller sechs[6]) Jahre verwaltet hat;
4. wegen einer Beschäftigung, die eine häufige oder lang andauernde Abwesenheit[7]) von der Gemeinde mit sich bringt.

II Außerdem bildet die Anstellung im Dienste des Staates[8]) oder der Kirche[9]) oder als Notar oder öffentlicher Lehrer[10]) in allen Fällen in welchen die Wahl solcher Personen durch Art 173 Abs. I nicht ohnehin ausgeschlossen ist,[11]) einen Ablehnungsgrund. Advokaten[12]) können die Wahl zum Bürgermeister, Beigeordneten oder Magistratsrat[13]) ablehnen.

III Wer, ohne einen Entschuldigungsgrund geltend zu machen, oder nachdem dieser verworfen worden ist, die Übernahme eines Gemeindeamtes verweigert,[14]) ist an Geld von 25 bis zu 150 fl. (45 bis 270 ℳ) zugunsten der Gemeindekasse zu strafen.

IV Die Aburteilung erfolgt durch das zuständige Gericht.[15])

1. Ausdrücklich aufrecht erhalten durch Art. 3 SG., hat aber weniger Bedeutung, weil der Bewerber jetzt der Aufnahme in dem Wahlvorschlag zustimmen muß, § 22 WO. Er geht indes dadurch seines Rechtes nicht verlustig, sofern er etwa seinen Namen nur um der Zugkraft Willen hergeliehen haben sollte. — Hat der Gewählte angenommen, so kann er die Ablehnungsgründe Ziff. 1, 2 und 4 im Verfahren nach Art. 80 I, IV, 127 I, IV vorbringen. Den Ablehnungsgrund Ziff. 3 dagegen nicht mehr.

2. Gilt also auch für die Wahl zum Distriktsvorsteher, Art. 120, zum Ortsführer, Art. 139, zum Ortspfleger, Ortsausschuß, Art. 153.

3. Für die Pfalz sind die bisherigen Bestimmungen Art. 118, 121, 58 I PfGemO. aufrechterhalten; dort kann die Wahl ohne Grundangabe abgelehnt werden. In diesem wichtigen Punkt besteht eine Verschiedenheit zwischen den beiden Landesteilen. Art. 132 RV. legt jedem Deutschen die Pflicht zur Übernahme ehrenamtlicher Tätigkeiten auf, indes nur nach Maßgabe der Gesetze. Landesrechtliche Ausnahmen sind also zulässig.

Der Wahlkommissär verständigt die Gewählten sofort von ihrer Wahl mit der Aufforderung, sich über die Annahme bei persönlicher Anwesenheit sofort, sonst spätestens binnen einer Woche zu erklären, § 77 WO. Schweigen gilt als Zustimmung, § 3 VA. — Bedingte Annahme und bedingter Verzicht gelten als Ablehnung, S 8, 112. — Ablehnungsgründe können höchstens bis zum Ablauf der Woche geltend gemacht werden. Das bisherige Verfahren, über solche Ablehnungsgründe zu befinden, ist weder durch das SG., noch durch das WG. und deren Vollzugserlasse geändert worden. Die Beschlußfassung stand bisher dem Wahlausschuß zu, der zu diesem Zweck erforderlichenfalls noch einmal zusammengerufen werden konnte. K II, 229 Note 7, auch Fußn. 9 dort. Der Wahlausschuß entscheidet mit Stimmenmehrheit. Der Wahlkommissär gibt bei Stimmengleichheit den Stichentscheid, stimmt aber, wenn er nicht im Wahlkreis wahlberechtigt ist, sonst nicht mit, § 3 WO.

Die Ablehnungserklärung kann wirksam erst abgegeben werden, wenn der Betreffende gewählt ist. Sofern also Losentscheid notwendig ist, muß vorher noch gelost werden. Hat derjenige, den das Los bestimmt, einen erfolgreichen Ablehnungsgrund und macht er davon Gebrauch, dann tritt für ihn sein Ersatzmann ein, nicht etwa der durch das Los Ausgeschlossene. Ist kein Ersatzmann da, so wird neue Wahl notwendig.

Verwirft der Wahlausschuß den Ablehnungsgrund, so muß der Gewählte das Amt übernehmen und führen, bis er im Verwaltungsrechtsstreit nach Art. 8 Ziff. 33 VGG. rechtskräftig gesiegt hat. Das folgt aus dem Grundsatz bei Art. 196 Anm. 8.

4. Es steht im Ermessen des Ausschusses, ob es sich mit seinem eigenen Eindruck begnügen oder z. B. ärztliche Atteste verlangen, allenfalls auch Erhebungen pflegen will. Das gilt für die verwaltungsrechtliche Behandlung entsprechend.

5. Im Augenblick der Erklärungsabgabe. Tritt die Vollendung nachher ein, so kann der Gewählte nach Art. 80 I, 127 I ausscheiden; das gilt auch für alle in Art. 172 I bezeichneten Gemeindeämter, s. oben Anm. 2.

6. Für die Zeit nach dem SG. sinngemäß fünf Jahre, VA. § 1. Dagegen bleibt es für die frühere Zeit bei den sechs Jahren, die allerdings aus der Bekleidung mehrerer Gemeindeämter, z. B. zwei Jahre Ausschußmitglied, vier Jahre Bürgermeister zusammengesetzt sein kann. Beruft sich der Gewählte auf Dienstzeiten, die teils vor, teils nach dem SG. liegen, so wird man im allgemeinen, insbesondere wenn der größere Teil nach dem SG. liegt, sich mit fünf Jahren begnügen können.

In Betracht kommen nur die in Ziff. 3 erwähnten, nicht auch die sonst in Art. 172 I bezeichneten Ämter, also nicht die frühere Tätigkeit als Ortsführer, Ortspfleger, Ortsausschußmitglied, Distriktsvorsteher.

7. Nach objektiver Beurteilung. Die Anschauung des Wahlausschusses ist der Prüfung der Beschwerdeinstanzen zugänglich, doch soll auf die örtlichen Verhältnisse Wert gelegt werden. Es gibt Gemeinden, in denen der größte Teil der Gemeindebürger im Laufe des Jahres häufig oder lange von der Gemeinde abwesend zu sein pflegt. Es heißt „oder", nicht „und". Reichs- und Landtagsabgeordnete fallen unter Ziff. 4, a. M. K II, 193 Note 6, indes die Tätigkeit eines Abgeordneten wird wohl unter den Begriff der Beschäftigung fallen.

8. Hier sind auch die Reichsbeamten einbegriffen. Das Landesgesetz hat nicht die Macht, sie gegen den Willen ihres Dienstherrn zu zwingen. Der Gemeindedienst gibt dagegen keinen Ablehnungsgrund, a. M. H—R.

9. Hier werden alle Religionsgesellschaften in Betracht kommen; zur Ablehnung ist notwendig, daß der Betreffende im Dienst der Religionsgesellschaft angestellt ist.

10. An öffentlichen, nicht an privaten Unterrichtsanstalten.

11. Art. 173 ist durch Art. 2 SG. aufgehoben. Es sind jetzt die dort bezeichneten Beamten unbeschränkt wählbar.

12. Auch die jetzigen Rechtsanwälte.

13. Jetzt weiterer Bürgermeister oder Stadtrat.

14. Wiederholte Bestrafung tritt nicht ein. Die Umrechnung der Guldenwährung nach Gesetz v. 8. Nov. 1875, GVBl. 665. Durch einmalige Bezahlung der Strafe kann also die Befreiung vom Amt erkauft werden.

15. Das Schöffengericht.

16. Streitigkeiten über die Verpflichtung zur Übernahme von Gemeindeämtern im Sinne des Art. 172 I fallen unter Art. 8 Ziff. 33 VGG.

## Art. 175. (104)

Die Bestechung[1]) der Wähler hat die Ungültigkeit[2]) der Wahl, soweit sie die Bestechenden und Bestochenen betrifft, und für beide den Verlust des Wahlstimmrechtes und der Wählbarkeit bei der betreffenden[3]) Wahl zur Folge.

1. Der Begriff der Bestechung bemißt sich nach dem jeweils geltenden Strafgesetz, jetzt nach § 109 StGB. Für die Verwaltungsbehörden ist die strafrichterliche Feststellung maßgebend. S 2, 35; 4, 39; 17, 183; a. M. K II, 197 Note 1 c.

2. Unter allen Umständen, auch wenn die Anzahl der hienach ungültigen Stimmen für das Wahlergebnis ohne jede Bedeutung sein sollte. Inwieweit durch diese Ungültigkeit die Wahl anderer Personen beeinflußt wird, kann bei der Prüfung nach Art. 196 von Bedeutung sein.

3. Nicht aber für die weiteren Wahlen, die später getrennt und selbständig geschehen, beispielsweise nicht auf die Neuwahl, die etwa infolge der eingetretenen Verdunkelung des Wahlergebnisses nach Art. 196 IV, V notwendig werden sollte

## Art. 176 (105).

I Die regelmäßigen Gemeindewahlen finden in Gemeinden mit städtischer Verfassung in Perioden von drei zu drei Jahren, in den übrigen Gemeinden in Perioden von sechs zu sechs Jahren in den Monaten November und Dezember statt und müssen bis zum 15. Dezember beendet sein.

II Bis Ende Oktober haben die Magistrate im Benehmen mit den Gemeindebevollmächtigten, in Landgemeinden die Gemeindeausschüsse die Liste aller Wahlstimmberechtigten und zwar in Städten, in welchen Wahlbezirke gebildet werden, nach diesen geordnet, unter Angabe der besonderen Gründe, welche der Ausübung des Wahlstimmrechtes oder der Wählbarkeit Einzelner entgegenstehen, herzustellen.

III Die k. Behörden, Pfarrämter und Zivilstandsbeamten sind verpflichtet, hiezu alle erforderlichen Aufschlüsse sofort und unentgeltlich zu erteilen[1]).

IV Die Liste ist nach vorgängiger Bekanntmachung zehn Tage lang auf dem Rathause oder in einem sonst hiezu geeigneten Lokale zur Einsicht der Gemeindebürger aufzulegen.

V Nach Verlauf der zehn Tage werden die erhobenen Reklamationen in öffentlicher Sitzung des Magistrats, beziehungsweise des Gemeindeausschusses beschieden, nach Lage der Sache die Listen berichtigt und die Beschlüsse den Beteiligten eröffnet. Gegen diese

Beschlüsse ist innerhalb drei Tagen der Rekurs an die vorgesetzte Verwaltungsbehörde zulässig, wodurch jedoch das Wahlverfahren nicht aufgehalten werden darf.

VI Die berichtigte Liste bildet die Grundlage der Wahl. Niemand kann wählen oder gewählt werden, der nicht in dieser Liste eingetragen ist oder durch Zeugnis der Gemeindeverwaltung dem Wahlausschusse nachgewiesen hat, daß er erst nach Ablauf der Reklamationsfrist in den Besitz des Wahlrechts gelangt oder daß sein Wahlrecht seit Abschluß der Liste durch Entscheidung einer höheren Instanz anerkannt worden ist.

VII Die Liste muß am Tage der Wahl in einem durch vorgängige Bekanntmachung bezeichneten Lokale zur Einsicht der Wähler aufliegen.

1. S. Vorbem. zu Art 170, 2 B c.

## Art. 177 (105 a).

I Bei Wahlen rechtskundiger Bürgermeister oder Magistratsräte hat zur Bewerbung eine öffentliche Ausschreibung durch den Magistrat stattzufinden, wenn nicht im einzelnen Falle die Gemeindebevollmächtigten beschließen, daß von einer Ausschreibung Umgang zu nehmen sei.

II Die eingekommenen Bewerbungen samt den Nachweisen über die Vorbedingungen der Wählbarkeit sind den Gemeindebevollmächtigten mindestens drei Tage vor der Wahl mitzuteilen.

## Art. 178 (106).

I Jede durch die Gemeindebürger oder die Gemeindebevollmächtigten vorzunehmende Wahl wird unter Leitung eines Wahlkommissärs, welchem ein Wahlausschuß zur Seite steht, vollzogen.

II Für die Wahl der Bürgermeister in den einer Kreisregierung unmittelbar untergeordneten Städten werden die Wahlkommissäre durch die Kreisregierung ernannt. Die Wahl der übrigen Magistratsmitglieder und der Gemeindebevollmächtigten hat der Bürgermeister oder der von ihm ernannte Wahlkommissär zu leiten.

III Für andere Gemeinden ernennt die vorgesetzte Distriktsverwaltungsbehörde die Wahlkommissäre.

IV Die Wahlausschüsse werden am Wahltage durch die Wähler aus ihrer Mitte ernannt und bestehen aus fünf Mitgliedern.

V Zur Besorgung der Schreibereien kann der Gemeindeschreiber oder sonst eine geeignete Persönlichkeit beigezogen werden, welche jedoch hiedurch nicht Mitglied des Wahlausschusses wird.

## Art. 179 (107).

I Der Wahlkommissär hat die ihm übertragene Leitung der Wahlen mit pflichtmäßiger und rücksichtsloser Unbefangenheit zu vollziehen. Er handhabt die Ordnung im Wahllokale und hat jede Ausschreitung zurückzuweisen.

II Debatten unter den Wählern sind während der Wahlhandlung im Wahllokale nicht zulässig.

### Art. 180 (108).

I Die Wahlausschüsse unterstützen den Wahlkommissär bei der Leitung der Wahl und entscheiden über Anstände, die sich bei der Wahlhandlung ergeben, durch Mehrheitsbeschluß. Bei Stimmengleichheit entscheidet der Wahlkommissär, welcher außerdem an der Abstimmung nicht teilzunehmen hat.

II Beschwerden gegen die Beschlüsse des Wahlausschusses haben keine aufschiebende Wirkung.

III Im Falle einer Unterbrechung der Wahlhandlung sind die Wahlakten in Gegenwart des Wahlausschusses unter Siegel zu legen und vor der Fortsetzung des Geschäftes in dessen Gegenwart zu entsiegeln.[1])

1. S. Vorbem. zu Art. 170, 2 B f.

## Art. 181. (109)

I Der Wahlkommissär[1]) hat alle Vorbereitungen[2]) zu treffen, welche erforderlich sind, damit die Wahlen unaufgehalten zu rechter Zeit stattfinden. Die Gemeindeverwaltungen sind verpflichtet, seinen desfallsigen Requisitionen[3]) ungesäumt zu entsprechen, insbesondere ist das nötige Dienstpersonal bereit zu stellen und für ein geeignetes Wahllokal, sowie für die erforderliche Anzahl von Formularien zu den Protokollen, Stimmlisten, Wahlzetteln und Bekanntmachungen zu sorgen.

II Vor jeder Wahl läßt der Wahlkommissär Ort und Zeit derselben, dann die Zahl der zu Wählenden und die Stellen, wofür zu wählen ist, sowie die Namen der Austretenden in der Gemeinde öffentlich bekannt machen[5]).

1. Wahlkommissär ist in der Regel der Bürgermeister, § 1 WO.

2. Bekanntgabe der Anzahl der zu wählenden Personen, Bestimmung der Wahlvorsteher und ihrer Vertreter, Ergänzung der Wahlausschüsse, Prüfung der Wahlvorschläge, Bekanntgabe der Wahlvorschläge und der Verbindungen von Wahlvorschlägen, Bekanntgabe der Stimmbezirke, des Wahlraums, der Wahlvorsteher und ihrer Vertreter für jeden Stimmbezirk, dann Tag, Stunde und Dauer der Wahl, §§ 20 II, 31, 2 II, 23, 29, 31 WO.

3. Der Wahlkommissär ist keine Behörde, hat keine Zwangsbefugnis, auch wenn er, Anm. 1, der Bürgermeister ist. In seiner Eigenschaft als Wahlkommissär kann er von Art. 99, 143 GemO. keinen Gebrauch machen, s. Abs. II bei diesen beiden Artikeln. Dieser Mangel wird durch das Eintreten der Gemeinde ersetzt.

4. Für die Wahlzettel haben jetzt die Wähler zu sorgen, § 42 III WO., Ziff. 41 VB., s. auch §§ 40, 44 WO.

5. Abs. II ist durch § 31 WO. ersetzt. Die Namen der Austretenden sind nicht mehr bekannt zu machen. Diese Vorschrift hatte nur Bedeutung für die Städte, weil Magistrat und Gemeindekollegium nur immer teilweise, der Magistrat zur Hälfte, das Gemeindekollegium zu einem Drittel erneuert wurde.

## Art. 182 (110).

I Die Abstimmung ist eine geheime und geschieht durch Wahlzettel von weißem Papier und gleicher Größe, welche mit dem Gemeindesiegel abgestempelt sind. Diese Wahlzettel werden vor dem Wahltage an die Wähler verteilt und sind auch bei der Wahl im Wahllokale auf Verlangen zu verabfolgen. Die Wahlzettel sind gehörig ausgefüllt von den Wählern zurückzugeben.

II Jeder Wähler ist verpflichtet, seinen Wahlzettel unter Angabe seines Namens und nötigenfalls seiner Wohnung dem Wahlkommissär persönlich zu überreichen, welcher den Wahlzettel erst dann annehmen darf, wenn der Name des betreffenden Wählers in der Wählerliste aufgefunden oder dessen Wahlberechtigung nach Art. 176 Abs. VI von dem Wahlausschusse ausdrücklich anerkannt worden ist.

III Die Wahlzettel müssen derart zusammengelegt sein, daß die auf denselben verzeichneten Namen verdeckt sind. Wahlzettel, bei welchen hiewegen verstoßen ist, oder welche mit einem äußeren Kennzeichen versehen sind, hat der Wahlkommissär zurückzuweisen.

IV Die zur Annahme geeigneten Wahlzettel werden von dem Wahlkommissär in ein bereitstehendes Gefäß gelegt und dürfen erst nach Schluß des Abstimmungsaktes geöffnet werden.

V Von der Stimmabgabe jedes Wählers ist bei jedem Wahlgange neben dem Namen des Wählers in der Wählerliste Vermerk zu machen.

VI Die Wahlzettel müssen die deutliche Bezeichnung des Gewählten enthalten.

VII Wahlzettel, welche nicht abgestempelt oder welche unterschrieben sind, sowie solche, welche eine deutliche Bezeichnung des Gewählten nicht enthalten, sind, letztere soweit der Mangel reicht, nicht zu beachten.

VIII Jeder Wahlzettel soll so viele Namen enthalten, als Personen in dem Wahlgange zu wählen sind. Wenn ein Wahlzettel mehr Personen vorschlägt, so sind zur Herstellung der vorgeschriebenen Zahl die zuletzt bezeichneten Namen außer Ansatz zu lassen. Wahlzettel, worin weniger Personen in Antrag kommen, sind gültig.

IX Im Falle ein Wähler mehrere Wahlzettel übergeben hat,[1]) so sind dieselben sämtlich ungültig. Ist jedoch ein für seine Person wahlstimmberechtigter Gemeindebürger als Stellvertreter einer Person bevollmächtigt, welche nach Art. 15 Abs. IV und V berechtigt ist, ihr Stimmrecht durch einen Stellvertreter auszuüben, so ist derselbe auch in dieser Eigenschaft zur Abgabe eines Wahlzettels zuzulassen, wenn der Name des von ihm vertretenen Wählers in der Wählerliste vorgetragen oder dessen Wahlberechtigung gemäß

Art 176 Abs VI nachgewiesen ist Jedoch darf niemand für mehr als eine auf Grund des Art 15 stimmberechtigte Person zur Stimmabgabe zugelassen werden.

**1.** S Vorbem zu Art. 170, 2 Bf.

### Art. 183 (111).

I Über den Gang der Wahlverhandlung ist ein Protokoll zu führen, welches vom Wahlkommissär und den Wahlausschußmitgliedern unterzeichnet wird. In dasselbe werden insbesondere die Beschlüsse des Wahlausschusses über erhobene Beanstandungen und über die Zulassung von Wählern, welche nicht in der Wahlliste eingetragen waren, sowie die Hauptergebnisse der Wahl aufgenommen.

II Neben diesem Protokoll sind zwei Stimmlisten zu führen, welche einen wesentlich ergänzten Bestandteil desselben bilden.

III Die übergebenen Wahlzettel werden nach Beendigung des Abstimmungsaktes von dem Wahlkommissär oder einem Ausschußmitgliede öffentlich verlesen und sodann, soweit ihr Inhalt richtig befunden wurde, in zwei gesondert zu führende Stimmlisten in der Art eingetragen, daß Name und Stand jedes Gewählten in die Hauptrubrik eingesetzt und jede auf denselben fallende Stimme in der Querspalte fortlaufend dazu vermerkt wird

IV Die richtige Führung der Stimmlisten und ihre Übereinstimmung ist durch den Wahlkommissär und den Wahlausschuß zu überwachen und jeder desfallsige Anstand sofort zu berichtigen.

### Art. 184. (116, 117)

I Bei allen unmittelbar durch die Gemeindebürger vorgenommenen Wahlen ist der Wahlakt zu schließen, wenn innerhalb der vom Wahlkommissär festgestellten und öffentlich bekannt gemachten Frist mehr als die Hälfte der Wähler abgestimmt hat Im entgegengesetzten Falle hat der Wahlkommissär eine weitere Frist zur Stimmabgabe festzusetzen und öffentlich bekannt zu machen Nach Ablauf der zweiten Frist wird der Wahlakt ohne Rücksicht auf die Zahl der abgegebenen Stimmen geschlossen und niemand mehr zur Abgabe eines Wahlzettels zugelassen Vor jedem Schlusse hat der Wahlkommissär die etwa anwesenden Wähler unter Gewährung einer kurzen Frist zur Stimmabgabe aufzufordern

II Hierauf wird das Wahlergebnis festgestellt und den anwesenden Wählern bekannt gegeben.

III Bei diesen Wahlen entscheidet relative Stimmenmehrheit. Die Reihenfolge der Gewählten bemißt sich nach der Zahl der erhaltenen Stimmen Bei gleicher Stimmenzahl richtet sich die Reihenfolge nach dem Alter, wenn die vorschriftsmäßige Zahl durch den Eintritt Aller nicht überschritten wird Im entgegengesetzten Falle entscheidet das Los

### Art. 185. (112)

Nach Beendigung der Wahl hat der Wahlkommissär die Namen der gültig Gewählten und die Stellen, für welche diese gewählt wurden, öffentlich bekannt zu machen und die Wahlakten derjenigen Behörde, durch welche er ernannt wurde, vorzulegen.

## Art. 186. (113)

Bis die neu Gewählten in ihr Amt eingewiesen sind,[1]) haben die Austretenden ihre Funktion fortzusetzen.

**1.** Nach Art 4 I SG wird die Einweisung der ersten Bürgermeister von der Aufsichtsbehörde angeordnet, bei den übrigen Mitgliedern der Gemeindeverwaltung findet keine formelle Einweisung statt. Art. 186 ist aber dem Sinn nach dahin aufzufassen, daß die abtretende Gemeindeverwaltung solange weiter zu amtieren hat, bis die neugewählte Verwaltung ihr Amt angetreten hat. Für Streitigkeiten über die Verpflichtung nach Art. 186 ist der Verwaltungsrechtsweg nicht eröffnet S 4, 25

## Art. 187. (115)

I Die Ersatzmänner werden für die Dauer der laufenden Wahlperiode gewählt.

II Wird im Laufe dieser Wahlperiode eine Stelle erledigt, so ist dieselbe durch Einberufung des nächsten Ersatzmannes zu besetzen. In Städten, in welchen gemäß Art 189 Abs. II nach Bezirken gewählt worden ist, sind hiebei die Bestimmungen des Art 190 Abs. II zu beachten. Die Einberufung, von welcher der vorgesetzten Verwaltungsbehörde Anzeige zu erstatten ist, geschieht durch den Bürgermeister.

III Die Einberufenen haben ihr Amt für jene Zeitdauer zu versehen, welche diejenigen noch zu erfüllen gehabt hätten, an deren Stelle sie treten. Sind mehrere Stellen gleichzeitig erledigt, so entscheidet das Los darüber, an wessen Stelle jeder einberufene Ersatzmann einzutreten hat

## Art. 188.

I Alle Wahlhandlungen und dabei nötigen Ausfertigungen sind tax= und stempelfrei;[1]) die sonstigen Kosten hat die Gemeindekasse zu tragen.

II Nur die etwaigen Reisekosten und Diäten der Wahlkommissäre übernimmt die Staatskasse [2])

**1.** Die Gebührenfreiheit der Wahlhandlungen ist im WG. nicht ausgesprochen, insofern hat der Art. 188 noch Bedeutung, im übrigen ist er durch Art. 11 WG. ersetzt.

**2.** Nach Art. 11 II WG. sind die zum Vollzug der Wahl vorgesehenen Ämter Ehrenämter, für die keine Vergütung beansprucht werden kann. Wahlkommissäre, die außerhalb der Gemeinde wohnen und nach § 1 Satz 2 WO. vom Bezirksamt bestellt wurden, können den Ersatz von Barauslagen beanspruchen MinBek. v 2 Mai 1919, StA. 124

Hilfsarbeiter der Wahlausschüsse und Wahlvorstände § 2 III WO. können eine Vergütung erhalten.

## Zweiter Abschnitt.

## Wahlen in Gemeinden mit städtischer Verfassung.

### Art. 189. (115 a)

I Die regelmäßigen Wahlen in Gemeinden mit städtischer Verfassung beginnen mit der Wahl der Gemeindebevollmächtigten durch die Gemeindebürger.

II Die Wahl kann nach Wahlbezirken erfolgen, wenn Magistrat und Gemeindebevollmächtigte übereinstimmend dieses beschließen und sich über die Einteilung der Wahlbezirke verständigen. In diesem Falle wird die Zahl der in jedem Bezirke zu wählenden Gemeindebevollmächtigten nach Verhältnis der im Bezirk wohnenden Wähler bestimmt. Die Wählbarkeit ist an keinen besonderen Bezirk gebunden.

III In Gemeinden, in welchen die Wahl nicht gemäß Abs. II vorgenommen wird, kann der Magistrat gleichwohl die Vornahme der Wahl in mehreren Lokalitäten anordnen. In diesem Falle ist für jede Abteilung der Gemeinde, für welche ein besonderes Wahllokal bestimmt wird, ein Wahlkommissär und Wahlausschuß aufzustellen, welche die in Art. 179 bis 183 und Art. 184 Abs. I bezeichneten Obliegenheiten erfüllen. Die stimmberechtigten Gemeindebürger haben in dem Wahllokale der Abteilung, in welcher sie wohnen, ihre Stimmzettel zu empfangen und abzugeben. Nach Abschluß des Wahlprotokolls und der Stimmlisten sind sämtliche Verhandlungen nebst den Stimmzetteln versiegelt an den Hauptwahlausschuß abzugeben. Dieser besteht aus dem Bürgermeister oder aus dem von ihm ernannten Wahlkommissär und aus sechs von den Gemeindebevollmächtigten vor Beginn der Wahl bezeichneten stimmberechtigten Gemeindebürgern; er hat in öffentlicher Sitzung das Wahlresultat zu ziehen und nach Art. 185 und 191 weiter zu verfahren.

IV In den Fällen der Abs. II und III haben alle Wahlen in der Gemeinde am nämlichen Tage zu beginnen. Am Wahltage ist in jedem Wahllokale eine Liste der daselbst zur Abgabe ihrer Stimmen berechtigten Gemeindebürger aufzulegen.

### Art. 190.

I Nach beendigter Wahl der Gemeindebevollmächtigten sind in gesonderter Wahlhandlung Ersatzmänner zu wählen, deren Zahl dem Dritteil der Gesamtzahl der Gemeindebevollmächtigten gleich sein muß.

II Die Ersatzmänner werden nach der Reihenfolge ihrer Wahl einberufen. Wenn nach Art. 189 Abs. II gewählt worden ist, so haben die in einem bestimmten Wahlbezirke gewählten Ersatzmänner für die aus der Wahl in diesem Bezirke hervorgegangenen Gemeindebevollmächtigten einzutreten.

## Art. 191.

I Nach vollendeter Wahl werden die zu Gemeindebevollmächtigten Gewählten und die Ersatzmänner vor den Wahlausschuß gerufen und mit ihren Erklärungen über die Annahme oder Ablehnung der Wahl vernommen.

II Werden Ablehnungsgründe geltend gemacht, so entscheidet hierüber der Wahlausschuß, bei dessen Verhandlungen jeder Gemeindebürger gegenwärtig sein kann. Im Falle die Ablehnung für begründet erkannt wird, rückt der Ersatzmann in die Stelle des Ablehnenden. Wenn nach Wahlbezirken gewählt worden ist, so steht den in mehreren Bezirken Gewählten frei, sich für einen derselben zu entscheiden. In den übrigen treten alsdann die Ersatzmänner an ihre Stelle.

III Diejenigen Gewählten, welche vor dem Wahlausschusse nicht erscheinen können, haben auf schriftliche Aufforderung ihre Erklärungen bei dem Magistrate abzugeben; ein wiederholter Zusammentritt des Wahlausschusses findet in diesem Falle nur statt, wenn Ablehnungsgründe geltend gemacht werden.

IV Die gewählten Gemeindebevollmächtigten treten nach beendigter Wahl sogleich in ihre Stellen ein.

## Art. 192. (117)

I Auf die Wahl der Gemeindebevollmächtigten folgt diejenige der bürgerlichen Magistratsräte, welche von den Gemeindebevollmächtigten zu vollziehen ist.

II Die Reihenfolge der in demselben Wahlgange Gewählten bemißt sich nach der Zahl der erhaltenen Stimmen. Finden mehrere Wahlgänge statt, so gebührt den früher Gewählten der Vorrang. Werden in demselben Wahlgange mehrere Personen mit gleicher Stimmenzahl gewählt, so richtet sich die Reihenfolge nach dem Alter, wenn die vorschriftsmäßige Zahl durch den Eintritt Aller nicht überschritten wird. Im entgegengesetzten Falle entscheidet das Los.

III Fällt die Wahl auf eine Person, welche mit einem Mitgliede des Magistrats als Vater oder Sohn, Bruder, Oheim oder Neffe verwandt oder als Stiefvater oder Stiefsohn, Schwiegervater oder Schwiegersohn verschwägert ist, so ist der Gewählte von dem Eintritte in den Magistrat ausgeschlossen.

IV Werden bei derselben Wahl mehrere Personen, zwischen welchen das in Abs. III bezeichnete Verhältnis besteht, gewählt, so hat der im früheren Wahlgange oder der im nämlichen Wahlgange mit der größten Stimmenzahl Gewählte das Recht zum Eintritt. Bei Stimmengleichheit entscheidet das Los.

V Nach vollendeter Wahl sind die Gewählten nach Vorschrift des Art. 191 sofort über Annahme oder Ablehnung der Wahl zu vernehmen.

VI Wenn die Ablehnung von dem Wahlausschusse als begründet erachtet wird, ist eine neue Wahl vorzunehmen.

### Art. 193.

I Sodann schreiten die Gemeindebevollmächtigten zur Wahl des bürgerlichen Bürgermeisters, wenn eine solche vorzunehmen ist. Sind mehrere zu wählen, so finden gesonderte Wahlgänge statt.

II Die Gewählten sind nach Vorschrift des Art. 191 mit ihrer Erklärung über Annahme oder Ablehnung zu vernehmen, worauf im Falle begründeter Ablehnung ungesäumt eine neue Wahl stattzufinden hat.

### Art. 194.

Auf diese Wahl folgt jene der rechtskundigen Bürgermeister und Magistratsräte. Für jede dieser Stellen findet eine besondere Wahlhandlung statt.

### Art. 195.

I Bürgermeister und Magistratsräte werden in einer von dem Wahlkommissär anberaumten Wahlversammlung, wozu sämtliche stimmberechtigte Gemeindebevollmächtigte zu laden sind, durch absolute Stimmenmehrheit gewählt.

II Die Gültigkeit des Wahlaktes erfordert, daß mindestens zwei Dritteile der Stimmberechtigten ihre Stimmen wirklich abgegeben haben.

III Werden Bürgermeister oder rechtskundige Magistratsräte aus den bürgerlichen Magistratsräten erwählt, so sind die Stellen der letzteren durch eine neue Wahl zu besetzen.

IV Fällt die Wahl zum Bürgermeister oder rechtskundigen Magistratsrate auf eine Person, welche sich zu einem bürgerlichen Magistratsrate in dem in Art. 192 Abs. III erwähnten Verwandtschafts- oder Schwägerschaftsverhältnisse befindet, so ist letzterer zum Austritte aus dem Magistrate verpflichtet und dessen Stelle durch Neuwahl zu besetzen.

V Werden als Bürgermeister oder rechtskundiger Magistratsrat Personen gewählt, welche zu einem der vorhandenen Bürgermeister oder rechtskundigen Magistratsräte in dem bezeichneten Verhältnisse stehen, so ist die Wahl ungültig.

### Art. 196. (122)[1]

I Nach Beendigung der Wahlen werden die Wahlakten mit einer Übersicht des gesamten Bestandes des Magistrats, der Gemeindebevollmächtigten und der Ersatzmänner durch den Wahlkommissär an die vorgesetzte Verwaltungsbehörde eingesendet.[2]

II Die zuständige[3] Verwaltungsbehörde hat nach Prüfung[4]

der Wahlakten, wenn kein Grund zur Versagung der Bestätigung[5]) vorliegt, die gewählten Bürgermeister und rechtskundigen Magistratsräte zu bestätigen und deren Einweisung[6]) und Verpflichtung anzuordnen.

III Wird eine Nichtigkeit der Wahl erkannt,[7]) so ist dieselbe in einer mit Entscheidungsgründen versehenen Entschließung auszusprechen und vorbehaltlich der Beschwerde[8]) die Vornahme einer neuen Wahl[9]) anzuordnen.

IV Als Nichtigkeitsgründe sind bei obiger Prüfung von Amts wegen nur zu berücksichtigen:

a) wenn eine nicht wählbare Person gewählt wurde;[10])

b) wenn bei der Wahl nicht die erforderliche Anzahl von Wählern abgestimmt[11]) und

c) wenn der Gewählte die erforderliche Stimmenzahl nicht erhalten hat.[12])

V Innerhalb vierzehn Tagen[13]) nach der Bekanntmachung[14]) des Wahlresultats kann jeder Gemeindebürger[15]) wegen Verletzung wesentlicher vorgeschriebener Förmlichkeiten[16]) bei der Wahlhandlung die Wahl anfechten[16]) oder wegen gesetzwidriger Anerkennung von Ablehnungsgründen,[18]) sowie wegen rechtswidriger persönlicher Benachteiligung[19]) durch das Verfahren oder die Beschlüsse eines Wahlkommissärs oder Wahlausschusses[20]) die Beschwerde ergreifen. In diesen Fällen entscheiden die vorgesetzten Verwaltungsbehörden[21]) in dem durch Art. 163 vorgezeichneten Instanzenzuge, soweit nicht das Gesetz über die Verwaltungsgerichtsbarkeit anders bestimmt. Diese Beschwerden haben keine aufschiebende[22]) Wirkung.

**1.** In Abs. V des Art. 196 sind durch das Wahlgesetz v. 15. Aug. 1908, GVBl 421, die Worte „gesetzlicher" Förmlichkeiten und „gesetzwidriger" persönlicher Benachteiligung, durch „vorgeschriebener" Förmlichkeiten und „rechtswidriger" persönlicher Benachteiligung ersetzt worden, um auch Vorschriften, die nicht in Gesetzen im engeren Sinn enthalten sind, berücksichtigen zu können, wie das die Rechtsprechung bereits getan hatte

**2.** Deckt sich mit Art. 4 I SG. Die vorgesetzte Behörde soll eine Übersicht erhalten, ob und wie die Stellen der Gemeindeverwaltung durch die Wahl besetzt wurden

**3.** Bei kreisunmittelbaren Städten die Kreisregierung, sonst das Bezirksamt, zugleich auch die ersten Instanzen bei einem Streit nach Art. 8 Ziff 33 VGG. Zweite Instanz stets der VGH.

**4.** Die amtliche Prüfung hat sich nur auf Nichtigkeitsgründe zu erstrecken, weil alle andern Gründe nicht von Amts wegen berücksichtigt werden dürfen, beispielsweise nicht einmal, ob überhaupt eine Wahl stattzufinden hatte. Nach der Einverleibung wählte Lechhausen unter der Wahlzeit auf Grund einer mit der Stadt Augsburg getroffenen Vereinbarung drei Gemeindebevollmächtigte und einen Magistratsrat in die Augsburger Kollegien. Diese Wahl konnte von der Kreisregierung nicht von Amts wegen beanstandet werden und wurde auch von niemand angefochten. Jetzt ist für solche Fälle die Möglichkeit von Sonderwahlen im Art. 4 ausdrücklich vorgesehen.

**5.** Die Bestätigung ist jetzt weggefallen, Art. 4 I SG.

**6.** Nur noch der erste Bürgermeister wird in sein Amt eingewiesen. Art. 4 I SG.

**7.** Nach der Rechtsprechung trägt die Entscheidung der Aufsichtsbehörde, wenn sie die Nichtigkeit der Wahl aussprechen will, instanziellen verwaltungsrechtlichen Charakter, sie ist also nach Anhörung der Beteiligten und beispielsweise bei den Kreisregierungen im verwaltungsrechtlichen Senat zu treffen, S 22, 211. Der Gesetzgeber hat daran sicher nicht gedacht Erst durch die Beschwerde sollte der Streit in den Gang gebracht werden. Die Form dieses Streites hing von der künftigen, dem Gesetzgeber noch unbekannten Gestaltung des Verwaltungsverfahrens ab. Jetzt wird der aufsichtliche Prüfungsakt, wenn er zu einer Beanstandung führt, sofort in ein verwaltungsrechtliches Verfahren verwandelt, ohne Rücksicht darauf, ob die Gewählten sich daran beteiligen wollen oder nicht. Das wird im Zusammenhang mit der im rechtsrheinischen Bayern geltenden Unverzichtbarkeit der aus der Wahl entspringenden Rechte erklärt. Unter Umständen müssen mangels eines Gegners die Kosten der Staatskasse auferlegt werden, die aber dadurch nicht die Stellung einer Partei erlangt, S 22, 211

**8.** Die Beschwerde hemmt hier den Vollzug, hat also aufschiebende Wirkung. Die gewählte Verwaltung bleibt bis zur rechtskräftigen Entscheidung, und deshalb haben im übrigen die Beschwerden nach Abs V keine aufschiebende Wirkung, soweit sie mit diesem Grundsatz in Widerspruch treten würden

Weder die Gemeindeverwaltung, die auch nie in die Kosten verurteilt werden kann, S 10, 8; 26, 286, noch der Wahlkommissär, S 4, 27, noch der Vertrauensmann eines Wahlvorschlags, S 41, 58, noch Vereine, S 10, 122 haben Beschwerderecht, noch jeder beliebige Gemeindebürger, sondern lediglich die durch die Entscheidung getroffenen gewählten Personen S 41, 97.

**9.** Die Vorschrift ist zwingend· auch wenn Ersatzmänner gewählt sind, haben nicht diese einzutreten. K II, 277 Nr 9c. A. M. Sternau S 118 Nr 12

**10.** Die auf eine nicht wählbare Person gefallenen Stimmen sind also nicht ungültig, wenn von 34 abgegebenen Stimmen 32 auf eine nicht wählbare P.rson fallen, aber zwei auf eine wählbare, so ist nicht etwa diese letztere gewählt, sondern es hat eine Neuwahl stattzufinden

**11.** Nach dem jetzigen Wahlgesetz ist dieser Nichtigkeitsgrund sowohl für die Verhältniswahl, wie für die Mehrheitswahl ohne Bedeutung.

**12.** Für die Verhältniswahl ist dieser Nichtigkeitsgrund belanglos, denn bei der Verhältniswahl erhält nicht der Gewählte, sondern der Wahlvorschlag die Stimme S 41, 95 Bei Mehrheitswahl, die eintritt, wenn kein Wahlvorschlag eingereicht wird, Art. 9 Ziff. 5 WO, kommt es in der Regel auf die Anzahl der Stimmen nicht an. § 30 WO Nur fur die Wahl der Bürgermeister und die Mehrheitswahl der berufsmäßigen Stadträte ist die absolute Stimmenmehrheit, mehr als die Hälfte der abgegebenen gültigen Stimmen vorgeschrieben Wegen der Wirkung der Wahlbestechung auf die Gültigkeit der Stimmen s Art 175

**13.** Die Frist ausschließend Sie wird nach § 188 und 193 BGB zu berechnen sein Jetzt finden die Wahlen regelmäßig an Sonntagen statt; in kleinen Gemeinden wird das Wahlergebnis noch an diesem Tag verkündet; die Frist läuft dann am Montag in 14 Tagen ab A. M H—R Die Beschwerde ist bei der Aufsichtsbehörde einzureichen, sie ist auch die erste Instanz. Oben Anm 3.

**14.** Die nach § 64 WO vorgeschriebene Ist sie ganz unterblieben oder nicht ordnungsmäßig gewesen, dann ist die Frist überhaupt nicht in Lauf gesetzt und die Beschwerde immer rechtzeitig S 1, 234; 4, 52; s auch Vorbemerkung vor Art 170 2Bg.

**15.** Wegen des Begriffes, Art. 10 Anm. 4. Jeder Gemeindebürger, auch wenn er nicht in der Wählerliste steht, aber zur Ausübung des Bürgerrechts berechtigt ist. Die Einsicht in die Wahlakten ist ihm bei Amte und in Gegenwart eines Beamten zu gestatten.

**16.** Als solche sind alle jene Außerachtlassungen zu betrachten, die auf das Ergebnis der Wahl einen störenden Einfluß übten oder üben konnten, Verdunkelung des Wahlergebnisses; z. B vorschriftswidrige Bildung des Wahlausschusses S 4, 40; 16, 317 Eine persönliche Benachteiligung des Klägers ist nicht notwendig. Die bisherige Rechtsprechung ist durch das Wahlgesetz zum Teil gegenstandslos geworden. S. Vorbem vor Art. 170. Ein rechtsförmlicher Beschluß der Gemeindeverwaltung über die Wählerliste ist z. B nicht mehr nötig, wenn kein Einspruch eingelegt wurde. Nach § 7 WO haben die Gemeinden nur für die Anlage der Liste zu sorgen. Nach § 14 WO. schließt sie nur der Bürgermeister ab, lediglich bei Einspruch kann die Gemeindeverwaltung tätig werden § 13 WO

Wesentliche vorgeschriebene Förmlichkeiten sind nach der auf die jetzt geltende WO bezüglichen Rechtsprechung: Unterlassung einer ausdrücklichen Beschlußfassung des Wahlausschusses, Auflegen von Stimmzetteln im Wahlraum, wesentliche Formfehler bei der Bekanntmachung nach § 20II WO, ungenügende Bekanntgabe des Wahlergebnisses, z B bloßer Anschlag in Wirtshäusern, S 41, 34: 53, 58, 65 und 88, ungenügende Frist für die Einreichung von Wahlvorschlägen S 42, 45 In den Fällen der Verletzung einer wesentlichen vorgeschriebenen Förmlichkeit ist die Wahl immer aufzuheben, auch wenn das Ergebnis dadurch nicht beeinflußt erscheint

**17.** Man unterscheidet zwischen Wahlanfechtung bei Verletzung wesentlicher vorgeschriebener Förmlichkeiten und zwischen Wahlbeschwerde bei gesetzwidriger Anerkennung von Ablehnungsgründen und rechtswidriger persönlicher Benachteiligung durch das Verfahren oder die Beschlüsse eines Wahlkommissärs oder Wahlausschusses. Hier hat die Rechtsprechung aus Zweckmäßigkeitsgründen einen Formalismus geschaffen, der im Gesetz keine Stütze findet: bei der Anfechtung wie bei der Beschwerde müssen innerhalb der 14 tägigen Frist alle Tatsachen, auf die sich der Kläger stützen will, bei Meidung der Nichtberücksichtigung vorgebracht werden. Dagegen Sternau S. 122 Nr. 20 a. Die Ausschließung des späteren Vorbringens bezieht sich nur auf Tatsachen, nicht auf die rechtliche Beurteilung. Wahlbeschwerde gilt auch als Wahlanfechtung

Davon zu unterscheiden ist die dem Verwaltungsrichter mangelnde Befugnis, hier von Amts wegen andere Tatsachen zu berücksichtigen, als die vom Kläger vorgebrachten: auch offenbare Nichtigkeitsgründe darf er nicht von selbst beachten. Nach der oben wiedergegebenen strengen Auffassung der Rechtsprechung kann auch ein nachträglich entdeckter Nichtigkeitsgrund selbst vom Kläger nicht mehr verwendet werden.

Dagegen kann der Kläger innerhalb der 14 Tage alle Tatsachen geltend machen, die er für geeignet hält, auch wenn sie schon irgendwie geprüft worden sind Er kann die Beteiligung eines Wählers rügen, auch wenn im Verfahren nach § 13 WO. von der Aufsichtsbehörde über dessen Aufnahme entschieden und er kann überhaupt die Zulassung von eingetragenen Wählern, dagegen nicht die Nichtzulassung von nichteingetragenen beanstanden, wohl aber wenn bei den Nichtzugelassenen die §§ 17 und 18 WO unrichtig angewendet wurden. Voraussetzung ist aber, daß der Wahlausschuß mit diesen Fragen beschäftigt war und einen Beschluß gefaßt hat: s Anm 20 — Die Nichteintragung des Beschwerdeführers in die Liste konnte nur nach § 13 erledigt werden Wird er zufolge der Entscheidung nicht eingetragen, so kann er diese Angelegenheit nicht mehr zum Gegenstand seiner Beschwerde machen, wohl aber, wenn er eingetragen, aber dann durch Beschluß des Wahlausschusses nicht zugelassen wurde. — Es schadet dem Kläger nichts, wenn er gegen eine ihn benachteiligende Handlung oder Unterlassung des Wahlausschusses oder des Wahlkommissärs nicht sofort Protest erhoben oder Vorbehalt eingelegt hat S 10, 80. Auch die Bestimmung in § 27 I WO, daß die Wahlausschüsse endgültig über die Zulassung und Gültigkeit von Wahlvorschlägen entscheiden, hindert nicht, diesen Wahlvorschlag mit der Anfechtung oder Beschwerde anzugreifen. S 41, 90

**18.** Eine persönliche Benachteiligung, daß etwa der Kläger infolgedessen selbst hat in die Verwaltung eintreten müssen, wird nicht verlangt. Insofern hat dieser Beschwerdegrund den Charakter einer actio popularis, daß die Gemeindebürger nicht ohne Grund sich der Ehrenämter entschlagen dürfen.

**19.** Eine solche liegt nicht darin, daß andere Leute gewählt wurden, als der Beschwerdeführer wünschte, S 4, 21, wohl aber, wenn er z. B. für seine Person mit Unrecht von der Stimmabgabe zurückgewiesen wurde, oder wenn andere Personen zurückgewiesen wurden. Es kommt dann darauf an, ob möglicherweise das Wahlergebnis dadurch beeinflußt werden konnte, wenn z. B. die Mehrheit des Gewählten geringer ist, als die Anzahl der mit Unrecht zurückgewiesenen Personen.

Grundsatz ist die Annahme des ungünstigsten Ergebnisses bei allen Folgerungen aus einem Verstoß.

**20.** Der Wahlkommissär ist neben dem Wahlausschuß genannt, obwohl in der Regel nur der Wahlausschuß die Entscheidung trifft. Gewisse Aufgaben sind aber dem Wahlkommissär allein überwiesen, §§ 2 II, 20 II, 23, 29, 31, 77 und 79 WO. Die Ermittlung und Verkündung des Wahlergebnisses § 58 WO. geschieht unter Mitwirkung des Ausschusses. Der Wahlkommissär oder der Wahlausschuß müssen einen nach der WO. gebotenen Beschluß unterlassen, oder einen ungerechtfertigten Beschluß gefaßt haben und diese Unterlassung oder Beschlußfassung muß in ursächlichem Zusammenhang mit einer persönlichen Benachteiligung, nach dem in Anm. 19 angegebenen Grundsatz gebracht werden können. S. auch Anm. 17.

**21.** Oben Anm. 3 und 13. Das Ergebnis kann hier, im Gegensatz zu Abs. III auch dahingehen, daß andere Personen als gewählt gelten. Das Verfahren ist gebührenpflichtig.

**22.** S. Anm. 8. Hatte die erste Instanz die Wahl auf Beschwerde hin aufgehoben, so hat die von der Gegenseite eingelegte Beschwerde in der Tat aufschiebende Wirkung. S 4, 472; 12, 395.

## Dritter Abschnitt.

## Wahlen in Gemeinden mit Landgemeindeverfassung.

### Art. 197. (115, 119—122)

I In den Landgemeinden wird die Wahl der Bürgermeister, der Beigeordneten und der Gemeindebevollmächtigten in drei gesonderten Wahlhandlungen durch die Wahlstimmberechtigten unmittelbar vollzogen.

II Für die Gemeindebevollmächtigten sind in einer gesonderten Wahlhandlung Ersatzmänner zu wählen, deren Zahl die Hälfte der ersteren beträgt.

III Die Gewählten sind sogleich durch den Wahlausschuß mit ihren Erklärungen über Annahme oder Ablehnung der Wahl zu vernehmen.

IV Wird die Ablehnung als begründet anerkannt, so treten für die ablehnenden Gemeindebevollmächtigten die Ersatzleute ein, bezüglich der Bürgermeister und der Beigeordneten aber ist sogleich eine neue Wahl vorzunehmen.

V Die Bestimmungen des Art. 192 Abs. III und IV sind auch bei der Wahl der Gemeindebevollmächtigten analog anwendbar. Die auf Grund dieser Bestimmungen vom Eintritte Abgehaltenen sind jedoch im Falle der Erledigung einer Stelle vor den Ersatzmännern in den Gemeindeausschuß berufen, wenn im Laufe der Wahlperiode das Hindernis ihres Eintrittes beseitiget wird. Fällt die Wahl zum Bürgermeister oder Beigeordneten auf eine Person, welche sich zu einem Mitgliede des Gemeindeausschusses in dem in Art. 192 Abs. III bezeichneten Verwandtschafts- oder Schwägerschaftsverhältnisse befindet, so ist letzteres zum Austritte verpflichtet und dessen Stelle durch Einberufung des Ersatzmannes zu besetzen. Befindet sich der erwählte Bürgermeister in dem bezeichneten Verhältnisse zu dem Beigeordneten, so ist dieser zum Austritte verpflichtet und dessen Stelle durch Neuwahl zu besetzen.

VI Die geschlossenen Wahlakten werden durch den Wahlkommissär der vorgesetzten Verwaltungsbehörde vorgelegt, welche nach Art. 196 Abs. II bis IV weiter zu verfahren hat. Bezüglich des Beschwerderechts der Gemeindebürger finden die Bestimmungen des Art. 196 Abs V Anwendung

## Art. 198. (123)

I In den zu einer Bürgermeisterei[1]) vereinigten Gemeinden hat jede Gemeinde für sich die Wahlen des Beigeordneten,[2]) der Bevollmächtigten und der Ersatzmänner zu vollziehen.

II Nach Vollendung dieser Wahlen findet die Wahl des gemeinsamen Bürgermeisters durch die in eine Wahlversammlung zu vereinigenden Gemeindeausschüsse nach absoluter Stimmenmehrheit statt[3]. **Wählbar für diese Stelle sind alle zu Gemeindeämtern wählbaren Gemeindebürger des Bürgermeistereibezirkes.**

III Die Gültigkeit des Wahlaktes erfordert, daß mindestens zwei Dritteile der Stimmberechtigten ihre Stimmen wirklich abgegeben haben. Ist jedoch die Wahl zweimal durch Nichterscheinen der erforderlichen Zahl von Stimmberechtigten vereitelt worden, so können bei der dritten Wahlversammlung die wirklich Erschienenen durch absolute Stimmenmehrheit eine gültige Wahl vornehmen[4])

IV Wird als Bürgermeister ein Beigeordneter der vereinigten Gemeinden gewählt, so ist dessen Stelle durch Neuwahl zu besetzen[5])

V Wird als Bürgermeister ein Gemeindebevollmächtigter der vereinigten Gemeinden gewählt, so ist dessen Stelle durch Eintritt des Ersatzmannes zu besetzen[6])

VI Ist der erwählte Bürgermeister mit einem Mitgliede des Gemeindeausschusses einer der vereinigten Gemeinden in der in Art 192 Abs. III bezeichneten Weise verwandt oder verschwägert,[7]) so ist letzteres zum Austritte verpflichtet und dessen Stelle nach Vorschrift des Abs IV oder V zu besetzen.

VII Im übrigen kommen die Vorschriften des Art. 197 Abs. III, IV und VI zur Anwendung.

1. Art. 6, 150—152.

2. Jetzt des weiteren Bürgermeisters.

3. Nach der MinBek. v. 28. April 1919, StA. 121 wird die Wahl des Bürgermeisters in den vereinigten Gemeinden von sämtlichen Wahlberechtigten vorgenommen. Die Ergebnisse der Wahl in den einzelnen Gemeinden werden von den Gemeindewahlkommissären dieser Gemeinden festgestellt und dem Wahlkommissär für die Bürgermeisterei übermittelt. Dieser hat sie nach § 67 WO mit dem Gemeindewahlausschuß seiner Gemeinde zusammenzustellen und das Ergebnis zu ermitteln und zu verkünden. Der erste Satz des Abs II ist jetzt gegenstandslos, der zweite Satz ist selbstverständlich.

4. Jetzt gegenstandslos, Anm 3.

5. Das mußte auch ohne diese Vorschrift geschehen, da für die weiteren Bürgermeister keine Ersatzmänner gewählt werden. Der Abs IV ist gegenstandslos

6. Durch die jetzt geltende Wahlordnung, die das gleiche bestimmt, ersetzt und gegenstandslos

7. Jetzt nach Art. 3 II, III schließen sich nur Eltern und Kinder, dann Geschwister aus, dagegen nicht Ehegatten. Da die Gemeindeverwaltungen der vereinigten Gemeinden je mit dem gemeinsamen Bürgermeister zusammen als die Gemeindeverwaltung für jede vereinigte Gemeinde gelten, so ist auch Abs. VI durch das SG. ersetzt und gegenstandslos.

## Vierter Abschnitt.

## Wahlen in den zu einer Gemeinde vereinigten Ortschaften.

### Art. 199.[1])

In den Fällen des Art. 153 werden die Ortspfleger und Ortsausschüsse von sechs zu sechs Jahren unter Leitung des Bürgermeisters mit Zuziehung des Gemeindeschreibers in direkter Wahl mittelst mündlicher oder schriftlicher Abstimmung gewählt. Der Bürgermeister hat hierüber ein Protokoll aufzunehmen, die Gewählten einzuweisen und der vorgesetzten Verwaltungsbehörde Anzeige zu erstatten.

1. Über die Wahl der Ortschaftsvertretungen MinBek. v. 2. Juli 1919, StA 165 In dieser Bekanntmachung ist das Wahlverfahren im einzelnen erörtert. Über Wahlrecht und Wählbarkeit gelten die gleichen Bestimmungen wie für die Gemeindewahl. Maßgebend ist der Aufenthalt in der Ortschaft. Wenn sich für die Wahl des Pflegers keine absolute Mehrheit ergibt, wird er vom Ortsausschuß in entsprechender Anwendung des Art. 7 II SG gewählt. Für Ortschaften mit weniger als 50 Einwohnern durfte

die Wahl zunächst solange unterbleiben, bis ein Bedürfnis sich herausstellte oder die Durchführung aus der Ortschaft selbst beantragt wurde.

## Fünfter Abschnitt.

## Außerordentliche Gemeindewahlen.

### Art. 200. (124, 125)

I Tritt im Laufe der Wahlperiode die Erledigung von Gemeindeämtern ein, für welche Ersatzmänner nicht gewählt worden oder nicht mehr vorhanden sind,[1]) so ist eine Ergänzungswahl vorzunehmen, wenn der Magistrat, der Gemeindeausschuß, das Kollegium der Gemeindebevollmächtigten, die Gemeindeversammlung oder die vorgesetzte Verwaltungsbehörde es als notwendig erklärt.

II Ergänzungswahlen für Gemeindebevollmächtigte in Städten, in welchen gemäß Art. 189 Abs. II nach Bezirken gewählt worden ist, sind von jenen Bezirken vorzunehmen, für welche diejenigen eingetreten waren, deren Stelle zu besetzen ist[2])

III Infolge einer Ergänzungswahl eingetretene rechtskundige Bürgermeister und rechtskundige Magistratsräte[3]) haben die für ihr Amt vorgeschriebene Dienstzeit zu erfüllen. In allen anderen Fällen tritt der Gewählte nur für jene Zeit ein, welche derjenige, an dessen Stelle er berufen wird, noch zu erfüllen gehabt hätte.

1. Bei der Verhältniswahl ist in der Regel besser als nach dem früheren Wahlrecht dafür gesorgt, daß Ersatzmänner vorhanden sind. Immerhin kann auch hier der Fall eintreten, daß schließlich keine Ersatzmänner mehr da sind. Es hat dann der Stadtrat, der Gemeinderat oder die vorgesetzte Behörde, Bezirksamt, Kreisregierung, nach ihrem Ermessen darüber zu befinden, ob eine Ersatzwahl stattfinden soll. In Anbetracht, daß bei Ersatzwahlen immer nur die stärksten Parteien zum Zug kommen, werden sie nur ausnahmlich zuzulassen sein. Die vorgesetzte Behörde setzt den Wahltermin fest. Sie ist darum anzugehen, wenn der Stadt- oder Gemeinderat die Ersatzwahl beschließt. Auf die Wahl finden die Bestimmungen über die ordentlichen Gemeindewahlen Anwendung; die Anzahl der Namen ergibt sich aus Art 9 Ziff 3 WG. Die nach Ziff 10 sich ergebenden Ersatzmänner gelten nur für die nachgewählten Stellen.

2. Abs. II ist gegenstandslos wegen Art. 6 II SG.

3. Der Abs. III gilt jetzt für alle berufsmäßigen Stadt- oder Gemeinderäte mit der Maßgabe, daß sich bei ihnen die Wahlzeit nach ihrem Dienstvertrag, Art 6 IV SG., richtet.

Die anderen Ersatzleute treten am Schluß der laufenden Wahlzeit mit den übrigen ehrenamtlichen Mitgliedern des Stadt- oder Gemeinderates zurück Das folgt schon aus Art 5 SG Insofern ist auch Abs. III Satz 2 ersetzt

## VII. Abteilung.

## Vorübergehende und Schlußbestimmungen.

### Art. 201.[1])

I Jene Personen, welche am 1. Juli 1869 die Eigenschaft eines wirklichen Gemeindegliedes in einer Gemeinde besitzen, erwerben daselbst mit diesem Tage kraft des Gesetzes das Bürgerrecht, wenn bei demselben die Voraussetzungen des Art. 11 oder 15 zutreffen. Haben an diesem Tage mehrere Personen auf Grund des ungeteilten gemeinschaftlichen Eigentums eines Hauses oder Anwesens die Eigenschaft wirklicher Gemeindeglieder besessen, so erwirbt nur einer der Miteigentümer, welcher von den Beteiligten der Gemeindeverwaltung bezeichnet worden ist, das Bürgerrecht.

II Personen, welche bisher in der Eigenschaft wirklicher Gemeindemitglieder an den Nutzungen des Gemeindevermögens teilgenommen haben, behalten auch dann, wenn sie nicht auf Grund des Abs. I das Bürgerrecht erwerben, ihr bisheriges Nutzungsrecht, so lange die Voraussetzungen desselben fortdauern.

III Eine Gemeinderechtsgebühr kann unter Vorbehalt des Art. 22 Abs. III nur von solchen Personen erhoben werden, welche nicht schon am 1. Juli 1869 Anspruch auf Gemeindenutzungen haben. In Fällen des Art. 22 Abs. II beginnt mit dem Tage, an welchem die Einführung einer Gemeinderechtsgebühr in der Gemeinde in Wirksamkeit tritt, für die zuvor schon nutzungsberechtigten juristischen Personen oder privatrechtlichen Vereinigungen der Lauf der fünfundzwanzigjährigen Frist.

IV Personen, welche an die Gemeinde früher eine Insassen- oder Beisassen-Gebühr bezahlt haben, oder welchen dieselbe von der Gemeinde erlassen worden ist, können bei Erwerbung des Bürgerrechts in dieser Gemeinde den bezahlten oder nachgelassenen Betrag von der betreffenden Bürgeraufnahmsgebühr in Abzug bringen Auf diese Personen findet die Bestimmung des Art. 17 Abs I keine Anwendung.

1. für das jetzige Bürgerrecht, Art. 10 Anm. 4, sind Abs. I und IV gegenstandslos. Abs II kann noch Bedeutung haben, s. Art 32 Anm. 5, ebenso Abs III, s Art. 22 Anm. 6.

### Art. 202.[1])

Bei Berechnung des in Art. 17 Abs. I bezeichneten Zeitraumes kommt die vor dem 1. Juli 1869 abgelaufene Zeit nicht in Betracht.

1. Art. 17 I ist jetzt gegenstandslos, infolgedessen auch Art. 202; s. Art 10 Anm. 4.

### Art. 203. (127)

Wo im gegenwärtigen Gesetze die Seelenzahl der Gemeinden berücksichtigt wird, ist diese nach dem Ergebnisse der in den Zollvereinsstaaten vorgenommenen letzten Volkszählung[1]) unter Einrechnung der Zivil- wie der Militär-Bevölkerung zu bemessen.

1. Die letzte Volkszählung fand am 8. Okt. 1919 statt. Die endgültigen Ergebnisse: Zeitschrift des Bayer. Stat. Landesamts, Jahrgang 1920 Heft 3 S 413—474, für Coburg S 484—492.

### Art. 204.[1])

An den erworbenen Dienstesrechten rechtskundiger Bürgermeister und Magistratsräte, technischer Bauräte und sonstiger Gemeindebeamten wird nichts geändert. Rechtskundige Bürgermeister und Magistratsräte ohne definitive Anstellung erfüllen die für ihr Amt bestimmte Funktionsperiode.

1. S Art 32 SG

### Art. 205. (128)

I Gegenwärtiges Gesetz tritt mit dem 1. Juli 1869 in den Landesteilen rechts des Rheines in Wirksamkeit. Die an diesem Tage bestehenden Gemeindebehörden bleiben jedoch bis zum 1. Januar 1870 in Tätigkeit und üben ihr Amt nach Maßgabe des gegenwärtigen Gesetzes.

II Die in diesem Gesetze angeordneten Organe der Gemeindeverwaltung und Gemeindevertretung werden in den Monaten November und Dezember 1869 gewählt. Die Gemeindebevollmächtigten in den Gemeinden mit städtischer Verfassung beginnen ihre Tätigkeit sofort, nachdem sie gewählt sind, die neugebildeten Gemeindeverwaltungen mit dem 1. Januar 1870.

### Art. 206. (129, 130)[1])

I Am 1. Juli 1869 erlöschen:

1. die Verordnung vom 17. Mai 1818, die künftige Ver-

fassung und Verwaltung der Gemeinden im Königreiche betr.;[1])

2. das Gesetz vom 1. Juli 1834, die Revision dieser Verordnung betr.;[1])
3. die Gemeindewahlordnung vom 5. August 1818;[2])
4. das Gesetz vom 22. Juli 1819, die Umlagen für Gemeindebedürfnisse betr.;[3])
5. alle sonstigen entgegenstehenden gesetzlichen Bestimmungen und alle auf die Gemeindeverwaltung bezüglichen Verordnungen, Vollzugsinstruktionen, und generalisierten Entschließungen, insbesondere auch die in einzelnen Landesteilen bestehenden Gesetze und Vorschriften in bezug auf die Einführung von Verbrauchs- und anderen örtlichen Abgaben, sowie die bisherigen Bestimmungen über die ausnahmsweise bestehende Zuständigkeit der Polizeibehörden zur Aburteilung der Defraudation an gemeindlichen Brückenzöllen, Pflasterzöllen, Marktgefällen und ähnlichen örtlichen Abgaben; ferner die in den einzelnen Landesteilen gültigen Vorschriften über die Notwendigkeit eines Streitkonsenses oder einer Prozeßermächtigung bei Rechtsstreiten der Gemeinden und der von den letzteren verwalteten Stiftungen.

II Aufrecht erhalten bleiben jedoch bis auf weiteres: die abweichenden Bestimmungen der Gesetze vom 12. März 1850, den Ersatz des bei Aufläufen entstandenen Schadens betr., vom 30. März 1850, die Ausübung der Jagd betr., und vom 25. Juli 1850, die Einquartierungs- und Vorspannslasten betr.

Gegeben München, den 29. April 1869.

**Ludwig.**

Fürst v. Hohenlohe. v. Pfretzschmer. v. Gresser. v. Schlör.
Frhr. v. Pranckh. v. Lutz. v. Hörmann.

1. S. oben Einleitung Ziff. 2.
2. S. Vorbemerkung zu Art. 170.
3. S. Art. 42 Anm. 1.
4. S. Art. 112 A Ziff. 4 KGO. v. 24. Sept. 1912, GVBl. 911, und oben Anm. 1 bei Art. 60.

# Einleitung zum Selbstverwaltungsgesetz.

## 1. Die Geschichte des Gesetzes.

Gleich bei den ersten Gemeindewahlen, die nach dem Novemberumsturz zur Ausfüllung entstandener Lücken als Ersatzwahlen nach Art. 200 I/124 II GemO. notwendig wurden, war das Verlangen laut geworden, das Bürgerrecht solle aufhören eine Bedingung des gemeindlichen Wahlrechts zu sein. In dem ersten Staatsgrundgesetz vom 4. Jan. 1919 war in Ziff. 13 verfügt, daß die Wahlen zu den gemeindlichen Vertretungskörpern nach den Grundsätzen des Landtagswahlrechts zu erfolgen haben. Unter Bezugnahme auf diese Vorschrift erließ das StMin. d. Innern am 22. Jan. 1919, GVBl. 22, jene Bekanntmachung, die für alle Männer und Frauen nach vollendetem 20. Lebensjahr und einjährigem Aufenthalt in der Gemeinde das Recht anerkannte, an den Wahlen zu den Gemeindeämtern teilzunehmen.

Diese Maßregel nahm dem Bürgerrecht seinen wertvollsten Inhalt, die Bürgergemeinde wurde zur Einwohnergemeinde. Die Regierung zog selbst die weiteren Folgerungen für die Vertretung der Bezirke und Kreise, sie wollte in einem zusammenfassenden GesEntwurf die beiden Gemeindeverordnungen, das Distriktsrats- und das Landratsgesetz, überprüfen: Wahlrecht und Selbstverwaltung sollten bei Gemeinde, Bezirk und Kreis gleichmäßig ausgebildet, die Gemeindeverfassung für Stadt und Land vereinheitlicht und schließlich sollte die Stellung des Berufsbeamtentums zugunsten der ehrenamtlichen Verwaltungsmitglieder herabgedrückt werden.

Angesichts der drohenden Schatten, die die Räterepublik in jenen Märztagen 1919 bereits vorauswarf, ermächtigte die Volksvertretung am 28. März das Gesamtministerium u. a. auch zur Neuordnung des Gemeinderechts auf der Grundlage eines umfassenden SR. und des allgemeinen, gleichen, geheimen und unmittelbaren Verhältniswahlrechts; s. Art. 1 SG. Anm. 1.

Am 31. März 1919 fand im Min. d. J. eine Besprechung statt, an der Vertreter der Staats- und GemBeamten, der gemeindlichen Organisationen (Städtebund usw.) und außerdem einzelne ehrenamtliche und berufsmäßige Mitglieder von GemVerwaltungen teilnahmen. Oberbürgermeister Dr. Geßler, der als Vorsitzender des B. Städtebundes da war, übernahm die Vorschläge für die Abänderung der GemOrdnung, ObVerwGRat Braunwart, der den Verein der höheren VerwBeamten als dessen Vorsitzender vertrat, übernahm Vorschläge für das Distriktsratsges.; s. Art. 23, 24 SG. je Anm. 1.

Am 7. April wurde die Räterepublik in München ausgerufen, Minister und Landtag hatten zum Teil bereits die Hauptstadt verlassen, Bamberg wurde vorübergehend der Sitz der Regierung.

Zuerst erließ diese das Wahlgesetz, am 15. April 1919, eine Woche später, am 22. April, folgte das Gesetz über die Verfassung und Verwaltung der Gemeinden, Bezirke und Kreise; s. SG. Art. 1 Anm. 3.

Dieses Gesetz vom 22. April deckte sich, aber nicht ohne wesentliche Abweichungen, mit der ersten Hälfte des SG. und mit dessen Schlußartikel, s. SG. Art. 32 Anm. 2. Es war der Vorläufer, der notwendig war, weil die allgemeinen Wahlen für Gemeinden, Bezirke und Kreise bereits auf den 25. Mai ausgeschrieben waren, sie sollten an einem einzigen Tage stattfinden; dabei blieb es auch, nur der Termin mußte um drei Wochen verschoben werden.

Nach der Verkündung des Vorläufers rührten sich die Organisationen der Gemeinden und Beamten, auch manche Einzelpersonen brachten ihre Wünsche vor. Es fanden Besprechungen statt, die letzte am 8. Mai 1919. An dieser nahm ein großer Teil jener Persönlichkeiten teil, die schon am 28. März 1919 in München zusammengekommen waren. Hier wurde zu einem Entwurf Stellung genommen, den das Gesamtministerium am 22. Mai 1919 mit nicht unwesentlichen Änderungen unter der Bezeichnung SelbstverwGes. zum Gesetze erhob.

Über den Zeitpunkt, zu dem das Gesetz in den beiden Landesteilen und in Coburg in Kraft trat, ferner die Art seiner Verkündung s. Art. 33 SG. Anm. 2; wegen der VollzAnweisung s. bei Art. 1 SG. Fußnote. — Für die Pfalz s. noch Art. 33 SG. Anm. 3. Das dort erw. Gesetz hat den Art. 11 und 23 SG. für die Pfalz zunächst bis 31. März 1921 außer Wirksamkeit gesetzt. Diese Frist wurde durch Ges. v. 18. Febr. 1921, GVBl. 26 (Druckfehlerberichtigung GVBl. 1921, 64), bis 31. März 1923 verlängert. Das Ges. v. 31. März 1921 hat in Art. 4 den Art. 102 IV—VI (Bildung von Senaten) rrh. GemO. auf die pfälz. kreisunm. Städte ausgedehnt, diese Bestimmung hat bleibenden Wert, s. SG. Art. 6 Anm. 3.

## 2. Die früheren DistrRäte nach dem Ges. vom 28. Mai 1852, GBl. 245.

Ursprünglich verstand man unter Distriktsgemeinde die Vereinigung mehrerer räumlich aneinander grenzender Gemeinden zu einem Leistungsverbande für einen bestimmten Zweck. Solche Vereinigungen finden sich schon im 18. Jahrhundert, als ein Erzeugnis der Kriegsnot; Kriegskontributionen, Vorspannleistungen wurden von drei oder vier Gemeinden gemeinsam aufgebracht, drückende Kriegsschulden wurden zusammengeworfen und gemeinsam getilgt. Das GemEd. 1818 spricht in § 7 zum ersten Male von einer Distriktsgemeinde, setzt den Begriff aber als bekannt voraus und zählt die hauptsächlichsten Zwecke auf, nämlich Herstellung und Unterhaltung der Vizinalstraßen, Anschaffung von Feuerlöschmaschinen, Unterhaltung von Landärzten und Hebammen, Armenpflege und Armenanstalten, schließlich Militär- und Kriegsleistungen.

Das Ges. vom 11. Sept. 1825, GVBl. 14 und 87, ordnete die Beitragsleistung der Mitgliedsgemeinden. Die Distriktsumlage wurde von der hier zum ersten Male auftretenden DistrVersammlung beschlossen, durfte für freiwillige Zwecke 5% der jährl. Steuersumme nicht übersteigen und unterlag der Prüfung und Genehmigung der Kreisregierung nach kollegialer Beratung. Der Gerichtsvorstand hatte die Leitung der Geschäfte bei der DistrVers., gehörten die Gemeinden verschiedenen Gerichtsbezirken an, so bestimmte die Kreisregierung den zuständigen Vorstand, gehörten sie verschiedenen Regierungsbezirken an, so hatte sich der König „die instruktive Vorschrift vorbehalten". Man sieht, daß die Bildung der Distriktsgemeinden hier völlig unabhängig war von den Grenzen der damaligen Landgerichte ä. O. Die Vereinigung zu einer DistrGemeinde mußte jeweils besonders genehmigt werden, der Antrag konnte von den beteiligten Gemeinden oder den öff. Behörden ausgehen. Die Einrichtung war schwerfällig und umständlich, in der Pfalz fehlte sie überhaupt.

Erst der GesEntw. von 1850 schuf die Distriktsgemeinde wie wir sie verstehen. Der Entw. faßte mit einem glücklichen Griff den ganzen Landgerichtssprengel ä. O., in der Pfalz die Kantone, als einen Leistungsverband mit körperschaftlichen Rechten zusammen. Das Ges. vom 28. Mai 1852 beruht in der Hauptsache auf diesem Entwurf.

Danach ist die Distriktsgemeinde ein Gemeindeverband höherer Ordnung, rechtsfähig, aber unter Staatskuratel. Jeder Beschluß wird nur wirksam, wenn ihn die Kreisregierung nach kollegialer Beratung genehmigt.

Die DistrVersammlung — Distriktsrat — bestand aus Vertretern der Gemeinden, für je 2000 Seelen ein Abgeordneter, dann aus den höchstbesteuerten Grundbesitzern für ihre Person (Personalisten) und aus Vertretern, die von den nachfolgenden 50 größeren Grundbesitzern gewählt wurden; die Anzahl bestimmte sich nach einem festen Verhältnis zur Anzahl der Gemeindevertreter, $1/8$ für die Personalisten, $1/4$ für den größeren Grundbesitz.

Nur die Gemeinden — nicht ihre im Distriktsrat sitzenden Vertreter — und die Personalisten hatten nach diesem Gesetz ein Beschwerderecht gegen die Beschlüsse der Kreisregierung in DistrAngelegenheiten. Die Eigentümer ausmärk. Bezirke hatten als solche keine Vertretung und auch kein Beschwerderecht, sie waren aber häufig zugleich Personalisten. Die DistrUmlage wurde auf die Gemeinden und ausmärkischen Bezirke umgelegt, es blieb aber bis zum Umlagenges. 1910 streitig, ob die Gemeinde oder der einzelne Steuerpflichtige gegenüber dem Distrikte als Schuldner der DistrUmlage gelte. Das Umlagengesetz machte die DistrUmlage zu einer Schuld der Gemeinde und der Eigentümer ausmärkischer Grundstücke, für den einzelnen Zahlungspflichtigen im Gemeindebezirk war die DistrUmlage in der GemUmlage enthalten, ein

Umlagenstreit zwischen dem Distrikt und dem einzelnen Steuerpflichtigen war nur möglich, wenn dieser zugleich Eigentümer eines ausmärkischen Bezirks war. Vgl. Dyr. S. 316 bei Art. 8 Ziff. 24 Anm. 2, s. auch diese Einl. Ziff. 6 a. E.

Der Distrikt konnte auch Naturaldienste von den Gemeinden beanspruchen, Art. 31 DRG., sie wurden an der DistrUmlage gutgerechnet. Die Gemeinden leisteten sie im Wege des Art. 49/39 GemO., s. Art. 49 GemO. Anm. 1.

Die Frage, wer als Mitglied der Distriktsgemeinde zu gelten habe, ob neben den Gemeinden auch die Eigentümer der ausmärkischen Bezirke, ist bis zum Schlusse unentschieden geblieben, S 10, 157.

Der Distriktsausschuß, das vom DistrRat gewählte eigentliche Verwaltungsorgan des Distrikts sollte nach den Worten des Gesetzes die DistrGemeinde in jenen Fällen vertreten, die nicht zur Zuständigkeit des Distriktsrats verwiesen sind. Der BezAmtsvorstand war Vorstand des Ausschusses, er hatte den Stichentscheid, es war aber immer bestritten, ob er auch sonst Stimmrecht im Ausschuß habe. In der Praxis war es deshalb oft zweifelhaft, ob der Fall des Stichentscheides überhaupt gegeben sei.

Wem der Vollzug der Distriktsbeschlüsse obliegt, darüber sagte das Gesetz nichts. Waren sie von der Kreisregierung genehmigt, so ging die Entschließung an das Landgericht ä. O., von 1862 ab an das BezAmt und es ergab sich von selbst, daß diese den Vollzug besorgten, obwohl eine gesetzl. Bestimmung fehlte.

Die Beschränkung der Ausgaben für freiwillige Zwecke auf 5% der jährl. Steuersumme, die aus dem Ges. von 1825 übernommen war, ist in der Praxis nicht mehr beachtet worden, wenn auch die Rechtsprechung die Bestimmung noch als gültig betrachten mußte.

### 8. Die früheren Landräte und das Landratsgesetz vom 28. Mai 1852, GBl. 269.

Der Landrat ist aus dem französ. Generalrat, wie er zunächst in der Pfalz bei der Rückkehr unter bayr. Herrschaft übernommen wurde, entstanden und in das rechtsrh. Bayern übertragen worden. Unter seinem neuen Namen trat er in der Pfalz i. J. 1816 zum erstenmal zusammen, dort allein hat er auch sein hundertjähriges Jubiläum feiern können.

Das Ges. vom 15. Aug. 1828, GBl. 49, führte die Landräte als allgemeine bayr. Einrichtung an. Hier war noch das französ. Vorbild maßgebend, der Generalrat war ein Organ der Staatsfinanzverwaltung, der Landrat nach dem Ges. von 1828 war eine „in den einzelnen Kreisen des Königreichs aus sämtlichen daselbst vorhandenen Elementen der Ständeversammlung gebildete Versammlung zur Vereinfachung der Verwaltung und größeren Befestigung eines geordneten Staatshaushalts im Kreise".

Mit dieser Auffassung stimmte auch das ältere Kreislastenausscheidungsgesetz vom 11. Nov. 1837, GBl. 165, überein, wenn es z. B. den Aufwand für die lat. Schulen, die Gymnasien, die Lyzeen, dann für Unterhaltung der Staatsstraßen, den Gesamtaufwand für die Appellationsgerichte, die Kreis-, Bezirks- und Stadt-, die Handels- und Wechselgerichte, den Gesamtaufwand für die Landgerichte ä. O., für das Gesundheitswesen usw. als Kreislast erklärte, vgl. v. Moy, B. Staatsrecht, 1841, I. Teil II. Abt. S. 72.

Das Kreislastenausscheidungsgesetz vom 23. Mai 1846, GBl. 45, schränkte die Kreislasten erheblich ein und grenzte sie auch sachgemäßer gegenüber den staatlichen Zwecken und Aufgaben ab. Dieses Gesetz ist bis zum SG. maßgebend geblieben, es ist erst durch SG. und durch Art. 75 SchulbedGes. vom 14. Aug. 1919, GVBl. 511, betroffen worden. Die VA. z. SG. hat es in § 33 vermieden, das Verhältnis des SG. zum KLAG. klarzustellen, aber in § 12 III die Fortgeltung anerkannt.

Die polit. Bewegung des Jahres 1848 beseitigte die ständische Zusammensetzung des Landtags und zugleich die damit zusammenhängende der Landräte. Der Entwurf von 1850 und der umgearbeitete von 1852 führten zum Gesetze über die Landräte vom 28. Mai 1852, gleichzeitig mit dem Ges. über die DistrRäte.

Jeder RegBez. bildete eine Kreisgemeinde und erhielt körperschaftl. Rechte, er wurde ein Gemeindeverband höherer Ordnung. Seine Verhandlungen wurden durch eine Königl. Entschließung in einem Abschied zusammengefaßt, die Erhebung der Kreisumlagen war von der Königl. Genehmigung abhängig, die Umlagen für die gesetzlichen Kreisbedürfnisse durften nicht verweigert werden.

Der Landrat setzte sich zusammen a) aus den Vertretern der Distriktsgemeinden, für je zwei Distrikte ein Vertreter; sie wurden von den beiden zu einer Wahlhandlung vereinigten Distrikten gewählt;

b) aus den Vertretern der kreisunmittelbaren Städte, für jede Stadt mindestens einer, für mehr als 3000 E. zwei, für mehr als 6000 E. drei und von da ab für je 2000 E. mehr je ein weiterer Vertreter. München hatte z. B. zuletzt 29 Sitze im oberb. Landrat, der im ganzen 62 Mitglieder zählte;

c) aus den Vertretern des Großgrundbesitzes — gewählt von den in höchstens vier Wahlbezirke vereinigten Grundbesitzer des Kreises, die nach dem Steuerdefinitivum mindestens 25 fl. Grundsteuersimplum entrichteten — mit ¼ der Anzahl der Distriktsvertreter;

d) aus den drei Vertretern der wirklichen selbständigen Pfarrer, gewählt von diesen, nach Wahlbezirken. Der Anteil der kath. und prot. Kirche sollte nach dem Zahlenverhältnis der betr. Pfarreien durch die Kreisregierung festgesetzt werden;

e) aus einem Vertreter der Universität, wo eine solche im Regierungsbezirke vorhanden war.

Einfach waren nur die Wahlen unter b durch die vereinigten städt. Kollegien, die Wahlen unter a waren umständlicher, es trafen sich zwei Versammlungen, die sonst gar keinen Berührungspunkt miteinander gemeinsam hatten, die Wahlen unter c und d waren sehr umständlich, es gab eine Menge Zweifelsfragen, die lediglich durch die Praxis gelöst waren, vgl. z. B. für die Wahlen unter d die Wahl-Instr. vom 10. Juni 1852, W 4, 476 ff., insbes. S. 486 Fußn. 11. Auch über das Anteilsverhältnis der Vertreter der Geistlichkeit bestand eine merkwürdige Meinungsverschiedenheit; während es offenbar die Absicht des Gesetzes war, der Minderheit mindestens einen der drei Vertreter zu lassen, wurde das Anteilsverhältnis z. B. in Schwaben auf mehrere Wahlperioden verteilt, so daß erst nach einigen Wahlperioden die Minderheit wieder einen Sitz erhielt, vgl. Seydel III, 305 [2]. Die Übung war übrigens in den verschiedenen Kreisen verschieden. Einen Rechtsweg für Wahlstreitigkeiten gab es nicht, der Landrat entschied über die Gültigkeit der Wahlen und insoferne auch über alle Meinungsverschiedenheiten, vorbehaltlich der königlichen Genehmigung.

Auch hier war, wie beim DRG., aus dem Gesetze nicht zu erkennen, wer eigentlich Mitglied der Kreisgemeinde sei, die Begründung zum Entwurf, Verh. d. Abg. 1851/52 Beil. Bd. II, 567 nannte die Distr.-Gemeinden und die unmittelb. Städte. Danach richtete sich auch die Rechtslehre, Pözl, B. VerfRecht 1854, § 120 S. 299.

Die Kreisumlagen waren Zuschläge zu den Staatssteuern, die von den staatl. Finanzbehörden berechnet, eingehoben und verwaltet wurden. Überhaupt war die Kreisverwaltung nur ein Teil der Staatsverwaltung. Art. 29 IV LRG. bestimmte, daß alle Landratsbeschlüsse allein durch die Kreisregierung zum Vollzug gebracht werden sollten. Damit glaubte das Gesetz auch die Vertretung der Kreisgemeinde nach außen geordnet zu haben.

### 4. Der Übergang zum SG., die Gemeindeverbände, der Kommunalverband.

a) Trotz ihrer Mangelhaftigkeit im Einzelnen waren die bayr. Gemeindegesetze — GemO., DRG., LRG — im ganzen genommen ausgezeichnete Leistungen.

Die GemO hatte durch Rechtslehre und Rechtsprechung ihre feste Gestalt gewonnen, sie war in der Ära des Liberalismus entstanden; um die Selbstverwaltung hatten Männer, wie Brater, mit leidenschaftlichem Feuer gekämpft; hier traf das SG. auch auf einen bereits vollkommen ausgebildeten Organismus, dem der Vollzug des neuen Gesetzes keine Schwierigkeiten bereitete

Anders aber lag die Sache bei den Bezirken und Kreisen Zwar hatte man das DRG. und das LRG., ohne sie äußerlich zu verändern, durchaus im Sinne der Selbstverwaltung gehandhabt, die immer wieder auftretenden Klagen über die veralteten Formen hatten sich auch immer wieder zum Schweigen bringen lassen. Als nun das SG. hier diese Formen zerstörte, da zeigte sich erst, wie eng verwachsen der ganze Organismus der Bezirks- und Kreisverwaltung mit der inneren Staatsverwaltung gewesen war. Die Darstellung des älteren Rechts, wie sie oben in Ziff. 2 und 3 dieser Einl. gegeben wurde, zeigte, daß bei Bezirk und Kreis die Vertretung nach außen, bei dem einen höchst unvollkommen, bei dem andern überhaupt nicht geordnet war, sie zeigte auch, daß der Bezirk auf Kosten der Personalunion seines Vorstandes mit dem der staatl Verwaltungsbehörde lebte, und daß die Kreisverwaltung gänzlich in der Staatsverwaltung aufging.

Das SG konnte zwar ohne viel Mühe die Vertretung bei Bezirk und Gemeinde eindeutig bestimmen. Die Art der Lösung war dem Gesetz vorgeschrieben, denn es war ein politisches Gesetz. Wenn es die Vertretungsmacht nicht der Staatsverwaltung einräumen durfte, so hätte sie ihr auch die Sorge für den Vollzug abnehmen sollen. Das Gesetz hätte dann die Selbstverwaltung zwingen müssen, sich selbständig einzurichten in einem Augenblicke, wo der Friedensvertrag von Versailles bekannt wurde und wo das Reich sich anschickte, alles seiner Finanzhoheit zu unterwerfen

Das Gesetz sucht nach einem Ausweg und überträgt in Art 22 Abs IV der Staatsverwaltung den Vollzug des Bezirks- und des Kreishaushalts als eine Aufgabe eigenen Rechts. Der Vergleich mit Staatsregierung, Staatshaushalt und Parlament drängt sich hier von selbst auf und zeigt, daß der gewählte Ausweg der Rechtslage nicht gerecht wird Indes ein großer Teil des Haushalts, besonders bei den Kreisen, besteht doch nur aus einfachen Zuwendungen, die lediglich zur Zahlung anzuweisen sind, und bei der Behandlung der bereits bestehenden Einrichtungen und Anstalten konnte man annehmen, daß das Pendel des Vollzugs in seiner alten Schwingungsebene bleiben werde: dagegen fehlten der jungen Selbstverwaltung die Flügel für seine Unternehmungslust auf dem neuen Gebiete, das sie sich selbst zu suchen nun das gesetzliche Recht hatte Hier hat das Gesetz einen leeren Raum gelassen, wie in noch größerem Maße übrigens auch das alte DRG., nur daß sich dort die Lücke fast von selbst schloß. Nach den Erfahrungen, die man in den abgelaufenen drei Jahren mit dem SG. gemacht hat, darf man der inneren Verwaltung die Anerkennung nicht versagen, daß sie ohne Verstimmung und Schmollen sich mit der Lage abgefunden und die Lücke gutwillig ausgefüllt hat. Bei den Regierungen war das insoferne leichter, als beim Landrat schon bisher der Präsident des Landrats sowohl als der Vorsitzende des ständ. Landratsausschusses aus der Mitte des Landrats gewählt worden waren, also jene unmittelb. Verbindung mit der Staatsverw., wie sie beim DRG. bestand, fehlte.

Die bevorstehende Revision des SG. kann den Vollzug der Bezirks- und der Kreisbeschlüsse in Ruhe ordnen; die MinE. vom 1. Sept. 1919 hatte den Zweck, ihr die nötige freie Hand zu wahren. Vgl. noch Art. 22 SG Anm 8.

b) Bezirke und Kreise galten bisher als höhere Gemeindeverbände und sind es auch nach dem SG. geblieben.

Gemeindeverband bedeutet nicht, wie Br—St. S. 14 zu meinen scheint, einen Verband von Gemeinden, das müßte sprachlich anders ausgedrückt sein, sondern einen Verband, d. h. einen Zusammenhang, wie er in einer Gemeinde besteht. Die eigentliche Gemeinde stellt den untersten Gemeindeverband dar, die Bezirke und Kreise zeigen ihn nicht etwa auf einer höheren Stufe, sondern in dem Umfange des höheren Verwaltungsbezirkes. So sprach man auch von den Rechten aus dem Gemeindeverband, s. oben Art. 96 GemO. Anm. 1; man sagte früher Kommunalverband und begriff darunter die eigentlichen Gemeinden sowohl als Bezirke und Kreise. Dieser Sprachgebrauch findet sich bei der früheren Reichs- wie Landesgesetzgebung, z. B. § 47 RMilGes., Art. 7 II BGG., Art. 124 AG. z. BGB.: „Gemeinde oder ein anderer Kommunalverband". Anfangs hieß man die Bezirke und Kreise ausdrücklich höhere GemVerbände, Seydel III, 243, 295, schließlich begnügte man sich mit dem Hauptwort allein. Es handelt sich um eine Bereicherung unserer Rechtssprache im Reiche, wie im Lande, vor allem in der Reichsfinanzgesetzgebung, z. B. Art. 127 RVerf., §§ 22, 23 Bayr. Landes-Verf., Landes-StGes., RGBl. 1920, 402 § 2, KörperschStGes., RGBl. 1922, 472 § 2. Man will einen einfachen Ausdruck, der den Verwaltungsbezirk in seiner Eigenschaft als Selbstverwaltungskörper, als Rechtsträger nimmt und dem es auf die Struktur dieses Körpers schon deshalb nicht ankommen darf, weil die Bezeichnung für das ganze Reich gelten soll. In diesem Sinne nahm schon Seydel den Begriff, denn er bezieht sich an den oben angegebenen Stellen nur auf Art. 1 des DRG. und des LRG., um seine Bezeichnung zu rechtfertigen. Diese Artikel sprechen aber nur von den körperschaftl. Rechten.

Daß die Änderung des Wahlrechts ohne Einfluß auf den Begriff bleiben mußte, ergibt sich aus dieser Darlegung von selbst, aber auch wenn man den Begriff, der Sprachlehre zuwider, so verstehen will, wie Br—St. a. a. O., so läßt sich, wie in Ziff. 2 und 3 gezeigt, weder das frühere Wahlrecht für den Begriff im Sinne von Br—St. verwenden, noch das jetzige dagegen, das gleiche gilt von der Mitgliedschaft. Höchstens könnte man in dem Wegfall des Beschwerderechts der Gemeinden, s. Art. 30 SG. Anm. 2, ein bedeutungsvolles Moment finden, aber nur wenn man unter Gemeindeverband im Sinne von Br—St. einen Zweckverband aus einer Mehrzahl von Gemeinden verstehen will, also in einem Sinne, den weder der natürliche noch der gesetzliche Sprachgebrauch rechtfertigt. Die bayr. VerfUrk. bezeichnet Bezirk und Kreis auch zeitlich nach dem SG., ausdrücklich als Gemeindeverbände. Umgekehrt ist der von Br—St. vorgeschlagene Ausdruck „Gemeinschaften" oder „Samtgemeinden" weder in die Volks- noch in die Rechtssprache eingedrungen.

c) Die Bezeichnung Kommunalverband hat durch die Ernährungswirtschaft einen besonderen Sinn erhalten. Die Verwaltungsbezirke der kreisunmittelb. Städte und der BezÄmter müssen zum Einkauf und Wiederverkauf von Waren in den Geschäftsverkehr treten. Rechtsträger ist die Gemeinde oder der Bezirk, aber sie haben in dieser Beziehung eine eigene Firma, eine eigene Vertretung und leben nach besonderen Gesetzen, ähnlich wie der Ortsarmenverband und der Landarmenverband in ihrem Verhältnis zu Gemeinde und Kreis. Räumlich decken sich auch die Grenzen in der Regel, abgesehen von kleinen Verschiebungen zwischen Stadt und Land aus Verkehrsrücksichten. Umlagen, die durch Fehlbeträge entstehen, sind in der Gemeinde- oder Bezirksumlage unausgeschieden mitenthalten. Die Gemeindeordnung oder das DRG. findet indes keine Anwendung, z. B. nicht die Vorschriften über Öffentlichkeit der Sitzungen, oder über Schuldaufnahme usw. — Die Verordnung über die KV. ist unter Berufung auf die Reichsgetreideordnung und die sonstigen reichsrechtl. Versorgungsvorschriften am 24. Juni 1919, GVBl. 320, erlassen und durch VO. vom 18. Sept. 1920, GVBl. 429, teilweise geändert worden.

### 5. Das Wahlrecht der Gemeindeverbände.

Die bayr. VerfUrk. schreibt in § 23 vor, daß die Wahlen für die Vertretungskörper der Gemeindeverbände nach den Grundsätzen des Landtagswahlrechts geschehen.

Das Wahlges. vom 15. April 1919, GVBl. 171, stellt die Voraussetzungen für Wahlberechtigung und Wählbarkeit in Gemeinde, Bezirk und Kreis gleich. Wegen des gemeindlichen Wahlrechts s. Vorbem. vor Art. 170 GemO. Der Aufenthalt von sechs Monaten muß entsprechend im Bezirke, im Kreise zurückgelegt sein, kann also auf verschiedene Gemeinden desselben Bezirkes, Kreises verteilt sein, Art. 2 I Ziff. 3 WG.

Für die Wahl bildet jeder Bezirk, jeder Kreis einen Wahlkreis, Art. 5 WG. Die Anzahl der zu wählenden Vertreter ergibt sich für die Bezirke aus der Berechnung nach Art. 9 und 11 IV SG., für die Kreise aus der Festsetzung in Art. 10 SG.

Die Wahlen geschehen als Verhältniswahlen, das Verfahren ist das gleiche wie bei den Gemeindewahlen, sie wurden auch mit diesen am gleichen Tage in einem einheitlichen Wahlgeschäft durchgeführt, s. im übrigen die Vorbem. vor Art. 170 GemO.

Die Wahlprüfung und das Ablehnungsrecht für Bezirke und Kreise ist durch SG. nicht geändert worden, für die Bezirke gelten also hiewegen noch Art. 8 und 10 DRG., für die Kreise Art. 10 und der zweite Satz des Art. 13 LRG., an Stelle des ersten Satzes treten §§ 75, 76 WahlO. vom 15. April 1919, GVBl. 173 und Ziff. 66 der VBek. vom 22. April 1919, GVBl. 188.

Die Wahlablehnung ist nach § 77 WahlO. dem Wahlkommissär gegenüber zu erklären, Schweigen innerhalb der dort angegebenen Frist gilt als Annahme, VA. § 3.

### 6. Das Umlagenrecht der Gemeindeverbände.

Das Umlagengesetz in der Fassung vom 17. Aug. 1918 ist durch Art. 48 II VG., GVBl. 1921, 372 aufgehoben.

Nach Art. 26 dieses Ges. ist bezirksumlagepflichtig, wer im Bezirke mit einer direkten Staatssteuer veranlagt ist. Vormerkung steht der Veranlagung gleich. Maßgebend ist die veranlagte Steuer.

Niederschlagung von Gemeindeumlagen und Steuernachlässe bewirken die entsprechende Minderung oder Aufhebung der Bezirksumlagenpflicht.

Nach Art 30 gilt das Entsprechende für die Kreisumlagen, hier sind für Minderung und Aufhebung neben den Steuernachlässen die Steuerniederschlagungen maßgebend.

Die Freiheit gewisser Erträge aus Grundbesitz ist für Gemeinden, Bezirke und Kreise gleichmäßig geordnet, Art. 11, 27, 31 BG.

Die Höhe der Bezirks- und Kreisumlagen ist auf je 50 vom Hundert der Staatssteuer begrenzt, die Umlagen zur Grundsteuer müssen wenigstens im gleichen Hundertsatz festgesetzt, können aber um die Hälfte erhöht werden, Art. 9 II BG.

Die Gewährleistungspflicht des Landes gegenüber den Kreisen ist in Art. 36, der Gemeinden gegenüber den Bezirken in Art. 37 BG. geregelt. Die Art der Berechnung war die entsprechende und die Feststellung der maßgebenden Hundertsätze geschah auf dem gleichen Wege, wie bei den Gemeinden, s. Art. 42 GemO. Anm. 2. Im übrigen vgl. auch noch dorten Anm. 4.

Die Bezirksumlagen werden von den Gemeinden auf Rechnung und Kosten des Bezirks eingehoben, Art. 29 BG.

Wegen Beitreibung, Mahngebühren, Zwangsvollstreckung, Einwendungen, Vorrecht im Konkurs und bei der Zwangsverst. s. Art. 42 GemO. Anm. 7.

Die Kreisumlagen werden mit den Landessteuern erhoben und ebenso, wie diese beigetrieben, Art. 34 BG.

Bei den Bezirken war nach Art. 32 DRG. dem DistrRat vorbehalten, die Beitragsquote für einzelne Gemeinden oder abgesonderte Markungen je nach der Teilnahme an den Vorteilen der betreffenden Anstalt oder Einrichtung verschieden abzustufen. Die Rechtsprechung betrachtete diese Vorausleistungen als abgestufte Umlagen, nicht als besondere Leistungen der Gemeinden neben der DistrUmlage, S 10, 155. Nach den Umlagengesetzen 1910 und 1918 waren die DistrUmlagen ebenfalls Schulden der Gemeinden und der ausmärkischen Bezirke, während sie nach dem BG. wieder Individualleistungen der Steuerpflichtigen des Distrikts sind. In der E vom 10. März 1922 S 43, 38 hat der BGH. aus diesem Umstande und daraus, daß das BG. den Art. 32 DRG. nicht mehr, wie die UG 1910 und 1918, aufrecht erhalten hat, den Schluß gezogen, daß Präzipualleistungen überhaupt nicht mehr auferlegt werden können und Art. 32 DRG. mit den Grundsätzen des BG. nicht mehr vereinbar sei, auch kenne das BG. die Interessentheorie nicht mehr, auf der Art. 32 DRG. beruhe.

Die Staatsregierung nimmt zwar noch die Gültigkeit des Art. 32 DRG. an, betrachtet ihn aber als kaum mehr praktisch, weil die Bezirke schon bei der allgem. Festsetzung der Umlage den Höchstsatz beanspruchen werden, AA. § 28. Dagegen hat die obengedachte Regelung des BG, wonach jetzt wieder für den einzelnen Steuerpflichtigen eine Distriktsumlagenschuldigkeit besteht, zur Folge, daß auch Art. 8 Ziff. 24 BGG.

wieder lebendig wird und ein Distriktsumlagenstreit zwischen Distrikt und dem einzelnen Steuerpflichtigen anhängig werden kann. In solchen Fällen pflegt der Steuerpflichtige häufig auch die Gemeindeumlagenpflicht zu bestreiten und nicht selten hängen beide Tatbestände, besonders bei Rückforderungen, so innig zusammen, daß sie fast nicht getrennt werden können. Der Gemeindeumlagenstreit hat aber in Landgemeinden drei Rechtsstufen, Art. 8 Ziff. 3C VGG., der Streit um die Distriktsumlage nur zwei, d. h. die Regierung ist nur für jenen, nicht aber für diesen in der zweiten Rechtsstufe zuständig. Daraus sind vor dem UG. von 1910, wo die Rechtslage die gleiche war, bisweilen schwierige Verwickelungen für das Verfahren der Regierung entstanden; die Möglichkeit für ihre Wiederkehr ist gegeben.

Naturaldienste, Art. 31 DRG., sind noch zulässig, die Anrechnung auf die Umlage wird sich jetzt schwieriger gestalten, als nach dem Rechte der UG. von 1910 und 1918. Über die Aufbringung durch die Gemeinden s. GemO. Art. 49 Anm. 3.

# Gesetz über die Selbstverwaltung.

Vom 22. Mai 1919.
(GVBl. S. 239).

## Mit der Vollzugsanweisung

vom 14. Juni 1919 (GVBl. S. 303).

---

Das Ministerium des Freistaates Bayern hat auf Grund des § 1 Ziff. 1 und des § 2 des Gesetzes vom 28. März 1919 über die Ermächtigung der Regierung zu gesetzgeberischen Maßnahmen[1]) im Nachgange zum Wahlgesetze[2]) vom 15. April 1919 („Freistaat" Nr. 8 vom 16. April 1919) und in teilweiser Abänderung des Gesetzes[3]) vom 22. April 1919 („Freistaat" Nr. 13 vom 24. April 1919) folgendes Gesetz[4]) beschlossen:

1. Das Gesetz vom 28. März 1919 (GVBl. S. 112) ermächtigte das Gesamtministerium Gesetze und Verordnungen ohne Mitwirkung des Landtages zur beschleunigten Durchführung bestimmter sozialer Maßnahmen zu erlassen Ziff 1 des § 1 dieses Gesetzes lautete: Die Verfassung und Verwaltung der Gemeinden, Bezirke (Distrikte) und Kreise ist auf der Grundlage eines umfassenden Selbstverwaltungsrechtes und des allgemeinen, gleichen, geheimen und unmittelbaren Verhältniswahlrechtes alsbald neu zu ordnen.

Das Ermächtigungsgesetz ist durch Gesetz vom 24. Juni 1919 (GVBl. Nr. 38 S. 325) wieder aufgehoben worden.

2. Das WahlG. vom 15. April 1919, GVBl. 171, ist am Schlusse des Buches zu finden, s dort die Anm.

3. Das Ges. vom 22. April 1919 ist nur im „Freistaat", dem amtlichen Organ der Staatsregierung in Bamberg veröffentlicht worden. Durch das SG. wurde es mit wesentlichen Änderungen übernommen und auf diese Weise ersetzt.

4. Die Geschichte des SG. siehe Einl. SG. Ziff. 1.
Über den Zeitpunkt des Inkrafttretens, insbes. in der Pfalz, s. Art. 33 SG. Anm. 2, in Coburg, Einl. GemO. Ziff. 4.

### Art. 1.

[1]Die beiden Gemeindeordnungen,[1]) das Gesetz über die Distriktsräte[2]) und das Gesetz über die Landräte[3]) bestehen nur noch insoweit, als sich mit diesem Gesetze verträgt.[4]) Dies gilt

auch, soferne in anderen Vorschriften[5]) auf die genannten Gesetze Bezug genommen ist.

II An Stelle der Bezeichnungen Distriktsgemeinde, Distriktsrat, Distriktsausschuß, Distriktsratsmitglied treten die Bezeichnungen Bezirk, Bezirkstag, Bezirksausschuß, Bezirksvertreter; an Stelle der Bezeichnungen Kreisgemeinde, Landrat, Landratsausschuß, Landratsmitglied treten die Bezeichnungen Kreis, Kreistag, Kreisausschuß, Kreisvertreter.[6])

### Vollzugsanweisung § 1.*)

I Das Selbstverwaltungsgesetz (SG.) bezieht sich zunächst auf die beiden Gemeindeordnungen, das Distriktsrats- und das Landratsgesetz, es ergreift aber auch alle Bestimmungen in anderen Gesetzen, welche auf diesen Gesetzen fußen oder mit ihnen zusammenhängen. So sind auch die Art 29—31 des Umlagengesetzes aufgehoben, weil das SG. in Art. 6 Abs. 2 die Gemeindekollegien und in Art. 29 Abs. 1 die Gemeindeversammlungen beseitigt Aufgehoben sind auch solche Bestimmungen, die sich mit den Grundsätzen des Gesetzes nicht vertragen, z. B. die in Art. 6 Abs. 2 des Distriktsratsgesetzes enthaltene Beschränkung der Wählbarkeit der Beamten einer bestimmten Distriktsverwaltungsbehörde, oder die in Art 14 des nämlichen Gesetzes angedrohte Verurteilung unentschuldigt ausgebliebener Mitglieder in die Kosten der vereitelten Sitzung. Endlich liegt auch die sinngemäße Abänderung noch mit dem Gesetze verträglicher Bestimmungen in seiner Absicht, z. B. folgt aus Art. 3 im Zusammenhalte mit Art. 5 SG., daß in Art 174 Abs 1 Ziff. 3 der rechtsrh. GemO statt 6 Jahre zu lesen ist 5 Jahre

**1.** Wegen der Geschichte der beiden GemO s Einl zur GemO. Ziff. 2.

**2.** Wegen des DistrRG. s. Einl. zum SG. Ziff. 2.

**3.** Wegen des LandRG. s. Einl. zum SG. Ziff. 3.

**4.** Ob sich eine Bestimmung noch mit dem Gesetze verträgt, wird nicht in allen Fällen unzweifelhaft sein. Man muß sowohl den Sinn des neuen wie den des alten zunächst richtig bestimmen, ehe man die Frage selbst entscheiden kann. Beispielsweise stimmte nach Art. 25 Abs 2 LRG der Präsident des Landrats nicht mit, er gab nur den Stichentscheid bei Stimmengleichheit Das entspricht der Auffassung vom Landrat als einem Parlamente, wo diese Regel so ziemlich allgemein gültig ist und der gewählte Präsident sogar

*) Das Staatsministerium des Innern hat zum Vollzuge des SG. am 14 Juni 1919 (GVBl S. 303) eine Vollzugsanweisung erlassen. Sie wird fortlaufend im Anschlusse an die einzelnen Artikel des Gesetzes abgedruckt. Die späteren Berichtigungen insbes die MinBek. vom 22. Nov 1919 (StA. Nr. 286 vom 26. Nov 1919) und 14. Juni 1920 (MBl. S 186) sind berücksichtigt.

oft aus seiner Partei ausscheidet. Nach dem Sinne des SG. sind die Kreistage Verwaltungsorgane so gut als der Stadtrat. Der Kreisausschuß verhält sich also zum Kreistage wie der besondere Ausschuß nach Art. 106 der rrh. GemO. zum Stadtrate. Es wäre ungereimt, in einem Verwaltungskörper irgendeinem Mitglied, am wenigsten dem Vorsitzenden und Vorstande dieser Verwaltung das Stimmrecht zu entziehen. Insoferne verträgt sich Art. 25 Abs. 2 a. a. O. nicht mehr mit dem SG. Vgl. auch VA. § 18 VI.

Das ganze UG, und damit auch Art. 29—31, sind jetzt durch VG. Art 48 aufgehoben.

Art. 14 III DRG läßt sich nicht wie Br—St. S 464 will, mit Art 165 GemO. vergleichen. Art. 165 GemO. gilt noch, er behandelt die häusliche, der Ausübung nach autonome Disziplinargewalt des Stadt- oder Gemeinderates und der Ortsausschüsse, s. oben bei Art 165 GemO Der Art 14 DRG dagegen räumt der Verwaltungsbehörde eine Befugnis ein, die heteronomen Charakter trägt und sich mit dem SG. nicht mehr verträgt

**5.** Die Bezugnahme auf eines der im Art 1 aufgezählten Gesetze braucht keine ausdrückliche zu sein, es genügt, wenn die Bestimmungen nur erkennbar auf einem dieser Gesetze fußen Es sind vor allem die organisatorischen Bestimmungen über Bildung des Armenrates, des Landarmenrates, des Waisenrates, die hier getroffen sind: Art 22, 24, 25, 50, 96 AG, MinBek vom 12. Juni und 27 Juni 1919 (MBl 116 und 128)

**6.** Das undeutsche, der franz. Rechtsprache entlehnte Fremdwort „Distrikt" sollte ausgemerzt, aber auch die umständliche Zusammensetzung: „Bezirks-, Kreisgemeinde" durch die Bezeichnung: Bezirk, Kreis ersetzt werden Dadurch entstehen, wie die Begründung zum Entw Br ausführte, dem das SG hier folgt, einfache und sich klar unterscheidende Bezeichnungen für die Gemeinden und die Gemeindeverbände Die Wortbildung: Bezirkstag, Kreistag folgen dem Beispiele von „Reichstag und Landtag"

## Art. 2.

Art. 173/103 der beiden Gemeindeordnungen werden aufgehoben.[1])

### Vollzugsanweisung § 2.

I Alle Beschränkungen der Wählbarkeit von Staats-, Gemeindebeamten und Beamten öffentlicher Körperschaften sind beseitigt, also auch Art. 6 Abs 2 des DRG. Der Bezirksamtmann, wie der Assessor und alle übrigen Beamten des Bezirksamtes können zu Mitgliedern des Bezirkstages, ebenso auch der Regierungspräsident und die Beamten der Regierung zu Mitgliedern des Kreistages gewählt werden, wenn sonst die Voraussetzungen der Wählbarkeit vorliegen. Diese Mitgliedschaft hindert auch nicht, daß der Gewählte zugleich die Tätigkeit des Regierungskommissärs ausübt, in gleicher Weise wie ein bayerischer Minister zugleich Mitglied des Landtages oder ein Reichsminister zugleich Mitglied der Nationalversammlung sein kann

1. Art. 2—11 ergänzt das WahlG. und bringt die organisatorischen Vorschriften für die Vertretungen der Gemeinden, Bezirke und Kreise.

Wegen des gemeindl. Wahlrechts s. die Vorbem. Art. 170 GemO., wegen des Wahlrechts der Gemeindeverbände oben Einl. SG. Ziff. 5.

Das WahlG. s. am Schlusse des Buches, im übrigen vgl. die Handausgabe v. Jan.

Über das Bürgerrecht s. die Anm. 4 bei Art. 10 GemO.

2. Die Beschränkungen der Wählbarkeit der Beamten des Reichs, des Staates, der Kirche, der Notare, der öffentlich angestellten Lehrer, soweit sie nicht bereits als Staatsbeamte wählbar sind, sind aufgehoben. Der Beamte kann gewählt werden, nur die in Art. 174 Abs. 2 rrh. GemO. aufgezählten Beamten können ablehnen, sofern nicht die allgemeinen Ablehnungsgründe des Art. 174 Abs. 1 rrh. GemO. vorliegen. Zur Annahme eines Amtes mit Funktionsbezug bedarf es der Erlaubnis, der Staatsbeamte muß stets die Anzeige nach Art. 18 Abs. 2 Ziff. 2 des Staatsbeamtengesetzes erstatten. Es handelt sich bei Art. 173/103 nur um ehrenamtliche Stellen, ein berufsmäßiges Gemeindeamt kommt hier nicht in Frage. Es ist aber denkbar und möglich, daß die ehrenamtliche Stelle den Beamten ebenso in Anspruch nimmt wie eine berufsmäßige. Das Gesetz räumt aber in Art. 4 Abs. 4 dem Beamten nur einen Anspruch auf Dienstbefreiung, nicht auf Urlaub ein (vgl. § 4 der MinBek. vom 17. April 1909, GVBl. S. 427). Damit soll zum Ausdrucke gebracht werden, daß in der Regel die Übernahme eines Wahlamtes für Gemeinde, Bezirk und Kreis den Beamten nicht voll in Anspruch nehmen wird, daß er also in größerem oder geringerem Umfange für seinen Dienst noch bereitstehen soll. Jene besonderen Ausnahmefälle, wo diese Grenze überschritten wird, hat der Dienstherr jeweils von Fall zu Fall mit dem Beamten zu regeln. Z. B. kann ein Rechtsrat zugleich ehrenamtlicher Bürgermeister sein. Für die aktiven Staatsbeamten kann die Erlaubnis zur Übernahme eines mit einem Funktionsbezuge versehenen Ehrenamtes an gewisse Bedingungen geknüpft werden, z. B. Ersatz der Stellvertretungskosten aus dem Teile des Funktionsbezuges, der für die Dienstleistung (im Gegensatz zur Aufwandsentschädigung) ausgeschieden wird (Art. 18 Abs. 3 Ziff. 2 StBG.). Für die aktiven Gemeindebeamten bietet der dem Art. 18 des StBG. nachgebildete § 9 Abs. 3 Ziff. 2 der ministeriellen Mustersatzung (MBl 1916 S. 105 ff.) die gleiche Möglichkeit. Für die im Ruhestand befindlichen Beamten des Staates und Gemeinden gelten bei einem Funktionsbezug die Art. 44 Ziff. 3 und 66 Ziff 2 des StBG bzw. § 48 Ziff. 2 der Mustersatzung.

Für die Staatsbeamten s. die MinBek. vom 21. Juli 1920 (StA. 172): Die Genehmigung wird nur erteilt, wenn der Beamte für die Angemessenheit des Bezuges und für dessen entsprechende Ausscheidung in Aufwandsentschädigung und Entlohnung für die Dienstleistung gesorgt hat und den letzteren Teil, wenn und soweit Stellvertretungskosten für ihn entstehen, an die Staatskasse abführt. Staatsarbeiter haben für die Zeit der Dienstbefreiung keinen Anspruch auf Lohn gegen die Staatskasse aber Anspruch auf Ersatz für entgangenen Verdienst gegen die Kasse der Gemeinde, Ortschaft, Bezirkes oder Kreises.

Falls sie zum ehrenamtlichen Bürgermeister gewählt werden, können sie Fortzahlung ihres Lohnes aus der Staatskasse beanspruchen, wenn sie dafür den die Entlohnung für ihre Dienstleistung bildenden Teil ihres Funktionsbezugs an die Staatskasse abtreten, wenn und soweit Stellvertretungskosten erwachsen.

Reichsbeamte und Angehörige der Wehrmacht bedürfen zur Wahrnehmung gemeindlicher Ämter eines Urlaubs, wenn die Ausübung des Ehrenamts zeitlich mit ihren Dienstverpflichtungen zusammenfällt. Urlaubsgesuche sollen wohlwollend behandelt und dürfen nur abgelehnt werden, wenn der Dienstbetrieb erheblich geschädigt würde. Soweit kein Urlaub nötig ist, laufen die persönlichen Dienstbezüge ohne Abzug weiter Bei Beurlaubung ist das jeweils geltende Recht anzuwenden, für Reichsbeamte § 6 der VO. vom 2. Febr. 1874 (RGBl. 129). Eine Anrechnung von Aufwandsentschädigung auf das Diensteinkommen findet nicht statt (vgl. Richtlinien nach dem Erlaß des Reichsmin. d. J. vom 13. Okt. 1920, I B 8204, amtl. nicht veröff.).

## Art. 3.

I Hinsichtlich der Ablehnung der Wahl zu den Ämtern der Gemeinde, der Ortschaft, des Bezirkes, des Kreises gelten die Art. 174/118 der beiden Gemeindeordnungen, Art. 8 des Distriktsrats-, Art. 10 des Landratsgesetzes.[1])

II Im Stadtrat, im Gemeinderat, im Ortsausschuß, im Bezirkstag, in dessen Sonderausschüssen dürfen Eltern und Kinder, ferner Geschwister nicht zugleich Mitglieder sein.[2])

III In solchen Fällen ist die spätere Wahl[3]) ungültig. Bei gleichzeitiger Wahl schließen die Bürgermeister in ihrer Reihenfolge einander aus, die Bürgermeister schließen die Stadt- und Gemeinderäte aus, die Stadt- und Gemeinderäte schließen einander nach der Reihenfolge auf dem Wahlvorschlag, auf verschiedenen Wahlvorschlägen nach dem Lebensalter aus.[4]) Das berufsmäßige[5]) Mitglied schließt das nichtberufsmäßige aus. Unter mehreren berufsmäßigen entscheidet das Los.

### Vollzugsanweisung § 3.

I In Art. 174 Abs 1 Ziff. 3 und Art. 8 Abs. 1 des DRG. ist statt 6 Jahre zu lesen 5 Jahre. Die Ablehnung kann gegenüber dem Wahlkommissär, gegenüber der Gemeindeverwaltung, dem Bezirkstage, dem Kreistage, dem Bezirksamte, der Regierung erklärt werden Schweigen innerhalb der in § 77 der Wahlordnung vorgesehenen Frist gilt als Annahme. Eheleute schließen sich in den Verwaltungskörper nicht aus. Für den Kreistag gibt es überhaupt keine Ausschließungsgründe.

1. Die bisherigen Bestimmungen über das Recht, die Wahl abzulehnen, sind geblieben Für die Pfalz gilt Art. 118 und 121 weiter,

danach kann die Wahl zu den Gemeindeämtern ohne weiteres abgelehnt werden. Für das rechtsrheinische Bayern sind dagegen die Ablehnungsgründe in Art. 174 hinsichtlich der Gemeindeämter enthalten, ohne solche Gründe muß das Amt angenommen werden, s. bei Art. 174 GemO. und Anm. Für die Ämter des Bezirkes und des Kreises war das Recht der Ablehnung bisher schon einheitlich geregelt und besteht so fort (s. auch Einl. SG. Ziff. 5).

2. Die Schwägerschaft hat aufgehört, ein Ausschließungsgrund zu sein, deshalb bildet auch die Stiefverwandtschaft keinen Ausschließungsgrund. Stiefvater und Stiefsohn, Stiefgeschwister schließen sich nicht aus, aber Halbgeschwister. Die Ehe gilt weder rechtlich, noch wirtschaftlich, noch politisch als Hindernis der gegenseitigen Selbständigkeit, Eheleute schließen sich nicht aus.

3. Als spätere Wahl gilt auch der nächste Wahlgang, wenn z. B. bei den regelmäßigen Gemeindewahlen der Vater zum zweiten Bürgermeister gewählt wird und sofort danach der Sohn zum dritten Bürgermeister, so ist die Wahl des Sohnes ungültig. Daraus folgt auch, daß die Ausschließung ein für allemal wirkt, d. h. daß der Ausgeschlossene auch dann nicht eintritt, wenn später der Ausschließende wegfällt. Der Ausschließungsgrund selbst kann überhaupt nicht wegfallen, weil nur die Blutsverwandtschaft noch als solcher gilt, es kann aber durch Tod oder Wegzug der Ausschließende wegfallen.

4. Wenn die beiden Personen am gleichen Tage geboren sind und der Zeitpunkt der Geburt sich nicht genau feststellen läßt, bleibt nichts übrig, als das Los entscheiden zu lassen.

5. Auch die berufsmäßigen Mitglieder schließen sich nach den Vorschriften des Abs. 3 aus, zwei Rechtsräte dürfen nicht Geschwister sein, auch nicht ein Rechtsrat oder ein Schulrat, wenn sie beide Mitglieder der Gemeindeverwaltung sind. Der Umstand, daß sie nur begrenztes Stimmrecht haben (Art. 6 Abs 5 des Ges.) ändert darin nichts. Das früher gewählte ehrenamtliche Mitglied schließt das später gewählte berufsmäßige nach der Regel des Satz 1 aus, übereinstimmend H—R. BayGemZ. 1919 Sp. 395, a. M. Br—St. 110 Anm. 6.

Berufsmäßige und nichtberufsmäßige Mitglieder dürfen eigentlich nicht in einem und demselben Wahlgang gewählt werden (§ 7b der WA). Satz 3 des Abs 2 hat aber Bedeutung bei einem Verstoß gegen dieses Verbot, sofern nicht die Wahl angefochten wird.

## Art. 4.

I Das Ergebnis der Wahl ist der Aufsichtsbehörde anzuzeigen. Bei Gemeinden und Ortschaften sind die Wahlverhandlungen der Aufsichtsbehörde zur Prüfung vorzulegen.[1]) Die Gewählten bedürfen keiner Bestätigung.[2]) Die Verpflichtung und Einweisung der ersten Bürgermeister wird von der Aufsichtsbehörde angeordnet.[3])

II Alle Gewählten versehen ihren Dienst ehrenamtlich.[4]) Die ehrenamtlichen Bürgermeister haben für die Dauer ihrer Amtsführung einen angemessenen Funktionsbezug zu beanspruchen. Die übrigen Gewählten haben Anspruch auf angemessene Aufwandsentschädigung, Angestellte und Lohnarbeiter außerdem auch auf Ersatz für entgangenen Verdienst.

III Den Beamten und Arbeitern des Staates, der Gemeinden und sonstiger öffentlicher Körperschaften muß die zur Ausübung eines Wahlamtes der Gemeinde, der Ortschaft, des Bezirks, des Kreises erforderliche Dienstbefreiung gewährt werden. Bei Angestellten und Arbeitern ist die Übernahme eines solchen Amtes kein Kündigungsgrund[7])

### Vollzugsanweisung § 4.

I Die Aufsichtsbehörde bestimmt sich nach Art. 13 SG. Für die Gemeinde- und Ortschaftswahlen gilt Art. 196/122 der beiden Gemeindeordnungen mit Ausnahme des Art. 196 Abs. 2 weiter. Die ersten Bürgermeister werden nach der VO. vom 3. Mai 1920 (GVBl. S. 191) vereidigt. Diese Verpflichtung besorgt die Aufsichtsbehörde entweder unmittelbar oder durch Beauftragte. Die übrigen Gewählten werden nicht verpflichtet. Gegen die Festsetzung oder Unterlassung der Festsetzung des angemessenen Funktionsbezuges, der Aufwandsentschädigung, des Ersatzes für entgangenen Verdienst kann die Beschwerde zur Aufsichtsbehörde ergriffen werden. Der Funktionsbezug der ehrenamtlichen Bürgermeister kann für versorgungsfähig erklärt werden.

**1.** Die Wahlen der Gemeinden und Ortschaften unterliegen auch fernerhin der Prüfung der Aufsichtsbehörde, Art. 196/122 gilt mit Ausnahme des Abs. 2 des Art. 196 rrh. GemO. weiter. Der zweite der drei Nichtigkeitsgründe ist jetzt gegenstandslos geworden, s die Anmerkung 11 bei Art. 196 GemO. Das Recht der Wähler, die Wahl auch von sich aus anzufechten (Abs. 5/4 a. a. O.) ist geblieben; erfahrungsgemäß wird aber, wo das Verhältniswahlverfahren eingeführt ist und sich eingelebt hat, von diesem Rechte weniger Gebrauch gemacht.

Die Wahlen der Bezirke und Kreise unterliegen nach wie vor dem ausschließlichen Prüfungsrechte des Bezirkstages, des Kreistages, Art. 10 DRG., Art. 13 LRG.

**2.** Die Bestätigung war bisher in Art. 78 für Bürgermeister und rechtskundige Stadträte und 126 I für die Bürgermeister und Beigeordneten, jetzt den weiteren Bürgermeister, der Landgemeinden vorgeschrieben.

**3.** Dadurch ist Art. 79 I für die bisherigen Städte und 126 I für die bisherigen Landgemeinden gegenstandslos. — Über die Vereidigung der Beamten der Gemeinden, Bezirke und Kreise s. die MinBek. vom 14. Juni 1920 (MBl. 186), über die Verpflichtung der Standesbeamten und Stellvertreter MinBek. vom 13. Jan. 1921 (StA. 12).

**4.** Der Unterschied zwischen ehrenamtlich und berufsmäßig fällt nicht mit Haupt- und Nebenamt zusammen. Auch ein ehrenamtlicher Bürgermeister kann seine ganze Tätigkeit dem Amte widmen müssen, er erhält auch in diesem Falle einen — entsprechend hohen — Funktionsbezug; mit dem berufsmäßigen Bürgermeister dagegen wird ein Dienstvertrag abgeschlossen. Über Streitigkeiten wegen der Höhe des Funktionsbezugs entscheiden die Kreisschiedsgerichte, s. Art. 77a GemO. Anm. 4.

5. Das Gesetz will, daß aus der Übernahme des Amtes für niemanden eine Schädigung seines Einkommens eintritt und daß auch der Arbeitgeber und der Angestellte künftig in der Lage ist ohne Gefahr für seine wirtschaftliche Existenz sich dem ehrenamtlichen Gemeindebedienste zu widmen. Da jetzt alle Gewählten auch Verwaltungsaufgaben zu erfüllen haben und in die Lage kommen können, den größten Teil ihrer Zeit und Arbeitskraft opfern zu müssen, so besteht hinsichtlich der Aufwandsentschädigung keine Beschränkung auf bestimmte Stellen. Die Bürgermeister haben einen Funktionsbezug zu beanspruchen. Soweit der Funktionsbezug den wirklichen Aufwand übersteigt, wird er als Einkommen zu betrachten und steuerpflichtig sein Unter Aufwand ist neben den baren Auslagen jede Einbuße mitbegriffen, die der Gewählte durch Ausübung seines Amtes erleidet, z. B bei weiblichen Stadträten im Falle des nachgewiesenen Bedürfnisses die Kosten für das Halten eines Dienstboten.

6. Wegen der Beamten und Staatsarbeiter vgl. die Anm. 2 bei Art. 2

7. Ein Anspruch auf Lohnzahlung gegen den Arbeitgeber besteht nicht, insoweit der Arbeiter der Beschäftigung entzogen wird. Für diesen Entgang hat die Gemeinde nach Abs. 2 einzutreten. Es ist zweifelhaft, ob das landesrechtliche Verbot der Kündigung gegenüber dem Reichsrecht, d. i. den Bestimmungen des BGB. über Dienstmiete gedeckt ist. Vgl. übrigens Art 160 RVerf

## Art. 5.

I Die Wahlzeit dauert für alle Vertretungen fünf[1]) Jahre. Die nächste Wahlzeit wird vom 1. Januar 1920 gerechnet. Es scheiden auch die Magistratsräte und die Armenratsmitglieder der jüngeren Wahlzeit aus. Die neugewählten Verwaltungen treten sofort in Tätigkeit.

II Den Zeitpunkt der regelmäßigen Wahlen bestimmt das Staatsministerium des Innern[2]).

### Vollzugsanweisung § 5.

I Mit dem Ende der laufenden Wahlzeit endet auch die Berufung aller jener Mitglieder von Kommissionen, Ausschüssen usw., die von den bisherigen Vertretungen auf die Dauer ihrer eigenen Wahlzeit, also nicht auf eine bestimmte Anzahl von Jahren gewählt sind. Hierunter fallen:

a) der Landarmenrat, der Armenrat,

b) der Waisenrat,

c) die nach Art. 106/67 der beiden Gemeindeordnungen gebildeten Ausschüsse,
d) die vom Bezirkstage zu wählenden Sachverständigen zur Bildung des Ausschusses für die Entschädigung bei Viehverlusten (Art. 4 des AG. zum Reichsviehseuchengesetze vom 13. Aug. 1910, GVBl. S. 615),
e) die vom Bezirkstage zu wählenden Mitglieder der Einquartierungskommission (ME. vom 27. Aug. 1875; Weber, GS. Bd. 11 S. 134),
f) die vom Bezirkstage zu wählenden zwei landwirtschaftlichen Unternehmer, aus denen die Mitglieder der Genossenschaftsversammlung für die land- und forstwirtschaftliche Berufsgenossenschaft entnommen werden.[3])

II Es wird stets die ganze Gemeindevertretung erneuert, teilweise Erneuerungen, wie sie die bisherige rechtsrheinische Stadtverfassung für den Magistrat (2 Wahlzeiten zu je 3 Jahren) und für das Gemeindekollegium (3 Wahlzeiten zu je 3 Jahren) kannte, gibt es für die Folge nicht mehr.

1. Die fünfjährige Wahlzeit (Wahlperiode) ist einheitlich für das ganze Land und für alle Verwaltungen festgesetzt. Diese Bestimmung erstreckt sich von selbst auf alle jene Wahlen, die von den Verwaltungen auf die Dauer ihrer Wahlzeit vorgenommen werden, z. B. die Wahlen zum Landarmenrat und zum Armenrat und jetzt auch zur Schulpflegschaft, SchAufsG. vom 1. Aug. 1922 (GVBl. 385), § 5. Im Gegensatz hiezu stehen diejenigen Wahlen, die auf eine bestimmte Anzahl von Jahren geschehen.

In allen gesetzlichen Bestimmungen und sonstigen Vorschriften, in denen noch auf die früheren Wahlzeiten Bezug genommen ist, wie z. B. in Art. 174 Abs. 1 Ziff. 3 rrh. GemO. ist die neue Wahlzeit zu lesen.

Auch für die Wahl der Vertrauensmänner zur Auswahl der Schöffen und Geschworenen sind die neugewählten Vertretungen für zuständig erklärt worden (Bek. des Justiz-Min. vom 15. Sept. 1919, StA. Nr. 229, Beiblatt zum JMBl. S. 173). Für den Bezirkstag konnten einstweilen auch die Bezirksausschüsse die Wahl vornehmen (Bek. des Justiz-Min. vom 30. Okt. 1919, StA. Nr. 266 vom 1. Nov. 1919).

2. In der Regel werden künftig die Wahlen zu den drei Vertretungen (Gemeinde, Bezirk und Kreis) möglichst an einem Tage gehalten werden, s. Vorbem. bei Art. 170 GemO.

3. S. jetzt Art. 7 AG. z. RVersO., GVBl. 1921 S. 397.

## Art. 6.

I Die Verwaltung der Stadt besorgt der Stadtrat, die der übrigen Gemeinden der Gemeinderat.[1])

II Die Bestimmungen über das Gemeindekollegium in den rechtsrheinischen Landesteilen treten außer Geltung.[2])

III Der Stadtrat oder der Gemeinderat besteht:

1. aus einem ersten Bürgermeister,[3])

2. aus höchstens 3 weiteren Bürgermeistern.[4])

Von sämtlichen Bürgermeistern (Ziff. 1 und 2) dürfen nicht mehr als die Hälfte, bei dreien höchstens zwei berufsmäßig sein.

3. In Gemeinden bis zu 10000 Einwohnern aus höchstens 20 Stadt- oder Gemeinderäten,[5])
in Gemeinden mit 10000 aber weniger als 50000 Einwohnern aus höchstens 30 Stadt- oder Gemeinderäten,
in Gemeinden mit 50000 aber weniger als 100000 Einwohnern aus höchstens 40 Stadt- oder Gemeinderäten,
in Gemeinden mit 100000 und mehr Einwohnern aus höchstens 50 Stadt- oder Gemeinderäten.

4. Im Falle des Bedürfnisses aus einem oder mehreren berufsmäßigen[6]) Stadt- oder Gemeinderäten mit oder ohne fachmännischer Vorbildung.

IV Die Anstellung der berufsmäßigen[6]) Bürgermeister, der berufsmäßigen Stadt- oder Gemeinderäte geschieht durch Dienstvertrag auf höchstens 10 Jahre.[7]) Es kann eine Probezeit bis zu einem Jahre vereinbart werden. Nach Ablauf des Dienstvertrages muß eine Neuwahl stattfinden, nach Ablauf der Probezeit kann der Stadt- oder Gemeinderat eine solche beschließen.

V Die berufsmäßigen Stadt- oder Gemeinderäte haben Stimmrecht nur in Gegenständen ihrer Geschäftsaufgabe.[8])

VI Der Dienstvertrag muß einen angemessenen Gehalt[9]) für den Fall der Nichtwiederwahl eine angemessene Versorgung und für den Todesfall auch eine solche der Hinterbliebenen vorsehen. Die Wiederwahl nach Ablauf des Dienstvertrages muß angenommen werden.[10])

VII Die der Regierung unmittelbar unterstellten Städte sind verpflichtet, mindestens ein rechtskundiges, berufsmäßiges Stadtratsmitglied anzustellen.[11])

VIII Die mittelbaren Städte rechts des Rheins und die übrigen Gemeinden mit mehr als 1500 Einwohnern müssen einen Gemeindesekretär aufstellen, der die Prüfung für den mittleren Staats- und Gemeindeverwaltungsdienst mit Erfolg abgelegt hat, wenn nicht einer der Bürgermeister diese Prüfung bestanden hat.[12])

IX Das gleiche gilt, wenn sich mehrere Gemeinden, die zusammen mehr als 1500 Einwohner zählen, zur gemeinschaftlichen Bestellung eines vollbeschäftigten Gemeindesekretärs vereinigen.[13])

## Vollzugsanweisung § 6.

I Der Stadt- oder Gemeinderat ist künftig das einzige Verwaltungsorgan der Gemeinde Er hat auch alle Befugnisse, die bisher das Gemeindekollegium oder die Gemeindeversammlung hatte Die Bestimmungen über das Gemeindekollegium sind aufgehoben, die Bestimmungen über den Magistrat sind sinngemäß auf den Stadtrat, die Bestimmungen über den Gemeindeausschuß auf den Gemeinderat anzuwenden, in der pfälzischen Gemeindeordnung decken sich diese Bestimmungen

II Wer als erster Bürgermeister vom Volke gewählt ist, gilt im Zweifel zunächst als nicht berufsmäßiger Bürgermeister, er muß die Wahl annehmen, wenn die Voraussetzungen der Wählbarkeit vorliegen und kein Ablehnungsgrund geltend gemacht werden kann. Fehlt beim Gewählten die Voraussetzung des Art. 2 Ziff. 3 des Wahlgesetzes vom 15. April 1919, so ist wegen Art 4 Abs. 2 des Wahlgesetzes die Anstellung als berufsmäßiger Bürgermeister möglich. Solche Stimmen sind also gültig. Sonst bestimmt sich nach den Beschlüssen des Stadt- oder Gemeinderates und nach den Vereinbarungen mit dem Gewählten, ob er als berufsmäßiger oder als ehrenamtlicher Bürgermeister zu betrachten ist. Im ersteren Falle muß ein Dienstvertrag abgeschlossen werden. Der Dienstvertrag muß Bestimmungen enthalten über Zeitdauer, Gehalt, Ruhegehalt, Witwen- und Waisengeld, über Anrechnung von Dienstjahren, von Nebenbezügen, über das Verbot der Übernahme von Nebenbeschäftigungen, über Urlaub

III Der freiwillige Rücktritt vom Amte soll nur unter Verzicht auf alle Ansprüche aus dem Dienstvertrage möglich sein, ebenso die Nichtannahme der Wiederwahl. Über die Ansprüche aus dem Dienstvertrag entscheiden die ordentlichen Gerichte

IV Die Anzahl der weiteren Bürgermeister, der Stadt- oder Gemeinderäte, der berufsmäßigen Stadt- oder Gemeinderäte bestimmt der Stadt- oder Gemeinderat Es kann jede Gemeinde, auch die kleinste, 2 oder 3 weitere Bürgermeister wählen, einen weiteren Bürgermeister muß jede Gemeinde haben Dies gilt insbesondere für die Gemeinden, welche bisher die rechtsrheinische Stadtverfassung hatten Jede Gemeinde kann auch berufsmäßige Stadt- oder Gemeinderäte anstellen

V Führte eine Gemeinde bisher schon die Bezeichnung Stadt, so heißt die Gemeindeverwaltung Stadtrat, außerdem Gemeinderat; die Märkte mit städtischer Verfassung haben Gemeinderäte

VI Die Höchstzahlen der Stadt- oder Gemeinderäte nach Ziff 3 dürfen nicht überschritten werden, maßgebend ist die letzte amtliche und amtlich bekannt gegebene Volkszählung. Eine Vermehrung der Stadt- oder Gemeinderäte ist auch während der laufenden Wahlzeit zulässig, die Aufsichtsbehörde ist hievon in Kenntnis zu setzen; sie hat den Wahltermin anzuberaumen. Die Vermehrung soll immer in der Weise erfolgen, daß die Nachwahl im Wege der Verhältniswahl möglich ist; die Gewählten versehen ihr Amt nur auf die Dauer der noch laufenden Wahlzeit.

VII Die berufsmäßigen Stadt- oder Gemeinderäte haben Sitz im

Stadt- oder Gemeinderate, dagegen Stimmrecht nur in Gegenständen ihrer Geschäftsaufgabe. Die Gemeindesekretäre haben nur beratende Stimme, die Vorschriften des Art. 72 Abs. 3/Art. 62 Abs. 1 der beiden Gemeindeordnungen sind unberührt geblieben.

**1.** Über die Berechtigung, die Bezeichnung Stadtrat oder Gemeinderat zu führen, s. VA. oben in Abs. 5. — Es ist mißlich, daß die Bezeichnung für das Kollegium wie für das Mitglied gleichlautet.

Abs. I und II des Art. 6 ersetzen den Art. 70 GemO. für die Städte und Art. 123 für die Landgemeinden.

**2.** Dadurch wurde der Unterschied zwischen Stadt- und Landverfassung im rrh. Bayern beseitigt, in der Pfalz bestand schon bisher eine einheitliche GemVerfassung.

Die Wirksamkeit der GemKollegien erlosch nach Art. 33 II SG. erst mit dem Zusammentritt des neugewählten Stadtrats. Wegen den geschichtlichen Rückblicks und der Beurteilung der bisherigen magistrat. Verfassung s. Vorbem. 1 und 2 bei Art. 70 GemO.

Die frühere Verfassung einer Gemeinde im rechtsrhein. Bayern ist noch maßgebend für die Geschäftsführung: Städte mit bisher Landgemeindeverfassung wenden die Bestimmungen über den Gemeindeausschuß, Märkte mit bisher Stadtverfassung wenden die Bestimmungen über den Magistrat an. MinE. vom 22. Aug. 1919 (MBl. S. 225, StA. Nr. 219 vom 7. Sept. 1919). In der pfälzischen Gemeindeordnung sind die Bestimmungen über den Gemeinderat ohne weiteres für den Stadt- und Gemeinderat anwendbar. In der Pfalz ist der erste Bürgermeister auch in den kreisunmittelbaren Städten die Ortspolizeibehörde. Die Bildung von Senaten in pfälzischen Städten ist erst durch Ges. vom 20. Dez. 1919 (GVBl. 833) Art. 4 zugelassen. Das Gesetz hat nur die Bestimmungen über das Gemeindekollegium, nicht aber die über den Magistrat außer Geltung gesetzt.

Wo bisher die Zustimmung des Gemeindekollegiums vorgeschrieben war, entscheidet der Stadtrat künftig allein, gemeinsame Wahlrechte gehen auf den Stadtrat über, vgl. die Wahl des Armenrates nach Art. 25 Abs. 2 des AG. oder die Wahl des Waisenrates nach Art. 96 des Ausführungsgesetzes vom 9. Juni 1899 in der Fassung des Art. 96 des AG.

**3.** Der erste Bürgermeister ist Mitglied des Stadtrats, aber nur in seiner Eigenschaft als Bürgermeister, er ist nicht etwa in zweiter Linie Stadtrat, auch wenn er aus der Mitte des Stadtrats gewählt wurde, denn dann hat er durch Annahme der Wahl die Rechte aus der Wahl zum Stadtrat verloren. Das gilt ebenso auch für den ersten Bürgermeister in Landgemeinden. In solchen Fällen kann also der erste Bürgermeister nicht etwa später, z. B. auf Grund des Art. 80 oder 127 das Amt des Bürgermeisters niederlegen und als Stadt- oder Gemeinderat weiter in der Verwaltung verbleiben. Das gilt auch für die Pfalz. Art. 6 kann dort nicht anders wirken, a. M. H—R. bei Art. 80 Anm. 13.

**4.** In den bisherigen Landgemeinden tritt an Stelle des Beigeordneten künftig der zweite Bürgermeister. Es kann aber jede bisherige Landgemeinde auch drei weitere Bürgermeister und nach Bedürfnis auch berufsmäßige Gemeinderäte aufstellen.

In der Pfalz erfüllt der weitere Bürgermeister die Aufgabe des bisherigen Adjunkten. Er ist insofern der gesetzliche Stellvertreter des Bürgermeisters und auch verpflichtet, Nottestamente aufzunehmen. Nur soweit die Adjunkten nach Art. 73 und 82 III pfälz. GemO. eine beschränkte Vertretungsbefugnis haben, fällt auch das Recht und die Pflicht Nottestamente aufzunehmen, hinweg. E d. Min d J. vom 22 Okt 1920 Nr. 3048 g 4 an die pfälz. Reg.

Die Bezeichnung Oberbürgermeister ist im Gesetze nicht vorgesehen, sie wird neuerdings als Titel vom StMin. d. J. wieder verliehen.

**5.** Abs. III des Art 6 ersetzt Art. 71 GemO. für die Städte und 124 für die Landgemeinden.

Die Zahlen sind höher als die bisherigen. Mindestzahl ist der bisherige Besitzstand, das SG. enthält darüber keine Bestimmung. Wegen der maßgebenden Volkszählung s. Art 203 GemO. und die Anm. dort

**6.** Wegen des Begriffes berufsmäßig vgl. Art 77 GemO. Anm. 3

**7.** Dadurch ist die Unwiderruflichkeit beseitigt. Es kann innerhalb des Spielraums von 10 Jahren jede beliebige Zeit gewählt und es kann auf eine Probezeit völlig verzichtet werden. Über Streitigkeiten aus Dienstverträgen entscheiden die ordentlichen Gerichte (Art. 77 a IV GemO.

**8.** Die Einschränkung auf die Gegenstände der Geschäftsaufgabe ist so zu verstehen, daß der Beamte nur in jenen Angelegenheiten mitstimmen darf, die er entweder selbst als Berichterstatter vorträgt, oder die er als zuständige gemeindliche Beamte und als selbständiger Berichterstatter (Referent) behandelt hat; es ist nicht an dem, daß etwa die rechtskundigen Stadträte in allen Fragen stimmen dürfen, welche rechtlicher Natur sind. Von einer Beschränkung des Rechtes im Stadtrate zu sitzen, spricht das Gesetz nicht. Die berufsmäßigen Stadt- oder Gemeinderäte haben hiernach das Recht, den Sitzungen des Stadt- oder Gemeinderates anzuwohnen.

Die nach Art 72 Abs. 1 rrh GemO aufgestellten Beamten sind nicht Mitglieder des Stadt- oder Gemeinderates, sie können nicht einmal mit beratender Stimme zugelassen werden, sie können aber wie bisher die Unwiderruflichkeit erlangen, Art 77 Abs 3 rrh. GemO. Die besondere Bestimmung des Gemeindebeamtenrechtes in Art. 132 Abs 1/64 der beiden GemO v e r w e h r t in den Gemeinden mit bisher L a n d g e m e i n d e v e r f a s s u n g die Anstellung u n w i d e r r u f l i c h e r Beamter.

**9.** Auch bei Dienstverträgen kann die Neufestsetzung des Gehalts und der Versorgung beantragt werden, der Beamte kann nötigenfalls das KrSchGer anrufen Die ord Gerichte sind hiefür auch bei Dienstverträgen nicht zuständig, sie können nur auf Grund des abgeschlossenen Dienstvertrags oder auf Grund der etwa durch das KrSchGer geänderten Festsetzung urteilen

**10.** Bisher konnten (Art. 81/59a Abs 1 GemO ) die rechtskundigen und technischen Magistratsmitglieder, in der Pfalz die besoldeten Gemeinderatsmitglieder, ihre Stelle jederzeit niederlegen, womit auch alle Ansprüche auf Gehalt und Ruhegehalt wegfielen Dieser Grundsatz gilt jetzt allgemein für alle berufsmäßigen gewählten Gemeindebeamten Er gilt auch für den Fall der Wiederwahl Die Bestimmung, daß die Wiederwahl angenommen werden muß, hat nur die Bedeutung, daß niemand in der Lage sein soll, sich durch Verzicht auf Wiederwahl vorzeitig in den Genuß der Versorgung zu bringen Der Verzicht auf die Wiederwahl ist z. B. zulässig, wenn der Wiedergewählte bereits das Lebensalter erreicht hat, in dem er nach dem Dienstvertrage das Recht hat, seine Ruhestandsversetzung zu begehren. Außerdem kann durch eine von § 6 Abs 3 der VA abweichende Vereinbarung getroffen werden Es handelt sich hier nur um eine Sollvorschrift

**11.** Die Verpflichtung der unmittelbaren Städte, mindestens ein rechtskundiges Stadtratsmitglied anzustellen, ist geblieben.

**12.** Abs VIII ersetzt Art 72 II GemO. aber nicht nur die mittelbaren Städte ohne Rücksicht auf die Einwohnerzahl, sondern alle Gemeinden mit mehr als 1500 Einwohnern, auch in der Pfalz, müssen jetzt einen geprüften Gemeindesekretär aufstellen Mittelbare Städte sind hier nur die Städte mit bisher Stadtverfassung (MinE vom 11 Nov 1919) Diese Bestimmung gilt auch für den Fall, daß sich mehrere Gemeinden, die zusammen mehr als 1500 Einwohner zählen, im Wege des Art. 26 SG zur Aufstellung eines gemeinschaftlichen Sekretärs verbinden Für bereits vor Erlaß des Gesetzes angestellte Sekretäre gewährt das Ministerium Nachsicht, wenn sie innerhalb angemessener Frist die Prüfung nachträglich ablegen Wegen der Prüfung s Art 77 GemO Anm 1 — Daneben gilt noch Art 129 GemO — über den Unterschied zwischen der gemeinsamen Aufstellung eines Gemeindesekretärs und der Aufstellung desselben Gemeindesekretärs durch mehrere Gemeinden, aber nicht gemeinschaftlich s Art 129 GemO Anm 4

## Art. 7.

I Die Mitglieder der Stadt- und Gemeinderäte werden folgendermaßen gewählt: [1])

1. Die ersten Bürgermeister überall mit absoluter Stimmenmehrheit von sämtlichen Wahlberechtigten; [2])
2. die weiteren Bürgermeister, wenn mehr Vertreter der gleichen Art, berufsmäßige oder ehrenamtliche, auf einmal zu wählen sind, nach den Grundsätzen des Verhältniswahlrechts, sonst mit absoluter Stimmenmehrheit von den Stadt- oder Gemeinderäten;
3. die berufsmäßigen Stadt- oder Gemeinderäte, wenn mehrere solche auf einmal zu wählen sind, nach den Grundsätzen des Verhältniswahlrechts, sonst mit absoluter Stimmenmehrheit von den Stadt- oder Gemeinderäten.

Die nach Art. 32 erforderlichen Wahlen geschehen in einzelnen Wahlgängen mit absoluter Stimmenmehrheit;[3])

4. die übrigen Stadt- und Gemeinderäte nach den Grundsätzen des Verhältniswahlrechts von sämtlichen Wahlberechtigten.

II Wird im Falle der Ziff. 1 die absolute Stimmenmehrheit nicht erreicht, so trifft der Stadt- oder Gemeinderat unter den 5 Bewerbern mit der höchsten Stimmenzahl die Auswahl mit absoluter Stimmenmehrheit. Wird diese auch hierbei nicht erreicht, so tritt Stichwahl[4])[5]) ein. Ebenso entscheidet die Stichwahl, wenn im Falle der Ziff. 2 und 3 die absolute Stimmenmehrheit nicht erreicht wird.

III Bei Stimmengleichheit in der Stichwahl entscheidet das Los.

### Vollzugsanweisung § 7.

I Die Bestimmung entspricht dem Art 7 des Wahlgesetzes vom 15 April 1919

a) Die ersten Bürgermeister und die nichtberufsmäßigen Stadt- oder Gemeinderäte werden von sämtlichen Wahlberechtigten unmittelbar, die einen mit absoluter Stimmenmehrheit (eine Stimme mehr als die Hälfte der abgegebenen Stimmen), die anderen nach den Grundsätzen des Verhältniswahlrechtes gewählt

b) Die weiteren Bürgermeister und die berufsmäßigen Stadt- oder Gemeinderäte werden von den Stadt- oder Gemeinderäten gewählt, die das volle Stimmrecht besitzen In diesem Sinne gehören zu den Stadt- oder Gemeinderäten auch die sämtlichen Bürgermeister, aber nicht die berufsmäßigen Stadt- oder Gemeinderäte Hier entscheidet entweder die absolute Mehrheit der abgegebenen Stimmen, wenn nur für eine einzelne Stelle gewählt wird, sonst sind die Grundsätze des Verhältniswahlrechts maßgebend Dabei sind berufsmäßige und nichtberufsmäßigen Stellen je in getrennten Wahlgängen zu besetzen Für diese Wahlen ist die Wahlordnung, insbes § 81, nebst Vollzugsvorschriften entsprechend anwendbar

II Wird bei der Wahl des ersten Bürgermeisters durch das Volk die absolute Stimmenmehrheit nicht erreicht, so tritt der Stadt- oder Gemeinderat unter den 5 nötigenfalls durch das Los zu bestimmenden Bewerbern mit der höchsten Stimmenzahl und, wenn weniger als 5 Bewerber aufgetreten sind, unter diesen die Auswahl mit absoluter Stimmenmehrheit Wird diese auch hierbei nicht erreicht, so tritt hier, ebenso wie bei Ziff. 2 und 3 des Art 7 Abs. 1 Stichwahl ein, d h es wird nur noch zwischen den 2 Bewerbern mit den höchsten Stimmenzahlen gewählt, so daß Stimmen, die auf andere Namen fallen, ungültig sind Haben mehrere Personen gleichviele Stimmen erhalten, so daß bei ihrer Berücksichtigung die Zahl 2 überschritten würde, so entscheidet wie oben das Los, wer von ihnen in die Stichwahl zu bringen ist.

III Die Bezirks- und Kreisvertreter werden zufolge der allgemeinen Vorschriften des Art. 6 des Wahlgesetzes vom 15. April 1919 im Wege der Verhältniswahl gewählt.

**1.** Art. 7 ersetzt Art. 195 und 197 rrh. und 115 und 119 pfälz. GemO.

**2.** Die ersten Bürgermeister werden von sämtlichen Wahlberechtigten mit absoluter Stimmenmehrheit der abgegebenen gültigen Stimmen gewählt. Als absolute Mehrheit gilt auch ein Bruchteil über die Hälfte. Unausgefüllte Stimmzettel zählen bei Berechnung der gültigen Stimmen nicht mit, S 10, 122. — Auch der berufsmäßige Bürgermeister wird vom Volk gewählt, s. VA. § 6 Abs. II. — Wegen der Wahlen in Bürgermeistereien s. Art. 198 GemO.

**3.** S. oben VA. Buchst. b.

**4.** Bei der Stichwahl für den ersten Bürgermeister treten an Stelle von wegfallenden Kandidaten die mit den nächsthöheren Stimmzahlen Gewählten ein, unter Umständen muß Neuwahl durch das Volk stattfinden, jedenfalls wenn nach der Stichwahl der endgültig Gewählte wegfällt.

**5.** Die mittelbaren Wahlen nach Ziff. 2 und 3 sind zwar Wahlen, aber zugleich auch Beschlüsse des Stadt- oder Gemeinderats, sie sind den früheren Wahlen des städtischen Gemeindekollegiums zu vergleichen. Das Gesetz gebraucht im Abs. II den Ausdruck „Auswahl", um den beschlußmäßigen Charakter hervorzuheben. Es besteht also Wahlpflicht, S 10, 525; die Voraussetzungen eines gültigen Beschlusses müssen erfüllt sein, vgl. auch BayGemVZ. 1922 Sp. 189; a. M. ungedr. EVGH. v. 1. Febr. 1922 Nr. 158/21, BayGemVZ. 1922 Sp. 698.

## Art. 8.

Den ersten Bürgermeister vertreten zunächst die weiteren Bürgermeister nach ihrer Reihenfolge, danach die nichtberufsmäßigen[1]) Stadt- oder Gemeinderäte nach der Reihenfolge ihres Lebensalters.[3])

### Vollzugsanweisung § 8.

I Der erste Bürgermeister wird durch den zweiten, der zweite durch den dritten usw. vertreten, danach kommen die nichtberufsmäßigen Stadt- oder Gemeinderäte an die Reihe, die berufsmäßigen sind, weil sie auch nicht das volle Stimmrecht besitzen, von der Vertretung des Bürgermeisters überhaupt ausgeschlossen.

II Der durch Art. 101 Abs. 3 und Art. 145 Abs. 7 der rrh. GemO. wird durch das SG. nicht berührt. Die Bildung von Geschäftsabteilungen[2]) ist für das rechtsrheinische Bayern dadurch möglich, daß die weiteren Bürgermeister als deren Vorstände bestimmt werden, für die Pfalz gibt Art. 78 die Möglichkeit, die Sache durch die Geschäftsordnung zu regeln.

III Die Erlassung einer Geschäftsordnung ist übrigens auch für das rechtsrheinische Gebiet zulässig.

IV Von einer Ordnung der Rangverhältnisse[4]) wurde abgesehen; wenn ein Bedürfnis danach gefühlt wird, kann sie vom Stadt- oder Gemeinderate getroffen werden.

1. Im Gegensatze zur bisherigen Regelung in Art. 101 Abs. 2 rrh. GemO sind künftig die berufsmäßigen gewählten Mitglieder des Stadt- oder Gemeinderates nicht mehr berechtigt, den ersten Bürgermeister allgemein zu vertreten. Dagegen hat das Staatsmin. in einer E. an den bayer. Städtebund vom 27. Aug. 1919 anerkannt, daß die berufsmäßigen Mitglieder den Bürgermeister innerhalb ihres Wirkungskreises vertreten können, also soweit sie auch stimmberechtigt sind. Es muß indes ein Beschluß des Stadtrats oder eine Bestimmung der Geschäftsordnung vorliegen. — S. jedoch oben Abs. II der VA. § 8. Die gesetzliche Schranke des Art. 101 rrh. GemO. gilt auch für die Vertretung durch berufsmäßige Gemeinderäte. S. o. VA. § 8 Abs. 2.

2. Die Bildung von Geschäftsabteilungen stößt im rechtsrheinischen Bayern insoferne auf Schwierigkeiten, als Art. 101 Abs. 3 und 145 Abs. 4 rrh. GemO. verlangen, daß alle Ausfertigungen vom geschäftsleitenden Vorstand unterzeichnet werden müssen, während in Art. 78 pfälz. GemO. eine solche Bestimmung fehlt, vielmehr die Regelung des formellen Geschäftsganges ohne Beschränkung der Geschäftsordnung überlassen wird. Auf dem in der VA. § 8 angedeuteten Weg ist es auch für das rechtsrheinische Bayern möglich, Geschäftsabteilungen einzurichten. Auch gegen die Erlassung einer Geschäftsordnung bestehen vom Standpunkte der rechtsrheinischen Gemeindeordnung keine Bedenken. S. noch Art. 101 GemO. Anm. 6.

3. Bei gleichem Lebensalter wird man auch hier, wie oben Anm. 4 bei Art. 3, das Los entscheiden lassen müssen. — Streitigkeiten über Vertretungsbefugnis fallen nicht unter Art. 8 Ziff. 33 VGG.

4. Wegen der Rangverhältnisse vgl. Art. 101 GemO. Anm. 7.

## Art. 9.

I Die Anzahl der Bezirksvertreter wird auf ein Drittel der bisherigen Zahl der Vertreter der Gemeinden festgesetzt. Bruchteile unter der Hälfte bleiben bei der Berechnung außer Betracht.[1])

II Der Art. 68 des Armengesetzes bleibt unberührt.[2])

### Vollzugsanweisung § 9.

I Bei der Berechnung der Anzahl der Bezirksvertreter werden nur diejenigen Mitglieder des bisherigen Distriktsrates gezählt, die unter Art. 2 Abs. 1 lit. a des DRG. fallen, besteht z. B. ein Distrikt aus 36 Gemeinden, von denen 34 je einen Vertreter, 2 aber, weil sie 3000 und 5000 Einwohner zählen, 2 und 3 Vertreter haben, so ist die maßgebende Anzahl 39, die Anzahl der Bezirksvertreter also 13. Bei der Teilung durch 3 ergibt erst der Rest 2 einen Vertreter mehr, 1/3 von 40 ist also 13, 1/3 von 41 aber 14. In einigen Bezirken wird die Zahl der Vertreter kleiner als 10 sein (z. B. Garmisch, Viechtach). Der Bezirkstag soll keine Versammlung (Parlament), sondern ein Verwaltungsorgan sein, vergleichbar dem Gemeinderat, aber noch kleiner als dieser, um hier, wo die Mitglieder nicht an einem und demselben Orte wohnen, den Zusammentritt möglichst erleichtern.

II Die Vorschriften über die Verwaltung der Bezirksarmenpflege, Art. 65 bis 69 des Armengesetzes vom 21. Aug. 1914, werden überhaupt nicht vom Gesetze getroffen Die Bestimmungen des Art. 68 über die Zusammensetzung des Bezirkstages für die Behandlung der Armenangelegenheiten waren aber ausdrücklich aufrechtzuerhalten.

III Für die Bildung des Armenrates und des Waisenrates ist die gemeinschaftliche Bekanntmachung der Staatsministerien der Justiz und des Innern vom 12. Juni 1919 Nr. 5704 a und des Innern vom 20. Juni 1919 Nr. 5704 a 4 (StA. Nr. 145 vom 14 Juni 1919 und Nr. 154 vom 22 Juni 1919) maßgebend.

**1.** Die bisherige Zusammensetzung des Distriktsrats hatte in der Praxis niemals zu wirklichen Schwierigkeiten geführt, auch nicht in industriellen Bezirken. Schon seit langem wurde indes eine Änderung gefordert, ohne daß irgendwie brauchbare Vorschläge oder solche, die eine allgemeine Billigung gefunden hätten, von irgendeiner Seite gemacht worden wären.

Das SG. mußte nun diese Aufgabe lösen § 14 des damals noch gültigen vorläufigen Staatsgrundgesetzes vom 17 März 1919 verlangte für die Wahlen zu den Vertretungskörpern der Gemeindeverbände die Beobachtung der Grundsätze des Landtagswahlrechts. Diese Vorschrift enthielt bereits die im SG getroffene Lösung. Schwierig war nur, einen Maßstab für die Stärke der Bezirksvertretung zu finden.

Der Versuch, die Bevölkerungsziffer als Maßstab zugrunde zu legen, hätte der Gruppierung nach Gemeinden nicht genügend Rechnung getragen und sich auch wegen der großen Zahlen in der Pfalz nicht einheitlich für das ganze Land durchführen lassen, weil dort noch die größeren Städte dem Distrikt angehören Aus diesen Gründen hielt man die Anknüpfung an die bisherigen Zahlenverhältnisse für das zweckmäßigste. Eine Verkleinerung erschien aber nötig, auf Grund von umfassenden Berechnungen wurde die Stärke auf ein Drittel herabgesetzt.

In einigen wenigen Bezirksämtern, wie Garmisch, Regen, Viechtach, erreicht bei dieser Art der Berechnung der B e z i r k s t a g nicht einmal die Zahl 10 In Tölz fällt der Bezirkstag mit dem Bezirksausschuß zusammen. Es kam in Frage, eine Ziffer als Mindeststärke des Bezirkstages zu bestimmen. Dagegen sprach aber wieder die grundsätzliche Absicht, den Bezirkstag möglichst klein zu lassen, um seinen Charakter als Verwaltungsorgan zu wahren, dadurch aber auch die Verantwortlichkeit der Mitglieder zu erhöhen und schließlich auch gerade in Bezirken mit schwierigeren Verkehrsverhältnissen, wie Viechtach und Regen, die Leichtigkeit der Einberufung des Bezirkstages nicht zu vermindern. Dafür wurden auf anderem Wege Mittel geschaffen, insbesondere durch Zuwahl in die Sonderausschüsse, eine Verstärkung ohne Verletzung der Grundsätze zu gewinnen. Auch die VA. stellt in § 19 ein weiteres Mittel für diesen Zweck zur Verfügung, indem sie zuläßt, für die Wahl der Ersatzmänner des Ausschusses auf Ersatzmänner bei der Wahl der Bezirksvertretung zurückzugreifen. Ein Antrag des Abg. Eichner (Beil. 379 der Landtagsverh. 1919) wollte die Mindeststärke des Bezirkstags auf 16 festgesetzt wissen.

**2.** Art. 68 AG. behandelt die Zusammensetzung des für Beratung der Bezirksarmenangelegenheiten verstärkten Bezirkstags und des verstärkten Bezirksausschusses. S. Pöll AG. bei Art. 68.

## Art. 10.

Die Anzahl der Kreisvertreter wird für Oberbayern auf 45 festgesetzt, für alle übrigen Kreise auf 30.[1])

### Vollzugsanweisung § 10.

I Die Anzahl der Kreisvertreter ist gesetzlich festgelegt; sie ist unabhängig von der Einwohnerzahl. Die Vertretungen der einzelnen Distrikte, der unmittelbaren Städte, ferner die Sondervertretungen des Grundbesitzes, der Geistlichkeit und der Universitäten sind beseitigt.

**1.** Auch bei den bisherigen Landräten trat an das SG. dieselbe Aufgabe heran, wie bei den Distrikten, s. Anm. 1 bei Art. 9 oben.

Hier herrschte gleichfalls das Bestreben vor, die Stärke abzumindern, man entschied sich aber für eine einheitliche Festsetzung der Mitgliederzahl in allen Kreisen, nur für Oberbayern erwies sich eine Ausnahme unumgänglich.

## Art. 11.[6])

I Mit Wirkung vom 1. Januar 1920 werden die zu einem Bezirksamte gehörigen mehreren Distrikte zu einem einzigen Bezirke vereinigt.[1]) [4]) [5])

II Streitigkeiten über die Auseinandersetzung des Vermögens werden nach Art. 11 des Verwaltungsgerichtsgesetzes entschieden. Jeder bisherige Distrikt wird in diesem Verfahren noch vom bisherigen Distriktsausschusse vertreten. Dieser ergänzt eintretende Lücken durch Zuwahl aus den nach dem älteren Recht wählbaren Angehörigen des bisherigen Distrikts.[2])

III Die Verwaltung des vereinigten Bezirkes wird nach Beendigung der Wahl von der für den vereinigten Bezirk gewählten Vertretung übernommen.[3]) Der Haushalt für das laufende Jahr wird nach Maßgabe des aufgestellten Voranschlags noch getrennt für die beiden bisherigen Distrikte geführt.

IV Für die Berechnung der Zahl der Mitglieder des Bezirkstages ist die Summe der Vertreter der Gemeinden der bisherigen Distrikte maßgebend.

**Vollzugsanweisung § 11.**

I Bei der Vereinigung der Distrikte zu einem einzigen Bezirke soll grundsätzlich eine Vereinigung des Verwaltungs-, des Finanzvermögens und der Schulden eintreten. Der Übergang der Vermögensrechte ist als Gesamtrechtsnachfolge zu betrachten. Der Eigentumsübergang an eingetragenen Grundstücken oder grundstücksgleichen Rechten vollzieht sich außerhalb des Grundbuches, so daß das Grundbuch berichtigt werden muß. Zu diesem Zweck ist das Grundbuchamt zu verständigen.

II Die Vereinigung soll ausgleichend wirken. Es ist zu vermeiden, irgendwelche Sonderrechte oder Vorrechte für den einen oder anderen Distrikt zu begründen, nur wo subjektive öffentliche oder private Rechte es verlangen, z. B. das Recht der Angehörigen eines Distrikts eine bestimmte Anstalt zu benützen oder an einer Stiftung teilzunehmen, soll an den früheren Grenzen der beiden Distrikte festgehalten werden

III Die Bezirksamtsvorstände werden mit den Verhältnissen der einzelnen Distrikte so bekannt sein, daß sie die gütliche Regelung der vermögensrechtlichen Seite in den meisten Fällen erreichen werden.

IV Es empfiehlt sich ferner eine gewisse Rücksichtnahme in der Weise, daß sich der Bezirkstag abwechselnd auch in den anderen oder in den beiden anderen Distrikten versammelt, daß dort Einhebe- und Auszahlungsstellen bestehen bleiben, daß unter Umständen der Name des neuen Bezirkes die Namen der vereinigten Distrikte enthält, wie das bei Memmingen-Ottobeuern seinerzeit bereits geschehen ist.[4])

V In der Pfalz[5]) gehören die unmittelbaren Städte noch dem Bezirksverband an, sie können jetzt nach Art. 17 dieses Gesetzes auch gegen den Willen der Stadt wie des Bezirkes abgetrennt werden. Dies wird sich auch empfehlen wegen der besonderen bezirkspolizeilichen Zuständigkeit des Bezirksausschusses nach Art. 23 dieses Gesetzes, die mit der gleichen Zuständigkeit der unmittelbaren Städte sich nicht vertragen würde.

VI Die Berechnung der einzelnen Vertreter des vereinigten Bezirkes zeigt folgendes Beispiel: Wenn das Bezirksamt aus drei Distrikten besteht mit 22, 19 und 18 Gemeindevertretern, so hat der vereinigte Bezirk 20 Vertreter

**1.** Der Entw. Br. hatte bereits die Zusammenlegung der mehreren zu einem Bezirksamte gehörigen Distrikte im Art 60 vorgesehen. Den Zeitpunkt der Vereinigung sollte das Staatsministerium des Innern bestimmen. Streitigkeiten über die Auseinandersetzung des Vermögens sollten nach Art. 11 VGG entschieden werden. Aus der Begründung sei das folgende hervorgehoben:

„Die Umlagenbelastung der Distrikte, allein nach dem Hundertsatze betrachtet, ist eine sehr verschiedene. Sie schwankt in den Kreisen

| | | | | | | | |
|---|---|---|---|---|---|---|---|
| Oberbayern | zwischen | 53 | und | 18 | %, | Durchschnitt | 31 % |
| Niederbayern | „ | 68 | „ | 26 | „ | „ | 37 „ |
| Pfalz | „ | 91 | „ | 12 | „ | „ | 27 „ |
| Oberpfalz | „ | 58 | „ | 19 | „ | „ | 40 „ |
| Oberfranken | „ | 78 | „ | 14½ | „ | „ | 38 „ |
| Mittelfranken | „ | 89 | „ | 21 | „ | „ | 46 „ |
| Unterfranken | „ | 66 | „ | 20 | „ | „ | 33 „ |
| Schwaben | „ | 54 | „ | 20 | „ | „ | 29 „ |

Diese Ungleichheit rührt davon her, daß im allgemeinen die Ausgaben der Distrikte für öffentliche Zwecke geringere Unterschiede aufweisen als die Leistungsfähigkeit der Distrikte.

Die große Verschiedenheit dieser Leistungsfähigkeit ist wieder hauptsächlich eine Folge der großen Verschiedenheit des Umfanges der Distrikte. Der Distrikt Weißenburg z. B. zählt nur 8 Gemeinden, der Distrikt Aichach dagegen 75.

Die letzte zusammenfassende Erhebung über die Verhältnisse der Distrikte stammt aus dem Jahre 1907: ‚Die bayerischen Distriktsfinanzen', Heft 75 der Beiträge zur Statistik des Königreichs Bayern 1910. Wenn auch diese Erhebung sonst bereits veraltet ist, für den Vergleich der Distrikte untereinander liefert sie ein auch heute noch brauchbares Bild.

Auch hier ist ein Ausgleich durch Zusammenlegung dringend geboten. Es liegt nahe die Distrikte, die zu einem Bezirksamte gehören, zu vereinigen. Das wird eine erhebliche Geschäftsvereinfachung für die Verwaltungsbehörden bringen. Es gibt 9 Bezirksämter mit 3, 82 mit 2, 72 mit 1 Distrikte. Zwar ist gerade unter den Distrikten eines und desselben Bezirksamtes Leistungsfähigkeit und Hundertsatz der Umlage bisweilen sehr verschieden, aber gerade dieser Umstand spricht nicht gegen, sondern für die Vereinigung. Denn die Distriktsbildung, die sich an die alten Landgerichte anschloß, konnte für die Leistungsfähigkeit nur ein Zufallsergebnis liefern. Schon die Durchschnittssätze der Tabelle oben zeigen, wie ausgleichend die Zusammenlegung wirken wird."

Die für den Entw. Br. noch bestehenden Bedenken, daß die Vertretungen der vereinigten Distrikte zu groß werden könnten, mußten für das SG. wegfallen, weil dieses bereits mit der neuen Zusammensetzung des Bezirkstages rechnen durfte.

**2.** Die Vereinigung der mehreren Distrikte tritt am 1. Januar von Rechts wegen ein. Die beiden Distrikte gehen als selbständige Rechtspersönlichkeiten unter, das Vermögen wird gemeinschaftlich. Der neue Bezirk ist als Gesamtrechtsnachfolger der 2 oder 3 Distrikte zu betrachten, die bisher den Amtsbezirk gebildet haben. Es wird wohl in den meisten Fällen dadurch eine Vermögensauseinandersetzung sich erübrigen. Es liegt sogar in der Absicht des Gesetzes, weder Vorzugsrechte noch Vorzugslasten bestehen zu lassen oder etwa neu zu begründen. Vor solchen Versuchen muß ganz besonders da gewarnt werden, wo sich der eine Distrikt von dem anderen in bezug auf die Leistungsfähigkeit wesentlich unterschieden hat. Der Vorgang der Vereinigung soll wie die Eingehung einer Ehe nach dem Rechte der Gütergemeinschaft behandelt werden. Immerhin sind Fälle denkbar, wo für den einen oder anderen Distrikt auf Grund besonderer Rechtsverhältnisse bestimmte Rechtsansprüche gegenüber dem anderen oder gegenüber Dritten vorzubehalten sind. Kann das nicht ohne weiteres geschehen, muß insbesondere ein Auseinandersetzungsverfahren nach Art. 11 VGG. eintreten, so wird, um dieses Verfahren überhaupt zu ermöglichen, angenommen, daß der Distrikt noch existiert und er wird in diesem Verfahren vom bisherigen Distriktsausschusse vertreten. Diesen Ausweg hatte bereits der Entw. Br. vorgesehen und das SG. hat ihn von dort unverändert übernommen.

**3.** Die für den vereinigten Bezirk gewählte Vertretung sollte die Verwaltung sofort übernehmen. Das sollte verhindern, daß etwa da, wo Distrikte mit sehr verschiedener Leistungsfähigkeit zusammengelegt werden, der leistungsschwächere mit Rücksicht auf diese Vereinigung noch besondere Ausgaben zu seinen eigenen Gunsten machen wollte. Die Verwaltung wurde aber bis 1. Januar 1920, was den Haushalt anbelangt, getrennt nach den aufgestellten Haushaltplänen geführt.

**4.** Das Verzeichnis der Bezirke mit Doppelnamen s. StA. Jahrg. 1920 Nr. 87, 96, 155, 222, 297, im ganzen 25 Bezirke.

**5.** Über das Inkrafttreten des SG. in der Pfalz s. Art. 33 SG. Anm. 1. Das Ges. vom 20. Dez. 1919, GVBl. 833, hat in Art. 4 den Art. 11 und 23 SG. bis 31. März 1921 für die Pfalz außer Kraft gesetzt; diese Frist wurde durch Ges. vom 18. Febr. 1921, GVBl. 26, bis 31. März 1923 verlängert.

In der Pfalz sind die Distrikte also noch nicht vereinigt, sämtliche kr.unmittelb. Städte sind dort noch im Bezirksverband.

In Coburg haben früher Distrikte nicht bestanden, wegen Einführung der bayr. GemGesetzgebung, Durchführung der Wahlen s. Einl. GemO. Ziff. 4.

**6.** Das Ausscheiden einer Gemeinde aus einem BezVerband und Übertritt in einen andern, Umbildung der Bezirksgrenzen, ist nach der MinBek. v. 6. Aug. 1921, MBl. 134 zu behandeln.

## Art. 12.

I Die Gemeinden, die Bezirke, die Kreise sind Körperschaften des öffentlichen Rechts mit dem Rechte der Selbstverwaltung[1]) nach Maßgabe der Gesetze[2]). Sie können Rechte erwerben und Verbindlichkeiten eingehen.

II Aufgabe der Gemeinden, Bezirke und Kreise ist die Pflege des geistigen, sittlichen und wirtschaftlichen Wohles der Einwohner und deren Erziehung zur Gemeinschaft des ganzen Volkes.[2])

### Vollzugsanweisung § 12.

I Die Staatsaufsicht ist in den Art. 12, 13 und 14 einheitlich für Gemeinden, Bezirke und Kreise geregelt. Art. 1/1 der beiden Gemeindeordnungen ist durch Art. 12 ersetzt.

II Der Abs. 2 soll nur die Berechtigung der Gemeinden, Bezirke und Kreise aussprechen, ihre Tätigkeit auf diese Gebiete zu erstrecken. Eine Handhabe für die Staatsaufsicht soll er nicht bieten.

III Die Obliegenheiten der Gemeinden, Bezirke und Kreise läßt das Gesetz unberührt Es gelten für Gemeinden, insbesondere Art 38/29 der beiden Gemeindeordnungen weiter, ebenso Art. 27 und 28 des Distriktsratsgesetzes für die Bezirke und das Kreislastenausscheidungsgesetz vom 23. Mai 1846 (GBl 1846 S. 45) für die Kreise

IV Ebenso bleiben bis zu einer anderweitigen Regelung die Vorschriften aufrechterhalten, welche die Ernennung der Bezirks- und Kreisbeamten und die Aufbringung ihrer Bezüge betreffen Für den Bezirkskassier gelten die Art. 20 und 21 des DRG. weiter.

V Ebenso bleiben die bisherigen Bestimmungen in Kraft, welche den Vollzug des Kreishaushaltes betreffen (Führung der Kreiskassenrechnung, Erhebung der Einnahmen usw.).

VI Vor der Besetzung der Stelle eines Bezirkstechnikers soll in der Regel ein öffentliches Ausschreiben zur Bewerbung ergehen Vor der endgültigen Wahl ist der Landesverband der Bezirksbaumeister Bayerns zu hören.

VII Als Mindestvorbildung soll das erfolgreiche Bestehen der Schlußprüfung einer staatlich anerkannten Baugewerkschule und der Nachweis einer mehrjährigen praktischen Tätigkeit im öffentlichen oder privaten Baudienste verlangt werden

**1.** Der Entw Br. sah bereits für die Bezirke das SR. vor. Das vorl. Staatsgrundgesetz vom 17. März 1919, das bei Verkündung des SG noch galt, sicherte den Gemeindeverbänden das Recht der Selbstverwaltung zu. Das SG. hatte eigentlich keine Wahl, es mußte einen Schritt versuchen, der bei den Bezirken und noch mehr bei den Kreisen vorbereitende und überleitende Bestimmungen erfordert hätte, s. oben Einleitung SG Ziff. 4

Wegen des Begriffes der Selbstverwaltung s Einleitung GemO Ziff. 3.

Über die Einschränkung des SR durch gesetzliche Vorschriften s Art. 14 Anm 1

Wegen des Beschwerderechts in Bezirksangelegenheiten s. unten Art. 30 Anm 2, wegen des verwaltungsrechtlichen Schutzes bei Kreisen s unten Art 13 Anm 7 und Art 30 Anm 1.

**2.** Die Selbstverwaltung wird nach Maßgabe der Gesetze eingeräumt

a) Wegen des Finanzrechts der Gemeinden s Art 40 GemO und die Anmerkungen, wegen der Bezirke und Kreise s Einl. SG Ziff 6

b) Das Beamtenrecht bemißt sich bei den Gemeinden und Bezirken nach der Gemeindeordnung und dem Distriktsratsgesetze mit den durch das Gemeindebeamtengesetz vom 16 Juli 1916 eingetretenen Änderungen Das Recht zur Anstellung unwiderruflicher Beamter bleibt nach wie vor auf Gemeinden mit bisher magistratischer Verfassung beschränkt Für die Kreise sind die bisherigen Rechtsverhältnisse geblieben. Die

Kreisbeamten haben bisher als königliche Beamte gegolten, sie sind auch durch das StGB. Art. 188, 189 und die auf Grund des Art. 189 erlassenen Verordnungen besonders behandelt worden, das Ernennungsrecht stand nicht dem Kreise, sondern in der Regel dem Könige zu und ist durch die VO. vom 15. Nov. 1918, GVBl. 1231, auf das zuständige Ministerium übergegangen. Die BezBeamten sind in der GemBeamtKammer organisiert, Vorbem. 2 zu Art. 77 GemO. — Die BezBaumeister und die BezStraßenanwärter haben daneben noch einen eigenen Landesverband.

c) Die Gemeinden usw. haben das Recht, die Amtsbezeichnung ihrer Beamten zu bestimmen, sie dürfen die Bezeichnungen der staatlichen Besoldungsordnung nur unter Genehmigung des zuständ Min. verwenden, Ges. vom 25. Nov. 1921, GVBl. 553 Art. 2. Die Staatsregierung beabsichtigt Richtlinien hiefür zu geben. Wegen der Verleihung des Titels Ehrenbürger s. Art. 24/17 der beiden GemO.

d) Rechnungs- und Kassenwesen der Gemeinden und Bezirke bestimmt sich wie bisher nach den Gemeindeordnungen und nach dem Distriktsratsgesetze (vgl. übrigens auch Art. 16 dieses Ges.), aber auch das der Kreise soll unverändert in der bisherigen Weise fortgeführt werden.

e) Wegen der aufgehobenen Portofreiheit der Gemeinden s. Art. 2 GemO. Anm. 9. — Wegen der Benützung von Dienstwertzeichen durch BezAusschüsse, Kreisausschüsse, Bezirkskassiere, Bezirkssparkassenkassiere, BezKranken- und Wohltätigkeitsanstalten Min.-Bek. vom 23. Nov 1919, GVBl. 808.

**3.** Abs. II rührt vom Berichterstatter für Änderungen der GemO Dr. Geßler her. Offenbar lag ein badischer Entwurf ihm vor, die jetzige bad. GemO. vom 5. Okt. 1921 enthält in § 1 den gleichen Abs. II, nur ist dort auch vom körperl. Wohl die Rede.

Durch Abs. II sind diese Aufgaben fakultative geworden, sie gehören in den Bereich der Selbstverwaltung, sind aber nicht erzwingbar, aber auch nicht mehr freiwillige im Sinne der Ziff. 7 des nicht mehr gültigen Art. 159/91 GemO. oder des ebenfalls vom SG. verdrängten und übrigens schon vorher nicht mehr beachteten Art 30 II DRG., vgl S 37, 1.

## Art. 13.

I Die Staatsaufsicht[1]) wird unter der obersten Leitung des Staatsministeriums des Innern[2])

a) über die unmittelbaren Städte von der Regierung, Kammer des Innern, über alle übrigen Gemeinden[3]) vom Bezirksamte,

b) über die Bezirke von der Regierung, Kammer des Innern,

c) über die Kreise vom Staatsministerium des Innern ausgeübt.

II Die Aufsichtsbehörde kann gesetzwidrige[4]) Beschlüsse aufheben und die Erfüllung der gesetzlichen[5]) oder übernommenen[6]) Verpflichtungen erzwingen.

III Wird die Verpflichtung bestritten, so hat die Aufsichtsbehörde Beschluß zu fassen. Gegen die Beschlüsse der Bezirksämter ist Beschwerde zur Regierung, gegen die Beschlüsse der Regierung Beschwerde zum Verwaltungsgerichtshofe nach Art. 10 Ziff. 1, 2 des VGG. zulässig.[7]) Alle Beschwerden sind innerhalb einer unerstrecklichen Frist von vier Wochen[8]) einzulegen.

IV Wird auch die endgültig festgestellte Verpflichtung nicht erfüllt, so hat die Aufsichtsbehörde das Recht des Zwangsvollzugs[9]) und der Einsetzung der Kosten in den Voranschlag.[10]) Sie kann in solchen Fällen rechtserhebliche Erklärungen an Stelle der Gemeinde, des Bezirkes, des Kreises schriftlich abgeben oder zur Abgabe solcher Erklärungen einen Bevollmächtigten für die Gemeinde, den Bezirk, den Kreis aufstellen.[11])

V In dringenden Fällen steht der Aufsichtsbehörde die Befugnis des vorigen Absatzes selbst dann zu, wenn die bestrittene Verpflichtung noch nicht endgültig festgestellt ist; die Aufsichtsbehörde kann auch vorläufige Anordnungen treffen.

### Vollzugsanweisung § 13.

I Die Bestimmungen treten für die Gemeinden an Stelle der Art. 157/89 der beiden Gemeindeordnungen, für die Bezirke und Kreise sind sie neu.

II Das Recht der Kenntnisnahme von der Tätigkeit der Gemeindebehörde, insbesondere das Recht der Amts- und Kassenvisitation (bisher Art. 157/89 Abs. 2 der beiden Gemeindeordnungen) ist ein selbstverständlicher Teil der Staatsaufsicht und nicht mehr ausdrücklich im Gesetz erwähnt.

III Die Leistungsfähigkeit der Gemeinde, des Bezirkes, des Kreises hinsichtlich der aufzuerlegenden Verpflichtung ist eine selbstverständliche Voraussetzung des staatsaufsichtlichen Einschreitens. Sie ist auch für die Folge sorgsam zu prüfen und im etwa ergehenden Beschlusse festzustellen.

IV Das Gesetz sieht von besonderen Förmlichkeiten ab, die die Gemeinde, den Bezirk, den Kreis in bezug auf die Leistung in Verzug setzen. Es ist auch für die Folge notwendig, daß die Gemeinde, der Bezirk, der Kreis zunächst auf ihre Verpflichtung aufmerksam gemacht und über die einschlägigen gesetzlichen Bestimmungen belehrt werden; erst wenn diese Schritte erfolglos geblieben sind, kann der staatsaufsichtliche Zwang ausgeübt werden

1. Die Staatsaufsicht wurzelt zwar im Gewaltverhältnis des Staates, sie ist aber von ihm selbst geordnet und stellt eine rechtlich begrenzte Macht dar, die Gemeinden und Gemeindeverbände in ihre

gesetzlichen Schranken zu bannen, sie aber auch innerhalb dieses Bereiches zur Erfüllung ihrer Aufgaben anzuhalten

Der Entw. Br. zerlegte die Staatsaufsicht in drei Teile:

1. die Rechtsaufsicht, daß die gesetzlichen Schranken eingehalten werden,
2 die Pflichtaufsicht, daß die gesetzlichen Aufgaben erfüllt werden Endlich
3. das Mitwirkungsrecht der Aufsichtsbehörde in den gesetzlich bestimmten Fällen.

Zur Rechtsaufsicht gehört die Befugnis von der Verwaltungstätigkeit Kenntnis zu nehmen, durch Einsichtnahme an Ort und Stelle, Gemeindevisitationen — MinE. vom 7. Febr. 1893, W 22, 307 —, Kassenuntersuchungen, aber auch durch Abfordern der Akten und Urkunden. Auch die Prüfung der Rechnungen und Haushaltpläne gehört zur Rechtsaufsicht Art 157/89 GemO., die der Art. 13 verdrängt, enthielten den Beisatz „in eigentl. GemAngel", die Staatsaufsicht im übertragenen Wirkungskreis wird auf Art. 156/88 gestützt. Die Weglassung sollte die Behandlung der Grenzfälle erleichtern, an dem Unterschied zwischen eigentl. und übertragenem Wirkungskreis hat das SG. nichts geändert, S 41, 6.

Die Staatsaufsicht erstreckt sich auch auf die Ortschaften: sie ist nicht immer an das Staatsgebiet gebunden, S 12, 490.

Der Entw. Br erläuterte die in das SG übernommenen Bestimmungen:

„Die Aufhebung eines gesetzwidrigen Beschlusses kann unter Umständen in einer Verfügung der Aufsichtsbehörde erblickt werden, die stillschweigend einen Beschluß der Gemeinde, des Bezirkes, des Kreises unbeachtet läßt. Auch in diesem Fall ist Beschwerde zulässig. Wird sie mit der Behauptung begründet, daß das Selbstverwaltungsrecht verletzt sei, so kann der Verwaltungsgerichtshof angerufen werden.

Die Pflichtaufsicht ist in Abs. 4—6 des Entwurfes des näheren geordnet Ist der Streit über die Verpflichtung zuungunsten der Körperschaft ausgetragen, so hat die Aufsichtsbehörde das Recht des Zwangsvollzugs, sie kann die Handlung oder Leistung an Stelle oder auf Kosten der Körperschaft selbst vornehmen (Zwangsersatzvornahme) und die Kosten in den Voranschlag zwangsweise einsetzen (Zwangseinschreibung, Zwangsetatisierung)

Diese Bestimmungen gelten auch, wenn ein zivilrechtliches Erkenntnis vollstreckt werden will

Die Aufsichtsbehörde kann sich zunächst damit begnügen, die schuldige Leistung in den Voranschlag einzustellen und mit der Zwangsersatzvornahme oder der dienstlichen Einwirkung auf den Beamten, der für den Vollzug durch die Körperschaft verantwortlich ist, noch zuwarten, bis sich die Notwendigkeit weiterer Zwangsmaßnahmen herausstellt In der Regel wird die Zwangseinschreibung genügen

Der Aufsichtsbehörde muß auch das Recht zustehen, in dringenden Fällen noch vor der endgültigen Festsetzung der Verpflichtung Zwangsmaßnahmen zu ergreifen oder vorläufige Anordnungen zu treffen

Die der Genehmigung vorbehaltenen Fälle sind lediglich im Interesse der Körperschaft selbst ausgewählt"

Jetzt ist die Rechtsaufsicht mit dem ersten Halbsatze des Abs 2 des

Art 13, die Pflichtaufsicht mit dem zweiten Halbsatze getroffen. Das Mitwirkungsrecht (Prüfung und Genehmigung der Beschlüsse) ist jetzt in den Art. 14 und 15 des SG. enthalten. Die Form der Pflichtaufsicht (der Leistungszwang) ist in Abs. 3 und 4 geordnet

Unter die Staatsaufsicht fallen alle jene Handlungen nicht, die ausschließlich dem Bürgerl Rechte angehören, aber nur bezüglich des materiellen Rechts, in formeller Beziehung können auch solche Handlungen und auch rein wirtschaftliche Tätigkeiten der Gemeinden aufsichtlich geprüft werden müssen, z. B. auch die Gültigkeit der einschl. Beschlüsse, vgl auch S 6, 83.

Die Staatsaufsicht hat im Gebiete des öffentl. Rechts eine doppelte Schranke:

a) an jenen Vorschriften, die dem Willen der Gemeinde einen Spielraum lassen,

b) am Art. 15 VGG Beschlüsse der Behörden und des VGH in Angelegenheiten des Art. 8, und Beschlüsse des VGH. in Angelegenheiten des Art. 10 VGG. dürfen von Oberaufsichts wegen nicht durch die Ministerien aufgehoben werden. Das gilt auch für die Kreisregierungen, wo sie oberaufsichtlich handeln, vgl S 4, 613. Walten Zweifel, ob eine instanzielle Entscheidung vorliegt oder eine bloße Verwaltungsverfügung und läßt sich aus dem Verfahren (rechtl. Gehör der Parteien, öff. Sitzung bei den Regierungen, Zustellung, Beschwerdebelehrung) darüber kein Urteil gewinnen, so ist ein Eingriff jedenfalls in der Weise zulässig, die das Verfahren in den richtigen verwaltungsrechtlichen Gang bringt.

Streitigkeiten über öffentl.-rechtl. wie bürgerl.-rechtl. Ansprüche, deren Entscheidung für die aufsichtl. Tätigkeit maßgebend ist, sind vorher gesondert zum Austrag zu bringen Beruft sich die Gemeinde auf die Verpflichtung eines Dritten, so erlangt sie Aufschub nur, wenn dessen Verpflichtung auf Vorschriften oder Vereinbarungen des öffentl. Rechts beruht, privatr. Verbindlichkeiten eines Dritten kann zwar die Staatsaufsicht beachten, braucht es aber nicht.

2. In Art. 154/86 hieß es „des betreffenden Staatsmin.“, jetzt ist nur das StMin d Innern zuständig, das u U. von dem einschlägigen anderen Min, s. oben GemO. Art. 138 Anm 2 und 156 Anm 1, angegangen werden muß und sich über die Entscheidung mit ihm benehmen wird.

3. Die BezÄmter haben jetzt die unbeschränkte Staatsaufsicht auch über die mittelbaren Städte, Art 160 rrh. GemO ist verdrängt.

4. Ist der Beschluß nicht nur gesetzwidrig, sondern auch formal ungültig, so ist es nicht nötig ihn aufzuheben, — die Aufsichtsbeh. erklärt ihn für nichtbeachtlich. — Abs. IV des Art. 157/89 gelten nicht mehr, der frühere Unterschied, ob die Beschlüsse nur einen Einzelnen benachteiligen, ist weggefallen, vgl. O Mayer II, 719[22], ungebr VGH. 63/21, Anm 2 bei Art. 163 GemO

5. Gesetzliche Verpflichtungen sind insbes. für Gemeinden in Art. 38/29 GemO., für Bezirke in Art. 27, 28 DRG., für die Kreise in Art 1 des KreislastenausschGes enthalten.

6. **Übernommene Verpflichtungen** galten bisher schon als ebenso bindend, wie gesetzliche, S 18, 38. Diese Auffassung wollte das SG. besonders festlegen, um zu verhindern, daß Bezirke und insbes Kreise die im Bereich des öffentlichen Rechts in gesetzmäßiger Weise übernommenen Verbindlichkeiten ohne weiteres abschütteln. Es war nicht nur an jene Fälle gedacht, wo die Übernahme auf einer Vereinbarung, insbes. mit dem Staate beruhte, denn hier ist eine einseitige Zurücknahme überhaupt nicht möglich, sondern auch an jene Leistungen, deren Fortsetzung im öffentlichen und im staatlichen Interesse geboten wäre. Vgl. VGHEntsch. S 43, 1 über die Aufhebung von Progymnasien im Kreise Schwaben und Neuburg.

7. Das SR. steht unter **Rechtsschutz**, auch gegenüber ministeriellen Entschließungen, S 40, 105 hat das Verfahren des Gesetzes richtiggestellt. Anfangs sollte die StAufs. über die Kreise den Regierungen übertragen werden, schließlich wurde es unterlassen, die Eingangsworte des Art. 10 VGG. zu ändern. Auf die nämliche Weise erklärt sich auch die Unstimmigkeit zwischen den Eingangsworten des Art. 13 SG. und dem Buchst. c des Abs. I.

Zum Begriffe der Staatsaufsicht gehört immanent die Leistungsfähigkeit der Gemeinde, sie ist eine gesetzliche Voraussetzung, auch wenn sie nicht ausdrücklich im Gesetze ausgesprochen ist; a. M. die VGHEntsch. S 43, 1; o. in Anm. 6.

Die Rechtsprechung betrachtete die Frage nach der Leistungsfähigkeit als eine solche des Verwaltungsermessens. Dagegen Bühler, Subj.-öff. Rechte, S. 399 Anm. 192. — In S 38, 125 sucht sich der VGH. mit ihm auseinanderzusetzen.

Der staatsaufsichtliche Leistungszwang muß erwägen 1. die rechtliche Zulässigkeit und 2. die praktische Zweckmäßigkeit des aufsichtlichen Schrittes. Die Aufsichtsbehörde fragt zunächst Darf ich?, und dann Soll ich? Die erste Frage ist eine Rechtsfrage und zu ihr gehört alles, was eine rechtliche Voraussetzung des Zwanges bildet, die Würdigung des Bedürfnisses und der Art seiner Befriedigung, so sehr auch dieses letztere Urteil bisweilen auf schwankem Boden erwachsen muß. Und auch die Leistungsfähigkeit ist eine rechtliche Voraussetzung; es ist nicht etwa unzweckmäßig, einer Gemeinde eine Leistung anzusinnen, die über ihre Kräfte geht, sondern es ist unrecht.

Die AufsBeh. kann auch, wenn die Voraussetzungen vorliegen, vom Zwange absehen, aus sozial-, staats- oder finanzpolitischen Gründen, z. B. weil sie in der nächsten Zeit etwas dringlicheres von der Gemeinde verlangen muß. Hier allein liegt das reine Verwaltungsermessen.

Die Lehre von den unbestimmten Begriffen, z. B. S 42, 84, ist aufzugeben, ob ein Begriff unter das richterliche Ermessen fällt oder nicht, ist kein dem Begriff anhaftendes Merkmal, es gibt keine bestimmten „unbestimmten" Begriffe, sondern der Unterschied hängt davon ab, ob der Begriff zu den vom Verwaltungsrichter zu prüfenden gesetzlichen Voraussetzungen gehört. Insofern kann derselbe Begriff hier unter das richterliche, dort unter das Verwaltungsermessen fallen über die Zweckmäßigkeit der Auflage (z. B. Kanalisation) entscheidet der Verwaltungsrichter, über die Zweckmäßigkeit des Zwanges die Aufsichtsbehörde, vgl auch BlfadmPr. 71, 65

Der Schutz des SR. soll geschlossen sein, wie eine Schutzhülle, auch der kleinste Riß macht sie unbrauchbar, S 38, 125 zeigt auf S. 130 die Lücken des gegenwärtigen Rechtsschutzes.

Über den wissenschaftl. Streit um die Unterscheidung zwischen richterl. und Verwaltungsermessen und den gegenwärtigen Stand s. Dyr. S. 506 Anm. 10. Die hier vertretene ist am nächsten der späteren Seydelschen verwandt, Dyr. S. 509 unten.

Unter Leistungen versteht S 12, 152 nur solche, die einen Kostenaufwand erheischen, das Ansinnen einer Zeugenvernehmung durch die Gemeinde würde keine Leistung im Sinne des Art. 10 Ziff. 2 VGG. sein.

Abgesehen von der Staatsaufsicht des Min. d. J. über die Kreise, also in allen übrigen Fällen seiner Aufsicht über die Gemeinden und Bezirke, besteht noch für den VGH. die Beschränkung durch die Eingangsworte des Art. 10 VGG. In solchen Fällen pflegt das StMin. eine Abänderung der angefochtenen Verfügung nicht selbst zu treffen, sondern die Kreisregierung entsprechend zu beauftragen, damit der Gemeinde gegen die abgeänderte Verfügung die Beschwerde zum VGH. offenbleibt.

**8.** Die Frist, früher 14 Tage, ist jetzt verlängert, berechnet sich nach § 188 II BGB. und § 222 II ZPO. und gilt für die Beschwerden zur Regierung wie zum VGH.

**9.** Die Vollstreckung zivilrechtl. Erk. gegen Gemeinden, Ortschaften, Bezirke und Kreise kommt den Verwaltungsbehörden zu, soweit sie nicht den Gerichten vorbehalten ist. Solche Erkenntnisse gelten als endgültig festgestellte Verpflichtungen im Sinne des Abs. VII des Art. 159/89 GemO., der zur Auslegung noch heranzuziehen ist, da das SG. sachlich nichts ändern wollte. Das Verfahren nach Abs. VI Art. 157/89 fällt hier weg und insofern hat die Aufsichtsbehörde hier keine Möglichkeit mehr, die Leistungsfähigkeit zu berücksichtigen, vgl. BayGemZ. 1922 Sp. 274, Schlußwort der Schriftleitung. — Für Geldforderungen Art. 9, für den Fall des Konkurses Art. 15 AG. z. ZPO. Es wird, wie oben der Ausdruck gewählt ist, auch in anderen Fällen die Aufsichtsbehörde allein zuständig sein, z. B. bei Besitzeinweisungen, wohl auch bei Forderungen auf Herausgabe. —

Die frühere Streitfrage, ob beim Zwangsvollzuge die Aufsichtsbehörde nur Umlagenerhebung anordnen kann, ist durch die Fassung des SG. beseitigt, vgl. K II, 51[45]. Die Aufsichtsbehörde kann jede Handlung an Stelle der Gemeinde vornehmen, die dieser möglich wäre, z. B. einen Bauakkord abschließen, wenn es sich um Herstellung eines Gebäudes handelt.

**10.** Das Recht der Einsetzung der Ausgaben in den Voranschlag, die Zwangseinschreibung (Zwangsetatisierung) ist in dieser allgemeinen Anwendung für das bayerische Verwaltungsrecht neu, im besonderen ist sie aber bereits in Art. 141 Abs. 5/79 Abs. 7 der beiden Gemeindeordnungen bei der Aufstellung des Ortspolizeipersonals als Zwangsmaßregel zugelassen worden. Dieses Mittel wird in vielen Fällen die beste Art des Zwangsvollzuges sein, wenn es sich z. B. um die notwendige Anstellung eines Beamten, um die Errichtung eines Gebäudes, um die Eingehung einer Versicherung u. dgl. handelt. Dagegen sind Zahlungsanweisungen auf die Gemeindekasse der Aufsichtsbehörde nicht möglich, sie kann nur dienstaufsichtlich den Gemeindevorstand anhalten, zur Befriedigung einer liquiden Leistung eine solche auszustellen.

11. In jenen Fällen, wo das bürgerliche Recht bestimmte Erklärungen verlangte, z. B. vor dem Grundbuchamte bei der Veränderung dinglicher Rechte, war bisher der Vollzug dadurch erschwert, daß ein Zwang zur Abgabe solcher Erklärungen nicht gut auszuüben war. Der 2. Satz des Abs. 4 soll diesem Mangel abhelfen. Wenn die Verpflichtung feststeht, kann auf Grund des Beschlusses ein Beamter des Bezirksamtes, der Regierung die notwendige Erklärung namens des Bezirkes, des Kreises beispielsweise vor dem Grundbuchamt abgeben.

## Art. 14.[1])

I Die Beschlüsse der Gemeinde, des Bezirkes, des Kreises, bedürfen im Falle der Schuldaufnahme[2]) der Genehmigung[3])[4]) der Aufsichtsbehörde, wenn der Betrag der aufzunehmenden Schuld in demselben Rechnungsjahre

| | |
|---|---|
| 1. in Gemeinden mit weniger als 5000 Einwohnern . . . . . . . . . . . . | 20000 ℳ |
| in Gemeinden mit 5000 aber weniger als 20000 Einwohnern . . . . . . . . | 100000 ℳ |
| in Gemeinden mit 20000 aber weniger als 50000 Einwohnern . . . . . . . . | 500000 ℳ |
| in Gemeinden mit 50000 aber weniger als 100000 Einwohnern . . | 1 Million |
| in allen übrigen Gemeinden | 2 Millionen |
| 2. in den Bezirken | 1 Million |
| 3. in den Kreisen | 2 Millionen |

übersteigt.

II Anlehen sollen nur zu werbenden Zwecken[5]) und im übrigen nur zu Ausgaben von dauerndem Nutzen aufgenommen werden, soweit zu deren sofortiger Deckung die Leistungsfähigkeit der Gemeinden, Bezirke, Kreise nicht zureicht. Nur ausnahmsweise in Zeiten der Not sind auch Anlehen für die Deckung laufender Bedürfnisse zulässig. Bei wiederkehrenden Aufwendungen muß der Anlehensbetrag bis zur Wiederkehr des Bedürfnisses getilgt sein; Ausnahmen sind nur aus wichtigen Gründen zulässig. Es sind stets Tilgungspläne aufzustellen und der Aufsichtsbehörde vorzulegen.[6])

### Vollzugsanweisung § 14.

I Die Bestimmungen in Art. 14 und 15 ersetzen für die Gemeinde die Art. 159/91 der beiden Gemeindeordnungen. Für Bezirk und Kreis war bisher zu jedem Beschluß eine Genehmigung erforderlich. Die Regelung soll erschöpfend sein, in allen anderen

Fällen bedürfen die Beschlüsse der Gemeinden, Bezirke und Kreise nicht mehr der Mitwirkung der Staatsbehörden zur Gültigkeit.

II Die für die Anleihewirtschaft erlassenen sonstigen allgemeinen Weisungen gelten weiter, soweit sie sich mit dem Gesetze vertragen. Insbesondere wird für die Gemeinden noch die ME. vom 11. Okt 1907, MBl S. 482, ausdrücklich aufrechterhalten.

**1.** Art. 14 und 15 behandeln die Fälle, in denen die Aufsichtsbehörden zu einer Mitwirkung berufen sind, s. Anm. 1 bei Art. 13. Hier handelt es sich um die Überreste der alten Staatskuratel Solche das SR. beschränkende Vorschriften finden sich noch für die rrh. GemO in den Art. 26 II, 31 III, 33 II, IV, VI, 66, 67, 69, 107, 127 IV, 129 III, 139, 141 V, 153 III und 164, in der pfälz GemO., Art. 19 II, 50, 51, 53, 65. Dazu kommen noch die Vorschriften über das Finanzrecht, oben bei Art. 40 rrh. GemO., die gleichmäßig auch für die Pfalz gelten. Die Genehmigung ist reine Ermessenssache, nur bei Umwandlung von Stiftungen, Art. 67/53 ist der Verwaltungsrechtsweg offen, und im Finanzrecht gibt es Fälle, wo die Genehmigung erteilt werden muß, s. bei Art. 40 GemO. Anm. 3.

Abgesehen von diesen Bestimmungen, die einen ausdrücklichen Akt der Aufsichtsbehörde erheischen, gibt es noch weitere gesetzliche Bindungen der Gemeinden, für das rrh. Bayern: Art. 30, 39, 55 IV, 60 a, die wohl zur Staatsaufsicht, aber nicht zur Staatskuratel gehören. —

Alle diese Bestimmungen haben ihre Geltung nicht eingebüßt Schranken vertragen sich nicht nur mit der Selbstverwaltung, sondern gehören zu ihrem wissenschaftlichen Begriff, s. Einl. z. GemO. Ziff. 3. Die BU. in § 14 Abs. 1 Satz 3 hat bei den Gemeinden nur den Art. 159/91 im Auge, Art. 28 SG. hat in Art. 153 III rrh GemO selbst eine solche Ausnahme aufrecht erhalten übereinstimmend Br—St S 150 und 161, a. M H—R, der nur einen Teil dieser Ausnahmen weitergelten lassen will

Das Finanzwesen der Gemeinden, Bezirke und Kreise unterliegt einer statistischen Beobachtung, die allerdings während des Krieges nicht mehr regelmäßig bleiben konnte. Die erste Statistik für Umlagen und Schulden der bayer Gemeinden mit mehr als 5000 E in den Distriktsgemeinden, Zeitschrift des Bayer. statist Landesamts Jahrg. 1918 Heft 1 S 59—84 und die Finanzen der Kreise, Bezirke und Gemeinden in Bayern im Jahre 1921, ebenda Jahrg. 1922 Heft 1 und 2 S 1—51

**2.** Die Bürgschaft ist keine Schuld, die Übernahme bedarf keiner Genehmigung.

Darlehen in laufender Rechnung, auch wenn sie nur als Betriebskredit aufgenommen und alsbald wieder zurückgezahlt werden sollen, sind nach einer MinE. vom 24. Juni 1922 genehmigungsbedürftig, wenn sie innerhalb des gleichen Rechnungsjahres den gesetzlichen Höchstbetrag überschreiten.

Als Rechnungsjahr gilt jetzt 1. April bis 31 März, s. bei Art 88 GemO. Anm. 1.

**3.** Die Erteilung der Genehmigung ist wie bisher die Bedingung für die Gültigkeit des bürgerlich-rechtlichen Darlehensgeschäftes, s. O Mayer II, 721[30]. Die Genehmigung ist ferner gegenüber dem Dritten die Bestätigung, daß der Beschluß der Gemeinde, des Bezirkes, des Kreises den gesetzlichen Formvorschriften entsprochen hat. Diese Rücksichten sind es auch hauptsächlich gewesen, die dazu führten, für die Schuldaufnahme neben der Vorlage des Tilgungsplanes auch die Genehmigungspflicht festzuhalten. Es ist keine Frage, daß diese Vorschrift wesentlich zur Stärkung des Kredits der Gemeinden beigetragen hat. Die Vorschrift des Landratsgesetzes in Art. 15f, daß die Schuldaufnahme des Kreises nur durch ein Gesetz erfolgen kann, ist aufgehoben.

**4.** Die Ortschaften sind im Art. 44 nicht erwähnt, auch schon vorher nicht im Art. 13. Der Art. 13 will indes keineswegs die Staatsaufsicht begründen, er setzt sie vielmehr voraus und regelt nur die Zuständigkeit. Insoferne kann also nicht gezweifelt werden, daß die Ortschaften unter der Staatsaufsicht der Bezirksämter stehen. Die Aufnahme von Schulden durch Ortschaften wird nach der Neuregelung des Ortschaftsrechtes, wie sie Art. 28 des SG. bringt, kaum mehr notwendig werden, sie ist aber keineswegs völlig ausgeschlossen. Für diesen Fall werden die Ortschaften entsprechend nach Ziff. 1 zu behandeln sein. Die Beschlußfassung der Ortsversammlung fällt jetzt weg (Art. 29 dieses Gesetzes).

**5.** Abs. II will die bisherige Übung, wie sie auf einer vorausschauenden Finanzgebarung beruhte, festhalten und für Gemeinden und Gemeindeverbände gesetzlich vorschreiben Für Gemeinden gilt die MinBek. vom 11. Okt. 1907 (MBl. 482) über die gemeindl. Anleihewirtschaft weiter, sie ist auch für Bezirke und Kreise entsprechend zu beachten.

**6.** Für alle Schuldaufnahmen, auch wenn sie unter den genehmigungspflichtigen Beträgen bleiben, sind Tilgungspläne nötig und der Aufsichtsbehörde vorzulegen. Auf diesem Wege soll die Einhaltung der Vorschriften überwacht werden

## Art. 15.

I Die Gemeinden, Bezirke und Kreise bedürfen der Genehmigung[1]) der Aufsichtsbehörde

1. bei Ausleihung von Geldern[2]) unter Abweichung von den bestehenden Vorschriften oder an Mitglieder der Verwaltung[3]) der Gemeinde, des Bezirkes, des Kreises,
2. zur Veräußerung[4]) oder wesentlichen Veränderung[5]) von Gebäuden oder sonstigen unbeweglichen oder beweglichen Gegenständen von künstlerischem oder geschichtlichem Werte.

II Wenn bei gemeindlich verwalteten Stiftungen des öffentlichen Rechtes im Laufe der Zeit durch die Entwicklung der Verhältnisse oder die Entwertung des Geldes die Erfüllung des Stiftungszweckes unzeitgemäß geworden ist, so kann eine zeitgemäße Regelung unter möglichster Anlehnung an den Stiftungszweck durch den Stadt- oder Gemeinderat beschlossen werden.[5])

III Gemeinden unter 3000 Einwohnern mit vorwiegend landwirtschaftlicher Bevölkerung und einem eigenen geschlossenen, für wirtschaftliche Zwecke dienenden oder geeigneten Grundbesitze von mindestens 20 Hektar bedürfen zur Veräußerung von Grund und Boden der aufsichtlichen Genehmigung, wenn der Wert der einzelnen Veräußerung oder der Gesamtwert aller Veräußerungen desselben Rechnungsjahres 1000 ℳ übersteigt.[6]) [7])

**Vollzugsanweisung § 15.**

I Für die Gemeinden waren ähnliche Vorschriften wie in Abs. 1 bereits in Art. 159/91 Ziff. 4, 4a und 9/10 der beiden Gemeindeordnungen enthalten, für die Bezirke und Kreise sind die Vorschriften neu.

II Als Beispiel für die Fälle des Abs. 2 kann eine Stipendienstiftung dienen, deren Stipendien zu gering sind, um einen nennenswerten Beitrag für den Bedachten zu den Kosten des Studiums zu liefern; hier kann etwa das Stipendium auf das doppelte oder dreifache erhöht, dafür aber die Anzahl der Stipendien entsprechend vermindert werden.

III In den Fällen des Abs. 3 sollen die Notare bei der Beurkundung von Liegenschaftsverträgen durch Gemeinden mit weniger als 3000 Einwohnern jeweils beim zuständigen Bezirksamte sich erkundigen, ob die Voraussetzungen für die Einholung der Genehmigung vorliegen und die Beurkundung entweder erst nach Erteilung oder nur vorbehaltlich der Erteilung vornehmen.

**1.** Art. 15 I ist für die Gemeinden der Überrest des Art. 159/91 GemO. Damit sind alle anderen Ziffern dieses Art. aufgehoben. Wegen der für die Gemeinden noch außerdem bestehenden Beschränkungen s. Art. 14 Anm. 1. Bei Bezirken und Kreisen kommen solche Ausnahmen nicht in Betracht, weil für sie überhaupt bisher die allgemeine Staatskuratel bestand. Bei ihnen war die Ausnahme die Regel. Höchstens kann in Art. 30 DRG. eine dem Art. 26/19 GemO. ähnliche Bestimmung gefunden werden, jedoch ohne die Möglichkeit einer Nachsichtsgewährung, wie sie Art. 26/19 II GemO. vorsieht.

**2.** Die Vorschriften über Ausleihung von Geldern s. bei Art. 107 GemO. Anm. 6, sie sind nur für die Gemeinden erlassen, wurden aber bisher schon überhaupt für öffentliche Körperschaften, insbesondere die Distrikte angewendet, Lerman § 19 Anm. 3a.

Geldanlage ist auch die Beteiligung an industriellen Unternehmungen, Aktiengesellschaften, Genossenschaften. Vgl. insbes. Ziff. 23 der MinBek. vom 13. Mai 1905 (MBl. 203) in der Fassung der MinBek. vom 10. Aug. 1921 (MBl. 136).

**3.** Mitglieder der Verwaltung sind hier nur solche, die entweder auf Grund des WahlG. gewählt sind oder Personen, die aus der Gemeinde oder dem Bezirk in Ausschüsse nach Art. 106 erh.

GemO. oder Art. 20 SG. gewählt wurden. Die Genehmigung ist notwendig, auch wenn sonst die Ausleihevorschriften diesen Personen gegenüber z. B. hinsichtlich der Höhe der Beleihung eingehalten sind.

**4.** Unter Veräußerung ist nicht ohne weiteres auch die Belastung zu verstehen, K II, 79[20]. Das BGB. kann für eine solche Ausdehnung des Begriffs nicht herangezogen werden. Aus praktischen Gründen wird man sich für die Bejahung entscheiden.

Ziff. 2 soll die bisherigen Ziff. 4 und 4a des Art. 159/91 vereinigen. Die Restauration ist unschwer unter den Begriff der Veränderung, und der prähistorische Wert unter den Begriff des historischen zu bringen

**5.** Der Abs. 2 ist eine Ergänzung des Art. 67 51 der beiden Gemeindeordnungen. Seine Anwendung ist im Sinne des § 87. Abs. 2 des BGB. gedacht Es soll die Absicht des Stifters tunlichst berücksichtigt werden und es ist insbesondere dafür Sorge zu tragen, daß die Erträge des Stiftungsvermögens dem Personenkreise, dem sie zugute kommen sollen, im Sinne des Stifters tunlichst erhalten bleiben Eine Änderung in der Verfassung der Stiftung, wie sie § 87 a a O zuläßt, wird in der Regel hier nicht in Frage kommen Der Beschluß bedarf der Genehmigung.

Über den Begriff der Stiftungen des öffentlichen Rechts s. bei Art. 65 GemO. Anm 5. Art. 10 Ziff 3a VGG findet hier keine Anwendung.

**6.** Grundbesitz, der für land- oder forstwirtschaftliche Zwecke dient oder geeignet ist, soll in solchen Gemeinden erhalten bleiben, die vorwiegend landwirtschaftliche Bevölkerung haben. Um durch eine solche Vorschrift den Rechtsverkehr mit solchen Grundstücken nicht allzusehr zu erschweren, wurde die Vorschrift nur auf Gemeinden unter 3000 Einwohner beschränkt, weil bei größeren Gemeinden in der Regel ein Überwiegen der landwirtschaftlichen Bevölkerung nicht anzunehmen ist

Bei Gemeinden im Sinne des Abs. III ist die Genehmigung auch für solche Veräußerungen notwendig, die nicht den geschlossenen Grundbesitz betreffen. Es ist aber die Aufgabe der Aufsichtsbehörden, in erster Linie den geschlossenen Grundbesitz als solchen zu erhalten. Der geschlossene Grundbesitz wird durch öffentliche Wege, durch Eisenbahnlinien, durch Brücken und durch Gewässer nicht unterbrochen. S. auch Art. 26 GemO Anm. 7 und die dort angeführte MinE vom 14. Juni 1921.

**7.** Die Erteilung der Genehmigung sowohl nach Art. 14 wie nach Art. 15 ist Sache des aufsichtlichen Ermessens, Beschwerdeführung ist nur an die höheren Aufsichtsstellen möglich, für die Kreise wird eine solche also nicht in Frage kommen Der Verwaltungsrechtsweg ist, wie schon bisher, ausgeschlossen.

Die Entwürfe für Bezirksstraßen und Brücken sollen nach Ziff. 3 der MinE. vom 1. Sept. 1919 vor der Ausführung den Regierungen vorgelegt werden, wenn auf einen Zuschuß aus öffentl. Mitteln gerechnet wird. Es wird sich aber in allen Fällen diese Vorlage im eigensten Interesse der Bezirke empfehlen

# Art. 16.

I Bei den Gemeinden, Ortschaften, Armenverbänden, Bezirken, Kreisen kann die Aufsichtsbehörde in einzelnen Jahren von der rechnerischen Prüfung der Rechnungen, wo sie nach den jetzigen Vorschriften geboten ist, absehen; sie kann auch die Vorlage der Rechnungen in einzelnen Jahren überhaupt erlassen.[1])

II Die Staatsregierung wird ermächtigt, Vorschriften zu erlassen über die Gründung eines Verbandes zur Prüfung des gemeindlichen Rechnungs- und Kassenwesens. Die Gemeinden unter 10000 Einwohnern und die Bezirke können zum Beitritt verpflichtet werden.

III Die Staatsregierung kann auch einen bestehenden Verband oder mehrere solche anerkennen und mit den Rechten des Abs. 2 Satz 2 ausstatten.[2]) [3])

### Vollzugsanweisung § 16.

I Die Erleichterungen in der Überwachung des Rechnungswesens dürfen nicht zu einer Verschlechterung führen. Es ist nur dann davon Gebrauch zu machen, wenn in dieser Beziehung kein Zweifel besteht. Die Erleichterungen sollen auch nur zeitenweise, nicht dauernd genehmigt werden. Dabei ist darauf zu achten, ob ein Wechsel in der Person des Rechners oder auch des Rechnungsfertigers eingetreten ist Den Aufsichtsbehörden sollen diese Verhältnisse bekannt sein.

1. Der Entw. Br. hatte verschiedene Erleichterungen in der Überwachung des Kassen- und Rechnungswesens vorgesehen und dafür bereits in Art. 99 die Gründung eines Revisionsverbandes ins Auge gefaßt. Während die Erleichterungen des Kassen- und Rechnungswesens sich auf die einschlägigen Artikel der Gemeindeordnungen verteilte, hat das SG in Abs. I eine summarische Bestimmung getroffen. Die Abs. 2 und 3 des Art 16 stimmen mit Art. 99 des Entw. Br. überein, der die beiden letzten Absätze des jetzigen Art. 16 in folgender Weise begründete:

„Die Vertretungen der Gemeinden haben wiederholt das Bedürfnis geäußert, zur Prüfung des Rechnungs- und Kassawesens einen Verband zu gründen, wie er mit sehr gutem Erfolge für die bayerischen Sparkassen bereits vorhanden ist. Dieses Bedürfnis wird auch von der Staatsregierung anerkannt und die neue Bestimmung soll die Möglichkeit bieten, entweder selbst von seiten der Staatsregierung einen solchen Verband ins Leben zu rufen oder die Gründung eines solchen im Zusammenhange mit einer bereits bestehenden Vereinigung wirksam zu unterstützen. Das ist nur möglich, wenn für die Gemeinden unter 10000 Einwohnern und für die Distrikte ein Zwang zum Beitritt ausgeübt werden kann."

2. Der Prüfungsverband öffentlicher Kassen, wie er auf Grund dieser Ermächtigung von der Staatsregierung in MinBek. vom 13. Jan.

1920 (MBl. 7) anerkannt wurde, umfaßt alle Bezirke; die Städte und Märkte nur soweit und solange sie weniger als 10000 Einwohner haben, ferner Gemeinden, die eine Sparkasse haben, ebenfalls soweit und solange sie unter 10000 Einwohner haben. Diese Körperschaften sind Zwangsmitglieder. — Städte mit mehr als 10000 Einwohnern sind freiwillige Mitglieder dieses Verbandes.

Nicht dazugehören die bisherigen Landgemeinden, die keine öff. Sparkasse betreiben, also ziemlich alle bisherigen Landgemeinden. Die in der MinBek. vom 13. April 1920 (StA. 89) bekannt gegebene Absicht, auch für diese einen Verband zu gründen, wurde aufgegeben.

3. Die staatliche Revisionstätigkeit soll durch Art. 16 unterstützt, nicht ausgeschaltet werden, s. Art. 88 und 89 GemO. und die Anmerkungen.

## Art. 17.[1])

[I]Durch Ministerialentschließung können Gemeinden mit wenigstens 10000[2]) Einwohnern, ohne weiteres, Gemeinden mit mehr als 5000 aber weniger als 10000 Einwohnern nur mit Zustimmung des Stadt- oder Gemeinderats vom Verwaltungsbezirk des Bezirksamtes abgetrennt und der Regierung, Kammer des Innern, unmittelbar[3]) untergeordnet werden. Die Verwaltungen dieser Gemeinden erhalten dadurch die Befugnis der Bezirkspolizeibehörde.[4]) Alle unmittelbaren Gemeinden führen die Bezeichnung „Stadt".[5])

[II]Das Ministerium kann auch bestimmen, ob diese Gemeinden gleichzeitig aus dem Bezirksverband auszuscheiden haben und welche Entschädigung für den entstehenden Umlagenentgang dem Bezirke zu leisten ist.[6])

### Vollzugsanweisung § 17.

I Das Gesetz dehnt das im rechtsrheinischen Bayern bisher ausgeübte Verfahren bei der Verleihung der Unmittelbarkeit auf das ganze Land aus und ändert den Art. 3 des pfälzischen Städteverfassungsgesetzes insoweit ab, als künftig die Zustimmung der beteiligten Stadt und des Bezirkes zur Auflösung des Bezirksverbandes nicht mehr notwendig ist. Auf eine Entschädigung für den Entgang an Umlagen, der durch die Abtrennung der Stadt vom Bezirk eintritt, besteht kein Rechtsanspruch. Er wird auch für die Folge nach den Regeln der Billigkeit vom Ministerium festgesetzt werden, wenn nicht die Beteiligten sich selbst darüber in Güte einigen. Die Stellungnahme des Ministeriums kann auch in der Weise herbeigeführt werden, daß die Aufsichtsbehörde die Verhandlungen mit gutachtlicher Äußerung vorlegt. Gegen die vom Ministerium festgesetzte Entschädigung ist keine Beschwerde im Verwaltungsrechtswege möglich.

1. Der Art. 17 geht auf den Entw. Br. zurück. Für die pfälzischen Städte mit mehr als 10 000 Einwohnern sollte ein Weg geschaffen werden, ihnen die Kreisunmittelbarkeit zu geben, ohne daß sie, wie es bei Anwendung des pfälzischen Städteverfassungsgesetzes notwendig gewesen wäre, die pfälzische Gemeindeverfassung aufzugeben bräuchten. Der Entw. wollte dabei diese Städte im Distriktsverbande lassen, solange sie selbst nicht eine Änderung anstrebten (Art. 3 des pfälzischen Städteverfassungsgesetzes). Nach der Umwälzung war durch eine Notverordnung vom 7. Dez. 1918 (GVBl. S. 1252) den in Betracht kommenden Städten Ludwigshafen, Kaiserslautern, Pirmasens, Speyer, Neustadt, Frankenthal, St. Ingbert und Zweibrücken die Kreisunmittelbarkeit verliehen worden. Landau hat schon im Jahre 1910 auf Grund des pfälz. StVG. die Kreisunmittelbarkeit erlangt. Die Notverordnung wurde von der französischen Militärgewalt nicht anerkannt. Diese 8 Städte wurden schließlich auf Grund des SG. ab 1. März 1920 kreisunmittelbar, MinBek. vom 18. Dez. 1919 (GVBl. 838), sie sind im Bezirksverband verblieben. Die Stadt Ingbert gehört jetzt zum Saargebiet.

Im rechtsrheinischen Bayern bestand bisher die Auffassung, daß wegen Art. 35 Abs. 1 DRG. die Kreisunmittelbarkeit nicht verträglich sei mit der Zugehörigkeit zum Distriktsverbande. Die Verleihung der Unmittelbarkeit war also hier immer mit einer Abtrennung vom Distrikte verbunden. Die Staatsregierung vollzog diese Trennung aber nur dann, wenn dem Distrikte für den Ausfall an Umlagen eine angemessene Entschädigung von der Stadtgemeinde geleistet wurde.

Bei den Beratungen des SG. machte sich das Bestreben geltend, die Verleihung der Kreisunmittelbarkeit gesetzlich zu regeln. Der Verband der Städte und Märkte trat insbesondere dafür ein, daß unter gewissen Umständen ein Rechtsanspruch auf Abtrennung vom Distrikte geschaffen werden solle. Dieser Gedanke ließ sich aus praktischen Gründen nicht weiter verfolgen Dagegen hielt man es für zweckmäßig, die Verleihung der Kreisunmittelbarkeit einheitlich für das ganze Land zu regeln. Es kann jetzt allgemein die Trennung vom Bezirk auch gegen den Willen der Beteiligten ausgesprochen werden. Dadurch ist der Art. 3 des pfälz. StVG. geändert. Diese Trennung wird aber auch für die Folge die Regel bilden müssen und zwar noch strenger wie bisher, weil die bezirkspolizeilichen Befugnisse, wie sie Art. 23 jetzt dem Bezirksausschuß überweist, mit der gleichen Zuständigkeit der unmittelbaren Stadt in Widerstreit geraten würde.

2. Maßgebend ist die letzte amtliche Volkszählung, nicht etwa die Fortschreibung, s. GemO. Art. 2 Anm. 13.

3. GemO. Art. 155 Anm. 1.

4. GemO. Art. 93 und 96 und die Anm.
Wegen des Rücktritts GemO. Art. 9 Anm. 2.

5. Diejenigen Gemeinden, die sich bisher schon „Stadt" heißen durften, führen diese Bezeichnung weiter, künftig sollen alle kreisunmittelbaren Gemeinden diese Bezeichnung erhalten, aber auch nur diese. Weder der Titel „Stadt", noch der Titel „Markt" wurde als solcher für die Folge mehr verliehen. Der Titel

„Markt" wurde bisher nur im Zusammenhange mit der Annahme der städt. Verfassung verliehen, dieser Grund ist jetzt weggefallen.

6. Für den Bezirk besteht kein Rechtsanspruch auf Schadloshaltung für den eintretenden Ausfall an Umlagen. Die Rechtsprechung hat das bisher grundsätzlich anerkannt. Dagegen muß aus Billigkeitsgründen dafür gesorgt werden, daß der Bezirk auch nach der Abtrennung genügend leistungsfähig bleibt. Das wurde in der Weise erreicht, daß die Staatsregierung die in ihrem freien Ermessen stehende Erteilung der Kreisunmittelbarkeit von einer entsprechenden Vereinbarung über die Abfindungssumme abhängig machte. Die neue gesetzliche Bestimmung vereinfacht die Sache, indem das Ministerium, wenn keine gütliche Einigung zustandekommt, den Betrag der Abfindungssumme selbst festsetzt. Diese Festsetzung ist endgültig und auf keine Weise anfechtbar.

7. Wenn nur Teile eines Bezirkes in eine unmittelbare Stadt einverleibt werden, findet Abs. 2 keine Anwendung. Das Ministerium kann zwar die Abtrennung auch gegen den Willen des Bezirks verfügen, wenn sonst die Voraussetzungen des Art. 4 GemO. in der Fassung des Art. 27 SG. vorliegen, zur Festsetzung einer Entschädigungssumme ist es jedoch nicht befugt.

Die Einverleibung wirkt u. U. auf den Bestand des Bezirkstags, die im abgetrennten Teil wohnhaften Bezirksvertreter müssen ausscheiden, die Ergänzung ist erst bei den nächsten allgemeinen Wahlen möglich.

## Art. 18.[1])

I Der Bezirkstag der Kreistag wählt[2]) in getrennten Wahlgängen den Vorsitzenden, den Schriftführer und für beide einen Stellvertreter.

II Der Bezirkstag, der Kreistag wird vom Vorsitzenden im Einvernehmen mit dem Bezirksamte, mit der Regierung, Kammer des Innern, einberufen.[3]) Auf Verlangen eines Drittels der Bezirks-, der Kreisvertreter muß die Berufung innerhalb 4 Wochen geschehen.

III Die Sitzungen werden dem Bezirksamte, der Regierung mindestens 24 Stunden vorher angezeigt. Das Bezirksamt, die Regierung kann Vertreter zur Sitzung abordnen, die auf ihr Verlangen jederzeit gehört werden müssen.

### Vollzugsanweisung § 18.

I Die Wahl des Vorsitzenden, des Schriftführers und der Stellvertreter soll jährlich und in der Regel schriftlich stattfinden, die Geschäftsordnung kann auch eine andere Form bestimmen. Es entscheidet einfache Stimmenmehrheit, bei Stimmengleichheit das Los.

II Eine Verpflichtung oder Vereidigung der Mitglieder des Bezirks-, des Kreistages oder der Ausschüsse ist nicht mehr vorgeschrieden Art. 15 Abs 3 DRG, Art. 21 LRG. sind mit dem Gesetze nicht mehr verträglich

III Die Einladung zum ersten Zusammentritte geht vom Bezirksamte, von der Regierung aus, die späteren Einladungen werden entweder vom Bezirksamte, von der Regierung, Kammer des Innern, im Namen des Vorsitzenden auf dessen Ansuchen, oder von diesem selbst erlassen Im letzteren Falle sind die Sitzungen in der vorgeschriebenen Weise dem Bezirksamte, der Regierung, Kammer des Innern, vorher anzuzeigen.

IV Der Vorstand des Bezirksamtes, der mit der Sache befaßte Regierungsbeamte sollen in der Regel den Sitzungen beiwohnen: wenn ein technischer Beamter beteiligt ist, ist auch dieser zur Sitzung als Vertreter abzuordnen.

V Der Vorsitzende des Bezirks-, des Kreistages stimmt mit, bei Stimmengleichheit gilt der Antrag als abgelehnt. Die Geschäftsordnung kann abweichende Bestimmungen treffen.

VI Art. 13 Abs. 3 DRG, Art. 25 Abs. 2 LRG. vertragen sich nicht mehr mit dem Gesetze.

**1.** Art. 18 soll die Art. 12 des DRG., 19, 20, 22, 24 Abs. 1, 28—30 des LRG. ersetzen. Für die Öffentlichkeit der Sitzungen, für das Verfahren gelten die Art. 13 Abs. 1, 2, 4, Art. 22 des DRG und Art. 23, 24 Abs 2, 3; 25 (mit Ausnahme des Art. 25 Abs. 2 Satz 2) und 26 des LRG. auch weiterhin. Art. 19 Abs. 2 gibt zwar dem Bezirks-, dem Kreistag in weitem Umfange das Recht, seinen Geschäftsgang und sein Verfahren durch die Geschäftsordnung nach bestem Gutdünken zu bestimmen, jene Vorschriften aber, die nach ihrem Sinne zwingend sind, wie z. B. die Öffentlichkeit der Sitzungen nach Art. 22 DRG. und Art. 23 LRG., können nicht geändert werden. Die Beschlußfähigkeit kann nicht an geringere Voraussetzungen als die des Art. 13 DRG. und Art. 25 LRG. geknüpft werden. — Art. 14 III DRG. gilt nicht mehr, s. SG. Art. 1 Anm. 4. Wegen des DRG. s. Einl. SG. Ziff. 2, des LRG. ebenda Ziff. 3, wegen des Wahlrechts ebenda Ziff. 5, wegen des Umlagenrechts ebenda Ziff. 6, wegen des Beamtenrechts oben bei Art. 12 Anm. 2 b. — Wegen der Portopflicht oben bei Art. 12 Anm. 2 e.

**2.** Die Wahlen nach Abs. I geschehen aus der Mitte des Bezirks- oder Kreistags (MinE. vom 1. Sept. 1919 Ziff. 8).

Eine Verpflichtung der Mitglieder des Bezirkstages, des Kreistages findet nicht mehr statt.

**3.** Die erste Einberufung des Bezirks-, des Kreistages nach der regelmäßigen Erneuerung nach Ablauf der Wahlzeit wird stets vom Bezirksamte, von der Regierung ausgehen müssen. Nach dem Zusammentritte, nach der Wahl des Vorsitzenden ist es diesem zu überlassen, die weiteren Sitzungstage nach Maßgabe der Geschäftsordnung zu bestimmen. Der Anzeige an das Bezirksamt, an die Regierung wird genügt sein, wenn dem anwesenden Vertreter Mitteilung über den nächsten Sitzungstag gemacht wird. Ein Formalismus soll nicht geschaffen werden.

**4.** Die Bezirkstage haben sich zu einem Verband zusammengeschlossen (Gesch.-Stelle in Tölz), ebenso die Kreistage (Gesch.-Stelle: Städtebund München).

## Art. 19.

I Der Bezirkstag, der Kreistag wählt[1]) aus seiner Mitte nach den Grundsätzen des Verhältniswahlrechtes einen Ausschuß von 5 bis 7 Mitgliedern und ebensoviele Ersatzmänner. Diese können auch als Stellvertreter bei Verhinderung von Mitgliedern vorübergehend einberufen werden. Den Vorsitzenden des Ausschusses, den Schriftführer und für beide einen Stellvertreter wählt der Ausschuß selbst. Die Sätze 1, 2 gelten entsprechend für die Wahl der weiteren Mitglieder und der Ersatzmänner des Landarmenrats.[2])

II Der Bezirkstag, der Kreistag regelt den Geschäftsgang durch eine Geschäftsordnung; diese setzt auch die Stärke des Ausschusses und die Entschädigung[3]) für die Mitglieder des Bezirkstages, des Kreistages und der Ausschüsse fest.

### Vollzugsanweisung § 19.

I Es ist nicht unbedingt notwendig, den Ausschuß förmlich zu wählen. Es soll nach dem Sinn des Gesetzes genügen, wenn er mit allseitiger Zustimmung unter Berücksichtigung des Stärkeverhältnisses der Parteien zusammengesetzt wird. Wenn nur eine einzige Stimme Widerspruch erhebt, ist die förmliche Wahl in sinngemäßer Anwendung des Gemeindewahlgesetzes und der Wahlordnung geboten. Die Ersatzmänner für die Ausschußmitglieder werden sofort bestimmt, nämlich ebensoviel als bei der Wahl der Ausschußmitglieder auf den Wahlvorschlag Sitze fallen und zwar kommen als Ersatzmänner die auf dem Wahlvorschlag nächstfolgenden Namen an die Reihe. Bei gemeinsamen Wahlvorschlägen ist die MinBek. vom 14. Mai 1919 (StA. Nr. 125 vom 16. Mai 1919) zu beachten. Bei der Verteilung der Sitze ohne Wahl ist die Regelung entsprechend zu treffen. Die Ersatzmänner treten nicht bloß ein, wenn die Stelle eines Mitgliedes endgültig, z. B. durch Tod oder Wegzug erledigt ist, sondern auch bei vorübergehender Verhinderung, z. B. Krankheit, vorübergehender Abwesenheit.

II In Bezirken, die weniger als 10 Bezirksvertreter haben, ist es zulässig, für die Wahl der Ersatzmänner des Ausschusses auf Ersatzmänner bei der Wahl der Bezirksvertretung zurückzugreifen und z. B. wenn der Bezirkstag nur 8 Mitglieder zählt, noch 2 Ersatzmänner aus den Vorschlagslisten für die Wahl der Bezirksvertreter zu nehmen. Auf diese Weise wird auch das Stärkeverhältnis der Parteien im Ausschusse berücksichtigt werden können.

III Der Vorsitzende, der Schriftführer des Ausschusses, die Stellvertreter für beide können auch mündlich durch Zuruf gewählt werden, wenn niemand widerspricht. Es entscheidet einfache Stimmenmehrheit, bei Stimmengleichheit das Los. Der Vorsitzende des Bezirks-, Kreisausschusses braucht nicht dieselbe Persönlichkeit zu sein, wie der Vorsitzende des Bezirkstages, des Kreistages; es erleichtert aber die Geschäfte, wenn es der Fall ist. Die Wahlen sollen jährlich erneuert werden.

IV Der Vorsitzende des Bezirks-, des Kreisausschusses, ebenso die Vorsitzenden der Sonderausschüsse stimmen überall mit. Im Kreisausschuß entscheidet bei Stimmengleichheit die Stimme des Vorsitzenden (Art. 35 Abs. 3 LRG.), für die übrigen Ausschüsse soll die Geschäftsordnung die Frage ordnen.

V Die Geschäftsordnung soll ferner Vorschriften über die Form der Niederschrift der Sitzungen enthalten; die Niederschrift muß mindestens den Tag der Sitzung ersehen lassen, die Namen der Anwesenden, den Inhalt der Beschlüsse und die Anzahl derjenigen, die dafür gestimmt haben. Die Geschäftsordnung soll die Sitzungstage und die Sitzungszeit bestimmen, es können feste Tage für das ganze Jahr gewählt werden. Es liegt in der Absicht des Gesetzes, daß die Bezirks- und Kreistage häufiger, am besten in gewissen regelmäßigen Zwischenräumen zusammentreten. Die Geschäftsordnung soll endlich auch die näheren Bestimmungen enthalten über die Erledigung der Schreibgeschäfte für den Bezirkstag, über die Aufbewahrung der Verhandlungen, über die Anstellung von Personal, über die Vornahme der Rechnungsprüfung, wo sie dem Ausschusse zukommt.

**1.** Art. 19 soll den Art. 15 Abs. 1 und 4 des DRG. sowie Art. 31, 32 und 34 des LRG. ersetzen. Die Wahl des Ausschusses kann auch durch Zuruf geschehen, wenn niemand widerspricht, und genügt den Grundsätzen des Verhältniswahlrechtes, wenn sie dem Stärkeverhältnisse der Parteien Rechnung trägt. Diese Auffassung wurde bei den Beratungen widerspruchslos vertreten. Eine Verpflichtung der Ausschußmitglieder findet nicht mehr statt. Hinsichtlich des Geschäftsganges gelten Art. 17 Abs. 1 Satz 1 und 2 DRG. und Art. 35 Abs. 1, 2 und 3 des LRG. Die Geschäftsordnung kann die Voraussetzungen für die Beschlußfähigkeit nicht geringer festsetzen, vgl. Art. 18 Anm. 1. — Wegen der Portopflicht der Bezirks- und der Kreisausschüsse s. oben bei Art. 12 Anm. 2e, wegen des Kommunalverbandsausschusses Einl. SG. Ziff. 4c.

Der Abs. VI der VA., der die Zuziehung von Vertretern der Beamten und Gemeinden verlangte, wurde gestrichen, MinBek. vom 11. Mai 1921, MBl. 99.

**2.** Art. 50 Abs. 3 des AG. ist jetzt dahin abgeändert, daß die Wahl der weiteren Mitglieder und der Ersatzmänner des Landarmenrates nach den Grundsätzen des Verhältniswahlrechtes zu geschehen hat. Hier kann ebenfalls durch Zuruf gewählt werden, wie für den Ausschuß, außerdem gibt die Wahlordnung in § 81 die nähere Anweisung.

**3.** Bisher bezogen die Mitglieder des Distriktsrates für die Anwesenheit an der nur einmal im Jahre stattfindenden Distriktsratsversammlung keine Entschädigung vom Distrikte. Die Vertreter der Gemeinden wurden aber bisher schon von diesen für ihre Auslagen entschädigt. Für die Landratsmitglieder und für die Mitglieder der Ausschüsse des Distrikts- wie des Landrates bestanden bisher schon Vorschriften über Entschädigung. Nunmehr werden alle Vertretungen und Ausschüsse in dieser Hinsicht gleich behandelt. Die Art und Weise dieser Entschädigung soll in der Geschäftsordnung geregelt werden. Auch die Festsetzung von Bauschsummen ist zulässig.

## Art. 20.

I Zur Verwaltung von Anstalten, Einrichtungen und Stiftungen des Bezirkes, ferner zur endgültigen Erledigung eines bestimmten Aufgabenkreises oder bestimmter einzelner Aufgaben oder Geschäfte kann der Bezirkstag teils aus Mitgliedern des Bezirkstages, teils aus wählbaren Bezirksangehörigen Sonderausschüsse[1]) bilden und nach den Grundsätzen des Verhältniswahlrechtes wählen. Die Sonderausschüsse wählen ihren Vorsitzenden und Schriftführer sowie deren Stellvertreter. Die Vorsitzenden und ihre Stellvertreter müssen Mitglieder des Bezirkstages sein.

II Die Beschlüsse der Sonderausschüsse müssen sich in den vom Bezirkstag allgemein oder für den besonderen Fall gezogenen Grenzen und innerhalb des Voranschlages halten. Sie werden vom Bezirksamte vollzogen.[2])[3])[4])

### Vollzugsanweisung § 20.

I Es sollen in der Regel mehrere Sonderausschüsse gebildet und jährlich neu gewählt werden, z. B. für Schulwesen, für Land- und Forstwirtschaft, für soziale Fürsorge Dabei sollen aus den wählbaren Bezirksangehörigen hauptsächlich Persönlichkeiten gewonnen werden, die durch ihre bisherige Tätigkeit besondere Erfahrung und Sachkunde auf dem einschlägigen Gebiete, oder die durch ihre Stellung einen besonderen Einfluß auf die einschlägigen beteiligten Personenkreise haben. Auf diesem Wege können sich auch die schwächeren Bezirkstage, insbesondere die mit weniger als 10 Mitgliedern helfen. Es wird nahegelegt, vor solchen Zuwahlen die einschlägigen Organisationen oder Körperschaften mit ihren Vorschlägen zu hören.

II Die Beschlüsse der Sonderausschüsse sind endgültig und sofort vollziehbar, nur ausnahmsweise bloß gutachtlich. Der Sonderausschuß schließt innerhalb seines Aufgabenkreises den Bezirksausschuß aus. Hält der Vorsitzende des Sonderausschusses oder sein Stellvertreter einen Beschluß des Sonderausschusses für bedenklich, so kann er die Vollziehung aufschieben und den Beschluß des Bezirkstages innerhalb 8 Tagen herbeiführen Hiezu hat er die Pflicht, wenn der Beschluß die vom Bezirkstage gezogenen Grenzen oder den Voranschlag nicht einhält

**1.** Der Art 20 beruht auf den Anregungen bei den Vorbesprechungen, s. Einl SG Ziff. 1. Es sollte anfangs jeder Bezirk gehalten sein, 3 Sonderausschüsse und zwar für Schulwesen, für Land- und Fortwirtschaft und für soziale Fürsorge zu bilden. Nur die Bezirke mit einfachen Verhältnissen sollten davon absehen und alle Angelegenheiten dem Bezirksausschuß übertragen können Bei der Erlassung des Gesetzes wurde die allgemeine Regelung vorgezogen, die Einzelheiten sollten in die Vollzugsanweisung verlegt werden Durch Zuwahl aus wählbaren Angehörigen des Bezirkes soll die Bezirksverwaltung ohne Rücksicht auf

Parteiinteressen Persönlichkeiten aus allen Klassen gewinnen können, die durch ihren Beruf, durch ihre Erfahrung, durch ihre gesellschaftliche Stellung besonders berufen sind für die Behandlung bestimmter Verwaltungsaufgaben. Tatsächlich hat Art. 20 nur geringe Bedeutung gewonnen. Für Armen- und Wohltätigkeits-Anstalten gilt Art. 68 AG., den Art. 9 II SG. ausdrücklich aufrecht erhalten hat, s. auch Pöll S. 347. Die Landwirtschaft hat ihre eigene Berufsvertretung durch das Gesetz über die Bauernkammern vom 20. März 1920, GVBl. 67, erhalten. — Die Vorschrift, daß die Vorsitzenden der Sonderausschüsse Mitglieder des Bezirkstages sein müssen, soll die engere Verbindung zwischen dem Bezirkstag und den Sonderausschüssen herstellen und verhindern, daß in den Sonderausschüssen andere Richtungen die Überhand gewinnen als im Bezirkstage. Immerhin soll die Selbständigkeit der Sonderausschüsse möglichst gewahrt bleiben, soweit sie sich in ihren Grenzen und innerhalb des Voranschlages halten. Sie dürfen nur über Mittel verfügen, die ihnen der Haushaltplan bietet, sie haben nicht das Recht, neue Ausgaben zu bewilligen, auch nicht vorbehaltlich der nachträglichen Zustimmung des Bezirkstages, das kann nur der Bezirksausschuß (Art. 21 Abs. 3 SG.).

2. Die Vorschrift, daß das Bezirksamt die Beschlüsse der Sonderausschüsse vollzieht, soll eine Sicherheit bieten gegen eine Grenzüberschreitung ihrer Befugnisse. Sie ist auch insoferne gerechtfertigt, als voraussichtlich die Beschlüsse der Sonderausschüsse sich auf denjenigen Gebieten bewegen, die am nächsten mit der Verwaltungstätigkeit des Bezirksamtes zusammenhängen.

3. Die Bildung von Sonderausschüssen für bestimmte Unternehmungen, z. B. Jungviehweide, Fischzuchtanstalt, Schweinezucht- und Mastanstalt, Obstgarten u. dgl. soll nach der MinE. vom 1. Sept. 1919 Ziff. 5 die Möglichkeit bieten, die Leitung in der Hand des BezAmtmanns zu lassen, wenn er Wert darauf legt. Wenn er wählbar ist, kann er in den Sonderausschuß gewählt werden, außerdem kann ihm die Geschäftsführung besonders übertragen werden. — Sonderausschüsse für Sparkassen sind vom verstärkten Bezirkstag zu wählen.

4. Wegen der Teilnahme des BezAmts an den Sitzungen der Sonderausschüsse Art. 22 III SG. Die Mitglieder der Sonderausschüsse haben Anspruch auf Entschädigung nach Art. 19 II SG. Über das Stimmrecht des Vorsitzenden und über den Fall der Stimmengleichheit § 18 V BA.

## Art. 21.

I Zum Wirkungskreise des Bezirkes, Kreises[1]) gehören alle Angelegenheiten, die Rechte und Verbindlichkeiten des Bezirkes, des Kreises betreffen, insbesondere

a) die Prüfung und Feststellung des jährlichen Voranschlags aller Einnahmen und Ausgaben,[3])

b) die Festsetzung des Umlagenbedarfs,[4])

c) die Prüfung und Anerkennung oder Beanstandung der

Rechnungen der Bezirks-, Kreiskasse, der Bezirks-, Kreisanstalten und der vom Bezirke, Kreise verwalteten Stiftungen,[5])

d) die Aufnahme von Anlehen zur Bestreitung außerordentlicher Bedürfnisse und die Festsetzung des Tilgungsplanes,[6])

e) die Erwerbung und Veräußerung von Grundstücken oder Rechten an einem Grundstücke des Bezirkes, Kreises, sowie die Belastung eines Grundstückes des Bezirkes, Kreises mit einem solchen Recht,[7])

f) die Errichtung, Veränderung und Aufhebung der Anstalten und Einrichtungen des Bezirkes, Kreises, sowie die Erlassung von Satzungen für die Verwaltung dieser Anstalten und Einrichtungen.[8])

II Der Bezirkstag, Kreistag kann Angelegenheiten seiner Zuständigkeit auf Grund besonderer Beschlüsse nach näheren Weisungen dem Ausschusse zur Erledigung übertragen. Beschlüsse, die der aufsichtlichen Genehmigung bedürfen, hat der Bezirks-, Kreistag zu fassen.[9]).

III In außerordentlichen dringlichen Fällen kann, wenn sonst die Berufung des Bezirks-, Kreistages nötig wäre, der Ausschuß die erforderlichen Beschlüsse fassen. Diese müssen dem Bezirks-, dem Kreistage beim nächsten Zusammentritt vorgelegt werden.[10])

### Vollzugsanweisung § 21.

I Die Behörden der inneren und der Finanzverwaltung sind gehalten, hinsichtlich aller Angelegenheiten, die zum Wirkungskreise des Bezirkes, des Kreises gehören, die erforderlichen Aufschlüsse zu geben.

II Das Bezirksamt, die Regierung stellt die notwendigen Ausgaben und die voraussichtlichen Einnahmen des Bezirkes, des Kreises im Benehmen mit der Finanzverwaltung fest und liefert insoweit dem Bezirks-, dem Kreistage die Unterlagen für die Aufstellung und Beratung des Bezirks-, des Kreishaushaltes.

III Andererseits obliegt dem Bezirksamt, der Regierung, Kammer des Innern, die Verpflichtung zur Anzeige an die Aufsichtsbehörde des Bezirkes, des Kreises, wenn notwendige Ausgaben nicht in den Voranschlag eingesetzt werden.

IV Das Bezirksamt, die Regierung sorgt auch für die rechtzeitige Bereitstellung aller Rechnungen des Bezirkes, Kreises, der Bezirks-, der Kreisanstalten und der vom Bezirke, vom Kreise verwalteten Stiftungen.

V Über die Prüfung der Rechnungen des Bezirkes hat der Bezirkstag Anordnung zu treffen (Geschäftsordnung), entstehende

Kosten hat der Bezirk zu tragen. Hinsichtlich der Prüfung der Rechnungen des Kreises bleibt es vorläufig beim bisherigen Verfahren.

VI Die Bezeichnung der Angelegenheiten, die der Bezirkstag, der Kreistag dem Ausschusse zur Erledigung überträgt, kann auch in der Geschäftsordnung geschehen.

VII Als außerordentlich dringliche Fälle, in denen der Ausschuß auch ohne Ermächtigung für den Bezirkstag, den Kreistag handeln kann, gelten beispielsweise Maßnahmen bei Elementarereignissen, Verwesung unerwartet erledigter Stellen u. dgl. Die Fälle werden selten sein, da die Einberufung des Bezirkstages, des Kreistages jetzt viel leichter möglich ist als früher.

**1.** Die Befugnisse des Bezirks- und des Kreistags und ihre Abgrenzung gegenüber dem Bezirks-, Kreisausschuß sind jetzt einheitlich geregelt, in Anlehnung an Art. 11 DRG. Er ersetzt diesen Art. 11 DRG. und den Art. 15 LRG. — Der sachliche Wirkungskreis bestimmt sich nach den bisherigen Vorschriften, BA. § 12 III, er ist erweitert durch Art. 12 II SG.

**2.** Im Zweifel geht die Zuständigkeit des Bezirks-, Kreistags dem Ausschuß vor. Bezirks- und Kreistag sind selbständige Verwaltungsorgane, die Aufzählung will nicht erschöpfend sein. Wegen des Rechtes der Beamtenernennung s. Art. 12 Anm. 2 b, dort auch die Organisationen der Bezirksbeamten. Über die Amtsbezeichnung Art. 12 Anm. 2 c. Wegen vorläufiger Ernennung durch den Ausschuß § 21 VII BA. und unten Anm. 10.

**3.** Für die Vermögensverwaltung fehlt es bei Bezirken, wie bei Kreisen an einer ausdrücklichen Vorschrift, für die Bezirke gibt nur Art. 30 I a mit Art. 27 I Ziff. 2 DRG. eine Weisung zur Erhaltung des Grundstockvermögens und Art. 66 AG. hinsichtlich des Vermögens für Armenzwecke. — Die Voranschläge der Bezirke sind den Regierungen, MinE. vom 1. Sept. 1919, die der Kreisanstalten in Art. 188 und 189 StBG. dem UnterrMin., KultMinE. vom 21. März 1920, vorher vorzulegen, die Vorlagetermine richten sich nach dem Zeitpunkt der Beratung des Haushalts und nach dem Rechnungsjahr, s. GemO. Art. 88 Anm. 1.

**4.** Die Berechnung des Hundertsatzes ist Sache des Ausschusses, Art. 22 II e SG., über das Finanzrecht der Bezirke und Kreise Einl. SG. Ziff. 6.

**5.** Über das Rechnungs- und Kassenwesen s. Art. 12 Anm. 2 d SG., Sparkassen s. GemO. Art. 40 Anm. 5.

**6.** S. Art. 14 Anm. 5 SG., BA. § 14 II.

**7.** Außer Art. 15 I Ziff. 2 SG. gibt es keine Beschränkungen für Veräußerungen, wegen der Belastung s. dort Anm. 4.

**8.** Zum Begriff der Anstalt, GemO. Art. 40 Anm. 4; wegen Sparkassen ebendort Anm. 5.

Soweit nicht gesetzliche Vorschriften entgegenstehen, sind die Körperschaften unbeschränkt, z. B. für Gründung von Unterrichtsanstalten Art. 59 PStGB. und VO. vom 10. Mai 1905. Die Aufhebung kann u. U. durch übernommene Verpflichtungen gehindert sein, Art. 12 Anm. 6

SG. — Art. 4 des Kreislastenausscheidungsgesetzes läßt sich nicht mehr in beschränkendem Sinne verwenden, vgl. hier die VGHEntsch. in Anm. 6 und 7 bei Art. 13 über die Aufhebung von Progymnasien im Kreise Schwaben, S 43, 1.

**9.** Die Überweisung bestimmter Angelegenheiten des Abs. 1 in die Zuständigkeit des Ausschusses soll zur Erleichterung und Beschleunigung der Geschäfte beitragen. Der Entw. Br. hatte eine solche Befugnis vorgesehen, sie aber auf die Buchstaben b, d, e und f beschränkt. Bei der Erlassung des Gesetzes glaubte man von jeder solchen Beschränkung absehen zu sollen.

**10.** Die Bestimmung in Art. 25 DRG. gilt jetzt für beide Körperschaften; für die Besetzung erledigter Stellen, VA. § 21 VII, gab es ein Vorbild in Art. 16g DRG.

## Art. 22.

I Der Bezirksausschuß, der Kreisausschuß wird vom Vorsitzenden einberufen und vertritt den Bezirk, den Kreis nach außen.[1]) Zur Beschlußfähigkeit[2]) ist die Anwesenheit von mehr als der Hälfte der ordentlichen Vollzahl der Mitglieder erforderlich. Der Ausschuß hat

a) die Verwaltung des Vermögens zu leiten,[3])
b) die Aufsicht auf die Anstalten des Bezirkes, des Kreises zu führen,[4])
c) alle an den Bezirkstag, Kreistag zu bringenden Gegenstände vorzubereiten und vorzuberaten,[5])
d) die Rechnungen des Bezirkes, des Kreises vor der Vorlage an den Bezirkstag, Kreistag zu prüfen,[6])
e) den jährlichen Voranschlag herzustellen, den zur Erhebung bestimmten Hundertsatz der Bezirks-, Kreisumlage zu berechnen.[7])

II Der Bezirksausschuß hat ferner die Umlagen auf die einzelnen Gemeinden und Eigentümer ausmärkischer Grundstücke zu verteilen.[8])

III Die Zahlungsanweisungen für den Bezirk erläßt innerhalb des Voranschlags das Bezirksamt, für den Kreis die Regierung, Kammer des Innern.[9]) Die Sitzungen der Ausschüsse sind dem Bezirksamte, der Regierung mindestens 24 Stunden vorher bekanntzugeben.[10]) Das Bezirksamt, die Regierung, Kammer des Innern, kann Vertreter abordnen, die auf ihr Verlangen jederzeit gehört werden müssen.[11])

**Vollzugsanweisung § 22.**

I Die Einberufung der Mitglieder des Ausschusses kann der Vorsitzende selbst besorgen, er kann auch das Bezirksamt, die Regierung darum ersuchen Es empfiehlt sich auch hier, bestimmte Tage, z. B den ersten und dritten Mittwoch eines jeden Monats, festzusetzen

II Über den Vollzug der Beschlüsse des Bezirks-, des Kreisausschusses trifft das Gesetz keine ausdrückliche Bestimmung. Die Beschlüsse des Bezirksausschusses auf Grund des Art 23 a—m werden nur vom Bezirksamte vollzogen. Im übrigen wird zwar in der Regel das Bezirksamt die Beschlüsse des Bezirksausschusses, die Regierung, Kammer des Innern, die Beschlüsse des Kreisausschusses vollziehen, hinsichtlich des Voranschlages ist es im Gesetz ausdrücklich ausgesprochen, es kann aber auch in einzelnen Fällen und nach dem Willen der Ausschüsse eine andere Regelung Platz greifen

III Art. 29 Abs 4 LRG verträgt sich nicht mehr mit dem Gesetze

IV Zum Vollzuge genügt eine Ausfertigung des Ausschußbeschlusses, sei es in der Urschrift oder in einer behördlich beglaubigten Abschrift. Für Rechtsgeschäfte mit Dritten sind solche Beschlüsse der Ausschüsse die genügende Grundlage, z. B. bei der Aufnahme von Anlehen, nur ist hier, soweit der Betrag in Art. 14 des Gesetzes überschritten wird, auch die aufsichtliche Genehmigung zur Aufnahme nachzuweisen.

V Zustellungen an den Bezirk, den Kreis ergehen rechtsunwirksam an den Vorsitzenden des Ausschusses als solchen.

**1.** Die Vertretung des Bezirks, des Kreises nach außen war bisher nicht zweifelsfrei geregelt, s. Einl. SG Ziff 2, 3 und 4 In der Regel wird der Vorsitzende des Bezirks- oder Kreistags mit dem Vors. des Ausschusses personengleich sein, aber wenn es nicht der Fall sein sollte, gibt das Gesetz dem Vorsitzenden des Ausschusses hier aus praktischen Gründen den Vorzug. Der Ausschuß ist an die Schranken seiner Zuständigkeit gebunden, wie sie Art. 22 umschreibt im Gegensatz zum Bezirks- und Kreistag, s. Art. 21 Anm. 2 Siehe außerdem Art. 23, 26 II, 31 III SG.

Die Zuständigkeit des Ausschusses kann indes erweitert werden, Art 21 II SG. — Eine Verpflichtung der Ausschußmitglieder findet nicht mehr statt

**2.** Die Ladung sämtlicher Mitglieder ist schon bisher keine Voraussetzung für die Gültigkeit des Beschlusses gewesen, Art. 17 DRG, Art 35 LRG Dagegen war über die Anwesenheit die Vorschrift in beiden Gesetzen verschieden — Art III DRG. und Art 35 IV LRG. gelten nicht mehr, s Art 1 SG Anm. 4; a. M Br—St S 213 und 464.

**3.** Wegen der Verwaltung des Vermögens s. Art 21 Anm 3 SG, und wegen Geldanlage Art. 15 Anm 2 SG.; wegen des Kassen- und Rechnungswesens Art. 12 Anm. d SG., wegen der Sparkassen Art. 40 GemO Anm 5.

**4.** Die Aufsicht auf die Anstalten des Bezirkes, des Kreises wird vom Ausschuß ausgeübt. Damit will keineswegs die Aufsicht der Staatsverwaltung ersetzt oder ausgeschaltet werden. Für den Bezirk war die Bestimmung bereits in Art. 16 Buchst. b des DRG. enthalten, während die Kreisanstalten als Staatsanstalten betrachtet wurden und der Aufsicht der Staatsverwaltung unterstanden. Zwar wurde der ständige Landratsausschuß bisweilen zur Besichtigung der Anstalten mit herangezogen, das geschah aber in der Regel nur, um ihm einen Einblick in die Zustände dieser Anstalten für die Beratung bei den Landratsverhandlungen zu verschaffen. An der staatlichen Aufsicht der Kreisanstalten soll auch für die Folge nichts geändert werden, dafür aber auch andererseits dem Kreisausschusse die Möglichkeit gegeben werden, seiner Pflicht zu genügen. Die wirtschaftliche Leitung wird mehr dem Ausschusse, die organisatorische und technische mehr dem Staate zufallen; s. auch Anm. 9.

5. Durch diese Vorbereitung und Vorbehandlung mit entsprechender Unterstützung der Staatsverwaltung soll der Ausschuß den entscheidenden Einfluß auf die Verwaltung gewinnen.

6. S. oben Anm. 3.

7. Zum Gesamtbedarf gehört beim Bezirk auch der Aufwand für den Kommunalverband, der Umlagenbedarf wird nicht besonders ausgeschieden, LME. vom 3. Nov 1919. S. auch Einl. SG. Ziff. 4c.

Über die Vorlage der Voranschläge der Bezirke an die Regierung und der in Art. 188 und 189 StBG. bezeichneten und der sonstigen Anstalten, für die bisher Sondervoranschläge vorgelegt wurden, an das UnterrMin. s. Art. 21 Anm. 3 SG. — Wegen des Umlagenrechts s. Einl. SG. Ziff. 6.

8. Jetzt Art. 26—29 BG. vom 30. Juni 1921, GVBl. 361, s. auch Einl. SG. Ziff. 6.

9. Über den Vollzug der Beschlüsse des Bezirkstages, des Kreistages, des Bezirksausschusses und des Kreisausschusses gibt das Gesetz keine allgemeine Anweisung. Bisher lag der Vollzug der Beschlüsse in Distriktsangelegenheiten naturgemäß in der Hand des Bezirksamtes, ohne daß eine gesetzliche Vorschrift dafür vorhanden gewesen wäre, der Vollzug der Landratsbeschlüsse war ausdrücklich in Art. 29 Abs. 4 der Kreisregierung übertragen. Das SG. spricht in Abs. 4 des Art. 22 nur von den Zahlungsanweisungen, die innerhalb des Voranschlags für den Bezirk das Bezirksamt, für den Kreis die Regierung, Kammer des Innern, erläßt. Auf diese Weise soll der pünktliche Vollzug des Haushaltplanes sichergestellt werden Für die Beschlüsse der Sonderausschüsse des Bezirkes und für die Beschlüsse der Bezirksausschüsse nach Art. 23 des Gesetzes ist ebenfalls eine bestimmte Weisung gegeben. Hier tritt für den Vollzug stets das Bezirksamt ein. Für die übrigen Fälle der Bezirksverwaltung und allgemein für die ganze Kreisverwaltung hat die Bezirks- oder Kreisvertretung keinen gesetzlichen Anspruch auf die Beihilfe und Unterstützung durch die Staatsverwaltung weder beim Vollzuge der Beschlüsse, noch bei der Aufsicht auf die Anstalten. S 42, 111.

Dagegen kann die Staatsregierung ihre Behörden und Stellen in diesem Sinne anweisen und hat es in Ziff. 4 und 6 der MinE. vom 1. Sept. 1919 an die Bezirksämter getan, um zu verhindern, daß der Bezirk zur Anstellung eigener Beamter gezwungen und die bevorstehende gesetzliche Regelung vor einen unabänderlichen Tatbestand gestellt wird, vgl. S 42, 115; s. auch Einl. SG. Ziff. 4.

**10.** Wegen der Anzeige der Sitzungen s. Art. 18 Anm. 2. Auch hier soll kein Formalismus geschaffen werden.

**11.** Die abgeordneten Beamten haben die Stellung von Regierungskommissären.

Auf ihre Anregung und mit ihrem Einverständnisse können sich z. B. auch der BezArzt oder der BezTierarzt vom BezAmt abordnen lassen und nehmen dann die bezeichnete Stellung ein. Die Vorschrift in Abs. III ist nicht auf Beamte oder Personen beschränkt, die dem BezAmt untergeordnet sind.

## Art. 23.

I Der Bezirksausschuß[1])[2]) tritt für folgende Verwaltungsangelegenheiten, welche vom Bezirksamte vorzubehandeln und sodann dem Ausschusse zur Entscheidung vorzulegen sind, an die Stelle der Bezirks- (bisherigen Distrikts-) polizeibehörde:

a) Erlaß bezirkspolizeilicher Vorschriften und zwar auch in den Fällen des Art. 5 PStGB.[3])
b) Polizeiliche Eingriffe in die persönliche Freiheit, nämlich korrektionelle Nachhaft (Besserungsnachhaft), Polizeiaufsicht, Verwahrung gemeingefährlicher Geisteskranker.[4])
c) Festsetzung von Baulinien.[5])
d) Heimatschutz und Denkmalpflege.[6])
e) Bildung und Änderung der Kehr- und Wasenmeisterbezirke, Festsetzung der Impforte, Begutachtung hinsichtlich der Standesamtsbezirke.[7])
f) Verleihung von Kaminkehrbezirken.[8])
g) Beschlußfassung bei Dienststrafentsetzung der Bürgermeister, der Stadt- oder Gemeinderatsmitglieder, der Ortspfleger und Ortsausschußmitglieder.[9])
h) Allgemeine Richtlinien über die Verleihung von Wirtschaftskonzessionen und die polizeiliche Bewilligung von Tanzmusiken und zur Veranstaltung sonstiger Lustbarkeiten und Schaustellungen, soweit nicht Verordnungen und ministerielle Vorschriften vorliegen.[10])
i) Aufsicht über die Innungen gemäß §§ 96 und 100h der Reichsgewerbeordnung.[11])
k) Regelung der Sonntagsruhe gemäß §§ 100 b II, 105 c IV und 105 f der Reichsgewerbeordnung.[12])
l) Arbeiterschutz gemäß § 120d der Reichsgewerbeordnung.[13])
m) Verweigerung der Ausstellung von Führerscheinen, Zurücknahme der Fahrerlaubnis gemäß Reichsgesetz vom 3. Mai 1909 über den Verkehr mit Kraftfahrzeugen.[14])

II Das zuständige Staatsministerium kann weitere Angelegenheiten dieser Art dem Ausschusse zur Beratung und Beschlußfassung überweisen.[15])

III Diese Beschlüsse des Bezirksausschusses sind vom Bezirksamte zu vollziehen.[16])

IV Der Bezirksausschuß soll die freiwillige Bildung von Zweckverbänden[17]) fördern (Gemeinschaftliche Gemeindeschreiber, Rechner, Einnehmer, gemeinschaftliche Wegunterhaltung, gemeinschaftliche Einrichtungen, für Schulwesen, Volksbildung, Wohnungswesen, Feuerlöschwesen und dergleichen).

V Der Bezirksausschuß kann auch in anderen, den Bezirk berührenden, in den Geschäftsbereich des Bezirksamtes gehörigen Angelegenheiten Anregungen geben und Anträge stellen, die vom Bezirksamte zu verbescheiden sind.[18])

VI Das Bezirksamt kann in allen wichtigeren, das Gesamtinteresse des Bezirkes berührenden Angelegenheiten das Gutachten des Ausschusses erholen, welcher hierzu beschlußfähig Stellung zu nehmen hat.

### Vollzugsanweisung § 23.

I In den im Abs. 1 a—m bezeichneten Angelegenheiten bildet der Bezirksausschuß die Beschlußbehörde und tritt in dieser Beziehung an die Stelle des Bezirksamtes. Alle diese Angelegenheiten hat das Bezirksamt bis zur Spruchreife vorzubehandeln. Der Bezirksausschuß kann weitere Erhebungen anordnen, die das Bezirksamt zu vollziehen hat.

II Die abgeschlossenen Verhandlungen werden dem Bezirksausschusse zugeleitet, in der Sitzung hat der mit der Angelegenheit befaßte Bezirksamtsbeamte anwesend zu sein und die erforderlichen rechtlichen und tatsächlichen Aufschlüsse auf Verlangen zu geben. Für diese Beratungen ist dem Schriftführer des Ausschusses eine Hilfskraft aus dem bezirksamtlichen Kanzleipersonal zur Verfügung zu stellen. In die Niederschrift über die Sitzung sind die Beschlüsse und kurz auch die Gründe für die Beschlüsse aufzunehmen.

III Auf Grund der Niederschrift werden die Beschlüsse vom Bezirksamt ausgefertigt und den Beteiligten zugestellt. Die Weiterbehandlung obliegt ebenfalls dem Bezirksamte.

**1.** Der geistige Urheber und der Verfasser des Art. 23 war OVGR. Braunwart, der in seiner damaligen Eigenschaft als Vorstand des Vereins höherer VerwBeamter zu den Beratungen zugezogen war und die Ausarbeitung von Vorschlägen zur Abänderung des DRG. übernommen hatte. Art. 23 entsprang seiner eigensten Initiative und war ein bemerkenswerter Schritt in jener Richtung, die nach der Einl. z. GemO. Ziff. 3 C bisweilen als eine der verschiedenen Formen der Selbstverwaltung betrachtet wird. Über die politische Bedeutung s. Br—St. S. 215 ff.; s. auch Anm. 2.

Für die Pfalz ist Art. 23 bis 31 März 1923 außer Wirksamkeit gesetzt, s. Art. 11 SG. Anm. 5. Da dort die kreisunm. Städte noch zum Bezirksverband gehören, oben Art. 17 Anm. 1, so würde ihre bezirkspolizeiliche Zuständigkeit mit der des Bezirksausschusses zusammenstoßen.

**2.** Nach unserem Sprachgebrauch handelt es sich hier um eine Tätigkeit im übertragenen Wirkungskreise. Der BezAusschuß muß, wie das BezAmt, die Weisungen der Aufsichtsstellen beobachten, ebenso wie der gemeindliche Bürgermeister auf dem Gebiet der Polizei, s. GemO. Art. 138 Anm. 2, 156 Anm. 2. Eine Beschwerde nach Art. 10 Ziff. 1 VGG. kommt gegen solche Weisungen nicht in Frage.

**3.** Art. 4 und 5 PStGB., Schiedm. dort je Anm. 1; Art. 5 gibt dem BezAusschuß jetzt das Recht, ortspolizeiliche Vorschriften an Stelle der Gemeindebehörde u. U. zu erlassen. Nach Art. 6 II PStGB. sind sie dem BezTag mitzuteilen.

**4.** MinBek. vom 28. März 1891, MBl. 119, mit Änderungen vom 5. April 1901, MBl. 169, über Besserungshaft; §§ 38, 39 RStGB. und MinBek. vom 13. Aug. 1908, GVBl. 561, über Stellung unter Polizeiaufsicht; Art. 80 II PStGB. und MinBek. vom 1. Jan. 1895, MBl. 2, über Verwahrung Geisteskranker; s. unten Anm.

**5.** BauO. vom 17. Febr. 1901 i. d. F. der VO. vom 3. Aug. 1910, GVBl. 403, mit Änderungen der VO. vom 10. Juli 1918, GVBl. 359, insbes. §§ 58—64, ferner MinE. vom 18. Juli 1905, MBl. 317, 3. Aug. 1910, MBl. 477 und 12. April 1920, MBl. 138.

**6.** VO. vom 27. März 1919, GVBl. 119, über Errichtung von Denkmälern, Art. 22b und 101 III PStGB., s. insbes. über Heimatschutz, Pflanzenschutz, Denkmalschutz die Aufzählung der MinWeisungen bei Schiedm. S. 44 Anm. 10 und 11.

**7.** Wegen Einteilung der Kehrbezirke § 3 der Kaminkehrerordnung vom 26. März 1903, GVBl. 115, und MinBek. vom 28. März 1903, MBl. 119; bei den Wasenmeistereibezirken kommt nach oberp. Vorschr. vom 1. April 1919, GVBl. 141, § 7 die Zuständigkeit des BezAusschusses überhaupt nicht in Frage. Wegen der Impforte VO. vom 17. Dez. 1899, GVBl. 1049, § 4, wegen der Standesamtsbezirke MinBek. vom 19. Okt. 1875, MBl. 509, Ziff. 6; nach Ziff. 7 dort hat es für die Pfalz bei der seitherigen Einteilung zu verbleiben, ohne triftige Gründe sind keine Änderungen vorzunehmen.

**8.** S. §§ 7—11 der KaminkO. in Anm. 7, MinBek. vom 6. Juli 1917, GVBl. 196.

**9.** Art. 167/97 GemO je Abs. II, s. Art. 30 SG. Anm. 2.

**10.** Wegen Wirtschaftskonzessionen MinBek. vom 30. Dez. 1909, MBl. 1910, 1, wegen Tanzlustbarkeiten VO. vom 31. Okt. 1921, GVBl. 541, und MinBek. vom 11. Nov. 1921, MBl. 198. — Für Lustbarbeiten und Schaustellungen kommt eine bezirkspol. Zuständigkeit nicht in Betracht.

**11.** § 96 betr. die Innungsaufsicht im allgem., 100h RGO. Streitigkeiten über Mitgliedschaft.

**12.** Die erste Ziffer ist in 105 richtig zu stellen. Die RVO. vom 5. Febr. 1919, RGBl. 176, hat § 105b II RGO. durch neue Bestimmungen ersetzt. Es handelt sich um Gewährung von Ausnahmen, für deren Bewilligung jetzt an Stelle des BezAmts der BezAusschuß zuständig ist.

**13.** MinE. vom 10. Dez. 1909, MBl. 991, §§ 16—18.

**14.** RG. vom 3. Mai 1909, RGBl. 437, §§ 2 und 4.

**15.** Nach dem ursprünglichen Vorschlage sollten noch aufgenommen werden:

a) Organisatorische Maßnahmen zur Verbesserung des Verwaltungsdienstes der Gemeinden auf dem Wege des Zweckverbandes, Vollzug und Ausbau dieser Einrichtungen (Gesamtrechnungsverband, gemeinsame Einrichtungen für den Gemeindeschreiberdienst und die Einhebung gemeindlicher Abgaben und Umlagen), Schulwesen, gemeinsame Feuerlöscheinrichtungen u. dgl.

b) Ermächtigung des Bezirksamtes zur Einleitung des staatsaufsichtlichen Verfahrens gegen Gemeinden des Bezirks.

Der Gedanke nach Buchst. a wurde durch Einschiebung des Abs. 4 des Art. 23 verwirklicht. Es handelte sich bei dieser Anregung nicht um eine bisher der ausschließlichen Zuständigkeit der Bezirksämter überwiesenen staatlichen Verwaltungsaufgabe, die Bestimmung befindet sich jetzt an einer richtigeren Stelle.

Der Buchst. b wurde überhaupt gestrichen.

**16.** Durch Überweisung dieser Angelegenheiten an den Bezirksausschuß als Beschlußbehörde darf keine der Natur der Sache widerstreitende Verzögerung eintreten. Die etwa gebotenen vorläufigen Maßnahmen gehören zur „Vorbehandlung". Z. B. erfordert die Verwahrung gemeingefährlicher Geisteskranker nicht selten ein rasches Handeln, die vorläufige Anordnung der Verwahrung vorbehaltlich der nachträglichen Beschlußfassung des Bezirksausschusses ist Sache des Bezirksamtes, wenn Gefahr auf Verzug besteht, vorbehaltlich der beschlußmäßigen Erledigung durch den Bezirksausschuß.

Der Beschluß des Bezirksausschusses ist seiner rechtlichen Natur nach wie ein Beschluß der Staatsverwaltungsbehörde zu betrachten und so zu behandeln. Gegen ihn sind alle Rechtsmittel zulässig, die bisher gegen die Beschlüsse des Bezirksamtes zur Verfügung standen. Die Rechtsmittelfrist läuft vom Tage der Zustellung ab. Die Zustellung ist Sache des Bezirksamtes. Wegen Kosten und Gebühren MinBek. vom 3. Dez. 1919, StA. Nr. 297.

**17.** S. Art. 26.

**18.** In der Praxis hat Art. 23 bisweilen Schwierigkeiten bereitet, von der Befugnis nach Abs. V und VI soll wenig Gebrauch gemacht worden sein.

### Art. 24[1])

(außer Wirksamkeit, Ges. vom 28. Okt. 1919, GVBl. Nr. 73 S. 699).

I Bei Erledigung einer Bezirksamtmannsstelle steht dem Bezirksausschusse das Recht zu, an der Wiederbesetzung mitzuwirken. Das Staatsministerium des Innern überweist dem Bezirksausschusse eine unter tunlichster Berücksichtigung etwa schon vorgebrachter Wünsche zusammengestellte Liste der in Frage kommenden Beamten

II Der Bezirksausschuß wählt drei der dort angeführten Anwärter. Das Staatsministerium des Innern ernennt einen der Gewählten zum Bezirksamtmann.

### Vollzugsanweisung § 24.

I Das Ministerium des Innern verständigt den Ausschuß von der Erledigung der Stelle eines Bezirksamtmannes. Der Bezirksausschuß kann auf einen Vorschlag verzichten, er kann aber auch auf die Mitteilung von der Erledigung hin bereits Wünsche äußern und um die Liste der in Frage kommenden Beamten ersuchen. Das Ministerium kann für die Abgabe der Erklärung des Bezirksausschusses eine Frist vorsetzen, nach deren fruchtlosem Ablaufe der Verzicht auf den Vorschlag angenommen wird.

1. Bei den Vorberatungen des Gesetzes, s. d. Einl. SG. Ziff. 1, machte sich die Absicht geltend, das Amt des Bezirksamtmanns, jetzt Oberamtmanns, zu einem Wahlamt zu machen, wie das des Bürgermeisters, mit der Möglichkeit einen ehrenamtlichen oder berufsmäßigen Oberamtmann zu wählen und mit der Vorschrift, wie oben in Art. 6 VII, daß der Bezirk einen rechtskundigen Beamten anstellen muß, wenn der Oberamtmann nicht selbst die Prüfung für den höheren Verwaltungsdienst abgelegt haben sollte.

Demgegenüber beschloß die Kommission für Abänderung des DRG. auf Vorschlag des gewählten Berichterstatters, die Art. 24 und 25. Der Ministerrat nahm diesen Vorschlag an und verfolgte den anderen Plan nicht weiter. Beide Art. sind außer Wirksamkeit, Art. 25 ist überhaupt nicht angewendet worden.

### Art. 25 [1])

(außer Wirksamkeit, Ges. vom 28. Okt. 1919, GVBl. Nr. 73 S. 699).

I Der Bezirkstag kann die Abberufung eines wenigstens ein Jahr im Amte befindlichen Bezirksamtmannes beantragen.

II Ein solcher Antrag muß von mindestens einem Drittel der Bezirksvertreter beim Vorsitzenden des Bezirkstages eingereicht werden, darf erst frühestens vier Wochen nach Antragstellung auf dem Bezirkstage beraten werden und ist zu berücksichtigen, wenn zwei Drittel der Bezirksvertreter dem Antrage beistimmen. Das Staatsministerium des Innern wird in diesem Fall alsbald den Bezirksamtmann abberufen.

### Vollzugsanweisung § 25.

I Der Bestimmung ist keine rückwirkende Kraft eingeräumt, vor Ablauf eines Jahres seit Inkrafttreten des Gesetzes, also vor dem 27. Mai 1920, können Anträge auf Abberufung von Bezirksamtmännern nicht gestellt werden. Im übrigen wird das Jahr vom Tage der Amtseinweisung an gerechnet, Unterbrechungen der Tätigkeit von mehr als drei Monaten werden in das Jahr nicht eingerechnet. Dem Bezirksausschuß ist es aber unbenommen, auch in diesen Fällen, wenn beispielsweise bei Krankheit die Verhältnisse des Amts eine längere Verwesung nicht angezeigt erscheinen lassen, entsprechende Anregungen zu geben. Läuft beim Vorsitzenden des Bezirksausschusses ein Antrag auf Abberufung ein, so hat er alsbald den Bezirksamtmann davon zu verständigen. Dieser hat das Recht, eine Gegenerklärung abzugeben und den Verhandlungen über den Antrag im Bezirkstag anzuwohnen. Es muß ihm das Schlußwort gegeben werden.

II Der Bezirksamtmann hat von dem Antrage die Regierung, Kammer des Innern, sofort in Kenntnis zu setzen. Diese hat das Recht, Vertreter zur Verhandlung des Antrages abzuordnen, die auf Verlangen gehört werden müssen.

III Wird der Antrag auf Abberufung mit der erforderlichen Mehrheit angenommen, so hat der Vorsitzende des Bezirksausschusses eine Ausfertigung des Beschlusses alsbald dem Ministerium des Innern vorzulegen.

IV Die Rechte des abberufenen Bezirksamtmanns bestimmen sich nach dem Staatsbeamtengesetze. Die Abberufung ist keine Ruhestandsversetzung.

**1.** S. Art. 24 Anm. 1.

## Art. 26.

I Eine Gemeinde[1]) kann sich durch Gemeindebeschluß mit anderen Gemeinden und öffentlich-rechtlichen Körperschaften zur gemeinsamen Erfüllung einzelner Aufgaben[2]) mit ministerieller Zustimmung[3]) zu einem Zweckverbande[4]) vereinigen. Das gleiche gilt für die Vereinigung von Zweckverbänden untereinander und mit anderen Gemeinden. Die Verhältnisse regeln sie durch eine Satzung,[5]) die der aufsichtlichen Genehmigung bedarf. Sie muß auch Bestimmungen über die Auflösung enthalten. Die Bestimmungen über Staatsaufsicht finden entsprechende Anwendung.[6]) Für Streitigkeiten der Mitglieder des Zweckverbandes unter sich infolge der Eingehung, der Auflösung oder des Bestehens des Verbandes gilt Art. 11 des Verwaltungsgerichtsgesetzes.[7])

II Erfordert das öffentliche Interesse[8]) die Bildung eines Zweckverbandes, so kann die mangelnde Zustimmung der Beteiligten[9]) durch einen mit Gründen versehenen Beschluß des Bezirksausschusses ersetzt werden. Das gleiche gilt für die Veränderung und für die Auflösung[10]) eines solchen Verbandes. Gehören die Gemeinden verschiedenen Bezirken desselben Kreises an oder ist eine unmittelbare Stadt beteiligt, so tritt an Stelle des Bezirksausschusses der Kreisausschuß, gehören die Gemeinden verschiedenen Kreisen an, so bestimmt das Staatsministerium des Innern den zuständigen Kreisausschuß.

**Vollzugsanweisung § 26.**

I Die Genehmigung erteilt das Ministerium des Innern; es anerkennt gleichzeitig den Zweckverband als einen Verein des öffentlichen Rechtes und verleiht ihm dadurch die Rechtsfähigkeit. Die Satzung muß Bestimmungen enthalten über
1. den Namen und den Sitz des Zweckverbandes,
2. die Aufgaben, denen der Zweckverband dienen soll,
3. die Rechte und Pflichten der Teilnehmer an den Vorteilen und Lasten des Verbandes und an der Verwaltung der Verbandsangelegenheiten,
4. die Zusammensetzung, Wahl und den Wirkungskreis des Vorstandes und seines Vorsitzenden, sowie über die Anstellung der übrigen Verbandsorgane,
5. die Berufung, Zusammensetzung und Zuständigkeit der Verbandsversammlung, die Form, Gültigkeit und Bekanntgabe ihrer Beschlüsse,
6. das Rechnungswesen des Verbandes (Aufstellung der Voranschläge, Rechnungsstellung, Rechnungsprüfung),
7. die Voraussetzungen für die Änderung der Satzung,
8. die Auseinandersetzung bei Auflösung des Verbandes.

II Zur Genehmigung der Satzung ist das Bezirksamt zuständig, wenn bloß mittelbare Gemeinden des gleichen Amtsbezirkes beteiligt sind, außerdem die Regierung, Kammer des Innern; gehören die Gemeinden verschiedenen Regierungsbezirken an, so bestimmt das Staatsministerium die zuständige Regierung.

III Ausreichende Einrichtungen zur Förderung des Wohnungswesens, besonders auf dem platten Lande, werden am ehesten durch eine Vereinigung mehrerer Gemeinden geschaffen werden können. Die erforderlichen Anregungen soll die Aufsichtsbehörde geben und nötigenfalls die Anwendung des in Abs. 2 des Gesetzes vorgesehenen Verfahrens herbeiführen. Bevor indes der Bezirks- oder Kreisausschuß zur Beschlußfassung veranlaßt wird, sind die Verhandlungen mit gutachtlicher Äußerung dem Ministerium des Innern vorzulegen.

**1.** Die Teilnahme mindestens *einer Gemeinde* ist nach dem Wortlaut nötig.

**2.** Die Verbindung mehrerer, insbes. verschiedenartiger Aufgaben ist unzulässig. In Betracht kommen gesetzliche und freiwillige Zwecke, z. B. *Wohnungsverbände*, SozMinBek. vom 9. Aug. 1920, StA. 185 mit Nachtrag vom 19. Aug. 1920, StA. 195, ferner *Kraftfahrspritzen*, MinBek. vom 31. Aug. 1922, StA. 207, in beiden Fällen enthält die Bek. auch eine Mustersatzung. Wegen der gesetzlichen Aufgaben s. VA. § 12 III, wegen der freiwilligen jetzt insbes. Art. 12 II GG.

**3.** Die Zustimmung erteilt das StMin. d. J., auch wenn, z. B. bei Wohnungsverbänden, das StMin. für Soziale Fürsorge in der Sache selbst zuständig wäre. Mit diesem tritt das StMin. d. J. ins Benehmen.

**4.** Bisher waren Vereinigungen möglich nach Art. 129 II, 141 V GemO., 37 DRG., dann Art. 7 *KörG.* vom 13. Aug. 1910, GVBl. 609. Nach Abs. II des Art. 7 KörG. war auch eine *Zwangsgenossen-*

schaft vorgesehen. Diese Bestimmungen vertragen sich mit Art. 26 SG., sie gelten noch ebenso wie Art. 8 Ziff. 22 BGG. für die bestehenden und die nach Art. 37 DRG. sich künftig bildenden Vereinigungen. a. M. Br—St. S. 227; s. noch Anm. 11 a. E.

Vgl. über Zweckverbände BayGemVZ. 1920 Sp. 342 und 376.

Die Gesamtarmenverbände nach Art. 18, 19 AG. fallen aus dem Gebiete des eigentl. Gemeinderechts heraus.

5. Die Satzung ist in allen Fällen notwendig, bei einfachen Verhältnissen kann das zust. Min. von den Umständlichkeiten der VA. absehen.

6. Der Zweckverband wird wie eine Gemeinde behandelt, Art. 13 bis 15 SG.

7. Wegen der älteren Vereinigungen s. oben Anm. 4 und den Aufsatz in der BayGemVZ. 1920 Sp. 378 unten.

8. Jede wesentliche Förderung der gesetzlichen oder freiwilligen Zwecke liegt im öff. Interesse.

9. Diese Art der Bildung von Zwangsverbänden ist der hess. LandgemOrdnung vom 2. Juni 1911 (Art. 196) nachgeahmt. Während z. B. das preuß. ZweckverbGes. vom 19. Juli 1911 in § 2 einen Zwang nur bei gesetzlichen Zwecken zuläßt, fehlt dem Art. 26 eine solche Beschränkung, das ist ein Vorzug, a. M. Br—St. S. 230. Gegen den Beschluß des Bezirks- oder Kreisausschusses gibt es allerdings kein Rechtsmittel, aber man übertrug diese Vollmacht den genannten Ausschüssen, weil sie als Selbstverwaltungskörper gegen andere keinen unnötigen Zwang üben werden; schließlich hat es das StMin. d. J. in der Hand, seinerseits die Genehmigung zu versagen. Zu diesem Zweck sollen die Verhandlungen zunächst vorgelegt werden, das StMin. d. J. tritt dann mit dem für die Sache selbst zuständigen anderen Min. ins Benehmen, s. oben Anm. 3.

10. Für die Auflösung kann die Satzung leichtere Bestimmungen, insbes. auch einen Mehrheitsbeschluß, vorsehen, dagegen kann die Satzung die Vorschrift des Abs. II nicht ausschließen.

11. Die Rechtsfähigkeit des Zweckverbandes ist im Gesetze nicht ausgesprochen, sie muß besonders verliehen werden. Der Weg ist der gleiche wie beispielsweise für jene Genossenschaften des Wasserrechtes, die aus der Vereinigung mehrerer Gemeinden für gewisse Zwecke gebildet werden (Brenner, Wassergesetz 1908 S. 350 Anm. 1). Der Zweckverband wird als Verein des öffentlichen Rechtes anerkannt. An Stelle der bisherigen Allerhöchsten Anerkennung tritt nach der VO. vom 15. Nov. 1918 (GVBl. 1231) die Anerkennung durch das zuständige Ministerium.

Der Erwerb der Rechtsfähigkeit wird nicht in allen Fällen nötig sein Er ist bisweilen entbehrlich, wo sich Gemeinden zu gemeinsamen Einrichtungen verbinden, die regelmäßig keine besondere Rechtswirkung nach außen haben, z. B. zu gemeinschaftlichen Gemeindeschreibereien, Einnehmereien u. dgl. Die Rechtsfähigkeit kann bisweilen nicht einmal erwünscht sein, wenn z. B. Gemeinden des Verbandes bereits für die Einverleibung in Aussicht genommen sind. In diesem Falle kann diejenige Gemeinde, die als einverleibende in Aussicht genommen ist,

Wert darauf legen, die Rechtsgeschäfte in eigenem Namen abzuschließen, das Grundeigentum für sich zu erwerben, Eigentümerin der Gebäude zu werden. Der gleiche Gedanke kann bei einem Zweckverbande bestehen, den eine größere Stadt mit einer oder mehreren kleineren Gemeinden zur Herstellung einer Verkehrseinrichtung (Straßenbahnverbindung) eingeht. In solchen Fällen würde die ohne weiteres von Gesetzes wegen eintretende Rechtsfähigkeit des Zweckverbandes störend wirken.

Der Aufsichtsbehörde steht aber der Zweckverband, in allen Fällen als geschlossene Einheit gegenüber. Das unterscheidet den Zweckverband von den Vereinigungen nach Art. 37 DRG. Diese Einheit kann sich zeigen bei der Unterstützung aus Staatsmitteln, aber auch für das staatsaufsichtliche Einschreiten, wenn es notwendig werden sollte.

## Art. 27.

1. Die Art. 4 der rechtsrheinischen und der pfälzischen Gemeindeordnung erhalten die nachstehende Fassung:[1])

— — — — — — — — — — — — — — — — — — — —

2. Im Art. 5 der rechtsrheinischen Gemeindeordnung wird der Abs. 3, im Art. 5 der pfälzischen Gemeindeordnung wird der Abs. 2 gestrichen.[2])

1. S. oben GemO. Art. 4 und die dortigen Erläuterungen. Dort ist auch § 27 der VA. abgedruckt.

2. S. oben GemO. Art. 5 Anm. 1. Abs. III der rrh. GemO. entspricht dem Abs. II der pfälz. GemO.

## Art. 28.

1. Der Art. 153 der rechtsrheinischen Gemeindeordnung erhält folgende Fassung:[1])

— — — — — — — — — — — — — — — — — — — —

2. Im Art. 85 der pfälzischen Gemeindeordnung wird der Abs. 2 gestrichen.[2])

1. Die neue Fassung s. vorne Art. 153 GemO. nebst den Erläuterungen, dort ist auch § 28 der VA. abgedruckt.

2. Für die pfälz. GemO. genügte diese Maßnahme, um dieselben Wirkungen zu erzielen, wie sie oben bei Art. 153 GemO. in Anm 2 auseinandergesetzt sind.

## Art. 29.

I Die Art. 146—149/79—81 der beiden Gemeindeordnungen werden aufgehoben.[1])

II Wenn 1/4 der Anzahl[2]) der bei der letzten regelmäßigen Gemeindewahl in den Wählerlisten eingetragenen[3]) Wahlberechtigten es beantragt,[4]) ist den Wahlberechtigten[5]) Gelegenheit zu geben, darüber abzustimmen,[6]) ob der Stadt- oder Gemeinderat sich einer Neuwahl zu unterziehen hat. Die Abstimmung[7]) geschieht schriftlich[8]) in Abstimmungslisten.[9]) Stimmt mehr als die Hälfte der in den Abstimmungslisten eingetragenen Wahlberechtigten[10]) dafür, so ist die Neuwahl vorzunehmen. Abstimmung und Neuwahl sind so zu beschleunigen, daß der Neuwahltermin innerhalb drei Monaten nach Einreichung des Antrags[11]) anberaumt werden kann. Die Neugewählten[12]) versehen ihre Ämter nur auf die Dauer der laufenden Wahlzeit, auf die berufsmäßigen[13]) Mitglieder des Stadt- oder Gemeinderats erstreckt sich die Neuwahl nicht.

III Die nämliche Zahl der Wahlberechtigten kann verlangen, daß der Stadt- oder Gemeinderat bestimmte Unternehmungen und Einrichtungen in Bearbeitung nimmt. Wird das ausgearbeitete Projekt vom Stadt- oder Gemeinderat abgelehnt, so ist es spätestens innerhalb eines Vierteljahrs nach den nächsten Gemeindewahlen dem neuen Stadt- oder Gemeinderate wieder zur Entscheidung zu unterbreiten.[14])[15])[16])

**Vollzugsanweisung § 29.**

I Die Aufhebung der Bestimmungen über die Gemeindeversammlungen in den beiden Gemeindeordnungen entspricht dem gleichmäßigen Schritte hinsichtlich des Gemeindekollegiums. Die Aufhebung wirkt erst vom Zeitpunkte des Zusammentritts der neuen Verwaltungen (Art. 33).

II Der Berechnung nach Abs. 2 über die Zulässigkeit des Antrages auf Neuwahl der Gemeindeverwaltung wird die Wählerliste der letzten regelmäßigen Gemeindewahl zugrunde gelegt. Wenn die Wählerlisten erneuert wurden (§ 80 Abs. 2 der Wahlordnung für die Gemeinde-, Bezirks- und Kreiswahlen vom 15. April 1919, GVBl. 173), so sind die erneuerten zugrunde zu legen.

III Von jedem Antrage hat die Gemeindeverwaltung die Aufsichtsbehörde zu verständigen. Diese prüft, ob die Voraussetzungen für die Abstimmung und später für die Neuwahl vorliegen und trifft die hienach gebotenen Anordnungen.

IV Die Abstimmungslisten sollen so angelegt werden, daß sie zugleich als Wählerlisten für die Neuwahlen dienen können.

1. Magistrat und GemAusschuß hatten im GemKollegium und in der GemVersammlung ein natürliches Gegengewicht, das GemKollegium stellte die Bürgerschaft vor; die GemVersammlung war sie selbst. Unzufriedenheit mit der Verwaltung konnte sich hier in gegebenen Formen entladen. Eine Ausnahme machten nur die großen pfälz. Städte, die nach der pfälz. GemVerfassung kein GemKollegium hatten, mit Ausnahme von Landau, s. SG. Art. 17 Anm. 1, und die aus tatsächlichen Gründen trotz Art 80 III pfälz. GemO keine GemVersammlung abhalten konnten

— Es ist merkwürdig, daß bei den Beratungen der GemO. 1869 die Reichsratskammer trotzdem noch ein Sicherheitsventil anbringen wollte, wenigstens für Landgemeinden; es sollten die Gemeindebürger unter gewissen Voraussetzungen verlangen können, daß Angelegenheiten, über die der GemAusschuß in eigener Zuständigkeit — im Gegensatz zu Art. 147 II rrh. GemO., der nur Angelegenheiten betrifft, die zur Zuständigkeit der GemVersammlung gehören — beschlossen hatte, nachträglich noch vor die GemVersammlung gebracht werden sollten. Der Vorschlag drang nicht durch, er ist aber die verwischte Spur eines Volksentscheides ein halbes Jahrhundert vor der Gegenwart. Indes sollte die Wirkung rein sachlich sein, ein Rücktritt des GemAusschusses war nicht vorgesehen.

Die Beseitigung der beiden Einrichtungen, Gem.-Kollegium und GemVersammlung, forderte einen Ersatz, der durch Art. 29 geboten werden sollte. Über die jetzige einheitliche Form der GemVerfassung s. noch Vorbem. 1 und 2 vor Art. 70, wegen der GemVersammlung Vorbem. vor Art. 146 GemO.

Durch die Aufhebung der GemVersammlung werden die Bestimmungen in allen Gesetzen berührt, die die GemVersammlung als Organ voraussetzen, z. B. Art. 7 des Jagdges. vom 30. März 1850. Für Verpachtung und Vertrag über Gemeindejagden genügt der Beschluß des Stadt- oder Gemeinderats (MinBek. vom 4. Nov. 1919, StA. Nr. 269 vom 6. Nov. 1919).

Für die Ortschaften gibt es eine Ortsversammlung nur noch in dem einen in Art. 153 III rrh. GemO. vorgesehenen Falle, wo es sich um die Vereinigung des Ortschaftsvermögens mit dem Vermögen der Gemeinde handelt, s. GemO. Art. 23 Anm. 1 und Art. 153 Anm. 10 und 12; a. M. Br—St. S. 251. — Art. 29 ist entsprechend auf die Ortschaftsvertretung anzuwenden. Dagegen gibt es noch besondere Gem.-Beschlüsse in den bei Art. 122 GemO. Anm. 1 aufgezählten Fällen.

Art. 29 behandelt nur den Fall, wo die gewählte Vertretung, sei es durch Verschiebung der Parteistärken oder durch eigene Schuld, die Mehrheit in der Bürgerschaft verloren hat. Zu unterscheiden ist der Fall, wo die Interessen der lebenden mit denen der künftigen Generationen — après nous le déluge — zusammenstoßen. Hier sah der Entw. der GemO. 1869 in Abs. V des Art. 99, jetzt 103, eine Bestimmung vor, die aber bei den Beratungen fiel, s. S 10, 191 und K I, 859[13].

**2.** Für die Berechnung des 1/4 ist die Wählerliste der letzten regelmäßigen Gemeindewahl maßgebend, die durch Zu- oder Wegzug, Tod usw. eingetretenen Änderungen bleiben außer Betracht. Dagegen baut sich die Abstimmungsliste (bei größeren Gemeinden kann sie in mehrere Listen zerlegt werden) auf dem Stande zur Zeit der Herstellung auf. Sie kann auch später für die Herstellung der Wählerliste für die Neuwahl benutzt werden.

**3.** Die Wähler nach § 17 WahlO. sind überhaupt nicht mitzuzählen, die nach § 18 WahlO. nur da, wo sie eingetragen sind.

**4.** Der Volksentscheid setzt einen Antrag voraus, bestimmte Form ist nicht vorgeschrieben, Schriftlichkeit wird unvermeidlich sein. Es bleibt dem betreibenden Teile überlassen, wie er die Erklärungen sammelt, ihm fallen auch die entstehenden Kosten zur Last. Der Versuch in München i. J. 1920 hat die Schwierigkeiten für die großen Städte gezeigt, der Antrag ist aber in München rechtsförmlich zustande gebracht worden. Die GemVerwaltung braucht keine Hilfe zu leisten. Die Aufsichtsbehörde prüft nach Abs. IV der VA. die formalen Voraussetzungen, sie soll dabei keine übertriebenen formalistischen Anforderungen, beispielsweise über die Herkunft der Erklärung stellen.

5. Wahlberechtigt je im Zeitpunkt des Antrags, der Abstimmung, der Neuwahl. Wegen der Wählerliste s. unten Anm. 9.

6. Ausschließlich der berufsmäßigen Mitgl.

7. Die Abstimmung ist der zweite Akt und Sache der Gemeinde Vorher muß die Aufsichtsbehörde die Gültigkeit des Antrags festgestellt haben, ihre Entscheidung ist nur im gewöhnlichen Verwaltungsbeschwerdeweg anfechtbar.

8. Die Form kann von der Aufsichtsbehörde näher bestimmt werden, auch die Frist für die Abstimmung; ein Recht der GVerw. kommt hier nicht in Frage, vgl. die entspr. Gründe in S 4, 59. Die Aufsichtsbehörde kann und wird auch in erster Linie die Anordnungen der Gemeinde abwarten. — Es muß nicht notwendig der ganze Inhalt der Abstimmungserklärung schriftlich niedergelegt sein, eine schriftliche Spur muß aber da sein. In München wurde am 12. Dez. 1920 nach einer Kartei abgestimmt, der Wähler gab den Abschnitt einer ihm zugesandten Karte ab, in den er nur das Wort „für" oder „gegen" und seine Unterschrift einzusetzen hatte. Das Verfahren war einfach und sinnreich, es war vorher von der Aufsichtsbehörde genehmigt worden. Dem Buchstaben des Gesetzes war dabei mit Recht nicht genügt, wohl aber dem Sinne, mit Rücksicht auf § 9 I WahlO.

9. Die Abstimmungslisten sind Wählerlisten, § 7 WahlO., der Name ist vermieden, weil es sich hier noch nicht um eine Wahl handelt, sie sollen später für die Neuwahl — nach den erforderlichen Ergänzungen — als solche dienen. Abs. IV der VA.

10. Abstimmungslisten, s. Anm. 9. Maßgebend ist die Anzahl der im Zeitpunkt der Listenaufstellung wahlberechtigten und eingetragenen Personen. — Es kommt also nur auf die bejahenden Stimmen an, der Gegner kann überhaupt wegbleiben. Die sich ergebende Offenheit folgt aus dem Gesetze und steht nicht in Widerspruch mit § 10 III oder 26 I Landes-Verf., die sich auf den Fall des Art. 29 SG. nicht beziehen. — Es widerspricht nicht dem Gesetze, sowohl „für" als „gegen" abzustimmen, wie in München, oder die Erklärung getrennt und geheim, und die Unterschrift offen abzugeben. Es läßt sich indes auf keine Weise die Offenheit vermeiden, wenn der Gegner Enthaltung von der Abstimmung vorschreibt und übt.

Das Abstimmungsergebnis wird von der Aufsichtsbehörde geprüft, findet sie die Voraussetzungen erfüllt, so beraumt sie die Wahl an. Dagegen gibt es nur Verwaltungsbeschwerde zur nächsthöheren Stelle, aber keinen Verwaltungsrechtsweg, so auch ungebr. VGH. vom 13. April 1921 Nr. 18/21 in dem Münchner Fall. So sehr sich das ganze Verfahren dem Wahlverfahren anpassen soll, so ist es doch von einem solchen streng zu unterscheiden.

11. Für größere Verhältnisse ist die Frist knapp. Der Antrag kann als eingereicht nur gelten, wenn er als formell gültig von der Aufsichts-

behörde anerkannt ist; der Zeitpunkt dieser amtlichen Feststellung, die auch einschlußweise in dem Auftrag erblickt werden kann, die Abstimmung durchzuführen, ist maßgebend. Von da ab läuft die Frist, sie berechnet sich nach § 188 II, III BGB., sie endet auch an einem Sonn- oder Feiertrag.

Zögert die Gemeinde, so greift die Staatsaufsicht Platz, Art. 13 SG.

**12.** Für die Neuwahl gilt das jeweilige WahlG. mit den Vollz.-Erlassen, s. Vorbem. vor Art. 170 GemO. Die Wahlzeit der Gewählten bemißt sich, wie bei Ersatzwahlen, Art. 200 III/125 GemO.

**13.** Berufsmäßig sind die Mitglieder, mit denen Dienstverträge abgeschlossen sind; das ist auch der Grund, warum sie nicht einbezogen sind.

**14.** Abs. III behandelt das Recht der Initiative. Dr. Geßler, der Berichterstatter für die GemO., der auch sonst einen maßgebenden Einfluß auf die Entstehung des Art. 29 übte, hat diese Bestimmung veranlaßt. Die Voraussetzungen sind die gleichen, wie beim Volksentscheid, auch die Förmlichkeiten. Weigert sich die GemVerwaltung nach bejahender Abstimmung, so tritt staatsaufsichtlicher Zwang ein, Art. 13 SG. Mehr als ein ausgearbeitetes Projekt kann aber auch auf diesem Wege nicht erreicht werden, die Gemeindeverwaltung, die es so weit hat kommen lassen, wird es schwerlich annehmen, es bleibt dann auch hier der Bürgerschaft schließlich nur der Weg des Abs. II.

**15.** Nur die bad. GemO. vom 5. Okt. 1921 (bad. GBBl. 347) kennt in § 77 den Volksentscheid, sie verlangt für den Antrag auf Abstimmung $^1/_3$, für die siegreiche Abstimmung die einfache Mehrheit aller Wahlberechtigten; für Antrag und Abstimmung sind die Bestimmungen des LandtWahlG. über Volksvorschlagsrecht und Volksabstimmung entsprechend anzuwenden. Auch das Min. d. J. kann eine Abstimmung anordnen. Aufgelöst wird bei bejahendem Ergebnis der Bürgerausschuß, den die bad. GemO. noch kennt, und der GemRat einschließlich der besoldeten GemRäte, nur der Bürgermeister darf bleiben.

Über Volksbegehren und Volksentscheidung nach bayr. Verf. s. v. Jan, Landeswahlgesetz, S. 101, für das Reich: Ges. über den Volksentscheid vom 27. Juni 1921, RGBl. 790, und Reichsabstimmungsordnung vom 1. Dez. 1921, RGBl. 1505.

**16.** de lege ferenda liegt die Schwierigkeit darin, die richtige Mitte zu finden, die Vorschriften sollen nicht zu streng und nicht zu leicht, sie sollen ferner für große und für kleine Gemeinden einheitlich sein. Für eine bejahende Abstimmung wird man immer mindestens die einfache Mehrheit der Wahlberechtigten verlangen müssen, wie es auch die bad. GemO. tut; der Entwurf des neuen Gemeinderechts verlangt in Art. 10 $^3/_5$, aber nicht der Wahlberechtigten, sondern der abgegebenen Stimmen, dadurch wird auch der Gegner zur Teilnahme genötigt und die Abstimmung geheim. Daneben läßt der Entwurf noch die Möglichkeit zu, daß der Gemeinderat selbst die Abstimmung beschließt, Harakiri.

Ebenso schwierig ist auch das Verfahren, einheitlich für alle Gemeinden ohne Rücksicht auf ihre Größe zu regeln. Die VA. hat es der Aufsichtsbehörde von Fall zu Fall überlassen. Dadurch ist es möglich geworden, die örtlichen Verhältnisse zu berücksichtigen und außerdem bei jedem neuen Versuch die früheren Erfahrungen zu verwerten.

## Art. 30.

I Im Verwaltungsgerichtsgesetz erhält Art. 10 Ziff. 1 folgende Fassung:

1. Verfügungen in Gegenständen der Staatsaufsicht[1]) über die Bezirke[2]) und Kreise, wenn der Bezirk, der Kreis behauptet,[3]) die Verfügung verletze sein gesetzliches Selbstverwaltungsrecht oder belaste ihn mit einer gesetzlich nicht begründeten Leistung.

II Ferner wird dem Art. 11 folgender Absatz hinzugefügt:[4])

Wird in dem Schiedsspruch ein einer Gemeinde, einer Ortschaft, einer abgesonderten Markung oder einem Schulverbande gehörendes Grundstück auf eine andere Gemeinde, Ortschaft oder abgesonderte Markung oder einen anderen Schulverband übertragen, so tritt die Eigentumsänderung mit der Rechtskraft des Schiedsspruchs ein. Im Schiedsspruche kann ein anderer Zeitpunkt bestimmt werden.

### Vollzugsanweisung § 30.

I Im Falle des Art. 11 Abs. 4 des Verwaltungsgerichtsgesetzes ist festzustellen, ob das Grundstück eingetragen ist; in diesem Fall ist dem Grundbuchamt eine Ausfertigung des Schiedsspruches mit dem Ersuchen zuzustellen, das Grundbuch zu berichtigen.

**1.** Der Art. 30 zieht in Abs. I die Folgerung aus Art. 12 oben und stellt das SR. der Bezirke und Kreise unter verwaltungsrechtlichen Schutz. Wegen der Kreise hätten die Eingangsworte des Art. 10 VGG. ebenfalls geändert werden müssen, da bisher der VGH nur gegen Entschließungen der Kreisregierung, nicht auch des Minist. angerufen werden konnte, s. oben bei Art. 13 Anm. 7. Dieses Versagen des Ges. hat der VGH. in dem dort angef. Erkenntnis verbessert, der VGH. hat sich für zuständig erklärt gegenüber MinEntschließungen, die eine staatsaufsichtliche Verfügung gegen den Kreis enthalten, im übrigen bleibt es bei der bisherigen Regel, s. Art. 13 Anm. 7 a E.

**2.** Infolge des Art. 12 SG. ist die bisherige Regierungskuratel über die Bezirke weggefallen, Art. 23 DRG. ist verdrängt, auch die kollegiale Beratung ist für Entschließungen der Kreisregierung in Bezirksangelegenheiten nicht mehr nötig. Bisher hatten die Gemeinden ein Beschwerderecht wegen gesetzwidriger Verteilung der Distriktslasten, Art. 10 Ziff. 1 VGG. in der früheren Fassung, das sich hauptsächlich bei Bemessung der Vorausleistungen nach Art. 32 DRG äußerte. Der VGH. hat zuerst, S 42, 83, das Beschwerderecht der Gemeinden, und in der E. vom 10. März 1922 S 43, 38, überhaupt die Zulässigkeit der Auferlegung solcher Vorausleistungen nach Art. 32 DRG. verneint, hierüber s. das Nähere in Einl. SG. Ziff. 6.

**3.** Der Kreis und der Bezirk wird in solchen Fällen durch die Ausschüsse vertreten, Art. 22 I SG. Beschwerde kann wirksam nur der Bezirks-, der Kreisausschuß einlegen Beschließt der Bezirks-

oder Kreistag eine Beschwerde zu ergreifen, so ist es Pflicht des Ausschusses, sie einzulegen. Meinungsverschiedenheiten, auch die Folgen einer Weigerung, haben beide unter sich abzumachen, die Staatsaufsicht hat hier kein Feld ihrer Tätigkeit.

Andererseits können die Ausschüsse auch von sich aus Beschwerde einlegen und betreiben, sie werden die Vollversammlung davon in Kenntnis setzen, einer nachträglichen Zustimmung bedarf es nicht

**4.** Die Änderung hängt mit der gleichlautenden Bestimmung in Art. 4 Abs. 3 nach der Fassung des Art. 27 SG. zusammen und will die gleiche Wirkung herstellen, wenn die Auseinandersetzung nicht freiwillig zustande kommt, sondern auf einem Urteile des Verwaltungsgerichtshofes beruht.

## Art. 31.

I Dem Abs. 1 des Art. 167/97 der beiden Gemeindeordnungen wird folgender Satz angefügt:

Bei dem Verfahren gegen nichtberufsmäßige Gemeindebeamte werden die beiden dem Berufskreise des Beschuldigten zu entnehmenden Mitglieder der Disziplinarkammer (Art. 121 Abs. 2 des Staatsbeamtengesetzes) ebenso wie die drei entsprechenden Mitglieder des Disziplinarhofes (Art. 125 Abs. 2 StGB.) aus den nichtberufsmäßigen Gemeindebeamten ausgewählt.[1])

II Art. 167/97 Abs. 2 der beiden Gemeindeordnungen gilt für die berufsmäßigen Stadt- oder Gemeinderäte nicht. An die Stelle des Gemeindekollegiums tritt in unmittelbaren Städten der Kreisausschuß, sonst der Bezirksausschuß.[2])

### Vollzugsanweisung § 31.

I Für die berufsmäßigen Gemeindebeamten ist eine Dienstentsetzung im Wege der Art. 167/97 Abs. 2 der beiden Gemeindeordnungen für die Folge nicht mehr möglich. Sie können nur im Wege des ordentlichen Dienststrafverfahrens entlassen werden

**1.** Die Bestimmung soll den ehrenamtlichen Gemeindebeamten die Gewähr bieten, daß in dem Dienststrafverfahren vor der Disziplinarkammer wie vor dem Disziplinarhofe gegen ehrenamtliche Gemeindebeamte die Beisitzer aus dem Kreise dieser Beamten genommen werden. Die Gesetzesvorschrift bindet den Präsidenten der Disziplinarkammer und des Disziplinarhofes bei der Zusammensetzung Art 121 Abs 3 und 125 Abs. 3 StGB.

Art. 120 und 124 StGB. sind durch Art. 183 Volksschullehrergeſ. vom 14. Aug. 1919 (GVBl. Nr. 55 S. 437) geändert worden. Das Ministerium des Innern hat nun dafür zu sorgen, daß neben den 16 unwiderruflichen Beamten seines Geschäftskreises auch die erforderliche Anzahl nichtberufsmäßiger Gemeindebeamter gewählt wird.

Gegenüber dem Wortlaut des Art. 167 rrh. GemO. kann man nicht zweifeln, daß das Dienststrafrecht des StBG. auch auf die ehrenamtlichen Mitglieder des. Stadt- oder GemRates Anwendung findet, der Nebensatz: die Unwiderruflichkeit erlangt haben, bezog sich schon früher und also auch noch heute nur auf die vorhergehend genannten: höheren GemBeamten. So auch H—R., a. M. Br—St. S. 261. — In welcher Weise sich das praktisch durchführen läßt, ist eine andere Frage, s. überhaupt oben GemO. bei Art. 167 Anm. 1 und 4.

In der Pfalz bezieht der entsprechende Art. 97 pfälz. GemO. sich, was die ehrenamtlichen Mitglieder der GemVerwaltung angeht, nur auf Bürgermeister und Adjunkten, dort liegt also nur bezüglich des ehrenamtlichen Bürgermeisters und seines ehrenamtlichen Stellvertreters die Sache wie im rrh. Bayern.

Art. 120 und 124 StBG. in der älteren Fassung hatten das Recht, die Beamten für die Besetzung der Disziplinarkammer und des Disziplinarhofes zu ernennen, der Krone übertragen, an deren Stelle trat dann nach der VO. vom 15. Nov. 1918, GVBl. 1231, das zuständige Ministerium, hier das des Innern. Der durch MinBek. vom 22. Nov. 1919, StA. 286, GVBl. 838, gestrichene Abs. I des § 31 BA. wies die Regierungen an, beim Min. d. J. Antrag zu stellen auf Ernennung von nichtberufsmäßigen Gemeindebeamten als Beisitzer, sobald ein gegen einen nichtberufsmäßigen Gemeindebeamten anhängiges Dienststrafverfahren es nötig machen sollte.

Nach Art. 120 und 124 StBG. in der erwähnten geänderten Fassung werden die Beisitzer von den amtlichen Berufsvertretungen gewählt, eine entsprechende Regelung wird auch für die nichtberufsmäßigen Gemeindebeamten einzutreten haben, die voraussichtlich erst getroffen werden wird, wenn das bevorstehende RG. über die Beamtenvertretungen die Angelegenheit wieder in Fluß bringt.

**2.** Der Abs. 2 des Art. 31 beruht auf einer Anregung aus dem Kreise der berufsmäßigen Gemeindebeamten. Der Art. 167/97 Abs. 2 der GemO. bezog sich bisher nicht auf die *unwiderruflich* angestellten Gemeindebeamten. Nach Wegfall der Unwiderruflichkeit würden nun die bisherigen unwiderruflichen Gemeindebeamten unter diese Bestimmung fallen. Der Abs. 2 des Art. 31 *nimmt* für die Folge *alle berufsmäßigen Stadt- oder Gemeinderäte* von dieser Bestimmung *aus*, s auch oben GemO. Art. 167 Anm 3.

## Übergangsbestimmungen.

### Art. 32.[1])[2])

[I]Wer zur Zeit des Inkrafttretens dieses Gesetzes[3]) rechtskundiges oder technisches Magistratsmitglied[4]) ist, muß sich um die Mitgliedschaft im Stadt- oder Gemeinderate zu erlangen,[5]) gemäß den Vorschriften dieses Gesetzes binnen drei Monaten nach dem erstmaligen Zusammentreten[6]) des neuen Stadt- oder Gemeinderats einer Neuwahl unterziehen. Der Wahltermin ist für die sämtlichen vom Stadt- oder Gemeinderat zu wählenden Personen auf den gleichen Zeitpunkt festzusetzen.[7]) Für die ersten Bürgermeister kann die Neuwahl mit beiderseitigem Einverständnis bis längstens 1. Juli 1920[8]) verschoben werden.

II Die bisherigen rechtskundigen und technischen Magistratsmitglieder haben alsdann nach der Neuwahl des Stadt- oder Gemeinderats das Recht, auf ihre Wiederwahl zu verzichten.[9])

III Machen sie von diesem Rechte Gebrauch oder werden sie nicht wieder gewählt, so gilt — wenn nicht im Einzelfalle besondere weitergehende Vereinbarungen[10]) getroffen werden — folgendes:

1. Soweit sie nicht in einem Dienstprovisorium[11]) stehen, werden sie in den dauernden Ruhestand[12]) versetzt. Für die Berechnung des Ruhegehalts sind die Bestimmungen des Art. 39 mit 45 des Staatsbeamtengesetzes vom 16. August 1908 über die Berechnung des Wartegeldes[13]) anzuwenden. Dabei werden der Berechnung die Gesamtbezüge[14]) des Beamten zugrunde gelegt. Art. 42 und 43 Ziff. 2 des Staatsbeamtengesetzes[9]) finden keine Anwendung. Enthält die Gemeindesatzung oder ein Dienstvertrag für die Berechnung des Wartegeldes oder des Ruhegehaltes günstigere[15]) Bestimmungen, so gelten die Bestimmungen der Gemeindesatzung oder des Dienstvertrages. Auch hierbei werden der Berechnung die Gesamtbezüge des Beamten zugrunde gelegt. Enthält die Gemeindesatzung oder der Dienstvertrag Bestimmungen sowohl über Wartegeld als auch über Ruhegehalt, so steht dem Beamten die für ihn günstigere[16]) Versorgung zu.

2. Soweit sie noch in einem Dienstesprovisorium[7]) stehen, erhalten sie den Ruhegehalt nach Ziff. 1 nur für die Restzeit des Provisoriums.[17]) Unter Dienstesprovisorium ist das Rechtsverhältnis zu verstehen, das im Sinne des Art. 74 Abs. 2 der rechtsrheinischen Gemeindeordnung vor der dort vorgeschriebenen Wiederwahl besteht, bei technischen Magistratsmitgliedern ein entsprechendes vertragsmäßig vereinbartes Rechtsverhältnis.[18]) [19]) [20])

### Vollzugsanweisung § 32.

I Die Bestimmungen beziehen sich auch auf die berufsmäßigen besoldeten Mitglieder des Gemeinderates in der Pfalz (vgl. den Wortlaut des Art. 10 des Ges. in der Fassung vom 22. April 1919).

II Für die Wahl der ersten Bürgermeister gelten die Wählerlisten der Hauptwahl noch bis zum 1. Oktober 1919. Wer bis dahin das Wahlrecht erst erwirbt, nimmt nach § 17 der Wahlordnung an der Wahl teil.

III Im Falle der Wiederwahl ist es mit beiderseitigem Einverständnisse möglich, einen neuen Dienstvertrag auf höchstens 10 Jahre abzuschließen.

IV Für solche Beamte, die im Zeitpunkte des Inkrafttretens des Gesetzes Anspruch auf Witwen- und Waisengeld haben, ist im Falle des Rücktrittes die Sache so anzusehen, als ob sie im Zeitpunkt ihres Rücktrittes in den Ruhestand versetzt worden wären. Soferne das Witwen- und Waisengeld sich nach bestimmten Bruchteilen des Ruhegehaltes bemißt, ist der Ruhegehalt zugrunde zu legen, wie er sich nach Art. 32 dieses Gesetzes berechnet.

V Für die vermögensrechtlichen Ansprüche aus dem freiwilligen Verzicht nach Art. 32 sind die Gerichte zuständig.

1. Die rrh. GemO. 1869 änderte nichts an den erworbenen Dienstesrechten rechtskundiger Bürgermeister und Magistratsräte, sowie der technischen Bauräte, Art. 204 rrh. GemO. Es lag in ihrem Sinne, daß der höhere GemBeamte in der Regel lebenslänglich, d. h. bis zur Dienstunfähigkeit oder bis zum vollendeten 70., später 65. Lebensjahr im Amte bleiben solle; die übrigen GemBeamten sollten in der Regel widerruflich sein, eine Ausnahme war nur für einzelne solche Beamte in Gemeinden mit Stadtverfassung möglich, Art. 74 II, 76, 77 III, 132 I rrh. GemO. In der Pfalz war dagegen bis zum GBG. vom 15. Juli 1916 die Unwiderruflichkeit ohne Beschränkung zulässig, Art. 56 a, 64 pfälz. GemO. ält. Fass. gegenüber Art. 64 I in der Fassung nach dem GBG.

Das SG. unterscheidet hinsichtlich der Lebenslänglichkeit zwischen den Mitgliedern der GemVerwaltung (Stadt-, GemRat) und den übrigen GemBeamten. Bei den ersten will es die Lebenslänglichkeit beseitigen, sie sollen, wenn sie als berufsmäßige gewählt werden, nur noch auf Dienstvertrag angestellt werden können, Art. 6 IV SG.

Die Überleitung sollte der Art. 32 SG. besorgen, auf die Beamten nach Art. 72 I/64 GemO. bezieht er sich überhaupt nicht.

2. Der erste Teil des SG. mußte wegen seines Zusammenhangs mit dem WahlG. beschleunigt werden; er wurde als „Gesetz über die Verfassung und Verwaltung der Gemeinden, Bezirke und Kreise" am 22. April 1919 vom Gesamtministerium beschlossen, am 24. April 1919 in dem damaligen Amtsblatte der Staatsregierung, dem „Freistaat" in Nr. 13 veröffentlicht. Die Veröffentlichung im Staatsanzeiger war erst am 8. Mai 1919 in Nr. 118 möglich. Dieser erste Teil umfaßte die neun Artikel des jetzigen SG. und außerdem noch als Art. 10 den jetzigen Art. 32 des SG. Dieser, am 22. April 1919 beschlossene Teil des Gesetzes wurde nicht ohne einige Änderungen in das jetzige SG. übernommen, insbesondere hatte der Art. 10, jetzt Art. 32, in dem früheren Erlasse folgenden nicht unwesentlich anderen Wortlaut:

Art. 10. Die berufsmäßigen Mitglieder des Stadt- oder Gemeinderates, auch diejenigen, die beim Inkrafttreten dieses Gesetzes die unwiderrufliche Anstellung bereits erlangt haben, müssen sich noch vor dem 1. Juli 1920 einer Neuwahl unterziehen. Werden sie nicht wieder gewählt, so haben sie Anspruch auf Versetzung in den Ruhestand. Vorbehaltlich besonderer Vereinbarungen gelten für die Berechnung des Ruhegehalts die Bestimmungen der Art. 39 mit 45 des

Staatsbeamtengesetzes vom 16. August 1908 über die Berechnung des Wartegeldes; indessen müssen für die Berechnung die Gesamtbezüge des Beamten zugrunde gelegt werden und wenn die Gemeindesatzung für die Berechnung des Wartegeldes oder des Ruhegehaltes günstigere Bestimmungen enthält, gelten diese.

Die berufsmäßigen ersten Bürgermeister haben den gleichen Anspruch nach Abs. 1, wenn sie freiwillig auf die Wiederwahl verzichten, die weiteren berufsmäßigen Bürgermeister und die berufsmäßigen Stadt- und Gemeinderäte indes nur, wenn ihnen der Stadt- oder Gemeinderat nicht die Wiederwahl zusichert.

Nach dieser Fassung hatten nur die ersten Bürgermeister das Recht auf freiwilligen Verzicht, die übrigen berufsmäßigen Mitglieder des Stadt- oder Gemeinderats nur, wenn ihnen die Wiederwahl nicht zugesichert wurde. Der Neuwahltermin konnte allgemein bis 1. Juli 1920 hinausgeschoben werden. Beide Bestimmungen waren im Interesse der Gemeinden gedacht, wurden aber von den Beteiligten sofort nach dem Erscheinen des ersten Teiles des Gesetzes bekämpft. Die jetzige Fassung des Art. 32 geht wieder auf den ursprünglichen Vorschlag der Kommission für Änderung der GemO. zurück.

3. S. Art. 33 Anm. 2.

4. Art. 74 II, 76 rrh., Art. 56 a pfälz. GemO., s. Anm. 1.

5. Die Bürgermeister, die rechtskundigen und technischen Magistratsräte hatten bis zum Ablauf der Frist Sitz im Stadt- oder Gemeinderat, die Bürgermeister auch volles Wahl- und Stimmrecht, die Magistratsräte ein Stimmrecht nach Art. 6 Abs. 5 SG. (Min.-Bek. vom 17. Juni 1919, StA. Nr. 151 vom 18. Juni 1919).

6. Die GemWahlen fanden im rrh. Bayern am 15. Juni 1919, in der Pfalz am 18. April 1920 statt. Der erstmalige Zusammentritt geschah ziemlich bald danach und bestimmte sich nicht allgemein, sondern für jede Gemeinde besonders.

7. Um die Verhältniswahl zu erzwingen.

8. Der Termin galt auch für die Pfalz.

9. Das Recht des Verzichts entstand sofort nach der Neuwahl, konnte aber bis zu einem angemessenen Zeitpunkt vor Ablauf der Frist ausgeübt werden.

Der Verzicht (Rücktritt) mußte auf Grund des Art. 32 SG geschehen, um die Ansprüche aus dieser Bestimmung erheben zu können. In der E. vom 27. Aug. 1919 an den bayer. Städtebund hat es das Staatsmin. d. Innern für billig erachtet, daß Art. 32 auch auf solche Rücktritte oder Ruhestandversetzungen Anwendung fand, die aus gleichen Gründen, wie sie Art. 32 im Auge hat, nach dem ersten Wahlausschreiben erfolgten, also nach dem 23. März 1919 (StA. Nr. 77 vom 23. März 1919 enthält das erste Wahlausschr. vom 21. März 1919).

10. Die Vorschriften in Ziff. 1 und 2 des Abs. III sollen ein Mindestmaß darstellen.

11. Darunter war überall in Bayern Dienstverhältnis während der ersten drei Jahre nach der Wahl zu verstehen, Art. 74 II/56 a II GemO. Für die technischen MagMitglieder nach Art. 76 rrh. GemO. wurde ausnahmslos die Sache gerade so gehalten.

Wer auf Dienstvertrag angestellt war, aber bereits Versorgungsrechte erworben hatte, wurde nach Abs. III Ziff. 1 behandelt.

Rechtsräte im Provisorium, aber mit Unwiderruflichkeitsrechten aus einem früheren Dienstverhältnis wurden für die Rechtsdauer des Provisoriums nach Ziff. 2 behandelt und traten dann in die Versorgung aus der früheren Unwiderruflichkeit. MinE. vom 1. Aug. 1919.

Im Fall des Art. 74 Abs. 3 rrh. GemO. war der Beamte als unwiderruflich nach Ziff. 1 zu behandeln, ebenso Rechtsräte, die nach dem 24. April 1919 das Dienstesdefinitivum erhalten hatten und wegen Art. 6 des Ges. vom 22. April 1919 nicht mehr bestätigt wurden. MinE. vom 21. Aug. und 19. Sept. 1919.

**12.** Sie sind also den in ordentlicher Weise in den Ruhestand getretenen Beamten auch für die Folge gleichgestellt und nehmen an den Erhöhungen und Teuerungszulagen usw. wie diese teil, Art. 77a V/64a V GemO. in der Fassung des Ges. vom 23. Mai 1921, GVBl. 323. Für Streitigkeiten über die Neufestsetzung der Versorgungsbezüge sind die KrSchGer. zuständig.

**13.** Art. 39—45 StBG. enthalten die Vorschriften über Berechnung des Wartegeldes, sie sind günstiger als die für die Berechnung der Ruhestandsbezüge, Art. 47 ff. StBG. Art. 39 hat durch Art. 43 Ziff. 1 des BeamtenBesGes. eine Verschlechterung erlitten, die nachträglich durch Abs. V des Art. 77a/64a GemO., oben Anm. 12, auf die nach Art. 32 zurückgetretenen GemBeamten angewendet wurde.

**14.** Zu den Gesamtbezügen gehören alle regelmäßigen Bezüge, auch wenn sie sonst nicht versorgungsfähig sind, z. B. Wert des Genusses einer Dienstwohnung, Teuerungszulagen, Kinderzulagen, Repräsentationsgelder. Der Betrag der Kinderzulagen bleibt nun unverändert, auch wenn die Kinder später aus der Versorgung herauswachsen, MinE. vom 8. Juli 1920.

**15.** Die Art. 39—45 StBG. gelten nur, wenn nicht die Gemeindesatzung günstigere Bestimmungen enthält, ist z. B. der Hundertsatz höher, so wird er aus dem nach Art. 32 SG. festgestellten Betrage berechnet.

Das Landessperrges. kann nur die ersten Bürgermeister treffen, die nach 31. März 1920 verzichteten oder nicht mehr gewählt wurden, Art. 3 II d. Entw.

**16.** Unter den fünf Möglichkeiten: Art. 39—45 StBG., dienstvertragl. Wartegeld, dienstvertragl. Ruhestandsversorgung, Wartegeld nach der GemSatzung, Ruhestandsversorgung nach der GemSatzung soll die günstigste Berechnungsart gelten.

**17.** Wohl ausnahmslos für beide Landesteile höchstens auf 3 Jahre, s. auch Anm. 11 insbes. a. E.

**18.** Oben Anm. 11.

**19.** Die Auffassung, daß die Vorteile aus Art. 32 nur dem Rücktretenden persönlich zugute kommen sollen, nicht aber seinen Hinterbliebenen, hat das Min. d. J. fallen lassen und die VollzA. dementsprechend durch MinBek. vom 22. Nov. 1919, StA. 286, abgeändert. Witwen- und Waisengelder sollen aus dem nach Art. 32 festzusetzenden Betrag berechnet werden. Diese Auslegung als solche hat rückwirkende Kraft auf alle geschehenen Rücktritte.

20. Wegen Übernahme der Versorgungslast infolge Art. 32 auf den Versorgungsverband schweben Verhandlungen. Die an der Sache beteiligten Städte brauchen nicht alle dem Versorgungsverband anzugehören, weil die Gemeinden mit mehr als 10000 E. keine Pflichtmitglieder sind (Art. 24 Abs. 1 Ziff. 1 GVG.).

Der Versorgungsverband hat für 1922 einen Staatszuschuß von 1500000 Mk. erhalten; davon sind 800000 Mk. für die Gemeinden zu verwenden, die durch die Versorgungslast nach Art. 32 SG. betroffen sind, Ldtgsverh. 1921/22 Beil. 2634.

## Art. 33.

I Die Art. 6 Abs. I, II und V, 23, 24, 25 und 29 treten erst nach Zusammentreten[1]) der neugewählten Gemeinde-, Bezirks-, Kreisvertretungen, die übrigen Bestimmungen treten sofort in Kraft.[2])

II In den rechtsrheinischen[3]) Landesteilen versieht bis dahin die Geschäfte des Stadtrates der Magistrat, soweit notwendig unter Mitwirkung[4]) des Gemeindekollegiums, die des Gemeinderates der Gemeindeausschuß. Die Anzahl der Stadträte[5]) bestimmt der Stadtmagistrat allein, ohne Mitwirkung des Gemeindekollegiums. Die Geschäfte des Bezirksausschusses und Bezirkstages versieht bis dahin der zuständige Distriktsausschuß,[6]) die des Kreisausschusses und Kreistages der ständige Landratsausschuß.[7])

### Vollzugsanweisung § 33.[10])

I Durch das Gesetz werden aufgehoben oder gegenstandslos:

1 von der rechtsrheinischen Gemeindeordnung: Art. 1, 5 Abs. 3; 8 mit 21, 23 Abs. 2, 3; 24 Abs. 2; 32 Abs. 2 Ziff. 2; 61 mit 63, 70, 71, 72 Abs. 2; 74 Abs. 2, 3; 75, 76, 78, 79 Abs 1 und von Abs. 2 die ersten vier Worte; 88 Abs. 4, 5 Satz 2, Abs. 6; 89 Abs. 3—6, 101 Abs. 2; 103 Abs. 2 Satz 1; 106 Abs. 5; 108 mit 119, 124 mit 126, 146 mit 149, 154, 157, 159, 160, 170 mit 173, 176 mit 180, 182 mit 185, 187 mit 195, 196 Abs. 2; 197 198 Abs. 2, 3, 7; 200 Abs. 2, 204;

2 von der pfälzischen Gemeindeordnung:[8]) Art. 5 Abs. 2; 10, 14, 16, 16a, 16b, 45 mit 47, 54 mit 56, 79 mit 81, 89, 91, 101 mit 103, 105, 106 mit 108, 110 mit 112, 114 mit 121a, 123 Abs. 2, 3, 4, 6; 124;

3 vom Distriktsratsgesetze: Art. 2 mit 7, 9 Abs. 1; 10 Abs. 2; 11, 12, 13 Abs. 3, 5; 14 mit 16, 17 Abs. 1 Satz 3ff.; 17 Abs. 2; 18 Abs. 1 Satz 1; 19, 23 mit 25, 26 Abs. 1; 28 Abs. 2, 30 Abs. 2. 32 Abs. 2; 34 Abs. 3; 37;

4 vom Landratsgesetze: Art. 2 mit 9, 12, 13 Satz 1, 14 mit 22, 24 Abs. 1, 25 Abs. 2 Satz 2, 27 mit 34, 35 Abs. 1 und 4, 36.

5. vom Umlagengesetze: Art. 29 mit 31;[9])

6. vom pfälzischen Städteverfassungsgesetz: Art. 1, 2, 3 Abs. 1; 4, 5.

1. Über den Zeitpunkt des Zusammentritts s. Art 32 SG Anm. 6.

2. Das Gesetz wurde in zwei Teilen beschlossen, s. Art. 32 SG. Anm. 2. Der erste Teil trat am 24. April 1919 mit der Veröffentlichung im „Freistaat", dem amtlichen Organ der Staatsregierung in Bamberg, im rrhein. Bayern in Kraft. Das SG. wurde am 27. Mai 1919 in Nr. 134 des StA. und am 26. und 27. Mai 1919 in Nr. 39 und 40 des „Freistaat", endlich am 2. Juni 1919 in Nr. 30 des GVBl. veröffentlicht. In der Pfalz hat der Komm. General der 2. Armee am 28. Sept. 1919 den Vollzug des SG. und das Wahlges. vom 15. April 1919 anerkannt. Im rrhein. Bayern ist als Zeitpunkt des Inkrafttretens der 27. Mai 1919, in der Pfalz der 28. Sept. 1919 anzunehmen; für Coburg s. Einl. GemO Ziff. 4.

3. Für die Pfalz ist das Ges. vom 20. Dez. 1919, GVBl. 833, über die Geltung des SG. in der Pfalz, Art. 1 maßgebend, das die Interalliierte Kommission am 26. Mai 1920 anerkannt hat.

4. Dem Vorläufer des SG., s. oben Anm. 2, fehlte eine beschränkende Bestimmung über den Zeitpunkt des Inkrafttretens, infolgedessen mußte wegen Art. 6 II, den der Vorläufer bereits enthielt, die sofortige Aufhebung des GemKollegiums angenommen werden, im SG. wurde rückwirkend der zweckmäßigere Zeitpunkt des Zusammentritts der neuen Verwaltung bestimmt.

5. Innerhalb der Grenzen des Art. 6 III SG.

6. Bis zum 1. Jan. 1920 gab es im rrhein. Bayern in Bezirksämtern, die aus mehreren Distrikten bestanden, noch mehr als einen DistrAusschuß.

7. Art. 31 LRG.

8. In Ziff. 2 der VA. ist versehentlich Art. 118 pfälz. GemO. als aufgehoben bezeichnet, obwohl er nach Art. 3 II SG. noch gilt. Ebenso gelten noch Art. 16 a und b, ferner Art. 121 und (MinE vom 28. Nov. 1920) auch Art. 124 pfälz. GemO.

9. Die Art. 29—31 UG. in Ziff. 5 der VA. sind nun mit dem Umlagengesetz überhaupt durch Art. 48 II WG., GVBl. 1921, 372, aufgehoben.

10. Über das Verhältnis zum KreislastenausscheidungsG. enthält die VA nichts, s. oben Einl. SG Ziff. 3 S. 278.

# Wahlgesetz für die Gemeinde-, Bezirks- und Kreiswahlen.

Vom 15. April 1919 (GVBl. S. 171).

Das Ministerium des Freistaates Bayern hat auf Grund des § 1 Ziffer 1 und des § 2 des Gesetzes vom 28. März 1919 über die Ermächtigung der Regierung zu gesetzgeberischen Maßnahmen folgendes Gesetz beschlossen:

## Art. 1.

Im Laufe des Jahres 1919 sind in ganz Bayern die Mitglieder der Gemeindeverwaltungen, sowie die Vertreter der Bezirke (Distrikte) und Kreise neu zu wählen.

Zunächst werden, vorbehaltlich der Bestimmung in Absatz 4, die ersten und einzigen Bürgermeister und die nichtberufsmäßigen Stadt- und Gemeinderäte, die an Stelle der Mitglieder der bisherigen Magistrate, Gemeindeausschüsse und Gemeinderäte treten, ferner die Vertreter der Bezirke und Kreise neu gewählt.

Die Beigeordneten (frühere zweite und weitere Bürgermeister, Beigeordnete und Adjunkten) werden vorbehaltlich der Bestimmung im Abs. 4 binnen 14 Tagen nach der allgemeinen Wahl (Absatz 2) neu gewählt.

Die Wahl aller noch im Dienste befindlichen berufsmäßigen Bürgermeister und berufsmäßigen Stadt- und Gemeinderäte findet später, aber noch im Laufe des Jahres 1919 statt.

## Art. 2.

Wahlberechtigt sind alle männlichen und weiblichen Personen, die am Tage der Wahl

1. das 20. Lebensjahr vollendet haben,
2. die bayerische Staatsangehörigkeit besitzen,
3. sich seit 6 Monaten, vom Tage der Anmeldung in der Gemeinde an gerechnet, in der Gemeinde, im Bezirk, im Kreis aufhalten.

Heeresdienst oder Hilfsdienst ersetzt den Aufenthalt.

Das mit dem Bürgerrecht verbundene Wahlrecht wird aufgehoben.

## Art. 3.

Von der Wahlberechtigung ist ausgeschlossen:

1. wer entmündigt ist oder unter vorläufiger Vormundschaft steht,

2 wer infolge eines rechtskräftigen Urteils die bürgerlichen Ehrenrechte nicht besitzt

Art. 4.

Wählbar sind die im Artikel 2 bezeichneten Personen, wenn sie das 25. Lebensjahr zurückgelegt haben, und keiner der Ausschlußgründe des Artikel 3 vorliegt.

Für berufsmäßige Stadt- und Gemeinderatsmitglieder entfällt die Voraussetzung des Artikel 2 Ziffer 3

Art. 5.

Für die Wahl bildet jede Gemeinde, jeder Bezirk, jeder Kreis je einen Wahlkreis

Art. 6.

Sämtliche Wahlen erfolgen als allgemeine, geheime, gleiche, unmittelbare Wahlen nach den Grundsätzen des Verhältniswahlrechtes, wenn es sich nicht nur um die Wahl einer Person handelt.

Art 7

Hiernach werden gewählt:

1 die Bürgermeister (die früheren ersten und die einzigen Bürgermeister) überall mit absoluter Stimmenmehrheit von sämtlichen Wahlberechtigten,

2. die Beigeordneten (die bisherigen zweiten und weiteren Bürgermeister, Beigeordneten und Adjunkten), wenn mehrere Vertreter dieser Art auf einmal zu wählen sind, nach den Grundsätzen des Verhältniswahlrechts, sonst mit absoluter Stimmenmehrheit von den Stadt- und Gemeinderäten,

3 die berufsmäßigen Stadt- und Gemeinderäte mit absoluter Stimmenmehrheit von den Stadt- oder Gemeinderäten,

4 die übrigen Stadt- und Gemeinderäte nach den Grundsätzen des Verhältniswahlrechts von sämtlichen Wahlberechtigten

Art. 8.

Wird in den Fällen, in denen absolute Stimmenmehrheit vorgeschrieben ist, diese nicht erreicht, so trifft der Stadt- oder Gemeinderat unter den fünf Bewerbern mit den höchsten Stimmenzahlen die Auswahl mit absoluter Stimmenmehrheit, im zweiten Wahlgange durch Stichwahl.

Art 9.

Für die Durchführung der Verhältniswahl gelten folgende Bestimmungen:

1 Die Wählerlisten sind vom 21. bis 14. Tag vor dem Wahltag zu jedermanns Einsicht öffentlich auszulegen Einsprüche dagegen sind in der gleichen Frist zu erheben;

2. die Wahl erfolgt auf Grund von Wahlvorschlägen, die spätestens am 15. Tage vor dem Wahltag bei dem Wahlkommissär einzureichen sind;
3 die Wahlvorschläge dürfen für die Gemeindewahlen in Gemeinden mit weniger als 30000 Einwohnern höchstens zweimal, in größeren Gemeinden und für die Bezirks- und Kreiswahlen höchstens $1\frac{1}{2}$ mal soviel Namen enthalten, als Personen zu wählen sind;
4 mehrere Wahlvorschläge können verbunden werden;
5 wird für eine Wahl kein Wahlvorschlag eingereicht, so erfolgt die Wahl als Mehrheitswahl;
6 die Wahl dauert von 9 Uhr vormittags bis 6 Uhr nachmittags. Die Wahl kann schon vorher geschlossen werden, sobald sämtliche in der Wählerliste eingetragenen Personen ihre Stimmen abgegeben haben Erscheint für eine Gemeinde die Wahldauer von 9 bis 6 Uhr nach den örtlichen Verhältnissen und der Zahl der Wähler als zu lang, so kann der Gemeindewahlausschuß eine kürzere Wahldauer, jedoch nicht unter 6 Stunden, festsetzen;
7 die Wähler sind an die Wahlvorschläge gebunden. Die Stimmzettel haben nicht die Namen der zu Wählenden, sondern nur das Kennwort des Wahlvorschlags (Parteibezeichnung oder ein sonstiges einzelnes Kennwort) zu enthalten;
8. die zu besetzenden Stellen werden auf die einzelnen Wahlvorschläge nach dem Verhältnis der hierauf entfallenen Stimmen und innerhalb der Wahlvorschläge nach der Reihenfolge der Benennungen auf den Wahlvorschlägen verteilt;
9 wenn ein Wahlvorschlag weniger als $1\frac{1}{2}$ mal so viel Namen enthält, als ihm bei der Wahl Sitze zugefallen sind, kann der Wahlvorschlag nach der Feststellung des Wahlergebnisses bis auf diese Zahl ergänzt werden;
10 die nichtgewählten Bewerber gelten nach der Reihenfolge ihrer Benennung auf dem Wahlvorschlag als Ersatzmänner für die auf dem gleichen Wahlvorschlag gewählten Bewerber

Bei gemeinsamen Wahlvorschlägen mehrerer Gruppen kann die Reihenfolge der Ersatzmänner anders geregelt werden.

## Art. 10.

Artikel 9 des Landratsgesetzes wird aufgehoben

## Art 11

Die Kosten der Wahl treffen bei den Gemeindewahlen die Gemeinden, bei den Bezirks- und Kreiswahlen für die Bereitstellung des Wahlraumes und der für die Wahl sonst noch nötigen Gegenstände, sowie für die Wählerlisten die Gemeinden, sonst die Bezirke und Kreise.

Die zum Vollzuge der Wahl vorgesehenen Ämter sind Ehrenämter, wofür keine Vergütung beansprucht werden kann

## Art 12.

Die näheren Bestimmungen über den Vollzug der Wahl erläßt das Staatsministerium des Innern

Die Bestimmungen für die Wahl der Ortschaftsvertretungen bleiben vorbehalten.

## Anmerkung zum Wahlgesetz.

Wegen des gemeindl. Wahlrechts s. Vorbem. vor Art. 170 GemO., wegen des Wahlrechts für Bezirke und Kreise Einl. SG. Ziff. 5.

Der letzte Satz der Ziff. 10 des Art. 9 beruht auf der nachträglichen Ergänzung durch Ges. vom 14. Mai 1919, GVBl. 281.

Die Wahlordnung vom 15. April 1919, GVBl. 173, die Vollzugs-Bek. vom 22. April 1919, GVBl. 188, sind in der Handausgabe m Jan. abgedruckt, mit Erläuterungen.

Voraussichtlich wird für die nächsten allgemeinen Wahlen das WahlG. geändert werden, weil sich die Volksvertretung gegen die gebundenen Listen ausgesprochen hat, LandtVerh. 1919/20 Beil. 1487, Beschl. des Landtags vom 21. Mai 1920.

Wegen der Wahl der Ortschaftsvertretungen MinBek vom 5. Juli 1919, StA. 165.

Wegen der Wahl in Bürgermeistereien MinBek. vom 28 April 1919, StA. 121

# Register.

17, 1. 2; v. 170, 1 = Art. 17 Anm. 1 u. 2, Vorbem 1 zu Art. 170 der GemO.
SG. 7, 2 = Art. 7 Anm. 2 SelbstverwG.
B 6 I = § 6 Abs der VollzAnw. z. SelbstverwG.
B. = Beamte, Bez. = Bezirk, G. = Gemeinde, Kr. = Kreis, L. = Land, O. = Ortschaft, R. = Rat, St. = Stadt, Verw. = Verwaltung.

## A.

## B.

## C.

(s. auch K. und Z.).

## F.

## H.

## L.

## O.

## W.

---

# Nachträge und Berichtigungen

nach dem Stand vom 1. Dezember 1922.

---

**Seite 9.** Anm. 11: Eine Zusammenstellung der Fälle, in denen der Städtebund und die übrigen Organisationen gehört werden müssen, gibt die BGem.-BZ. 1922 Sp. 767.

**S. 70.** Anm. 7: Gemeindl. Gebäude müssen der staatl. Brandvers.-Anstalt für Geb. in d. Ldt. r. d. Rh. einverleibt werden, Art. 3 d. Ges. v. 3. April 1875, GVBl. 269. Schutz gegen die Überteuerung bietet das Ergänz.-Ges. v. 8. April 1920, GVBl. 99, Baunotversicherung, geändert durch Ges. über Änderungen im öff. Versicherungswesen v. 18. Aug. 1922, GVBl. 421 — hiezu: Satzung v. 29. Sept. 1922, GVBl. 561.

**S. 71.** Anm. 10: Über Feuerbeschau MBek. v. 2. Febr. 1922, StA. 29; über Beiziehung des Kaminkehrers, noch MBek. 5. Okt. 1922, StA. 236.

**S. 75.** Zeile 7 v. o. ist S. 57 Abs II, statt S. 78; Zeile 11 v. o. Anm 6 statt Anm. 8 zu lesen.

**S. 79.** Anm. 21: Über den Bezug des Reichsgesetzblattes, das seit 1. April 1922 in 2 Teilen erscheint, MBek. 30. März 1922, StA. 77.

Die Kreisamtsblätter werden vom 1. Januar 1923 an nicht mehr erscheinen.

S. **83.** Anm. 2: Über Abänderung des Biersteuerges. schweben Verhandlungen.

S. **85.** Anm. 3: Steuerordnungen über die Wohnungsluxussteuer, die von den Regierungen, K. d. J., gemäß der Mustersatzung genehmigt worden sind, bleiben bis 1. April 1923 in Kraft. MBek. 3. Nov. 1922, StA. 256.

S. **88.** Anm. 3: Von der Kurtaxe zu unterscheiden ist die Kurförderungsabgabe, für größere Städte mit starkem Fremdenverkehr, autogr. ME. v. 19. April 1922. Das Erträgnis soll zur Unterstützung der Minderbemittelten dienen. Von der Einführung ist so gut wie kein Gebrauch gemacht worden.

S. **91.** Anm. 6 Abs. I ist nach Heft 3, 4 noch zu lesen: S. 240–252.

S. **96.** Anm. 1: Der Entwurf des Gesetzes zur Änderung des Landessteuergesetzes v. 30. März 1920, der teilweise schon jetzt berücksichtigt wird, s. S. 98 o., führt die Bezeichnung: Reichsausgleichgesetz, ermächtigt die Länder zur Erhebung der Fahrzeugsteuer, Getränkesteuer, Schank- u. Verkehrssteuer, Viehsteuer; erhöht den Anteil der Länder an Eink.- u. Körpersch.-St. von 2/3 auf 3/4, die Umsatzsteuer von 2 auf 2 1/2 % u. den Anteil der Gemeinden an der Umsatzsteuer von 5 auf 25 %. Die Kraftfahrzeugsteuer wird den Ländern mit 100 % überwiesen, die letzten 50 % aber nur, wenn Länder u. Gemeinden eine Fahrzeugsteuer einführen.

S. **102.** Vor Art. 49 ist die Überschrift: III. Gemeindedienste, zu ergänzen.

S. **120.** Die Überschrift vor Art. 64 (3 Abschn. Von den Gemeindeschulden) gehört vor Art. 61.

S. **142.** Anm. 7: Nach den amtl. Mitt. der GemBeamten-Kammer Nr. 4 S. 17 (BayGemBeamtenZeitung Nr. 25) haben sich das oberb., oberfr. u. unterfr. u. nach Nr. 5 S. 25 das pfälzische KSchG. für unzuständig erklärt.

S. **181.** Anm. 6: Anlage von Gemeinde- u. Stiftungsgeldern in laufender Rechnung bei der Bayer. Girozentrale, der Geschäftsstelle des Landesverb. Bay. Sparkassen, MBek. 19. Okt. 1922, GVBl. 629.

Eine neue Regelung der allgemeinen Vorschriften über Anlegung von Gemeindegeldern, vom 5. Mai u. 13. Mai 1905 ist im Werke.

S. **298.** Anm 12: Nach der Denkschrift über Vereinfachung und Verbilligung der Staatsverwaltung, LdtagsVerh. 1922/23 Beil. 2911, S. 7 soll die Vorschrift des Art. 6 VIII im künftigen GemGes. wesentlich gemildert werden.

S. **318.** Anm. 6: Die Bundesratsverordnung v. 15. März 1918, RGBl. 123, über den Verkehr mit landwirtsch. Grundstücken findet auf Gemeinden keine Anwendung, § 2 der VO.

S. **335.** Anm. 10: Die VO. v. 31. Okt. 1921, GVBl. 541 ist in § 3 durch VO. v. 12. Nov. 1922, GVBl. 633 geändert; jetzt Sicherheitsleistung bis zu 50 000 Mk. möglich.

S. **347.** Anm. 1 zu Art. 31. Über Besetzung der Disziplinarkammern u. des Disziplinarhofes mit Volksschullehrern, gemeinsch. Bek. sämtl. Min. v. 5. Okt. 1922, GVBl. 626.

# Ergänzungen zu „Roesch, Bayer. Gemeindeordnung, 3. Aufl."

## Gemeindeordnung für die Landesteile r. d. Rh.

Aus dem Gesetz zur Änderung des Ges. v. 30. Juni 1921 zum Vollzuge des Landessteuergesetzes. Vom 14. Aug. 1923. Art. IV. (GVBl. S. 265).
(In Kraft seit 21. August 1923).

**Art. 40 Abs. IV** enthält folgende Fassung:
Verbrauchssteuern **der Gemeinden und** Pflaster-, Weg- und Brückenzölle **der Gemeinden und Bezirke** können nur mit Genehmigung **der zuständigen Regierung, Kammer des Innern**, eingeführt oder erhöht werden.

## Gemeindeordnung für die Landesteile r. d. Rh.

Nach der MBek. über die Einwirkung der Reichsverordnung auf Grund des Gesetzes über Vermögensstrafen und Bußen auf den Vollzug der Gemeindeordnungen vom 29. Dez. 1923 (Staatsanz. Nr. 302) erhält

**Art. 41 Abs. III** folgende Fassung:
III Die Gemeinden sind berechtigt, ortspolizeiliche Vorschriften zur Kontrolle und Sicherung örtlicher Gefälle zu erlassen und in denselben die Gefährdung der Gefälle durch Zuwiderhandlung gegen derartige Vorschriften mit Geldstrafe bis zu [10 Gulden (18 Mk)] **150 Goldmark**, die rechtswidrige Entziehung oder Verkürzung der Gefälle, soferne dieselbe den Betrag von [2 Gulden 30 Kreuzer (4½ Mk.)] **4,50 Goldmark** nicht übersteigt, mit Geldstrafe bis zu [25 Gulden (45 Mk.)] **150 Goldmark**, bei höheren Beträgen mit Geldstrafe bis zum zehnfachen, im Rückfalle bis zum zwanzigfachen Betrage des entzogenen Gefälls, **in keinem Fall aber mit einer geringeren Geldstrafe als 1 Goldmark zu bedrohen**. Die erkannten Geldstrafen fließen in die Gemeindekasse.

## Gemeindeordnung für die Landesteile r. d. Rh.

Aus dem Gesetz zur Sicherung einer einheitlichen Regelung der Beamtenbesoldung (Landessperrgesetz). Vom 24. Dez. 1923. Art. 9. (GVBl. S. 410).
(In Kraft seit 1. April 1920).

**Art. 77a, Abs. IV** wird durch folgende Vorschrift ersetzt:
IV Gegen die Entscheidungen der Kreisschiedsgerichte ist binnen einer Frist von 8 Wochen die Beschwerde

zum Landesschiedsgerichte zulässig. Die Beschwerde steht den beteiligten Gemeindebeamten und ihren Hinterbliebenen, den Gemeinden und der staatlichen Aufsichtsbehörde zu. Die Beschwerde der staatlichen Aufsichtsbehörde kann nur darauf gestützt werden, daß die Entscheidung des Kreisschiedsgerichts eine unzulässige günstigere Regelung der Dienstbezüge im Sinne des Reichsgesetzes oder des Landesgesetzes zur Sicherung einer einheitlichen Regelung der Beamtenbesoldung (Reichssperrgesetzes oder Landessperrgesetzes) enthält, oder daß sie sonst mit Reichs- oder Landesrecht in Widerspruch steht. Das zuständige Ministerium kann auch nach Ablauf der Beschwerdefrist das Landesschiedsgericht anrufen, wenn die Entscheidung des Kreisschiedsgerichts eine unzulässige günstigere Regelung der Dienstbezüge im Sinne des Reichssperrgesetzes oder des Landessperrgesetzes enthält. Im übrigen sind für die Verfolgung vermögensrechtlicher Ansprüche der Gemeindebeamten und ihrer Hinterbliebenen die Art. 176 und 178 (in der Fassung des Art. 46 des Beamtenbesoldungsgesetzes vom 2. Juni 1920) anzuwenden. Die Ansprüche können erst dann gerichtlich verfolgt werden, wenn die staatliche Aufsichtsbehörde erklärt hat, daß mit Rücksicht auf das Reichssperrgesetz oder Landessperrgesetz keine Erinnerung besteht und wenn der Beteiligte bei der Gemeinde (Bezirk) Abhilfe verlangt und entweder eine ablehnende oder innerhalb 6 Wochen eine Erklärung nicht erhalten hat. Für die Behandlung des Abhilfsgesuchs und die Klage gelten Art. 177 Abs. 2 und 3 des Staatsbeamtengesetzes. Aufsichtsbehörden im Sinne dieses Absatzes sind die Regierungen, Kammern des Innern.

---

## Gemeindeordnung für die Landesteile r. d. Rh.

Aus dem Gesetz zur Abänderung der Gemeindeordnung für die Landesteile r. d. Rh. und des Polizeistrafgesetzbuchs. Vom 24. August 1923. Art. 1, Abs. I, II. (GVBl. S. 281).
(In Kraft seit 25. August 1923).

**Art. 98** erhält folgende Fassung:

Der Staatsregierung bleibt vorbehalten auch in den übrigen einer Kreisregierung unmittelbar untergeordneten

Städten die Handhabung der Sicherheitspolizei ganz oder teilweise staatlichen Behörden zu übertragen. Für benachbarte unmittelbare Städte kann eine gemeinschaftliche staatliche Polizeibehörde bestellt werden.

Den staatlichen Polizeibehörden in unmittelbaren Städten kann die Handhabung der Sicherheitspolizei in benachbarten mittelbaren Gemeinden ganz oder teilweise übertragen werden, wenn dies aus Rücksichten auf die öffentliche Sicherheit erforderlich ist. Auch können sie mit der Besorgung sonstiger Geschäfte der Bezirksverwaltungsbehörden, die zur Handhabung der Sicherheitspolizei unbedingt erforderlich sind, betraut werden.

Die staatlichen Polizeibehörden und die gemeindlichen Behörden haben sich in ihrer Tätigkeit gegenseitig zu unterstützen. Im Falle einer Gefährdung oder Störung der öffentlichen Ruhe, Sicherheit und Ordnung haben die gemeindlichen Behörden zu deren Erhaltung oder Wiederherstellung nach den Anordnungen der staatlichen Polizeibehörde mitzuwirken. Der Leiter der staatlichen Polizeibehörde oder sein Beauftragter ist in diesem Falle befugt, den gemeindlichen Polizeibeamten bei Gefahr im Verzug die erforderlichen Weisungen unmittelbar zu erteilen; die gemeindlichen Beamten sind verpflichtet den Weisungen Folge zu leisten.

Eingefügt wird folgender **Art. 98 a**:

Aus Rücksichten auf die öffentliche Sicherheit kann das Staatsministerium des Innern anordnen, daß die Polizeigewalt in unmittelbaren und mittelbaren Gemeinden vorübergehend ganz oder teilweise durch staatliche Beamte ausgeübt wird. Die gemeindlichen Polizeibeamten sind verpflichtet den Anordnungen der mit der Ausübung der Polizeigewalt beauftragten staatlichen Beamten Folge zu leisten.

Bei Gefahr im Verzug kann die Aufsichtsbehörde der Gemeinde die gleichen Anordnungen treffen; sie ist verpflichtet unverzüglich die Entscheidung des Staatsministeriums des Innern einzuholen.

Erstreckt sich die Ausübung der Polizeigewalt durch staatliche Polizeibeamte nach Maßgabe der Abs. 1 und 2 auf mehr als ein Jahr, so ist eine gesetzliche Regelung des Zustandes nötig.

**Gemeindeordnung für die Landesteile r. d. Rh.**

Aus der VO. zur Änderung des Gesetzes vom 30. Juni 1921 / 14. Aug. 1923 zum Vollzuge des Landessteuergesetzes. Vom 28. April 1924. Art. II. (GVBl. S. 147).
(In Kraft seit 1. April 1924).

**Art. 100, Abs. III** wird gestrichen.

---

**Gemeindeordnung für die Landesteile r. d. Rh.**

Aus der VO. zur Änderung des Gesetzes vom 30. Juni 1921 / 14. Aug. 1923 zum Vollzuge des Landessteuergesetzes. Vom 28. April 1924. Art. II. (GVBl. S. 147).
(In Kraft seit 1. April 1924).

**Art. 144, Abs. III** wird gestrichen.

---

**Gemeindeordnung für die Landesteile r. d. Rh.**

Nach der MBek. über die Einwirkung der Reichsverordnung auf Grund des Gesetzes über Vermögensstrafen und Bußen auf den Vollzug der Gemeindeordnungen vom 29. Dez. 1923 (Staatsanz. Nr. 302) erhält

**Art. 165, Abs. I** folgende Fassung:

I Magistrate, Gemeindebevollmächtigte, Gemeinde- und Orts-Ausschüsse sind befugt, gegen diejenigen ihrer Mitglieder, welche ohne gültige Entschuldigungsursache die Sitzungen versäumen, oder als Stimmberechtigte sich der Abstimmung enthalten, Ordnungsstrafen [bis zu 25 Gulden (45 Mk.)] **von 1 Goldmark bis zu 1000 Goldmark** zum Besten der Armenkasse zu verhängen. Nach fruchtloser mehrmaliger Bestrafung und vorgängiger Androhung können solche Mitglieder durch Beschluß des Kollegiums als ausgetreten erklärt werden.

---

**Gemeindeordnung für die Landesteile r. d. Rh.**

Nach der MBek. über die Einwirkung der Reichsverordnung auf Grund des Gesetzes über Vermögensstrafen und Bußen auf den Vollzug der Gemeindeordnungen vom 29. Dez. 1923 (Staatsanz. Nr. 302) erhält

**Art. 166, Abs. IV** folgende Fassung:

IV In bezug auf die übrigen Gemeindebeamten steht die Disziplinarbefugnis in Gemeinden mit städtischer Verfassung dem Magistrate, in den übrigen Gemeinden dem Gemeindeausschusse zu. Der Bürgermeister kann jedoch auch außer den Fällen des Abs. III Geldstrafe [bis zu 5 Gulden (9 Mk.)] **von 1 Goldmark bis zu 1000 Goldmark** verhängen.

---

## Gemeindeordnung für die Landesteile r. d. Rh.

Nach der MBek. über die Einwirkung der Reichsverordnung auf Grund des Gesetzes über Vermögensstrafen und Bußen auf den Vollzug der Gemeindeordnungen vom 29. Dez. 1923 (Staatsanz. Nr. 302) erhält

**Art. 167, Abs. III** folgende Fassung:

III Die gegen Gemeindebeamte, auf welche nicht Abs. 1 anwendbar ist, zulässigen Disziplinarstrafen bestehen in Verweis, Geldbuße [bis zu 50 Gulden (90 Mk.)] **von 1 Goldmark bis zu 1000 Goldmark** zum Besten der Armenkasse oder eines etwa vorhandenen Unterstützungsfonds für untergeordnete Gemeindebeamte, Suspension vom Dienste und Gehalt auf bestimmte Zeit und Dienstentlassung.

---

## Gemeindeordnung für die Landesteile r. d. Rh.

Aus dem Gesetz zur Abänderung der Gemeindeordnung für die Landesteile r. d. Rh. und des Polizeistrafgesetzbuchs. Vom 24. Aug. 1923. Art. 1 Abs. III. (GVBl. S. 281).
(In Kraft seit 25. Aug. 1923).

**Art. 169, Abs. II** erhält folgende Fassung:

Sie sind befugt gegen diese Personen selbst einzuschreiten,

1. wenn sie in den Fällen des Art. 98 Abs II Satz 3 und des Art. 98a den Weisungen der zuständigen staatlichen Beamten nicht Folge leisten,
2. wenn die Gemeindebehörde begründete Beschwerden einzelner gegen untergeordnete Beamte nicht abstellt und hierwegen die Beschwerde gegen die Gemeindebehörde ergriffen wird,
3. wenn gegen die Gemeindebehörde selbst wegen vernachlässigter Handhabung der Aufsicht und Disziplin über das ihr untergeordnete Personal ein Disziplinarverfahren eingeleitet ist.

## Gemeindeordnung für die Landesteile r. d. Rh.

Nach der MBek. über die Einwirkung der Reichsverordnung auf Grund des Gesetzes über Vermögensstrafen und Bußen auf den Vollzug der Gemeindeordnungen vom 29. Dez. 1923 (Staatsanz. Nr. 302) erhält

**Art. 174, Abs. III** folgende Fassung:

III Wer, ohne einen Entschuldigungsgrund geltend zu machen, oder nachdem dieser verworfen worden ist, die Übernahme eines Gemeindeamtes verweigert, ist an Geld von [25 bis zu 150 Gulden (45 bis 270 Mk.)] **1 Goldmark bis zu 150 Goldmark** zugunsten der Gemeindekasse zu strafen.

FSC
www.fsc.org
MIX
Papier | Fördert
gute Waldnutzung
FSC® C083411

Kolibri 360 GmbH
Ferdinand-Jühlke-Straße 7
99095 Erfurt, Deutschland
produktsicherheit@kolibri360.de